2024대비

It's real compact!

COMPACT
변시모의
연도별
민사법사례연습

변호사 이관형 저

머리말

 이 책은 COMPACT 변시 진도별 민법, 민소법, 상법 사례연습을 기반으로 하여 연도별로 민사법 사례 모의문제 해설서의 목적으로 출간된 책입니다. 사실 저는 올해 출간 계획이 없었는데 독자들의 요청이 지속적으로 있었고, 이에 응하여 본 책이 발간하게 되었습니다. 어느 정도의 범위까지 선정할 것인가에 대하여도 고민을 하였는데 최근 5개년 모의문제에서 출제가 많이 되는 만큼 2018년 6월 모의고사부터 2022년 10월 모의고사까지 한정하여 담았습니다.

 본 책에 실린 문제는 실제 시험장에서 제한된 시간 내에 풀어야 할 민사법 사례 문제인 만큼 페이지 수 또한 실전에서 서술할 수 있는 양을 고려하여 작성하였습니다. 기타 각주를 통하여 심화 해설을 할 수도 있었지만, 실전 사례집으로서 역할에 충실하고자 노력하였습니다. 차후 독자들의 반응을 보아가면서 각주를 통한 추가적인 해설을 고려해 보도록 하겠습니다.

 본 책 발간에 앞서서 기존에 진도별 사례집에서 목차를 바꾸는 과정에서 예상하지 못하였던 오류가 있었습니다. 이를 교정하는 과정에서 이연경 학생이 큰 도움이 되었습니다. 머리말을 빌어서 감사의 마음을 전합니다.

 끝으로, 본서가 법조인의 꿈을 이루려는 누군가에게 미약하나마 도움이 되길 빌어보며, 주말에도 연구실에서 밤을 지새우면서 작업한 본고의 편집을 마무리하려 합니다. 이 책으로 공부하시는 모든 분들의 합격을 진심으로 기원합니다.

이관형 변호사 올림

목 차

Chapter 01. 2022년 변호사시험 모의시험 ·· 1
　제3차 모의시험 제1문 ·· 1
　제3차 모의시험 제2문 ·· 15
　제3차 모의시험 제3문 ·· 28
　제2차 모의시험 제1문 ·· 36
　제2차 모의시험 제2문 ·· 53
　제2차 모의시험 제3문 ·· 65
　제1차 모의시험 제1문 ·· 74
　제1차 모의시험 제2문 ·· 89
　제1차 모의시험 제3문 ·· 103

Chapter 02. 2021년 변호사시험 모의시험 ·· 112
　제3차 모의시험 제1문 ·· 112
　제3차 모의시험 제2문 ·· 132
　제3차 모의시험 제3문 ·· 147
　제2차 모의시험 제1문 ·· 154
　제2차 모의시험 제2문 ·· 168
　제2차 모의시험 제3문 ·· 178
　제1차 모의시험 제1문 ·· 187
　제1차 모의시험 제2문 ·· 205
　제1차 모의시험 제3문 ·· 215

Chapter 03. 2020년 변호사시험 모의시험 ·· 225
　제3차 모의시험 제1문 ·· 225
　제3차 모의시험 제2문 ·· 237
　제3차 모의시험 제3문 ·· 249

제3차 모의시험 제1문 ·· 256
제2차 모의시험 제2문 ·· 271
제2차 모의시험 제3문 ·· 283
제1차 모의시험 제1문 ·· 291
제1차 모의시험 제2문 ·· 306
제1차 모의시험 제3문 ·· 318

Chapter 04. 2019년 변호사시험 모의시험 ·· 324

제3차 모의시험 제1문 ·· 324
제3차 모의시험 제2문 ·· 339
제3차 모의시험 제3문 ·· 349
제2차 모의시험 제1문 ·· 357
제2차 모의시험 제2문 ·· 373
제2차 모의시험 제3문 ·· 385
제1차 모의시험 제1문 ·· 393
제1차 모의시험 제2문 ·· 407
제1차 모의시험 제3문 ·· 418

Chapter 05. 2018년 변호사시험 모의시험 ·· 426

제3차 모의시험 제1문 ·· 426
제3차 모의시험 제2문 ·· 438
제3차 모의시험 제3문 ·· 448
제2차 모의시험 제1문 ·· 455
제2차 모의시험 제2문 ·· 467
제2차 모의시험 제3문 ·· 476
제1차 모의시험 제1문 ·· 482
제1차 모의시험 제2문 ·· 493
제1차 모의시험 제3문 ·· 501

Chapter 01 2022년 변호사시험 모의시험

제3차 모의시험 제1문

〈제1문의 1〉

A는 2022. 3. 15. 원래 알고 지내던 변호사 B에게 2억 원의 대여금 반환청구의 소제기를 위임하였고, 이들은 위임계약을 체결함에 있어서 추가로 증거를 수집한 후 2달 이내에 소장을 제출하기로 약정하였다. 그런데 A가 2022. 4. 5. 교통사고로 사망하였고 유족으로 16세의 아들 C만 있다. C의 법정대리인은 조부인 D이다. B는 2022. 4. 7. A의 사망사실을 모른 채로 A를 원고로 기재하여 소를 제기하였다.

문제 1.

위 소 제기는 적법한가? 판례의 입장을 설명하고 이를 비판해 보라. (15점)

문제 2.

1심 소송계속 중 C는 어떤 조치를 해야 하는가? 만약 1심 소송계속 중에 아무런 C의 조치 없이 원고가 A로 기재된 채로 판결이 선고되었다면, 그 판결의 효력이 어떠한가? C측이 위 판결에 불복할 경우 어떤 조치를 취해야 하는가? (10점) (B에 대한 상소제기의 특별수권은 없었음을 전제로 함)

[제1문의 1] 문제 1. 해설

1. 문제
(1) 사자를 당사자로 한 소 제기의 적법성, (2) 이에 관한 판례의 태도 및 비판이 문제 된다.

2. 사자를 당사자로 한 소 제기의 적법성
(1) **관련 법리** - 당사자가 이미 사망한 경우 원칙적으로 두 당사자가 대립하여 소송을 진행해 나가야 하는 이당사자대립구조를 가진 우리 법제하에서는 소송이 진행될 수 없다.

(2) **사안의 경우** - 법원은 부적법 소각하 판결을 해야 하지만, 만약 이를 간과하고 판결을 선고했다면 그 판결이 형식상 확정되더라도 이는 당연무효의 판결이다.

3. 판례의 태도
(1) **관련 조문** - 당사자가 사망하더라도 소송대리권은 소멸하지 아니한다(민소법 제95조 제1호).

(2) **판례** - 당사자가 사망하였으나 소송대리인이 있는 경우에는 소송절차가 중단되지 아니하고, 소송대리인은 상속인들 전원을 위하여 소송을 수행하게 되므로, 판결은 상속인들 전원에 대하여 효력이 있다.

(3) **사안의 경우** - A가 소송대리인 B에게 소송위임을 한 다음 사망하였는데 B가 이를 모르고 A를 원고로 표시하여 소를 제기한 경우에, 당사자가 사망하더라도 소송대리인의 소송대리권은 소멸하지 아니하므로, 소의 제기는 적법하고 시효중단 등 소 제기의 효력은 C에게 귀속된다.

4. 비판
당사자 구제 및 소송경제의 필요를 이유로 한 것이지만, 소송 절차법은 안정적·획일적 운용이 가져올 공익적 장점에 기초를 두고 있으므로, 규정의 단순적용에 따른 구체적 불합리가 다소 있더라도, 함부로 문언과 다른 해석을 할 수는 없다.

[제1문의 1] 문제 2. 해설

1. 문제
(1) 소송 계속 중 C의 조치, (2) 수계 없이 선고된 판결의 효력, (3) C의 불복 조치가 문제 된다.

2. 소송 계속 중 C의 조치
(1) **관련 조문** - 당사자가 죽은 때에 소송절차는 중단된다. 이 경우 상속인이 소송절차를 수계하여야 한다(민소법 제233조 제1항). 소송대리인이 있는 경우에는 제233조 제1항의 규정을 적용하지 아니한다(민소법 제238조).

(2) 판례 - 당사자가 사망하더라도 소송대리인의 소송대리권은 소멸하지 아니하므로, 당사자가 소송대리인에게 소송위임을 한 다음 소 제기 전에 사망하였는데 소송대리인이 당사자가 사망한 것을 모르고 당사자를 원고로 표시하여 소를 제기하였다면 소의 제기는 적법하고, 민소법 제233조 제1항이 유추적용되어 사망한 사람의 상속인들은 소송절차를 수계하여야 한다.

(3) 사안의 경우 - A의 유일한 상속인인 직계비속 C는 소송을 수계하여야 한다.

3. 수계 없이 선고된 판결의 효력

(1) 관련 조문 - 당사자가 사망하더라도 소송대리권은 소멸하지 아니한다(민소법 제95조 제1호).

(2) 판례 - 당사자가 사망하였으나 소송대리인이 있는 경우에는 소송절차가 중단되지 아니하고, 소송대리인은 상속인들 전원을 위하여 소송을 수행하게 되므로, 판결은 상속인들 전원에 대하여 효력이 있다.

(3) 사안의 경우 - 1심 소송 계속 중에 C가 아무런 조치를 하지 아니하였더라도 변호사 B는 당연히 C를 위하여 소송을 수행하게 되므로 판결의 효력이 C에게 미친다.

4. C의 불복 조치

(1) 관련 조문 - 미성년자는 법정대리인에 의해서만 소송행위를 할 수 있다(민소법 제55조 제1항).

(2) 판례 - 심급대리의 원칙상 판결정본이 소송대리인에게 송달되면 소송절차가 중단되므로 항소는 소송수계절차를 밟은 다음에 제기한다.

(3) 사안의 경우 - B는 상소제기의 특별수권이 없어서 판결송달시 소송절차는 중단되므로, 법정대리인 D가 미성년자 C를 대리하여 당사자를 C로 하여 2주 내에 소송수계 신청서 및 항소장을 원심법원에 제출하여야 한다.

5. 결론

(1) 1심 소송 계속 중에 C는 소송수계신청을 하여야 하고, (2) 이를 간과한 경우에도 판결의 효력은 C에게 미치며, (3) 이에 불복하는 경우 D가 C를 대리하여 1심 법원에 수계신청 및 항소장을 제출하면 된다. (참고로 소송절차 중단 중에 제기된 상소는 부적법하지만 상소심법원에 수계신청을 하여 하자를 치유시킬 수 있으므로, 항소장을 먼저 제출하고 이후에 수계신청을 하여도 가능하다.)

〈제1문의 2〉

〈공통된 사실관계〉

甲은 의류판매업을 하는 乙로부터 丙에 대한 4억 원의 매매대금 채권을 양수하였다고 주장하면서, 丙을 상대로 양수금 청구의 소를 제기하였다. 甲이 소장에 첨부한 乙과 丙 명의의 매매계약서(이하 "갑제1호증"이라고 한다)에 의하면, "乙은 丙에게 티셔츠 40,000매를 인도하고, 丙은 乙에게 대금으로 금 4억 원을 지급한다."고 기재되어 있었으며, 乙과 丙의 인장이 각각 날인되어 있었다.

※ 추가된 사실관계는 각 별개임.

〈추가된 사실관계 1〉

제1차 변론기일에서 진행된 성립인부절차에서 丙이 갑제1호증에 대해서 부지(不知)로 답하자, 법원은 그 인영의 인정여부를 물었으며, 丙은 "도장은 내 것이 맞으나, 매매계약서에 날인한 적은 없다."고 답하였다. 또한 丙은 "그 도장은 사무실에서 항상 보관하고 있는 것이며, 직원들이 업무상 수시로 사용하고 있으므로 인장의 도용가능성이 있다."고 주장하며, 도장을 사무실에서 보관한 사실을 증명하기 위해 직원 丁에 대한 증인신문을 신청하였고, 법원은 그 증인신문을 실시하였다.

문제 1.

법원이 증거조사를 완료하였음에도 인장의 도용 여부에 관하여 확신을 갖지 못하고 있는 경우, 법원은 갑제1호증의 진정성립에 관하여 어떻게 판단하여야 할 것인가? (15점)

〈추가된 사실관계 2〉

제1차 변론기일에서 진행된 성립인부절차에서 丙은 갑제1호증에 대해서 성립을 인정하였으나, 제2차 변론기일에서는 이를 번복하여 갑제1호증의 성립을 부인하였다. 丙은 갑제1호증의 기재내용도 거짓이라고 주장하였으나 이를 뒷받침할 만한 증거를 제출하지 못하였다. 법원이 갑제1호증의 진정 성립을 인정하면서도, 그 기재내용을 신뢰할 수 없다며 갑제1호증을 배척하면서, 별다른 배척사유를 설시하지 아니한 채 매매계약의 체결사실을 인정하지 않고 원고 청구를 기각하였다.

문제 2.

이러한 판결은 적법한가? (15점)

[제1문의 2] 문제 1. 해설

1. 문제
사문서의 형식적 증거력 인정 여부가 문제 된다.

2. 사문서의 형식적 증거력 인정 여부
(1) 관련 조문 - 사문서는 본인 또는 대리인의 서명이나 날인 또는 무인이 있는 때에는 진정한 것으로 추정한다(민소법 제358조).

(2) 판례
1) 문서에 날인된 작성명의인의 인영이 그의 인장에 의하여 현출된 것이라면 특별한 사정이 없는 한 그 인영의 진정성립, 즉 날인행위가 작성명의인의 의사에 기한 것임이 사실상 추정되고, 일단 인영의 진정성립이 추정되면 민사소송법 제358조에 의하여 그 문서전체의 진정성립이 추정된다.
2) 위와 같은 사실상 추정은 날인행위가 작성명의인 이외의 자에 의하여 이루어진 것임이 밝혀진 경우에는 깨어지는 것이므로, 문서제출자는 그 날인행위가 작성명의인으로부터 위임받은 정당한 권원에 의한 것이라는 사실까지 입증할 책임이 있다.

(3) 사안의 경우
1) 갑 제1호증에 날인된 인영이 자신의 것임을 丙이 자인하고 있는 이상 갑 제1호증의 진정성립이 추정된다.
2) 다만, 인장의 도용 가능성을 주장하여 이를 입증하는 경우에는 이러한 2단 추정의 법리가 깨어지는데, 丙은 이에 대하여 법관이 확신을 갖도록 증명하지 못하였으므로, 갑 제1호증의 진정성립 추정은 그대로 유지된다.

3. 결론
법원은 갑 제1호증의 인영의 동일성이 증명된 이상 진정성립은 추정되고 이에 대하여 상대방이 도용사실을 증명하지 못하는 한 그 추정은 유지되므로 법원은 갑 제1호증의 진정성립을 인정해야 한다.

[제1문의 2] 문제 2. 해설

1. 문제
(1) 문서의 진정성립에 대한 자백 성부, (2) 자유심증주의에 대한 제한으로서 처분문서의 실질적 증명력이 문제 된다.

2. 문서의 진정성립에 대한 자백 성부

(1) **관련 법리** - 재판상 자백은 주요사실에 대하여 인정되고 간접사실이나 보조사실에 대하여는 적용되지 않는다.

(2) **판례** - 문서의 성립에 관한 자백은 보조 사실에 관한 자백이나 그 취소에 관하여는 다른 간접사실에 관한 자백 취소와는 달리 주요사실의 자백 취소와 동일하게 처리하므로 문서의 진정성립을 인정한 당사자는 자유롭게 이를 철회할 수 없고, 이는 문서에 찍힌 인영의 진정함을 인정하였다가 나중에 이를 철회하는 경우에도 마찬가지이다.

(3) **사안의 경우** - 丙이 갑 제1호증에 대해서 성립을 인정하는 것은 문서성립에 관한 자백으로 보조 사실에 관한 자백이지만 주요사실의 자백과 마찬가지의 구속력을 갖게 되어, 자유롭게 철회할 수 없는바, 진정성립을 인정한 법원의 판단은 타당하다.

3. 자유심증주의에 대한 제한으로서 처분문서의 실질적 증명력

(1) **관련 조문** - 법원은 변론 전체의 취지와 증거조사의 결과를 참작하여 자유로운 심증으로 사회정의와 형평의 이념에 입각하여 논리와 경험의 법칙에 따라 사실주장이 진실한지 아닌지를 판단한다(민소법 제202조).

(2) **판례** - 처분문서의 진정성립이 인정되는 이상 법원은 그 문서의 기재 내용에 따른 의사표시의 존재 및 내용을 인정하여야 하고, 그 기재 내용을 부인할 만한 분명하고도 수긍할 수 있는 반증이 인정될 경우에는 그 기재 내용과 다른 사실을 인정할 수 있으나, 합리적인 이유 설시도 없이 이를 배척하여서는 아니 된다.

(3) **사안의 경우** - 丙의 자백에 의해 갑 제1호증의 진정성립이 인정된 이상 특별히 반증이 없는 한 법원은 그 기재내용대로 매매계약의 체결사실 및 그 내용을 인정하여야 하고, 합리적인 이유 설시도 없이 이를 배척하여서는 아니 된다.

4. 결론

갑 제1호증은 문서로서 진정성립의 자백에 구속력이 인정되므로 丙이 자유로이 철회할 수 없고, 처분문서로서 반증이 없는 한 법원은 매매계약의 체결 사실을 인정하여야 하는바, 매매계약 체결 사실을 인정하지 않고 원고 청구를 기각한 법원의 판단은 위법하다.

<제1문의 3>

<공통된 사실관계>

甲은 2017. 12. 28. 야간에 대리운전 업체 乙 주식회사(이하 '乙'이라고 한다) 소속 기사 A가 운전하는 차량을 타고 귀가하던 중 차량이 도로 옆 가로수에 부딪히면서 그 충격으로 약 12주의 치료를 요하는 요추 골절상을 입고 병원에 입원하였다. 입원 치료를 마치고 2018. 4. 1. 퇴원한 甲은 2020. 9. 30. 대리운전 업체인 乙을 상대로 사용자책임에 기하여 불법행위를 원인으로 한 적극적 손해의 배상금으로 2억 원의 지급을 구하는 소를 제기하였다.

※ 추가된 사실관계는 각 별개임.

<추가된 사실관계 1>

甲이 제출한 소장에는 청구금액을 위 2억 원으로 하되, 향후 치료 경과에 따라 청구금액이 확장될 수 있으며 2억 원은 전체 손해배상액 중 일부라는 기재가 있었다. 그런데 甲은 2020. 11. 1. 제출한 청구취지 및 청구원인 변경신청서에서 위 2억 원 중 퇴원 시 구입한 보조구 구입비 2천만 원을 청구범위에서 제외한다는 의사를 밝히고 청구금액을 1억 8천만 원으로 감축하였다. 그런데 甲은 2021. 11. 2. 제출한 청구취지 및 청구원인 변경신청서에서 추가로 소요된 치료비를 포함하여 청구 금액을 3억 원으로 증액하면서 여기에는 위 보조구 구입비 2천만 원이 포함된다고 기재하였다. 이에 대하여 乙은 2021. 12. 1. 자 준비서면에서 보조구 구입비 2천만 원 부분은 채무자 및 손해를 안 날(보조구 구입일인 2018. 4. 1.)로부터 3년이 지나 청구한 것이므로 소멸시효가 이미 완성된 것이라고 항변하였다.

문제 1.

乙의 위 소멸시효 항변은 타당한가? (15점)

<추가된 사실관계 2>

甲은 제1심 소송 도중인 2021. 1. 30. 청구취지 및 청구원인 변경신청서를 제출하면서, 기존의 불법행위(사용자책임)에 기한 손해배상청구를 주위적 청구로 하고, 주위적 청구가 인정되지 않을 경우에 대비하여 대리운전 계약상 채무불이행에 기한 손해배상으로 2억 원의 지급을 구하는 예비적 청구를 추가하였다. 제1심법원은 주위적 청구를 전부 기각하고, 예비적 청구만 인용하였는데 이 판결에 대하여 乙만 항소를 제기하였다.

문제 2.

만일 항소심법원이 제1심법원과 달리 불법행위에 기한 손해배상청구는 이유 있으나, 채무불이행에 기한 손해배상청구는 이유 없다는 심증을 가지게 되었다면 어떤 판결을 해야 하는가? (15점)

[제1문의 3] 문제 1. 해설

1. 문제
채권의 특정 부분을 청구범위에서 명시적으로 제외한 경우, 그 부분에 대하여 재판상 청구로 인한 시효중단의 효력이 발생하는지 여부가 문제 된다.

2. 보조구 구입비 2천만 원 부분 소멸시효 완성 여부
(1) **관련 조문** - 소멸시효는 재판상 청구로 인해 시효가 중단된다(민법 제168조 제1호). 재판상의 청구는 소송의 각하, 기각 또는 취하의 경우에는 시효중단의 효력이 없다(민법 제170조 제1항). 불법행위로 인한 손해배상의 청구권은 피해자나 그 법정대리인이 그 손해 및 가해자를 안 날로부터 3년간 이를 행사하지 아니하면 시효로 인하여 소멸한다(민법 제766조 제1항).

(2) **판례** - 소장에서 청구의 대상으로 삼은 채권 중 일부만을 청구하면서 소송의 진행경과에 따라 장차 청구금액을 확장할 뜻을 표시하였더라도 그 후 채권의 특정 부분을 청구범위에서 명시적으로 제외하였다면, 그 부분에 대하여는 애초부터 소의 제기가 없었던 것과 마찬가지이므로 재판상 청구로 인한 시효중단의 효력이 발생하지 않는다.

(3) **사안의 경우** - 甲은 최초 청구금액인 2억 원이 일부 청구임을 명시하면서 그 안에 보조구 구입비 2천만 원을 포함시켰으나, 이후 청구취지 및 청구원인 변경을 통해 위 2천만 원을 감축하였다가 다시 추가로 소요된 치료비를 포함하여 3억 원으로 증액하였다. 그런데, 이미 보조구 구입비 부분을 명시적으로 제외하였던 이상 그 부분에 대해서는 소장 제출 당시 재판상 청구로 인한 시효중단 효력은 발생하지 않는다. 따라서, 보조구 구입비 2천만 원 부분은 손해를 안 날로부터 3년이 지나 소멸시효가 완성되었다.

3. 결론
乙의 소멸시효 완성 항변은 타당하다.

[제1문의 3] 문제 2. 해설

1. 문제
(1) 甲 병합청구의 형태, (2) 선택적 병합청구의 항소심 심판범위가 문제 된다.

2. 甲 병합청구의 형태
(1) **의의** - 선택적 병합이란 여러 개의 청구 중 어느 한 청구가 택일적으로 인용될 것을 해제조건으로 하여 청구하는 형태를 말하고, 예비적 병합이란 양립할 수 없는 여러 개의 청구를 하면서 그 심판의 순위를 붙여 주위적 청구가 인용될 것을 해제조건으로 하여 예비적 청구에 대하여 심판을 구하는 형태의 병합을 말한다.

(2) **판례** – 병합의 형태가 선택적 병합인지 예비적 병합인지는 당사자의 의사가 아닌 병합청구의 성질을 기준으로 판단하여야 한다.

(3) **사안의 경우** – 甲이 교통사고로 인해 발생한 손해배상을 청구하면서 불법행위와 채무불이행에 의한 손해를 병합청구 한 경우, 두 청구는 동일한 목적을 달성하기 위한 것으로서 어느 하나의 채권이 변제로 소멸한다면 나머지 채권도 그 목적 달성을 이유로 동시에 소멸하는 관계에 있는 바, 선택적 병합 관계에 있다.

3. **선택적 병합청구의 항소심 심판범위**

    (1) **관련 법리** – 법원은 이유 있는 청구 중에 어느 하나를 무작위로 선택하여 인용하면 되고, 다른 청구에 대하여는 별도의 판단을 하지 않으나, 기각하는 경우에는 두 청구에 대하여 모두 판단하여야 한다.

    (2) **판례** – 항소심에서의 심판범위도 병합청구의 성질을 기준으로 결정하여야 하므로 실질적으로 선택적 병합 관계에 있는 두 청구에 관하여 당사자가 주위적·예비적으로 순위를 붙여 청구하였고, 그에 대하여 제1심법원이 주위적 청구를 기각하고 예비적 청구만을 인용하는 판결을 선고하여 피고만이 항소를 제기한 경우에도, 항소심으로서는 두 청구 모두를 심판의 대상으로 삼아 판단하여야 한다.

    (3) **사안의 경우** – 항소심 법원은 甲이 선택적 병합으로 구할 사건을 주위적·예비적 병합으로 구하였으므로 乙이 인용된 예비적 청구에 대해서만 항소를 제기하였다고 하더라도 항소법원은 두 청구를 모두 심판해야 하고 불법행위에 기한 손해배상 청구가 이유 있다고 판단되는 경우에는 원심판결 전부를 취소하고, 불법행위 청구 부분을 인용하는 판결을 선고하여야 한다. 이 때 채무불이행청구는 판단하지 않는다.

4. **결론**

    항소심 법원은 1심 판결을 전부 취소하고 불법행위 청구를 인용하는 판결을 한다.

〈제1문의 4〉

A가 乙에 대하여 부담하는 물품대금 채무를 담보하기 위하여 甲이 자신의 소유 부동산에 乙 명의의 근저당권설정등기를 경료해 주었다. 그 후 甲은 乙을 상대로 근저당권설정등기말소등기청구의 소를 제기하면서 그 청구원인으로서 다음의 1), 2)를 주장하였다.

"1) A가 乙에 대한 채무 외에도 다액의 채무를 부담하여 변제자력이 충분하지 않은 사실을 乙은 알면서도 甲에게 그러한 사실을 숨기고 오히려 A가 충분한 자력이 있는 사람이라고 甲을 기망하여, 이를 잘못 믿은 甲으로 하여금 위 근저당권설정계약을 체결하게 한 것이다. 따라서 위 계약은 乙의 사기에 의한 하자 있는 의사표시에 기한 것이므로 이를 취소하고 그 근저당권설정등기의 말소를 구한다.

2) 위 근저당의 피담보채무인 A의 乙에 대한 물품대금채무가 모두 변제되어 위 근저당권설정등기는 피담보채무가 존재하지 아니하므로 그 말소를 구한다."

제1심이 원고 패소 판결을 선고하자 甲은 이에 불복하여 항소를 제기하였고, 항소심 제2차 변론기일에서 '위 청구원인 1) 부분을 유지하고, 위 청구원인 2) 부분을 철회한다'고 진술하였다. 그 후 甲은 다시 항소심 제3차 변론기일에서 '위 청구원인 2) 부분을 다시 추가한다'고 진술하였다. 항소심 변론종결시까지 제출된 주장과 증거를 종합해 보면, 사기에 의한 의사표시의 취소를 원인으로 한 근저당권설정등기말소 주장은 이를 인정할 증거가 없고, 피담보채무 부존재를 원인으로 한 근저당권설정등기말소 주장은 인정된다.

문제.
이러한 경우 항소심 법원은 어떠한 판결을 선고하여야 하는가? (15점)

[제1문의 4] 해설

1. 문제
(1) 병합의 형태에 따른 항소심 심판범위, (2) 항소심의 판단이 문제 된다.

2. 병합의 형태 및 항소심의 심판범위
(1) 의의 - 서로 양립하는 복수의 청구를 병렬적으로 병합하여 그 전부에 관하여 판결을 구하는 단순병합과 양립하는 복수의 청구를 택일적으로 병합하여 그 가운데 어느 하나라도 인용하는 판결을 구하는 경우로서, 여러 개의 청구 중 하나의 청구가 인용되는 것을 해제조건으로 하여 다른 청구에 대하여 심판을 구하는 선택적 병합이 있다.

(2) 판례 - 사기에 의한 의사표시취소를 원인으로 한 근저당권설정등기의 말소청구는 근저당권설정계약이 기망에 의하여 체결되었음을 이유로 이를 취소하고 근저당권설정등기의 말소를 구한다는 취지이고, 피담보채무의 부존재를 원인으로 한 근저당권설정등기의 말소청구는 피담보채무가 없으니 근저당권설정계약을 해지하고, 원상회복으로서 근저당권설정등기의 말소를 구한다는 것으로, 각 그 청구원인을 달리하는 별개의 독립된 소송물로서 선택적 병합 관계에 있다.

(3) 사안의 경우 - 청구병합 중에서 양립가능하면서 달성하려는 목적이 동일한 두 개의 청구를 결합한 것으로 선택적 병합에 해당하고, 선택적으로 병합된 두 청구를 모두 기각한 제1심판결에 대해 원고 甲이 불복하였으므로, 두 청구 모두 항소심에 이심되고 심판의 대상이 된다.

3. 항소심의 판단
(1) 사기 취소를 원인으로 한 근저당권설정등기말소청구

심리결과 이를 인정할 증거가 없고, 원고청구를 기각한 제1심판결은 정당하므로, 항소심 법원은 항소기각 판결을 하여야 한다.

(2) 피담보채무 부존재를 원인으로 한 근저당권설정등기말소청구
1) 관련 조문 - 본안에 대한 종국판결이 있은 뒤에 소를 취하한 사람은 같은 소를 제기하지 못한다 (민소법 제267조 제2항).
2) 판례 - 피담보채무의 부존재를 원인으로 한 이 사건 근저당권설정등기의 말소청구는 종국판결인 이 사건 제1심 판결의 선고 후 취하되었다가 다시 제기된 청구임이므로 피담보채무의 부존재를 원인으로 한 말소청구는 재소금지의 원칙에 어긋나는 부적법한 소에 해당한다.
3) 사안의 경우 - 피담보채무 부존재를 원인으로 한 근저당권설정등기말소청구에 대한 1심 패소판결 이후 항소심에서 이를 철회하여 소 취하의 효력이 발생하였음에도, 항소심 제3차 변론기일에서 이를 추가하여 동일한 소를 다시 제기하여 재소금지원칙에 저촉되는바, 소를 각하하여야 한다.

4. 결론
항소심 법원은 1) 부분 청구는 항소기각하고, 2) 부분 청구는 소를 각하하여야 한다.

〈제1문의 5〉

A는 2020. 11. 1. 甲에게 5,000만 원을 변제기 2021. 10. 31.로 정하여 무이자로 대여하였다. 甲은 채무초과 상태에 있던 2021. 3. 7. 처인 乙, 처제인 丙, 처남인 丁에게 각 그들에 대한 차용금의 변제로 1억 원씩 계좌이체의 방법으로 송금하였다.

A는 2022. 1. 20. 乙, 丙, 丁을 상대로 채권자취소권을 행사하여 위 각 변제를 전부 취소하고, 원상회복으로서 각 1억 원씩의 지급을 구하는 소를 제기하였다. 증거조사 결과 乙, 丙, 丁은 실제로 2020년경 甲에게 각 1억 원씩 대여한 사실이 있으나, 자신들 외에 다른 채권자들이 다수 있고 그 채권액을 합하면 30억 원에 이르지만, 甲에게는 위 3억 원 외에 다른 재산이 전혀 없는 사실을 알고 있었고, 그럼에도 불구하고 자신들의 채권을 우선적으로 변제받기 위해 甲을 재촉하여 각 변제를 받은 사실이 인정되었다.

문제 1.
 법원은 A의 청구에 대하여 어떠한 판결을 선고하여야 하는가? (30점)

〈추가되는 사실관계〉

소송 중에 밝혀진 바에 의하면, 甲의 또 다른 채권자인 B는 2021. 4. 20. 乙을 상대로 乙에 대한 변제가 사해행위임을 이유로 그 취소와 원상회복을 구하는 소를 제기하여 2022. 2. 25. 원고 승소 판결이 선고되었고, 이에 대해 乙이 항소하여 현재 항소심이 계속 중이다. 乙은 "채권자 B가 먼저 자신을 상대로 사해행위취소소송을 제기하여 승소판결을 받았음에도 A가 동일한 사해행위취소소송을 제기하는 것은 중복제소에 해당하고 권리보호이익도 없으므로 이 사건 소는 부적법하다."고 주장하였다.

문제 2. (문제1과는 독립적이다.)
 乙의 위 주장은 타당한가? (20점)

[제1문의 5] 문제 1. 해설

1. 문제
(1) 채권자 취소소송 인용 여부, (2) 가액배상 청구의 인용 여부가 문제 된다.

2. 채권자 취소소송 인용 여부

(1) 요건 - ① 피보전채권의 존재, ② 채무자의 사해행위, ③ 채무자의 사해의사(제406조).

(2) 피보전채권의 존재

피보전채권은 사해행위 이전에 존재하여야 하는데 A의 甲에 대한 2020. 11. 1.자 5천만 원의 대여금 채권은 2021. 3. 7. 통모에 의한 변제 즉, 사해행위 이전에 발생하였는바, 피보전채권이 존재한다.

(3) 채무자의 사해행위 및 사해의사

1) 판례 - 채무자가 채무초과의 상태에서 특정 채권자에게 채무의 본지에 따른 변제를 함으로써 다른 채권자의 공동담보가 감소하는 결과가 되는 경우, 그 변제는 채무자가 특히 일부의 채권자와 통모하여 다른 채권자를 해할 의사를 가지고 변제를 한 경우가 아닌 한 원칙적으로 사해행위가 되는 것이 아니다

2) 사안의 경우 - 乙, 丙, 丁은 甲이 자신들 외에 다수의 채권자들에 대하여 30억 원의 채무를 부담하고 있고 甲의 적극재산은 3억 원밖에 없다는 사실을 알면서 다른 채권자들보다 우선적으로 만족을 얻기 위해 甲을 재촉하여 변제받은 것이므로, 甲의 각 변제는 일부의 채권자와 통모하여 다른 채권자를 해할 의사를 가지고 한 것으로 평가할 수 있는바, 甲의 각 변제는 사해행위가 된다.

(4) 소결 - 채권자 취소에 필요한 요건을 충족하여 A의 채권자취소소송은 인용된다.

3. 가액배상 청구의 인용 여부

(1) 판례 - 채무자가 동시에 수인의 수익자들에게 각기 금원을 통모에 의하여 변제를 한 결과 채무초과 상태가 되거나 그러한 상태가 악화됨으로써 그와 같은 각각의 통모 변제행위가 모두 사해행위로 되고, 채권자가 그 수익자들을 공동피고로 하여 사해행위취소 및 원상회복을 구하여 각 수익자들이 부담하는 원상회복금액을 합산한 금액이 채권자의 피보전채권액을 초과하는 경우에도 수익자가 반환하여야 할 가액 범위 내에서 채권자의 피보전채권 전액의 반환을 명하여야 한다.

(2) 사안의 경우 - A는 자신의 채권액인 5,000만 원을 한도로 취소할 수 있고, 甲의 乙, 丙, 丁에 대한 각 변제는 모두 사해행위가 되므로, 위 각 변제를 A의 피보전채권액 5,000만 원의 범위 내에서 취소하고, 乙, 丙, 丁은 그 원상회복으로 각 5,000만 원의 범위 내에서 A의 피보전채권액 5,000만 원 전액의 반환을 명하여야 한다.

4. 결론

법원은 乙, 丙, 丁에 대한 각 변제를 각 5,000만 원의 범위 내에서 취소하고, 乙, 丙, 丁은 각 5,000만 원 및 그에 대한 지연손해금을 A에게 지급하라는 판결을 하여야 한다.

[제1문의 5] 문제 2. 해설

1. 문제
(1) 중복제소 해당 여부, (2) 권리보호이익 여부가 문제 된다.

2. 중복제소 해당 여부
(1) **판례** - 채권자취소권의 요건을 갖춘 각 채권자는 고유의 권리로서 채무자의 재산처분 행위를 취소하고 그 원상회복을 구할 수 있는 것이므로 여러 명의 채권자가 동시에 또는 시기를 달리하여 사해행위취소 및 원상회복청구의 소를 제기한 경우 이들 소가 중복제소에 해당하지 않는다.

(2) **사안의 경우** - A, B는 각 동일한 법률행위의 취소와 원상회복을 청구하고 있지만, A와 B는 각 고유의 권리로서 채권자취소권을 행사하는 것이므로 A의 후소가 중복제소에 해당하는 것은 아니다.

3. 권리보호이익 여부
(1) **판례** - 채권자가 동일한 사해행위에 관하여 사해행위취소 및 원상회복청구를 하여 승소판결을 받아 그 판결이 확정되었다는 것만으로는 그 후에 제기된 다른 채권자의 동일한 청구가 권리보호의 이익이 없게 되는 것은 아니나 확정된 판결에 기하여 재산이나 가액의 회복을 마친 경우에는 다른 채권자의 사해행위취소 및 원상회복청구는 그와 중첩되는 범위 내에서 권리보호의 이익이 없다.

(2) **사안의 경우** - B가 제기한 소송에서 승소 판결이 선고되었으나, 그에 기한 가액의 회복이 이루어지지 아니하였으므로 A가 제기한 소가 권리보호의 이익이 없다고 할 수 없다.

4. 결론
乙의 주장은 모두 타당하지 않다.

제3차 모의시험 제2문

〈제2문의 1〉

〈공통된 사실관계〉

甲은 2022. 1. 10. 乙에게 "온라인 도박장을 개설하기 위한 사업자금이 필요하다."고 설명하고 乙로부터 5억 원을 차용하였다.

문제 1.

甲은 이 차용금채무의 담보를 위하여 X 부동산에 乙 명의의 저당권설정등기를 해 주었다. 乙이 2022. 6. 15. 위 대여금의 지급을 구하는 소를 제기하자, 甲은 위 대여 약정이 무효이므로 이행할 수 없다고 주장하는 한편, 乙을 상대로 X 부동산의 저당권설정등기의 말소를 구하는 소를 제기하였다. 甲과 乙의 각 청구에 대하여 법원은 어떤 판단을 하여야 하는가? (10점)

문제 2.

乙이 2022. 3. 1. 위 차용금의 용도를 알고 있는 丙에게 甲에 대한 채권을 양도하고 甲이 이에 대하여 이의를 보류하지 않은 승낙을 한 경우, 丙은 甲에 대하여 양수금의 지급을 청구할 수 있는가? (5점)

[제2문의 1] 문제 1. 해설

1. 문제

(1) 乙의 대여금 청구 인용 여부, (2) 甲의 저당권설정등기 말소청구 인용 여부가 문제 된다.

2. 乙의 대여금 청구 인용 여부

(1) **관련 조문** – 선량한 풍속 기타 사회질서에 위반한 사항을 내용으로 하는 법률행위는 무효로 한다(제103조).

(2) **판례** – 반사회질서행위는 상대방에게 알려진 법률행위의 동기가 반사회질서적인 경우를 포함하므로 그 동기가 표시되었거나 상대방도 이를 알았던 경우에는 그 법률행위는 무효가 된다.

(3) **사안의 경우** – 甲이 온라인 도박장을 개설한다는 불법의 동기를 乙에게 표시하면서 乙로부터 돈을 차용한 것은 반사회질서 법률행위에 해당하여 무효이므로 甲은 차용금 채무를 부담하지 아니하는바, 乙의 甲에 대한 대여금 청구는 기각된다.

3. 甲의 저당권설정등기 말소청구 인용 여부

(1) **관련 조문** – 불법의 원인으로 인하여 재산을 급여하거나 노무를 제공한 때에는 그 이익의 반환을 청구하지 못한다(제746조).

(2) **판례** – 불법원인급여로 그 반환을 청구하지 못하는 것은 종국적이어야 하는데 저당권을 설정하여 준 경우처럼 이익을 가지려면 경매신청을 하는 등 별도의 조치를 취하여야 하는 경우에는 그 급여로 인한 이익이 종국적인 것이 아니다.

(3) **사안의 경우** – 저당권설정등기는 종국적인 것이 아니므로 반환청구를 할 수 있는바, 甲의 피담보채권이 원인무효임을 이유로 한 저당권설정등기 말소청구는 인용된다.

4. 결론

甲의 청구는 인용되고, 乙의 청구는 기각된다.

[제2문의 1] 문제 2. 해설

1. 문제

丙의 양수금청구 인용 여부가 문제 된다.

2. 丙의 양수금청구 인용 여부

(1) **관련 조문** – 채무자가 이의를 유보하지 아니하고 채권양도의 승낙을 한 때에는 양도인에게 대항

할 수 있는 사유로서 양수인에게 대항하지 못한다(민법 제451조 제1항 본문). 선량한 풍속 기타 사회질서에 위반한 사항을 내용으로 하는 법률행위는 무효로 한다 (제103조).

(2) **판례** - 채권양도에 있어서 채무자가 양도인에게 이의를 보류하지 아니하고 승낙을 하였더라도 양수인이 악의 또는 중과실의 경우에 해당하는 한, 채무자의 승낙 당시까지 양도인에 대하여 생긴 사유로써 양수인에게 대항할 수 있다.

(3) **사안의 경우** - 甲이 이의를 보류하지 않고 승낙을 하였으나, 양수인인 丙이 위 채권의 발생원인이 무효라는 사실을 알고 있었으므로 乙은 위 채권의 발생 원인이 공서양속에 반한다고 대항하여 丙의 청구를 거절할 수 있다.

3. 결론
丙의 청구는 기각된다.

〈제2문의 2〉

A는 甲으로부터 건물 소유를 목적으로 하여 甲 소유 X 토지를 임차하고, 위 토지상에 Y 건물을 신축하여 자신 명의의 소유권보존등기를 마쳤다. A는 B 은행으로부터 금원을 차용하면서 Y 건물에 저당권을 설정하여 주었다. 저당권 설정등기를 마친 후 A는 건물의 유지에 필요한 에너지의 공급을 위하여 乙로부터 태양광발전설비에 관한 설치 및 렌탈계약을 체결하였다. 위 계약에 따르면 乙이 Y 건물에 태양광발전설비를 설치 대여하되, 렌탈기간은 5년으로 하고, 렌탈기간 종료 후에는 계약을 갱신하거나 잔존가치를 평가하여 A가 이를 매입하기로 하였다. 위 태양광 발전설비는 태양광패널 부분과 패널에서 생산된 전기를 저장하는 축전설비 부분으로 나뉘는데, 그 중 태양광패널 부분은 분리하면 훼손되어 경제적 가치를 상실할 정도로 건물 외벽에 고착(固着)되었고, 축전설비는 이를 용이하게 분리하여 다른 건물에도 설치하여 사용할 수 있는 상태로 유지되었다. A가 B 은행에 대한 차용금을 변제하지 못하자 B 은행은 법원에 저당권 실행을 위한 경매를 신청하였고 그 신청이 받아들여져 Y 건물의 경매절차가 개시되었다. 丙은 이 경매절차에서 Y 건물을 경락받아 매각대금을 납부하고 태양광 발전설비가 부속된 상태로 Y 건물을 인도받아 현재까지 사용하고 있다.

문제 1.

甲은 A에 대하여 채무불이행을 이유로 X 토지 임대차계약의 해지를 통지하고 丙에 대하여 Y 건물의 철거와 X 토지의 인도를 구하는 소를 제기하였다. 이에 대하여 丙은 甲의 해지는 부적법하고 만약 위 해지가 적법하다면 甲에 대하여 토지 임대차에 기한 건물매수청구권을 행사한다고 주장하였다. 甲의 청구와 丙의 주장의 타당성을 검토하시오. (15점)

문제 2.

乙은 丙에 대하여 태양광패널 및 축전설비의 반환과 丙의 Y 건물 소유권취득 시부터 위 태양광패널과 축전설비를 반환할 때까지 그 사용으로 인한 부당이득의 반환을 구하는 소를 제기하였다. 乙의 청구에 대하여 丙은 위 태양광패널 및 축전설비를 선의취득하였다고 주장한다. 乙의 청구와 丙의 주장의 타당성을 검토하시오. (15점)

[제2문의 2] 문제 1. 해설

1. 문제
(1) 甲 청구의 타당성, (2) 丙 항변의 당부가 문제 된다.

2. 甲 청구의 타당성

(1) 토지임대차 승계 여부

1) 관련 조문 - 저당권의 효력은 저당부동산에 부합된 물건과 종물에 미친다(민법 제358조 본문).

2) 판례 - 건물의 소유를 목적으로 하여 토지를 임차한 사람이 그 토지 위에 소유하는 건물에 저당권을 설정한 때에는 민법 제358조 본문에 따라서 저당권의 효력이 건물뿐만 아니라 건물의 소유를 목적으로 한 토지의 임차권에도 미치므로, 건물에 대한 저당권이 실행되어 경락인이 건물의 소유권을 취득한 때에는 건물의 소유를 목적으로 한 토지의 임차권도 건물의 소유권과 함께 경락인에게 이전된다.

3) 사안의 경우 - 甲의 X 토지에 대한 임차권은 그 지상 Y 건물에 종된 권리로서 Y 건물에 설정된 저당권의 실행에 의하여 건물 경락인 丙이 X 토지에 대한 임차권을 승계한다.

(2) 토지임대차 무단 양도 여부

1) 관련 조문 - 임차인은 임대인의 동의없이 그 권리를 양도하거나 임차물을 전대하지 못하고, 임차인이 이를 위반한 때에는 임대인은 계약을 해지할 수 있다(민법 제629조 제1,2항).

2) 판례 - 임차인의 변경이 당사자의 개인적인 신뢰를 기초로 하는 계속적 법률관계인 임대차를 더이상 지속시키기 어려울 정도로 당사자간의 신뢰관계를 파괴하는 임대인에 대한 배신행위가 아니라고 인정되는 특별한 사정이 있는 때에는 임대인은 자신의 동의 없이 임차권이 이전되었다는 것만을 이유로 민법 제629조 제2항에 따라서 임대차계약을 해지할 수 없다.

3) 사안의 경우 - 丙이 X 토지에 대한 임차권을 양수받은 것은 임대인 甲의 동의 없는 임차권의 양도이므로 특별한 사정이 없는 한 토지 임대인 甲은 A에 대하여 토지임대차계약을 해지하고 토지소유권자의 지위에서 건물 소유자 丙에 대하여 건물의 철거 및 토지의 인도를 구할 수 있다.

3. 丙 항변의 당부

(1) **관련 조문** - 건물의 소유를 목적으로 한 토지임대차의 기간이 만료한 경우에 건물이 현존한 때에는 토지 임차인은 임대차 갱신을 청구하고 토지임대인이 이를 원하지 아니하는 때에는 토지임차인은 상당한 가액으로 건물의 매수를 청구할 수 있다(민법 제643조, 제283조).

(2) **판례** - 토지 임대차에 있어서 토지 임차인의 차임연체 등 채무불이행을 이유로 그 임대차계약이 해지되는 경우, 토지 임차인으로서는 토지 임대인에 대하여 그 지상건물의 매수를 청구할 수는 없다.

(3) **사안의 경우** - 丙은 토지임차인 A의 채무불이행을 이유로 임대차계약이 해지되어, 민법 제643조에 기한 지상 건물에 대한 매수청구권을 행사할 수 없는바, 丙의 항변은 타당하지 않다.

4. 결론

丙은 甲의 건물철거 및 토지의 인도청구에 응하여야 한다.

[제2문의 2] 문제 2. 해설

1. 문제

태양광 패널 및 축전설비에 대한 소유권자가 문제 된다.

2. 태양광 패널에 대한 소유권자

   (1) **관련 조문** - 부동산의 소유자는 그 부동산에 부합한 물건의 소유권을 취득하나, 타인의 권원에 의하여 부속된 것은 그러하지 아니하다(민법 제256조). 저당권의 효력은 저당부동산에 부합된 물건에 미친다(민법 제358조). 경매에 의한 부동산 물권취득은 등기를 요하지 아니하고(제187조), 매수인은 매각대금을 완납한 때에 매각목적의 권리를 취득한다(민집법 제135조).

   (2) **판례** - 부동산에 부합된 물건이 사실상 분리복구가 불가능하여 거래상 독립한 권리의 객체성을 상실하고 그 부동산과 일체를 이루는 부동산의 구성부분이 된 경우에는 타인이 권원에 의하여 이를 부합시켰더라도 그 물건의 소유권은 부동산의 소유자에게 귀속된다.

   (3) **사안의 경우** - 태양광패널은 Y건물 자체에 고착되어 분리복구가 불가능한 부합물에 해당되고, B 은행의 근저당권 효력이 태양광패널에도 미치어, 경매절차에서 매각대금을 완납한 丙은 이전 등기 경료와 상관없이 유효하게 소유권을 취득하는바, 乙은 소유권자임을 이유로 丙에게 부당이득반환청구를 할 수 없다.

3. 축전설비에 대한 소유권자

   (1) **관련 조문** - 물건의 소유자가 그 물건의 상용에 공하기 위하여 자기소유인 다른 물건을 이에 부속하게 한 때에는 그 부속물은 종물이다(민법 제100조 제1항). 평온, 공연하게 동산을 양수한 자가 선의이며 과실없이 그 동산을 점유한 경우에는 양도인이 정당한 소유자가 아닌 때에도 즉시 그 동산의 소유권을 취득한다(민법 제249조).

   (2) **판례** - 저당권의 실행으로 부동산이 경매된 경우에 그 부동산의 상용에 공하여진 물건이라도 그 물건이 부동산의 소유자가 아닌 다른 사람의 소유인 때에는 이를 종물이라고 할 수 없으므로 부동산에 대한 저당권의 효력에 미칠 수 없어 부동산의 낙찰자가 당연히 그 소유권을 취득하는 것은 아니며, 부동산의 낙찰자가 그 물건을 선의취득하려면 ① 그 물건이 경매의 목적물로 되었고, ② 낙찰자가 선의이며 과실 없이 그 물건을 점유하는 등으로 선의취득의 요건을 구비해야 한다.

(3) 사안의 경우 - 축전설비는 A 소유가 아닌 乙 소유이므로 Y 건물에 종물이 될 수 없고, 경매목적물로 평가된 적이 없어 경락인 丙의 선의취득 요건도 갖추지 못하여, 여전히 乙의 소유인바, 丙에 대한 부당이득반환청구는 인용된다.

4. 결론

乙의 태양광 패널에 대한 부당이득반환청구는 기각하고, 축전설비에 대한 부당이득반환청구는 인용한다.

〈제2문의 3〉

〈 문제 〉

　다세대주택인 X 건물의 소유자 甲은 2010. 10. 7. 이 건물의 203호에 입주하고자 하는 乙과 보증금 2억 원, 임대차기간 2010. 10. 25.부터 2년으로 하는 임대차계약을 체결하였다. 이 무렵 乙은 위 203호에 이주한 다음 전입신고를 마치고 임대차계약서상의 확정일자도 갖추었다. 乙은 2012. 10. 24. 임대차 기간 만료에 즈음하여 甲에게 자신은 곧 이사를 나갈 것이라고 하면서 임대차보증금의 반환을 요구하였다. 그러나 자력이 부족했던 甲은 乙에게 임대차보증금을 돌려주지 못하고 있었다. 회사 근무지 변경으로 상황이 다급해진 乙은 2012. 11. 30. 丙과 전대차계약을 체결하고, 乙 자신은 다른 곳으로 이주하고 전입신고도 마쳤다. 丙은 2012. 11. 30.경 위 203호에 입주하면서 전입신고를 마치고 거주하여 왔다. 甲은 丙이 乙로부터 위 203호를 전차하여 거주하고 있는 사실을 알게 되어 2013. 5.경 乙에게 위 임대차의 해지를 통지하였다. 한편 甲은 2011. 12. 10. 丁 은행으로부터 10억 원을 대출을 받으면서 그 담보로 X 건물에 위 은행 앞으로 저당권을 설정해 준 바 있었다. 甲이 피담보채무를 변제하지 않자 2013. 10.경 丁 은행은 담보권 실행을 위한 경매를 신청하였고, 이 경매절차에서 X 건물은 10억 원에 매각되었다. 乙은 위 임대차보증금채권 2억 원의 배당요구를 하였다. 경매법원은 매각대금을 누구에게 얼마씩 배당하여야 하는가? 집행비용과 각 채권의 지연손해금은 고려하지 않고, 매각대금을 배당받을 다른 채권자는 존재하지 않는다고 가정한다. (30점)

[제2문의 3] 해설

1. 문제

X 건물에 대한 경매대금에 있어서 乙이 근저당권자 丁에 우선하는 우선변제권 인정 여부가 문제된다.

2. 乙의 우선변제권 인정 여부

(1) 乙의 우선변제권 취득 여부

 1) 관련 조문 - 주택의 인도와 주민등록을 마치고 확정일자를 갖춘 임차인은 민사집행법에 따른 경매에서 임차주택의 환가대금에서 후순위권리자나 그 밖의 채권자보다 우선하여 보증금을 변제받을 권리가 있다(주임법 제3조의2 제2항).

 2) 사안의 경우 - 주택임차인 乙은 X 건물 203호의 소유자이자 임대인인 甲으로부터 2010. 10. 25.경에 주택임대차보호법상의 보호를 받는 대항력과 임대차보증금에 대한 우선변제권을 취득하였고, 丁 은행의 저당권은 2011. 12. 10.에 설정되었는바, 丁 은행에 우선하는 우선변제권을 취득하였다.

(2) 전대를 통한 간접점유로 대항요건 인정 여부

 1) 판례
  ① 주임법 제3조 제1항에 정한 대항요건은 임차인이 당해 주택에 거주하면서 이를 직접 점유하는 경우뿐만 아니라 타인의 점유를 매개로 하여 이를 간접점유하는 경우에도 인정될 수 있다.
  ② 주택임차인이 임차주택을 직접 점유하여 거주하지 않고 그곳에 주민등록을 하지 아니한 경우라 하더라도, 임대인의 승낙을 받아 적법하게 임차주택을 전대하고 그 전차인이 주택을 인도받아 자신의 주민등록을 마친 때에는, 이로써 당해 주택이 임대차의 목적이 되어 있다는 사실이 충분히 공시될 수 있으므로, 임차인은 주임법에 정한 대항요건을 적법하게 갖추었다.

 2) 사안의 경우 - 乙과 丙의 전대차가 적법한 경우에는 丙의 직접점유를 통해 乙이 간접점유를 지속하고 있다고 볼 수 있어 대항요건을 충족하는 것으로 해석될 수 있는바, 乙과 丙의 전대차를 적법 유효한 것으로 볼 수 있는지가 검토되어야 한다.

(3) 임대인의 명시적 동의 없는 임대차의 적법 여부

 1) 판례 - 임차인이 임대인으로부터 별도의 승낙을 얻지 아니하고 제3자에게 전대한 경우에도, 임차인의 당해 행위가 임대인에 대한 배신적 행위라고 할 수 없는 특별한 사정이 인정되는 경우에는, 임대인은 자신의 동의 없이 전대차가 이루어졌다는 것만을 이유로 임대차계약을 해지할 수 없으며, 전차인은 그 전대차나 그에 따른 사용·수익을 임대인에게 주장할 수 있는바, 임차인의 대항요건은 전차인의 직접 점유 및 주민등록으로써 적법, 유효하게 유지, 존속한다.

2) 사안의 경우
① 乙이 임대차기간 만료 즈음 甲에게 임대차보증금 반환을 요구하였음에도 이를 반환받지 못하고, 급박한 사정이 있어 부득이 丙에게 전대차를 한 것이므로, 乙의 전대차가 甲에 대한 배신적 행위라고 할 수 없는 특별한 사정이 인정되는바, 甲의 임대차해지는 부적법하고, 전차인 丙은 전대차를 임대인 甲에 대해서도 주장할 수 있다.
② 그렇다면, 乙이 취득했던 임차권의 대항요건은 丙이 위 203호를 인도받고 전입신고까지 마침으로써 적법, 유효하게 유지, 존속한다고 볼 수 있으므로 乙의 대항요건은 乙이 다른 곳으로 이사하였음에도 불구하고 유지되고 있는바, 乙은 저당권자인 丁 은행에 우선하여 보증금을 변제받을 수 있다.

3. 결론
경매법원은 乙에게 2억 원, 丁에게 8억 원을 배당하여야 한다.

<제2문의 4>

A는 1994. 2. 20. 그 소유의 X 부동산에 관하여 배우자 乙에게 같은 날 증여를 원인으로 한 소유권이전등기를 마쳐 주었다. A는 2017. 5. 1. 그 소유의 유일한 재산인 Y 부동산을 乙과 사이에서 출생한 丙에게 증여하는 내용의 유언장을 비밀증서의 방식으로 작성하였다. A는 이 때 유언장의 전문과 연월일, 주소, 성명을 자서하고 날인한 다음 이를 엄봉 날인하고 이를 乙과 A의 친구인 C의 면전에 제출하여 자기의 유언서임을 표시한 후, 그 봉서 표면에 제출연월일을 기재하고 A와 乙, C가 각자 서명날인하였다. A는 그 다음날 공증인에게 위 유언봉서를 제출하여 그 봉인상에 확정일자인을 받았다. A는 2017. 7. 30. 사망하였고, 사망 당시 유족으로는 乙과 丙, 전처 B와 사이에서 출생한 甲이 있었다. 丙은 2017. 9. 1. Y 부동산에 관하여 자기 앞으로 유증을 원인으로 한 소유권이전등기를 마쳤다.

문제 1.

A의 유언은 유효한가? (10점)

문제 2.

甲은 2017. 10. 1. 乙, 丙을 상대로 X, Y 부동산에 관하여 유류분 부족액 상당의 지분 이전을 구하는 소유권이전등기청구의 소를 제기하였다. 이 소장은 2017. 10. 21. 乙, 丙에게 송달되었다. 乙, 丙은 답변서와 준비서면을 통해 원고청구의 기각을 구하였다. 증거조사 결과 사망 당시 A에게는 적극재산과 소극재산이 없었고, 甲은 A로부터 증여받은 재산이 전혀 없으며, X, Y 부동산의 기간별 시가는 다음 표와 같은 사실이 인정되었다.

부동산	1980년-2000년	2000년-2017년	변론종결일(2020년) 현재
X	3억 원	6억 원	14억 원
Y	14억 원	22억 원	28억 원

甲의 청구에 대하여 법원은 어떻게 판단하여야 하는가? (A의 유언이 유효함을 전제로 한다.) (15점)

[제2문의 4] 문제 1. 해설

1. 문제
비밀증서에 의한 유언이 방식에 흠결이 있는 경우의 효력이 문제 된다.

2. 비밀증서에 의한 유언이 방식에 흠결이 있는 경우의 효력

(1) 관련 조문
  1) 비밀증서에 의한 유언은 유언자가 필자의 성명을 기입한 증서를 엄봉날인하고 이를 2인 이상의 증인의 면전에 제출하여 자기의 유언서임을 표시한 후 그 봉서표면에 제출연월일을 기재하고 유언자와 증인이 각자 서명 또는 기명날인하여야 한다(제1069조 제1항).
  2) 유언으로 이익을 받은 사람의 직계혈족은 유언에 참여하는 증인이 되지 못한다(제1072조 제1항 제3호).
  3) 비밀증서에 의한 유언이 그 방식에 흠결이 있는 경우에 그 증서가 자필증서의 방식에 적합한 때에는 자필증서에 의한 유언으로 본다(제1071조).
  4) 자필증서에 의한 유언은 유언자가 그 전문과 연월일, 주소, 성명을 자서하고 날인하여야 한다(제1066조 제1항).

(2) **사안의 경우** - A가 작성한 유언 봉서에 증인으로 서명 날인한 乙은 유증을 받는 丙의 직계혈족인 母로 乙은 증인으로서 결격사유가 있고, 위 유언은 비밀증서로서의 방식을 흠결하여 효력이 없으나, 위 유언은 민법 제1066조 제1항이 정한 방식에 따라 작성되었는바, 자필증서로서 효력이 있다.

3. 결론
A의 유언은 유효하다.

[제2문의 4] 문제 2. 해설

1. 문제
甲의 乙, 丙을 상대로 한 유류분 반환청구 가부에 관한 법원의 판단이 문제 된다.

2. 유류분 반환청구 가부

(1) **관련 조문** - 유류분권리자가 피상속인의 제1114조에 규정된 증여 및 유증으로 인하여 그 유류분에 부족이 생긴 때에는 부족한 한도에서 그 재산의 반환을 청구할 수 있다(제1115조 제1항).

(2) 유류분 및 부족액 산정

1) 관련 조문 - 유류분은 피상속인의 상속개시시에 있어서 가진 재산의 가액에 증여 재산의 가액을 가산하고 채무의 전액을 공제하여 이를 산정한다(제1113조 제1항). 증여는 상속개시 전의 1년간에 행한 것에 한하여 제1113조의 규정에 의하여 그 가액을 산정한다(제1114조).

2) 판례 - 공동상속인에 대한 증여는 상속개시 1년 이전의 것인지 여부, 당사자 쌍방이 손해를 가할 것을 알고서 하였는지 여부에 관계없이 유류분 산정을 위한 기초재산에 산입되고, 가액은 상속개시시를 기준으로 산정한다.

3) 사안의 경우 - 유류분 산정의 기초가 되는 재산은 乙과 丙에 대한 상속개시시 X, Y 부동산 기준 가액인 28억 원(= 6억 원 + 22억 원)이고, 여기에 甲의 유류분 비율인 1/7(= 2/7 ×1/2)을 곱하면 甲의 유류분은 4억 원이고, 甲은 A로부터 증여받은 재산이 전혀 없으므로 부족액은 4억 원(= 28억 원 ×1/7)이 된다.

(3) 반환범위

1) 판례 - 유류분권리자가 유류분반환청구를 할 때 증여를 받은 다른 공동상속인이 여럿일 때에는 각자 증여받은 재산의 가액이 자기 고유의 유류분액을 초과하는 상속인에 대하여 그 유류분액을 초과한 가액의 비율에 따라 반환을 청구할 수 있다.

2) 사안의 경우 - 乙은 피상속인 A로부터 6억 원 상당의 X 부동산을 증여받았고, 乙의 유류분도 6억 원(=28억 × 3/7 × 1/2)으로 유류분 초과액이 없으므로 반환청구를 하지 못한다. 丙의 수증 재산인 Y 부동산의 가액은 22억 원으로 유류분액 4억(= 28억 × 2/7 × 1/2)에서 18억 원을 초과하여 받았는바, 반환청구의 대상이 된다.

(4) 반환방법

1) 판례 - 유류분 권리자가 원물반환의 방법에 의하여 유류분반환을 청구하고 그 원물반환이 가능하다면 법원은 원물반환을 명하여야 한다.

2) 사안의 경우 - 丙은 원물반환으로서 Y 부동산에 관하여 4억(반환할 유류분액)/22억(수증액) = 4/22 지분에 관하여 유류분반환을 원인으로 한 소유권이전등기 절차의 이행을 구할 수 있다.

3. 결론

甲의 청구는 乙에 대하여는 기각되고, 丙에 대하여는 Y 부동산의 4/22 지분에 관하여 소유권이전등기 절차를 이행하라는 일부 인용 판결을 하여야 한다.

제3차 모의시험 제3문

A는 인쇄업을 하기로 결심하고, 2020. 3. 20. 필요한 사무실과 공장건물을 매입할 것이라고 말하면서 자신의 친구인 B로부터 5억원의 자금을 차용한 다음, 며칠 후 "신일인쇄"라는 상호로 개인사 업체를 개업하였다. A는 세금 목적상 자신의 형인 C의 묵인 하에 공동명의로 사업자등록을 하였고 대외적 거래행위 역시 C와 공동명의로 하였으나, 실제 C는 사업에 전혀 관여하지 않았다. A는 2020. 7. 20. 같은 방식으로 D로부터 인쇄기 2대를 매입하였는데, 매입대금 가운데 3억 원이 미지급 된 상태이다.

사업이 궤도에 오르자 A는 신일인쇄의 폐업신고를 하고, 2021. 6. 20. 인쇄업을 목적으로 하는 비상장 주식회사 "(주)선진인쇄"를 설립하면서 신일인쇄의 영업재산 일체를 (주)선진인쇄에 현물출자 하는 형식으로 법인전환을 하고 그 대표이사에 취임하였다. A는 현물출자의 대가로 (주)선진인쇄의 주식 70%를 취득하였고, 나머지 30% 주식은 C가 보유하고 있다. C는 법인등기부상 이사로 등기되어 있으나, 이번에도 (주)선진인쇄의 사업에는 관여하고 있지 않다. A의 D에 대한 매입대금 채무는 (주)선진인쇄가 인수하지 않았다.

문제 1.
B의 A에 대한 대여금채권의 소멸시효는 몇 년인가? (10점)

문제 2.
D는 C에게 인쇄기 매매대금의 지급을 청구할 수 있는가? (20점)

문제 3.
D는 (주)선진인쇄를 상대로 인쇄기 매매대금의 지급을 청구할 수 있는가? (15점)

〈추가적 사실관계〉

甲주식회사는 철강제조 및 건설업을 영위하는 상장회사로서, A는 2011. 3. 20. 이후로 그 대표이사로 근무하고 있다. 甲회사는 2011년부터 2017년까지 7년간 철강납품단가를 담합하였다는 이유로 2019. 10. 7. 공정거래위원회로부터 약 200억 원의 과징금 부과처분을 받았다. 甲회사는 내부사무분장에 따라 각 임원이 자신의 분야를 전담하여 처리하고 있었고, 위 철강납품단가의 결정은 담당임 원의 전결로 처리하게 되어 있었다. A는 철강납품단가의 결정 또는 담합행위를 지시하거나 보고받은 사실이 없다.

甲회사는 2018. 7. 건설업과 관련된 사업부문을 주주총회 특별결의를 거쳐 상장회사인 乙주식회사에 양도하였다. 乙회사(자본금 500억 원, 총자산 1,500억 원)는 주주총회결의 없이 영업양수계약을 체결하고 양수대금 1,000억 원 가운데 일부인 500억 원만 우선 甲회사에 지급하였다. 그런데 乙회사는 2020. 8. 부실공사로 인하여 막대한 손해배상금을 지급하게 되었고, 이에 50억 원의 당기순손실이 발생하여 결손상태가 되었다. 乙회사의 대표이사 B는 2020. 9. 고정자산

가액을 과대평가하고 부채를 과소계상하는 방식으로 분식회계를 하여 이 당기순손실이 드러나지 않도록 하였고, 주식시장에는 계속 이에 기초하여 분기보고서 등을 제출하였고, 2020. 12. 기준으로 정기적인 이익배당도 실시하였다. 그러나 2021. 8. 분식회계 사실이 언론을 통해 알려지면서 주가가 크게 하락하였고, 이어 2021. 10. 금융감독원의 조사에 따라 위 분식회계가 사실로 확정되었다. 乙회사는 甲회사에 대하여 잔금 500억 원의 지급을 미루고 있는 가운데 건설업 불황 등으로 경영상황이 악화되자, 2022. 7. 乙 회사가 영업양수 당시 주주총회결의를 거치지 않았다는 이유로 위 영업양수계약의 무효를 주장하고 있다.

문제 4.

A는 과징금으로 인하여 甲회사가 입은 손해에 대하여 배상책임을 지는가? (15점)

문제 5.

C는 2020. 1.부터, D는 2021. 6.부터, E는 2022. 6.부터 乙회사 주식을 각 2%씩 취득하여 2022. 8. 현재 보유하고 있다. C, D, E는 乙회사 대표이사 B를 상대로 분식회계와 관련하여 회사 또는 자신에 대한 손해배상을 청구할 수 있는가? (부실공사로 인한 손해배상금의 지급은 책임원인으로 고려하지 말고, B가 회사 또는 각 주주에 대한 손해배상책임을 지는지에 대한 설명을 포함하라) (30점)

문제 6.

乙회사는 영업양수계약의 무효를 이유로 甲회사에 대하여 영업양수대금 500억 원의 부당이득 반환을 청구할 수 있는가? (10점)

[제3문] 문제 1. 해설

1. 문제
A의 B에 대한 영업자금 차입행위의 상사시효 적용 여부가 문제 된다.

2. A의 상인성 여부
(1) **관련 조문** - 상법은 점포 기타 유사한 설비에 의하여 상인적 방법으로 영업을 하는 자는 상행위를 하지 아니하더라도 상인으로 보면서(제5조 제1항), 제5조 제1항에 의한 의제상인의 행위에 대하여 상사소멸시효 등 상행위에 관한 통칙 규정을 준용하도록 하고 있다(제66조).

(2) **판례** - 영업자금 차입 행위는 행위 자체의 성질로 보아서는 영업의 목적인 상행위를 준비하는 행위라고 할 수 없지만, 행위자의 주관적 의사가 영업을 위한 준비행위이었고 상대방도 행위자의 설명 등에 의하여 그 행위가 영업을 위한 준비행위라는 점을 인식하였던 경우에는 상행위에 관한 상법의 규정이 적용된다.

(3) **사안의 경우** - A가 인쇄업을 위한 것임을 B에게 설명하여, 차용시점에서 A는 상인자격을 취득하고 차입행위는 보조적 상행위가 되는바, B의 대여금 채권은 상행위로 인한 채권에 해당한다.

3. 결론
B의 A에 대한 대여금 채권은 5년의 상사 소멸시효가 적용된다.

[제3문] 문제 2. 해설

1. 문제
C가 명의대여자 책임을 부담하는지가 문제 된다.

2. 명의대여자 책임 성부
(1) **명의대여 의의 및 요건 충족여부**
　1) 의의 - 타인에게 자기의 성명 또는 상호를 사용하여 영업을 할 것을 허락한 자를 말한다.
　2) 요건 - ① 외관의 존재 : 명의차용자 A가 신일인쇄라는 상호로 개인사업체를 개업하였고, 명의대여자 C가 직접 영업을 하지 않지만 공동명의로 영업이 이루어지고 있다는 점에서 외관이 존재한다. ② 외관의 부여 : 명의를 사용하여 영업을 할 것을 허락하여야 하는바, C가를 이를 묵인한 것은 외관의 부여에 대한 묵시적 승낙으로 보여진다. ③ 외관의 신뢰 : 거래상대방 선의 및 무중과실이 요구되는 바, 거래상대방인 제3자 D가 '신일인쇄'와 인쇄기 2대 매매를 할 때 이러한 외관을 신뢰한 것에 관하여 고의 및 중과실로 볼만한 사정이 없다.

3) 사안의 경우 - C는 동생 A가 신일인쇄라는 상호로 영업을 하는 것에 공동명의로 사업자 등록을 한 점에서 외관이 존재하고, 이러한 영업에 대한 묵시적인 허락이 있었으며, 명의대여 여부에 대한 사실관계 인식과 관련하여 D는 선의 및 무중과실로 판단되는바, C는 명의대여자 성립 요건을 충족 한다.

(2) 명의대여의 효과

1) 관련 조문 - 자기를 영업주로 오인하여 거래한 제3자에 대하여 그 타인과 연대하여 변제할 책임을 진다(상법 제24조). 즉, 명의대여자와 명의차용자는 연대책임을 지고 그 범위는 허락한 영업 범위 내의 채무에 한한다.

2) 사안의 경우 - 명의차용자 A가 인쇄소 영업을 위해 인쇄기를 구입하여 발생된 매매대금은 영업 행위의 결과 생긴 채무로 이는 명의대여자 A가 허락한 영업 범위 내의 채무인바, A와 C는 매매대금에 대하여 부진정연대책임을 진다.

3. 결론

D는 C에게 인쇄기 매매대금의 지급을 청구할 수 있다.

[제3문] 문제 3. 해설

1. 문제

A의 채권자 D가 법인격부인론의 역적용을 전제로 A가 설립한 ㈜ 선진인쇄에 대한 매매대금 채무이행 청구 가부가 문제 된다.

2. D의 ㈜ 선진인쇄에 대한 매매대금 청구 가부

(1) **관련 조문 및 법리** - 회사란 상행위나 그 밖의 영리를 목적으로 하여 설립한 법인을 말한다(상법 제169조). 권리의 행사와 의무의 이행은 신의에 좇아 성실히 하여야 하고, 권리는 남용하지 못한다(민법 제2조). 주식회사는 주주와 독립된 별개의 권리주체이므로 그 독립된 법인격이 부인되지 않는다.

(2) **판례** - 개인이 회사를 설립하지 않고 영업을 하다가 그와 영업목적이나 물적 설비, 인적 구성원 등이 동일한 회사를 설립하는 경우에 그 회사가 외형상으로는 법인의 형식을 갖추고 있으나 법인의 형태를 빌리고 있는 것에 지나지 않고, 실질적으로는 완전히 그 법인격의 배후에 있는 개인의 개인기업에 불과하거나, 회사가 개인에 대한 법적 책임을 회피하기 위한 수단으로 함부로 이용되고 있는 예외적인 경우까지 회사와 개인이 별개의 인격체임을 이유로 개인의 책임을 부정하는 것은 신의칙에 반하므로, 이러한 경우에는 회사의 법인격을 부인하여 그 배후에 있는 개인에게 책임을 물을 수 있다.

(3) 사안의 경우 - A는 D에 대한 물품대금 채무를 면탈하기 위한 목적으로 자신의 개인사업체인 신일인쇄를 폐업신고하고 영업재산 일체를 현물출자하여 ㈜ 선진인쇄를 설립한 것이고, 설립 당시 모든 자산이 ㈜ 선진인쇄에 이전되었음에도, 신일 인쇄와 독립된 인격체라는 이유로 D가 A에 대한 매매대금 채무를 ㈜ 선진인쇄에 추궁하지 못하는 것은 심히 정의와 형평에 반하는바, D는 A뿐만 아니라 ㈜ 선진인쇄에 대해서도 채무의 이행을 청구할 수 있다.

3. 결론
D는 ㈜ 선진인쇄를 상대로 인쇄기 매매대금의 지급을 청구할 수 있다.

[제3문] 문제 4. 해설

1. 문제
대표이사 A가 철강납품단가의 담합행위에 관여한 사실이 없더라도 이로인해 발생한 회사의 과징금에 대하여 손해를 배상할 책임이 있는지가 문제 된다.

2. 대표이사 A의 선관주의 의무 위반 여부
(1) 관련 조문 - 이사가 고의 또는 과실로 법령 또는 정관에 위반한 행위를 하거나 그 임무를 게을리한 경우에는 그 이사는 회사에 대하여 연대하여 손해를 배상할 책임이 있다(상법 제399조 제1항).

(2) 판례 - 다른 대표이사나 업무담당이사의 업무집행이 위법하다고 의심할 만한 사유가 있음에도 고의 또는 과실로 인하여 주의의무를 위반하여 이를 방치한 때에는 이로 말미암아 회사가 입은 손해에 대하여 상법 제399조 제1항에 따른 배상책임을 진다

(3) 사안의 경우 - 대표이사 A는 철강납품단가의 결정 또는 담행행위를 지시하거나 보고 받은 사실이 없다 하더라도 철강 시장은 몇 개의 사업자가 과점하는 구조이어서 담합의 형성 및 유지가 용이할 뿐만 아니라 그 합의를 통하여 얻는 경제적 이익도 커서 담합의 유인이 높다고 볼 수 있으므로, 이러한 가격담합행위에 대한 사실을 확인할 주의의무를 위반하여 공정거래위원회로부터 과징금을 부과받았다면, 선관주의의무를 위반한 것으로 보여지는바, 甲 회사가 입은 손해에 대하여 배상할 책임이 있다.

3. 대표이사 A의 감시의무 의무 위반 여부
(1) 관련 조문 - 대표이사는 회사의 영업에 관하여 재판상 또는 재판 외의 모든 행위를 할 권한이 있으므로, 모든 직원의 직무집행을 감시할 의무를 부담함은 물론, 이사회의 구성원으로서 다른 대표이사를 비롯한 업무담당이사의 전반적인 업무집행을 감시할 권한과 책임이 있다(상법 제389조 제3항, 제209조 제1항).

(2) 판례 - 대표이사가 회사의 목적이나 규모, 영업의 성격 및 법령의 규제 등에 비추어 높은 법적 위험이 예상되는 경우임에도 이와 관련된 내부통제시스템을 구축하고 그것이 제대로 작동되도록 하기 위한 노력을 전혀 하지 않거나 위와 같은 시스템을 통한 감시·감독의무의 이행을 의도적으로 외면한 결과 다른 이사 등의 위법한 업무집행을 방지하지 못하였다면, 이는 대표이사로서 회사 업무 전반에 대한 감시의무를 게을리한 것이라고 할 수 있다.

(3) 사안의 경우 - 대표이사 A는 철강업체의 특성을 반영하여 가격담합행위를 방지할 내부통제 시스템을 사전에 구축하고 작동하여 이를 감시하여야 하였음에도 이를 해태하여 담합행위를 통해 공정한 시장가격 형성을 저해하여 甲 회사가 과징금을 부과받았다면 감시의무 위반에 따른 손해배상책임이 있다.

4. 결론

A는 과징금으로 인하여 甲 회사가 입은 손해에 대하여 선관주의 및 감시의무 위반에 따라 손해배상 책임을 진다.

[제3문] 문제 5. 해설

1. 문제

乙 회사 대표이사 B의 분식회계에 따라 발생한 주가 하락에 따른 손해에 대하여 C, D, E가 B를 상대로 회사 또는 자신에 대한 손해배상을 청구할 수 있는지가 문제 된다.

2. 주주의 간접손해에 대한 청구 가부 (주주대표소송)

(1) 원고적격 인정 여부

1) 관련 조문 - 6개월 전부터 계속하여 상장회사 발행주식 총수의 1만분의 1 이상에 해당하는 주식을 보유한 자는 제403조에 따른 주주의 권리를 행사할 수 있다(상법 제542조의6 제6항). 제1항부터 제7항까지는 제542조의2 제2항에도 불구하고 이 장의 다른 절에 따른 소수주주권의 행사에 영향을 미치지 아니한다(상법 제542조의6 제10항). 발행주식의 총수의 100분의 1 이상에 해당하는 주식을 가진 주주는 회사에 대하여 이사의 책임을 추궁할 소의 제기를 청구할 수 있다(상법 제403조 제1항).

2) 사안의 경우

① 주주 C는 대표이사 B가 분식회계를 한 2020.9. 이전인 2020.1.부터 주식을 취득하여 현재까지 보유한 자이므로 분식회계 사실을 적발되어 발생한 주가하락에 따른 간접손해에 대하여 회사로 하여금 대표이사 B에 대한 손해를 물을 것을 청구하고, 이에 응하지 않을 경우 대표소송을 제기하여 손해배상을 청구할 수 있다.

② 주주 D는 분식회계로 인하여 회사의 손해가 발생한 이후 주식을 취득하였으므로 원고적격이 인정될 수 있는지 문제가 될 수 있는데, 상법은 대표소송을 제기하기 위해서 손해발생 시점의 주주일 것을 요구하고 있지 않으므로, 손해 발생 이후 주식을 취득하였더라도 D의 원고적격에 장애를 가져오지 않는바, 대표소송을 제기할 수 있다. 이는 E도 마찬가지이다.

③ 주주 E는 대표소송을 제기하기 위하여 상법 6개월 요건을 갖추지 못하고 있으나, 상법 제542조의6 제10항에 따라 제403조 대표소송을 제기할 수 있다.

(2) 인용 여부

1) 관련 조문 - 이사가 고의 또는 과실로 법령 또는 정관에 위반한 행위를 하거나 그 임무를 게을리한 경우에는 그 이사는 회사에 대하여 연대하여 손해를 배상할 책임이 있다(상법 제399조 제1항).

2) 판례 - 결손상태의 회사가 이익이 있는 것으로 분식결산을 하여 이익배당을 한 경우, 회사는 분식회계로 말미암아 지출하지 않아도 될 이익배당금과 법인세 납부액을 지출하였으므로 그만큼의 손해를 입는다.

3) 사안의 경우 - B는 지출하지 않아도 되었을 이익배당금 및 법인세 납부액에 대해서 회사에 대하여 손해배상책임을 지는바, 회사가 상법 제399조 제1항에 따른 책임을 물을 수 있다. 주주 C, D, E는 주가 하락에 따른 간접손해에 대하여 乙 회사가 대표이사 B에게 책임을 추궁할 소를 제기하지 않는 경우 대표소송을 제기하여 손해를 전보받을 수 있다.

3. 주주의 직접손해에 대한 청구 가부 (상법 제401조 제1항 청구 가부)

(1) 관련 조문
이사가 고의 또는 중대한 과실로 그 임무를 게을리한 때에는 그 이사는 제3자에 대하여 연대하여 손해를 배상할 책임이 있다(상법 제401조 제1항).

(2) 판례
주주가 이사의 부실공시로 인하여 정상주가보다 높은 가격에 주식을 매수하였다가 주가가 하락함으로써 직접손해를 입었다면, 이사에 대하여 상법 제401조 제1항에 의하여 손해배상을 청구할 수 있다.

(3) 사안의 경우

1) 주주 D는 분식회계가 이루어진 2020. 9. 이후 작성된 재무제표를 정상적인 것으로 믿고 주주의 지위를 취득한 자로서 분식회계 사실이 확정됨에 따라 발생하는 주가 하락에 따른 직접손해를 받은 자에 해당하는바, 상법 제401조 제1항에 따라 대표이사 B를 상대로 자신에 대한 손해배상을 청구할 수 있다.

2) 주주 E는 분식회계 사실이 확정 공지된 2021. 10. 이후에 주식을 취득한 자로서 주가하락에 따른 직접손해를 입은 자로 보기에는 무리가 있는바, 상법 제401조 제1항에 따라 대표이사 B를 상대로 자신에 대한 손해배상을 청구할 수 없다.

4. 결론

(1) C, D, E는 주주대표 소송을 제기하여 B를 상대로 회사에 대한 손해배상을 청구할 수 있다.

(2) D는 상법 제401조에 근거하여 B를 상대로 손해배상을 청구할 수 있다.

[제3문] 문제 6. 해설

1. 문제
(1) 乙 회사가 甲 회사의 건설업을 양수함에 있어 주주총회의 특별결의를 거쳐야 하는지, (2) 이를 흠결한 경우 乙 회사가 이를 주장하는 것이 신의칙에 반하지는 않는지 문제 된다.

2. 乙회사 주주총회 특별결의 요부
(1) **관련 조문** - 회사가 회사의 영업에 중대한 영향을 미치는 다른 회사의 영업 전부 또는 일부를 양수할 때에는 주주총회의 특별결의가 있어야 한다(제374조 제1항 제3호).

(2) **판례** - 주식회사 존속의 기초가 되는 중요한 재산의 양도는 영업의 폐지 또는 중단을 초래하는 행위로서 이는 영업의 전부 또는 일부 양도의 경우와 다를 바 없으므로 이러한 경우에는 상법 제374조 제1항 제1호의 규정을 유추적용하여 주주총회의 특별결의를 거쳐야 한다.

(3) **사안의 경우** - 乙 회사 건설업 영업의 시가는 1,000억 원으로서 총자산의 2/3에 해당하므로 중대한 영향을 미치는 영업양수로 보이는바, 주주총회 특별결의를 요한다.

3. 乙회사 주주총회 특별결의 흠결주장의 신의칙 위배 여부
(1) **관련 조문** - 주주총회 특별결의는 출석한 주주의 의결권의 3분의 2 이상의 수와 발행주식 총수의 3분의 1 이상의 수의 결의를 요한다(상법 제434조). 권리의 행사와 의무의 이행은 신의에 좇아 성실히 하여야 하고, 권리는 남용하지 못한다(민법 제2조 제1, 2항).

(2) **판례** - 상법 제374조 제1항 제1호는 강행법규이므로, 주식회사가 영업의 전부 또는 중요한 일부를 양도한 후 주주총회의 특별결의가 없었다는 이유를 들어 스스로 그 약정의 무효를 주장하더라도 주주 전원이 약정에 동의한 것으로 볼 수 있는 특별한 사정이 없다면 무효 주장이 신의칙에 반하지 않는다.

(3) **사안의 경우** - 乙 회사가 중요한 영업을 매각하면서 주주 전원의 동의 또는 주주총회 특별결의가 없이 건설업을 양도한 것은 강행규정에 위배되는 바, 乙 회사가 甲 회사와의 건설업 영업양수계약의 무효를 주장하는 것은 신의칙에 반하지 않는다.

4. 결론
영업양수계약이 무효이므로, 乙 회사는 甲 회사에게 이미 지급한 500억 원에 대하여 부당이득반환청구를 할 수 있다.

제2차 모의시험 제1문

〈제1문의 1〉

甲은 乙로부터 X 건물을 대금 10억 원에 매수하였다. 계약 내용은 다음과 같다.

"계약금 1억 원은 당일 지급하고, 중도금 및 잔금은 6개월마다 1억 원씩 9회에 걸쳐 분할 지급한다. 甲이 30일 이상 대금의 지급을 지체한 때에는 乙이 계약을 해제할 수 있다. 매매대금을 전액 지급하기 전이라도 甲은 乙의 승낙을 얻어 X 건물을 점유·사용할 수 있다. 甲의 귀책사유로 매매계약이 해제되는 경우 甲은 乙에게 지체 없이 X 건물을 인도하고 그 점유·사용기간에 대한 점유사용료를 지급한다."

이에 따라 甲이 乙의 승낙을 얻어 X 건물을 사용하였는데, 甲이 5회차 중도금을 2개월 연체하자 乙은 매매계약을 해제하고 甲을 상대로 X 건물의 인도를 구하는 소(이하 "전소")를 제기하였다. 甲은 '乙에게 지급한 계약금과 중도금 일부를 반환받음과 동시에 건물을 인도할 의무가 있다'는 내용의 동시이행항변을 하였다. 이에 대해 乙은 '甲으로부터 지급받아야 할 X 건물에 대한 점유사용료가 甲이 동시이행항변으로 주장한 계약금 및 중도금 반환채권액을 초과하였다'고 주장하면서 상계의 재항변을 하였다. 법원은 상계의 재항변을 인정하여 甲에게 무조건의 인도판결을 선고하였으며, 이 판결은 그대로 확정되었다.

이후 甲은 乙을 상대로 위 매매계약에 따라 기지급된 계약금 및 중도금의 일부인 2억 원의 반환을 구하는 소(이하 "후소")를 제기하였는데, 후소 법원은 '후소가 전소 판결의 기판력에 저촉된다'고 판단하여 甲의 청구를 기각하였다.

〈 문제 〉

후소 법원의 판단은 적법한가? (15점)

[제1문의 1] 해설

1. 문제
(1) 전소 기판력의 객관적 발생범위, (2) 甲의 상계재항변과 기판력, (3) 전소판결의 증명효에 따른 후소법원의 판단이 문제 된다.

2. 전소 기판력의 객관적 발생범위
(1) **관련 조문** - 확정판결은 주문에 포함된 것에 한하여 기판력을 가진다(민소법 제216조 제1항).

(2) **판례** - 판결 이유에서 판단되는 피고의 항변에 대하여는 그것이 판결의 기초가 되었다고 하더라도 기판력이 발생하지 않는다.

(3) **사안의 경우** - 전소에서는 乙의 甲에 대한 X부동산 인도청구권의 존재에 대하여 기판력이 발생하고, 甲이 동시이행항변으로 주장한 계약금 및 중도금 채권이 인정되었더라도 그 채권의 존부와 액수에 대하여는 기판력이 발생하지 않는다.

3. 乙의 상계 재항변과 기판력
(1) **관련 조문** - 상계를 주장한 청구가 성립되는지 아닌지의 판단은 상계하자고 대항한 액수에 한하여 기판력을 가진다(민소법 제216조 제2항).

(2) **판례**
  1) 상계 주장에 관한 판단에 기판력이 인정되는 경우는, 상계 주장의 대상이 된 수동채권이 소송물로서 심판되는 소구채권이거나 그와 실질적으로 동일하다고 보이는 경우로서 상계를 주장한 반대채권과 그 수동채권을 기판력의 관점에서 동일하게 취급하여야 할 필요성이 인정되는 경우를 말한다.

  2) 상계 주장의 대상이 된 수동채권이 동시이행항변에 행사된 채권일 경우에는 상계 주장에 대한 판단에는 기판력이 발생하지 않는다. 왜냐하면 동시이행항변이 상대방의 상계의 재항변에 의하여 배척된 경우에 그 동시이행항변에 행사된 채권을 나중에 소송상 행사할 수 없게 되어 민사소송법 제216조가 예정하고 있는 것과 달리 동시이행항변에 행사된 채권의 존부나 범위에 관한 판결 이유 중의 판단에 기판력이 미치기 때문이다.

(3) **사안의 경우**
  1) 乙 상계의 재항변에서 수동채권은 甲의 乙에 대한 계약금 및 중도금 채권이고, 이에 甲은 "乙이 계약금과 중도금을 지급할 때까지 乙에 대하여 주택인도를 거절한다."는 취지의 동시이행항변을 하여, 이는 수동채권이 동시이행항변에 행사된 채권에 해당되는바, 乙의 甲에 대한 점유사용료를 자동채권으로 한 상계 주장에 대한 판단에 기판력이 생기지 않는다.

  2) 왜냐하면, 이를 인정할 경우 甲이 주장하는 계약금 및 중도금 채권의 범위에 관한 판결 이유 중의 판단에 기판력이 생기게 되고, 이는 동시이행항변 이유 중의 판단에 관하여도 기판력이 발생하는 결과를 초래하는 바, 민소법 제216조 제2항의 규정에 반하기 때문이다.

4. 전소판결의 증명효

(1) **판례** - 민사재판에 있어서는 다른 민사사건 등의 판결에서 인정된 사실에 구속받는 것이 아니라 할지라도 이미 확정된 관련 민사사건에서 인정된 사실은 유력한 증거가 되므로, 합리적인 이유 설시 없이 이를 배척할 수 없다.

(2) **사안의 경우** - 乙의 전소와 甲의 후소가 당사자가 같고 분쟁의 기초가 된 반환청구권이 동일하므로 乙의 전소는 후소에 대하여 증명효가 미친다.

5. 결론

(1) 후소 법원은 甲의 청구가 전소의 기판력에 저촉된다는 이유로 기각할 수 없는바, 기판력에 저촉된다는 후소 법원의 판단은 적법하지 않다.

(2) 다만, 전소 판결의 증명효에 따라 특별한 사정이 없는 한 전소에서 갑의 계약금 및 중도금 채권이 상계의 재항변으로 소멸하였다는 전소 판단을 존중하여야 하는바, 전소 판단의 증명력을 번복할 만한 특별한 사정이 없는 한 후소에서 청구기각판결이 선고될 것이다.

〈제1문의 2〉

〈공통된 사실관계〉

甲과 A는 乙(주택재개발정비사업조합)이 실시하는 건축설계도급 입찰에 참가하기 위하여 민법상 조합에 해당하는 공동수급체를 구성하였다. 乙은 임시총회에서 위 공동수급체의 경쟁업체인 B를 낙찰자로 선정하고, B와의 건축설계계약 체결을 승인하는 결의(이하 '이 사건 결의')를 하였다. 그러자 甲이 乙을 상대로 위 결의에 대하여 무효확인을 구하는 소를 제기하였다.

※ 추가된 사실관계는 각 별개임.

〈추가된 사실관계 1〉

위 소송에서 乙은 '1) 조합인 공동수급체의 구성원 중 1인인 甲이 단독으로 이 사건 소를 제기한 것은 부당하고, 2) 이 사건 결의는 乙과 B 사이의 권리관계에 관한 것인데 제3자에 불과한 甲이 그 효력 유무의 확인을 구하는 것은 부당하다'고 주장하였다.

문제 1.
　　乙의 위 각 주장은 타당한가? (20점)

〈추가된 사실관계 2〉

甲과 A는 위 입찰절차에서 乙에게 '乙이 정한 업체 선정방법, 乙의 총회에서의 낙찰자 및 계약자 선정 결과에 대하여 민·형사상 어떠한 소송도 제기하지 않고 이를 따르기로 한다'고 약정하였고, 이 약정 사실은 법원에 제출된 입찰관련 서류에 포함되어 있다. 그런데 甲이나 乙이 소송에서 위 약정의 성격이나 효력을 쟁점으로 삼아 소의 적법 여부를 다툰 바는 없다.

문제 2.
　　이 경우 법원은 어떠한 조치를 취하여야 하는가? (15점)

[제1문의 2] 문제 1. 해설

1. 문제
乙의 1), 2) 주장의 당부가 문제 된다.

2. 乙의 1) 주장의 당부
(1) **관련 조문** - 합유물을 처분 또는 변경함에는 합유자 전원의 동의가 있어야 한다. 그러나 보존행위는 각자가 할 수 있다(민법 제272조).

(2) **판례** - 민법상 조합인 공동수급체가 경쟁 입찰에 참가하였다가 다른 경쟁업체가 낙찰자로 선정된 경우, 그 공동수급체의 구성원 중 1인이 그 낙찰자 선정이 무효임을 주장하며 무효확인의 소를 제기하는 것은 그 공동수급체가 경쟁입찰과 관련하여 갖는 법적 지위 내지 법률상 보호받는 이익이 침해될 우려가 있어 그 현상을 유지하기 위하여 하는 소송행위이므로 이는 합유재산의 보존행위에 해당한다.

(3) **사안의 경우** - 乙이 무효확인의 소를 제기한 것은 결의와 관련하여 갖는 법적 지위 내지 법률상 보호받는 이익이 침해될 우려가 있어 그 현상을 유지하기 위한 것이며, 다른 합유자에게 A에게도 이익이 되는 합유재산의 보존행위에 해당하는바, 조합의 구성원 중 1인인 甲이 단독으로 이 사건 소를 제기한 것을 부당하다고 볼 수 없는바, 乙의 1) 주장은 타당하지 않다.

3. 乙의 2) 주장의 당부
(1) **관련 법리** - 자기의 현재 권리관계에 대하여 ① 법률상 이익이, ② 현존하는 위험, ③ 그 위험 제거에 가장 유효적절한 수단이어야 한다.

(2) **판례** - 제3자 사이의 권리관계에 관하여도 그에 관하여 당사자 사이에 다툼이 있어서 당사자 일방의 권리관계에 불안이나 위험이 초래되고 있고, 다른 일방에 대한 관계에서 그 법률관계를 확정시키는 것이 당사자의 권리관계에 대한 불안이나 위험을 제거할 수 있는 유효·적절한 수단이 되는 경우에는 제3자 사이의 권리관계에 관하여도 확인의 이익이 있다.

(3) **사안의 경우** - 이 사건 결의의 효력 유무에 따라 입찰에 참가한 甲과 A가 구성한 조합의 법적 지위나 법률상 보호되는 이익에 직접 영향을 받게 되므로, 甲으로서는 B가 건축설계계약에 따른 의무 이행을 완료하였다는 등의 특별한 사정이 없는 한, 그에 관한 불안이나 위험을 유효·적절하게 제거하기 위하여 이 사건 결의에 대하여 무효확인을 구할 이익이 있는바, 乙의 2) 주장은 타당하지 않다.[1]

4. 결론
乙의 1), 2) 주장은 타당하지 않다.

---

[1] 참고로, 이 경우 이 사건 결의가 무효로 확인되면 甲이 이 사건 입찰절차에서 반드시 낙찰자로 선정된다거나 선정될 개연성이 있다는 요건까지 갖추어야 하는 것은 아니다.

[제1문의 2] 문제 2. 해설

1. 문제
부제소합의에 관한 (1) 소송상 취급, (2) 법원의 조치가 문제 된다.

2. 부제소합의에 관한 소송상 취급
(1) **의의** - 부제소합의란 특정한 권리나 법률관계에 관하여 분쟁이 있어도 제소하지 아니하기로 합의한 경우를 말하며, 이에 위반하여 제기한 소는 권리 보호의 이익이 없다.

(2) **판례** - 부제소합의가 있는 경우 권리호보이익이 없어 소각하판결을 하여야 한다고 보며, 당사자의 주장 또는 이의에 관계없이 법원이 반드시 직권으로 판단하여야 할 직권조사사항으로 본다.

(3) **사안의 경우** - 甲과 A가 乙에게 '입찰에 관련한 결과에 대하여 민·형사상 어떠한 소송도 제기하지 않고 이를 따르기로 한다'고 약정한 것은 부제소합의 해당하는바, 법원은 甲이나 乙이 부제소합의 효력에 대하여 다툰 바 없더라도 직권조사사항으로 소의 이익 여부를 판단 한다.

3. 부제소합의에 관한 법원의 조치
(1) **판례** - 당사자들이 부제소 합의에 관하여 다투지 아니하는데도 법원이 직권으로 소가 부적법하다고 판단하기 위해서는 그와 같은 법률적 관점에 대하여 당사자에게 의견을 진술할 기회를 주어야 하고, 직권으로 부제소 합의를 인정하여 소를 각하하는 것은 예상외의 재판으로 당사자 일방에게 불의의 타격을 가하는 것으로서 석명의무 위배에 해당한다.

(2) **사안의 경우** - 소송당사자들인 甲, 乙이 이 사건 약정의 효력이나 범위에 관하여 쟁점으로 삼아 소의 적법 여부를 다툰 바가 없으므로 법원으로서는 그러한 법률적 관점에 관하여 당사자에게 의견을 진술할 기회를 준 후에, 이 사건 소를 부적법 각하하여야 한다.

4. 결론
법원은 석명권을 행사하여 부제소 합의의 효력에 관하여 당사자에게 의견을 진술할 기회를 주고, 이후에도 다툼이 없다면 이 사건 소를 권리보호이익이 없음을 이유로 각하하여야 한다[2].

---

[2] 부제소합의에 관한 소송상 취급을 직권조사사항(판례)이 아닌 항변사유로 보는 경우에는 법원은 부제소 합의 여부에 대하여 석명권을 행사할 필요 없이 본안심리를 하여야 한다. 최근 대판 2022. 7. 28. 2021다293831에서는 "소외인의 연대보증인인 피고로서는 협약에 따라 원고의 구상금 청구에 대해 부제소합의가 있었다는 항변권을 행사할 수 있다"라고 판시하여 부제소합의가 항변사항임을 전제로 판단을 내린 판례가 있다. 수험적으로 명시적으로 변경된 판례를 출제할 것인지에 관하여는 최신 모의고사 출제 경향을 보고 판단해야 될 것으로 보인다.

<제1문의 3>

甲은 乙을 상대로 공사대금채권 1억 원의 지급을 구하는 소를 제기하였다. 제1심 소송 진행 중 丙은 甲의 乙에 대한 공사대금채권 1억 원에 관하여 채권압류 및 전부명령을 신청하여 법원으로부터 결정을 받은 후 乙에 대하여 위 전부금의 지급을 구하면서 제1심 법원에 승계참가신청을 하였다. 甲은 丙의 승계 여부에 대하여 다투지 않았으나 乙을 상대로 한 공사대금 청구의 소를 취하하지 아니하였다. 甲은 제1심 소송 계속 중 공사대금 채권을 뒷받침할 수 있는 증거를 제출하였다. 반면 丙은 재판에 출석하기는 하였지만 공사대금 채권에 관한 아무런 증명을 하지 아니하였다.

문제.

제1심 소송에서의 甲의 증명은 丙에게 효력이 있는가? (15점) (채권압류 및 전부명령은 적법하고 유효함을 전제로 하고, 공동소송의 성격에 관한 판례변경 전후를 비교하여 설명할 것)

[제1문의 3] 해설

1. 문제
공동소송형태에 따른 증명효가 문제 된다.

2. 공동소송 형태에 따른 증명효

(1) **관련 조문** - 공동소송인 가운데 한 사람의 소송행위 또는 이에 대한 상대방의 소송행위와 공동소송인 가운데 한 사람에 관한 사항은 다른 공동소송인에게 영향을 미치지 아니한다(민소법 제66조). 필수적 공동소송에서 공동소송인 가운데 한 사람에 대한 상대방의 소송행위는 공동소송인 모두에게 효력이 미친다(민소법 제67조 제2항).

(2) **판례**
  1) 변경 이전 - 승계참가신청이 있고 기존 당사자가 탈퇴하지 않은 경우, 양자의 관계는 통상공동소송에 해당한다.
  2) 변경 이후 - 원고와 승계참가인의 청구가 모두 유지되고 있으므로 승계된 부분에 관한 원고와 승계참가인의 청구 사이에는 필수적 공동소송에 관한 민사소송법 제67조가 적용된다.

(3) **사안의 경우**
  1) 변경 이전의 판례에 따라 통상공동소송으로 본다면, 공동소송인 독립 원칙을 관철할 경우 재판의 통일이 보장되지 않는 문제점에 대한 극복방안으로 다른 공동소송인에 관련된 다툼이 있는 사실에 대해서 그의 원용에 관계없이 공통된 사실인정의 자료로 할 수 있다는 증거공통의 원칙을 적용하는바[1], 甲의 증명은 丙에게도 효력이 있다.
  2) 변경 이후의 판례에 따라 합일확정이 필요한 범위 내에서 필수적 공동소송 형태에 관한 규정이 준용되는 것으로 보게 되면, 甲의 증명은 丙에게 효력이 있다.

3. 결론
제1심 소송에서의 甲의 증명은 丙에게 효력이 있다.

---

[1] 이관형 변호사 註 - 통상공동소송에 있어서 각 공동소송인은 다른 공동소송인에 의한 제한이나 간섭을 받지 않고 각자 독립하여 소송수행권을 가지는데 이를 "공동소송인 독립의 원칙"이라고 한다. 그런데 이 원칙을 지나치게 관철시킬 경우 실질적인 하나의 사건에 관하여 공동소송인 사이에 재판의 통일이 보장되지 않는다는 문제점이 발생하게 된다. 이를 극복하기 위하여 등장한 이론이 증거공통의 원칙과 주장공통의 원칙이다. 증거공통의 원칙이란 공동소송인 가운데 한 사람이 제출한 증거는 다른 공동소송인에 관련된 다툼이 있는 사실에 대해서 그의 원용에 관계없이 공통된 사실인정의 자료로 할 수 있다는 것을 말한고. 이를 긍정하는 것이 현재 통설의 태도이다. 다만, 판례는 자백한 공동소송인에 대하여는 증거조사결과 얻은 심증에도 불구하고 자백한 대로 사실확정을 해야 하며 1인의 자백은 다른 공동소송인에 대하여 변론 전체의 취지로 평가될 수 있을 뿐이다(대법원 1976. 8. 24. 선고 75다2152 판결)라고 하여 참작 사유로 보고 있다. 이에, 주장공통의 원칙이란 공동소송인 가운데 한 사람의 주장 사실은 다른 공동소송인에도 영향을 미치고 그의 원용에 관계없이 그를 위해서도 주장된 것으로 할 수 있다는 것을 말한다. 판례는 공동소송인 가운데 한 사람이 상대방의 주장사실을 다투며 항변하는 등 다른 공동소송인에게 유리한 행위를 한 경우라도 다른 공동소송인이 이를 원용하지 않는 한 그에 대한 효력이 미치지 않는다고 하여 주장공통의 원칙을 부정하고 있다(대법원 1994. 5. 10. 선고 93다47196 판결). 요컨대, 통상공동소송의 경우 공동소송인 독립의 원칙을 기본으로 하되, 당사자의 명시적 원용이 없는 한 주장공통의 원칙이 적용되기는 어렵고, 증명력 판단에 관한 부분에서는 지나치게 모순되는 판결 결과의 초래를 미연에 방지하고자 증거공통의 원칙을 적용하여 다른 공동소송인 1인에 관한 판단자료를 사실인정의 기초로 삼을 수 있는 것으로 정리하자.

⟨제1문의 4⟩

A는 서울 관악구 신림동 소재 단층 주택을 소유하고 있었다. A는 2018. 4. 1. 乙로부터 1억 원을 차용하면서 위 주택에 채권최고액 1억 2천만 원의 근저당권을 설정하였다. 甲은 2019. 10. 10. A와의 사이에, 甲이 A로부터 위 주택을 3억 원에 매수하는 내용의 매매계약을 체결하였는데, 위 매매계약 이후에도 乙의 근저당권은 계속 유지하면서 A가 乙에 대한 잔존 차용금 채무를 변제하기로 약정하였다. 이후 甲은 A에게 위 매매대금 3억 원을 지급하고, 2019. 11. 1. 甲 명의로 위 주택에 관한 소유권이전등기를 마쳤다. 이후 A는 乙에 대한 잔존 차용금 채무를 변제하지 못하였다. 위 주택의 매매계약 체결 당시 A는 채무 초과 상태에 있었고, 위 매매대금 3억 원은 수령 즉시 기존의 다른 채무변제에 모두 사용되었다.

甲은 2020. 6. 1. 乙을 상대로 위 근저당권의 채권최고액 1억 2천만 원을 변제공탁하였다며 소유권에 기한 방해배제청구로서 위 주택에 관한 乙 명의 근저당권의 말소등기청구의 소를 제기하였다. 이에 乙은 2020. 9. 20. 甲과 A 사이의 2019. 10. 10.자 매매계약이 사해행위에 해당함을 이유로 그 취소와 함께 원상회복으로 위 주택에 관한 甲 명의의 소유권이전등기의 말소등기청구를 반소로 구하였다.

乙의 반소 청구원인에 대하여, 甲은 위 주택매매계약이 사해행위에 해당하지 않는다고 주장하였다. 또한 사해행위 취소소송 중 취소 부분은 형성의 소로서 그 판결이 확정되어야 권리변동의 효력이 발생하므로, 제1심법원이 甲과 A 사이의 위 주택매매계약을 사해행위로 판단하여 취소하는지 여부와는 관계없이 甲의 본소 청구는 인용되어야 한다고 주장하였다. 심리결과 제1심법원은 甲과 A 사이의 위 주택매매계약이 사해행위에 해당한다는 심증을 가지게 되었고, 한편 甲이 乙에 대한 채권최고액 1억 2천만 원을 변제 공탁하였다는 사실도 증거에 의해 확인하였다.

문제.
　이 경우 제1심법원은 위 본소와 반소 각 청구에 대하여 어떤 판결을 하여야 하는가? (15점) (각 청구별로 인용, 기각, 일부 인용 등으로 결론을 내리고 이유를 적을 것)

[제1문의 4] 해설

1. 문제
반소청구가 본소청구 인용 여부의 선결문제인 경우 법원의 판단이 문제 된다.

2. 반소청구가 본소청구 인용 여부의 선결문제인 경우 법원의 판단

(1) **관련 조문** - 채무자가 채권자를 해함을 알고 재산권을 목적으로 한 법률행위를 한 때에는 채권자는 그 취소 및 원상회복을 법원에 청구할 수 있다(민법 제406조 제1항). 피고는 소송절차를 현저히 지연시키지 아니하는 경우에만 변론을 종결할 때까지 본소가 계속된 법원에 반소를 제기할 수 있다. 다만, 본소의 청구 또는 방어의 방법과 서로 관련이 있어야 한다(민소법 제269조 제1항).

(2) **판례**
1) 원고의 본소청구에 대하여 피고가 본소청구를 다투면서 사해행위의 취소 및 원상회복을 구하는 반소를 적법하게 제기한 경우, 사해행위의 취소 여부는 반소의 청구원인임과 동시에 본소 청구에 대한 방어방법이자, 본소 청구 인용 여부의 선결문제가 될 수 있다.

2) 법원이 반소 청구가 이유 있다고 판단하여, 사해행위의 취소 및 원상회복을 명하는 판결을 선고하는 경우, 비록 반소 청구에 대한 판결이 확정되지 않았다고 하더라도, 원고의 소유권 취득의 원인이 된 법률행위가 취소되었음을 전제로 원고의 본소 청구를 심리하여 판단할 수 있다.

(3) **사안의 경우** - 반소원고이자 본소 피고인 乙의 주장대로 甲과 A 사이의 주택매매계약이 사해행위로 인정되는 이상 제1심 법원은 반소청구를 받아들여 위 매매계약을 취소하고 원상회복으로서 甲 명의의 소유권이전등기 말소를 인용해야 한다. 그렇다면 甲의 본소청구는 반소청구가 받아들여지는 경우 선결문제로서 소유권을 상실하게 되어 甲 명의 소유권이전등기가 말소되어야 하는바, 소유권에 기한 방해배제청구는 청구기각 되어야 한다.

3. 결론
본소청구는 기각하고, 반소청구는 인용한다.

〈제1문의 5〉

甲(종중)은 1980. 2. 1. 종중원인 乙에게 X 토지를 명의신탁하여 乙 명의로 소유권이전등기를 하였는데, 丙이 2015. 3. 3. 乙로부터 위 토지를 매수하였음을 원인으로 丙 명의로 소유권이전등기를 마쳤다. 이후 甲은 2020. 8. 25. 명의신탁 해지를 원인으로 乙을 대위하여 丙을 상대로 소유권이전등기 말소등기청구의 소를 제기하였다.

제1심 법원은, 甲이 乙에게 X 토지를 명의신탁한 사실을 인정하고, 그 후 丙이 乙로부터 위 토지를 매수하였다는 점에 관해서는 乙과 丙 사이의 위 2015. 3. 3.자 매매계약이 통정허위표시에 기한 것으로 무효라고 판단하여, 2021. 2. 25. 甲의 청구를 인용하는 판결을 선고하였다. 이에 대하여 丙이 항소하였으나 항소심 법원도 2021. 8. 25. 제1심과 같은 이유로 丙의 항소를 기각하였다.

이에 대하여 피고 丙이 상고하였는데, 대법원에서는 乙과 丙 사이의 위 2015. 3. 3.자 매매계약이 유효하다고 판단하여 2022. 2. 1. 위 항소심 판결을 파기 환송하였다. 그런데 환송 후 항소심에서는 甲이 X 토지를 乙에게 명의신탁하였음을 인정할 증거가 없다는 이유로 2022. 6. 3. 甲의 소를 각하하는 판결을 선고하였고, 이에 대하여 甲이 상고를 제기하였다.

문제.

이에 대해 대법원은 어떤 판결을 선고해야 하는가? (20점) (상고 각하, 상고 기각, 파기 환송, 파기 자판(자판 시 자판 내용 포함) 등 결론을 기재하고 그 이유를 적을 것)

[제1문의 5] 해설

1. 문제
(1) 환송판결의 기속력, (2) 불이익변경금지 원칙이 문제 된다.

2. 환송판결의 기속력

(1) **관련 조문** - 상고법원은 상고에 정당한 이유가 있다고 인정할 때에는 원심판결을 파기하고 사건을 원심법원에 환송하거나, 동등한 다른 법원에 이송하여야 한다. 사건을 환송받거나 이송받은 법원은 다시 변론을 거쳐 재판하여야 하고, 이 경우에는 상고법원이 파기의 이유로 삼은 사실상 및 법률상 판단에 기속된다(민소법 제436조 제1,2항).

(2) **판례** - 환송받은 법원이 기속되는 '상고법원이 파기이유로 한 법률상 판단'에는 상고법원이 명시적으로 설시한 법률상 판단뿐 아니라 명시적으로 설시하지 아니하였더라도 파기이유로 한 부분과 논리적·필연적 관계가 있어서 상고법원이 파기이유의 전제로서 당연히 판단하였다고 볼 수 있는 법률상 판단도 포함되는 것으로 보아야 하며, 환송판결은 재상고시에 대법원(소부)도 기속한다.

(3) **사안의 경우**
  1) 채권자대위소송에서 피보전채권이 존재하는지는 소송요건으로 법원의 직권조사사항에 해당하므로, 환송판결이 乙과 丙 사이의 위 2015. 3. 3.자 매매계약이 유효 여부에 대해서만 판단하였더라도, 그 판단은 甲이 乙에 대하여 명의신탁 해지에 따른 이전등기청구권을 가지고 이를 피보전채권으로 하여 乙을 대위할 수 있어 소송요건을 구비하였다는 판단을 당연한 논리적 전제로 하고 있다.
  2) 그렇다면, 환송판결의 기속력은 원고 甲의 청구가 그와 같이 소송요건을 구비한 적법한 것이라는 판단에 대하여도 미치는바, 환송 후 원심이 甲의 丙에 대한 소유권이전등기 말소등기 청구가 소송요건을 구비하지 못한 부적법한 소라고 판단한 것은 환송판결의 기속력에 반하는 것으로서 위법하다.

3. 불이익변경금지원칙

(1) **관련 조문** - 제1심 판결은 그 불복의 한도 안에서 바꿀 수 있다(민소법 제415조).

(2) **학설** - ① 상소기각설 : 소각하판결보다 청구기각 판결이 항소인에게 더 불리하다는 이유에서 불이익변경금지의 원칙상 상소를 기각하여 하급심 판결을 유지하여야 한다. ② 환송설 : 하급심으로 환송해야 한다. ③ 청구기각설 : 상소기각을 하면 잘못된 하급심 판결을 확정시키는 결과가 되어 부당하다는 점에서 하급심 판결을 취소하고 청구 기각해야 한다.

(3) **판례** - 소를 부적법하다 하여 각하한 원심판결을 파기하더라도 청구가 기각될 운명에 있다면, 불이익변경금지의 원칙을 적용하여 이 부분에 관한 상고를 기각하여야 한다.

(4) 사안의 경우 – 甲만이 재상고한 사안에서 환송판결의 기속력에 의하면 甲의 청구는 기각되어야 하는데, 원고 甲만이 상소한 이 사건에서 환송 후 원심인 소각하판결보다 원고에게 더욱 불리한 청구기각 재판을 할 수는 없어 불이익변경금지의 원칙에 따라 환송 후 원심판결을 그대로 유지할 수밖에 없는바, 대법원은 원고 甲의 상고를 기각해야 한다.

4. 결론

대법원은 상고기각 판결을 선고해야 한다.

<제1문의 6>

<공통된 사실관계>

甲은 2019. 1. 30. A로부터 원금 3억 원을 변제기 2021. 1. 30.로 정하여 무이자로 차용하고, 이를 담보하기 위하여 2019. 2. 1. 甲 소유 X 부동산에 채권최고액 3억 6천만 원으로 하는 A 명의의 근저당권을 설정하여 주었다. 甲은 A에 대한 변제기 이후에도 위 차용금 채무를 변제하지 않던 중, 2021. 2. 10. 乙에게 X 부동산을 10억 원에 매도하되, A에 대한 채무 3억 원을 공제하고, 나머지 7억 원을 지급받기로 약정하였다. 甲과 乙은 매매계약 체결 당시 특약사항으로 "위 7억 원과는 별개로 乙은 X 부동산에 관한 등기서류를 교부받는 잔금 지급기일인 2021. 6. 10.까지 A에 대한 차용금 채무를 대신 변제한다."고 약정하였다. 乙은 매매계약 체결 시부터 甲의 A에 대한 위 차용금 채무의 미변제를 알고 있었고 위 7억 원을 甲에게 모두 지급하였다.

※ 추가된 사실관계는 각 별개임.

<추가된 사실관계 1>

甲은 잔금지급기일에 X 부동산의 소유권이전등기에 필요한 일체의 서류를 법무사에게 맡겨 두어 등기이전에 관한 이행제공을 하였고, 2022. 2. 15.까지도 이행제공 상태를 유지하면서 乙에게 지속적으로 위 차용금 변제를 요구하였다. 그럼에도 乙이 변제하지 않자 A는 2022. 8. 5. X 부동산에 대하여 위 근저당권에 기하여 경매를 신청하였다. 그러자 甲은 스스로 위 차용금을 모두 변제하여 경매를 취하시켰다.

문제 1.

甲은 乙이 A에게 차용금을 변제하지 않았음을 이유로 X 부동산에 대한 매매계약을 해제할 수 있는가? (30점)

<추가된 사실관계 2>

甲의 乙에 대한 소유권이전등기가 이루어지지 않고 있던 중, 乙은 2022. 2. 16. 甲(주소 : 서울 서초구 서초동)이 변제할 것을 요구한 차용금의 원리금을 모두 A에게 변제하였다. 이때 甲과 乙은 X 부동산(소재지 : 대전 서구 둔산동)에 대한 매매계약서를 다시 작성하면서 2021. 2. 10. 체결한 매매계약서에 '甲은 乙에게 X 부동산의 소유권이 원만히 이전될 수 있도록 협조한다. 이후 X 부동산의 소유권 귀속 및 소유권에 기한 각종 청구에 관하여는 서울중앙지방법원을 관할법원으로 한다.'라는 특약을 추가하였다. 이후 乙은 2022. 2. 17. X 부동산 소유권이전등기를 경료한 다음, 2022. 2. 25. 丙에게 X 부동산을 매도하고, 2022. 2. 27. 丙 앞으로 소유권이전등기를 마쳐주었다. 그럼에도 甲이 X 부동산을 인도하지 않자 丙은 甲을 상대로 2022. 3. 31. 소유권에 기한 X 부동산의 인도청구의 소를 대전지방법원에 제기하였다. 이에 대하여 甲은 서울중앙지방법원에 전속적 합의관할이 있으므로 관할위반이라고 주장하였다.

문제 2.

甲의 주장은 타당한가? (20점)

[제1문의 6] 문제 1. 해설

1. 문제
(1) 甲, 乙 간에 매매계약 특약사항의 법적 성질, (2) 甲의 계약해제권 행사 가부가 문제 된다.

2. 甲, 乙 간에 매매계약 특약사항의 법적 성질

(1) **관련 조문** - 제3자가 채무자와의 계약으로 채무를 인수한 경우에는 채권자의 승낙에 의하여 그 효력이 생긴다(민법 제454조 제1항).

(2) **판례** - 부동산의 매수인이 매매목적물에 관한 근저당권의 피담보채무를 인수하는 한편, 그 채무액을 매매대금에서 공제하기로 약정한 경우, 다른 특별한 약정이 없는 이상 이는 매도인을 면책시키는 채무인수가 아니라 이행인수로 보아야 하고, 매수인이 위 채무를 현실적으로 변제할 의무를 부담한다고 해석할 수 없으며, 특별한 사정이 없는 한 매수인은 매매대금에서 그 채무액을 공제한 나머지를 지급함으로써 잔금지급의무를 다하였다.

(3) **사안의 경우** - X 부동산의 소유자 甲이 매수인 乙에게 10억 원에 매도하되, 3억 원을 乙이 A에게 대신 변제하기로 한 것은 채권자 A의 승낙이 없는 한 이행인수로 보아야 하고, 乙이 7억 원을 甲에게 지급함으로써 잔금 지급의무는 다한 것으로 보는바, 乙이 A에게 차용금 원금 및 이자를 지급하지 아니한 사정만으로 甲은 乙과의 부동산 X의 매매계약을 해제할 수는 없다.

3. 甲의 계약해제권 행사 가부

(1) **관련 조문** - 당사자 일방이 그 채무를 이행하지 아니하는 때에는 상대방은 상당한 기간을 정하여 그 이행을 최고하고 그 기간 내에 이행하지 아니한 때에는 계약을 해제할 수 있다(민법 제544조).

(2) **판례** - 매매목적물에 관한 근저당권의 피담보채무를 인수한 매수인이 인수채무의 일부인 근저당권 피담보채무의 변제를 게을리함으로써 매매목적물에 관하여 근저당권의 실행으로 임의경매절차가 개시되고 매도인이 경매절차의 진행을 막기 위하여 피담보채무를 변제하였다면, 매도인은 채무인수인에 대하여 손해배상채권을 취득하는 이외에 이 사유를 들어 매매계약을 해제할 수 있다.

(3) **사안의 경우**

1) 부동산의 매매대금 10억 원 중 실제 수수된 것은 7억 원에 불과하고 乙의 차용금 미이행으로 인하여 A의 근저당권이 실행되어 X 부동산의 소유권이 변동될 위기에 처했던 사정을 감안하면 乙의 차용금 미지급은 실질적으로 매매대금 일부를 미지급한 것으로 평가할 수 있다.

2) 즉, 乙의 이행지체가 있고, 이에 대하여 甲이 이행최고를 한 후 상당한 기간이 경과하도록 乙이 이에 응하지 아니하였음에도 甲은 법무사에게 소유권이전등기에 필요한 일체의 서류를 맡겨두어 지속적으로 이행의 제공을 하였는바, 甲에게는 이행지체를 이유로 한 법정해제권을 행사할 수 있다.

4. 결론

甲은 乙이 A에게 차용금을 변제하지 않았음을 이유로 X 부동산에 대한 매매계약을 해제할 수 있다.

[제1문의 6] 문제 2. 해설

1. 문제

(1) 관할 합의의 유효 여부, (2) 전속적 합의인지 부가적 합의인지, (3) 관할 합의의 승계 여부가 문제된다.

2. 관할 합의의 유효 여부

(1) **관련 조문** – 당사자는 합의로 제1심 관할법원을 정할 수 있고, 이러한 합의는 일정한 법률관계로 말미암은 소에 관하여 서면으로 하여야 한다(민소법 제29조 제1항, 제2항).

(2) **사안의 경우** – 甲과 乙 사이에 매매계약서라는 서면에 X 부동산에 관한 소유권 귀속 및 소유권에 기한 각종 청구라는 특정한 법률관계에 대하여 제1심 관할법원인 서울중앙지방법원으로 한다는 합의는 관할 합의의 요건을 충족하는바, 유효하다.

3. 전속적 합의인지 부가적 합의인지

(1) **관련 조문** – 소는 피고의 보통재판적이 있는 곳의 법원이 관할한다(민소법 제2조). 부동산에 관한 소를 제기하는 경우에는 부동산이 있는 곳의 법원에 제기할 수 있다(민소법 제20조).

(2) **판례** – 경합하는 법정관할 중에 어느 하나를 특정하거나 어느 하나를 배제하는 경우에는 전속적 합의로 본다.

(3) **사안의 경우** – 민소법 제2조에 따라 피고 乙의 보통재판적인 서울중앙지방법원, 민소법 제20조에 따라 특별재판적을 갖는 부동산 소재지인 대전지방법원 중에 하나인 서울중앙지방법원을 합의 관할로 정했는바, 전속적 관할합의에 해당한다.

4. 관할합의의 승계여부

(1) **판례**

1) 관할의 합의는 소송법상의 행위로서 합의 당사자 및 그 일반승계인을 제외한 제3자에게 그 효력이 미치지 않으므로, 부동산에 관한 물권의 특정승계인에게는 미치지 않는다.

2) 부동산 양수인이 근저당권 부담부의 소유권을 취득한 특정승계인에 불과하다면(근저당권 부담부의 부동산의 취득자가 그 근저당권의 채무자 또는 근저당권설정자의 지위를 당연히 승계한다고 볼 수는 없다), 근저당권설정자와 근저당권자 사이에 이루어진 관할 합의의 효력은 부동산 양수인에게 미치지 않는다.

(2) 사안의 경우

1) 甲과 乙은 X 부동산의 소유권 귀속 및 소유권에 기한 각종 청구에 관하여 관할 합의를 하였고, 丙은 소유권이전등기를 乙로부터 취득한 후 소유권에 기한 인도청구를 하였기 때문에 丙은 甲과 乙의 법률관계에 대한 특정승계인에 해당한다.

2) 이는 甲과 乙의 법률관계가 물권에 관한 것으로서 물권법정주의에 따라 당사자가 자유롭게 변경할 수 없는 것이어서 그 법률관계를 신뢰한 특정승계인을 보호하여야 하는바, 승계인 丙은 甲과 乙의 관할 합의에 구속되지 아니한다.

5. 결론

甲과 乙의 관할 합의는 전속적 관할합의에 해당하지만 그 관할합의는 甲과 乙의 법률관계의 특정승계인인 丙에게는 승계되지 아니하는바, 甲의 관할위반 주장은 타당하지 아니하다.

제2차 모의시험 제2문

〈제2문의 1〉

A는 2021. 8. 1. 甲으로부터 사업자금 1억 원을 이자는 월 5%, 변제기는 6개월 후로 정하여 차용하고 6개월분 선이자 3천만 원을 공제한 7천만 원을 수령하였다. A가 만기가 도래하여도 원금을 변제하지 않자 甲은 A의 집으로 찾아가 대여금을 당장 반환하지 않으면 사기죄로 고소하겠다고 위협하면서 이에 항의하던 A를 폭행하여 전치 4주의 상해를 입혔다. 이로 인해 병원에 입원 치료 중이던 A는 치료비 1천만 원을 병원에 지급하고 퇴원한 후 도주하여 가족과도 연락이 두절되었다. 그러자 甲은 A의 처(B)와 그 자녀 乙(만 18세)에게 채무의 변제를 독촉하였다. 이에 B와 乙은 甲이 제시한 "B와 乙은 2021. 8. 1.자 약정에 기한 A의 채무를 A와 함께 부담하겠다."는 문구의 지급각서에 각자 자신의 이름을 기재하고 서명 날인하여 주었다. 甲은 2022. 8. 1. 성년이 된 乙에 대하여 위 지급각서에 기하여 대여원금 1억 원 및 그에 대한 지연손해금의 지급을 구하는 소를 제기하였다. (아래 각 질문은 독립적이다.)

문제 1.

2021. 8. 1.자 소비대차에서 정한 변제기에 甲이 받을 수 있는 금액은 얼마인가? (10점)

문제 2.

甲의 청구에 대하여 乙은 위 지급각서 작성 당시 자신이 미성년자였음을 이유로 위 지급각서에 의한 합의를 취소한다고 주장하였다. 이에 대하여 甲은 친권자의 동의가 있었다고 다투고, 乙은 친권자의 적법한 동의가 없었다고 반박하였다. 乙의 취소 주장은 타당한가? (10점)

문제 3.

A의 치료비 상당 손해배상청구권으로 乙이 甲의 채권과 상계를 주장하는 경우 그 타당성에 관하여 검토하시오. (10점)

[제2문의 1] 문제 1. 해설

1. 문제
이자제한법에 위반하여 지급된 초과이자의 법적 취급이 문제 된다.

2. 이자제한법에 위반하여 지급된 초과이자의 법적 취급

(1) **관련 조문** - 금전대차에 관한 계약상의 최고이자율은 연 20%로 한다(이자제한법 제2조 제1항, 동법시행령). 선이자를 사전공제한 경우에는 그 공제액이 채무자가 실제 수령한 금액을 원본으로 하여 연 20%로 계산한 금액을 초과하는 때에는 그 초과 부분은 원본에 충당한 것으로 본다(동법 제3조).

(2) **판례** - 계약상의 이자로서 최고이자율을 초과하는 부분은 무효이며, 채무자가 최고이자율을 초과하는 이자를 임의로 지급한 경우에는 초과 지급된 이자 상당 금액은 원본에 충당되고, 선이자를 사전공제한 경우 그 공제액이 채무자가 실제 수령한 금액을 원본으로 하여 최고이자율에 따라 계산한 금액을 초과하는 때에는 그 초과 부분은 원본에 충당한 것으로 본다.

(3) **사안의 경우** - 수령 원금 7,000만 원에 대한 대여일 2021. 8. 1.부터 변제기까지 6개월간 이자제한법상 제한 최고이자율 연 20%에 따른 적법한 이자는 7백만 원(=7천만 원 × 0.2 × 1/2)이고, 선이자 3,000만 원 중 이를 초과한 2,300만 원은 약정 원본 1억 원에 충당되는바, 7,700만 원이 변제기의 대여원금이다.

3. 결론
甲이 변제기인 2022. 2. 1. 받을 수 있는 금액은 7,700만 원이다.

[제2문의 1] 문제 2. 해설

1. 문제
(1) 미성년자 법률행위의 효력, (2) 친권자의 동의권 행사방법과 친권남용 여부가 문제 된다.

2. 미성년자 법률행위의 효력(甲의 청구원인)

(1) **관련 조문** - 미성년자가 법률행위를 함에는 법정대리인의 동의를 얻어야 한다(민법 제5조 제1항).

(2) **판례** - 미성년자가 법률행위 당시에 법정대리인인 친권자가 동석한 경우 친권자의 묵시적 동의가 있었던 것으로 인정할 수 있다.

(3) **사안의 경우** - 甲은 미성년자 乙의 지급각서 서명 날인 시 친권자인 모 B가 동석하였으므로 묵시적으로 동의한 것으로 볼 수 있는바, 지급각서에 기한 대여원금 청구는 일응 타당하다.

3. 乙의 취소 주장 당부 (乙의 항변)

(1) **관련 조문** – 부모는 미성년자인 자의 친권자가 되고, 친권은 부모가 혼인 중인 때에는 부모가 공동으로 이를 행사하나 부모의 일방이 친권을 행사할 수 없을 때에는 다른 일방이 이를 행사한다(민법 제909조 제1, 2, 3항). 친권을 행사하는 부 또는 모는 미성년자인 자의 법정대리인이 된다(민법 제911조).

(2) **사안의 경우** – 공동친권자인 부 A는 지급각서 작성 당시 도주하여 연락이 두절된 상태로 민법 제909조 제3항에 따라 부모의 일방이 친권을 행사할 수 없어 다른 일방인 모 B가 단독으로 행사할 수 있는 상태였으므로, 2021. 8. 1.자 지급각서 합의는 모 B의 묵시적 동의에 따른 것으로 적법한 바, 乙의 취소 주장은 타당하지 않다.

4. 결론

乙의 취소 주장은 타당하지 않다.

[제2문의 1] 문제 3. 해설

1. 문제

부탁 없는 병존적 채무 인수의 효력과 상계 가부가 문제 된다.

2. 부탁 없는 병존적 채무 인수의 효력과 상계 가부

(1) **관련 조문** – 계약에 의하여 당사자 일방이 제삼자에게 이행할 것을 약정한 때에는 그 제삼자는 채무자에게 직접 그 이행을 청구할 수 있다(민법 제539조 제1항). 상계할 채권이 있는 연대채무자가 상계하지 아니한 때에는 그 채무자의 부담부분에 한하여 다른 연대채무자가 상계할 수 있다(민법 제418조 제2항).

(2) **판례**

1) 중첩적 채무 인수에서 인수인이 채무자의 부탁 없이 채권자와의 계약으로 채무를 인수하는 것은 매우 드문 일이므로 채무자와 인수인은 원칙적으로 주관적 공동관계가 있는 연대채무관계에 있고, 인수인이 채무자의 부탁을 받지 아니하여 주관적 공동관계가 없는 경우에는 부진정연대관계에 있는 것으로 보아야 한다.

2) 부진정연대채무자 사이에는 고유의 의미에 있어서의 부담부분이 존재하지 아니하므로 민법 제418조 제2항은 부진정연대채무에는 적용되지 않고, 부진정연대채무에 있어서는 한 부진정연대채무자가 채권자에 대하여 상계할 채권을 가지고 있음에도 상계를 하지 않더라도 다른 부진정연대채무자가 그 채권을 가지고 상계를 할 수는 없다.

(3) 사안의 경우 - 乙이 서명 날인한 지급각서의 취지상 乙은 부탁 없이 A의 채무를 병존적으로 인수하여 乙과 A의 각 채무는 부진정연대의 관계에 있어 민법 제418조 제2항이 적용되지 않는바, 乙은 A가 甲에 대하여 가지는 손해배상채권을 가지고 상계할 수 없다.

3. 결론

乙의 상계 주장은 타당하지 않다.

⟨제2문의 2⟩

문제 1.
　甲 종중은 그 명의로 등기된 X 부동산에 대하여 乙과 명의신탁약정을 맺고 乙 명의로 소유권이전등기를 마쳐 주었다. 甲 종중은 그 후 乙을 상대로 "소장 부본 송달로써 위 명의신탁약정을 해지한다."고 주장하며, 명의신탁 해지를 원인으로 한 소유권이전등기절차 이행을 구하는 소를 제기하였다. 법원은 甲 종중의 청구를 인용하는 판결을 선고하였고, 위 판결은 그 무렵 확정되었다. 甲 종중은 위 판결에 따른 소유권이전등기를 마치지 아니한 채 丙에게 X 부동산을 매도하기로 하는 매매계약을 체결하고, 甲 종중이 乙에 대하여 가지고 있는 'X 부동산에 관한 명의신탁 해지를 원인으로 한 소유권이전등기청구권'을 丙에게 양도한 후 乙에게 위 채권양도의 통지를 하였다.
　丙이 乙에 대하여 X 부동산에 관하여 丙 명의로의 소유권이전등기절차 이행을 청구하는 소를 제기하자, 이에 대하여 乙은 甲 종중이 아닌 丙에게는 소유권이전등기를 해줄 수 없다고 다투었다. 丙의 청구에 대하여 법원은 어떻게 판단하여야 하는가? (10점)

문제 2.
　甲은 2018. 1.경 Y 부동산에 관하여 소유자인 丁과 매매계약을 체결하여 丁에게 매매대금 5억 원을 모두 지급하고, Y 부동산의 소유권이전등기는 甲과 乙의 명의신탁약정에 따라 丁으로부터 바로 乙 앞으로 마쳤다. 乙은 그 후 A 은행으로부터 3억 원을 대출받으면서 Y 부동산에 채권최고액 4억 원인 근저당권을 설정하였다.
　甲은 (1) 丁을 대위하여 乙에 대하여 丁에게 진정한 등기명의 회복을 위한 소유권이전등기절차의 이행을 구하고, (2) 명의수탁자인 乙이 위 근저당권을 설정하고 대출을 받음으로써 피담보채무액 상당의 이익을 얻었고 그로 인하여 甲에게 같은 금액의 손해를 가하였다고 주장하면서, 乙을 상대로 위 이익 상당액의 부당이득반환을 청구하는 소를 제기하였다. 변론종결 당시 위 근저당권설정등기는 말소되지 않았다. 甲의 각 청구에 대한 결론을 그 근거와 함께 서술하시오. (15점)

[제2문의 2] 문제 1. 해설

1. 문제

명의수탁자의 동의·승낙 없이 명의신탁해지로 인한 소유권이전등기청구권을 양수받아 청구할 수 있는지 여부가 문제 된다.

2. 양수인 丙의 수탁자 乙에 대한 직접 청구 가부

(1) **관련 조문** - 채권은 양도할 수 있으나 채권의 성질이 양도를 허용하지 아니하는 때에는 그러하지 아니하다(민법 제449조 제1항). 채권의 양도는 양도인이 채무자에게 통지하거나 채무자가 승낙하지 아니하면 채무자 기타 제3자에게 대항하지 못한다(민법 제450조).

(2) **판례**
   1) 부동산의 양도계약이 순차 이루어져 최종 양수인이 중간생략등기의 합의를 이유로 최초 양도인에게 직접 그 소유권이전등기청구권을 행사하기 위하여는 관계 당사자 전원의 의사 합치가 있어야 하므로, 최종 양수인이 중간자로부터 소유권이전등기청구권을 양도받았더라도 최초 양도인이 그 양도에 대하여 동의하지 않고 있다면 최종 양수인은 최초 양도인에 대하여 채권양도를 원인으로 하여 소유권이전등기절차 이행을 청구할 수 없다.
   2) 이는, 부동산 명의신탁자가 명의신탁약정을 해지한 다음 제3자에게 '명의신탁 해지를 원인으로 한 소유권이전등기청구권'을 양도하더라도 명의수탁자가 양도에 대하여 동의하거나 승낙하지 않고 있다면 양수인은 위와 같은 소유권이전등기청구권을 양수하였다는 이유로 명의수탁자에 대하여 직접 소유권이전등기청구를 하는 경우에도 동일하게 적용된다.

(3) **사안의 경우** - 乙이 명의신탁해지를 원인으로 甲 종중에게 X 부동산에 대하여 이전등기를 하여 줄 의무가 있는 것이지, 丙에게 이전등기를 하여줄 의무가 있는 것은 아니다. 丙은 甲 종중이 X 부동산에 대한 이전등기청구권을 자신에게 양도하였고, 乙에게 통지하였으므로 직접 청구할 의무가 있다고 주장하고 있으나, 실질적으로 X 부동산에 대한 이전등기청구권은 권리의 성질상 양도가 제한되는 것으로 乙의 동의나 승낙이 없다면 丙에게 직접 이전해 줄 의무를 부담하지 않는다.

3. 결론

丙의 청구는 기각된다.

[제2문의 2] 문제 2. 해설

1. 문제

(1) 甲이 丁을 대위하여 乙에게 한 진정명의회복을 원인으로 한 이전등기청구, (2) 甲의 乙에 대한 부당이득반환청구 가부가 문제 된다.

2. 甲이 丁을 대위하여 乙에게 한 진정명의회복을 원인으로 한 이전등기청구 가부

(1) **관련 조문** - 명의신탁약정은 무효로 한다. 명의신탁약정에 따라 행하여진 등기에 의한 부동산에 관한 물권변동은 무효로 한다(부실법 4조 제1,2항).

(2) **판례** - 명의신탁자는 매도인에 대하여 매매계약을 원인으로 하는 소유권이전등기청구권을 가지고 있고, 매도인은 명의신탁자에게 매매계약에 따른 소유권이전등기의무를 부담함과 동시에 명의수탁자에게 소유권에 기한 방해배제청구권으로서 진정등기명의 회복을 원인으로 소유권이전등기의 이행을 구할 수 있고, 명의수탁자는 매도인에 대하여 진정등기명의 회복을 원인으로 소유권이전등기의무를 부담한다.

(3) **사안의 경우** - 甲은 2018. 1.경 Y부동산에 대한 매매계약을 원인으로 한 소유권이전등기청구권을 피보전권리로 하고, 매도인 丁의 乙에 대한 민법 제214조에 근거한 진정명의회복을 원인으로 한 이전등기청구권을 대위행사하는 것은 타당한바, 인용되어야 한다.

3. 甲의 乙에 대한 부당이득반환청구 가부

(1) **관련 조문** - 부실법 제4조 제1항 및 제2항의 무효는 제3자에게 대항하지 못한다(부실법 제4조 제3항).

(2) **판례** - 명의신탁자는 매도인을 대위하여 명의수탁자의 부동산에 관한 진정명의회복을 원인으로 한 소유권이전등기 등을 통하여 매도인으로부터 소유권을 이전받을 수 있지만, 명의수탁자가 설정한 근저당권이 유효하게 남아 있어, 명의수탁자는 근저당권의 피담보채무액 상당의 이익을 얻었고 그로 인하여 명의신탁자에게 그에 상응하는 손해를 입혔으므로, 명의수탁자는 명의신탁자에게 이를 부당이득으로 반환할 의무를 부담한다.

(3) **사안의 경우** - 명의수탁자 乙이 Y 부동산에 관하여 제3자 A에게 근저당권을 설정함으로써 乙은 근저당권의 피담보채무액 상당의 이익을 얻었고, 그로 인하여 명의신탁자 甲에게 그에 상응하는 손해를 입혔으므로, 乙은 甲에게 이를 부당이득으로 반환할 의무 부담하는바, 위 청구는 인용되어야 한다.

4. 결론

甲의 각 청구는 모두 인용된다.

〈제2문의 3〉

甲 은행은 2015. 4. 20. 乙에게 사업자금을 대출하면서 乙과 그 처인 丙이 공유하고 있던 X부동산(각 ½ 지분) 전체에 대하여 채권최고액 12억 원으로 하는 근저당권을 설정하였다. 당시 X 부동산의 시가는 15억 원이고 그 후 변동이 없다. 丁은 2017. 8. 10. 乙에게 1억 원을 변제기 2020. 8. 10.로 정하여 빌려주었다. X 부동산 외에 별다른 재산이 없던 乙은 2019. 6. 5. X부동산에 대한 자신의 지분을 처인 丙에게 증여하고 그 무렵 소유권지분이전등기도 마쳐 주었다. 丁은 2020. 2.경 乙의 X부동산에 대한 지분이 처분되었다는 사실을 알게 되었다. 그 후 丁은 2021. 3.경 乙에게 X부동산에 대한 지분 외에 별다른 재산이 없다는 사실을 알게 되어 2021. 4. 1. 丙을 상대로 위 증여가 사해행위임을 이유로 취소 및 원상회복을 구하는 소를 제기하였다.

문제 1.
　丙의 사해행위 취소권 행사는 제척기간이 경과되었는지 여부를 판단하시오. (5점)

문제 2.
　乙의 증여행위가 사해행위인지 여부를 판단하시오. (20점)

[제2문의 3] 문제 1. 해설

1. 문제
채권자취소권 행사의 제척기간 도과 여부가 문제 된다.

2. 채권자취소권 행사의 제척기간 도과 여부
(1) **관련 조문** – 채권자 취소의 소는 채권자가 취소원인을 안 날로부터 1년, 법률행위 있은 날로부터 5년 내에 제기하여야 한다(민법 제406조 제2항).

(2) **판례** – 채무자가 재산의 처분행위를 하였다는 사실을 아는 것만으로는 부족하고, 그 법률행위가 채권자를 해하는 행위라는 것 즉, 그에 의하여 채권의 공동담보에 부족이 생기거나 이미 부족 상태에 있는 공동담보가 한층 더 부족하게 되어 채권을 완전하게 만족시킬 수 없게 되었으며 나아가 채무자에게 사해의 의사가 있었다는 사실까지 알 것을 요한다.

(3) **사안의 경우** – 증여행위가 있었던 2019. 6. 5.로부터 5년이 경과하지 않았고, 처분행위인 증여행위가 있었음을 알았던 것은 2020. 2.이나, 丁이 乙의 재산의 공동담보의 부족이 생겼다는 사실을 안 것은 2021. 3.이고 2021. 4. 사해행위 취소의 소를 제기하였는바, 제척기간이 도과되지 않았다.

3. 결론
丙의 사해행위 취소권 행사는 제척기간이 경과하지 않았다.

[제2문의 3] 문제 2. 해설

1. 문제
乙의 증여행위가 사해행위에 해당되는지 여부에 있어 乙의 지분이 부담하는 피담보채권액이 문제 된다.

2. 乙의 증여행위가 사해행위 해당되는지 여부
(1) **관련 조문** – 채무자가 채권자를 해함을 알고 재산권을 목적으로 한 법률행위를 한 때에는 채권자는 그 취소 및 원상회복을 법원에 청구할 수 있다(민법 제406조 제1항). 변제할 정당한 이익이 있는 자는 변제로 당연히 채권자를 대위하고, 채권자를 대위한 자는 자기의 권리에 의하여 구상할 수 있는 범위에서 채권 및 그 담보에 관한 권리를 행사할 수 있다(민법 제481조, 제482조).

(2) **판례**
   1) 사해행위취소의 소에서 채무자가 수익자에게 양도한 목적물에 저당권이 설정되어 있는 경우라면 그 목적물 중에서 일반채권자들의 공동담보에 제공되는 책임재산은 피담보채권액을 공제

한 나머지 부분만이고, 그 피담보채권액이 목적물의 가액을 초과할 때는 당해 목적물의 양도는 사해행위에 해당한다고 할 수 없다.

2) 하나의 공유부동산 중 일부 지분이 채무자의 소유이고, 다른 일부 지분이 물상보증인의 소유인 경우에는, 물상보증인이 민법 제481조, 제482조의 규정에 따른 변제자대위에 의하여 채무자 소유의 부동산에 대하여 저당권을 행사할 수 있는 지위에 있는 점 등을 고려할 때, 채무자 소유의 부동산에 관한 피담보채권액은 공동저당권의 피담보채권액 전액으로 봄이 상당하다

(3) 사안의 경우

1) 乙의 甲 은행에 대한 채무를 담보하기 위하여 乙의 지분과 妻 丙의 지분에 근저당권이 설정된 것으로, 丙은 물상보증인으로서 장차 변제자대위에 의하여 乙의 지분에 대하여 저당권을 행사할 수 있는 지위에 있는바, 채권자 丁의 책임재산은 X 부동산에서 乙의 지분에 관한 피담보채권액을 공제한 나머지 부분에 한정된다.

2) 그렇다면, 채무자 乙이 X 부동산에 대하여 소유하고 있는 1/2 지분에 대한 시가는 7억 5,000만 원이고 근저당권자 甲 은행의 피담보채권액 12억 원으로 피담보채권액이 乙의 지분 가액을 초과하는바, 乙의 증여행위는 일반 채권자 丁에게 사해행위로 볼 수 없다.

3. 결론

乙의 증여행위는 사해행위가 아니다.

⟨제2문의 4⟩

문제.
　X건물의 소유자 甲은 2010. 10. 7. 乙에게 위 건물을 월 차임 300만 원, 임대차 기간 2010. 10. 25.부터 2012. 10. 24.까지의 2년으로 정하여 임대하였다. 乙은 4천만 원의 비용을 들여서 위 건물에 고급재 바닥 난방 시설과 특수 창호를 설치하였다. 위 임대차는 그 후 여러 차례 갱신되었다. 乙은 2020. 10. 24. 임대차기간 만료일에 즈음하여 이제 계약을 연장하지 않겠다는 의사를 甲에게 전달하였다. 그러면서 乙은 자신이 위 건물에 투자한 비용 4천만 원의 상환도 함께 요구하였다. 한편, 乙은 2012. 8. 7. 甲으로부터 자신이 운영하는 운송업의 영업자금으로 5천만 원을 변제기 2013. 8. 7.로 정하여 빌린 바가 있었다. 乙의 비용상환 요구에 대하여 甲은 위 대여금채권과 상계하겠다고 하였다. 乙이 투자한 비용은 건물의 객관적인 가치 증가에 기여하였고, 그 현존 가치는 2천만 원이다. 甲의 주장의 법적 타당성을 검토하시오. (지연손해금은 고려하지 않음) (20점)

[제2문의 4] 해설

1. 문제
소멸시효가 완성된 채권에 의한 상계 가부가 문제 된다.

2. 소멸시효가 완성된 채권에 의한 상계 가부

(1) **관련 조문** - 임차인이 유익비를 지출한 경우 임대인은 임대차 종료시에 그 가액의 증가가 현존하면 임차인이 지출한 금액이나 그 증가액을 상환하여야 한다(민법 제626조 제2항). 상행위로 인한 채권은 5년의 소멸시효에 걸린다(상법 제64조). 소멸시효가 완성된 채권이 그 완성 전에 상계할 수 있었던 것이면 그 채권자는 상계할 수 있다(민법 제495조).

(2) **판례** - 임대차 존속 중 임대인의 구상금채권의 소멸시효가 완성된 경우에는 위 구상금채권과 임차인의 유익비상환채권이 상계할 수 있는 상태에 있었다고 할 수 없으므로, 그 이후에 임대인이 이미 소멸시효가 완성된 구상금채권을 자동채권으로 삼아 임차인의 유익비상환채권과 상계하는 것은 민법 제495조에 의하더라도 인정될 수 없다.

(3) **사안의 경우**

1) 乙이 임대차 존속 중 4천만 원의 유익비를 지출하였으나, 임대차 종료시인 2020. 10. 24.에 가치 증가액은 2천만 원이므로 甲은 그의 선택에 따라 증가액 2천만 원을 상환하여야 한다.

2) 乙은 운송업을 영위하는 상인이고, 그가 영업자금을 차용한 행위는 보조적 상행위에 해당하여 乙의 甲에 대한 차용금 채무의 소멸시효기간은 5년이므로, 변제기 2013. 8. 7. 다음날부터 5년이 경과한 2018. 8. 7. 소멸시효가 완성된다.

3) 그렇다면, 甲의 자동채권인 대여금 채권은 이미 소멸시효가 완성하였으므로, 완성 전에 상계할 수 있었던 것이면 시효 완성 후에도 상계할 수 있으나 乙의 유익비 상환채권은 임대차가 종료한 2020. 10. 24.에 비로소 성립하여, 甲의 대여금 채권의 소멸시효 완성 전에 양 채권이 상계적상이 있었다고 할 수 없는바, 甲은 위 대여금 채권을 자동채권으로 하여 상계할 수 없다.

3. 결론
甲의 상계 주장은 타당하지 않다.

제2차 모의시험 제3문

〈사실관계〉

　　비상장회사인 甲주식회사의 발행주식총수는 보통주 10만주이고, 그 중 A가 4만주, B가 3만주, C와 D가 각각 1만5천주를 소유하고 있으며 명의개서도 완료된 상태이다. 甲회사의 이사회는 대표이사 A와 이사 B, C로 구성되어 있으며 감사직은 D가 맡고 있다. 甲회사의 정관에는 "주주는 주식을 양도하고자 할 경우 이사회의 승인을 얻어야 한다."는 규정을 두고 있다. B는 최근 甲회사의 경영방침을 두고 A와 갈등이 발생하자 자신이 소유한 주식 3만주 전부를 乙주식회사에 매도하는 내용의 계약을 2022. 6. 7. 체결하고 당일 주권의 교부까지 완료하였다. 乙회사는 2022. 6. 8. 甲회사 주식 3만주의 양수를 승인해 줄 것을 甲회사에게 서면으로 청구하였다. 이에 A는 B를 제외한 C, D에게 이사회 소집을 통지하였고 2022. 7. 5. 개최된 이사회에 참석한 A와 C는 만장일치로 주식양도를 승인하지 않기로 결의하였다. 하지만 주식양도 승인거부 결의는 乙회사에게 통지되지 않았다. 甲회사로부터 아무런 승인 여부의 통지를 받지 못한 乙회사는 2022. 7. 14. 주권을 제시하여 甲회사에게 명의개서를 청구하였지만 甲회사는 이를 거부하였다.

　　甲회사 이사회는 아직 임기가 남아 있는 B를 이사에서 해임하는 의제를 다룰 임시주주총회를 2022. 8. 17. 개최하기로 결의하고, 이를 의제로 기재한 주주총회 소집통지서를 총회 개최 3주 전에 A, B, C, D에게 발송하였다. A, B, C, D가 참석한 주주총회에서는 B의 반대에도 불구하고 나머지 주주들 모두의 찬성으로 B를 이사직에서 해임하는 결의가 이루어졌다.

문제 1.

　　B로부터 乙회사로의 주식양도의 승인을 거부하는 2022. 7. 5. 甲회사 이사회결의는 유효한가? (15점)

문제 2.

　　乙회사는 B를 이사직에서 해임하는 2022. 8. 17. 甲회사 주주총회 결의의 효력을 다툴 수 있는가? (25점)

문제 3.

　　만약 乙회사가 2022. 7. 14. 甲회사에게 명의개서를 청구하지 않고 甲회사 주식 3만주를 매수할 것을 청구하였다면, 甲회사는 이에 응하여야 하는가? (10점)

〈추가적 사실관계 1〉

　　甲주식회사는 현재 사용하지 않는 창고 일부를 개인상인 A에게 임대 중이다. A가 임대료 1억원을 이행기에 납입하기 어려울 것으로 예상되자 A의 1개뿐인 영업소의 직원인 B(A는 지배인을 두고 있지 않음)는 A의 묵인하에 임의로 지급기일 2022. 8. 2, 어음금 1억원, 발행인란에 '영업주 A, 지배인 B'라고 기재한 후 자신의 도장을 날인하여 약속어음을 甲회사에게 발행하였다. 甲회사의 대표이사는 위 약속어음을 수취할 때 B가 지배인이 아니라는 사실은 알고 있었다. 한편 甲회사는 가전제품의 운송을 맡아 오던 乙주식회사에 지불해야 할 운임 1억원을 지불하기 어렵게 되자 자신이 소지한 위 약속어음을 2022. 8. 3. 乙회사에게 배서하여 교부하였다. 乙회사는 약속어음을 취득할 당시 B가 A의 지배인이 아님을 알 수 없었다.

문제 4.
乙회사는 2022. 8. 3. A 또는 B에게 어음금 1억원의 지급을 청구할 수 있는가? (20점)[1]

문제 5.
乙회사가 2022. 8. 3. 어음금 1억원을 지급받지 못하였다면 그 약속어음을 가지고 甲회사에게 상환청구권을 행사할 수 있는가? (15점)

〈추가적 사실관계 2〉

운수업을 행하는 乙주식회사는 2015년부터 1년 단위로 丙주식회사와 건설장비에 대한 운송계약을 체결하여 장비 등을 운송하여 오던 중 2020년 9월부터 2021년 10월까지의 丙회사에 대한 운임채권액이 2억원에 이르게 되었다. 그리고 乙회사는 2021년 11월 丙회사로부터 丁주식회사 소유의 강철재 190톤을 운송하기로 계약을 체결하였다. 乙회사는 먼저 100톤의 운송·하역을 마치고 아직 운임을 지급받지 못한 채 나머지 90톤을 운송하던 중 의뢰인인 丙회사의 부도소식을 듣게 되었다. 이에 乙회사는 운임채권을 담보하기 위하여 운송 중이던 90톤의 강철재를 유치하였다. 丁회사는 乙회사에 대해 丙회사에 대한 운임채권은 자신과 관계없는 것이므로 90톤의 강철재를 자신에게 인도할 것을 요구하였다.

문제 6.
乙회사의 유치권행사는 정당한가? 상법에서 정하고 있는 유치권에 한해서 논하시오. (15점)

---

[1] 학설 대립에 따른 실익이 있는 부분이 존재하여 부득이하게 배점 대비 분량이 늘어났음을 미리 밝힌다.

[제3문] 문제 1. 해설

1. 문제
양도승인 여부를 결정하기 위한 이사회 소집통지에서 B를 배제한 이사회결의 효력의 적법 여부가 문제 된다.

2. B를 배제한 이사회결의 효력의 적법 여부
(1) **관련 조문** – 이사회의 결의는 이사 과반수의 출석과 출석 이사의 과반수로 하여야 한다(상법 제391조 제1항). 동조 제2항에 따라 총회의 결의에 관하여 특별한 이해관계가 있는 자는 의결권을 행사하지 못하고(제368조 제3항). 이 규정에 의하여 행사할 수 없는 의결권의 수는 출석한 주주의 의결권의 수에 산입하지 아니한다(제371조 제2항).

(2) **판례** – 이해관계 있는 이사는 이사회에서 의결권을 행사할 수는 없으나, 의사정족수 산정의 기초가 되는 이사의 수에는 포함되고, 다만 결의성립에 필요한 출석이사에는 산입되지 아니한다.

(3) **사안의 경우**
  1) 상법 제363조 제7항은 주주총회 소집통지의 경우 의결권 없는 주주에 대한 소집통지를 생략할 수 있도록 규정하고 있는데 그 취지를 유추하여 본다면, B가 주식양도 승인과 관련하여 특별 이해관계를 가진 이사인 경우 이사회에서 의결권을 행사할 수 없으므로 B에 대한 소집통지를 생략하더라도 이사회 소집절차의 하자가 된다고 할 수 없다.
  2) B는 주식양도 승인결의에 관하여 특별이해관계 있는 이사라고 할 수 있고 그에 대한 소집결의를 생략한 것은 문제가 되지 않는다면, 이사회에는 A, C가 참석하여 만장일치로 승인 거부 결의를 한 것은 특별이해관계가 있는 이사 B를 포함한 재직이사 총 3인의 과반수인 2인(A, C)이 출석하였고, 출석한 이사 2인 전원이 찬성하였으므로 출석이사 과반수 찬성 요건도 충족하여 이사회결의 요건을 충족하였다.

3. 결론
주식양도 승인을 거부한 2022. 7. 5. 甲 회사의 이사회결의는 유효하다.

[제3문] 문제 2. 해설

1. 문제
乙 회사가 甲 회사의 주주로서 소집통지를 받지 않은 사유를 이유로 주주총회결의취소소송을 제기할 수 있는지와 관련하여 (1) 甲 회사 이사회의 주식양도 승인 여부, (2) 명의개서 부당거절 여부가 문제 된다.

2. 甲 회사 이사회의 주식양도 승인 여부

(1) 관련 조문

1) 주식은 타인에게 양도할 수 있다. 다만, 회사는 정관으로 정하는 바에 따라 그 발행하는 주식의 양도에 관하여 이사회의 승인을 받도록 할 수 있다(상법 제335조 제1항).

2) 주식의 양도에 관하여 이사회의 승인을 얻어야 하는 경우에는 주식을 양도하고자 하는 주주는 회사에 대하여 양도의 상대방 및 양도하고자 하는 주식의 종류와 수를 기재한 서면으로 양도의 승인을 청구할 수 있다(상법 제335조의2 제1항). 회사는 그 청구가 있는 날부터 1월 이내에 주주에게 그 승인 여부를 서면으로 통지하여야 하고, 회사가 그 기간 내에 주주에게 거부의 통지를 하지 아니한 때에는 주식의 양도에 관하여 이사회의 승인이 있는 것으로 본다(상법 제335조의2 제2,3항).

3) 주식양수인도 회사에 대해 양도의 승인을 서면으로 청구할 수 있고(상법 제335조의7 1항), 상법 제335조의2 제2항, 제3항은 이 경우에도 준용된다(상법 제335조의7 제2항).

(2) 사안의 경우

1) 甲 회사의 정관에서 주식 양도시 이사회 승인을 얻도록 하고 있으므로 B로부터 甲 회사 주식 3만 주를 취득한 乙 회사는 甲 회사 이사회의 승인을 받아야 명의개서를 받을 수 있는데, 乙 회사는 주식을 취득한 다음 날인 2022.6.8. 서면으로 甲 회사의 승인을 청구하였고, 甲 회사 이사회에서는 주식양도의 승인을 거부하는 결의가 이루어졌지만 이는 2022.7.8.까지 乙회사에게 통지가 되지 않았다.

2) 즉, 상법 제335조의2 제3항에 따라 승인청구를 한 날로부터 1월 내에 승인을 거부하는 통지가 없다면 1월이 경과한 후에는 승인이 의제되는바, 乙회사에 대해서는 甲회사 이사회 승인이 이루어진 것으로 간주된다.

3. 명의개서 부당거절 여부

(1) 관련 조문 - 주식의 이전은 취득자의 성명과 주소를 주주명부에 기재하지 아니하면 회사에 대항하지 못한다(상법 제337조 제1항).

(2) 판례 - 주주명부에 기재를 마치지 않고도 회사에 대한 관계에서 주주권을 행사할 수 있는 경우는 주주명부에의 기재 또는 명의개서 청구가 부당하게 지연되거나 거절되었다는 등의 극히 예외적인 사정이 인정되는 경우에 한한다.

(3) 사안의 경우

1) 주식 양수의 승인이 의제된 乙 회사가 2022.7.14. 주권을 제시하여 명의개서를 청구하였으므로 甲 회사는 별다른 사정이 없는 이상 명의개서를 해주어야 함에도 정당한 이유 없이 명의개서를 거부하여 乙회사는 부당하게 명의개서를 거절당한 자이므로, 2022.7.14. 이후부터는 甲회사에 대해 명의개서 없이 주주권을 행사할 수 있다.

2) B를 이사에서 해임하는 결의가 이루어진 2022.8.17. 주주총회의 소집통지는 명부상 주주인 B가 아닌 乙회사에게 이루어져야 함에도 甲회사는 乙회사가 아닌 B에게 소집통지를 하였고, 주주총회에서는 乙회사가 아닌 B가 의결권을 행사하였는바, 소집절차 및 결의방법이 법령을 위반한 하자가 있다.

4. 결론

乙 회사는 주주로서 소집통지 하자를 이유로 상법 제376조 제1항의 주주총회결의취소의 소를 제기하여 B를 이사에서 해임하는 주주총회결의의 효력을 다툴 수 있다.

[제3문] 문제 3. 해설

1. 문제

상법 제335조의7 제2항에서 준용하는 상법 제335조의2 제4항에 따른 주식매수청구권 행사 가부가 문제 된다.

2. 상법 제335조의2 제4항에 따른 주식매수청구권 행사 가부

(1) **관련 조문** - 양도승인거부의 통지를 받은 주주는 통지를 받은 날부터 20일 내에 회사에 대하여 양도의 상대방의 지정 또는 그 주식의 매수를 청구할 수 있다(상법 제335조의7 제2항, 제335조의2 제4항).

(2) **사안의 경우**

1) 甲회사 주식 3만 주를 양수한 乙 회사가 甲 회사에게 2022.6.8. 서면으로 주식양도 승인을 청구하였으나 이사회에서 승인 거부 결의를 하였음에도 2022.7.8.까지 승인 거부를 통지하지 않아서 주식양도에 대한 승인이 의제 되었는바, 乙 회사가 甲 회사에게 주식 3만 주의 매수를 청구하였다고 하지만 이것은 甲 회사에게 매수할 의무를 발생시키는 취지의 주식매수청구권 행사는 아니다.

2) 왜냐하면 상법 제335조의2 제4항에 따른 주식매수청구권 행사는 체계 해석상 승인 거부가 통지된 경우에 한하여 적용되는 규정이기 때문이다.

3. 결론

乙 회사가 2022. 7. 14. 甲 회사에게 명의개서를 청구하지 않고 甲 회사 주식 3만 주를 매수할 것을 청구하였더라도, 甲 회사는 이에 응할 필요가 없다.

[제3문] 문제 4. 해설

1. 문제
(1) 표현지배인 성부, (2) 乙 회사의 A에 대한 어음금청구 가부, (3) 乙 회사의 B에 대한 어음금청구 가부가 문제 된다.

2. 표현지배인 성부
(1) **관련 조문** - 본점 또는 지점의 본부장, 지점장, 그 밖에 지배인으로 인정될 만한 명칭을 사용하는 자는 본점 또는 지점의 지배인과 동일한 권한이 있는 것으로 본다(상법 제14조 제1항). 제14조 제1항은 상대방이 악의인 경우에는 적용하지 아니한다(상법 제14조 제2항).

(2) **판례** - '본점 또는 지점'은 진정한 지배인의 대리행위가 존재할 수 있을 정도로 영업소의 실질을 갖추어야 한다.

(3) **사안의 경우** - 약속어음 발행행위에 관하여 ① 외관의 존재라는 측면에서 상인 A의 영업소 직원 B가 '영업주 A, 지배인 B'라고 기재한 것은 외관이 존재한다고 볼 수 있고, ② 외관의 부여라는 면에서는 실제로 지배인을 두고 있지 않음에도 A가 묵인한 점에서 외관에 대한 영업주의 귀책사유를 인정할 수도 있겠으나, ③ 외관의 신뢰라는 요건에서 甲회사의 대표이사가 약속어음 수취 당시 B가 지배인이 아니라는 사정을 알고 있었는바, 표현지배인 법리에 따라 영업주 A가 상대방인 甲회사에게 책임을 부담한다고 보기 어렵다.

3. 乙 회사의 A에 대한 어음금청구 가부 (乙 회사의 표현지배인 법리 주장 가부)
(1) **문제** - 어음법은 무권대리에 관한 규정만을 두고 있을 뿐 표현책임에 관한 명문의 규정이 없다.

(2) **학설** - ① 직접상대방 한정설 : 대리권의 외관 및 이에 대한 신뢰는 행위 당시의 구체적 사정을 전제로 하는 것이므로 대리행위의 직접상대방에게 표현대리가 성립하지 아니하면 그 후의 어음소지인은 무권대리 행위의 본인에 대하여 표현책임을 추궁할 수 없다. ② 제3취득자 포함설 : 어음이 전전유통하는 유통증권이라는 점을 고려하면 직접상대방 이외의 제3자 보호의 필요성이 크다는 점에서 직접상대방에게 표현대리가 성립하지 아니하더라도 그 후의 어음소지인이 선의이면 표현대리의 성립을 주장할 수 있다.

(3) **판례** - 권한을 넘은 표현대리에 관한 민법 제126조의 제3자란 당해 표현행위의 직접 상대방이 된 자만을 지칭하는 것이고, 이는 어음행위에 적용 또는 유추적용할 경우에 있어서도 마찬가지이므로, 약속어음의 배서행위의 직접 상대방은 그 배서에 의하여 어음을 양도받은 피배서인만을 가리키고 그 피배서인으로부터 다시 어음을 취득한 자는 제3자에는 해당하지 아니한다.

(4) **검토 및 사안의 경우**
1) 상법상의 표현대표이사가 적용되는 경우, 그로부터 직접 어음을 취득한 상대방뿐만 아니라 그로부터 다시 이를 배서양도받은 제3취득자도 제3자의 범위에 포함된다는 상이한 판례가 존재

한다. 그런데, 민법과 상법상의 표현책임에서 제3자의 범위를 다르게 판단할 이유가 없으므로 제3취득자 포함설이 타당하다.

　　2) 판례에 따르면 乙 회사는 보호되는 제3자에 포함되지 않아 A에게 어음금청구를 할 수 없고[2], 제3취득자 포함설에 따르면 보호되는 제3자에 해당되어 A에게 어음금청구를 할 수 있다.

4. 乙 회사의 B에 대한 어음금 청구 가부 (표현지배인 B의 책임 가부)

　(1) **문제** - 제3취득자 포함설에 따를 경우 乙회사가 B에게도 어음금청구를 할 수 있는지가 문제 된다. 민법에서는 표현대리를 무권대리로 보면서도 본인에게 책임을 물을 수 있는 경우 무권대리에게 제135조 책임을 적용하지 않지만, 상법은 이와 달리 해석하기 때문이다[3].

　(2) **학설** - ① 택일설 : 어음·수표의 소지인이 선택적으로 어느 일방에 대해서만 책임을 추궁할 수 있다. ② 중첩설 : 표현대리인과 본인에게 동시에 중첩적으로 책임을 추궁할 수 있다.

　(3) **검토 및 사안의 경우** - 어느 견해에 의하든 乙이 A와 B로부터 중복하여 지급받을 수 없으나 A에게 지급받을 수 없는 경우 B에게도 책임을 추궁하는 것이 거래 안전에 더 부합한다는 점에서 중첩설이 더 타당하다.

5. 결론

乙 회사는 (1) 판례(직접상대방 한정설)에 따르면 B에게만 어음금 1억 원의 지급을 청구할 수 있고, (2) 제3취득자 포함설에 따르면 A와 B에게 택일 또는 중첩적으로 청구할 수 있다.

[제3문] 문제 5. 해설

1. 문제

乙 회사의 甲 회사에 대한 상환청구권 행사 가부와 관련하여 (1) 실질적, 형식적 요건 충족 여부, (2) 甲 회사의 어음행위독립의 원칙 적용 여부가 문제 된다.

2. 乙 회사의 甲 회사에 대한 상환청구권 행사 가부

　(1) **관련 조문** - 만기에 지급이 되지 아니한 경우 소지인은 배서인에 대하여 상환청구권을 행사할 수 있다(어음법 제43조, 제77조 제1항 제4호).

---

[2] 이관형 변호사 註 - 여기서 판례는 제3자의 범위를 어음행위의 직접 상대방으로 한정하고 있지만, 직접상대방에 대하여 표현대리 요건이 충족되는 경우 제3취득자가 원용하는 것이 가능하다고 하여 제3취득자를 간접적으로 보호하고 있음에 주의를 요한다. 즉, 당해 사안에서 乙회사는 직접상대방인 甲회사의 표현대리가 성립을 주장하고 이를 입증한 다음 자신이 甲으로부터 승계취득하였음을 주장하여 어음금 청구를 할 수 있다. 다만, 위 사안에서는 甲회사가 악의이기 때문에 乙은 원용하는 것이 불가능하여 보호받을 수 없고, 그렇기 때문에 제3취득자 포함설을 설시할 실익이 있는 것이다.

[3] 관련 조문 - 대리권 없이 타인의 대리인으로 환어음에 기명날인하거나 서명한 자는 그 어음에 의하여 의무를 부담한다. 그 자가 어음금액을 지급한 경우에는 본인과 같은 권리를 가진다. 권한을 초과한 대리인의 경우도 같다(어음법 제8조, 어음법 77조 제2항). 다른 자의 대리인으로서 계약을 맺은 자가 그 대리권을 증명하지 못하고 또 본인의 추인을 받지 못한 경우에는 그는 상대방의 선택에 따라 계약을 이행할 책임 또는 손해를 배상할 책임이 있다(민법 제135조 제1항).

(2) 상환청구의 실질적 요건 충족여부 (2022. 8. 3. 배서 교부의 효력)

1) **관련 조문** - 확정일출급어음의 경우 지급제시기간은 지급을 할 날 또는 그날 이후의 2거래일이고, 지급거절증서 작성기간은 지급을 할 날에 이은 2거래일이다(어음법 제77조 제1항 제4호, 제38조 제1항, 제44조 제3항 제1문). 만기 후의 배서는 만기 전의 배서와 같은 효력이 있다(어음법 제77조 제1항 제1호, 제20조 제1항).

2) **사안의 경우** - 乙회사가 甲회사로부터 약속어음을 배서, 교부받은 시점은 만기인 2022.8.2. 이후인 2022.8.3.이다. 만기 후에 배서가 이루어졌지만 배서 시점에 이미 지급거절증서가 작성된 상태가 아니고, 지급제시기간인 2022.8.2.-8.4.이 지나지 않은 상태에서의 배서이므로 기한후 배서가 아니고 만기 전에 이루어진 배서와 같은 효력이 인정되는 만기후 배서에 해당한다. 즉, 乙 회사가 적법한 지급제시기간 내에 지급제시하였음에도 지급이 거절되었는바, 실질적 요건은 충족되었다.

(3) 상환청구의 형식적 요건 충족여부

1) **관련 조문** - 지급거절증서를 작성하여야 하는데(어음법 제77조 제1항 제4호 제44조 제1항), 지급거절증서는 지급거절증서 작성기간내에 작성되어야 한다(어음법 제77조 제1항 제4호, 제44조 제2항, 3항). 지급거절증서의 작성이 면제된 때는 지급거절증서의 작성 없이 상환청구할 수 있다(어음법 제77조 제1항 제4호, 제46조).

2) **사안의 경우** - 乙회사가 지급제시기간 내의 지급제시에도 불구하고 지급을 받지 못하였고 지급거절증서 작성기간 내에 지급거절증서를 작성하였다면 甲회사에 대해 상환청구권을 행사할 수 있는바, 약속어음의 배서인인 甲회사는 상환의무자에 해당한다.

3. 甲 회사에 대한 담보책임 성부(어음채무부담독립의 원칙)

(1) **관련 조문** - 약속어음의 연속적인 어음행위 중에서 선행하는 어음행위가 형식적으로는 유효하나 실질적 하자로 무효인 경우라도 후행하는 어음행위는 선행행위의 무효와는 무관하게 독립적으로 효력이 발생하는 것으로 본다(어음법 제77조 제2항, 제7조).

(2) **판례** - 최초의 발행행위가 위조되었다 하더라도 어음행위독립의 원칙상 그 뒤에 유효하게 배서한 배서인에 대하여는 상환청구권을 행사할 수 있다.

(3) **사안의 경우** - B가 표현지배인이 아니어서 약속어음의 발행인인 A의 어음채무가 발생하지 않지만, 발행 후에 배서를 한 甲 회사는 어음채무부담 독립의 원칙에 따라 선행행위인 발행이 무권대리행위로서 무효라도, 독립하여 담보책임으로서 상환의무를 부담한다.

4. 결론

乙회사가 지급제시기간인 2022.8.2.~8.4에 A 혹은 B에게 지급제시하여 양자 중 누구로부터라도 어음금 1억원을 지급받지 못하였다면, 지급거절증서 작성기간인 2022.8.3.~8.4.에 지급거절증서를 작성하여 배서인인 甲회사에 대해 상환청구권을 행사할 수 있다.

[제3문] 문제 6. 해설

1. 문제
운송인인 乙 회사의 상사유치권 성부가 문제 된다.

2. 운송인인 乙 회사의 상사유치권 성부

(1) 운송인 해당 여부
  1) 관련 조문 - 육상 또는 호천, 항만에서 물건 또는 여객의 운송을 영업으로 하는 자를 운송인이라 한다(상법 제215조).
  2) 사안의 경우 - 운송계약은 乙회사와 丙회사 사이에 체결되었고, 乙회사는 운송인, 丙회사는 송하인인 동시에 수하인에 해당한다.

(2) 일반 상사유치권 성부
  1) 관련 조문 - 상인 간의 상행위로 인한 채권이 변제기에 있는 때에는 채권자는 변제를 받을 때까지 그 채무자에 대한 상행위로 인하여 자기가 점유하고 있는 채무자 소유의 물건 또는 유가증권을 유치할 수 있다(상법 제58조).
  2) 사안의 경우 - 乙회사가 유치권을 행사하려는 목적물인 강철재는 채무자인 丙회사의 소유가 아니라 丁회사의 소유이므로 일반 상사유치권은 성립할 수 없다.

(3) 운송인 특별상사유치권 성부
  1) 관련 조문 - 운송인은 운송물에 관하여 받을 보수, 운임, 기타 위탁자를 위한 체당금이나 선대금에 관하여서만 그 운송물을 유치할 수 있다(상법 제147조, 제120조).
  2) 판례 - 동일한 기회에 동일한 수하인에게 운송하여 줄 것을 의뢰받은 운송인이 운송물의 일부를 유치한 경우 운송물 전체에 대한 운임채권은 동일한 법률관계에서 발생한 채권으로서 유치의 목적물과 견련관계를 인정하여 피담보채권의 범위에 속한다고 할 수 있다.
  3) 사안의 경우 - 운송인 乙회사는 강철재 100톤을 운송하여 하역을 완료하였으므로 丙회사에 대한 운송료 채권이 발생하였고, 이를 담보하기 위해 유치한 강철재 90톤은 채무자인 丙회사의 소유가 아닌 丁회사의 소유이지만 동일한 기회에 운송을 의뢰받은 강철재 190톤 중의 일부로서 운송료 채권과 개별적 견련관계에 인정되는바, 운송인 특별상사유치권이 성립한다.

3. 결론
운송인 乙 회사의 특별상사유치권 행사는 정당하다.

제1차 모의시험 제1문

〈제1문의 1〉

〈공통된 사실관계〉

서울 강남구에 본점이 있는 甲 은행은 2020. 5. 1. 대구 수성구에 주소를 두고 거주하는 乙에게 1억 원을 대여하면서 약관에 의한 대출계약을 체결하였다. 위 약관에는 향후 대출 관련 분쟁이 발생할 경우 '甲 은행의 영업점 소재지 법원'을 관할법원으로 한다는 조항이 포함되었다. 甲 은행의 영업점은 서울, 부산, 대구, 광주에 있었는데, 위 대출계약은 대구 수성구에 있는 영업점에서 체결되었다.

〈아래 추가된 사실관계는 상호 독립적임〉

〈추가된 사실관계 1〉

위 대출계약 체결 이후인 2021년 상반기에 甲 은행의 영남 지역 소송 관련 업무는 부산 영업점에서 전담하는 것으로 업무조정이 이루어졌다. 이후 乙이 대출원리금을 변제하지 못하는 상황에 이르자, 甲 은행은 2022. 4. 30. 乙을 상대로 대출금반환청구소송을 제기하면서 부산 영업점 소재지를 관할하는 부산지방법원에 소장을 제출하였다. 소장 부본을 송달받은 乙은 관할위반을 주장하면서 대구지방법원으로의 이송을 신청하였다.

문제 1.

법원은 乙의 관할위반을 이유로 한 이송신청에 대하여 어떻게 처리하여야 하는가? (15점)

〈추가된 사실관계 2〉

甲 은행은 乙에 대한 대출금채권을 자산유동화업무를 하는 丙 유한회사에게 2021. 8. 1. 양도하고 그 무렵 乙에게 채권양도 통지를 하였다. 서울 중구에 본점이 있는 丙 유한회사는 2022. 5. 1. 서울중앙지방법원에 양수금청구소송을 제기하였다. 소장 부본을 송달받은 乙은 관할위반을 주장하며 대구지방법원으로의 이송을 신청하였다.

문제 2.

乙의 관할위반 주장은 타당한가? (10점)

[제1문의 1] 문제 1. 해설

1. 문제
(1) 甲 은행과 乙이 체결한 재판 관할법원에 관한 약관조항의 유효 여부, (2) 이송신청에 대한 법원의 판단이 문제 된다.

2. 재판 관할법원에 관한 약관조항의 유효 여부

(1) **관련 조문** - 소송 제기 등과 관련된 약관의 내용 중 고객에게 부당하게 불리한 재판관할의 합의 조항은 무효로 한다(약관법 제14조 제1호).

(2) **판례** - 사업자가 사업자의 영업소를 관할하는 지방법원을 전속적 관할로 하는 약관조항을 작성하여 고객과 계약을 체결함으로써 고객에게 부당하게 불이익을 주었다고 인정되는 경우라면, 그 약관조항은 약관규제법 제14조에 위반되어 무효이므로 '위 회사의 관할 영업점 소재지 법원'은 계약이 체결될 당시 이를 관할하던 위 회사의 영업점 소재지 법원을 의미한다.

(3) **사안의 경우**
  1) 甲 은행이 2020. 5. 1. 乙과 대출 계약을 체결하면서 관련 분쟁이 발생할 경우 '甲 은행의 영업점 소재지 법원'을 관할법원으로 한다는 조항은 당사자 중 일방이 지정하는 법원에 관할권을 인정한다는 관할합의조항에 해당하여 약관법 제14조 제1호에 의하여 무효로 보아야 한다.
  2) 그렇다면, 甲 은행과 乙 사이의 대출계약상 약관조항에 근거한 전속적 관할합의의 관할법원은 당초 대출계약이 체결된 대구 수성구를 관할하는 대구지방법원이고, 업무분담 변경으로 영남지역 송무 업무를 처리하게 된 부산지방법원은 대출금 반환청구 소송의 관할법원이 아니다.

3. 관할위반을 이유로 한 이송신청에 대한 법원의 판단

(1) **관련 조문** - 법원은 소송에 대하여 관할권이 없다고 인정하는 경우에는 결정으로 이를 관할법원에 이송한다(민소법 제34조 제1항).

(2) **판례** - 당사자가 관할위반을 이유로 한 이송신청을 한 경우에도 이는 단지 법원의 직권발동을 촉구하는 의미밖에 없는 것이고, 따라서 법원은 이송신청에 대하여는 재판을 할 필요가 없다.

(3) **사안의 경우** - 법원은 직권으로 전속적 합의관할 법원인 대구지방법원으로 이송하면 된다.

4. 결론
법원은 직권으로 대구지방법원으로 이송한다.

[제1문의 1] 문제 2. 해설

1. 문제
전속적 합의관할의 효력이 채권양수인에게도 미치는지 여부가 문제 된다.

2. 전속적 합의관할의 효력이 채권양수인에게도 미치는지 여부
(1) **관련 법리** - 관할의 합의는 소송법상의 행위로서 합의 당사자 및 그 일반승계인을 제외한 제3자에게 그 효력이 미치지 않는다.

(2) **판례** - 지명채권과 같이 그 권리관계의 내용을 당사자가 자유롭게 정할 수 있는 경우에는, 당해 권리관계의 특정승계인은 그와 같이 변경된 권리관계를 승계한 것이라고 할 것이어서, 관할합의의 효력은 특정승계인에게도 미친다.

(3) **사안의 경우** - 甲 은행과 乙 사이의 대출계약상 약관조항에 근거한 전속적 관할합의는 甲 은행으로부터 대출금채권을 양수한 丙 유한회사에도 미치는바, 관할법원은 대구지방법원이고 서울중앙지방법원에의 소 제기는 위 전속적 관할합의에 위반된다.

3. 결론
乙의 관할위반 주장은 타당한바, 법원은 직권으로 대구지방법원으로 이송한다.

<제1문의 2>

문제 1.

甲은 2011. 10. 13. A 토지의 소유권을 취득하였는데, 乙은 그 이전부터 위 지상에 B 건물을 소유하고 있었다. 乙은 甲과의 사이에 위 건물의 소유를 목적으로 A 토지에 관하여 기간의 정함이 없는 임대차계약을 체결하고 甲에게 연간 3,000,000원의 차임을 지급하여 왔다. 甲은 乙을 상대로 B 건물의 철거 및 A 토지의 인도를 구하는 소를 제기하였고, 그 소장 부본이 2020. 11. 23. 乙에게 송달되었다. 이 소송의 변론에서 乙은 위 건물에 대한 매수청구권을 행사하였다.

　　이러한 경우 법원은 어떻게 재판하여야 하는가? (15점)

문제 2.

甲이 A 토지의 각 1/2 지분 공유자인 乙과 丙을 상대로 A 토지를 소유의 의사로 평온·공연하게 점유함으로써 취득시효가 완성되었다는 것을 이유로 각 공유지분에 관한 소유권이전등기를 구하는 소를 제기하였다. 2018. 7. 16. 甲의 청구를 모두 기각하는 제1심판결이 선고되었다. 이에 甲이 같은 해 8. 13. 항소를 제기하였고, 같은 해 8. 30. 丙이 항소심 소송대리인을 선임하지 아니한 상태에서 사망하였다. 그런데 丙의 단독 상속인 乙은 그 소송수계절차를 밟음이 없이 丙이 생존하여 있는 것처럼 같은 해 10. 11. 乙과 丙 명의로 변호사 B를 소송대리인으로 선임하여 그 변호사에 의하여 소송절차가 진행되었다.

　　항소심 법원은 丙이 사망한 사실을 모른 채 변론을 종결한 후 2019. 5. 4. 제1심 판결을 취소하고 甲의 청구를 인용하는 판결을 선고하였으며, 그 판결정본이 B에게 송달되었다. 그러자 乙은 같은 해 5. 30. 丙도 상고인의 한사람으로 표시하여 항소심 판결에 대하여 불복한다는 취지의 상고장을 제출하였다. 乙은 같은 해 7. 5.에 이르러 비로소 丙이 사망하였다고 하면서 대법원에 소송수계신청을 함과 동시에 항소심 판결의 절차상 흠에 관하여는 상고이유로 삼지 아니하고 본안에 관하여만 다투는 내용의 상고이유서를 제출하였다.

　　위 丙의 패소 부분에 관한 상고가 적법한지를 그 논거와 함께 서술하시오. (10점)[1]

---

[1] 배점이 서술하여야 할 분량에 비하여 너무 적은 출제로 보인다. 정확한 논리적 서술을 위하여 배점 분량을 초과하여 해설하였음을 미리 밝힌다.

[제1문의 2] 문제 1. 해설

1. 문제
법원의 적극적 석명권 인정 여부와 이에 따른 법원의 판단이 문제 된다.

2. 법원의 적극적 석명권 인정 여부와 법원의 판단
(1) **관련 조문** - 재판장은 소송관계를 분명하게 하기 위하여 당사자에게 사실상 또는 법률상 사항에 대하여 질문할 수 있고, 증명을 하도록 촉구할 수 있다(민소법 제136조 제1항).

(2) **판례**
1) 법원의 석명권 행사가 당사자가 주장하지도 않은 법률효과에 관한 요건사실이나 공격방어방법을 시사하여 그 제출을 권유하는 행위는 변론주의의 원칙에 위배되고 석명권 행사의 한계를 일탈한 것이 된다.
2) 다만, 토지임대인의 임차인에 대한 건물철거 및 토지인도청구에서 임차인이 지상물매수청구권을 행사한 경우에는 법원으로서는 임대인이 종전의 청구를 계속 유지할 것인지, 아니면 대금지급과 상환으로 지상물의 명도를 청구할 의사가 있는 것인지 석명하고 임대인이 그 석명에 응하여 소를 변경한 때에는 지상물 명도의 판결을 한다.

(3) **사안의 경우**
1) 甲이 乙을 상대로 건물철거 및 토지인도를 구하는 소를 제기하였고, 변론에서 피고 乙이 건물매수청구권을 행사하였으므로, 법원은 甲이 종전의 청구를 계속 유지할 것인지, 아니면 건물의 매수대금 지급과 상환으로 건물의 인도를 청구할 의사가 있는지를 석명하고, 甲이 그 석명에 응하여 소를 변경한 때에는 건물매수대금 지급과 상환으로 B 건물의 인도판결을 할 수 있다.
2) 甲이 법원의 석명에 불응하여 청구취지를 변경하지 아니하면 甲의 청구를 기각하여야 한다.

3. 결론
법원은 甲이 청구 취지를 변경할 것인지 기존 청구를 유지할 것인지를 석명하고, 변경한 경우에는 상환이행판결을 내리고, 변경하지 아니하는 경우에는 청구기각 판결을 내려야 한다.

[제1문의 2] 문제 2. 해설

1. 문제
소송 계속 중 당사자의 사망을 간과한 판결의 효력과 상속인에 의한 상고의 적법 여부가 문제 된다.

2. 소송 계속 중 당사자의 사망을 간과한 판결의 효력과 상속인에 의한 상고의 적법 여부
(1) **관련 조문** - 소송행위에 필요한 권한의 수여에 흠이 있는 사람이 소송행위를 한 뒤에 보정된 당사자나 법정대리인이 이를 추인한 경우에는, 그 소송행위는 이를 한 때에 소급하여 효력이

생긴다(민소법 제60조). 판결에 소송행위에 대한 특별한 권한의 수여에 흠이 있는 때에는 상고에 정당한 이유가 있는 것으로 하는데, 민소법 제60조에 따라 추인한 때에는 상고에 정당한 이유가 있는 것으로 보지 아니한다(민소법 제424조 제2항).

(2) 판례
1) 소송 계속 중 어느 일방 당사자의 사망에 의한 소송절차 중단을 간과하고 변론이 종결되어 판결이 선고된 경우에는 그 판결은 소송에 관여할 수 있는 적법한 수계인의 권한을 배제한 결과가 되는 절차상 위법은 있지만, 그 판결이 당연무효라 할 수는 없다.
2) 다만, 그 판결은 대리인에 의하여 적법하게 대리되지 않았던 경우와 마찬가지로 보아 대리권 흠결을 이유로 상소 또는 재심에 의하여 그 취소를 구할 수 있는데, 판결이 선고된 후 적법한 상속인들이 송달을 받아 상고장을 제출하고 상고심에서 수계절차를 밟은 경우에도 그 수계와 상고는 적법한 것이라고 보아야 한다.

(3) 사안의 경우
1) 甲과 丙 사이의 소송은 항소심에 계속 중이던 2018. 8. 30. 丙의 사망으로 중단되고, 항소심에서 그 상속인인 乙에 의하여 소송수계 절차가 이루어지지 아니한 상태에서 변론이 종결되어 선고된 丙에 관한 항소심 판결에는 소송절차상 위법이 있지만, 상속인 乙에 의하여 丙의 변호사가 선임된 점에서 소송수행권이 실질적으로 보장되었으므로, 판결의 효력에는 영향이 없다.
2) 그런데, 乙은 사망한 丙 명의로 그 패소 부분에 관하여 상고까지 하였을 뿐만 아니라 상고심에서 소송수계를 신청하고, 상고이유서를 제출하면서 항소심 판결의 위와 같은 절차상의 흠에 관하여는 상고이유로 삼지 아니하고 그 본안에 관하여만 다투고 있는바, 항소심에서의 하자를 추인한 것으로 해석된다.
3) 따라서, 민사소송법 제60조와 제424조 제2항에 의하여 항소심에서 丙을 대리한 B 변호사의 소송행위는 모두 행위시에 소급하여 적법하게 되고, 丙에 관한 항소심 판결의 위법사유는 소멸하였으므로, 丙의 패소부분에 대한 상고는 적법하다.

3. 결론
丙의 패소 부분에 대한 상고는 적법하다.

〈제1문의 3〉

甲은 강원도 춘천시에 X토지를 소유하고 있는데 乙이 이를 점유하고 있다. 이에 甲은 乙을 상대로 乙이 X토지를 불법으로 점유하고 있으므로 토지소유권에 기하여 X토지의 인도를 구하는 소(전소)를 제기하였다.

문제 1.

위 소송에서 甲은 승소판결을 받았다. 乙이 항소심에서 X토지를 매수하겠다고 약속하자 甲은 이를 믿고 위 소를 취하하였다. 그 뒤 乙이 X토지를 매수하는 것에 소극적인 태도를 보이자 甲은 X토지를 위 소에 관해 알지 못하는 丙에게 매도하였다. 소유권이전등기를 경료받은 丙은 바로 乙을 상대로 X토지의 인도를 구하는 소(후소)를 제기하였다. 변론에서 乙은 丙의 소는 재소금지의 원칙에 반하여 부적법하다고 주장하고 있으며, 법원은 乙의 점유가 권원 없이 이루어진 것으로 판단하고 있다. 법원은 어떠한 재판을 하여야 하는가? (20점)

문제 2.

위 소송에서 甲은 패소판결을 받았으며 이는 그대로 확정되었다. 그 뒤 甲은 X토지를 丙에게 매도하고 소유권이전등기를 경료해 주었다. 그 뒤 丙은 乙을 상대로 X토지의 인도를 구하는 소(후소)를 제기하였다. 이에 乙은 丙의 후소는 전소 기판력에 저촉되어 부적법한 소라고 주장하였다. 법원이 丙의 본안에 관한 주장이 모두 이유 있다고 인정하는 경우 어떠한 재판을 하여야 하는가? (15점)

[제1문의 3] 문제 1. 해설

1. 문제

   甲의 전소 취하 이후, 丙의 후소에 대한 재소금지 위반 여부가 문제 된다.

2. 재소금지 위반 여부

   (1) **관련 조문 및 취지** - 본안에 대한 종국 판결이 있은 뒤에 소를 취하한 사람은 같은 소를 제기하지 못한다(민소법 제267조 제2항). 종국 판결을 선고한 뒤에 소를 취하한 다음 다시 소 제기를 허용하면 본안판결에 이르기까지 법원이 들인 노력과 비용이 무용화되고 법원의 종국 판결이 당사자에 의하여 농락당할 수 있음을 그 근거로 한다.

   (2) **당사자 동일 여부**
   1) 판례 - 원고의 포괄승계인은 물론 특정승계인도 원고와 동일한 것으로 본다.
   2) 사안의 경우 - 甲은 전소인 X토지의 소유권을 매매를 통하여 특정승계한 자에 해당하는바, 당사자는 동일하다.

   (3) **소송물 동일**
   1) 판례 - 후소가 전소의 소송물을 선결적 법률관계 내지 전제로 하는 것일 때에는 비록 소송물은 다르지만 본안의 종국판결후에 전소를 취하한 자는 전소의 목적이었던 권리 내지 법률관계의 존부에 대하여는 다시 법원의 판단을 구할 수 없는 관계상 위 제도의 취지와 목적에 비추어 후소에 대하여도 동일한 소로서 판결을 구할 수 없다.
   2) 사안의 경우 - 丙이 乙을 상대로 X토지의 인도를 구하는 후소는 甲이 乙을 상대로 X토지 소유권에 기하여 인도를 구하는 전소와 소유권에 기한 청구라는 점에서 동일한 소송물로 해석될 수 있다.

   (4) **권리보호이익 동일**
   1) 판례 - 토지의 전소유자가 피고를 상대로 한 전소와 본건 소는 소송물인 권리관계는 동일하다 할지라도 위 전소의 취하 후에 이 건 토지를 양수한 원고는 그 소유권을 침해하고 있는 피고에 대하여 그 배제를 구할 새로운 권리보호의 이익이 있다.
   2) 사안의 경우 - 丙은 전소의 원고인 토지소유자 甲으로 새롭게 소유권을 취득한 자로서 불법점유로서 토지소유권을 침해하고 있는 乙을 상대로 토지 인도를 구할 새로운 권리보호 이익이 있는바, 권리호보 이익이 동일하다고 볼 수 없다.

3. 결론

   丙이 제기한 후소는 재소금지의 위반에 해당하지 않고, 본안판단 결과 乙의 점유권원이 인정되지 않는바, 丙의 乙에 대한 X 토지 인도청구는 인용되어야 한다.

[제1문의 3] 문제 2. 해설

1. 문제
丙의 청구와 관련하여 乙의 기판력 항변의 당부가 문제 된다.

2. 전소 판결의 기판력 발생 범위 (丙의 청구원인)

(1) **관련 법리** - 확정판결의 기판력은 확정판결의 주문에 포함된 법률적 판단과 동일한 사항이 소송상 문제가 되었을 때 당사자는 이에 저촉되는 주장을 할 수 없고 법원도 이에 저촉되는 판단을 할 수 없는 기속력을 의미하고, 확정판결의 내용대로 실체적 권리관계를 변경하는 실체법적 효력을 갖는 것은 아니다.

(2) **판례** - 토지 소유권에 기한 물권적 청구권을 원인으로 하는 토지인도소송의 소송물은 토지인도청구권이므로 그 소송에서 청구기각된 확정판결의 기판력은 토지인도청구권 존부 그 자체에만 미치고, 소송물이 되지 않은 토지 소유권의 존부에 관하여는 미치지 않는바, 토지인도소송의 사실심 변론 종결 후에 그 패소자인 토지소유자로부터 토지를 매수하고 소유권이전등기를 마침으로써 그 소유권을 승계한 제3자의 토지소유권의 존부에 관하여는 위 확정판결의 기판력이 미치지 않는다.

(3) **사안의 경우** - 甲이 전소에서 패소한 판결의 효력은 甲이 乙에게 소유권이전등기청구권이 존재하지 않는다는 점에서만 발생하고, X토지의 소유권 존부에 관하여는 미치지 아니하므로, 甲으로부터 X 토지에 관한 소유권을 취득한 丙은 乙에게 X토지의 인도를 구하는 소는 제기할 수 있다.

3. 丙이 변론 종결 이후의 승계인에 해당하는지 여부 (乙 항변 당부)

(1) **관련 조문** - 확정판결은 당사자, 변론을 종결한 뒤의 승계인(변론 없이 한 판결의 경우에는 판결을 선고한 뒤의 승계인)에 대하여 효력이 미친다(민소법 제218조 제1항).

(2) **판례** - 제3자가 가지게 되는 물권적 청구권인 토지인도청구권은 적법하게 승계한 토지소유권의 일반적 효력으로서 발생된 것이고 위 토지인도소송의 소송물인 패소자의 토지인도청구권을 승계함으로써 가지게 된 것이라고는 할 수 없으므로 위 제3자는 민사소송법 제218조 제1항에서 정한 확정판결의 기판력이 미치는 '변론을 종결한 뒤의 승계인'에 해당하지 않는다.

(3) **사안의 경우** - 전소 판결의 기판력은 전소 변론 종결 후 X 토지 소유자 甲으로부터 소유권을 취득한 제3자 丙이 토지인도청구를 하는 경우에는 미치지 않는다. 왜냐하면 후소 소송물인 토지인도청구권은 丙이 취득한 소유권의 일반적 효력으로서 발생한 것이지 전소에서 패소한 甲의 소유권이전등기청구권 승계함으로써 가시게 된 것이 아니기 때문이다. 따라서, 전소 기판력에 저촉되어 부적법하다는 乙의 항변은 타당하지 않다.

4. 결론
법원의 심리결과, 丙의 본안에 관한 주장이 모두 있다고 인정하는 경우에는 丙의 청구를 인용하여야 한다.

⟨제1문의 4⟩

문제 1.
　甲은 이웃동네에 사는 乙로부터 폭행을 당하였다는 이유로 乙에 대해 손해배상을 청구하는 소를 제기하였다. 그런데 심리 중 乙은 甲이 폭행당하였다고 하는 시간에 전혀 다른 장소에 있었기 때문에 자신이 불법행위를 할 수 없다고 주장하여 관련된 증거를 조사한 결과 甲을 폭행한 사람은 乙의 동생인 丙으로서 甲이 丙을 乙로 착각한 것으로 밝혀졌다. 이에 甲은 피고 乙을 丙으로 경정하는 신청을 하였다. 법원은 이러한 甲의 피고경정신청을 받아들일 수 있는가? (15점)

[제1문의 4] 문제 1. 해설

1. 문제
원고 甲의 피고경정신청 적법여부가 문제 된다.

2. 피고경정신청 적법여부

(1) **관련 조문** - 원고가 피고를 잘못 지정한 것이 분명한 경우에는 제1심 법원은 변론을 종결할 때까지 원고의 신청에 따라 결정으로 피고를 경정하도록 허가할 수 있다. 다만, 피고가 본안에 관하여 준비서면을 제출하거나 변론준비기일에서 진술하거나 변론을 한 뒤에는 그의 동의를 받아야 한다(민소법 제260조 제1항).

(2) **판례** - 피고를 잘못 지정한 것이 분명한 경우란 청구취지나 청구원인의 기재 내용 자체로 보아 원고가 법률적 평가를 그르치는 등의 이유로 피고의 지정이 잘못된 것이 분명한 경우를 말하고, 피고로 되어야 할 자가 누구인지를 증거조사를 거쳐 사실을 인정하고 그 인정 사실에 터 잡아 법률 판단을 해야 인정할 수 있는 경우는 이에 해당하지 않는다.

(3) **사안의 경우** - 원고 甲이 피고를 乙로 지정한 것이 법적 평가를 그르친 경우는 아니고 피고 주장과 증거조사 등에 터 잡아 피고의 지정이 잘못된 경우라고 판단되는 경우이므로 잘못 지정한 것이 분명한 경우에 해당하지 않는바, 甲의 피고경정신청은 부적법하다.

3. 결론
법원은 甲의 피고경정신청을 받아들일 수 없다.

〈제1문의 5〉

〈기초적 사실관계〉

　전자기기 판매업을 하고 있는 甲은 2014. 3. 10. 乙에게 사무용 컴퓨터 100대를 대당 100만 원씩 총 대금 1억 원에 매도하면서, 위 컴퓨터는 모두 2014. 3. 31. 인도하고, 2014. 4. 30. 위 물품대금을 지급받기로 약정하였다. 甲은 2014. 3. 31. 乙에게 컴퓨터 100대를 모두 인도하였으나, 물품대금지급기일이 지났음에도 물품대금을 지급받지 못하였다. 한편, 乙은 2014. 3. 31. 甲으로부터 인도받은 컴퓨터는 100대가 아니라 80대라고 주장하였다. 甲은 2016. 8. 5. 乙을 상대로 물품대금의 지급을 청구하는 소를 제기하면서 소장에 '일부청구'라는 제목 하에 "원고는 피고에게 1억 원의 물품대금채권을 가지고 있으나 정확한 금액은 추후 관련 자료를 확인하여 계산하고 우선 이 중 일부인 8,000만 원에 대하여만 청구합니다."라고 기재하였다. 甲은 위 소송이 종료될 때까지 청구금액을 확장하지 아니하였다. 법원은 2017. 3. 12. '피고는 원고에게 금 8,000만 원 및 이에 대한 지연손해금을 지급하라'는 판결을 선고하였고, 위 판결은 2017. 3. 28. 확정되었다.

　※ 추가된 사실관계는 각각 별개임.

〈추가적 사실관계 1〉

　위 판결이 확정된 이후 甲은 乙이 2014. 3. 31. 컴퓨터 100대를 모두 수령하였음을 확인하는 내용으로 작성한 서류를 찾아내었다. 甲은 2017. 8. 10. 乙을 상대로 나머지 물품대금 2,000만 원 및 이에 대한 지연손해금을 지급하라는 소송을 제기하였다. 이 소송에서 乙은 '위 물품대금채권 2,000만 원은 시효로 소멸하였다'고 항변하였다.

문제 1.

　위 소송에서 법원은 어떠한 판단을 하여야 하는지 1) 결론(소 각하/청구 기각/청구 인용/청구 일부 인용-일부 인용의 경우에는 인용 범위를 특정할 것)과 2) 논거를 기재하시오. (25점)

〈추가적 사실관계 2〉

　乙은 2018. 2. 20. 컴퓨터 100대를 모두 인도받았음을 인정하며 甲에게 나머지 물품대금 2,000만 원 중 500만 원을 우선 지급하였다. 그 후 甲은 2020. 10. 15. 乙에게 물품대금 1,500만 원의 지급을 요청하였으나 乙이 차일피일 미루며 나머지 물품대금을 지급하지 아니하였다. 甲은 2021. 3. 15. 乙을 상대로 위 1,500만 원을 지급하라는 소를 제기하였다가 이를 취하하였다. 甲은 2021. 7. 15. 乙을 상대로 물품대금 1,500만 원을 지급하라는 소를 다시 제기하였고, 이 소송에서 乙은 '위 물품대금채권 1,500만 원은 시효로 소멸하였다'고 항변하였다.

문제 2.

　위 소송에서 법원은 어떠한 판단을 하여야 하는지 1) 결론(소 각하/청구 기각/청구 인용/청구 일부 인용-일부 인용의 경우에는 인용 범위를 특정할 것)과 2) 논거를 기재하시오. (25점)

[제1문의 5] 문제 1. 해설

1. 문제

명시적 일부 청구에서 확장을 예정하였으나 실제 확장하지 않은 경우의 시효중단 여부와 관련하여, (1) 물품대금 채권의 소멸시효 완성시점, (2) 재판상 청구로 인한 시효중단, (3) 최고로 인한 시효중단 여부가 문제 된다.

2. 명시적 일부 청구에서 확장을 예정하였으나 실제 확장하지 않은 경우의 시효중단 여부

(1) 물품대금 채권의 소멸시효 완성시점

1) 관련 조문 - 상인이 판매한 상품채권은 3년간 행사하지 아니하면 소멸시효가 완성한다(민법 제163조 제6호).

2) 사안의 경우 - 상인 甲이 2014. 3. 10. 乙에게 판매한 사무용 컴퓨터의 물품대금 1억 원은 변제기가 도래한 다음 날인 2014. 5. 1.부터 3년의 소멸시효가 진행되는바, 2017. 4. 30. 소멸시효가 완성된다.

(2) 재판상 청구로 인한 시효중단

1) 관련 조문 - 소멸시효는 재판상의 청구로 인하여 중단된다(민법 제168조 제1호).

2) 판례 - 소장에서 청구의 대상으로 삼은 채권 중 일부만을 청구하면서 소송의 진행 경과에 따라 장차 청구금액을 확장할 뜻을 표시하였으나 당해 소송이 종료될 때까지 실제로 청구금액을 확장하지 않은 경우에는 채권 전부에 관하여 판결을 구한 것으로 볼 수 없으므로, 나머지 부분에 대하여는 재판상 청구로 인한 시효중단의 효력이 발생하지 아니한다.

3) 사안의 경우 - 甲은 2016. 8. 5. 乙을 상대로 1억 원 중에서 일부인 8천만 원에 대하여만 청구하는 명시적 일부청구를 하였으므로 8천만 원에 대해서는 시효중단의 효과가 발생하나, 소송이 종료될 때까지 나머지 2천만 원에 대하여는 청구금액을 확장하지 않았으므로 재판상 청구로 인한 시효중단의 효력은 없다.

(3) 최고로 인한 시효중단

1) 관련 조문 - 최고는 6월 내에 재판상의 청구를 하지 아니하면 시효중단의 효력이 없다(민법 제174조).

2) 판례 - 확장을 예정한 명시적 일부청구 소송이 계속 중인 동안에는 나머지 부분에 대하여 권리를 행사하겠다는 의사가 표명되어 최고에 의해 권리를 행사하고 있는 상태가 지속되고 있는 것으로 보아야 하고, 채권자는 당해 소송이 종료된 때부터 6월 내에 민법 제174조에서 정한 조치를 취함으로써 나머지 부분에 대한 소멸시효를 중단시킬 수 있다.

3) 사안의 경우 - 甲이 2천만 원 부분에 대한 확장을 예정하면서 1억 원 중에서 8천만 원에 대한 소를 제기한 시점인 "2016. 8. 5." 2천만 원에 대한 최고의 효력이 인정되고, 소가 계속 중인 동안에는 그 효과가 지속된다. 위 소에 대한 판결이 확정된 2017. 3. 28.부터 6월 내인 2017. 8. 10. 나머지 2천만 원에 대한 재판상 청구를 하여, 2016. 8. 5. 시효중단의 효과가 발생한다.

3. 결론

甲이 2017. 8. 10. 乙을 상대로 청구한 2천만 원 및 지연손해금은 2017. 4. 30. 소멸시효가 완성되는 채권이지만 그 이전인 2016. 8. 5. 시효가 중단되어 乙의 소멸시효 항변이 타당하지 않는바, 甲의 청구는 전부 인용된다.

[제1문의 5] 문제 2. 해설

1. 문제

반복된 최고 이후 재판상 청구를 한 경우에 소멸시효 중단의 기준시점과 관련하여, (1) 물품대금 채권의 소멸시효 완성시점, (2) 시효이익 포기, (3) 반복된 최고와 재판상 청구에 따른 시효중단이 문제된다.

2. 반복된 최고 이후 재판상 청구를 한 경우에 소멸시효 중단의 기준시점

(1) 물품대금 채권의 소멸시효 완성시점

1) 관련 조문 - 상인이 판매한 상품채권은 3년간 행사하지 아니하면 소멸시효가 완성한다(민법 제163조 제6호).

2) 사안의 경우 - 甲은 전소가 종료된 2017. 3. 28.부터 6월 내에 나머지 부분인 2,000만 원의 물품대금채권에 대한 재판상 청구 등의 조치를 취하지 않았으므로, 甲의 위 물품대금채권의 소멸시효는 2017. 4. 30. 완성되었다.

(2) 시효이익 포기

1) 관련 조문 - 소멸시효의 이익은 미리 포기하지 못한다(민법 제184조 제1항).

2) 판례 - 채무의 일부를 변제한 때에도 잔존채무에 대하여도 승인을 한 것으로 보아 시효중단이나 포기의 효력을 인정할 수 있다

3) 사안의 경우 - 물품대금채권의 소멸시효 완성 이후 乙이 2018. 2. 20. 甲에게 잔존 물품대금 2,000만 원 중 500만 원을 우선 지급한 것은 잔존한 물품대금채무 1,500만 원 전체에 대해서 시효이익 포기의 효력을 인정할 수 있는바, 1,500만 원에 대한 소멸시효는 2018. 2. 21.부터 다시 진행되고 완성시점은 2021. 2. 20.이 된다.

(3) 반복된 최고와 재판상 청구에 따른 시효중단

1) 관련 조문 - 재판상의 청구는 소 취하의 경우에는 시효중단의 효력이 없고, 그로부터 6월 내에 재판상의 청구를 한 때에는 시효는 최초의 재판상 청구로 인하여 중단된 것으로 본다(민법 제170조 제1,2항). 최고는 6월 내에 재판상의 청구를 하지 아니하면 시효중단의 효력이 없다(민법 제174조).

2) 판례 - 최고를 여러 번 거듭하다가 재판상 청구를 한 경우에 시효중단의 효력은 항상 최초의 최고 시에 발생하는 것이 아니라 재판상 청구 등을 한 시점을 기준으로 하여 이로부터 소급하여 6월 이내에 한 최고 시에 발생하고, 민법 제170조의 재판상 청구는 그 소송이 취하된 경우에는 그로부터 6월 내에 다시 재판상의 청구를 하지 않는 한 시효중단의 효력이 없고 다만 재판 외의 최고의 효력만을 갖는다.

3) 사안의 경우 - "2020. 10. 15."자 "1차 최고", "2021. 3. 15."자 재판상 청구하였다가 취하되어 "2차 최고"가 반복적으로 이루어졌다. 甲이 2021. 7. 15. 소를 제기하였으므로 이로부터 역산하여 6월내에 이루어진 2차 최고 즉, "2021. 3. 15."에 시효중단의 효력이 발생한다.

(4) 소결

물품대금채권의 소멸시효는 2018. 2. 21.로부터 3년이 경과한 2021. 2. 20.에 완성되었고, 2021. 3. 15.자 최고는 위 소멸시효가 완성된 날 이후임이 역수상 명백하므로 시효중단의 효력이 인정될 수 없는바, 乙의 소멸시효 항변은 타당하다.

3. 결론

甲이 2021. 7. 15. 乙을 상대로 물품대금 1,500만 원에 대한 지급을 구하는 소는 乙의 소멸시효 항변이 타당한바, 기각되어야 한다.

제1차 모의시험 제2문

〈제2문의 1〉

甲은 2014. 4. 2. 乙로부터 4억 9,000만 원을 이율 연 6%, 변제기 2018. 4. 1.로 정하여 차용하고 같은 날 위 차용금 채무를 담보하기 위하여 자신이 소유한 X 토지에 관하여 乙 명의로 근저당권을 설정하여 주었다('제1채무'). 한편, 甲은 2015. 4. 2. 乙로부터 무담보로 1억 원을 이율 연 5%, 변제기 2018. 4. 1.로 정하여 추가로 차용하였다('제2채무').

甲은 2019. 4. 1. 乙에게 5억을 변제하면서 원본에 먼저 충당해 달라고 부탁하였으나 乙은 거절하였다. 甲이 위와 같이 변제할 당시 '제1채무'는 원금 4억 9,000만 원과 500만 원의 지연손해금 채무가, '제2채무'는 원금 1억 원과 1,500만 원의 지연손해금채무가 남아 있었다.

甲이 2021. 7. 29. 乙을 상대로 X 토지에 설정된 근저당권설정등기의 말소를 구하는 소를 제기하였다. 이 소송에서 乙은 '근저당권의 피담보채무가 모두 변제되지 않아 근저당권의 말소등기 절차에 응할 수 없다'고 주장하였다.

문제 1.

위 소송에서 법원은 어떠한 판단을 하여야 하는지 1) 결론(소 각하/청구 기각/청구 인용/청구 일부 인용-일부 인용의 경우에는 인용 범위를 특정할 것)과 2) 논거를 기재하시오. (15점)

[제2문의 1] 문제 1. 해설

1. 문제
(1) 법정 변제 충당 여부, (2) 법정 변제 충당 순서, (3) 법원의 판단이 문제 된다.

2. 법정 변제 충당 여부
(1) **관련 조문** - 변제자가 채무 전부를 소멸하게 하지 못한 급여를 한 때에는 비용, 이자, 원본의 순서대로 변제에 충당한다(제479조 1항).

(2) **판례**
1) 비용, 이자, 원본에 대한 변제 충당에 관해서는 민법 제479조에 충당 순서가 법정되어 있고 지정변제충당에 관한 민법 제476조는 준용되지 않으므로 당사자가 법정 순서와 다르게 일방적으로 충당 순서를 지정할 수 없다.
2) 당사자 사이에 명시적·묵시적 합의가 있다면 법정변제충당의 순서와 달리 인정할 수 있지만 이러한 합의가 있는지는 이를 주장하는 자가 증명할 책임이 있다.

(3) **사안의 경우**
1) 甲은 乙에 대하여 합계 6억 1,000만 원(= '제1 채무' 즉, 2014. 4. 1.자 원금 4억 9,000만 원과 지연손해금 500만 원, '제2 채무' 즉, 2015. 4. 1.자 1억 원과 지연손해금 1,500만 원)의 채무를 부담하고 있는데, 甲이 乙에게 지급한 5억 원은 甲의 乙에 대한 채무를 모두 변제시키기 부족하므로 변제 충당이 문제 된다.
2) 그런데, 甲은 변제 당시인 2019. 4. 1. 원본에 먼저 충당할 것을 지정하였으나 변제자의 지정충당으로 비용 이자 원본의 순서대로 충당되는 변제충당순서를 변경할 수 없고, 이와 다르게 순서를 인정하려면 합의충당이 있어야 하는데, 乙이 거절한 것으로 보아 합의충당이 있다고 보기 어려운 바, 법정충당순서에 따라 채무가 변제되어야 한다.

3. 법정 변제 충당 순서
(1) **관련 조문** - 당사자가 변제에 충당할 채무를 지정하지 아니한 때에는 채무전부의 이행기가 도래하였거나 도래하지 아니한 때에는 채무자에게 변제이익이 많은 채무의 변제에 충당한다(민법 제477조 제2호).

(2) **사안의 경우** - 제1, 2 차용금 채무는 변제당시인 2019. 4. 1. 모두 변제기가 도래하였으므로, 甲이 변제한 위 5억 원은 지연손해금 합계 2,000만 원(= 제1 채무에 대한 지연손해금 500만 원 + 제2 채무에 대한 지연손해금 1,500만 원)에 먼저 충당되고, 나머지 4억 8,000만 원은 이율이 더 높은 제1채무 원금에 충당되는바, 제1채무는 원금 1천만 원이 남는다.

4. 결론

법원은 甲의 이 사건 청구에 관하여 乙이 근저당권의 피담보채권액을 다투고 있어 미리 청구할 필요가 있으므로, 장래이행의 소를 제기한 것으로 보아 "피고 乙은 원고 甲으로 1,000만 원 및 이에 대하여 2019. 4. 2.부터 다 갚는 날까지 연 6% 비율에 의한 금원을 지급받은 다음, 甲에게 근저당권설정등기의 말소등기절차를 이행하라."는 청구 일부 인용 판결을 하여야 한다.

〈제2문의 2〉

〈기초적 사실관계〉

건축자재 중개업자인 甲은 乙을 직원으로 고용하여 건축자재 중개업을 하고 있다. 乙은 건축자재 공급업자 丙으로부터 건축자재 공급계약의 체결 및 물품대금의 수령에 관한 대리권을 수여받은 후 甲의 사무소에서 丙을 대리하여 丁과 건축자재 공급계약을 체결하였다. 乙은 丁으로부터 甲 명의의 업무용 은행계좌로 건축자재 공급계약에 따른 물품대금 5억 원을 지급받았으나 甲이 모르게 위 5억 원을 인출한 이후 자신(乙)의 채권자인 戊에 대한 채무변제에 위 5억 원을 모두 사용하였다. 戊는 변제받을 당시 위 5억 원이 乙이 횡령한 금원이라는 것을 전혀 알지 못하였고 이를 알지 못한 것에 대한 주의의무 위반의 사정도 없었다.

문제 1.

丙이 戊에게 5억 원을 부당이득으로 반환하라고 청구할 수 있는지 여부를 그 근거를 들어 설명하시오. (10점)

〈추가적 사실관계 1〉

乙의 횡령 사실을 알게 된 丙은 甲을 상대로 물품대금 상당액인 5억 원을 지급하라는 손해배상청구소송을 제기하는 한편, 乙로부터 1억 원을 지급받은 후 乙에 대해서는 채무를 면제해 주었다. 위 손해배상청구소송에서 丙은 乙에게 물품대금의 수령권한을 주면서도 그 사실을 甲에게 알리지 않았으며, 乙은 이러한 점을 악용하여 甲 모르게 5억 원을 횡령한 사실이 드러났다. 丙의 과실비율은 50%로 인정되었다.

문제 2.

丙이 甲을 상대로 제기한 손해배상청구소송에서 법원은 어떠한 판단을 하여야 하는지 1) 결론(소 각하/청구 기각/청구 인용/청구 일부 인용-일부 인용의 경우에는 인용 범위를 특정할 것)과 2) 논거를 기재하시오(지연손해금 등은 고려하지 말 것). (20점)

[제2문의 2] 문제 1. 해설

1. 문제
丙의 戊에 대한 5억 부당이득반환청구 가부가 문제 된다.

2. 丙의 戊에 대한 5억 부당이득반환청구 가부
(1) **관련 조문** - 법률상 원인 없이 타인의 재산으로 인하여 이익을 얻고 이로 인하여 타인에게 손해를 가한 자는 그 이익을 반환하여야 한다(제741조).

(2) **판례** - 채무자가 피해자로부터 횡령한 금전을 그대로 채권자에 대한 채무변제에 사용하는 경우 피해자의 손실과 채권자의 이득 사이에 인과관계가 있으나, 채권자가 그 변제를 수령함에 있어 횡령사실에 대한 악의 또는 중대한 과실이 없는 경우에는 채권자의 금전 취득은 피해자에 대한 관계에 있어서 법률상 원인 있는 이득이 된다.

(3) **사안의 경우** - 戊는 변제받을 당시 위 5억 원이 乙이 횡령한 금원이라는 것을 전혀 알지 못하였고 이를 알지 못한 것에 대한 주의의무 위반의 사정도 없으므로 戊의 금전 취득은 피해자인 丙에 대한 관계에 있어서 법률상 원인을 결여한 것이라고 볼 수 없는바, 丙은 戊에게 5억 원을 부당이득으로 반환하라고 청구할 수 없다.

3. 결론
丙의 戊에 대한 5억 부당이득반환청구는 기각된다.

[제2문의 2] 문제 2. 해설

1. 문제
(1) 甲의 사용자책임 성부, (2) 손해배상 책임의 범위가 문제 된다.

2. 甲의 사용자책임 성부
(1) **관련 조문** - 타인을 사용하여 어느 사무에 종사하게 한 자는 피용자가 그 사무집행에 관하여 제3자에게 가한 손해를 배상할 책임이 있다(제756조 1항).

(2) **판례** - '사무집행에 관하여'의 의미는 피용자의 불법행위가 외형상 객관적으로 사용자의 사업활동 내지 사무집행행위 또는 그와 관련된 것이라고 보여질 때에는 행위자의 주관적 사정을 고려함이 없이 이를 사무집행에 관하여 한 행위로 본다.

(3) **사안의 경우** - 甲은 乙의 사용자의 지위에 있고, 피용자 乙이 건축자재계약을 체결한 것은 외형이론에 따라 건축자재 중개업을 운영하는 甲의 사무집행과 관련성이 인정되고, 乙의 고의에

의한 불법행위로 丙에게 손해가 발생하였는바, 甲의 丙에 대하여 사용자책임이 인정된다. 甲과 乙은 부진정연대채무자로서 丙의 손해를 배상할 책임을 진다.

3. 손해배상 책임의 범위

(1) 과실상계

1) 관련 조문 - 불법행위에 관하여 채권자에게 과실이 있는 때에는 법원은 손해배상의 책임 및 그 금액을 정함에 이를 참작하여야 한다(민법 제763조, 제396조).

2) 판례 - 피해자의 부주의를 이용하여 고의로 불법행위를 저지른 자가 바로 그 피해자의 부주의를 이유로 자신의 책임을 감하여 달라고 주장하는 것은 허용될 수 없으나, 피용자를 고용하였을 뿐 이러한 불법행위에 가담하지 아니한 사용자에게 책임을 묻고 있는 피해자에게 과실이 있다면, 법원은 과실상계의 법리에 좇아 손해배상의 책임 및 그 금액을 정함에 있어 이를 참작하여야 한다.

3) 사안의 경우 - 피용자 乙은 고의의 불법행위자로서 과실상계 주장할 수 없으므로 5억 원의 손해배상채무를 부담하고, 사용자인 甲은 과실상계 주장 가능하므로 甲은 2억 5,000만 원의 손해배상채무를 부담한다.

(2) 변제 및 면제의 효과

1) 판례 - 부진정연대채무 관계에서 변제, 대물변제, 공탁, 상계는 절대효가 있으나, 권리포기, 채무면제 등은 상대효 밖에 없다.

2) 사안의 경우 - 1억 원 변제는 甲에게도 효력이 있지만, 4억 원 면제는 甲에게 효력이 없다.

(3) 다액채무자의 일부변제 효과

1) 판례 - 금액이 다른 채무가 서로 부진정연대 관계에 있을 때 다액채무자가 일부 변제를 하는 경우 변제로 인하여 먼저 소멸하는 부분은 다액채무자가 단독으로 채무를 부담하는 부분이다.

2) 사안의 경우 - 다액채무자인 乙의 1억 원 변제는 乙이 단독으로 채무를 부담하는 부분 5억 원 부분을 먼저 소멸시키므로 乙의 일부 변제 이후에도 甲은 여전히 2억 5,000만 원 채무 부담한다.

4. 결론

법원은 "甲은 丙에게 2억 5천만 원을 지급하라."는 일부 인용 판결을 선고하여야 한다.

〈제2문의 3〉

〈기초적 사실관계〉

乙은 2012. 9. 1. 망부(亡父) A로부터 X 토지와 Y 토지를 단독으로 상속받았다. 乙은 2018. 3. 1. X 토지와 Y 토지에 대하여 각각 상속을 원인으로 소유권이전등기를 마쳤다. 乙은 서로 인접한 토지인 X 토지와 Y 토지를 일체로서 이용하다가 X 토지만을 甲에게 매도하였다. 甲은 2019. 9. 1. X 토지에 대하여 소유권이전등기를 마치고 인도받았다.

※ 추가된 사실관계는 각각 별개임.

〈추가적 사실관계 1〉

X 토지에서는 乙 소유 Y 토지나 丙 소유 Z 토지를 통과하지 않고서는 공로(公路)로 출입할 수 없다. 甲은 X 토지를 인도받은 이후부터 Y 토지를 경유하여 공로로 출입하였다. 甲은 X 토지에 관하여 丁에게 건물의 소유를 위한 지상권을 설정하여 주었다. 丁은 甲과 마찬가지로 Y 토지를 공로로 나가기 위한 통로로 이용하였다. 그런데 얼마 되지 않아 乙은 丁이 통행로로 사용하던 Y 토지 상의 통로에 콘크리트 장애물을 설치하는 등 丁의 통행을 계속해서 방해하였다.

이에 丁은 丙과 협의하여 丙 소유 Z 토지를 통행로로 사용하면서, 乙을 상대로 통행을 방해하는 Y 토지 상의 장애물의 철거 및 Y 토지 중 통행로 부분의 인도를 구하는 소를 제기하였다. 이 소송에서 乙은 다음과 같이 주장하였다. "① 丁은 X 토지의 소유자가 아니므로 통행에 관한 권리를 주장할 수 없다. ② 丁이 이미 丙과 협의하여 丙으로부터 통행로에 관한 권리를 확보하였으므로 자신을 상대로 통행권을 주장할 수 없다. ③ 설사 통행권이 인정되더라도 통행로 부분 토지의 인도를 구할 수 없고, ④ 통행로로 사용되는 토지 부분에 대하여 임료 상당의 손해를 보상하여야 한다."

문제 1.

丁의 청구에 대한 결론과 근거를 乙의 주장의 당부와 관련하여 검토하시오. (13점)

문제 2.

丁이 Y 토지를 통행로로 사용하던 중 乙이 Y 토지를 이러한 사정을 알고 있는 戊에게 양도한 경우, 丁은 戊에 대하여 계속해서 Y 토지에 통행할 권리를 주장할 수 있는지 검토하시오. (7점)

〈추가적 사실관계 2〉

A 사망 당시 A에게는 인지(認知)하지 않은 혼외자(婚外子) B(당시 20세)가 있었다. 혼외자 B는 2020. 9. 1.에 父 A가 사망하였다는 사실과 유일한 상속재산인 X 토지와 Y 토지에 대하여 乙 단독 명의의 상속등기를 거쳐 X 토지가 甲에게 처분된 사실을 알게 되었다.

문제 3.

B가 X 토지와 Y 토지와 관련하여 상속인으로서의 권리를 주장할 수 있는 방법에 대하여 검토하시오. 단, X 토지와 Y 토지는 상속 개시 당시 각각 시가(市價) 5억 원이었으나 甲에게 매도시 7억 원이고, 그 후 지가(地價)가 지속적으로 상승하고 있다. (20점)

[제2문의 3] 문제 1. 해설

1. 문제
(1) 丁의 청구에 대한 근거, (2) 乙 항변의 당부가 문제 된다.

2. 丁의 청구에 대한 근거 (청구원인)

(1) **관련 조문** - 어느 토지와 공로사이에 그 토지의 용도에 필요한 통로가 없는 경우에 그 토지소유자는 주위의 토지를 통행 또는 통로로 하지 아니하면 공로에 출입할 수 없거나 과다한 비용을 요하는 때에는 그 주위의 토지를 통행할 수 있고 필요한 경우에는 통로를 개설할 수 있다(민법 제219조 제1항).

(2) **판례** - 민법 제219조에 정한 주위토지통행권은 인접한 토지의 상호이용의 조절에 기한 권리로서 토지의 소유자 또는 지상권자, 전세권자 등 토지사용권을 가진 자에게 인정되는 권리이다.

(3) **사안의 경우** - 丁은 甲소유 X토지의 지상권자로서 주위토지통행권을 가지는 자이므로, 乙의 ① 항변은 타당하지 않다.

3. 乙의 ② 항변 당부

(1) **판례** - 양도인이 포위된 토지의 소유자에 대하여 무상의 주위토지통행을 허용하지 아니함으로써 포위된 토지의 소유자가 할 수 없이 주위의 다른 토지의 소유자와 일정 기간 동안 사용료를 지급하기로 하고 그 다른 토지의 일부를 공로로 통하는 통로로 사용하더라도 포위된 토지의 소유자가 민법 제220조 소정의 무상의 주위토지통행권을 취득한다.

(2) **사안의 경우** - 乙이 丁의 통행을 방해하자, 丁이 인접 토지의 소유자인 丙과 협의하여 통행권을 확보한 것이 乙에 대한 토지통행권을 행사할 수 없는 사유가 되지 않는바, 乙의 ② 항변은 타당하지 않다.

4. 乙의 ③ 항변 당부

(1) **판례** - 통행지에 대한 소유자의 점유까지 배제되는 것은 아니므로, 통행권자가 통행지를 통행함에 그치지 아니하고 이를 배타적으로 점유하고 있다면, 통행지 소유자는 통행권자에 대하여 그 인도를 청구할 수 있다.

(2) **사안의 경우** - 통행권을 갖는 丁은 통행을 방해하는 범위 내에서 乙의 장애물의 제거를 청구할 수 있는 권리는 있으나, 소유자의 통행로에 대한 점유까지 배제되는 것은 아니므로 통행로 부분의 토지 인도를 구할 수 없다는 乙의 ③ 항변은 타당하다.

5. 乙의 ④ 항변 당부

(1) **관련 조문** - 분할로 인하여 공로에 통하지 못하는 토지가 있는 때에는 그 토지소유자는 공로에 출입하기 위하여 다른 분할자의 토지를 통행할 수 있고, 보상 의무가 없으며 이는 토지소유자가 그 토지의 일부를 양도한 경우에도 같다(민법 제220조 제1항, 제2항).

(2) **사안의 경우** – 乙 소유 X 토지를 양도하여 공로에 통행할 수 없게 된 甲과 이에 기반한 지상권자 丁은 乙 소유 Y토지에 관한 주위토지통행권을 무상으로 갖는 자로 임료 상당의 손해를 배상할 의무가 없는바, 乙의 ④ 항변은 타당하지 않다.

6. 결론
丁의 청구 중에서 Y토지의 장애물 철거 부분은 인용되고, 통행로 부분의 인도청구는 기각된다.

[제2문의 3] 문제 2. 해설

1. 문제
토지통행권이 승계되는지 문제 된다.

2. 토지통행권의 승계 여부
(1) **판례** – 통행로 부분에 사용 수익의 제한이라는 부담이 있다는 사정을 알면서 그 토지의 소유권을 승계 취득한 자는, 원칙적으로 그 토지에 대한 독점적·배타적 사용 수익을 주장할 만한 정당한 이익을 갖지 않으므로, 원소유자와 마찬가지로 분할토지의 소유자들의 무상통행을 수인하여야 할 의무를 진다.

(2) **사안의 경우** – 丁이 Y토지를 통행로로 사용하던 중 乙이 Y토지의 이러한 사정을 알고 있는 戊에게 양도한 경우, 戊는 丁의 통행권에 대하여 수인의무를 지는바, 丁은 戊에 대하여 계속해서 통행할 권리를 주장할 수 있다.

3. 결론
丁은 戊에 대하여 계속해서 통행할 권리를 주장할 수 있다.

[제2문의 3] 문제 3. 해설

1. 문제
(1) 인지청구 가부, (2) 상속회복청구 가부가 문제 된다.

2. 인지청구 가부
(1) **관련 조문** – 자는 부 또는 모를 상대로 하여 인지청구의 소를 제기할 수 있다(민법 제863조). 부 또는 모가 사망한 때에는 그 사망을 안 날로부터 2년 내에 검사를 상대로 하여 인지에 대한 이의 또는 인지청구의 소를 제기할 수 있다(민법 제864조).

(2) 사안의 경우 - B는 인지청구의 상대방인 부(父) A가 이미 사망하였으므로 그 사망을 안 날인 2020. 9. 1.로부터 2년 내에 검사를 상대로 인지청구를 하여야 하는바, 2022년 9월 1일까지 검사를 상대로 인지청구의 소를 제기하여야 소급하여 상속인의 지위를 갖는다.

3. 상속회복청구 가부

(1) 관련 조문 - 상속권이 참칭상속권자로 인하여 침해된 때에는 상속권자 또는 그 법정대리인은 상속회복의 소를 제기할 수 있다(민법 제999조 제1항).

(2) X토지에 대한 청구

1) X 토지
① 관련 조문 - 인지는 그 자의 출생시에 소급하여 효력이 생긴다. 그러나 제3자의 취득한 권리를 해하지 못한다(민법 제860조).
② 판례 - 상속개시 후에 인지되거나 재판이 확정되어 공동상속인이 된 자는 인지 이전에 다른 공동상속인이 이미 상속재산을 분할 내지 처분한 경우에는 인지의 소급효를 제한하는 민법 제860조 단서가 적용되어 사후의 피인지자는 다른 공동상속인들의 분할 기타 처분의 효력을 부인하지 못한다.
③ 사안의 경우 - 피상속인 A의 사망 이후 상속인 乙은 X토지를 2019. 9. 1. 제3자 甲에게 처분하였으므로, 이후 피인지자로서 공동상속인이 된 B는 乙 처분의 효력을 부인하지 못하는바, X 아파트는 상속회복으로서 대상이 될 수 없다.

2) X 토지 가액
① 관련 조문 - 상속개시 후의 인지 또는 재판의 확정에 의하여 공동상속인이 된 자가 상속재산의 분할을 청구할 경우에 다른 공동상속인이 이미 분할 기타 처분을 한 때에는 그 상속분에 상당한 가액의 지급을 청구할 권리가 있다(민법 제1014조).
② 판례 - 민법 제1014조의 가액은 다른 공동상속인들이 상속재산을 실제처분한 가액 또는 처분한 때의 시가가 아니라 사실심 변론종결시의 시가를 의미한다.
③ 사안의 경우 - 乙이 甲에게 X토지의 가액으로 상속개시 당시의 시가 5억 원이 아닌 사실심 변론종결 당시의 시가를 기준 가액으로 하여 법정상속분 1/2지분에 해당하는 금액에 대하여 가액반환을 구할 수 있다.

(3) Y토지에 대한 청구

사후인지에 의하여 상속권을 갖게 된 B는 Y 토지에 대하여 참칭상속인이자 공동상속인인 乙을 상대로 자신의 상속분에 해당하는 2분의 1의 공유지분의 반환을 청구할 수 있다.

(4) 제척기간
1) 관련 조문 - 상속회복청구권은 그 침해를 안 날부터 3년, 상속권의 침해행위가 있은 날부터 10년을 경과하면 소멸된다(민법 제999조 제2항).
2) 판례 - 사후 인지청구에 의한 상속인의 지위를 취득한 자는 인지청구의 소가 확정된 날로부터 상속 침해를 안 날로 인정된다.

3) 사안의 경우 - 인지판결 확정일로부터 제척기간인 3년 이내, 그리고 상속권의 침해행위가 있은 乙 단독명의의 상속등기가 경료된 날인 2018. 3. 1. 로부터 10년 이내인 2028. 3. 1.까지는 상속회복청구의 소를 제기하여야 한다. 미준수시 각하된다.

4. 결론

(1) B는 검사를 상대로 2022. 9. 1.까지 인지청구의 소를 제기하여 확정판결을 받은 후, 상속인의 지위를 회복한다.

(2) 그리고 인지청구확정판결 이후 3년 이내에 乙을 상대로 X토지에 대하여 사실심변론종결당시의 가액 1/2에 대하여 반환청구를 하고, Y토지 1/2 지분에 대하여 반환을 구할 수 있다.

〈제2문의 4〉

甲은 2019. 6. 1. X 토지를 매입하여 같은 날 소유권을 취득하였다. 甲이 X 토지의 개발을 위하여 측량을 하던 중, 망(亡) A의 봉분(封墳)을 발견하였고, 망 A에게는 공동상속인으로 장남(長男) 乙과 차남(次男) 丙이 있다는 것을 알게 되었다. 甲은 2021. 6. 1. 乙을 상대로 위 봉분의 이장(移葬)과 2019년 6. 1.부터 위 봉분의 이장시까지 분묘기지의 사용에 대한 지료의 지급을 청구하는 소를 제기하였다. 이에 乙은 위 "봉분은 전부 개정된 장사 등에 관한 법률이 시행된 2001. 1. 13. 이전인 2000년 3월경에 설치되어 현재까지 관리되어 온 것"(소송 중 사실로 인정됨)으로 분묘기지에 관한 소유권이 시효로 취득되었으므로 봉분의 이장을 이행하거나 지료를 지급할 의무가 없다고 항변하였다.

문제 1.

위 소송에서 甲의 청구의 당부를 乙의 항변과 관련하여 검토하시오. (10점)

문제 2.

만약, 소송 계속 중 공동상속인 乙과 丙의 협의에 의하여 봉분의 관리와 제사를 차남 丙이 주재하여 왔다는 사실을 주장·증명된 경우, 법원은 어떻게 판결해야 하는지 검토하시오. (5점)

[제2문의 4] 문제 1. 해설

1. 문제
(1) 甲의 봉분 이장 청구, (2) 甲의 지료지급 청구에 대한 법원의 판단이 문제 된다.

2. 甲의 봉분 이장 청구
(1) **관련 조문** – 소유자는 소유권을 방해하는 자에 대하여 방해의 제거를 청구할 수 있다(민법 제214조).

(2) **판례** – 장사법의 시행일인 2001. 1. 13. 이전에 타인의 토지에 분묘를 설치한 다음 20년간 평온·공연하게 분묘의 기지를 점유함으로써 분묘기지권을 시효로 취득한다.

(3) **사안의 경우** – X토지의 소유자 甲은 2021. 6. 1. 토지 위에 있는 봉분의 이장을 소유권에 기한 방해제거청구로서 구할 수 있으나, 乙이 장사법 시행 이전인 2000. 3. 경에 설치하여 2020. 3. 관습법상 분묘기지권을 시효취득하였으므로, 토지를 점유할 정당한 권원이 존재하는바, 甲의 봉분 이장이행 청구는 기각되어야 한다.

3. 甲의 지료지급 청구
(1) **관련 조문** – 지료는 당사자의 청구에 의해 법원이 정한다(민법 제366조). 지상권자가 2년 이상의 지료를 지급하지 아니한 때에는 지상권설정자는 지상권의 소멸을 청구할 수 있다(민법 제287조).

(2) **판례** – 과거 관습상 분묘기지권을 시효로 취득한 경우에는 지료에 대한 지급의무가 없었으나 최근 판례가 변경되어 분묘기지권자는 토지소유자가 분묘기지에 관한 지료를 청구하면 그 청구한 날부터의 지료를 지급할 의무가 있다

(3) **사안의 경우** – 甲이 X 토지를 취득한 시점인 2019. 6. 1.부터가 아니라 지료를 청구한 2021. 6. 1.부터 지료지급의무가 발생하므로 지료지급 청구는 2021. 6. 1.부터 일부인용 판결이 내려져야 한다.

4. 결론
甲의 봉분 이장청구는 기각되고, 지료지급청구는 2021. 6. 1.분부터 일부 인용된다.

[제2문의 4] 문제 2. 해설

1. 제사주재자가 아닌 자에 대한 청구에 관한 법원의 판단
(1) **관련 조문** – 분묘에 속한 1정보 이내의 금양임야와 600평 이내의 묘토인 농지, 족보와 제구의 소유권은 제사를 주재하는 자가 이를 승계한다(민법 제1008조의 3).

(2) **판례** – 분묘 이장 청구의 상대방은 분묘의 소유자인 제사주재자이어야 하는데, 제사주재자는 망인의 공동상속인들 사이의 협의에 의해 정하되, 협의가 이루어지지 않는 경우에는 특별한 사정이 있지 않은 한 망인의 장남(또는 장손)이 제사주재자가 된다.

(3) **사안의 경우** – 공동상속인들의 협의하에 차남 丙이 제사주재자로서 분묘의 소유자라는 사실이 판명되었다면, 법원은 이행의무 없는 장남 乙에 대한 청구를 기각하여야 한다.

제1차 모의시험 제3문

〈기초적 사실관계〉

甲주식회사(이하 '甲회사'라 한다)의 대표이사 A는 사업자금 조달에 어려움을 겪게 되자 丙주식회사(이하 '丙회사'라 한다)의 대표이사 C에게 자금 대여를 부탁하였고, 2021. 4.경 丙회사는 甲회사에 30억 원을 대여하였다. 한편, 乙주식회사(이하 '乙회사'라 한다)의 대표이사 B는 A와의 개인적인 친분 때문에 甲회사를 돕기 위해 보증에 대한 대가를 받지 않고 이사회 결의 없이 甲회사의 위의 대여금 채무에 대해서, 乙회사의 명의로 丙회사와 보증계약을 체결하였다. 乙회사의 이사회 규정은 '10억 원 이상의 차입 및 보증행위'를 이사회 결의사항으로 정하고 있다. 丙회사는 보증계약 체결 시에 B가 乙회사의 이사회 결의를 거치지 아니하였음을 알지 못하였을 뿐 아니라 이사회 결의가 필요하다고 의심할만한 특별한 사정도 없었다. (甲, 乙, 丙회사는 비상장회사이다)

문제 1.

丙회사는 변제기가 도래하였음에도 대여금을 받지 못하자, 乙회사를 상대로 대여금 30억 원을 청구하였다. 丙회사의 청구는 받아들여질 것인지 설명하시오. (30점)

〈추가적 사실관계 1〉

D는 2022. 4.경 상장회사인 丁주식회사(이하 '丁회사'라 한다) 발행주식총수의 1%의 주식을 취득하였다. 丁회사는 乙회사 발행주식총수의 51%를 보유하고 있다. 乙회사가 위 보증채무의 이행으로 손해를 입자, D는 乙회사에게 B에 대한 손해배상청구를 할 것을 서면으로 요청하였으나, 乙회사는 2개월이 지나도록 아무런 조치를 취하지 않고 있다.

문제 2.

D는 2022. 6.경 B를 상대로 乙회사가 입은 손해를 배상할 것을 청구하는 소송을 제기할 수 있는가? (15점)

〈추가적 사실관계 2〉

상장회사인 丁회사의 대표이사 E는 2021. 5. 1. 개인적으로 자금이 필요하여, F로부터 금 20억 원을 빌렸고, 이에 대해서 丁회사는 F와 연대보증계약을 체결하였다.

문제 3.

E가 20억 원의 대여금을 변제하지 않는 경우, F는 丁회사를 상대로 연대보증채무의 이행을 청구할 수 있는가? (15점)

〈새로운 사실관계〉

'경기인쇄소'라는 상호로 인쇄·출판업을 하던 A는 2017. 9. 20. 친구 B로부터 5억 원 상당의 인쇄기계를 구입하였다. A는 2017. 10. 20. 자신의 인쇄공장에서 작업차량을 운행하던 중 운전부주의로 마침 납품을 위하여 A의 공장을 방문하였던 B를 충격하여 B에게 치료비 등 1,000만 원의 손해가 발생하였고, 2018. 1. 20. 그 손해배상책임이 확정되었다. A는 사고 전인 2017. 2. 1. 甲손해보험회사와 자신을 피보험자로 한 자동차종합보험계약을 체결하였고, 그 계약은 2018. 1. 31. 만료되었다. A는 2018. 9.경 위 인쇄영업 전부를 출자하여 '경기인쇄주식회사'를 설립하였다.

문제 4.

B는 2020. 11.경 A와 경기인쇄주식회사를 상대로 5억 원의 물품대금과 손해배상금 1,000만 원의 지급을 청구하였다. B의 청구가 받아들여질 것인지 설명하시오. (30점)

문제 5.

B는 2020. 3.경 甲손해보험회사를 상대로 치료비 등 1,000만 원의 지급을 청구하였다. 甲손해보험회사는 B에게 위 금원을 지급할 책임을 지는가? (10점)

[제3문] 문제 1. 해설

1. 문제
丙 회사의 乙 회사에 대한 보증채무이행청구와 관련하여, 乙 회사 대표이사 B의 (1) 이사회 결의를 거치지 않은 보증계약의 효력, (2) 대표권 남용 여부가 문제 된다.

2. 이사회 결의를 거치지 않은 보증계약의 효력

(1) 관련 조문 - 대표이사의 권한에 대한 제한은 선의의 제3자에게 대항하지 못한다(제389조 3항, 제209조 2항).

(2) 판례의 동향

1) 대법원 2021. 2. 18. 선고 2015다 45451 전원합의체 판례 이전
   대표이사가 이사회 결의를 거쳐야 할 대외적 거래행위에 관하여 이를 거치지 않은 경우에 거래상대방인 제3자가 보호받기 위해서는 선의 이외에 무과실이 필요하다.

2) 대법원 2021. 2. 18. 선고 2015다 45451 전원합의체 판례 이후
   대표이사가 회사 정관 등 내부 규정에 위반하여 이사회 결의를 거치지 않은 경우는 물론이고 상법 제393조 제1항에 따라 요구되는 이사회 결의를 거치지 않은 경우에도 그 거래 상대방은 상법 제209조 제1항에 따라 보호되고, 다만 거래상대방에게 중과실이 있다면 그 신뢰를 보호할 가치가 없으므로 거래행위가 무효라고 해석한다.

3) 소결 - 전합 판례를 통해 이사회 결의가 필요함에도 없는 거래행위의 경우에는 그 거래상대방이 이에 대하여 악의 또는 중과실이 아니라면 그 거래행위는 유효하고, 이때 거래상대방이 이사회 결의가 없음에 대하여 악의 또는 중과실을 회사가 입증하여 무효로 할 수 있다. 즉, 내부적 규정에 대하여 알 수 없었던 경과실의 거래상대방을 보호하게 되어 거래 안전을 도모하게 되었다. 이는 회사 내부절차에 불과한 이사회 결의 미준수에 따른 위험을 거래상대방에게 전가하였던 과거의 판례가 바람직하지 않다는 점에서 진일보한 판례변경으로 해석된다.

(3) 사안의 경우

1) 乙 회사의 이사회 규정은 '10억 원 이상의 차입 및 보증행위'를 이사회 결의사항을 정함으로써 대표권을 내부적으로 제한하고 있는데, 乙 회사의 대표이사 B가 보증계약을 체결할 당시 이사회 결의를 거치지 않았으므로 대표권 제한에 위반하는 행위이다.

2) 그런데, 乙회사의 이사회 결의는 내부적인 의사결정 절차에 불과하므로 대표권의 제한을 알지 못하는 거래상대방인 丙회사는 B의 행위를 乙회사의 대표행위라고 믿는 것이 당연하고 이러한 신뢰는 보호되어야 하며, 丙회사는 보증계약 체결 시에 B가 乙회사의 이사회 결의를 거치지 아니하였음을 알지 못하였을 뿐 아니라 이사회 결의가 필요하다고 의심할만한 특별한 사정도 없었다.

3) 따라서, 乙회사는 대표권의 제한 사실을 들어서 선의의 제3자인 丙회사에게 대항하지 못하고, 보증계약은 유효한바, 丙회사에게 30억 원을 지급할 책임이 있다.

3. 대표권 남용 여부

(1) **의의** - 대표이사의 행위가 객관적으로 대표권 범위에서 이루어졌으나, 실질적으로 자신 또는 제3자의 이익을 위하여 이루어진 행위를 말한다.

(2) **판례** - 주식회사의 대표이사가 그 대표권의 범위 내에서 한 행위는 대표이사가 회사의 영리 목적과 관계없이 자기 또는 제3자의 이익을 도모할 목적으로 그 권한을 남용한 것이라 할지라도 일단 회사의 행위로서 유효하고, 다만 그 행위의 상대방이 대표이사의 진의를 알았거나 알 수 있었을 때에는 회사에 대하여 무효가 된다.

(3) **사안의 경우**
 1) B의 보증행위는 乙회사의 이익을 위해서 행한 것이 아니고, 30억 원을 차용한 甲회사 대표이사 A와의 개인적인 친분 때문에 보증에 대한 대가도 없이 이루어진 것으로 대표권의 남용행위에 해당한다.
 2) 그런데, B의 보증행위는 설사 그 권한을 남용한 것이라고 할지라도 일단 乙회사의 행위로서 유효하고, 다만, 그 행위의 상대방인 丙회사가 B의 진의를 알거나 알 수 있었을 때 무효가 된다.
 3) 사안에서, 거래상대인 丙회사가 B의 내심의 의사를 알았거나 알 수 있었다는 사정은 보이지 않으므로 乙회사는 B의 대표권 남용을 주장하여 丙회사에게 이 사건 보증행위의 무효를 주장할 수 없고, 해당 거래행위는 유효하다.

4. 결론

乙회사는 甲회사에 대하여, (1) 이사회 결의 없는 보증행위의 무효를 주장할 수 없고, (2) B의 대표권 남용행위를 들어서 보증행위의 무효를 주장할 수 없는바, 丙회사가 乙회사를 상대로 한 30억 원의 청구는 인용된다.

[제3문] 문제 2. 해설

1. 문제
(1) 대표이사 B의 乙 회사에 대한 손해배상책임 여부, (2) 다중대표소송 제기 가부가 문제 된다.

2. 대표이사 B의 乙 회사에 대한 손해배상책임

(1) **관련 조문** - 이사가 고의 또는 과실로 법령 또는 정관에 위반한 행위를 하거나 그 임무를 게을리한 경우에는 그 이사는 회사에 대하여 연대하여 손해를 배상할 책임이 있다(상법 제399조 제1항).

(2) **사안의 경우** - 乙회사 대표이사 B의 丙회사에 대한 보증행위는 乙회사 이사회 규정에 위반한 행위일 뿐만 아니라 대표권을 남용한 행위로서 이사의 회사에 대한 주의의무를 위반한 것이므로, 상법 제399조에 따라 B는 乙회사가 입은 손해를 배상할 책임이 있다.

3. 다중대표소송 제기 가부

(1) 관련 조문

1) 모회사(다른 회사의 발행주식의 총수의 100분의 50을 초과하는 주식을 가진 회사) 발행주식 총수의 100분의 1 이상에 해당하는 주식을 가진 주주는 자회사에 대하여 자회사 이사의 책임을 추궁할 소의 제기를 청구할 수 있다(상법 제406조의2 제1항, 제342조의2 제1항).

2) 상장회사의 경우 6개월 전부터 계속하여 발행주식총수의 1만분의 50 이상(0.5%)에 해당하는 주식을 보유하여야 다중대표소송을 행사할 수 있다(상법 제542조의6 제7항).

3) 제542조의6 제7항 규정은 상장회사에 대한 특례 규정인 제542조의2제2항에도 불구하고 이 장의 다른 절에 따른 소수주주권의 행사에 영향을 미치지 아니한다(상법 제542조의6 제10항).

(2) 사안의 경우

1) 丁회사는 乙 회사의 지분 51%(50% 초과)를 보유하고 있으므로 모회사 자회사 관계가 존재하고, D는 모회사인 丁회사의 주식 1%(1% 이상)를 보유하고 있으므로 비록 丁회사가 상장회사이더라도 6개월 보유기간에 상관없이 대표소송을 제기할 수 있다.

2) 따라서, 모회사인 丁회사의 주주인 D는 자회사인 乙회사의 이사인 B를 상대로 다중대표소송을 제기할 수 있다.

4. 결론

모회사의 주주 D는 2022. 6.경 자회사의 대표이사인 B를 상대로 乙 회사가 입은 손해를 배상할 것을 다중대표소송에 관한 상법 제406조의2 제1항을 근거로 제기할 수 있다.

[제3문] 문제 3. 해설

1. 문제

이사 등에 대한 신용공여금지 (상법 제542조의9) 위반행위의 효력이 문제 된다.

2. 이사 등에 대한 신용공여금지 (상법 제542조의9) 위반행위의 효력

(1) **관련 조문** - 상장회사는 이사에 해당하는 자를 위하여 신용공여 즉, 채무이행의 보증 등의 거래를 하여서는 아니 된다(상법 제542조의9 제1항 제2호).

(2) **판례**

1) 상법 제542조의9 제1항은 강행규정에 해당하므로 위 조항에 위반하여 이루어진 신용공여는 허용될 수 없는 것으로서 사법상 무효이고, 누구나 그 무효를 주장할 수 있다.

2) 상법 제542조의9 제1항을 위반하여 이루어진 신용공여는, 상법 제398조가 규율하는 이사의 자기거래와 달리, 이사회의 승인 유무와 관계없이 금지되는 것이므로, 이사회의 사전 승인이나 사후 추인이 있어도 유효로 될 수 없다.

3) 다만, 상장회사와의 상거래가 빈번한 거래현실을 감안하면 제3자로 하여금 상장회사와 거래를 할 때마다 일일이 상법 제542조의9 위반 여부를 조사·확인할 의무를 부담시키는 것은 상거래의 신속성이나 거래의 안전을 해치는바, 상법 제542조의9 제1항을 위반한 신용공여라고 하더라도 제3자가 그에 대해 알지 못하였고 알지 못한 데에 중대한 과실이 없는 경우에는 그 제3자에 대하여는 무효를 주장할 수 없다.

(3) 사안의 경우

1) 丁회사는 상장회사로서 그 대표이사인 E의 개인적인 차용행위에 대해서 연대보증을 제공하는 행위는 상법 제542조의9 제1항에 의해 금지되는 신용공여행위로서 원칙적으로는 무효이다.

2) 다만, 거래상대방인 F는 丁회사가 대표이사 E에 대하여 연대보증을 제공하는 것이 상법 제542조의9 제1항에서 금지된다는 사실에 대한 악의 또는 중대한 과실이 없어, 丁회사는 E가 신용공여 금지에 위반했다는 사실을 들어서 연대보증계약의 무효를 F에게 주장할 수 없는바, 연대보증계약은 유효하다.

3. 결론

F는 丁 회사를 상대로 연대보증채무의 이행을 청구할 수 있다.

[제3문] 문제 4. 해설

1. 문제

(1) 현물출자 방식에 영업양도 규정 유추 적용 가부, (2) B의 A와 ㈜ 경기인쇄를 상대로 한 청구 인용 여부가 문제 된다.

2. 현물출자 방식에 영업양도 규정 적용 가부

(1) **의의** - 영업양도란 일정한 영업 목적에 의하여 조직화된 총체 즉 인적, 물적 조직을 그 동일성을 유지하면서 일체로서 이전하는 채권계약을 말하고, 현물출자란 현재의 영업 자체를 출자하여 법인 형태로 전환하려는 단체법적 설립행위를 말한다.

(2) **판례** - 영업을 출자하여 주식회사를 설립하고 그 상호를 계속 사용하는 경우에는 영업양도는 아니지만 출자의 목적이 된 영업의 개념이 동일하고, 법률행위에 의한 영업의 이전이란 점에서 영업의 양도와 유사하며 채권자의 입장에서 볼 때는 외형상 양도와 출자를 구분하기가 어려우므로 새로 설립된 법인은 출자자의 채무를 변제할 책임이 있다.

(3) **사안의 경우** - 현물출자는 단체법적 설립행위라는 점에서 채권계약인 영업양도와 법적 성질은 다르나, 이해관계자에게 미치는 경제적 영향이 동일하다는 점에서 영업양도에 관한 상법의 규정을 유추 적용할 수 있는바, 채권자 B는 영업양도인 A와 영업양수인 경기인쇄주식회사에 책임을 물을 수 있다.

3. B의 A와 경기인쇄 주식회사를 상대로 한 청구 인용 여부

(1) **관련 조문** – 영업양수인이 양도인의 상호를 계속사용하는 경우에는 양도인의 영업으로 인한 제3자의 채권에 대하여 양수인도 변제할 책임이 있다(상법 제42조 제1항). 영업양수인이 제42조 제1항에 의하여 변제의 책임이 있는 경우에는 양도인의 제3자에 대한 채무는 영업양도 후 2년이 경과하면 소멸한다(상법 제45조).

(2) **상호속용 여부**

1) 관련 법리 – 사회통념상 객관적으로 보아 영업의 동일성이 있다고 믿을 만한 외관이 표시되거나 거래의 상대방이 영업주체의 변동을 인식하지 못할 정도의 상황이면 동일한 상호로 볼 수 있다.

2) 판례 – 상호의 속용은 형식상 양도인과 양수인의 상호가 전혀 동일한 것임을 요하지 않고, 양도인의 상호 중 그 기업주체를 상징하는 부분을 양수한 영업의 기업주체를 상징하는 것으로 상호 중에 사용하는 경우를 포함하고, 그 동일 여부는 명칭, 영업목적, 영업장소, 이사의 구성 등을 참작하여 결정한다.

3) 사안의 경우 – '경기인쇄소'라는 상호와 '경기인쇄주식회사'라는 상호는 '경기인쇄'라는 부분이 동일하여 영업의 동일성이 있다고 믿을 만한 외관이 표시되었고, 실질적으로 A가 자신이 운영하던 인쇄 영업 전부를 출자하였으며 영업 목적과 영업장소가 동일한 점에서 경기인쇄 주식회사는 상호속용 영업양수인에 해당한다.

(3) **영업으로 인한 채권 여부**

1) 관련 법리 – 영업양도 당시 발생한 채권에 관하여 영업양수인은 변제할 책임이 있다.

2) 판례 – 영업으로 인하여 발생한 채무란 영업상의 활동에 관하여 발생한 모든 채무를 말하는 것이므로 불법행위로 인한 손해배상채무도 이에 포함된다.

3) 사안의 경우 – 영업양도인인 경기인쇄소가 2017. 9. 20. 영업과 관련하여 필요한 인쇄 기계를 B로부터 구입하여 발생한 5억 원의 물품대금 채권과 B가 2017. 10. 20. A의 공장에서 운행하던 차량에 치여 발생한 1,000만 원의 불법행위 손해배상 채권 모두 현물출자가 이루어진 2018. 9. 이전에 발생한 채권에 해당하는바, 영업으로 인한 채권에 해당한다.

(4) **제척기간 도과 여부**

1) 관련 법리 – 영업양도인과 영업양수인은 채권자에 대하여 부진정연대채무관계에 있으며, 영업양도인은 2년의 단기 제척기간이 지나면 책임이 소멸한다.

2) 판례 – 영업을 출자하여 주식회사를 설립하고 그 상호를 계속 사용함으로써 상법 제42조 제1항의 규정이 유추적용되는 경우에는 상법 제45조의 규정도 당연히 유추 적용된다.

3) 사안의 경우 – B가 2020. 11.경 영업양도인 A를 상대로 5억 원의 물품대금과 불법행위 손해배상금 1,000만 원의 지급을 청구한 것은 현물출자일인 2018. 9.경부터 2년이 도과하였는바 기각되어야 하고, 영업양수인 ㈜경기인쇄를 상대로 한 청구는 이와 같은 단기제척기간이 적용되지 않는바, 인용된다.

4. 결론

B의 A에 대한 5억 원의 물품대금과 손해배상금 1,000만 원 청구는 기각되고, ㈜ 경기인쇄에 5억 원의 물품대금과 손해배상금 1,000만 원에 대한 청구는 인용된다.

[제3문] 문제 5. 해설

1. 문제
(1) 책임보험의 보험금 지급 청구 요건충족 여부, (2) 제3자의 직접청구권 가부가 문제 된다.

2. 책임보험의 보험금 지급 청구 요건충족 여부

(1) **의의 및 관련 조문** – 책임보험이란 피보험자가 보험기간 중 사고로 인하여 제3자에게 배상할 책임을 지는 경우 이를 보상하는 손해보험을 말한다. 즉, 제3자에게 발생한 손해를 보상하는 것이 아니라 그 손해 발생으로 인하여 피보험자가 배상책임을 지게 되는 경우 이를 보상하는 것이다. 즉, 책임보험 계약의 보험자는 피보험자가 보험기간 중의 사고로 인하여 제3자에게 배상할 책임을 진 경우에 이를 보상할 책임이 있다(상법 제719조).

(2) **사안의 경우** – 보험자인 甲 손해보험회사와 피보험자인 A는 2017. 2. 1. 만기가 2018. 1. 31.로 보험기간이 1년인 보험계약을 체결하였다. 그런데, 보험기간 중인 2017. 10. 20. 보험사고가 발생하였고, 책임의 확정은 2018. 1. 20. 이루어졌는바, B는 A에게 손해배상 책임을 진다. 따라서, 보험자 甲은 보험계약이 종료되었더라도 보험기간 중에 발생한 보험사고로 인한 피보험자 A의 배상액을 보상할 보험금 지급의무를 부담한다.

3. 제3자의 직접청구권 가부

(1) **관련 조문** – 제3자는 피보험자가 책임을 질 사고로 입은 손해에 대하여 보험금액의 한도 내에서 보험자에게 직접 보상을 청구할 수 있다(상법 제724조 제2항). 불법행위로 인한 손해배상의 청구권은 피해자가 손해 및 가해자를 안 날로부터 3년간 또는 불법행위를 한 날로부터 10년간 이를 행사하지 아니하면 시효로 인하여 소멸한다(민법 제766조 제1, 2항).

(2) **판례**
1) 상법 제724조 제2항에 의하여 피해자가 보험자에게 갖는 직접청구권은 보험자가 피보험자의 피해지에 대한 손해배상채무를 병존적으로 인수한 것으로서 피해자가 보험자에 대하여 가지는 손해배상청구권이므로 민법 제766조 제1항에 따라 피해자가 손해 및 가해자를 안 날로부터 3년간 이를 행사하지 아니하면 시효로 인하여 소멸한다.
2) 책임보험금청구권의 소멸시효 기산점은 피보험자의 제3자에 대한 법률상 손해배상책임이 확정되어 행사할 수 있을 때부터 진행된다.

(3) **사안의 경우** - A의 B에 대한 손해배상책임이 확정되었으므로, B는 상법 제724조 제2항에 의하여 甲 손해보험회사를 상대로 치료비 등 1,000만 원의 지급을 직접 청구할 수 있다. 이러한 직접청구권의 기산점은 손해가 확정된 2018. 1. 20.부터 3년 내에 청구하여야 하는데, 2020. 3. 경 청구하였는바, 소멸시효 완성 전으로 타당하다.

4. **결론**
   甲 손해보험회사는 B에게 치료비 등 1,000만 원의 금원을 지급할 책임을 진다.

Chapter 02 2021년 변호사시험 모의시험

제3차 모의시험 제1문

〈제1문의 1〉

甲으로부터 2010. 10. 27. 3,000만 원을 차용한 乙이 2016. 4. 7. 사망하자, 망인의 1순위 단독 상속인인 자녀 丙이 상속포기신고를 하여 2016. 7. 6. 수리되었다. 그러므로 망인의 형인 丁이 그 2순위 단독 상속인으로서 위 차용금채무를 상속하게 되었다.

甲은 2020. 10. 23. 위 1순위 상속인인 丙을 피고로 하여 대여금반환청구의 소를 제기하였다가 2021. 6. 19. 피고를 위 2순위 상속인인 丁으로 바꾸는 피고경정신청서를 법원에 제출하였다.

이에 丁은 피고의 경정이 있는 경우 시효중단의 효과는 경정신청서를 제출한 때에 발생하며, 이 사건 대여금채권은 甲이 위 피고경정신청서를 제출하였을 당시에 이미 10년의 소멸시효기간이 지나 시효로 소멸한 것으로 보아야 한다고 항변을 하였다.

문제 1.
위와 같은 丁의 시효항변이 정당한지를 그 논거와 함께 서술하시오 (10점).

[제1문의 1] 문제 1. 해설

1. 문제
(1) 당사자확정, (2) 피고경정신청을 피고표시정정으로 볼 수 있는지, (3) 시효중단의 시기가 문제된다.

2. 당사자확정
(1) **판례** - 원고가 피고의 사망사실을 모르고 사망자를 피고로 표시하여 소를 제기한 경우, 청구의 내용과 원인사실 등을 종합적으로 고려하여 볼 때 실질적 피고는 처음부터 사망자의 상속자이고 그 표시를 잘못한 것에 지나지 않는다면 당사자표시정정이 가능하다.

(2) **사안의 경우** - 甲이 의도한 이 사건 소의 실질적인 피고는 상속포기의 소급효로 말미암아 처음부터 상속채무에 관한 법률관계의 당사자가 될 수 없는 1순위 상속인이 丙이 아니라 적법한 상속채무자인 2순위 상속인인 丁이어야 한다.

3. 피고경정신청의 실질
(1) **관련 법리** - 피고경정신청은 기존 당사자와 동일성이 없는 당사자로 피고를 변경하는 경우에 가능한 당사자 변경방법이고, 피고표시정정은 동일성이 인정되는 경우에 가능하다.

(2) **판례** - 표시에 잘못이 있는 것에 지나지 아니하여 피고표시정정의 대상이 된다 할 것이므로, 피고의 표시를 바꾸면서 피고경정의 방법을 취하였다 해도 피고표시정정으로서의 법적 성질 및 효과는 잃지 않는다.

(3) **사안의 경우** - 원고 甲이 피고 丙에서 丁으로 바꾸어 달라는 피고경정신청은 실질적으로 표시정정으로서의 성질을 지는바, 甲의 피고경정신청에도 불구하고 피고표시정정으로서의 효과가 인정된다.

4. 시효중단의 시기
(1) **관련 법리** - 피고 경정은 경정신청서 제출시(민소 제265조)에 시효중단의 효과가 생기고, 표시정정은 종전 소송 상태의 승계를 전제로 하므로 당초의 소제기 효과가 유지된다.

(2) **사안의 경우** - 피고표시정정으로 판단되는바, 2020. 10. 23. 소 제기시에 시효가 중단된다.

5. 결론
甲의 채권은 2020. 10. 23. 시효중단의 효과가 발생하는바, 경정신청서를 제출한 2021. 6. 19. 소멸시효가 완성되어 소멸하였다는 丁의 주장은 타당하지 못하다.

〈제1문의 2〉

乙 종중(대표자 회장 甲)은 2020. 5. 15. 丙을 상대로 매매에 기한 부동산 소유권이전등기청구의 소를 제기하였다. 그런데 甲은 같은 해 7. 31. 乙 종중 회장직에서 해임되었으며, 乙 종중은 丙에게 甲의 대표권 소멸사실을 통지하지는 않았지만, 같은 해 8. 18. 법원에 乙 종중의 새로운 대표자 丁이 대표자변경신고서를 제출하였다. 甲은 같은 달 19. 자신의 해임에 앙심을 품고 乙 종중 명의로 위 소를 취하하는 소취하서를 법원에 제출하였으며, 그 소취하서의 부본은 같은 달 25. 丙에게 송달되었고, 丙이 같은 달 31. 위 소취하에 동의하였다.

문제 1.
甲이 한 乙 종중 명의의 소취하는 유효한지를 그 논거와 함께 서술하시오 (10점).

[제1문의 2] 문제 1. 해설

1. 문제
대표권을 상실한 甲의 소 취하 효력이 문제 된다.

2. 대표권 상실한 甲의 소 취하 유효 여부

(1) **관련 조문** - 법인이 아닌 사단은 대표자가 있는 경우에 그 사단의 이름으로 당사자가 될 수 있다 (민소법 제52조). 여기에는 법정대리와 법정대리인에 관한 규정을 준용하고(제64조), 소송절차가 진행되는 중에 법정대리권이 소멸한 경우에는 본인 또는 대리인이 상대방에게 소멸된 사실을 통지하지 아니하면 소멸의 효력을 주장하지 못한다. 다만, 법원에 법정대리권의 소멸사실이 알려진 뒤에는 그 법정대리인은 소의 취하를 하지 못한다(제63조 제1항).

(2) **판례** - 법인 대표자의 대표권이 소멸된 경우에도 그 통지가 있을 때까지는 다른 특별한 사정이 없는 한 소송절차상으로는 그 대표권이 소멸되지 아니한 것으로 보아야 하므로, 대표권 소멸 사실의 통지가 없는 상태에서 구 대표자가 한 소취하는 유효하고, 상대방이 그 대표권 소멸 사실을 알고 있었다고 하여 이를 달리 볼 것은 아니다.

(3) **사안의 경우** - 민소법 제63조 제1항 단서에 따라, 乙 종중 측이 이 사건 소를 취하할 때까지 상대방인 피고 丙에게 위 甲의 대표권 소멸 사실을 통지한 사실이 없다고 하더라도, 신임 대표자 丁이 대표자변경신고서를 제출하여 법원이 대표권 소멸사실을 알고 있었으므로 甲이 한 乙 종중 명의의 소 취하는 효력이 없다.

3. 결론
甲이 한 乙 종중 명의의 소 취하는 효력이 없다.

〈제1문의 3〉

〈 기초적 사실관계 〉

甲과 乙 법인은 2층으로 된 X 건물을 2분의 1 지분씩 공동으로 소유하고 있는데, 건물 구입 당시 함께 추진하기로 한 사업이 여의치 않게 되어 甲은 이 건물을 매각하고 그 자금으로 다른 사업을 하고자 하나, 甲에 비하여 자금사정이 좋은 乙 법인은 시장상황이 좋아지기를 기다리며 매각을 반대하고 있다. 이에 甲은 乙 법인을 상대로 X 건물의 분할청구의 소를 제기하였다. (각 설문은 독립적임)

문제 1.

甲이 제출한 소장에는 乙 법인의 대표로 A가 기재되어 있으나, 막상 소장에 첨부된 乙 법인의 등기부 등본에는 B가 대표자로 등재되어 있다. 이에 재판장은 甲에게 소장을 보정하도록 명하였다. 이후 재판장은 보정명령으로 정해진 기간이 지났음에도 甲이 보정하지 않으므로 소장을 각하하였다. 이러한 재판장의 소장 각하 명령은 적절한가? (10점)

문제 2.

위 소송을 심리한 법원은 매각분할을 구하는 甲의 청구취지와 1층의 확보를 원하는 乙 법인의 요구를 고려하여, 乙 법인은 1층 전부의 소유권을 취득하고, 2층 전부의 소유권은 甲에게 부여하되, 乙 법인이 甲에게 각 층의 가치의 차액에 상당하는 5억 원을 배상하는 것이 합리적이라고 판단하고 있다. 법원은 위와 같은 분할판결을 할 수 있는가? (10점)

[제1문의 3] 문제 1. 해설

1. 문제
법인의 대표자가 기재가 등기부의 기재와 달라 보정명령을 한 이후, 보정명령 불준수로 인한 소장 각하 명령의 적법 여부가 문제 된다.

2. 소장 각하 명령의 적법 여부
(1) **관련 조문** - 소장에는 당사자와 법정대리인, 청구의 취지와 원인을 적어야 한다(민소법 제249조 제1항). 소장이 제249조 제1항의 규정에 어긋나는 경우에는 재판장은 상당한 기간을 정하고, 그 기간 이내에 흠을 보정하도록 명하여야 하고, 그 기간 이내에 흠을 보정하지 아니한 때에는 재판장은 명령으로 소장을 각하하여야 한다(민소법 제254조 제1,2항).

(2) **판례** - 소장에 일응 대표자의 표시가 되어 있는 이상 설령 그 표시에 잘못이 있다고 하더라도 이를 정정 표시하라는 보정명령을 하고 그에 대한 불응을 이유로 소장을 각하하는 것은 허용되지 아니하고, 이러한 경우에는 오로지 판결로써 소를 각하할 수 있을 뿐이다.

(3) **사안의 경우** - 소장심사시에 재판장이 적절하지 않은 기재사항을 발견하였다고 하더라도 필수적 기재사항이 기재되어 있는 이상, 보정명령에 따르지 않는다고 하여 소장 각하 명령을 하는 것은 적절하지 않다.

3. 결론
재판장은 본안심리 이후 적법한 대표자의 소송수행이 아님을 이유로 소송요건 흠결을 원인으로 하여 판결로서 소를 각하하여야 하는바, 소장 각하 명령은 부적절하다.

[제1문의 3] 문제 2. 해설

1. 문제
공유물 분할청구에 있어서 원고들의 청구와 다른 판단이 가능한지가 문제 된다.

2. 공유물 분할청구 - 형식적 형성의 소
(1) **관련 조문** - 공유물 분할의 방법에 의하여 협의가 성립되지 아니한 때에는 공유자는 법원에 그 분할을 청구할 수 있다(민법 제269조 제1항). 법원은 당사자가 신청하지 아니한 사항에 대하여는 판결하지 못한다(민소법 제203조).

(2) **판례** - 법원은 공유물분할을 청구하는 자가 구하는 방법에 구애받지 아니하고 자유로운 재량에 따라 공유물을 공유자 중의 1인의 단독소유 또는 수인의 공유로 하되 현물을 소유하게 되는 공

유자로 하여금 다른 공유자에 대하여 그 지분의 적정하고도 합리적인 가격을 배상시키는 방법에 의한 분할도 현물분할의 하나로 허용된다.

(3) **사안의 경우** – 공유물분할청구는 형식적 형성의 소로서 처분권주의 적용이 배제되므로, 법원은 甲이 매각분할을 원하였다고 하여 분할방법이 매각분할에 한정되는 것은 아니므로, 법원의 재량에 따라 乙 법인은 1층 전부의 소유권을 취득하고, 2층 전부의 소유권은 甲에게 부여하되, 乙 법인이 甲에게 각 층의 가치의 차액에 상당하는 5억 원을 배상하는 형태의 분할도 가능하다.

3. 결론
법원은 합리적인 방법이라고 판단되는 방식에 따라 분할판결을 할 수 있다.

〈제1문의 4〉

X 부동산과 Y 부동산에 관해 그 소유자인 甲으로부터 乙 앞으로 소유권이전등기가 각 경료되었다. 甲은 2015. 1. 5. 자신은 X, Y부동산을 乙에게 매도한 바 없는데도 乙이 등기에 필요한 매매계약서 등 서류를 위조해 그 각 등기를 경료한 것이라고 주장하면서 乙을 상대로 그 각 등기의 말소등기를 청구하는 소('A소')를 제기했다. 이 소송사건의 변론이 2015. 9. 24. 종결되어 甲의 청구를 모두 인용하는 판결('A판결')이 선고되었고, 그 판결은 2015. 10. 15. 확정되었으며, 그 판결에 기해 그 각 소유권이전등기가 2015. 10. 30. 말소되었다. 甲은 2015. 11. 2. ① X부동산에 관해 2015. 9. 17.자 매매(유효한 계약임을 전제로 한다)를 원인으로 하는 소유권이전등기를 丙 앞으로 경료하고, ② 자신이 2015. 10. 20. 차용한 5,000만 원의 원리금 반환 채무를 담보하기 위해 Y부동산에 관해 채권최고액이 1억 원인 근저당권 설정등기를 丁 앞으로 경료했다. 그런데 乙은 자신이 A소송에서 패소한 것은 억울하고, 정당하게 작성된 매매계약서 등 증거를 발견했으므로 자신은 X, Y 부동산의 정당한 소유자라고 주장하면서 ① 丙을 상대로 X 부동산에 관해 진정한 등기명의 회복을 위한 소유권이전등기 청구의 소('B소')를 제기하고, ② 별소로 丁을 상대로 Y 부동산에 관해 근저당권 설정등기의 말소등기 청구의 소('C소')를 제기했다. B소와 C소의 청구원인에는 A소의 변론 종결 후에 발생한 새로운 사유의 주장은 없다.

문제 1.
법원은 B소와 C소에 관해 어떻게 판결하여야 하는가? (30점)

[제1문의 4] 문제 1. 해설

1. 문제

기판력 저촉 여부와 관련하여, (1) B소송과 C소송이 A소송과 소송물의 동일관계나 모순관계 또는 선결관계에 해당하는지, (2) 丙과 丁이 A소송의 변론을 종결한 뒤의 승계인에 해당하여 A판결의 기판력이 미치는 주관적 범위에 포함되는지, (3) 시적 범위를 넘어서는 사유가 존재하는지가 문제 된다.

2. 기판력의 객관적 범위

(1) **관련 조문 및 법리** – 확정판결은 주문에 포함된 것에 한하여 기판력을 가진다(민소법 제216조 제1항). 소송물이 동일하거나 전소의 소송물에 대한 판단이 후소의 선결관계 내지 모순관계에 있을 때에는 후소에서 전소와 다른 판단을 하는 경우에도 기판력이 미친다.

(2) **판례**

   1) 진정명의회복을 원인으로 한 소유권이전등기청구권과 무효등기의 말소청구권은 어느 것이나 진정한 소유자의 등기명의를 회복하기 위한 것으로서 실질적으로 그 목적이 동일하고 두 청구권 모두 소유권에 기한 방해배제청구권으로서 그 법적근거와 성질이 동일하므로 그 소송물은 실질상 동일한 것으로 보아야 한다.

   2) 소유권이전등기 말소청구 소송의 확정판결의 기판력은 위 확정된 전소의 말소등기 청구권의 존재 여부를 선결적 법률관계로 하는 근저당권 설정등기 등의 말소등기 청구 소송에 미친다.

(3) **사안의 경우**

   1) A소송 – A소송에서 甲은 X, Y 부동산에 관한 등기원인이 무효임을 주장하여 소유권이 자신에게 있음을 이유로 민법 제214조를 근거로 한 물권적 청구권을 행사하여 각 등기의 말소를 인용하는 판결이 선고받았는바, 전소의 소송물은 물권적청구권이다.

   2) B소송 – 소유권이전등기 말소등기 청구 소송의 소송물과 말소등기에 갈음한 진정명의 회복을 원인으로 한 소유권이전등기 청구 소송의 소송물은 민법 제214조를 근거로 한 물권적청구권으로 실질적으로 동일한 바, A소송에서 패소한 乙이 丙을 상대로 진정명의 회복을 원인으로 한 소유권이전등기청구를 하고 있는 B 소송은 전소와 동일한 소송물을 주장하는 것으로 상호 모순관계에 있다.

   3) C소송 – A소송에서 패소한 乙이 丁을 상대로 Y부동산에 설정된 근저당권설정등기의 말소를 제기하는 것은 A소송에서 甲에게 소유권에 기한 말소등기청구권 존재한다는 사실에 대한 선결적 법률관계에 해당하는바, 기판력이 미치는 객관적 범위에 해당한다.

3. 기판력의 주관적 범위

(1) **관련 조문** – 확정판결은 변론을 종결한 뒤의 승계인에 대하여 그 효력이 미친다(민소법 제218조 제1항).

(2) **판례** - 현재의 등기명의인 및 근저당권자 등은 확정된 소유권이전등기말소소송의 사실심 변론 종결 후의 승계인으로서 위 확정판결의 기판력은 그와 실질적으로 동일한 소송물인 진정한 등기 명의의 회복을 위한 소유권이전등기청구 및 위 확정된 전소의 말소등기청구권의 존재여부를 선결 문제로 하는 근저당권설정등기 등의 말소등기청구에 모두 미친다.

(3) **사안의 경우** - A소의 소송물인 말소등기 청구권은 물권적 청구권이고, 승계의 원인행위 시점과 관계없이 丙과 丁의 등기 시점이 2016. 11. 2.로서 A소송의 사실심 변론종결일 이후이기 때문에 丙과 丁은 A소송의 변론을 종결한 뒤의 승계인에 해당한다.

4. 기판력의 시적 범위

(1) **판례** - 전소 확정판결의 기판력은 전소 변론 종결 전에 주장할 수 있었던 모든 공격방어방법에 미친다.

(2) **사안의 경우** - B소와 C소의 청구원인에는 A소의 변론 종결 후에 발생한 새로운 사유의 주장은 없다. 乙이 원고인 B소송의 소송물인 진정명의 회복을 원인으로 한 소유권이전등기 청구권과 甲이 원고인 A소송의 소송물인 말소등기 청구권은 모순관계에 있으므로 A판결의 기판력은 B소송에 미치고, C소송에서는 A판결의 기판력 있는 판단 즉, 소유권에 기한 말소등기 청구권의 존재가 C소송의 선결적 법률관계가 되는바, A판결의 기판력은 C소송에 미친다.

5. 결론

법원은 모순금지설에 따라 B소와 C소의 청구를 모두 기각한다.

〈제1문의 5〉

甲은 乙을 상대로 소를 제기하면서 그 청구원인으로 ① 건물매매업무와 관련된 손해배상 10억 원 ② 부동산 임차업무와 관련된 손해배상 8억 원을 선택적 청구로 병합하여 청구하였다. (각 설문은 독립적임) (30점)

문제 1.

제1심 법원은 위 청구원인 중 건물매매업무와 관련된 손해배상청구만을 심리·판단하여 원고가 구하는 청구금액을 전부인용하고, 나머지 청구에 대해서는 원고가 어느 하나의 청구원인에서라도 전부인용판결을 받으면 추가적인 판단을 원하지 않는다는 이유에서 그 판단을 하지 않았다. 이 판결에 대해 피고만 항소한 경우 항소심 법원은 제1심에서 판단하지 않은 위 부동산 임차업무와 관련된 손해배상청구에 관해 심리·판단할 수 있는가? (15점)

문제 2.

제1심 법원은 ① 건물매매업무와 관련된 손해배상청구에 대해서는 청구기각, ② 부동산 임차업무와 관련된 손해배상청구에 대해서는 5억 원을 인용하는 판결을 선고하였다. 이 판결에 대해 피고만 항소한 경우, 항소심 법원은 위 건물매매업무와 관련된 손해배상청구 부분에 대해 심리·판단할 수 있는가? (15점)

[제1문의 5] 문제 1. 해설

1. 문제

병합의 형태에 따른 항소심 심판의 범위가 문제 된다.

2. 병합의 형태

(1) **의의** - 서로 양립하는 복수의 청구를 병렬적으로 병합하여 그 전부에 관하여 판결을 구하는 단순병합과 양립하는 복수의 청구를 택일적으로 병합하여 그 가운데 어느 하나라도 인용하는 판결을 구하는 경우로서, 여러 개의 청구 중 하나의 청구가 인용되는 것을 해제조건으로 하여 다른 청구에 대하여 심판을 구하는 선택적 병합이 있다.

(2) **판례** - 병합의 형태가 선택적 병합인지 예비적 병합인지는 당사자의 의사가 아닌 병합청구의 성질을 기준으로 판단하여야 하고, 항소심에서의 심판 범위도 그러한 병합청구의 성질을 기준으로 결정하여야 한다.

(3) **사안의 경우** - 건물매매업무와 관련된 손해배상 청구와 부동산 임차업무와 관련된 손해배상 청구는 상호관련성이 인정되지 않아, 단순병합으로 청구하여야 함에도 선택적 청구로 병합하여 청구한 것으로 부적법한 병합 형태의 청구이다. 즉, 제1심 법원이 잘못된 청구병합관계를 보정하는 조치를 취하지 않고 그 중 하나의 청구원인에 대해서만 심리·판단하였더라도, 이들 청구는 단순병합의 형태로 보아야 한다.

3. 항소심 심판의 범위

(1) **판례**

1) 단순병합으로 구하여야 할 수 개의 청구를 선택적 청구로 병합하여 청구하는 것은 부적법하여 허용되지 않으므로, 원고가 그와 같은 형태로 소를 제기한 경우 제1심법원이 본안에 관하여 심리·판단하기 위해서는 소송지휘권을 적절히 행사하여 이를 단순병합 청구로 보정 하여야 한다.

2) 법원이 보정 없이 본안판결을 하면서 그 중 하나의 청구에 대하여만 심리·판단하여 이를 인용하고 나머지 청구에 대한 심리·판단을 모두 생략하는 내용의 판결을 하였더라도, 청구의 병합 형태가 적법한 선택적 병합 관계로 바뀔 수 없으므로, 이 판결에 대하여 피고만이 항소한 경우 제1심법원이 심리·판단하여 인용한 청구만이 항소심으로 이심될 뿐, 나머지 심리·판단하지 않은 청구는 여전히 제1심에 남아 있게 된다.

(2) **사안의 경우** - 이 사건 청구병합은 단순병합이므로 제1심 법원이 심리·판단한 건물매매업무와 관련된 손해배상 청구만이 항소심으로 이심되어 항소심의 심판의 대상이 되며, 판단하지 않은 부동산 임차업무와 관련된 손해배상 청구는 여전히 제1심에 남아 있다.

4. 결론

항소심 법원은 제1심에서 판단하지 않은 부동산 임차업무와 관련된 청구에 관해 심리·판단할 수 없다.

[제1문의 5] 문제 2. 해설

1. 문제
단순병합 청구에 관한 항소심에서 상소불가분의 원칙과 불이익변경금지원칙에 따른 심판 범위가 문제 된다.

2. 단순병합 여부
상술한 바와 같이, ①번과 ②번 청구는 단순병합 관계에 있다.

3. 단순병합의 항소심 심판 대상

(1) **관련 조문** – 상소 제기에 의한 확정차단의 효력과 이심의 효력은 원칙적으로 상소인의 불복신청의 범위에 관계없이 원심판결 전부에 대하여 불가분적으로 발생한다(상소불가분의 원칙). 제1심 판결은 그 불복의 한도 안에서 바꿀 수 있다(민소법 제415조, 불이익변경금지원칙).

(2) **판례** – 단순병합의 경우 일부판결에 대해 상소한 때에는 그 부분이 나머지 부분과 분리하여 상소심으로 이심하지만, 전부판결의 경우에는 전부의 청구에 대하여 상소한 경우는 물론 일부의 청구에 대하여만 상소한 경우에도 상소불가분의 원칙에 따라 모든 청구에 관한 소송이 확정이 차단되고 상소심으로 이심한다. 다만 상소하지 아니한 부분은 상소심의 심판의 대상이 될 수 없다.

(3) **사안의 경우** – 단순병합된 두 청구에 대해 제1심 법원이 두 청구 모두에 대해 판결을 선고하였고 피고만이 그 일부에 대해 항소를 제기하였지만 상소불가분의 원칙에 따라 두 청구 모두 확정이 차단되고 모두 항소심으로 이심된다. 그러나 당사자 중 누구도 불복하지 않은 ① 청구는 항소심 심판의 대상이 될 수 없다.

4. 결론
항소심 법원은 건물매매와 관련된 손해배상청구 부분에 대해 심리·판단할 수 없다.

<제1문의 6>

甲과 乙은 X부동산에 관하여 1/2 지분씩을 공유하고 있었다. 甲은 2018. 6. 8. 자신의 사업 자금을 융통하기 위하여 A은행으로부터 금전을 차용하면서 乙의 동의를 받아 X부동산 전체에 채권최고액을 1억 3,000만 원으로 하는 A은행 명의의 근저당권을 설정하여 주었다.

甲은 2019. 3. 15. 채무초과 상태에서 자신의 유일한 재산인 X부동산 중 1/2 지분을 乙에게 증여하고 소유권이전등기를 마쳐주었다. 당시 X부동산 전체의 시가는 1억 5,000만 원, A은행에 대한 甲의 피담보채무액은 9,000만 원이었다.

丙은 2019. 8. 14. 甲에 대한 물품대금채권 2,000만 원(변제기 2019. 1. 5.)을 피보전채권으로 하여 乙을 상대로 甲과 乙 사이의 X부동산 중 1/2지분에 대한 증여계약을 취소하고 지분권이전등기를 말소하라는 사해행위취소의 소를 제기하였다.

문제 1.

乙은 피담보채권액이 목적물 가액을 초과하므로 X부동산의 1/2지분에 대한 증여계약은 사해행위에 해당한다고 할 수 없다고 주장하고, 이에 대해 丙은 甲의 부동산 지분이 부담하는 피담보채권액은 각 공유지분의 비율에 따라 분담된 금액이므로 피담보채권액이 목적물 가액을 초과한다고 볼 수 없다고 주장하였다.

법원은 어떠한 판단을 하여야 하는지, 1) 결론(소각하/청구기각/청구전부인용/청구일부인용 - 일부인용의 경우 인용범위를 특정할 것)과 2) 논거를 기재하시오. (X부동산의 시가는 사실심 변론종결시까지 변동이 없다고 가정하고, 丙의 물품대금채권에 대한 지연손해금은 고려하지 말 것) (20점)

[제1문의 6] 문제 1. 해설

1. 문제
甲의 증여행위가 사해행위에 해당되는지 여부에 있어 甲의 지분이 부담하는 피담보채권액이 문제된다.

2. 甲 증여행위의 사해행위 여부
(1) **관련 조문** - 채무자가 채권자를 해함을 알고 재산권을 목적으로 한 법률행위를 한 때에는 채권자는 그 취소 및 원상회복을 법원에 청구할 수 있다(민법 제406조 제1항). 변제할 정당한 이익이 있는 자는 변제로 당연히 채권자를 대위하고, 채권자를 대위한 자는 자기의 권리에 의하여 구상할 수 있는 범위에서 채권 및 그 담보에 관한 권리를 행사할 수 있다(민법 제481조, 제482조).

(2) **판례**
1) 사해행위취소의 소에서 채무자가 수익자에게 양도한 목적물에 저당권이 설정되어 있는 경우라면 그 목적물 중에서 일반채권자들의 공동담보에 제공되는 책임재산은 피담보채권액을 공제한 나머지 부분만이고, 그 피담보채권액이 목적물의 가액을 초과할 때는 당해 목적물의 양도는 사해행위에 해당한다고 할 수 없다.
2) 하나의 공유부동산 중 일부 지분이 채무자의 소유이고, 다른 일부 지분이 물상보증인의 소유인 경우에는, 물상보증인이 민법 제481조, 제482조의 규정에 따른 변제자대위에 의하여 채무자 소유의 부동산에 대하여 저당권을 행사할 수 있는 지위에 있는 점 등을 고려할 때, 채무자 소유의 부동산에 관한 피담보채권액은 공동저당권의 피담보채권액 전액으로 봄이 상당하다

(3) **사안의 경우** - 채권자 丙의 책임재산은 X 부동산에서 피담보채권액을 공제한 나머지 부분인데, 채무자 甲이 X부동산에 대하여 소유하고 있는 1/2 지분에 대한 시가는 7,500만 원이고 근저당권자 A은행의 피담보채권액 9천만 원으로, X 부동산 1/2 지분에 대한 가액을 초과하는바, 乙의 증여행위는 사해행위 해당하지 않는다.

3. 결론
법원은 丙의 乙에 대한 채권자 취소소송을 기각한다.

<제1문의 7>

〈 기초적 사실관계 〉

甲은 2018. 6. 8. A은행으로부터 금전을 차용하며 자신이 소유한 X부동산에 대하여 채권최고액을 1억 2,000만 원으로 하는 A은행 명의의 근저당권설정등기를 마쳐주었다.

甲은 2019. 4. 15. 채무초과 상태에서 자신의 유일한 재산인 X부동산을 甲의 채권자인 乙에게 대물변제하고 소유권이전등기를 마쳐주었고, 같은 날 乙은 이미 설정되어 있던 근저당권의 피담보채무 8,000만 원을 변제하고 이를 말소하였다. 이후 乙은 2019. 10. 17. B은행으로부터 1,000만 원을 대출받으며 X부동산에 대해 채권최고액을 1,500만 원으로 하는 B은행 명의의 근저당권을 설정하여 주었다.

※추가된 사실관계는 각각 별개임.

〈 추가적 사실관계 1 〉

丙은 2018. 10. 5. 甲에게 5,000만 원을 무이자로 대여해 주고 변제받지 못하고 있었는바, 2020. 2. 10. 乙을 상대로 대물변제계약의 취소 및 소유권이전등기의 말소를 구하는 사해행위 취소의 소를 제기하였다.

소송의 변론기일에서 乙은 ① 자신이 X부동산의 소유권을 취득한 이후 A은행의 근저당권이 말소되고 B은행의 근저당권이 설정되는 등의 사정이 있었으므로 원물반환은 불가능하여 丙의 청구는 부당하고, ② 가사 丙의 원상회복 청구가 받아들여진다고 하더라도, 乙 자신도 대물변제계약 당시 甲에 대한 4,000만 원의 물품대금채권을 가지고 있었으므로 이를 상계한 잔액만을 배상할 의무가 있을 뿐이라고 항변하였다.

문제 1.

乙이 이러한 채권을 보유하고 있음이 확인된다면, 법원은 丙의 청구에 대해 어떠한 판단을 하여야 하는지, 1) 결론(소각하/청구기각/청구전부인용/청구일부인용 - 일부 인용의 경우 인용범위를 특정할 것)과 2) 논거를 기재하시오. (X부동산 전체의 시가는 대물변제 약정 당시부터 사실심변론종결시까지 변함없이 1억 5,000만 원이었다고 가정하고, 지연손해금은 고려하지 말 것) (20점)

〈추가적 사실관계 2〉

사무기기 매장을 운영하는 丁은 2017. 1. 26. 甲에게 복사기 등의 사무용 물품을 공급하였으나, 대금 중 일부만 변제기인 2017. 3. 30.에 지급받았을 뿐, 잔여 대금 2,000만 원에 대해서는 아직까지 지급받지 못하고 있었다.

丁은 甲의 사정을 고려하여 이에 대해 아무런 조치를 취하지 않고 있었으나, 甲이 그 유일한 재산인 X부동산을 乙에게 대물변제한 사실을 알고 2020. 4. 2. 乙을 상대로 사해행위 취소의 소를 제기하였다.

문제 2.
　재판 과정에서 乙이 피보전채권인 丁의 대금채권은 이미 시효로 소멸하였다고 항변한다면, 이에 대해 법원은 어떠한 판단을 하여야 하는지, 1) 결론(소각하/청구기각/청구전부인용/청구일부인용 – 일부 인용의 경우 인용범위를 특정할 것)과 2) 논거를 기재하시오. (X부동산의 시가는 사실심 변론종결시까지 변동이 없다고 가정하고, 지연손해금은 고려하지 말 것) (10점)

[제1문의 7] 문제 1. 해설

1. 문제
(1) 채권자 취소소송의 적법 여부, (2) 채권자 취소소송의 인용 여부, (3) 취소의 범위 및 원상회복 방법이 문제 된다.

2. 채권자 취소소송의 적법 여부
(1) **관련 조문** - 채권자 취소소송은 채권자가 취소원인을 안 날로부터 1년, 법률행위가 있은 날로부터 5년 내에 제기하여야 한다(민법 제406조 제2항).

(2) **사안의 경우** - 채권자 丙은 채무자 甲이 X 부동산을 수익자 乙에게 대물변제 2019. 4. 15.부터 1년이 지나지 않은 2020. 2. 10.에 채권자 취소소송을 제기하였는바, 적법하다.

3. 채권자 취소소송의 인용 여부
(1) **요건** - ① 피보전채권의 존재, ② 채무자의 사해행위, ③ 채무자의 사해의사(민법 제406조).

(2) **피보전채권의 존재**
피보전채권은 사해행위 이전에 존재하여야 하는데, 丙의 甲에 대한 2018. 10. 5.자 5천만 원의 무이자 채권은 2019. 4. 15. 대물변제(사해행위) 이전에 발생하였는바, 피보전채권이 존재한다.

(3) **채무자의 사해행위 및 사해의사**
  1) 판례 - 채무초과 상태에서 유일한 부동산을 대물변제한 경우, 이는 일반적으로 채권자들에게 사해행위가 되고 채무자의 사해의사도 추정된다.
  2) 사안의 경우 - 채무자 甲이 채무초과 상태에서 유일한 재산인 X부동산 시가의 1억 5,000만 원, 피담보채권액 8,000만 원이므로, 피담보채권액이 목적물 가액을 초과하지 않아 당해 목적물의 양도는 사해행위에 해당하고, 甲의 사해의사도 추정된다.

(4) **소결** - 채권자 취소에 필요한 요건을 충족하여 丁의 채권자 취소소송은 인용 된다.

4. 원상회복방법 및 취소의 범위
(1) **원상회복방법**
  1) 판례
   ① 사해행위 후 변제에 의하여 저당권설정등기가 말소된 경우, 사해행위를 취소하여 그 부동산 자체를 회복하는 것은 채권자들의 공동담보가 아닌 부분까지 회복하는 것이 되어 공평에 반하므로 허용되지 않고 가액배상을 하여야 한다.
   ② 사해행위를 전부 취소하고 원상회복을 구하는 채권자의 주장 속에는 사해행위를 일부 취소하고 가액의 배상을 구하는 취지도 포함되어 있다.
  2) 사안의 경우 - 甲의 사해행위 이후 수익자 乙이 A은행에게 이미 설정되어 있던 근저당권을 말소하였으므로 원물반환을 하는 경우 원래 담보가 아닌 부분까지 회복하게 되어 가액배상을 하여

야 하므로, 원물반환이 불가능하다는 乙의 ①번 항변은 타당하다. 그리고 법원은 채권자가 채권자취소권을 행사하면서 원상회복만을 구하는 경우에도 가액배상을 명할 수 있는바, 그 범위가 논의되어야 한다.

(2) 취소의 범위

1) 관련 법리 – 채권자의 피보전채권액, 목적물의 공동담보가액, 수익자·전득자의 이익 중 가장 적은 금액을 한도로 이루어진다.

2) 판례
  ① 저당권이 설정되어 있는 부동산에 관하여 사해행위가 이루어진 경우에 그 사해행위는 부동산의 가액에서 저당권의 피담보채권액을 공제한 잔액의 범위 내에서만 성립하고, 그 가액 산정은 사실심 변론종결시를 기준으로 한다.
  ② 사해행위 후 그 목적물에 관하여 선의의 제3자가 저당권을 취득하였음을 이유로 가액배상을 명하는 경우에는 사해행위 당시 일반 채권자들의 공동담보로 되어 있었던 부동산 가액 전부의 배상을 명하여야 할 것이고, 그 가액에서 제3자가 취득한 저당권의 피담보채권액을 공제할 것은 아니다.

3) 사안의 경우 – 피보전채권액 5천만 원과 채권자 취소소송의 사실심변론종결 당시의 X부동산 시가 1억 5천에서 A 은행의 피담보채권 8천만 원을 공제한 7천만 원 범위에서 사해행위가 성립하고, 사해행위 이후 제3자인 B가 저당권을 취득한 이 부분을 공제할 경우 책임재산의 부당한 감소를 초래하므로 공제의 대상이 아닌바, 5천만 원 범위에서 최소 및 가액배상이 이루어질 수 있다.

(3) 상계 가부

1) 판례 – 채권자 취소의 소에서 수익자가 가액배상을 할 경우, 수익자 자신도 채무자에 대한 채권자 중의 1인이라는 이유로 취소채권자에게 자기 채권에 대한 상계를 허용하는 경우, 자신의 채권에 대하여 변제를 받은 수익자를 보호하고 다른 채권자의 이익을 무시하는 결과가 되어 제도의 취지에 반하게 되므로, 상계를 주장할 수 없다.

2) 사안의 경우 – 乙의 주장대로 상계가 허용될 경우 채권자 乙은 다른 채권자 丙과 비교하여 사실상 우선하여 변제를 받는 효과를 받아, 모든 채권자를 위하여 수익자 또는 전득자로부터 환원시키는 채권자 취소제도의 취지에 반하여 채무의 성질상 상계가 허용되지 않는바. 乙의 ②번 항변은 타당하지 않다.

4. 결론

법원은 "1. 피고 乙과 소외 甲사이에 X 부동산에 관한 2019. 4. 5.자 대물변제를 5천만 원 범위 내에서 취소한다. 2. 피고 乙은 丙에게 5천만 원 및 이에 대한 판결 확정일 다음 날부터 다 갚는 날까지 연 5%의 비율에 의한 금원을 지급하라." 청구 일부 인용 판결을 선고하여야 한다.

[제1문의 7] 문제 2. 해설

1. 문제
채권자 취소소송에서 피보전채권이 소멸시효가 완성된 경우, 수익자의 원용 가부가 문제 된다.

2. 피보전채권의 소멸시효 완성 및 수익자의 원용 가부

(1) **관련 조문** - 상인이 판매한 상품의 대가는 3년간 행사하지 아니하면 소멸시효가 완성한다(민법 제163조 제6호).

(2) **판례** - 소멸시효를 원용할 수 있는 사람은 권리의 소멸에 의하여 직접 이익을 받는 자에 한정되는바, 사해행위취소소송의 상대방이 된 사해행위의 수익자는, 사해행위가 취소되면 사해행위에 의하여 얻은 이익을 상실하고 사해행위취소권을 행사하는 채권자의 채권이 소멸하면 그와 같은 이익의 상실을 면하는 지위에 있으므로, 그 채권의 소멸에 의하여 직접 이익을 받는 자에 해당하는 것으로 보아야 한다.

(3) **사안의 경우** - 상인이 판매한 상품의 대가는 민법 제163조 제6호에 따라 3년의 단기소멸시효가 적용되어 변제기가 2017. 3. 30.이므로, 소를 제기한 2020. 4. 2.에는 이미 소멸시효가 완성되었다. 그리고, 수익자는 이러한 시효이익을 직접 받는 자이므로 피보전채권의 소멸시효 주장을 할 수 있다.

3. 결론
법원은 피보전채권이 소멸시효가 완성된 경우, 피보전채권의 존재 여부는 사해행위취소의 실체법상 요건이므로, 원고 청구를 기각하여야 한다.

제3차 모의시험 제2문

〈제2문의 1〉

〈 기초적 사실관계 〉

甲은 건설업자 乙에게 건축공사를 의뢰하면서, 착공일 2020. 3. 10., 준공예정일 2020. 9. 1.로 정하여 도급계약을 체결하였다. 이 도급계약에는 공사대금채권을 제3자에게 양도하지 못한다는 특약이 명시되어 있었고, 공사대금 3억 원은 계약 당일 계약금으로 3,000만 원, 지하실, 1층, 2층, 3층, 4층의 각 골조공사 완성 후 각 1,000만 원씩, 공사 완료 후 잔금 2억 2,000만 원을 지급하기로 하였다. 한편, 乙은 건축공사와 관련하여 丙은행으로부터 5,000만 원의 대출을 받았고, 乙의 부탁을 받은 丁은 이 대출금채무에 대해 연대보증하였다.

이후 乙은 4층까지의 골조공사를 완성하였고, 甲으로부터 계약금 3,000만 원과 골조 공사에 대한 대금 5,000만 원을 지급받았다.

※ 추가된 사실관계는 각각 별개임.

〈 추가적 사실관계 1 〉

乙은 계속 공사를 진행하다가 자금이 부족하여 완공하지 못하였고, 이에 甲은 최고 등의 적법한 절차를 거쳐 2020. 8.경 계약을 해제하였다. 이후 乙은 2020. 10. 19. 甲을 상대로 공사를 중단할 때까지 자신이 지출한 2억 8,000만 원의 공사비 중 이미 지급받은 8,000만 원을 제외한 2억 원을 지급할 것을 청구하는 소를 제기하였다.

이 소송에서 甲은 乙의 귀책사유로 도급계약이 해제되었으므로 자신은 더 이상 공사대금 지급 의무가 없고, 가사 공사대금을 지급해야 한다고 하더라도 전체 공사대금에서 기성고 비율을 적용한 금액만을 지급할 의무가 있을 뿐이라고 주장하였다. 감정 결과 공사 중단 당시 기성고 비율은 70%임이 확인되었다.

문제 1.

법원은 어떠한 판단을 하여야 하는지, 1) 결론(소각하/청구기각/청구전부인용/청구일부인용 - 일부인용의 경우 인용범위를 특정할 것)과 2) 논거를 기재하시오. (지연손해금은 고려하지 말 것) (15점)

〈 추가적 사실관계 2 〉

乙은 계속 공사를 진행하여 준공예정일에 맞추어 공사를 완료하였으나, 甲으로부터 잔금을 지급받지 못하였다. 丁은 2020. 10.경 丙은행의 청구를 받고 乙의 대출금채무에 대한 보증채무를 이행하였고, 곧바로 乙에게 구상금을 청구하여 이에 대한 원고 승소판결이 확정되었다. 이를 기초로 丁은 2021. 5. 17. 乙의 甲에 대한 공사대금 채권 중 5,000만 원에 대해 압류 및 전부 명령을 신청하였고, 같은 달 21. 甲과 乙에게 송달된 후, 그 무렵 확정되었다. 한편, 乙은 2021. 5. 18. 戊에게 도급계약서 사본을 교부하면서 도급계약에 따른 잔금채권을 양도하였는데, 그 당시 戊는 계약서 내용을 살펴보지 않았다. 그 후 乙은 甲에게 내용증명우편으로 채권양도통지를 하였고, 이 통지는 2021. 5. 20. 도달하였다.

丁의 甲에 대한 전부금 청구소송에서 甲은 2021. 5. 20. 채권양도 통지를 받았으므로 전부 명령은 무효이고 따라서 丁에게는 지급의무가 없다고 항변하였다. 이에 대해 丁은 乙의 甲에 대한 공사대금 채권과 관련하여 양도금지 특약이 있었으므로 이러한 채권양도는 무효라고 주장하였고, 甲은 양도금지 특약의 효력이 당사자 간에만 미칠 뿐이므로 丁이 채권양도의 무효를 주장할 수는 없다고 반박하였다.

문제 2.

 법원은 어떠한 판단을 하여야 하는지, 1) 결론(소각하/청구기각/청구전부인용/청구일부인용 – 일부인용의 경우 인용범위를 특정할 것)과 2) 논거를 기재하시오. (이자 및 지연손해금 등은 고려하지 말 것) (15점)

[제2문의 1] 문제 1. 해설

1. 문제
도급계약 해제에 따른 보수지급의무의 내용이 문제 된다.

2. 도급계약 해제에 따른 보수지급의무의 내용

(1) **관련 조문** - 당사자 일방이 그 채무를 이행하지 아니하는 때에는 상대방은 상당한 기간을 정하여 그 이행을 최고하고 그 기간내에 이행하지 아니한 때에는 계약을 해제할 수 있고, 당사자 일방이 계약을 해제한 때에는 각 당사자는 그 상대방에 대하여 원상회복의 의무가 있다(민법 제544조 제1항).

(2) **판례**
1) 건축공사 도급계약이 수급인의 채무불이행을 이유로 해제될 당시 공사가 상당한 정도로 진척되어 이를 원상회복하는 것이 중대한 사회적·경제적 손실을 초래하고 완성된 부분이 도급인에게 이익이 된다면, 해당 도급계약은 미완성 부분에 대하여만 실효되어 수급인은 해제한 상태 그대로 건물을 도급인에게 인도하고 도급인은 인도받은 미완성 건물에 대한 보수를 지급하여야 하는 권리의무관계가 성립한다.

2) 이와 같은 경우 도급인이 지급하여야 할 미완성 건물에 대한 보수는 당사자 사이에 약정한 총공사비에 기성고 비율을 적용한 금액이지, 수급인이 실제로 지출한 비용을 기준으로 할 것은 아니다.

(3) **사안의 경우**
1) 乙의 이행지체를 이유로 2020. 8. 甲이 적법하게 계약을 해제하였고, 기성고는 도급인 甲에게 이익이 되므로, 인도받은 미완성 건물에 대한 보수지급의무가 있는바, 더이상 공사대금 지급의무가 없다는 甲의 항변은 부당하다.

2) 공사가 중단된 경우의 보수지급은 수급인이 실제로 지출한 비용이 아닌 기성고 비율을 적용한 금액을 기준으로 하여야 하는바, 약정한 공사대금 3억 원에서 기성고 비율인 70%을 적용한 2억 1천만 원이므로, 선지급한 8천만 원을 공제한 1억 3천만 원의 공사대금을 지급할 의무가 있다.

3. 결론
법원은 乙의 甲에 대한 2억 원의 청구 중에서 1억 3천만 원을 지급하라는 내용의 청구 일부 인용 판결을 하여야 한다.

[제2문의 1] 문제 2. 해설

1. 문제
채권양도금지 특약이 있는 채권을 피전부채권으로 한 전부금 청구 가부와 관련하여 (1) 채권양도와 전부명령 간의 우열관계, (2) 채권양도금지 특약을 위반한 채권양도의 효력이 문제 된다.

2. 채권양도와 전부명령 간의 우열관계
(1) **관련 조문** - 지명채권의 양도는 양도인이 채무자에게 통지하거나 채무자가 승낙하지 아니하면 채무자 기타 제삼자에게 대항하지 못하고, 통지나 승낙은 확정일자있는 증서에 의하지 아니하면 채무자 이외의 제3자에게 대항하지 못한다(민법 제450조 제1, 2항).

(2) **사안의 경우** - 丁이 乙의 甲에 대한 공사대금채권 중 5천만 원에 대한 압류 및 전부 명령을 甲에게 도달된 날은 21. 5. 21.이고, 甲이 戊에게 위 공사대금채권을 양도하고 내용증명 우편으로 양도 통지를 한 것은 21. 5. 20.로 채권양도가 유효하다면 전부 명령은 무효로서 전부금 청구는 타당하지 않은 것이 되는바, 채권양도의 유효 여부가 논의되어야 한다.

3. 채권양도금지 특약을 위반한 채권양도의 효력
(1) **관련 조문** - 채권은 양도할 수 있으나 당사자가 반대의 의사를 표시한 경우에는 양도하지 못한다. 그러나 그 의사표시로써 선의의 제삼자에게 대항하지 못한다(민법 제449조 제1,2항).

(2) **판례** - 양도금지특약을 한 채권은 양도성을 상실하고, 이에 위반하여 채권을 제3자에게 양도한 경우에 채권양수인이 양도금지특약이 있음을 알았거나 중대한 과실로 알지 못하였다면 채권 이전의 효과가 생기지 아니한다. 채권양수인의 악의 내지 중과실은 양도금지특약으로 양수인에게 대항하려는 자가 주장·증명하여야 한다.

(3) **사안의 경우** - 乙이 2021. 5. 18. 戊에게 도급계약서 사본을 교부하면서 도급계약에 따른 잔금 채권을 양도한 점에서 戊는 양도 당시 계약서를 검토하였다면 양도금지특약 사실에 알 수 있었음에도, 계약서 내용을 살펴보지 않은 것은 중대한 과실에 해당하는바, 채권양도는 효력이 없고 전부 명령은 유효하다.

4. 결론
丁의 甲에 대한 5천만 원의 전부금 청구는 전부인용 된다.

〈제2문의 2〉

丙은 2019. 5. 3. 3억 원을 丁으로부터 차용한 후 자신 소유의 X토지에 대하여 2019. 5. 6. 채권최고액 2억 원으로 하는 근저당권을 丁에게 설정해 주었다. 한편 丁은 위 3억 원을 확실하게 변제받기 위하여 추가로 2019. 5. 9. 甲 소유의 Y토지에 대하여 채권최고액 2억 원으로 하는 근저당권을 설정받았다. 丙은 2019. 7. 7. 乙에 대한 자재대금채무(2억 원)를 담보하기 위하여 X토지에 대하여 채권최고액 2억 원으로 하는 근저당권을 乙에게 설정해 주었다. 이후 丁은 2020. 5. 3. Y토지에 대한 협의취득보상금에 대하여 물상대위권을 행사하여 2억 원을 수령하였다. 한편 X토지에 대한 담보권 실행을 위한 경매절차가 진행되어 2020. 10. 5. 丁은 1억 원, 乙은 2억 원, 甲은 2억 원을 채권액으로 신고하였다. 법원은 2020. 11. 25. 매각대금에서 집행비용을 제외한 금액인 2억 원을 丁에게 1억 원을 乙에게 1억 원을 배당하고, 甲에게 전혀 배당하지 않았다. 이에 甲은 2021. 6. 5. 乙에 대한 배당액에 대해 이의하고 2021. 6. 9. 배당이의의 소를 제기하였다.

〈 문제 〉

법원은 어떠한 판단을 하여야 하는지, 1) 결론(소각하/청구기각/청구전부인용/청구일부인용 – 일부인용의 경우 인용범위를 특정할 것)과 2) 논거를 기재하시오. (이자, 지연손해금은 고려하지 말 것) (20점)

[제2문의 2] 해설

1. 문제
(1) 누적적 근저당 설정 여부, (2) 물상보증인의 변제자 대위와 후순위근저당권의 우열관계가 문제된다.

2. 누적적 근저당 설정 여부
(1) **관련 조문** – 동일한 채권의 담보로 수개의 부동산에 저당권을 설정한 경우에 그 부동산의 경매대가를 동시에 배당하는 때에는 각 부동산의 경매대가에 비례하여 그 채권의 분담을 정한다(민법 제368조 제1항).

(2) **판례**
1) 당사자 사이에 하나의 기본계약에서 발생하는 동일한 채권을 담보하기 위하여 여러 개의 부동산에 근저당권을 설정하면서 각각의 근저당권 채권최고액을 합한 금액을 우선변제받기 위하여 공동근저당권의 형식이 아닌 개별 근저당권의 형식을 취한 경우, 이러한 근저당권은 민법 제368조가 적용되는 공동근저당권이 아니라 피담보채권을 누적적으로 담보하는 근저당권에 해당 한다.

2) 누적적 근저당권은 공동근저당권과 달리 담보의 범위가 중첩되지 않으므로, 누적적 근저당권을 설정받은 채권자는 여러 개의 근저당권을 동시에 실행할 수도 있고, 여러 개의 근저당권 중 어느 것이라도 먼저 실행하여 그 채권최고액의 범위에서 피담보채권의 전부나 일부를 우선변제받은 다음 피담보채권이 소멸할 때까지 나머지 근저당권을 실행하여 그 근저당권의 채권최고액 범위에서 반복하여 우선변제를 받을 수 있다.

(3) **사안의 경우**
1) 丁은 丙에 대한 대여금 채권 3억 원을 담보하기 위하여 丙과 甲으로부터 채권최고액 2억 원의 근저당권을 개별적으로 설정받았으므로 양자는 누적적 근저당권에 해당한다.

2) 丁은 3억 원의 범위에서 채무자 丙소유의 X토지 근저당권을 실행하여 2억 원을 우선변제 받은 다음 남은 1억 원의 피담보채권이 소멸할 때까지는 물상보증인 甲소유 Y토지 근저당권을 실행하여 채권최고액 2억 원 범위에서 반복하여 우선변제를 받을 수 있다.

3. 물상보증인의 변제자 대위와 후순위 근저당권의 우열관계
(1) **관련 조문** – 물상보증인이 저당권 실행으로 소유권을 잃은 때에는 보증채무에 관한 규정에 의하여 채무자에 대한 구상권이 있다(민법 제370조, 제341조). 변제할 정당한 이익 있는 자는 변제로 당연히 채권자를 대위하여 자기의 권리를 구상할 수 있다(민법 제481조).

(2) **판례** – 채권자가 채무자 소유의 부동산과 물상보증인 소유의 부동산에 누적적 근저당권을 설정받았는데 물상보증인 소유의 부동산이 먼저 경매되어 매각대금에서 채권자가 변제를 받은 경우, 물상보증인은 채무자에 대하여 구상권을 취득함과 동시에 민법 제481조, 제482조에 따라 종래

채권자가 가지고 있던 채권 및 담보에 관한 권리를 행사할 수 있고, 물상보증인은 변제자대위에 의하여 종래 채권자가 보유하던 채무자 소유 부동산에 관한 근저당권을 대위 취득하여 행사할 수 있다.

(3) 사안의 경우 - 후순위근저당권자 乙은 물상보증인과 甲과의 관계에서 우선하지 못하므로, 丁이 물상대위권을 행사하여 2억 원을 수령하였으므로 甲은 2억 원의 한도에서 X토지에 대한 丁의 근저당권을 대위행사할 수 있고, 甲의 대위권 행사범위는 잔존 채권최고액을 한도로 하므로 2억 원 -1억 원을 공제한 1억 원으로 하는바, 법원은 丁에게 1억 원, 甲에게 1억 원, 乙에게 0원을 배당하여야 한다.

4. 결론

甲의 2021. 6. 5. 乙에 대한 배당이의의 소는 전부 인용된다.

⟨제2문의 3⟩

乙은 2013. 3. 15. X건물에 대한 신축공사 중 전기배선공사를 완료하여 丙에 대하여 1억 원의 공사대금채권(변제기 2013. 5. 15.)을 갖게 되었다. X건물에 대한 2013. 11. 5. 담보권 실행을 위한 경매절차가 개시되어 그 경매절차에서 매수인 甲이 2015. 7. 19. 매각대금을 모두 납부하였다. 甲은 2016. 1. 12. X건물 내의 현장사무실에서 숙식하고 있던 乙을 강제로 쫓아내고 건물출입을 막았다. 乙은 2017. 1. 5. 甲을 상대로 점유회수의 소를 제기하여 2017. 9. 6. 승소판결을 받고, 甲으로부터 X건물의 점유를 반환받았다. 乙은 2014. 9. 1. 공사대금채권에 대한 지급명령을 신청하여 2014. 9. 25. 지급명령이 확정되었다. 甲은 2020. 2. 14. 乙에게 X건물의 인도를 청구하는 소를 제기하였다. 乙은 유치권을 주장하면서 인도를 거부하였다.

⟨ 문제 ⟩

법원은 어떠한 판단을 하여야 하는지, 1) 결론(소각하/청구기각/청구전부인용/청구일부인용 – 일부인용의 경우 인용범위를 특정할 것)과 2) 논거를 기재하시오. (지연손해금은 고려하지 말 것) (20점)

[제2문의 3] 해설

1. 문제
(1) 甲의 乙에 대한 인도청구 적법 여부, (2) 유치권 항변의 당부가 문제 된다.

2. 甲의 乙에 대한 인도청구 적법 여부

(1) **관련 조문** – 경매에 의한 부동산 물권취득은 등기를 요하지 아니하고(민법 제187조), 매수인은 매각대금을 완납한 때에 매각목적의 권리를 취득한다(민집법 제135조). 소유자는 그 소유에 속한 물건을 점유한 자에 대하여 반환을 청구할 수 있으나 점유자가 그 물건을 점유할 권리가 있는 때에는 반환을 거부할 수 있다(민법 제213조).

(2) **사안의 경우** – 甲은 2015. 7. 19. 임의경매 절차에서 매각대금을 완납한 때에 소유권을 취득하므로, 소유권에 기하여 점유자 乙에게 인도청구를 할 수 있는바, 乙의 점유권원 즉 유치권 항변의 당부가 논의되어야 한다.

3. 유치권 항변의 당부

(1) **법정담보물권**

  1) **관련 조문** – 타인의 물건을 점유한 자는 그 물건에 관하여 생긴 채권이 변제기에 있는 경우에는 변제를 받을 때까지 그 물건을 유치할 권리가 있다(민법 제320조 제1항).

  2) **사안의 경우** – 乙은 2013. 3. 15. X건물에 대한 신축공사 중 전기배선공사를 완료하여, X 건물에 관하여 견련관계에 있는 공사대금채권을 피담보채권으로, 변제기가 도래한 2013. 5. 15. 점유를 하고 있었으므로, 2013. 11. 5. 임의경매절차 즉, 압류등기에 앞서 유치권이 성립하였는바, 甲에 대항할 수 있는 적법한 유치권을 갖는다.

(2) **점유 계속 여부**

  1) **관련 조문** – 유치권은 점유의 상실로 인하여 소멸한다(민법 제328조). 점유회복청구권은 침탈을 당한 날로부터 1년 내에 행사하여야 한다(민법 제204조 제3항).

  2) **사안의 경우** – 乙은 2016. 1. 12. 甲으로부터 점유를 강탈당하여 점유를 상실하였으나, 이후 1년 이내에 점유회수의 소를 제기하여 점유를 반환받았으므로, 처음부터 점유를 상실하지 아니한 것으로 되는바, 점유를 계속하고 있다.

(3) **피담보채권의 소멸시효 완성여부**

  1) **관련 조문** – 수급인의 공사에 관한 채권은 3년 간 행사하지 아니하면 소멸시효가 완성한다(민법 제163조 제3호). 판결과 동일한 효력이 있는 것에 의하여 확정된 채권의 소멸시효는 10년으로 한다(민법 제165조 제2항).

  2) **사안의 경우** – 공사대금채권은 3년의 단기소멸시효에 해당하고, 유치권이 성립한 부동산의 매수인 甲은 피담보채권의 시효완성으로 유치권의 소멸을 주장할 수 있는 직접적 이해관계를 가지므로

소멸시효원용권자이긴 하나, 확정된 지급명령은 확정판결과 같은 효력이 있어 공사대금채권은 2014. 9. 26.부터 10년의 소멸시효가 적용되는바, 소멸시효가 완성되지 않았다.

(4) 소결 - 乙의 유치권 항변은 타당하다.

4. 결론

법원은 "1. 乙이 소외 丙으로부터 1억 원을 지급받음과 동시에 甲에게 X건물을 인도하라. 2. 甲의 나머지 청구는 기각한다." 청구일부인용 판결의 일종인 상환이행판결을 선고하여야 한다.

〈제2문의 4〉

丙은 2017. 4. 27. 丁으로부터 丁 소유의 X건물을 임대차보증금 5억 원, 임대차기간 2017. 4. 27.부터 2019. 4. 26.까지 2년으로 정하여 임차하고, 丁에게 임대차보증금 5억 원을 지급하였다. 丙은 2018. 10. 29. 戊가 甲에 대해 부담하는 대여금채무 5억 원을 담보하기 위하여 임대차보증금 반환채권을 담보로 제공하여, 甲과 사이에 위 임대차보증금 반환채권에 관하여 담보한도액을 5억 원으로 하는 근질권설정계약을 체결하였다. 丙은 2020. 3. 21. 임대차보증금 반환채권을 담보하기 위하여 X건물에 관하여 채권최고액 5억 원, 채무자 丁, 근저당권자 丙으로 된 근저당권을 설정받았다. 丁은 2020. 6. 7. 乙에게 X건물을 매도하였고, 2020. 7. 6. 乙 명의의 소유권이전등기가 마쳐졌다.

丙과 乙은 2020. 12. 27. 해지를 원인으로 근저당권설정등기의 말소를 신청하였고, 丙 명의의 근저당권설정등기가 2020. 12. 28. 말소되었다. 甲은 2021. 5. 6. 근질권자의 동의 없이 근저당권을 말소한 것은 위법하다고 주장하면서 근저당권설정등기의 회복등기절차의 이행을 구하는 소를 제기하였다. 법원의 심리결과 임대차계약과 근질권설정계약에는 근저당권설정에 관한 내용이 없었고, 근저당권설정등기에 관하여 근질권의 부기등기는 마쳐지지 않았다.

〈 문제 〉

법원은 어떠한 판단을 하여야 하는지, 1) 결론(소각하/청구기각/청구전부인용/청구일부인용 – 일부인용의 경우 인용범위를 특정할 것)과 2) 논거를 기재하시오 (15점).

[제2문의 4] 해설

1. 문제
(1) 丙의 근저당권에 甲 질권의 효력이 미치는지 여부, (2) 부기등기 없이 근질권의 효력이 근저당권에 미치는지 여부가 문제 된다.

2. 丙의 근저당권에 甲 질권의 효력이 미치는지 여부
(1) **관련 조문** - 저당권은 그 담보한 채권과 분리하여 타인에게 양도하거나 다른 채권의 담보로 하지 못한다(민법 제361조).

(2) **판례** - 질권자와 질권설정자가 피담보채권만을 질권의 목적으로 하였고 그 후 질권설정자가 질권자에게 제공하려는 의사 없이 저당권을 설정받는 등 특별한 사정이 있는 경우에는 저당권은 질권의 목적이 되지 않는다.

(3) **사안의 경우**
1) 담보물권의 수반성과 부종성은 다른 개념으로 질권자와 질권설정자가 피담보채권만을 질권의 목적으로 하고 저당권은 질권의 목적으로 하지 않는 것이 저당권의 부종성에 반하는 것으로 해석되지 않는바, 담보가 없는 丙의 丁에 대한 임대차보증금채권에 대하여 甲의 근질권이 설정된 후 그 채권을 담보하기 위하여 丙의 근저당권이 설정된 경우 근질권의 효력이 당연히 저당권에 미치는 것은 아니다.
2) 즉, 丙과 丁의 임대차계약과 甲과 丙의 근질권설정계약에 근저당권설정에 관한 내용이 없었다는 점에서 질권설정자 丙이 질권자 甲에게 제공하려는 의사 없이 저당권을 설정받는 특별한 사정이 있어, 저당권은 질권의 목적이 되지 않는바, 丙의 근저당권에 甲 질권의 효력이 미치지 않는다.

3. 부기등기 없이 근질권의 효력이 근저당권에 미치는지 여부
(1) **관련 조문** - 저당권으로 담보한 채권을 질권의 목적으로 한 때에는 그 저당권등기에 질권의 부기등기를 하여야 그 효력이 저당권에 미친다(민법 제348조).

(2) **판례** - 담보가 없는 채권에 질권을 설정한 다음 그 채권을 담보하기 위해 저당권이 설정되었더라도, 민법 제348조가 유추적용되어 저당권설정등기에 질권의 부기등기를 하지 않으면 질권의 효력이 저당권에 미친다고 볼 수 없다.

(3) **사안의 경우** - 甲이 丙의 근저당권설정등기에 관하여 질권의 부기등기를 마치지 않았으므로 甲의 질권의 효력이 근저당권에 미친다고 할 수 없는바, 근저당권을 말소한 것은 甲의 질권을 침해한 위법한 말소에 해당하지 않는다.

4. 결론
법원의 甲의 근저당권설정등기회복등기 청구를 기각한다.

<제2문의 5>

토지 X, Y, Z는 원래 乙의 소유였는데, 乙은 2010. 1. 29. 사망하기 직전인 같은 달 8. 공증담당 변호사와 증인 2인을 입회시킨 가운데 '자신의 명의로 등기되어 있는 일체의 부동산 및 기타 동산과 재산권을 포함한 일체의 재산을 배우자 甲의 소유로 하며, 권리이전에 관한 일체의 권한을 甲에게 부여한다'는 유언의 취지를 구수하고 공증인이 이를 필기낭독하여 유언자와 증인이 그 정확함을 승인한 후 각자 서명 또는 기명날인하였다. 甲과 乙 사이에는 자녀 丙이 있었는데, 丙은 甲이 유증에 의한 등기를 지체하자 2010. 12. 5. 서류를 위조하여 토지 전부에 관하여 乙로부터 상속을 원인으로 丙 명의의 소유권이전등기를 경료하였고, 丁에게 매도하여 2011. 11. 5. 丁 명의로 소유권이전등기가 경료되었다. 甲은 2020. 4. 5. 토지 X, Y, Z에 대한 등기부를 열람하고, 2021. 1. 5. 丁을 상대로 진정명의 회복을 위한 이전등기를 청구하는 소를 제기하였다.

〈 문제 〉

법원은 어떠한 판단을 하여야 하는지, 1) 결론(소각하/청구기각/청구전부인용/청구일부인용 – 일부인용의 경우 인용범위를 특정할 것)과 2) 논거를 기재하시오 (15점).

[제2문의 5] 해설

1. 문제

甲이 丁을 상대로 한 상속회복청구권의 일환으로 진정명의회복을 원인으로 한 소유권이전등기청구 가부가 문제 된다.

2. 진정명의회복을 원인으로 한 소유권이전등기청구 가부

(1) **관련 조문 및 요건** - 소유자는 소유권을 방해하는 자에 대하여 방해의 제거를 청구할 수 있다(민법 제214조). 즉 ① 원고 소유, ② 피고 등기 경료, ③ 등기원인이 무효라는 요건 사실을 요한다.

(2) **원고 소유 여부**

1) 관련 조문 - 법률의 규정에 의한 부동산에 관한 물권의 취득은 등기를 요하지 아니한다(민법 제187조). 유언은 민법의 정한 방식에 의하지 아니하면 효력이 생하지 아니한다(민법 제1060조). 공정증서에 의한 유언은 유언자가 증인 2인이 참여한 공증인의 면전에서 유언의 취지를 구수하고 공증인이 이를 필기낭독하여 유언자와 증인이 그 정확함을 승인한 후 각자 서명 또는 기명날인하여야 한다(민법 제1068조). 포괄적 유증을 받은 자는 상속인과 동일한 권리의무가 있다(민법 제1078조).

2) 판례 - 진정한 등기명의의 회복을 위한 소유권이전등기청구는 자기 명의로 소유권을 표상하는 등기가 되어 있었거나 법률에 의하여 소유권을 취득한 진정한 소유자가 그 등기명의를 회복하기 위한 방법으로 소유권에 기하여 현재의 등기명의인을 상대로 진정한 등기명의의 회복을 원인으로 한 소유권이전등기절차의 이행을 구하는 것이다.

3) 사안의 경우 - 乙의 유언은 민법 제1068조의 요건을 모두 충족하였으므로 공정증서에 의한 유언으로 유효하므로 甲은 포괄유증으로 민법 제187조에 따라 법률상 소유권을 취득하였는바, 현재 丁 명의 등기가 소유권이 없는 丙으로부터 丁에게 이전된 원인무효 등기임을 이유로 진정명의회복을 위한 이전등기 청구를 할 수 있다.

3. 상속회복청구권 대상 및 제소기간 준수여부

(1) **관련 조문** - 상속권이 참칭상속권자로 인하여 침해된 때에는 상속권자는 상속회복의 소를 제기할 수 있다. 상속회복청구권은 그 침해를 안 날로부터 3년, 상속권의 침해행위가 있은 날로부터 10년을 경과하면 소멸된다(민법 제999조 제1, 2항).

(2) **판례**

1) 공동상속인이라도 자신의 상속분을 넘는 부분에 대한 권리를 주장한다면 그 부분에 관하여는 참칭상속인으로 보며, 참칭상속인으로부터 상속재산을 양수한 제3자도 상속회복청구권의 대상이 된다.

2) 상속인의 상속회복청구권 및 그 제척기간에 관하여 규정한 민법 제999조는 포괄적 유증의 경우에도 유추적용된다.

(3) 사안의 경우

1) 乙로부터 상속분이 인정되지 않는 丙이 상속을 원인으로 하여 소유권이전등기를 경료받았으므로 참칭상속인에 해당하고, 이로부터 상속재산을 양수받은 丁도 상속회복청구의 대상이 된다.

2) 다만, 제척기간을 준수하여야 하는데, 甲이 재판상 청구한 2021. 1. 5.은 최초의 침해행위일인 2010. 12. 5.로부터 10년이 경과하였는바, 이를 준수하지 못하였다.

4. 결론

따라서, 법원은 甲의 청구를 각하하여야 한다.

제3차 모의시험 제3문

〈사실관계〉

A와 B는 발행주식총수 10만 주인 甲주식회사(이하 '甲회사'라 한다)를 설립하면서, A가 5만 주, B가 4만 주를 인수하고, 나머지 1만 주는 주주를 모집하기로 하였다. 甲회사의 정관에는 A와 B가 발기인으로 되어 있고 발기인 대표는 A이다. C는 주식 1만 주에 대하여 자신의 명의로 주식청약서를 작성하여 A에게 주었으나, 실제로 C는 주식인수의 의사가 없었고 A도 이를 알고 있었다. 그 후 주식청약서에 따라 C에게 1만 주가 배정되었다. 한편, A는 공장부지에 사용할 목적으로 D 소유의 부동산을 10억 원에 회사성립 후 양수하기로 약정하는 계약을 설립중의 회사의 명의로 체결하였다. 甲회사의 정관에는 공장부지 매입에 대한 사항이 기재되지 않았다. 그 후 10만 주의 인수대금 전액이 납입된 것으로 설립등기가 이루어졌으나, 실제로는 A와 B가 인수한 9만 주의 주금만이 납입되었고, C에게 배정된 1만 주에 대해서는 주금이 납입되지 않았다.

문제 1.

가. C는 1만 주에 대해서 주금을 납입할 의무를 부담하는가? (10점)

나. A와 B는 미납입된 1만 주와 관련하여 어떠한 책임이 있는가? (10점)

문제 2.

설립등기 후에 甲회사 또는 D는 상대방에게 공장부지 매매계약의 무효를 주장할 수 있는가? (15점)

〈별개의 사실관계 1〉

비상장회사인 甲주식회사(이하 '甲회사'라 한다)의 자본금은 30억 원이며, 발행주식총수 30만 주를 A, B, C가 각각 10만 주씩 보유하고 있다. 甲회사의 이사회는 6억 원을 조달하기 위하여 발행할 신주 6만 주, 1주당 발행가액 1만 원, 납입기일은 2021. 6. 1.부터 6. 10.까지로 결정하였다. 이사회는 B와 C에게는 각각 1만 주의 신주를 배정하고, 정관에 근거하여 신기술도입의 목적으로 A로부터는 첨단기계를 출자받기로 하고 4만 주를 배정하였다. A는 법원이 선임한 검사인의 가격평가를 거쳐서 2021. 6. 5.에 그 기계를 甲회사에게 인도하였다. B는 2021. 6. 5. 현금 1억 원을 납입하였으며, C도 2021. 6. 5.에 액면금액 1억 원, 수취인 甲회사, 지급인 乙은행, 발행일 '2021. 6. 15.'로 기재되어 있는 당좌수표를 발행하여 건네주었다.

문제 3.

A, B, C에 대한 신주배정과 신주대금의 납입은 유효한가? (25점)

문제 4.

甲회사는 乙은행에 대하여 2020. 6. 9.에 수표금의 지급을 청구할 수 있는가? (15점)

⟨별개의 사실관계 2⟩

甲주식회사(이하 '甲회사'라 한다)는 2021. 9. 1. 乙주식회사(이하 '乙회사'라 한다)에게 액면금 1억 원, 수취인 乙회사인 약속어음 1매를 발행·교부하였다. 乙회사는 2021. 9. 20. 丙은행에 어음금의 추심을 위임하면서 그 어음을 교부하였다. 한편, 乙회사의 丙은행에 대한 금 2억 원의 대출금 채무의 이행기가 도래하였다. 이 대출금 약정의 내용으로 편입된 丙은행의 여신거래기본약관 제6조는 "채무자가 은행에 대한 채무의 이행을 지체한 경우에는 은행이 점유하고 있는 채무자의 동산, 어음 기타의 유가증권을 담보로서 제공된 것이 아닐지라도 은행이 계속하여 점유하거나 추심 또는 처분할 수 있다."고 규정하고 있다.

문제 5.

가. 乙회사가 대출금을 상환하지 않는 경우 丙은행은 위 어음에 대해 상사유치권의 성립을 주장할 수 있는가? (15점)

나. 乙회사는 어음의 교부는 어음금의 추심을 위임하기 위한 것이므로 묵시적 상사유치권 배제 특약이 있었다고 항변한다. 乙회사의 항변은 받아들여질 수 있는가? (10점)

[제3문] 문제 1. 가. 해설

1. 문제
주식인수 청약에 있어서 비진의 의사표시의 효력이 문제 된다.

2. 주식인수 청약에 있어서 비진의 의사표시의 효력
(1) **관련 조문** – 의사표시는 표의자가 진의 아님을 알고 한 것이라도 그 효력이 있으나 상대방이 표의자의 진의 아님을 알았거나 이를 알 수 있었을 경우에는 무효로 한다는 민법 제107조 제1항 단서의 규정은 주식인수의 청약에는 적용하지 아니한다(상법 제302조 제3항).

(2) **사안의 경우** – 1만 주에 대한 C 청약의 의사표시가 비진의 의사표시였고, 발기인 대표인 A가 그 사실을 알고 있었다고 하더라도 상법 제302조 제3항에 따라 민법 제107조 제1항 단서의 적용이 배제되는바, C 청약의 효력은 유지되고, C는 1만 주에 대한 주식 대금을 납입할 의무를 부담한다.

3. 결론
C는 1만 주에 대한 주식 대금을 납입할 의무를 부담한다.

[제3문] 문제 1. 나. 해설

1. 문제
발기인 A와 B의 납입담보책임이 문제 된다.

2. 발기인의 납입담보책임
(1) **관련 조문** – 회사설립 후 설립시에 발행한 주식으로서 납입을 완료하지 아니한 주식이 있는 때에는 발기인은 연대하여 그 납입을 하여야 한다(상법 제321조 제2항).

(2) **사안의 경우**
  1) 1만 주에 대한 C 청약의 의사표시가 비진의 의사표시였다고 하더라도 주식인수의 효력은 유지되므로, 발기인 A와 B는 1만 주에 대해서 연대하여 납입할 책임을 진다.
  2) 즉, 상법 제321조는 주식의 인수·납입의 흠결이 근소한 경우에 회사 설립을 무효로 하는 것을 막기 위한 규정으로, 인수·납입의 흠결이 중대한 경우에는 설립무효가 되고 상법 제321조에 의하여 구제되지 않지만, C가 납입하지 않은 1만주의 흠결은 설립무효사유로 보아야 할 정도로 중대한 정도는 아닌바, 발기인의 납입담보책임에 의해 흠결을 구제할 수 있다

3. 결론
발기인 A와 B는 C가 인수한 1만 주에 대해서 연대하여 납입할 책임을 진다.

[제3문] 문제 2. 해설

1. 문제

甲회사와 D 간의 공장부지 매매계약에 관한 사항을 정관에 기재하지 않은 경우, 계약의 효력이 문제된다.

2. 변태설립사항을 위반한 재산인수의 효력

(1) 의의 및 관련 조문 - 변태설립사항이란 회사설립과 관련된 사항들 가운데 회사의 자본적 기초를 약화시킬 우려가 있는 것을 말하며, 상법은 회사의 자본을 충실하게 하기 위해 위 사항의 정관 기재를 강행규정으로 하고 있고, 위반한 경우 원칙적으로 무효이다. 회사 성립 후에 양수할 것을 약정한 재산의 종류, 수량, 가격과 그 양도인의 성명 등은 정관에 기재함으로써 효력이 있다(상법 제290조 제3호).

(2) 판례 - 정관에 기재하지 않은 재산인수계약은 당연히 무효이고, 회사나 상대방 모두 무효를 주장할 수 있다.

(3) 사안의 경우 - 설립 중의 회사인 甲회사와 D사이의 공장부지 매입에 관한 약정은 재산인수계약에 해당하고, 위 계약을 정관에 기재하지 않아 무효이므로, 설립등기 후에 甲회사나 D 모두 상대방에 대하여 무효를 주장할 수 있다.

3. 결론

설립 중의 회사인 甲회사와 D사이의 공장부지매매계약은 상법상 변태설립사항인 재산인수계약이므로 정관에 기재하지 않으면 당연히 무효인바, 甲회사 뿐만 아니라 거래 상대방인 D도 그 계약의 무효를 주장할 수 있다.

[제3문] 문제 3. 해설

1. 문제

(1) 신주배정의 유효성, (2) A, B. C의 신주 인수대금 납입 방법과 절차가 문제 된다.

2. 신주배정의 유효성

(1) 관련 법리 - 신주발행은 주로 회사 설립 이후에 자본 조달 등을 목적으로 이루어진다. 주주에게 신주를 배정할 때에는 이사회 결의, 주주 평등의 원칙을 준수하여야 한다. 다만 특정재산의 현물출자가 이루어지는 경우에는 신주의 전부 또는 일부에 있어 주주의 신주인수권의 예외를 인정할 수 있다.

(2) 사안의 경우 - 甲회사는 신주 6만 주를 발행하면서 주주배정의 방식에 따라 주주의 지분비율에 의거하여 A, B, C에게 각각 2만 주씩 발행하는 것이 원칙이지만 일정한 요건을 갖추는 경우에

는 이사회의 결의로 현물출자하는 A에게 지분율의 범위를 넘는 4만주를 배정할 수 있다. 즉 A에 대한 배정은 주주의 신주인수권의 예외로 인정될 수 있는 요건을 갖춘 경우에 적법한 배정으로 볼 수 있는바, 요건충족 여부가 논의되어야 한다.

3. 현물출자자 A에 대한 신주배정의 유효성

(1) **관련 조문** - 회사가 그 성립 후에 주식을 발행하는 경우에는 현물출자를 하는 자의 성명과 그 목적인 재산의 종류, 수량, 가액과 이에 대하여 부여할 주식의 종류와 수에 관하여 정관에 규정이 없는 것은 이사회가 결정한다(상법 제416조 제4호). 현물출자를 하는 자가 있는 경우에는 이사는 제416조 제4호의 사항을 조사하게 하기 위하여 검사인의 선임을 법원에 청구하여야 한다(상법 제422조 제1항).

(2) **사안의 경우** - A는 첨단기계라는 현물을 출자하여 신주 4만주를 배정받았는데, A에 대한 4만주의 배정은 2만주의 범위가 주주의 신주인수권의 예외가 되나, 신기술개발을 위하여 정관에 근거하여 이사회 결의를 거쳐 배정하였고, 법원이 선임한 검사인의 가격평가를 거쳤는바, 4만 주에 대한 A의 현물출자는 적법·유효하다.

4. 인수대금납입자 B, C에 대한 신주배정의 유효성

(1) **관련 조문** - 이사는 신주의 인수인으로 하여금 그 배정한 주수(株數)에 따라 납입기일에 그 인수한 주식에 대한 인수가액의 전액을 납입시켜야 한다(상법 제421조 제1항).

(2) **사안의 경우**
  1) 신주를 인수한 주주는 납입기일인 2021. 6. 1.부터 2021. 6. 10.까지 사이에 배정받은 주식에 대해서 인수대금을 납입하여야 하는데, B는 배정받은 1만 주에 인수대금 1억 원 전액을 납입기일에 현금으로 납입하였으므로 유효하다.
  2) C는 배정받은 1만 주에 인수대금 1억 원에 대해서 액면금액 1억 원의 당좌수표를 교부하였으나, 은행도 자기앞수표처럼 인수대금의 지급에 갈음하여 교부하였다고 볼 수 있거나, 신주인수대금의 납입기간 동안에 당좌수표대금이 지급되었다는 특별한 사정이 없는 한, C가 당좌수표를 교부하였다는 사실만으로 1억 원이 납입되었다고 볼 수 없다.

5. 결론

(1) A가 인수한 4만 주에 대한 첨단기계의 현물출자는 적법한 것으로 신주배정이나 주금납입이 상법상 유효하다.

(2) B가 인수한 1만 주에 대한 1억 원 현금의 주금납입은 유효하다.

(3) C가 인수한 1만 주에 대한 1억 원 금액의 당좌수표의 교부는 그 교부만으로 주금납입의 효력이 있다고 볼 수 없다. 단 甲회사가 주금납입기일 내에 수표(선일자 당좌수표)를 지급제시하여 수표금을 받았다면 주금납입의 효력이 있다.

[제3문] 문제 4. 해설

1. 문제
선일자수표의 유효성 및 수표상 발행일 전의 지급제시의 효력이 문제 된다.

2. 선일자수표의 유효성 및 일람출급성
(1) **관련 조문** - 수표는 일람출급으로 한다. 이에 위반되는 모든 기재는 기재하지 아니한 것으로 본다. 기재된 발행일자의 도래전에 지급을 위하여 제시된 수표는 그 제시한 날에 이를 지급하여야 한다(상법 제28조 제1,2항).

(2) **판례** - 선일자수표는 수료로서의 효력에는 영향이 없으므로 수표소지인은 수표상의 발행일 이전이라도 지급인(은행)에게 제시하여 수표금을 청구할 수 있다

(3) **사안의 경우** - 선일자수표는 당장은 발행인 은행계좌에 자금이 없더라도 발행일에는 자금이 마련될 수 있어 그 지급을 사실상 연기시키는 신용기능의 역할로 활용되고 있으나, 수표법 제28조 제1, 2항은 수표가 편법적으로 활용되는 것을 금지시키고 있는바, 甲회사가 지급인 乙은행에 수표금 청구를 하는 것에는 장애가 없다.

3. 결론
甲회사는 乙은행에 대하여 2020. 6. 9.에 수표금 1억 원의 지급을 청구할 수 있다. 다만, 발행인 C와 수취인 甲회사 사이에 자금의 편의를 위한 합의 자체는 유효하므로 수취인 甲회사가 발행일 이전에 지급제시하는 경우 C는 손해배상을 청구할 수 있다.

[제3문] 문제 5. 가. 해설

1. 문제
乙 회사의 어음에 대한 丙의 상사유치권 성부가 문제 된다.

2. 丙의 상사유치권 성부
(1) **관련 조문** - 상인 간의 상행위로 인한 채권이 변제기에 있는 때에는 채권자는 변제를 받을 때까지 그 채무자에 대한 상행위로 인하여 자기가 점유하고 있는 채무자 소유의 물건 또는 유가증권을 유치할 수 있다(상법 제58조 본문).

(2) **판례** - 민사유치권에서는 피담보채권이 채권자가 점유하는 목적물에 관하여 생긴 것이어야 하지만, 상사유치권은 민사유치권과는 달리 피담보채권과 유치목적물 사이에 개별적인 견련관계를 요하지 않으며, 유치목적물이 채무자의 소유라는 사실과 일반적 견련관계만을 요구한다.

(3) 사안의 경우 - 丙 은행과 乙 회사는 모두 상인이고, 丙 은행은 乙 회사에 대해서 피담보채권으로 2억 원의 대출금 채권이 존재한다. 그리고, 여신거래기본약관 제6조에 따라 채무자가 은행에 대한 채무의 이행을 지체한 경우에는 은행이 점유하고 있는 채무자의 어음을 담보로 제공한 것이 아닐지라도 계속하여 점유할 수 있으므로, 2억 원의 대출금 채무의 이행기가 도래한 후에도 상환을 하지 않고 있는 乙의 추심위임 어음을 적법하게 점유할 수 있는바, 상사유치권은 성립한다.

3. 결론

乙 회사가 대출금을 상환하지 않는 경우 丙 은행은 위 어음에 대해 상사유치권의 성립을 주장할 수 있다.

[제3문] 문제 5. 나. 해설

1. 문제

乙 회사의 어음에 대한 상사유치권의 배제 특약이 존재하는지가 문제 된다.

2. 상사유치권의 배제 특약 존부

(1) **관련 조문** - 상사유치권에 관하여 당사자 간에 다른 약정이 있으면 성립하지 아니하다(상법 제58조 단서).

(2) **판례** - 상사유치권 배제의 특약은 묵시적 약정에 의해서도 가능한데, 추심위임약정만으로 어음에 관한 유치권 배제의 묵시적 약정이 있었다고 보기 어렵다.

(3) **사안의 경우** - 여신거래기본약관 제6조의 효력이 유지되고 있는 상황에서 상사유치권 배제의 특약이 있었다고 인정되려면, 당사자 사이에서 이 사건 약관 조항에 우선하는 다른 약정이 있었다는 점이 명확하게 인정되어야 할 것이나, 약관의 효력을 배제하는 명시적인 약정이 존재하지 않는 상황이라면, 乙회사가 丙은행에게 이 사건 어음의 추심을 의뢰하였다는 사정만으로는 상사유치권 배제에 관한 묵시적 약정이 있었다고 인정할 수 없다.

3. 결론

乙회사의 항변은 받아들여질 수 없다.

제2차 모의시험 제1문

〈제1문의 1〉

〈 공통된 사실관계 〉

甲은 乙에게 2020. 1. 1. 5,000만 원을, 2020. 3. 1. 1억 원을 각 무이자로 대여하여 주었는데, 乙은 2020. 4. 1. 甲으로부터 차용한 위 금원 중 5,000만 원을 다시 丙에게 대여하여 주었다. 甲은 위 각 채권의 변제기가 도래하였음에도 불구하고 乙로부터 1억 5천만 원을 변제받지 못하자, 2020. 5. 1. 위 채권 중 2020. 1. 1.자 5,000만 원의 대여금 채권을 피보전채권으로 하여 무자력자인 乙을 대위하여 丙을 상대로 "丙은 甲에게 2020. 4. 1.자 대여금 5,000만 원을 지급하라"는 취지의 소(전소)를 제기하였다. 한편 甲은 전소 계속 중인 2020. 7. 1. 乙에게 소송고지를 하였다.
(아래 각 질문은 독립적임)

문제 1.
  제1심 법원은 甲의 청구를 기각하는 판결을 선고하였고 甲이 이에 대하여 항소를 하였는데, 甲은 항소심 계속 중 전소를 취하하였다. 그 이후 乙이 丙을 상대로 2020. 4. 1.자 대여금 5,000만 원의 지급을 청구하는 소를 제기하였다면, 법원은 이에 대하여 어떤 판결을 하여야 하는가? (20점)

〈 추가된 사실관계 1 〉

  전소에서 제1심 법원은 2020. 1. 1.자 5,000만 원의 대여금 채권이 변제로 소멸하였다는 이유로 소각하 판결을 선고하였고, 그 판결은 그대로 확정되었다.

  그 이후, 甲은 乙을 상대로 2020. 1. 1.자 대여금 5,000만 원과 2020. 3. 1.자 대여금 1억 원, 합계 1억 5,000만 원의 지급을 구하는 소(후소)를 제기하였다.

문제 2.
  후소 계속 중 乙은 甲의 대여금 청구 전체가 전소 확정판결의 기판력에 저촉되는 것이라고 주장하였다. 이러한 乙의 주장은 타당한가? (20점)

〈 추가적 사실관계 2 〉

  전소에서 제1심 법원은 2020. 10. 24. 청구인용 판결을 선고하였고 그 판결은 2020. 11. 13. 확정되었다. 한편, 丁은 乙에 대한 1억 원의 집행력 있는 지급명령 정본에 기초하여 2020. 10. 20. 乙의 丙에 대한 5,000만 원의 대여금 채권에 대하여 채권압류 및 전부명령을 받았다. 이 명령은 丙에게 송달되고 2020. 11. 21. 확정되었다.

문제 3.
  丁이 丙을 상대로 위 채권압류 및 전부명령에 따라 5,000만 원의 지급을 구하는 전부금 청구의 소를 제기하였다. 법원은 어떤 판결(각하, 기각, 인용)을 하여야 하는가? (10점)

[제1문의 1] 문제 1. 해설

1. 문제
甲의 전소 취하 이후 乙의 청구에 대한 재소금지 위반 여부가 문제 된다.

2. 재소금지 위반 여부

(1) **관련 조문 및 취지** - 본안에 대한 종국 판결이 있은 뒤에 소를 취하한 사람은 같은 소를 제기하지 못한다(민소법 제267조 제2항). 종국 판결을 선고한 뒤에 소를 취하한 다음 다시 소 제기를 허용하면 본안판결에 이르기까지 법원이 들인 노력과 비용이 무용화되고 법원의 종국 판결이 당사자에 의하여 농락당할 수 있음을 그 근거로 한다.

(2) **당사자 동일 여부**
  1) 판례 - 채권자대위소송에서 채권자가 종국 판결이 있은 뒤 소를 취하한 경우에는 채무자가 대위소송의 계속 사실을 안 이상 재소금지의 효력이 채무자에게 미친다.
  2) 사안의 경우 - 소송고지를 통하여 乙은 대위소송의 계속 사실을 알게 되었으므로 재소금지의 효력을 받는 자에 해당하는바, 당사자는 동일하다.

(3) **소송물 동일**
  1) 판례 - 채무자에게도 기판력이 미친다는 의미는 채권자대위소송의 소송물인 피대위채권의 존부에 관하여 채무자에게도 기판력이 인정된다는 것을 의미한다.
  2) 사안의 경우 - 채무자 乙이 제3채무자 丙을 상대로 대위소송의 피대위채권이었던 채무의 이행을 구할 경우, 양 소송의 소송물은 동일하다.

(4) **권리보호이익 동일**
  1) 관련 법리 - 당사자 및 소송물이 같더라도 소제기를 필요로 하는 정당한 사정 즉, 권리보호이익이 있는 때에는 재소는 금지되지 않는다.
  2) 사안의 경우 - 乙은 甲의 전소 취하 이전에 공동소송적 보조참가를 하였다면, 통상의 보조참가에 적용되는 민소법 제76조 제2항의 적용이 배제되어, 乙 본인이 직접 항소를 하여 자신의 적극적인 권리행사가 가능하였는바, 甲의 종국판결 선고 뒤의 취하 이후 동일한 소를 제기한 것은 권리보호 이익이 동일하다.

3. 결론
乙이 제기한 소는 재소금지의 위반에 해당하고, 재소금지의 효력은 직권조사사항으로 소극적 소송요건인바, 법원은 소각하판결을 선고하여야 한다.

[제1문의 1] 문제 2. 해설

1. 문제
채권자 대위소송(전소)의 기판력 범위가 문제 된다.

2. 채권자 대위소송(전소)의 기판력 범위

(1) **관련 조문** - 다른 사람을 위하여 원고나 피고가 된 사람에 대한 확정판결은 그 다른 사람에 대하여도 효력이 미친다(민소법 제218조 제3항).

(2) **판례**
1) 소송고지를 통해 법원에 의한 재판상 대위의 허가를 고지하는 방법으로 채권자대위권에 의한 소송이 제기된 사실을 채무자가 알았을 때에는 그 판결의 효력이 채무자에게 미친다.
2) 채무자에게 기판력이 미친다는 의미는 채권자대위소송의 소송물인 피대위채권의 존부에 관하여 채무자에게도 기판력이 인정된다는 것이고, 채권자대위소송의 소송요건인 피보전채권의 존부에 관하여 당해 소송의 당사자가 아닌 채무자에게 기판력이 인정되는 것은 아니다.
3) 채권자가 채권자대위권을 행사하는 방법으로 제3채무자를 상대로 소송을 제기하였다가 채무자를 대위할 피보전채권이 인정되지 않는다는 이유로 소각하 판결을 받아 확정된 경우 그 판결의 기판력이 채권자가 채무자를 상대로 피보전채권의 이행을 구하는 소송에 미치지 않는다.

(3) **사안의 경우**

1) 2020. 1. 1.자 대여금 5천만 원 청구
乙은 채권자대위소송인 전소에서 소송고지를 받아 대위소송 제기 사실을 알고 있었으나 위 대위소송의 소송물은 피대위채권인 2020. 4. 1.자 5,000만 원 채권이고, 후소의 소송물인 2020. 1. 1.자 5,000만 원의 대여금채권은 전소의 피보전채권으로서 그 존재가 인정되지 않는다는 이유로 소각하 판결이 확정되었더라도 그 기판력은 전소의 당사자인 甲과 丙 사이에서만 생기는 것일 뿐 전소의 당사자가 아닌 채무자인 乙에게까지 미치는 것이 아닌바, 乙의 주장은 타당하지 않다.

2) 2020. 3. 1.자 대여금 1억 원 청구
전소에서 피보전채권으로 주장된 2020. 1. 1.자 대여금 5천만 원 부분과 별개의 권리로서 위 대위소송에서 피보전채권으로 주장된 바도 없고, 주장되었더라도 상술한 법리에 따라 기판력에 저촉될 수 없다.

3. 결론
乙의 주장은 타당하지 않다.

[제1문의 1] 문제 3. 해설

1. 문제
채권자 대위소송이 확정된 후의 전부 명령 효력이 문제 된다.

2. 채권자 대위소송이 확정된 후의 전부 명령 효력

(1) **관련 조문** - 채무자가 대위 행사의 통지를 받은 후에는 그 권리를 처분하여도 이로써 채권자에게 대항하지 못한다(민법 제405조 제2항). 전부명령이 제3채무자에게 송달될 때까지 그 금전채권에 관하여 다른 채권자가 압류를 한 경우에는 전부명령은 효력을 가지지 아니한다(민집법 제229조 제5항).

(2) **판례**
1) 대위채권자와 평등한 지위를 가지는 채무자의 다른 채권자가 피대위채권에 대하여 전부명령을 받는 것도 가능하다고 하면, 대위채권자가 압류·가압류나 배당요구의 방법을 통하여 채권배당절차에 참여할 기회조차 가지지 못하게 한 채 전부명령을 받은 채권자가 대위채권자를 배제하고 전속적인 만족을 얻는 결과가 되어, 채권자대위권의 실질적 효과를 확보하고자 하는 민법 제405조 제2항의 취지에 반한다.
2) 채권자대위소송이 제기되고 대위채권자가 채무자에게 대위권 행사사실을 통지하거나 채무자가 이를 알게 된 이후에는 민사집행법 제229조 제5항이 유추적용되어 피대위채권에 대한 전부명령은 우선권 있는 채권에 기초한 것이라는 등의 특별한 사정이 없는 한 무효이다.

(3) **사안의 경우**
1) 甲이 丙에 대한 채권대위소송 중 채무자 乙에게 소송고지가 되었고 채무자 乙은 甲의 대위권 행사사실을 알았다고 할 것이므로, 그때 민법 제405조 제2항에 따라 乙에 대한 처분권 제한의 효력이 생긴다.
2) 이후, 乙의 丙에 대한 채권을 피압류채권으로 한 丁의 이 사건 전부명령은 압류 경합으로 무효이므로 전부명령에 기한 丙의 丁에 대한 채무는 존재하지 않는바, 기각되어야 한다.

3. 결론
법원은 丁의 청구를 기각하여야 한다.

〈제1문의 2〉

〈 공통된 사실관계 〉

甲 종중(대표자 A)은 2009. 8. 7. 乙에게 3억 원을 변제기 1년으로 하여 대여하였는데, 乙이 변제기가 지나서도 변제하지 않자, 2019. 6. 11. 乙을 상대로 3억 원의 대여금 청구의 소를 제기하였다. 위 소송에서 乙은 소송대리인 B를 선임하였고, B는 제1회 및 제2회 변론기일에서 대표자 A가 甲종중의 적법한 대표자가 아니고 또한 乙이 위 3억 원을 대여 받지 않았다고 주장하였다. (아래 각 질문은 독립적임)

문제 1.

제1심 법원은 심리 결과 甲 종중 대표자 A가 적법한 대표자인지에 대하여는 확신을 갖지 못하였으나 甲의 대여금 청구에 대하여는 이유 없다는 확신이 들었다. 이러한 경우 법원이 바로 청구기각 판결을 할 수 있는가? (10점)

〈 추가된 사실관계 1 〉

제3회 변론기일 직전에 乙이 사망하였고 그 상속인으로는 C와 D가 있었으나 C만이 소송절차를 수계하였다. 제1심 법원은 乙의 상속인이 2명인 사실을 알지 못한 채 피고를 C로만 표시한 원고청구 일부 인용 판결을 선고하였고 그 판결문은 2021. 1. 7. B에게 송달되었다. B에게는 상소제기에 관한 특별수권이 없다.

문제 2.

C는 2021. 1. 15. 자신의 명의로만 항소를 제기하였다. 위 제1심 판결 및 항소제기의 효력은 D에게도 미치는가? (15점)

〈 추가된 사실관계 2 〉

甲은 위 소송계속 중 丙에게 위 대여금채권을 양도했다고 주장하면서 소송인수를 신청하였다. 제1심 법원은 2020. 9. 30. 丙을 원고 인수참가인으로 하여 소송인수결정을 하였고, 같은 날 甲은 乙의 승낙을 받아 소송에서 탈퇴하였다. 제1심 법원은 2021. 2. 8. 甲과 丙 사이의 채권양도가 소송행위를 하게 하는 것을 주된 목적으로 이루어져 무효라는 이유로 丙에 대해 소각하 판결을 선고하였다. (아래 각 질문은 독립적임)

문제 3.

이에 대해 丙만 항소하였는데, 항소법원의 심리결과 甲과 丙 사이의 채권양도는 유효하나 위 대여금채권이 변제로 소멸한 사실이 인정되었다. 항소심 법원은 제1심 판결을 취소하고 丙의 청구를 기각하는 판결을 할 수 있는가? (15점)

문제 4.

　위 소각하 판결에 대해 어느 쪽도 항소하지 않아 2021. 3. 7. 판결이 확정되자 甲은 2021. 4. 8. 乙을 상대로 위 2019. 6. 11.자 전소와 동일한 소(후소)를 다시 제기하였다. 이에 후소 법원은 위 대여금 채권은 소멸시효가 완성되었고 원고가 전소를 제기함으로써 발생한 시효중단의 효력도 원고가 전소에서 탈퇴한 2020. 9. 30.에 소멸하였다고 판단하여 甲의 청구를 기각하는 판결을 선고하였다. 이러한 법원의 판단은 정당한 것인가? (10점)

[제1문의 2] 문제 1. 해설

1. 문제
(1) 비법인사단 대표권의 직권조사사항 여부 및 증명책임, (2) 소송요건과 본안판단의 순서가 문제된다.

2. 직권조사사항과 증명책임
(1) **관련 조문** – 법인이 아닌 사단이나 재단은 대표자가 있는 경우에는 민소법 가운데 법정대리와 법정대리인에 관한 규정을 준용한다(민소법 제52조, 제64조).

(2) **판례** – 제소단계에서의 소송대리인의 대리권 존부는 소송요건으로서 법원의 직권조사사항이고, 이에 관하여도 그 사실의 존부가 불명한 경우에는 입증책임의 원칙이 적용되어야 할 것인바, 본안판결을 받는다는 것 자체가 원고에게 유리하다는 점에 비추어 직권조사사항인 소송요건에 대한 입증책임은 원고에게 있다.

(3) **사안의 경우** – 甲 종중의 대표자 A가 적법한 대표자인지 여부의 증명책임은 원고에게 있는데 이에 대한 법원의 심리결과 법원이 적법한 대표자인지에 대하여 확신을 갖지 못하였으므로 원고에게 증명책임이 있다.

3. 소송요건과 본안요건의 판단 순서
(1) **관련 법리** – 소송요건은 본안판결의 요건으로, 본안판결에 앞서 미리 조사하여야 한다.

(2) **판례** – 소송요건에 흠결 등이 있어서 본안에 들어가 판단을 할 수 없는 경우에 있어서는 그 소송은 부적법 각하하여야 하고 본안에 대하여는 판단을 할 수 없다.

(3) **사안의 경우** – 법원의 심리 결과 본안판단인 대여금청구가 이유 없다는 확신이 들었더라도, 바로 청구기각판결을 할 수는 없고, 소송요건 심리의 선순위성에 따라 소송요건 흠결로 인하여 부적법 각하 판결을 하여야 한다.

4. 결론
법원은 바로 청구기각 판결을 할 수 없다.

[제1문의 2] 문제 2. 해설

1. 문제
(1) 제1심 판결의 효력이 D에게 미치는지 여부, (2) C의 항소제기의 효력이 D에게 미치는지 여부가 문제 된다.

2. 판결의 효력이 상속인 D에게 미치는지 여부

(1) 당사자의 사망으로 인한 당연승계 여부

1) 판례 - 소송도중 어느 일방의 당사자가 사망함으로 인해서 그 당사자로서의 자격을 상실하게 된 때에는 그 대립당사자 구조가 없어져 버린 것이 아니고, 그때부터 그 소송은 그의 지위를 당연히 이어받게 되는 상속인들과의 관계에서 대립당사자 구조를 형성하여 존재한다.

2) 사안의 경우 - 乙의 사망으로 상속인들 C와 D가 피고로서의 지위를 당연승계한다.

(2) 소송중단 여부 및 1심판결 효력

1) 관련 조문 - 당사자가 사망한 때에는 소송절차는 중단된다(민소법 제233조 제1항). 소송대리인이 있는 경우에는 소송절차는 중단되지 않는다(민소법 제238조).

2) 판례 - 민소법 제238조의 규정이 당사자가 사망하더라도 소송대리인이 있어 소송절차가 중단되지 않은 경우에는 상속인은 소송절차를 수계하지도 못한다는 뜻으로 풀이될 수는 없고, 소송대리인은 상속인들 모두를 위하여 소송을 수행하므로 그 판결의 효력은 상속인들 모두에 대하여 효력이 있다.

3) 사안의 경우 - 乙이 사망하였지만 소송대리인 변호사 B가 있으므로 소송절차는 중단되지 않고, 그와 상관없이 C와 D는 소송절차를 수계할 수 있다. 그리고 B는 이들의 소송대리인이 되는바, 1심 판결의 효력은 상속인들 C와 D에게 미친다.

3. C의 항소제기의 효력이 D에게 미치는지 여부

(1) **관련 조문**- 공동소송인 가운데 한 사람의 소송행위는 다른 공동소송인에게 영향을 미치지 않는다(민소법 제66조).

(2) **판례** - 피상속인이 이행하여야 할 부동산소유권이전등기 절차이행을 공동상속인에 대하여 청구하는 경우 · 통상공동소송으로 본다.

(3) **사안의 경우** - 상속인 C, D가 피상속인 乙로부터 상속받은 대여금채무는 분할채무 관계이므로, 통상공동소송으로 합일확정의 필요가 있는 경우가 아니기 때문에 공동소송인독립의 원칙에 따라 C는 D와 상관없이 단독으로 항소를 제기할 수 있고, D에게 항소제기의 효력이 미치지 않는다.

4. 결론

D에게 제1심 판결의 효력은 미치나 항소의 효력은 미치지 않는다. (참고적으로, C는 항소로 인해 판결이 확정되지 않았고, D는 소송대리인 B의 상소제기에 관한 특별수권이 없어 판결문은 송달받은 2021. 1. 7. 중단된 상태에 있는바, 위 판결의 효력은 확정되지 않았다.)

[제1문의 2] 문제 3. 해설

1. 문제

제1심에서의 소 각하 판결을 항소심에서 청구기각 판결을 내릴 수 있는지와 관련하여 불이익변경금지원칙 위배 여부가 문제 된다.

2. 불이익변경금지 원칙 위배 여부

(1) **관련 조문** - 제1심 판결은 그 불복의 한도 안에서 바꿀 수 있다(민소법 제415조).

(2) **학설** - ① 항소기각설 : 소각하 판결보다 청구기각 판결이 항소인에게 더 불리하다는 이유에서 불이익변경금지의 원칙상 항소를 기각하여 제1심 판결을 유지하여야 한다. ② 환송설 : 하급심으로 환송해야 한다. ③ 청구기각설 : 항소기각을 하면 잘못된 제1심판결을 확정시키는 결과가 되어 부당하다는 점에서 제1심 판결을 취소하고 청구기각해야 한다.

(3) **판례** - 소를 부적법하다 하여 각하한 원심판결을 파기하더라도 청구가 기각될 운명에 있다면, 불이익변경금지의 원칙을 적용하여 이 부분에 관한 상고를 기각하여야 한다.

(4) **사안의 경우** - 丙만이 항소한 사안에서 청구기각판결을 선고하는 것은 丙에게 더 불리한 재판이 된다는 점에서 불이익변경금지의 원칙에 반한다.

3. 결론

항소심 법원은 제1심 판결을 취소하고 丙의 청구를 기각하는 판결을 선고할 수 없다.

[제1문의 2] 문제 4. 해설

1. 문제

탈퇴한 甲이 제기한 재판상 청구로 인하여 발생한 시효중단의 효력 유지 여부가 문제 된다.

2. 탈퇴한 甲의 재판상 청구 시효중단 효력 유지 여부

(1) **관련 조문 및 법리** - 소송목적인 권리를 양도한 원고는 법원이 소송인수 결정을 한 후 피고의 승낙을 받아 소송에서 탈퇴할 수 있다(민사소송법 제82조 제3항, 제80조). 그 후 법원이 인수참가인의 청구의 당부에 관하여 심리한 결과 인수참가인의 소를 각하하는 판결을 선고하여 판결이 확정된 경우에는 원고가 제기한 최초의 재판상 청구로 인한 시효중단의 효력은 소멸한다.

(2) **판례** - 소송탈퇴는 소취하와는 성질이 다르며, 탈퇴 후 잔존하는 소송에서 내린 판결은 탈퇴자에 대하여도 효력이 미치므로 인수참가인에 대한 소각하 판결이 확정된 날부터 6개월 내에 탈퇴한 원고가 다시 탈퇴 전과 같은 재판상의 청구를 한 때에는, 탈퇴 전에 원고가 제기한 재판상의 청구로 인하여 발생한 시효중단의 효력은 그대로 유지된다.

(3) **사안의 경우** - 甲이 2019. 6. 11. 乙을 상대로 제기한 소송(전소) 중 소송인수를 이유로 乙의 승낙을 받아 2020. 9. 30. 탈퇴하고, 잔존 소송의 판결이 확정된 2021. 3. 7.부터 6개월 내인 2021. 4. 8. 전소와 동일한 후소를 제기하였다면, 전소 제기로 인한 재판상 청구로 인하여 2019. 6. 11. 발생한 시효중단의 효력은 유지된다.

3. 결론

법원이 甲의 탈퇴 시점인 2020. 9. 30. 시효중단의 효력이 소멸하였음을 이유로 한 청구기각 판단은 정당하지 않다.

〈제1문의 3〉

〈 기초적 사실관계 〉

甲은 자기 소유 X 토지가 있는 지역이 곧 상업지역으로 전환되어 용적률이 대폭 상향 조정된다는 정보를 입수하였다. 이에 甲, 乙, 丙은 공동으로 낡은 건물을 재건축하여 판매하는 사업을 진행하기로 하면서 먼저 X 토지 위의 낡은 건물을 고층으로 재건축하는 공동사업을 진행하기로 합의하였다. 甲, 乙, 丙 사이의 합의에 따라 甲은 시가 50억 원 상당의 X 토지를 출연하고, 乙과 丙은 재건축에 필요한 소요자금으로 각각 50억 원씩 출연하기로 합의하였다. 위 약정에 따라 甲은 X 토지를 출자하고 乙은 50억 원을 출자하였으나 丙은 자금 부족으로 25억 원만을 출자하였다.

甲, 乙, 丙은 건축업을 영위하는 A 회사와 공사계약을 체결하고 공사대금은 100억 원, 공사기간 1년, 공사대금지급방법은 기성고에 따라 매 2개월마다 10억 원씩 5회 지급하고 나머지 공사대금 50억 원은 공사완료 후 즉시 지급하기로 약정하였다.

위 건물 신축 공사계약에 따라 甲, 乙, 丙은 공동명의로 건축허가를 받아 A 회사가 공사를 개시하고 10개월 동안 기성고에 따라 50억 원의 공사비가 지급되었다.

(※아래 각 문항의 기재 사실은 별도의 제시가 없는 한 상호 무관함)

문제 1.

모든 공정이 종료되고 그 주요 구조 부분이 약정된 대로 시공되어 건물로서 완성되었으나 건물의 일부에 하자가 발생하였다. 그런데 하자는 중요하지 않아 하자로 인한 건물의 교환가치 감소액은 3억 원이지만 하자를 보수하는 데에 드는 비용은 45억 원이다. A 회사는 건물에 하자가 남아 있는 상태에서 甲, 乙, 丙에게 공사대금의 잔금 50억 원의 지급을 청구하였다.

이에 대하여 甲, 乙, 丙은 ① 위 하자 보수가 끝나지 않아 공사대금청구권은 발생하지 않았고, ② 설사 공사대금청구권이 발생했더라도 하자의 보수가 완료될 때까지는 잔금을 지급할 수 없으며, ③ 하자를 이유로 계약을 해제하겠다, ④ 하자 보수에 드는 45억 원의 비용을 손해배상채권으로 하여 공사대금과 상계하겠다고 각각 주장하였다. 甲, 乙, 丙의 주장이 타당한지 검토하시오. (30점)

문제 2.

건물신축공사 완료 후 A 회사는 甲만을 상대로 미지급 공사대금 50억 원의 지급을 구하는 소를 제기하였다. 이에 대하여 甲은 청구금액의 3분의 1에 대해서만 책임이 있다고 항변하였다. A 회사의 청구가 타당한지 甲의 항변을 고려하여 판단하시오. (20점)

[제1문의 3] 문제 1. 해설

1. 문제

 甲, 乙, 丙의 ①, ②, ③, ④ 주장 타당성이 문제 된다.

2. ① 주장의 당부

 (1) **관련 조문** - 보수는 그 완성된 목적물의 인도와 동시에 지급하여야 한다. 그러나 목적물의 인도를 요하지 아니하는 경우에는 그 일을 완성한 후 지체없이 지급하여야 한다(민법 제665조 제1항).

 (2) **판례** - 건물 신축공사가 당초 예정된 최후의 공정까지 일단 종료하고 그 주요 구조 부분이 약정된 대로 시공되어 사회통념상 건물로서 완성되고, 다만 그것이 불완전하여 보수를 하여야 할 경우에는 공사가 완성되었으나 목적물에 하자가 있는 것에 지나지 않는다.

 (3) **사안의 경우** - 공사대금은 완성된 목적물의 인도와 동시에 지급하여야 하므로, 건물의 주요 구조 부분이 약정된 대로 시공되어 건물로서 완성되어 공사대금청구권은 발생하였는바, ① 주장은 타당하지 않다.

3. ② 주장의 당부

 (1) **관련 조문** - 완성된 목적물 또는 완성 전의 성취된 부분에 하자가 있는 때에는 도급인은 수급인에 대하여 상당한 기간을 정하여 그 하자의 보수를 청구할 수 있다. 그러나 하자가 중요하지 아니한 경우에 그 보수에 과다한 비용을 요할 때에는 그러하지 아니하다(민법 제667조 제1항).

 (2) **사안의 경우**

 1) 완성된 이 사건 건물에 하자가 있는 경우 도급인 甲, 乙, 丙은 수급인 A회사의 담보책임에 기하여 상당한 기간을 정하여 하자의 보수를 청구할 수 있으나, 하자가 중요하지 않고 과다한 비용을 요할 때에는 하자의 보수를 청구할 수 없다.

 2) 건물의 하자는 중요하지 않아 가치 감소액은 3억 원이지만 하자보수비용은 45억 원으로, 공사대금이 100억 원인데 하자보수비용이 45억 원이라는 점에서 과다한 비용이 소요된다고 볼 수 있어 하자보수청구권은 발생하지 않으므로, 이를 이유로 공사대금의 잔금 지급과의 동시이행의 항변권을 행사할 수 없는바, ② 주장은 타당하지 않다.

4. ③ 주장의 당부

 (1) **관련 조문** - 도급인이 완성된 목적물의 하자로 인하여 계약의 목적을 달성할 수 없는 때에는 계약을 해제할 수 있다. 그러나 건물 기타 토지의 공작물에 대하여는 그러하지 아니하다(민법 제668조).

 (2) **사안의 경우** - 하자가 중요하지 않아서 계약의 목적을 달성할 수 없는 경우에 해당되지 않으며, 건물신축공사가 이미 완료된 경우로 계약을 해제할 수 없는바, ③ 주장은 타당하지 않다.

5. ④ 주장의 당부

(1) 관련 조문 - 도급인은 하자의 보수에 갈음하여 또는 보수와 함께 손해배상을 청구할 수 있고, 공사대금 잔금과 수급인의 하자담보책임은 동시이행 관계에 있다(민법 제667조 제2,3항).

(2) 판례
1) 건물의 하자로 인하여 입은 통상의 손해는 특별한 사정이 없는 한 수급인이 하자 없이 시공하였을 경우의 목적물의 교환가치와 하자가 있는 현재 상태대로의 교환가치와의 차액이다.
2) 도급인이 하자의 보수에 갈음하여 손해배상을 청구하는 경우에는 수급인이 그 손해배상청구에 관하여 채무이행을 제공할 때까지 그 손해배상의 액에 상응하는 보수의 액에 관하여만 자기의 채무이행을 거절할 수 있을 뿐, 그 나머지 액의 보수에 관하여는 지급을 거절할 수 없다.

(3) 사안의 경우 - 甲, 乙, 丙이 A회사에 청구할 수 있는 손해배상액은 3억 원이므로, 공사대금의 잔금 50억 원에서 상계로 주장할 수 있는 액수도 이 부분에 한정되는바, 45억 원의 손해배상채권으로 상계하겠다는 ④ 주장은 타당하지 않다.

6. 결론

甲, 乙, 丙의 주장은 타당하지 않다.

[제1문의 3] 문제 2. 해설

1. 문제
(1) 조합채무의 이행청구 적법 여부, (2) 상행위로 인해 발생한 조합채무의 성질이 문제 된다.

2. 조합채무의 이행청구 적법 여부 (A회사의 청구원인)

(1) 조합 해당 여부
1) 관련 조문 - 조합은 2인 이상이 상호출자하여 공동사업을 경영할 것을 약정함으로써 그 효력이 생기고, 출자는 금전 기타 재산 또는 노무로 할 수 있다(민법 제703조 제1,2항).
2) 사안의 경우 - 甲, 乙, 丙은 공동사업을 진행하기로 합의하고, 甲은 X 토지, 乙과 丙은 현금 50억 원을 출자하기로 하였으므로 민법상 조합에 해당한다.

(2) 조합채무의 이중적 책임
1) 의의 - 조합원은 조합채무에 대하여 조합재산에 의한 공동책임을 지는 외에 개인재산으로도 책임을 진다.
2) 사안의 경우 - A사는 조합원 甲, 乙, 丙 모두에 대하여 이행의 소를 제기하여 그 판결에 기하여 각 조합원이 부담하는 책임액을 증명하여 조합재산 및 조합원 개인재산에 대하여 집행할 수 있을

뿐 아니라, 어느 한 조합원인 甲만을 상대로 그가 부담하는 채무에 관해 이행의 소를 제기하고 그 판결에 기하여 조합원 개인 甲재산에 대하여 강제집행을 할 수 있다.

(3) 甲이 부담하는 조합채무의 성질

1) 관련 조문 - 당사자가 손익분배의 비율을 정하지 아니한 때에는 각 조합원의 출자가액에 비례하여 이를 정하고, 이익 또는 손실에 대하여 분배의 비율을 정한 때에는 그 비율은 이익과 손실에 공통된 것으로 추정한다(민법 제711조 제1,2항). 조합채권자는 그 채권발생 당시에 조합원의 손실부담의 비율을 알지 못한 때에는 각 조합원에게 균분하여 그 권리를 행사할 수 있다(민법 제712조).

2) 사안의 경우 - A사는 각 조합원에 대하여 조합채무에 대하여 그 채권 발생 당시의 손실부담의 비율에 따라 조합채무의 이행을 청구할 수 있다(분할채무). 이때 甲, 乙, 丙 사이의 손실분담 비율은 특별한 약정이 없는 한 약정한 출자비율을 고려하여 1:1:1의 손익분배비율을 인정할 수 있고, 만약 甲, 乙, 丙 사이의 손익분배비율을 A 회사가 몰랐던 경우라도 각 조합원은 균분하여 책임을 지므로 甲은 잔금 50억 원에 대하여 3분의 1에 대해서는 채무의 이행책임을 지는 것이 원칙이다.

3. 상행위로 인해 발생한 조합채무의 성질 (甲의 항변)

(1) 관련 조문 - 수인이 그 1인 또는 전원에게 상행위가 되는 행위로 인하여 채무를 부담한 때에는 연대하여 변제할 책임이 있다(상법 제57조 제1항).

(2) 판례 - 조합의 채무는 조합원의 채무로서 특별한 사정이 없는 한 조합채권자는 각 조합원에 대하여 지분의 비율에 따라 또는 균일적으로 변제의 청구를 할 수 있을 뿐이나, 조합채무가 특히 조합원 전원을 위하여 상행위가 되는 행위로 인하여 부담하게 된 것이라면 상법 제57조 제1항을 적용하여 조합원들의 연대책임을 인정함이 상당하다.

(3) 사안의 경우 - 공사대금 지급채무는 공동사업을 위한 건물 재건축을 위해서 건축업자인 A회사에 부담하는 채무라는 점에서, 위 조합채무는 조합원 전원을 위한 상행위에 해당하므로, 甲, 乙, 丙은 연대하여 A회사에 대하여 50억 원의 채무를 이행할 채무를 부담하는바, 甲의 항변은 타당하지 않다.

4. 결론

A 회사가 조합원 甲만을 상대로 한 미지급 공사대금 50억 원의 청구는 타당하다.

제2차 모의시험 제2문

〈제2문의 1〉

〈 기초적 사실관계 〉

甲은 2016. 3. 6. 乙과 4년간의 여신거래약정을 체결하면서 현재 및 장래에 발생할 채권을 담보하기 위해 채무자 乙 소유의 X 부동산에 채권최고액 12억 원의 근저당권을 설정하였고 丙과 丁이 연대보증하였다. 甲은 변제기가 도래하자 확정된 피담보채권액 10억 원을 변제할 것을 보증인들에게 요청하였고 이에 丙은 3억 원을, 丁은 2억 원을 甲에게 지급하였다. 그 후 丙과 丁은 근저당권 일부이전의 부기등기를 마쳤다. 일부만 변제받은 甲은 乙이 잔존채무(5억 원)를 변제하지 않자 X 부동산에 대해 근저당권에 기한 경매신청을 하였다(이하 경매비용 및 이자 등은 고려하지 않음).
(※ 아래 각 문항의 기재 사실은 별도의 제시가 없는 한 상호 무관함)

문제 1.

위 경매를 통해 A가 8억 원에 X 부동산을 매수하였다. 8억 원의 매각대금은 누구에게 얼마씩 배당될 것인지 구체적으로 서술하시오. (15점)

〈 추가된 사실관계 〉

丙은 대위변제한 3억 원에 상응하는 비율로 甲으로부터 근저당권의 일부를 이전받으면서, '丙이 배당·회수금으로부터 甲보다 먼저 충당받기로 하는 특약(우선회수특약)'을 甲과 체결하였다. 한편 戊는 丙의 乙에 대한 구상채권을 보증하였다. 이에 따라 戊가 丙에게 보증채무를 이행한 후, 변제자대위에 기하여 丙으로부터 근저당권을 이전받았다. 위 경매에서 B가 5억 원에 X 부동산을 매수하였다. 그 5억 원은 모두 甲에 대한 채무변제에 충당되었다.

문제 2.

戊는 ① 甲을 상대로는 우선회수특약을 근거로 3억 원의 부당이득반환을, ② 丙을 상대로는 戊가 변제자대위로 취득한 권리에 관한 보존의무위반을 이유로 3억 원의 손해배상을 청구하였다. 戊의 甲과 丙에 대한 청구가 타당한지 판단하시오. (20점)

[제2문의 1] 문제 1. 해설

1. 문제
근저당권 피담보채권의 확정 후 일부대위 변제자와 저당채권자 간의 우열관계에 의한 배당이 문제된다.

2. 일부대위 변제자 丙, 丁과 채권자 甲의 우열관계
(1) **관련 조문** - 채권의 일부에 대하여 대위변제가 있는 때에는 대위자는 그 변제한 가액에 비례하여 채권자와 함께 그 권리를 행사한다(민법 제483조 제1항).

(2) **판례** - 채권자가 부동산에 대하여 저당권을 가지고 있는 경우에는 채권자는 대위변제자에게 일부 대위변제에 따른 저당권의 일부이전의 부기등기를 경료해 주어야 할 의무가 있으나 이 경우에도 채권자는 일부 대위변제자에 대하여 우선변제권을 가진다.

(3) **사안의 경우**
  1) 甲은 확정된 피담보채권 10억 원 중에서 丙과 丁에게 변제받은 5억 원을 제외한 나머지 5억 원을 X 부동산 매각대금 8억 원 중에서 우선변제 받는다.
  2) 丙이 3억 원, 丁이 2억 원을 대위변제하였으므로, 丙과 丁은 甲의 乙에 대한 근저당권을 3/5, 2/5의 비율로 준공유하게 되고, 甲에게 배당하고 남은 금액이 3억 원(= 8억-5억)이므로, 3억 원 중의 3/5에 해당하는 금액인 1억 8,000만 원은 丙이, 2/5에 해당하는 1억 2,000만 원은 丁이 배당받는다.

3. 결론
甲은 5억 원을, 丙은 1억 8천만 원을, 丁은 1억 2천만 원을 배당받는다.

[제2문의 1] 문제 2. 해설

1. 문제
(1) 戊의 甲에 대한 부당이득반환청구, (2) 戊의 丙에 대한 보존의무 위반에 따른 손해배상 청구 가부가 문제 된다.

2. 戊의 甲에 대한 부당이득반환청구 가부
(1) **관련 조문** - 변제할 정당한 이익이 있는 자는 변제로 당연히 채권자를 대위한다(민법 제481조). 채권자를 대위한 자는 자기의 권리에 의하여 구상할 수 있는 범위에서 채권 및 그 담보에 관한 권리를 행사할 수 있다(민법 제482조 제1항).

(2) **판례** - 변제로 채권자를 대위하는 사람이 구상권 범위에서 행사할 수 있는 '채권 및 그 담보에 관한 권리'에는 채권자와 채무자 사이에 채무의 이행을 확보하기 위한 특약이 있는 경우에 특약에 기하여 채권자가 가지는 권리도 포함되나, 채권자와 일부 대위변제자 사이의 약정에 지나지 아니하는 '우선회수특약'이 '채권 및 그 담보에 관한 권리'에 포함된다고 보기는 어렵다.

(3) **사안의 경우**
  1) 일부 대위변제자인 丙의 채무자 乙에 대한 구상채권에 대하여 보증한 戊가 구상보증채무를 변제함으로써 丙을 다시 대위하게 되었다 하더라도, 그것만으로 甲의 乙에 대한 권리가 아니라 甲과 丙 사이의 약정에 해당하는 '우선회수특약'에 따른 권리까지 당연히 대위하거나 이전받게 된다고 볼 수는 없다.
  2) 따라서, 저당채권자인 甲은 우선회수특약을 주장할 수 없는 戊보다 먼저 매각대금으로부터 우선변제를 받을 수 있는바, 戊의 甲에 대한 부당이득반환청구는 기각된다.

3. **戊의 丙에 대한 손해배상 청구 가부**

  (1) **관련 조문** - 채권의 일부에 대한 대위변제가 있는 때에는 채권자는 채권 및 담보물의 보존에 관하여 대위자의 감독을 받아야 하고, 채권자의 고의나 과실로 담보가 상실되거나 감소된 때에는 대위할 자는 그 상실 또는 감소로 인하여 상환을 받을 수 없는 한도에서 그 책임을 면한다(민법 제484조, 제485조).

  (2) **판례** - 일부 대위변제자로서는 보증채무 변제자가 대위로 이전받은 담보에 관한 권리 행사 등과 관련하여 채권자 등을 상대로 '우선회수특약'에 따른 권리를 주장할 수 있도록 권리의 승계 등에 관한 절차를 해 주어야 할 의무를 지고, 이를 위반함으로 인해 보증채무 변제자가 채권자 등에 대하여 권리를 주장할 수 없게 되어 손해를 입은 경우에는 그에 대한 손해배상책임을 진다.

  (3) **사안의 경우**
  1) 일부 대위변제자인 丙은 자신을 다시 대위하는 보증채무 변제자인 戊를 위하여 자신의 甲에 대한 우선회수특약에 따른 채권에 협조하고 이에 관한 권리를 보존할 의무를 지므로, 丙은 戊에게 채권자 甲을 상대로 '우선회수특약'에 따른 권리를 주장할 수 있도록 권리의 승계 등에 관한 절차를 해 주어야 한다.
  2) 그런데, 丙은 그러한 의무를 이행하지 않았고, 丙이 戊에게 우선회수특약을 승계해 주었다면 戊는 3억 원의 구상채권에 대해 甲보다 우선변제를 받았을 것이므로, 丙의 의무위반으로 戊에게 3억 원의 손해가 발생하였다고 볼 수 있는바, 戊의 丙에 대한 손해배상 청구는 인용된다.

4. **결론**
  (1) 戊의 甲에 대한 3억 원의 부당이득반환청구는 기각되고, (2) 戊의 丙에 대한 보존의무위반을 이유로 한 3억 원의 손해배상 청구는 인용된다.

⟨제2문의 2⟩

⟨ 기초적 사실관계 ⟩

甲은 2017. 12. 24. 乙 소유의 X 토지를 3억 원에 매수하기로 하는 매매계약을 체결하면서 당일 계약금 3천만 원을 지급하였고, 잔금 2억 7천만 원은 2018. 3. 19.에 지급하기로 하였다.

(※ 아래 각 문항의 기재 사실은 별도의 제시가 없는 한 상호 무관함)

⟨ 추가된 사실관계 1 ⟩

X 토지는 매매시에 부동산 거래신고 등에 관한 법률(구 국토이용관리법)상 관할관청의 허가가 필요하므로, 甲과 乙은 허가를 배제하고자 계약서에 '매매'가 아닌 '증여'로 표기하였고, 2018. 3. 19. 증여를 원인으로 이전등기를 마쳤다. 2020. 3. 4. X 토지에 대한 허가구역 지정이 해제되었다.

문제 1.

乙이 甲을 상대로 위 계약이 무효임을 주장하면서 소유권이전등기의 말소를 청구한 경우, 그 청구가 타당한지 판단하시오. (15점)

⟨추가된 사실관계 2⟩

甲은 X 토지 위에 Y 건물을 짓고자 X 토지를 매수하였는데, 잔금채무를 담보하기 위하여 신축하려는 건물의 건축허가 명의를 乙명의로 받았고, 甲은 2019. 6. 8. 신축한 Y 건물에 대해 乙명의로 소유권보존등기를 마쳤다.

문제 2.

乙은 2019. 10. 4. 임의로 Y 건물을 丁에게 매도하고 등기를 이전해 주었다(丁은 매입 당시부터 Y 건물의 신축과정과 등기와 관련된 사정을 모두 알고 있었다). 甲은 乙에게 잔금을 지급한 후 丁에게 이전등기를 말소할 것을 청구하였다. 甲의 丁에 대한 청구가 타당한지 판단하시오. (10점)

[제2문의 2] 문제 1. 해설

1. 문제
(1) 증여계약의 효력, (2) 토지거래허가를 배제하기 위한 매매계약 이후 지정 해제된 경우의 법적 효력이 문제 된다.

2. 증여계약의 효력
(1) **관련 조문** – 상대방과 통정한 허위의 의사표시는 무효로 한다(민법 제108조 제1항).

(2) **사안의 경우** – 甲과 乙 사이의 증여계약은 통정허위표시에 의해 무효가 되나, 매매는 은닉행위에 해당하여 원칙상 유효이다.

3. 토지거래허가를 배제하기 위한 매매계약 이후 지정 해제된 경우의 법적 효력
(1) **관련 법리** – 허가받을 것을 전제로 한 거래계약일 경우에는 일단 허가를 받을 때까지는 법률상 미완성의 법률행위로서 거래계약의 채권적 효력도 전혀 발생하지 아니하지만, 일단 허가를 받으면 그 거래계약은 소급해서 유효로 되고 이와 달리 불허가가 된 때에는 무효로 확정되는 이른바 유동적 무효이다.

(2) **판례** – 국토이용관리법상 토지의 거래계약허가구역으로 지정된 구역 안의 토지에 관하여 관할 행정청의 허가를 받지 아니하고 체결한 토지거래계약은 처음부터 그 허가를 배제하거나 잠탈하는 내용의 계약일 경우에는 확정적 무효로서 유효화될 여지가 없다.

(3) **사안의 경우** – 원칙적으로 허가지정이 해제된 경우 허가 없이도 확정적으로 유효가 되나, 허가지정이 해제된 후에도 허가를 잠탈할 목적에 의하여 체결된 X토지에 대한 매매계약은 매매임에도 불구하고 거래허가를 피하기 위하여 허가가 필요하지 않은 증여계약을 체결하였으므로 甲, 乙 사이의 계약은 확정적 무효가 된 경우이므로, 지정해제와 관계없이 무효이다.

4. 결론
乙이 甲을 상대로 매매계약이 무효임을 이유로 한 소유권이전등기말소청구는 타당하다.

[제2문의 2] 문제 2. 해설

1. 문제
甲의 丁에 대한 청구의 당부와 관련하여 (1) 乙 명의 소유권보존등기의 법적 성질, (2) 乙의 Y 건물 처분 적법 여부가 문제 된다.

2. 乙 명의 소유권보존등기의 법적 성질 (양도담보)
(1) **판례** - 채무 담보를 위하여 채무자가 자기 비용과 노력으로 신축하는 건물의 건축허가명의를 채권자로 하였다면 이는 완성될 건물을 담보로 제공하기로 하는 합의로서 법률행위에 의한 담보물권의 설정에 다름 아니므로, 완성된 건물의 소유권은 일단 이를 건축한 채무자가 원시적으로 취득한 후 채권자명의로 소유권보존등기를 마침으로써 담보목적의 범위 내에서 위 채권자에게 그 소유권이 이전된다.

(2) **사안의 경우** - Y 건물의 소유권은 일단 이를 건축한 甲이 원시취득한 후, 잔금채무를 담보하기 위하여 乙 명의로 소유권보존등기를 경료함으로써 乙에게 소유권이 이전된다.

3. 乙의 Y 건물 처분 적법 여부
(1) **관련 조문** - 가등기담보법은 차용물의 반환에 관하여 차주가 차용물을 갈음하여 다른 재산권을 이전할 것을 예약할 때 그 재산의 예약 당시 가액이 차용액과 이에 붙인 이자를 합산한 액수를 초과하는 경우에 이에 따른 담보계약과 그 담보의 목적으로 마친 소유권이전등기의 효력을 정함을 목적으로 한다(가등기담보등에관한법률 제1조).

(2) **판례** - 가등기담보법은 차용물의 반환에 관하여 다른 재산권을 이전할 것을 예약한 경우에 적용되므로 금전소비대차나 준소비대차에 기한 차용금반환채무 이외의 채무를 담보하기 위하여 경료된 가등기나 양도담보에는 가등기담보법이 적용되지 않는다.

(3) **사안의 경우** - 甲과 乙은 X 토지에 대한 매매대금 채무를 담보하기 위하여 양도담보를 설정한 경우이므로 가등기담보법이 적용되지 않으므로, 가담법 이전의 판례법리인 신탁적소유권이전설에 따라 대외적으로 소유권은 양도담보권자 乙에게 인정되는바, 乙로부터 매수한 丁은 선의·악의와 상관없이 Y부동산 소유권을 유효하게 취득한다.

4. 결론
甲의 丁에 대한 소유권이전등기말소청구는 타당하지 않다.

〈제2문의 3〉

〈기초적 사실관계〉

甲은 2018. 2. 5. 자기 소유 X 토지 위에 단독주택인 Y건물을 신축하기 위하여 공사대금 10억 원, 준공일을 2019. 2. 5.로 정하여 乙과 도급계약을 체결하였다. 그리고 乙이 공사비용을 마련하기 위하여 K 은행으로부터 5억 원을 대출받는 과정에서, 乙의 부탁을 받은 甲은 乙의 K 은행에 대한 채무를 담보하기 위하여 X 토지에 대한 근저당권을 K 은행 명의로 마쳤다. 乙은 도급계약서를 제시하면서 甲을 대리하여 丙과의 자재공급계약을 체결하였고(대금 3억 원), 丙으로부터 2018. 3. 5.부터 2018. 9. 5.까지 공사에 필요한 골재(철근, 시멘트 등)를 공급받았다. 한편 丙은 자재대금의 완납 시까지 자재의 소유권을 자신에게 유보하였다(甲은 乙과 丙사이에 있었던 위와 같은 사실을 전혀 알지 못하였고 모르는데 과실이 없다). 乙은 2018. 12. 31. 자금사정이 곤란하여 건물의 외관은 갖추지 못한 상태에서 외부 골조공사 60%의 공정만을 이행한 채 중단하였다. 이에 甲은 2019. 5. 29. 도급계약의 해제를 통보하고 나머지 공사를 완료하여 Y 건물을 완공하였다.

(※ 아래 각 문항의 기재 사실은 별도의 제시가 없는 한 상호 무관함)

문제 1.

3억 원의 자재대금채권을 가진 丙이 2020. 3. 5. 甲을 상대로 ① 자재공급계약에 따라 대금 3억 원을 지급할 것을, ② 민법 제261조에 따라 3억 원 상당을 보상해 줄 것을 청구하였다. 丙의 甲에 대한 청구가 타당한지 판단하시오. (15점)

〈추가된 사실관계〉

丁이 乙에 대한 3억 원의 대여금채권을 피보전채권으로 하여 2018. 9. 15. 발생한 乙의 甲에 대한 공사 관련 채권에 대하여 2018. 12. 5. 압류 및 전부명령을 신청하였고, 위 압류 및 전부명령의 효력은 2019. 1. 5. 발생하였다. 乙이 대출금의 이자지급을 지체하자, K 은행은 X 토지에 대한 근저당권 실행을 위한 경매를 신청하였고, 이에 甲은 2019. 2. 5. 5억 원을 변제하고 K 은행 명의의 근저당권을 말소하였다.

문제 2.

丁은 甲에게 3억 원의 전부금을 청구하였고, 甲은 이에 대하여 구상금채권을 자동채권으로 하고 丁의 전부금채권 3억 원을 수동채권으로 하여 상계항변을 하였다. 丁의 甲에 대한 전부금 청구의 인용여부를 금액을 고려하여 구체적인 논거와 함께 서술하시오(이자 및 지연손해금 등을 고려하지 말 것). (25점)

[제2문의 3] 문제 1. 해설

1. 문제

丙의 甲에 대한 (1) 자재공급계약에 따른 3억 원의 대금 청구, (2) 민법 제261조에 따른 보상청구 가부가 문제 된다.

2. 자재공급계약에 따른 3억 원의 대금 청구 가부

(1) **관련 조문 및 요건** - 대리권없는 자가 타인의 대리인으로 한 계약은 본인이 이를 추인하지 아니하면 본인에 대하여 효력이 없다(민법 제135조 제1항). 표현대리 성립은 기본대리권의 존재를 전제로 한다(민법 제125·126·129조).

(2) **사안의 경우** - 甲의 乙에 대한 별개의 수권행위가 없는 한, 수급인 乙은 도급인 甲의 대리인이 될 수 없으므로, 수급인 乙과 丙이 체결한 자재공급계약의 효력은 무권대리이므로 그 효력이 甲에게 미치지 않는다. 그리고 대리권 수여 표시 및 기본대리권이 부존재하므로 표현대리 성립도 불가한바, 자재공급계약에 따른 3억 원의 대금 청구는 타당하지 않다.

3. 민법 제261조에 따른 보상청구 가부

(1) **관련 조문** - 부동산의 소유자가 그 부동산에 부합한 물건의 소유권을 취득함으로 인해 손해를 받은 자는 부당이득에 관한 규정에 의하여 보상을 청구할 수 있다(민법 제256조, 제261조). 법률상 원인 없이 타인의 재산 또는 노무로 인하여 이익을 얻고 이로 인하여 타인에게 손해를 가한 자는 그 이익을 반환하여야 한다(민법 제741조). 평온, 공연하게 동산을 양수한 자가 선의이며 과실없이 그 동산을 점유한 경우에는 양도인이 정당한 소유자가 아닌 때에도 즉시 그 동산의 소유권을 취득한다(민법 제249조).

(2) **판례** - 매도인에게 소유권이 유보된 자재가 제3자와 매수인 사이에 이루어진 도급계약의 이행으로 제3자 소유 건물의 건축에 사용되어 부합된 경우 보상청구를 거부할 법률상 원인이 있다고 할 수 없지만, 제3자가 도급계약에 의하여 제공된 자재의 소유권이 유보된 사실에 관하여 과실 없이 알지 못한 경우라면 선의취득의 경우와 마찬가지로 제3자가 그 자재의 귀속으로 인한 이익을 보유할 수 있는 법률상 원인이 있다

(3) **사안의 경우** - 甲은 Y 건물에 부합된 골재(철근, 시멘트)의 소유권이 丙에게 유보된 사실을 과실 없이 알지 못하였으므로 선의취득 규정이 유추 적용되어, 丙 소유의 물건을 甲과 乙 사이에 유효한 도급계약을 원인으로 선의취득 하여 법률상 원인이 존재하는바, 丙의 甲에 대한 부당이득반환 청구는 기각되어야 한다.

4. 결론

丙의 甲에 대한 자재공급계약에 따른 3억 원의 지급 청구 및 민법 제261조에 따른 3억 원의 보상 청구 모두 부당하다.

[제2문의 3] 문제 2. 해설

1. 문제
丁의 甲에 대한 전부금청구와 관련하여 甲 상계항변의 당부 즉, (1) 지급금지채권을 수동채권으로 한 상계 가부, (2) 제3채무자의 전부채권자에 대한 상계의 범위가 문제 된다.

2. 지급금지채권을 수동채권으로 한 상계 가부

(1) 관련 조문 - 쌍방이 서로 같은 종류를 목적으로 한 채무를 부담한 경우에 그 쌍방의 채무의 이행기가 도래한 때에는 각 채무자는 대등액에 관하여 상계할 수 있다(민법 제492조 제1항). 지급을 금지하는 명령을 받은 제3채무자는 그 후에 취득한 채권에 의한 상계로 그 명령을 신청한 채권자에게 대항하지 못한다(민법 제498조).

(2) 판례
1) 도급인이 자신 소유의 토지에 근저당권을 설정하여 수급인으로 하여금 공사대금을 대출받도록 한 사안에서, 수급인의 근저당권 말소의무는 도급인의 공사대금채무와 이행상 견련관계가 인정되어 서로 동시이행관계에 있고, 도급인이 대출금을 대위변제하여 수급인이 지게 된 구상금채무도 근저당권 말소의무의 변형물로서 도급인의 공사대금채무와 동시이행관계에 있다.
2) 제3채무자의 압류채무자에 대한 자동채권이 수동채권인 피압류채권과 동시이행의 관계에 있는 경우에는, 압류명령이 제3채무자에게 송달되어 압류의 효력이 생긴 후에 자동채권이 발생하였다고 하더라도 제3채무자는 동시이행의 항변권을 주장할 수 있고 따라서 그 채권에 의한 상계로 압류채권자에게 대항할 수 있다.
3) 이 경우에 자동채권이 발생한 기초가 되는 원인은 수동채권이 압류되기 전에 이미 성립하여 존재하고 있었던 것이므로, 그 자동채권은 민법 제498조 소정의 "지급을 금지하는 명령을 받은 제3채무자가 그 후에 취득한 채권"에 해당하지 않기 때문이다.

(3) 사안의 경우
1) 물상보증인 甲은 乙에 대한 5억 원의 구상금 채권인 자동채권이 존재하고, 丁은 수급인 乙의 Y 건물 기성고 60%에 따른 甲에 대한 공사대금채권은 6억 원(=10억 원 × 60%) 중에서 3억 원에 대한 전부금 채권인 수동채권이 존재한다.
2) 수급인 乙이 근저당권 말소의무를 이행하지 아니한 결과 도급인 甲이 위 대출금 등을 대위변제함으로써 수급인 乙이 부담하게 된 구상금채무도 근저당권 말소의무의 변형물로서 그 대등액의 범위 내에서 도급인 甲의 공사대금채무와 동시이행의 관계가 인정되므로, 전부명령이 확정된 후에 甲이 구상금 채권을 취득하였다고 하더라도 甲은 구상금 채권을 자동채권으로 하여 상계를 주장할 수 있다.
3) 왜냐하면, 구상채권 발생의 기초가 되는 원인인 근저당권 설정계약을 체결하여 자금지원을 한 것은 실질적으로 도급계약의 공사대금을 선급한 것으로 압류효력 발생시점인 2019. 1. 5. 이전인 2018. 2. 5.부터 존재하고 있었던바, 민법 제498조에 저촉되지 않기 때문이다.

3. 제3채무자의 전부채권자에 대한 상계의 범위

(1) 판례

1) 가분적인 금전채권의 일부에 대한 전부명령이 확정되면 전부명령이 제3채무자에 송달된 때에 소급하여 전부된 채권 부분과 전부되지 않은 채권 부분에 대하여 각기 독립한 분할채권이 성립하게 되므로, 그 채권에 대하여 압류채무자에 대한 반대채권으로 상계하고자 하는 제3채무자로서는 전부채권자 혹은 압류채무자 중 어느 누구도 상계의 상대방으로 지정하여 상계하거나 상계로 대항할 수 있다.

2) 제3채무자의 상계 의사표시를 수령한 전부채권자는 압류채무자에 잔존한 채권 부분이 먼저 상계되어야 한다거나 각 분할채권액의 채권 총액에 대한 비율에 따라 상계되어야 한다는 이의를 할 수 없다

(2) 사안의 경우 - 丁과 乙은 각 3억 원의 분할채권을 가지게 되고, 제3채무자 甲은 전부채권자 丁 혹은 압류채무자 乙 중 어느 누구도 상계의 상대방으로 지정하여 상계하거나 상계로 대항할 수 있다. 제3채무자인 甲의 상계 의사표시를 수령한 전부채권자 丁은 압류채무자 乙에 잔존한 채권 2억 원 부분이 먼저 상계되어야 한다거나 각 분할채권액의 채권 총액에 대한 비율에 따라 상계되어야 한다는 이의를 할 수 없다.

4. 결론

甲은 구상금 채권 5억 원을 가지고 丁의 전부금 채권 3억 원을 상계하면, 丁의 전부금 채권은 모두 소멸하게 되어, 丁의 전부금 청구는 기각된다.

제2차 모의시험 제3문

〈 사실관계 1 〉

　2000년에 설립된 창고업을 목적으로 하는 비상장회사인 甲주식회사의 자본금은 20억원이며 대차대조표상 자산총액은 100억원 내외이다. 甲회사는 주권을 발행하지 않았다. 甲회사는 乙주식회사 발행주식총수의 60%와 丙주식회사 발행주식 총수의 20%를 가지고 있다. 乙회사는 丙회사 발행주식 총수의 40%를 가지고 있다. 甲회사의 정관상 대표이사의 정원은 1인이고 주주총회에서 선임하도록 되어있다.

　甲회사 대표이사 A의 임기는 2021. 2. 15.에 만료되었고, 2021. 3. 11.에 개최하는 정기주주총회에서 신임 대표이사를 선임할 예정이었다. A는 2021. 2. 25.에 甲회사 소유의 영업에 이용하지 아니하는 부동산을 B에게 시가인 25억원에 매도하는 부동산 매매계약을 이사회결의와 주주총회결의 없이 체결하였다. 그런데 甲회사의 이사회규정은 이사회에 부의할 사항으로 '자산총액의 30% 이상에 상당한 주요 자산의 취득 또는 처분하는 경우'를 규정하고 있다.

　丙회사는 C의 자금난을 해소해 줄 목적으로 C가 소유한 甲회사 주식 10,000주를 양수하였고, 1개월 후에 이를 모두 D에게 양도하였다.

문제 1.

가. 甲회사는 B에 대하여 위 부동산 매매계약의 무효를 주장할 수 있는가? (25점)

나. D가 甲회사에 명의개서를 청구하는 경우, 위 주식양도와 관련한 구체적 사실을 알게 된 甲회사는 명의개서를 거절할 수 있는가? (15점)

〈사실관계 2〉

　甲주식회사는 건설업을 행하는 비상장회사이며 보통주만을 발행한 회사이다(주권을 발행하였음). 甲회사의 발행주식총수는 100만주이고 1주의 액면금액은 1만원이며, 주주는 A와 B 뿐이다. A와 B는 69만주와 31만주를 각각 소유하고 있으며 명의개서를 완료하였다. 甲회사의 이사는 대표이사 C를 포함하여 총 3인이다. 甲회사는 정관에 제3자 배정 신주발행의 근거규정을 두고 있다. 영업실적이 악화되자 甲회사 이사회는 정기주주총회에서 의결권 있는 이익배당우선주 발행의 근거를 마련하기 위한 정관변경안을 상정하기로 결의하였다. C는 정기총회일 2주 전 A, B에게 정기주주총회 소집통지서를 발송하였지만 그 소집통지서에 정관변경건에 관하여는 아무런 기재도 하지 않았다. A와 B가 참석한 정기주주총회에서는 B가 정관변경 의안의 상정에 반대하였음에도 A의 찬성에 의하여 정관변경 결의가 성립되었다. 甲회사 이사회는 의결권 있는 이익배당우선주를 A의 친구인 D와 E에게 각각 5만주씩 1주당 2만원(공정한 시장가액)에 발행하였고, 이후 甲회사와 주식인수계약을 체결한 D와 E는 인수금액 납입을 완료하였다.

문제 2. 가
　　B는 D와 E에게 의결권 있는 이익배당우선주를 발행한 행위의 효력을 다툴 수 있는가? 다툴 수 있다면 그 방법은 무엇인가? (25점)

〈사실관계 2의 추가적 사실관계〉
　　의결권 있는 이익배당우선주를 발행한 후 별다른 다툼 없이 2년이 경과한 후 甲회사 이사회는 주가관리를 위하여 주식을 병합하기로 하였다. 이를 위하여 소집된 주주총회에서는 A, B, D, E가 참석하였고, D와 E의 반대에도 불구하고 A와 B의 찬성으로 '보통주는 2주를 병합하여 신주 1주를 발행하되 신주의 액면가는 1만원으로 하고, 의결권 있는 이익배당우선주는 4주를 병합하여 신주 1주를 발행하되 신주의 액면가는 1만원으로 하는 내용의 결의'가 이루어졌고, 이후 주식병합 절차가 진행되어 변경등기까지 완료되었다.

문제 2. 나
　　D 또는 E는 주식병합의 효력을 다툴 수 있는가? 다툴 수 있다면 그 방법은 무엇인가? (20점)

〈사실관계 3〉
　　A는 甲주식회사가 영업으로 운영하는 커피숍에 가서 음료를 주문하기 전에 먼저 화장실에 가면서 가지고 있던 고가의 최신형 노트북의 종류와 가액을 말하면서 커피숍 직원에게 맡겼다. 그러나 특별히 비싸지 아니한 외투는 좌석 테이블 위에 놓아 둔 채 화장실에 다녀왔다. 화장실에 다녀온 후 노트북과 외투 모두가 분실된 것을 알게 되었다.

문제 3.
　　甲회사는 A에게 노트북과 외투 분실에 따른 상법상 책임을 부담하는가? (15점)

[제3문] 문제 1. 가. 해설

1. 문제
(1) 임기가 만료된 대표이사의 대표권 유무, (2) 이사회 결의 없이 중요자산을 처분한 경우, 회사의 무효주장 가부가 문제 된다.

2. 임기가 만료된 대표이사의 대표권 유무

(1) **관련 조문** – 법률 또는 정관에 정한 대표이사의 원수를 결한 경우에는 임기의 만료 또는 사임으로 인하여 퇴임한 대표이사는 새로 선임된 대표이사가 취임할 때까지 이사의 권리의무가 있다(상법 제389조 제3항, 제386조 제1항).

(2) **사안의 경우** – A는 대표이사로서의 임기가 만료되었어도 주주총회에서 새로운 대표이사를 선임할 때까지는 대표이사로서의 권리와 의무를 가지므로 이 사건 부동산 매매계약을 체결할 권한은 가지고 있다.

3. 이사회 결의 없이 중요자산을 처분한 경우, 회사의 무효주장 가부

(1) **주주총회 특별결의 요부**

1) 관련 조문 – 회사가 영업의 전부 또는 중요한 일부의 양도행위를 할 때에는 주주총회 특별결의가 있어야 한다(상법 제374조 제1항 제1호).

2) 판례 – 회사의 영업 그 자체가 아닌 영업용 재산의 처분이라고 하더라도 그로 인하여 회사의 영업의 전부 또는 중요한 일부를 양도하거나 폐지하는 것과 같은 결과를 가져오는 경우에는 그 처분행위를 함에 특별결의를 요하고, 이를 거치지 않은 경우 그러한 양도는 무효이다.

3) 사안의 경우 – A가 처분한 부동산은 영업에 이용하지 아니하는 부동산으로 영업용 재산의 처분으로 말미암아 회사 영업의 일부를 양도하거나 폐지하는 결과를 가져오지 않는바, 주주총회 특별결의는 필요 없다.

(2) **중요자산 해당 여부**

1) 관련 조문 – 중요한 자산의 처분 및 양도와 같은 회사의 업무집행은 이사회의 결의로 한다(상법 제393조 제1항).

2) 판례

① 중요한 자산의 처분에 해당하는가 아닌가는 당해 재산의 가액, 총자산에서 차지하는 비율, 회사의 규모, 회사의 영업 또는 재산의 상황, 경영상태, 자산의 보유목적, 회사의 일상적 업무와의 관련성, 당해 회사에서의 종래의 취급 등에 비추어 대표이사의 결정에 맡기는 것이 상당한지 여부에 따라 판단한다.

② 중요한 자산의 처분에 해당하는 경우에는 이사회가 그에 관하여 직접 결의하지 아니한 채 대표이사에게 그 처분에 관한 사항을 일임할 수 없는 것이므로, 이사회 규정상 이사회 부의사항으로 정해져 있지 아니하더라도 반드시 이사회의 결의를 거쳐야 한다.

3) 소결 - A가 처분한 부동산은 자산총액의 25%에 해당하는 것으로 이사회 규정에도 불구하고 이사회의 승인이 필요한 중요한 자산인바, A의 처분행위는 전단적 대표행위에 해당한다.

(3) 전단적 대표행위 무효 주장 가부
1) 판례 - 이사회 결의가 필요함에도 없는 경우에는 그 거래상대방이 이에 대하여 악의 또는 중과실이 아니라면 그 거래행위는 유효하고, 이때 거래상대방이 이사회 결의가 없음에 대하여 악의 또는 중과실을 회사가 입증하여 무효로 할 수 있다.
2) 사안의 경우 - 甲회사는 B가 이 사건 매매계약에 대한 이사회 결의가 없음에 대한 악의 또는 중과실을 입증하여 위 부동산 매매계약이 무효임을 주장할 수 있다.

4. 결론

甲회사가 'B가 이사회 결의가 없거나 무효라는 사실을 알았거나 중과실로 알지 못했음을 증명'한 경우에 한하여 위 부동산 매매계약이 무효임을 주장할 수 있다.

[제3문] 문제 1. 나. 해설

1. 문제

(1) 자회사의 모회사 주식 취득금지 위반에 따른 효과, (2) 주권발행 전 주식양도의 효력 및 대항요건이 문제 된다.

2. 자회사의 모회사 주식 취득금지 위반에 따른 효과

(1) 관련 조문
1) 다른 회사의 발행주식의 총수의 100분의 50을 초과하는 주식을 가진 회사(이하 "모회사"라 한다)의 주식은 주식의 포괄적 교환, 주식의 포괄적 이전, 회사의 합병 또는 다른 회사의 영업전부의 양수로 인한 때 또는 회사의 권리를 실행함에 있어 그 목적을 달성하기 위하여 필요한 때를 제외하고는 그 다른 회사(이하 "자회사"라 한다)가 이를 취득할 수 없다(상법 제342조2 제1항).
2) 자회사는 그 주식을 취득한 날로부터 6월 이내에 모회사의 주식을 처분하여야 한다(동조 제2항).
3) 다른 회사의 발행주식의 총수의 100분의 50을 초과하는 주식을 모회사 및 자회사 또는 자회사가 가지고 있는 경우 그 다른 회사는 이 법의 적용에 있어 그 모회사의 자회사로 본다(동조 제3항).

(2) 판례 - 자기주식의 취득이 예외적으로 허용되지만, 그 밖의 경우에 있어서는, 설령 회사 또는 주주나 회사채권자 등에게 생길지도 모르는 중대한 손해를 회피하기 위하여 부득이 한 사정이 있다고 하더라도 자기주식의 취득은 허용되지 아니하는 것이고 위와 같은 금지규정에 위반하여 회사가 자기주식을 취득하는 것은 당연히 무효가 된다.

(3) 사안의 경우

1) 甲회사는 乙회사 발행주식 총수 60%를 가지고 있으므로 모자관계가 성립하는데, 甲회사와 乙회사가 합하여 丙회사의 발행주식 총수 60%를 가지고 있으므로 甲회사와 丙회사 사이에는 손회사로서 모자관계가 성립한다.

2) 그런데, 丙회사는 C의 자금난 해소를 목적으로 모회사 주식을 취득한 것으로 예외적 허용에도 해당하지 않아, 丙회사는 甲회사의 주식을 취득할 수 없음에도 이를 취득한 경우에 해당하는바, 무효가 된다.

3. 주권발행 전 주식양도의 효력 및 대항요건

(1) **관련 조문** - 주권발행 전에 한 주식의 양도는 회사에 대하여 효력이 없으나 회사성립 후 6월이 경과한 때에는 회사에 대하여도 효력이 있다(상법 제335조 제3항).

(2) **판례** - 회사성립 후 6월 이후 주식양도의 경우 자신이 적법하게 주식을 양수하였다는 증명과 함께 회사에 대하여 명의개서와 주권발행 및 교부를 청구할 수 있다.

(3) **사안의 경우** - 위법한 자회사의 모회사 주식 취득금지의 효과를 무효로 볼 경우, D의 취득 역시 무효가 되기 때문에 甲회사는 명의개서를 거절할 수 있는 정당한 사유를 가지게 된다. 다만, 주권이 발행된 경우였다면 D는 선의취득으로 보호될 가능성은 있다.

4. 결론

위법한 모회사의 주식을 취득한 丙으로부터 주식을 양도받은 D가 甲회사에 명의개서를 청구하는 경우 거절할 수 있다. 다만, 주식발행 이후 선의취득 요건을 갖춘 경우임에도 이를 거절하는 것은 부당거절에 속한다.

[제3문] 문제 2. 가. 해설

1. 문제

(1) 정관변경 주총결의의 효력을 다투기 위한 주주결의 취소의 소 가부, (2) 신주발행무효의 소 가부가 문제 된다.

2. 정관변경 주총결의의 효력

(1) **관련 조문**

1) 정관의 변경은 주주총회의 결의에 의하여야 하고, 정관의 변경에 관한 의안의 요령은 제363조에 따른 통지에 기재하여야 한다(상법 제433조 제1, 2항). 제433조 제1항의 결의는 출석한 주주의 의결권의 3분의 2 이상의 수와 발행주식총수의 3분의 1 이상의 수로써 하여야 한다(상법 제434조).

2) 주주총회를 소집할 때에는 주주총회일의 2주 전에 각 주주에게 서면으로 통지를 발송하거나 각 주주의 동의를 받아 전자문서로 통지를 발송하여야 하고, 통지서에는 회의의 목적 사항을 적어야

한다(상법 제363조 제1, 2항). 총회의 소집절차가 법령에 위반한 때에는 주주·이사 또는 감사는 결의의 날로부터 2월 내에 결의취소의 소를 제기할 수 있다(상법 제376조 제1항).

(2) 사안의 경우
1) 정관변경의 정족수 충족여부 - A와 B 모두가 참석하여 100만 주의 의결권이 참석하였고, B는 반대하였으나 A가 찬성하여 3분의2 이상과 발행주식총수의 3분의1 이상이 찬성하였기 때문에 결의가 성립하였다.
2) 목적사항 기재 흠결의 하자 - 주총 소집통지서에 기재되지 아니한 목적사항에 관한 결의는 소집절차가 법령에 위반한 하자에 해당하여, 주총결의 취소소송의 대상이 되는바, 원고 승소 판결이 내려진다면 대세효 및 소급효에 따라 정관변경결의는 무효가 될 수 있다.

3. 신주발행 무효의 소 가부
(1) 관련 조문 및 법적 성질
신주발행의 무효는 주주·이사 또는 감사에 한하여 신주를 발행한 날로부터 6월 내에 소만으로 이를 주장할 수 있다(상법 제429조). 이는 형성의 소의 성질을 가지며 대세적 효력이 있으나 소급효는 없고 재량기각의 대상이 된다.

(2) 판례
주식회사의 본질이나 회사법의 기본원칙에 반하거나 기존 주주들의 이익과 회사의 경영권에 중대한 영향을 미치는 경우로서 거래의 안전을 고려하더라도 도저히 묵과할 수 없을 정도에 이르러야 무효를 인정할 수 있다.

(3) 사안의 경우
1) B가 정관변경 결의에 대해 취소소송을 제기하여 승소판결이 확정되면 앞서 보았듯이 D와 E에게 의결권 있는 이익배당우선주를 발행한 행위는 정관에 근거규정이 없는 종류주식의 발행이라는 관점에서 법령위반의 하자가 존재하는바, 신주발행무효의 소를 제기할 수 있게 된다.
2) 다만, D와 E에게 공정한 시장가액으로 발행된 점, 영업실적 악화로 인한 유동성 위기를 극복하기 위한 자금조달의 목적이 강한 점, 신주발행으로 인한 경영권 지배에 중대한 영향을 미친다고 보기 어려운 점을 감안하여, 재량기각의 여지가 크다고 판단된다.

4. 결론
B는 D와 E에게 의결권 있는 이익배당우선주를 발행한 행위의 효력을 다투기 위하여, 정관변경결의에 관한 주주총회결의를 취소하는 소송을 제기하고, 그 승소판결의 대세효 및 소급효에 따라 신주발행 무효의 소를 제기할 수 있고, 이 소송에서 승소판결이 확정되면 D와 E에게 발행된 의결권 있는 이익배당우선주는 장래를 향하여 무효가 되고, 甲회사는 주식대금 10억원씩을 D와 E 각자에게 반환하여야 한다[1].

---

[1] 채점기준표에는 사안의 정관변경결의는 의결권 있는 이익배당우선주를 발행하기 위한 정관상의 근거규정을 마련하기 위한 절차일 뿐 의결권 있는 이익배당우선주를 발행하는 절차를 구성하는 것은 아니어서, 신주발행의 효력이 발생하였다고 하더라도 취소원인이 있는 정관변경결의의 효력을 신주발행무효의 소에 의하여만 다툴 수 있다고 볼 것은 아니며, B는 정관변경결의 취소소송을 제기하여 승소한 후 신주발행무효의 소를 제기하거나 적어도 두 소송을 동시에 제기할 필요성이 있을 것이라고 기술하고 있다. 학문적 접근으로 일견 타당해보이기는 하나 실무적 관점에서 재판부를 설득할 수 있는 논리로 볼 수 있는지에 대해서는 의문이 든다. 다만, 수험적으로 보았을 때 답안에서 승소 가능성을 논리적으로 구성하는 것을 우호적으로 보는 것을 볼 수 있는 일례(一例)로 보면 될 것 같다.

[제3문] 문제 2. 나. 해설

1. 문제
(1) 주식병합절차의 적법 여부, (2) 종류주주총회 결의 요부, (3) 자본금 감소 무효의 소 가부가 문제된다.

2. 주식병합절차의 적법 여부
(1) 관련 조문 - 자본금의 감소에는 주주총회 특별결의 및 채권자보호절차가 있어야 한다(상법 제438조 제1,2항).

(2) 사안의 경우
1) 보통주는 2주가 신주 1주로, 의결권 있는 이익배당우선주 4주가 신주 1주로 하고, 신주의 액면가는 1만원으로 하는 주식병합을 하려면 자본금 감소가 수반되므로 제438조 1항에 의하여 주주총회 특별결의로 자본금 감소를 결의하여야 하는데, 주주 A와 B의 찬성으로 주주총회 특별결의가 성립되었으므로 자본금감소를 위한 주주총회 결의는 성립되었다.
2) 채권자보호절차 준수 여부에 대하여는 설시되어 있지 않으나, 주가관리의 목적이 결손보전을 위한 경우라면 채권자보호절차를 요하지 않는다.

3. 종류주주총회 결의 요부
(1) 관련 조문 - 회사가 종류주식을 발행하는 때에는 정관에 다른 정함이 없는 경우에도 주식의 종류에 따라 주식의 병합에 관하여 특수하게 정할 수 있다(상법 제344조 제3항). 회사가 종류주식을 발행한 경우에 정관을 변경함으로써 어느 종류주식의 주주에게 손해를 미치게 될 때에는 주주총회의 결의 외에 그 종류주식의 주주의 총회의 결의가 있어야 한다(상법 제435조 제1항).

(2) 판례 - 종류 주주에게 손해를 미치는 내용으로 정관을 변경함에 있어서 그 정관변경에 관한 주주총회의 결의 외에 추가로 요구되는 종류주주총회의 결의는 정관변경이라는 법률효과가 발생하기 위한 하나의 특별요건이므로, 종류주주총회의 결의가 아직 이루어지지 않았다면 그러한 정관변경의 효력이 아직 발생하지 않는 데에 그칠 뿐이고, 그러한 정관변경을 결의한 주주총회결의 자체의 효력에는 아무런 하자가 없다.

(3) 사안의 경우 - 주식병합을 결의하는 주주총회 결의 자체가 하자가 있다고 볼 수는 없고, D와 E로 구성된 종류주주총회의 승인 결의는 자본금 감소가 유효하게 이루어지기 위한 하나의 요건으로 볼 수 있다.

4. 자본금 감소 무효의 소 가부
(1) 관련 조문 - 자본금 감소의 무효는 주주·이사·감사·청산인·파산관재인 또는 자본금의 감소를 승인하지 아니한 채권자만이 자본금 감소로 인한 변경등기가 된 날부터 6개월 내에 소만으로 주장할 수 있다(상법 제445조).

(2) 사안의 경우 - D와 E는 자신들로 구성된 종류주주총회의 승인결의 없이 보통주주인 A와 B의 찬성으로 성립된 종류주식별로 차등하여 주식병합을 하기로 하는 주주총회 결의만으로는 자본금 감소의 요건을 갖추지 못한 것임을 주장하여 자본금 감소 무효의 소를 제기하여 자본금 감소의 효력을 다툴 수 있다.

5. 결론

D와 E는 주식병합의 효력을 다투기 위하여 자본금 감소 무효의 소를 제기할 수 있고, 승소판결 내려지면 소급효가 있으므로 주식병합은 소급하여 그 효력을 잃을 수 있다.

[제3문] 문제 3. 해설

1. 문제

공중접객업자 甲 회사가 A에게 부담하는 노트북과 외투 분실에 대한 책임이 문제 된다.

2. 공중접객업자의 분실물 책임

(1) 공중접객업자 해당 여부

1) 관련 조문 - 극장, 여관, 음식점, 그 밖의 공중이 이용하는 시설에 의한 거래를 영업으로 하는 자를 공중접객업자라 한다(상법 제151조).

2) 사안의 경우 - 甲 회사는 공중이 이용하는 커피숍을 운영하고 있는바, 공중접객업자에 해당한다.

(2) 임치물 및 비(非)임치물에 대한 책임

1) 관련 조문 - 공중접객업자는 자기 또는 그 사용인이 고객으로부터 임치받은 물건의 보관에 관하여 주의를 게을리하지 아니하였음을 증명하지 아니하면 그 물건의 멸실 또는 훼손으로 인한 손해를 배상할 책임이 있다. 공중접객업자는 고객으로부터 임치받지 아니한 경우에도 그 시설 내에 휴대한 물건이 자기 또는 그 사용인의 과실로 인하여 멸실 또는 훼손되었을 때에는 그 손해를 배상할 책임이 있다(상법 제152조 제1, 2항).

2) 사안의 경우 - 고객의 범위는 공중접객업소의 시설을 이용하는 자를 말하지만 반드시 이용계약이 성립될 필요는 없는바, A는 아직 음료를 주문하지 않았어도 고객에 해당한다. 고객 A가 고가가 아닌 외투를 좌석 테이블 위에 놓아둔 것은 임치 받지 아니한 물건에 해당하므로, A가 甲회사 또는 직원의 과실로 인하여 분실되었음을 증명한 경우에 한하여 책임을 진다.

(3) 고가물에 대한 특칙

1) 관련 조문 - 고가물에 대하여는 고객이 그 종류와 가액을 명시하여 임치하지 아니하면 공중접객업자는 그 물건의 멸실 또는 훼손으로 인한 손해를 배상할 책임이 없다(상법 제153조).

2) 사안의 경우 - 고가의 최신형 노트북의 종류와 가액을 말하면서 직원에게 임치하였으므로, 甲 회사는 자기 또는 직원이 물건의 보관에 관하여 주의를 게을리하지 아니하였음을 증명하지 아니하면 노트북 분실로 인한 손해배상책임이 있다.

3. 결론

甲 회사는 A에게 (1) 노트북에 대하여는 분실에 대하여 과실없음을 증명하지 아니하면 상법 제153조의 책임을 부담하고, (2) 외투에 대하여는 A가 甲 회사의 과실을 증명한 경우에 한하여 상법 제152조 제2항의 책임을 부담한다.

제1차 모의시험 제1문

〈제1문의 1〉

乙은 丙에게 4,000만 원을 대여하여 주고 이를 돌려받지 못하고 있다. 이에 乙은 위 채권을 甲에게 양도하였고, 그 후 甲은 丙을 상대로 양수금청구의 소(전소)를 제기하여 2008. 6. 4. 전부승소 판결을 받았고 이 판결은 같은 달 20. 확정되었다.

판결 확정 후에도 丙으로부터 전혀 변제를 받지 못한 甲은 2018. 5. 25. 채권 소멸시효중단을 위해 다시 丙을 상대로 위 양수금의 지급을 구하는 소(후소)를 제기하였다. (아래의 각 문제는 독립적임)

문제 1.

후소는 적법한가? (10점)

문제 2.

후소에서 법원은 甲이 乙로부터 채권을 양도받아 2008. 6. 4. 판결을 선고받은 사실은 인정하면서도, 乙이 丙에게 위 채권의 양도사실을 통지하였거나 채권양도에 대한 丙의 승낙을 인정할 아무런 증거가 없다고 판단하였다. 법원은 甲이 위 채권의 적법한 양수인이라 할 수 없다는 이유로 甲의 청구를 기각할 수 있는가? (15점)

문제 3.

후소의 소송계속 중 제2회 변론기일에서 甲이 후소의 소장 송달 하루 전에 이미 가정법원으로부터 성년후견개시심판을 받은 사실이 밝혀졌다. 법원은 어떠한 조치를 취해야 하는가? (10점)

[제1문의 1] 문제 1. 해설

1. 문제
이행의 소 판결 확정 이후 소멸시효중단을 위한 재소의 이익 여부가 문제 된다.

2. 소멸시효중단을 위한 재소의 이익 여부
(1) **관련 조문** - 재판상의 청구로 인하여 중단한 시효는 재판이 확정된 때로부터 새로이 진행한다(민법 제178조 제2항). 확정판결은 주문에 포함된 것에 한하여 기판력을 가진다(민소법 제216조 제1항).

(2) **판례** - 확정된 승소판결에는 기판력이 있으므로, 승소 확정판결을 받은 당사자가 그 상대방을 상대로 다시 승소 확정판결의 전소와 동일한 청구의 소를 제기하는 경우 그 후소는 권리보호의 이익이 없어 부적법하나, 예외적으로 확정판결에 의한 채권의 소멸시효기간인 10년의 경과가 임박한 경우에는 그 시효중단을 위한 소는 소의 이익이 있다.

(3) **사안의 경우** - 전소 판결이 확정된 2008. 6. 4.부터 시효가 진행되어 2018. 6. 4. 시효가 완성되므로, 10년의 경과가 임박한 2018. 5. 25. 소멸시효중단을 위해 후소를 제기한 것은 소의 익이 있어 재소의 이익이 인정되는바, 후소는 적법하다.

3. 결론
후소는 적법하다.

[제1문의 1] 문제 2. 해설

1. 문제
시효중단을 위한 재소가 허용되는 경우, 전소 기판력을 받는 후소의 심리 범위가 문제 된다.

2. 소멸시효 중단을 위한 제기된 소송의 심리 범위
(1) **관련 조문 및 법리** - 확정판결은 주문에 포함된 것에 한하여 기판력을 가진다(민소법 제216조 제1항). 기판력은 전소 변론종결 전에 주장할 수 있었던 모든 공격방어방법에 미친다. 즉, 표준시 이전에 존재하였던 사실에 기한 공격·방어방법을 제출할 수 없다.

(2) **판례** - 확정된 승소 판결에는 기판력이 있으므로 동일한 소송물에 기하여 신소를 제기할 수 없으나, 시효중단 등 특별한 사정이 있는 경우에는 신소가 허용되는데, 신소의 판결이 전소의 승소 확정판결의 내용에 저촉되어서는 아니 되므로, 후소 법원으로서는 그 확정된 권리를 주장할 수 있는 모든 요건이 구비되어 있는지에 관하여 다시 심리할 수 없다.

(3) **사안의 경우** – 전소에서 양수금채권이 확정되었다면 그 후 전소의 피고 丙을 상대로 소멸시효 중단을 위하여 제기된 후소에서는 전소의 채권양도인 乙이 전소 피고 丙에게 채권의 양도사실을 통지하였는지 등 채권양도 대항요건의 구비 여부에 관하여 다시 심리할 수 없는바, 법원은 전소 변론종결후 피고의 변제사실이 밝혀지는 등의 특별한 사정이 없는 한, 전소와 동일한 이행판결을 하여야 한다.

3. 결론

법원은 기판력의 시적 범위에 의하여 차단되는 사정인 "乙이 丙에게 위 채권의 양도 사실을 통지하였거나 채권양도에 대한 丙의 승낙을 인정할 아무런 증거가 없음"을 근거로 전소와 다른 판단을 하는 것은 기판력에 위배되는바, 甲의 청구를 기각할 수 없다.

[제1문의 1] 문제 3. 해설

1. 문제

(1) 피성년후견인 甲의 소송능력 인정 여부, (2) 소송 계속 전 소송능력 상실에 따른 법원의 조치가 문제 된다.

2. 피성년후견인 甲의 소송능력 인정 여부

(1) **관련 조문** – 피성년후견인은 법정대리인에 의해서만 소송행위를 할 수 있다. 다만, 가정법원은 취소할 수 없는 피성년후견인의 법률행위의 범위를 정한 경우에는 그러하지 아니하다(민소법 제55조 제1항 제2호).

(2) **사안의 경우** – 피성년후견인은 소송능력이 없으며, 소송행위를 하기 위해서는 법정대리인에 의해야 한다. 다만, 피성년후견인의 행위 중 가정법원이 취소할 수 없다고 정한 행위에 대해서는 소송능력이 인정되나, 甲의 양수금 청구는 이에 해당되는 것으로 보이지 않는바, 甲의 소송능력은 인정되지 않는다.

3. 소송 계속 전 소송능력 상실에 따른 법원의 조치

(1) **관련 조문** – 소송능력에 필요한 권한의 수여에 흠이 있는 경우에는 법원은 기간을 정하여 이를 보정하도록 명하여야 하며, 만일 보정하는 것이 지연됨으로써 손해가 생길 염려가 있는 경우에는 법원은 보정하기 전의 당사자로 하여금 일시적으로 소송행위를 하게 할 수 있다(민소법 제59조).

(2) **판례** – 소송능력의 유무는 소송요건의 하나로서 법원은 이를 직권으로 조사하여야 하며, 조사결과 소송능력에 흠이 있으면 그 행위를 배척해야 한다. 다만, 소송무능력자의 소송행위는 무효이지만 법정대리인의 추인이 있으면 소급적으로 유효하게 될 수 있다.

(3) **사안의 경우** - 甲이 소송무능력자로서 소송행위를 했다면 그 소송행위는 무효이지만 추인의 여지가 있으므로 법원은 기간을 정하여 그 보정을 명하고, 변론종결시까지 이에 응하지 아니하면 법원은 소를 부적법 각하하여야 한다. 다만, 甲의 법정대리인의 추인이 있는 경우에는 소급해서 유효하므로 절차를 속행한다.

4. 결론

법원은 보정명령을 발하고, 변론종결시까지 이에 응하지 않으면 소를 부적법 각하한다. 다만, 甲의 법정대리인인 성년후견인이 추인하면 소송은 소급해서 유효가 되는바, 법원을 절차를 속행하면 된다.

〈제1문의 2〉

乙은 甲을 상대로 甲 소유의 토지에 관한 소유권이전등기청구의 소를 제기하였다. 이 소송에서 乙은 甲의 주소를 알고 있음에도 불구하고 甲이 마치 행방불명된 자인 것처럼 허위의 주소를 기재하여 재판장으로부터 공시송달명령을 받아 낸 다음, 제3자로 하여금 자신이 甲 소유의 토지를 매수한 것이라는 취지의 허위 증언을 하게 함과 아울러 위조된 매매계약서 등을 증거로 제출하여 승소판결을 받았다. 그 후 이 판결은 재판장의 명에 따른 공시송달의 방법에 의하여 확정되었고 乙은 자신의 명의로 소유권이전등기를 마쳤다. 그 후 위와 같은 사실을 알게 된 甲은 乙을 상대로 하여 위 토지에 관한 소유권이전등기가 원인무효임을 이유로 말소등기절차의 이행을 구하는 소를 제기하였다.

문제 1.
 이 경우 법원은 어떤 판결을 하여야 하는가? (15점)

문제 2.
 만약 甲이 위 소유권이전등기 말소등기청구소송에서 패소 확정된 후, 다시 乙을 상대로 위 토지에 관한 진정명의회복을 원인으로 한 소유권이전등기청구의 소를 제기하였다면, 법원은 어떤 판결을 하여야 하는가? (10점)

[제1문의 2] 문제 1. 해설

1. 문제
(1) 전소에 대한 구제방법, (2) 후소에 대한 법원의 판단이 문제 된다.

2. 전소에 대한 구제방법 – 공시송달에 의한 판결 편취에 대한 구제수단

(1) 판결의 효력
1) 판례 - 공시송달 명령에 의하여 공시송달을 한 이상 공시송달의 요건을 구비하지 아니한 흠결이 있다 하더라도 송달의 효력에는 영향이 없다.
2) 사안의 경우 - 공시송달에 의한 판결 편취에 해당하여 위법하지만 유효하다.

(2) 구제수단
1) 판례 - 당사자가 상대방의 주소 또는 거소를 알고 있었음에도 불구하고 소재불명 또는 허위의 주소나 거소로 하여 소를 제기한 탓으로 공시송달의 방법에 의하여 판결정본의 송달된 때에는 민소법 제451조 제1항 제11호에 의하여 재심을 제기할 수 있음은 물론이나 또한 동법 제173조에 의한 소송행위 추완에 의하여도 상소를 제기할 수 있다.
2) 사안의 경우 - 甲은 민소법 제451조 제1항 제11호에 의하여 재심을 제기하거나, 제173조에 의한 소송행위 추완에 의하여도 상소를 제기할 수 있다.

3. 후소에 대한 법원의 판단

(1) 관련 조문 - 확정판결은 주문에 포함된 것에 한하여 기판력을 가진다(민소법 제216조 제1항).

(2) 판례 - 확정된 판결에는 기판력이 있으므로 패소확정판결을 받은 당사자가 전소의 상대방을 상대로 다시 동일한 청구의 소를 제기하는 경우, 법원은 전소와 모순된 판단을 할 수 없는바, 기각 판결을 하여야 한다.

(3) 사안의 경우 - 소유권이전등기절차의 이행을 명하는 확정판결에 의하여 乙 명의의 이전등기가 마쳐진 경우에 전소에서 패소 확정된 甲이 다시 그것이 원인무효임 내세워 乙을 상대로 그 말소등기절차의 이행을 구하는 소를 제기하는 것은 이미 확정된 乙의 소유권이전등기청구권을 부인하는 것이어서 기판력에 저촉되는 바, 법원은 甲의 청구를 기각하여야 한다.

4. 결론
법원은 후소에 대하여 모순금지설에 따라 청구를 기각하여야 한다. 다만, 반복금지설에 따를 경우 소송요건의 흠결로 소가 부적법 각하될 것이다.

[제1문의 2] 문제 2. 해설

1. 문제
패소한 당사자가 동일한 소를 제기한 경우 법원의 판단이 문제 된다.

2. 패소한 당사자가 동일한 소를 제기한 경우 법원의 판단

(1) **관련 조문 및 법리** - 확정판결은 주문에 포함된 것에 한하여 기판력을 가진다(민소법 제216조 제1항). 소송물이 동일하거나 전소의 소송물에 대한 판단이 후소의 선결관계 내지 모순관계에 있을 때에는 후소에서 전소와 다른 판단을 하는 경우에도 기판력이 미친다.

(2) **판례** - 진정명의회복을 원인으로 한 소유권이전등기청구권과 무효등기의 말소청구권은 어느 것이나 진정한 소유자의 등기명의를 회복하기 위한 것으로서 실질적으로 그 목적이 동일하고 두 청구권 모두 소유권에 기한 방해배제청구권으로서 그 법적근거와 성질이 동일하므로 그 소송물은 실질상 동일한 것으로 보아야 한다.

(3) **사안의 경우** - 甲이 소유권이전등기 말소등기청구소송에서 패소 확정된 후, 다시 乙을 상대로 위 토지에 관한 진정명의회복을 원인으로 한 소유권이전등기청구의 소를 제기하였다면, 패소한 甲이 동일한 소송물에 대하여 법원의 판단을 구한 것으로 모순금지설에 따라 기각되어야 한다.

3. 결론
법원은 기각 판결을 해야 한다. 다만, 반복금지설에 따를 경우 소송요건의 흠결로 소가 부적법 각하될 것이다.

〈제1문의 3〉

건축업을 하는 甲은 乙로부터 수급을 받아 X건물을 건축하고 공사대금 10억 원을 지급받지 못하였다며 2020. 5. 10. 乙을 상대로 10억 원의 공사대금 청구의 소를 제기하였다. 한편 丙은 같은 해 6. 20. 甲의 乙에 대한 위 공사대금 채권 중 8억 원에 대하여 채권압류 및 전부명령을 받았고, 위 공사대금 청구 소송 계속 중 제3채무자인 乙에 대하여 8억 원의 전부금의 지급을 구하면서 승계참가신청을 하였다. 甲은 승계참가인의 승계 여부에 대해 다투지 않았으나 전부된 부분의 청구를 감축하지도 않았고 소송탈퇴도 하지 않았다.

문제 1.
　甲과 丙 사이의 공동소송형태에 관해 설명하시오. (10점)

〈 추가된 사실관계 〉

제1심 법원은 2020. 11. 8. 甲의 청구를 기각하고 丙의 乙에 대한 청구 중 6억 원을 지급하라는 판결을 선고하였다. 乙과 丙은 각 2020. 11. 20. 제1심판결 중 자신의 패소 부분에 대해 항소하였고 甲은 항소하지 않았다. 항소심 계속 중 乙이 丙의 전부명령이 다른 가압류와 경합된 상태에서 발령되어 무효라고 다투자 甲은 2021. 3. 5. 부대항소를 제기하였다. 또한 乙은 甲이 제1심에서 패소한 뒤 불복하지 않아 甲에 대한 판결은 분리 확정되었고 그에 따라 甲이 제기한 부대항소는 부적법하다고 주장하였다. 항소심 법원의 심리결과 丙의 압류 및 전부명령이 乙에게 송달되기 전에 甲에 대한 또 다른 채권자 丁이 甲의 乙에 대한 공사대금 채권에 대하여 5억 원의 가압류를 한 사실, 乙의 甲에 대한 미지급 공사대금이 6억 원이라는 사실이 인정되었다.

문제 2.
　항소심 법원은 어떤 판결을 하여야 하는가?(15점)

[제1문의 3] 문제 1. 해설

1. 문제
승계참가 후 피참가인이 승계 사실을 다투지 않는 경우의 소송형태가 문제 된다.

2. 丙의 승계참가 신청 적법 여부

(1) **관련 조문** – 소송이 법원에 계속되어 있는 동안에 제3자가 소송목적인 권리 또는 의무의 전부나 일부를 승계하였다고 주장하며 소송에 참가한 경우 허용된다(민소법 제81조).

(2) **판례** – 소송 계속 중 제3자가 민사소송법 제81조에 따라 소송에 참가한 후 원고가 제3자인 원고 승계참가인의 승계 여부에 대해 다투지 않으면서도 소송탈퇴를 하지 않아 소송에 남아 있는 경우, ① 2002년 민사소송법 개정에 따른 다른 다수당사자 소송제도와의 정합성, ② 승계참가인과 피참가인인 원고의 중첩된 청구를 모순 없이 합일적으로 확정할 필요성, ③ 승계참가에 관한 민사소송법 규정 등을 종합적으로 고려할 때, 승계로 인해 중첩된 원고와 원고 승계참가인의 청구 사이에 필수적 공동소송에 관한 민사소송법 제67조가 적용된다.

(3) **사안의 경우** – 전부명령에 의해 공사대금의 채권 중 8억 원은 전부채권자인 丙에게 이전되므로 권리의 승계인 丙의 승계참가 신청은 적법하고, 丙의 승계참가 후 피참가인인 甲이 소송탈퇴를 하지 않고 그대로 남아 있으므로 甲의 청구와 丙의 청구는 그 주장 자체로 양립할 수 없는 관계에 있는바, 필수적 공동소송에 관한 민사소송법 제67조가 준용된다.

3. 결론
甲과 丙 사이의 공동소송은 필수적 공동소송에 관한 민사소송법 제67조가 준용된다[1].

[제1문의 3] 문제 2. 해설

1. 문제
(1) 부대항소의 적법 여부, (2) 항소심의 판단이 문제 된다.

2. 부대항소의 적법 여부

(1) **관련 조문** – 피항소인은 항소권이 소멸된 뒤에도 변론이 종결될 때까지 부대항소를 할 수 있다 (민소법 제403조). 즉, 피항소인의 항소권이 소멸하여 독립하여 항소를 할 수 없게 된 후에도 상대

---

[1] 참고로 채점기준표에는 필수적 공동소송형태로 보아야 한다고 설시하였으나, 대법원 2019. 10. 23. 선고 2012다46170, 전원합의체 판례에서 민소법 제67조가 적용된다고 한 의미는 판단의 모순·저촉과 합일확정의 필요성 규정을 준용한다는 의미로 제한해서 이해하여야 한다. 즉, 원고와 승계참가인의 이해관계가 일치하는 것이 아니므로 합유나 총유처럼 필수적 공동소송에 해당하는 것으로 오해하여서는 안 된다. 오히려, 독립당사자참가소송 내지 예비적·선택적 공동소송의 형태로 보는 것이 더 적확하다.

방이 제기한 항소의 존재를 전제로 이에 부대하여 원판결을 자기에게 유리하게 변경을 구하는 제도를 말한다.

(2) **판례** - 제1심판결 중 원고의 청구를 기각한 부분에 대하여 원고가 항소하지 않고 승계참가인의 청구를 일부 인용한 부분에 대하여 승계참가인과 피고들만 그 패소부분에 대해 항소하였다고 하더라도, 원고 청구 부분을 포함한 제1심판결 전체의 확정이 차단되고 사건 전부에 관하여 이심의 효력이 생기므로 원고가 원심에서 제기한 부대항소는 적법하다.

(3) **사안의 경우** - 부대항소는 해당 사건이 항소심에 '이심'된 것을 당연한 전제로 하므로 해당 사건이 분리 확정되어 애당초 항소심에 이심되지 않았다면 부대항소의 제기는 불가능한데, 제1심 법원이 甲의 청구를 기각하고, 피고 乙과 승계참가인 丙만 항소하였지만 甲과 丙사이의 공동소송은 상술한 바와 같이 필수적 공동소송에 관한 규정이 준용되어 합일확정의 필요성이 인정되므로, 10억 원의 공사대금 청구 전체에 대한 확정이 차단되고 이심의 효력이 생기는바, 분리 확정되지 않은 청구에 대한 부대항소는 적법·유효하다.

3. 항소심의 판단

(1) **관련 조문** - 제1심 판결은 그 불복의 한도안에서 바꿀 수 있다(민소법 제415조). 전부명령이 제3채무자에게 송달될 때까지 그 금전채권에 관하여 다른 채권자가 압류·가압류 또는 배당요구를 한 경우에는 전부명령은 효력을 가지지 아니한다(민사집행법 제229조 제5항).

(2) **판례** - 항소심에서는 세 당사자 사이의 결론의 합일확정을 위하여 필요한 경우에는 그 한도 내에서 항소 또는 부대항소를 제기한 바 없는 당사자에게 결과적으로 제1심판결보다 유리한 내용으로 판결을 변경하는 것도 가능하다.

(3) **사안의 경우** - 승계참가인의 압류 및 전부명령 전에 원고의 또 다른 채권자 丁이 원고의 피고에 대한 공사대금 채권에 대하여 가압류를 하였고, 가압류 금액이 5억 원, 전부명령 금액이 8억 원으로 도합 13억 원이어서 피압류 및 전부금액 10억 원을 초과하였다면, 丙의 전부명령은 압류가 경합된 상태에서 발부된 것이어서 무효이므로, 丙의 전부금 청구를 기각해야 한다. 그리고 심리 결과 甲의 乙에 대한 10억 원의 청구 중 미지급대금이 6억 원으로 인정되었는바, 이 부분은 인용해야 한다.

4. 결론

항소심 법원은 "1. 1심 판결을 취소한다. 2. 乙은 甲에게 6억 원을 지급하라. 3. 丙의 乙에 대한 청구를 기각 한다"는 판결을 선고하여야 한다.

<제1문의 4>

甲은 A 법인의 대표인 乙로부터 폭행을 당하여 乙을 상대로 불법행위로 인한 손해배상청구의 소를 제기하였다. 甲이 乙의 주소지를 알지 못하였기 때문에 법원은 소장 부본을 A 법인에 있는 乙의 사무실로 송달하게 하였다. 그런데 乙이 부재중인 사실을 확인한 우편집배원이 통상 우편물을 수령하던 A 법인의 총무과 직원 C에게 소장부본의 수령을 요구하였으나 C가 수령을 거부하므로, 우편집배원은 C의 책상에 위 소장부본을 두고 간 후 법원에 해당 내용이 담긴 송달보고서를 제출하였다. 이에 법원은 30일이 경과된 후 답변서가 제출되지 않았음을 이유로 변론 없이 원고승소 판결을 선고하였다.

문제 1.
위와 같은 법원의 판결은 적법한가? (15점)

[제1문의 4] 문제 1. 해설

1. 문제
(1) 무변론 판결의 가부, (2) 송달의 적법 여부가 문제 된다.

2. 무변론 판결의 가부
(1) 관련 조문 - 피고가 원고의 청구를 다투는 경우에는 소장의 부본을 송달받은 날부터 30일 이내에 답변서를 제출하여야 한다(민소법 제256조 제1항). 법원은 피고가 제256조 제1항의 답변서를 제출하지 아니한 때에는 청구의 원인이 된 사실을 자백한 것으로 보고 변론 없이 판결할 수 있다(민소법 제257조 제1항).

(2) 사안의 경우 - 甲의 乙에 대한 불법행위로 인한 손해배상청구 소장 부본이 적법·유효하게 송달되었음에도 30일 이내에 답변서가 제출되지 않았다면, 무변론 원고승소판결이 가능한바, 송달의 적법 여부가 논의되어야 한다.

3. 송달의 적법 여부
(1) 관련 조문

1) 교부송달

송달은 받을 사람의 주소·거소·영업소 또는 사무소(이하 "주소등"이라 한다)에서 한다. 주소를 알지 못하거나 그 장소에서 송달 할 수 없는 때에는 송달받을 사람이 고용·위임 그 밖에 법률상 행위로 취업하고 있는 다른 사람의 주소등(이하 "근무장소"라 한다)에서 송달할 수 있다(민소법 제183조 제1, 2항).

2) 보충송달

근무장소 외의 송달할 장소에서 송달받을 사람을 만나지 못한 때에는 그 사무원, 피용자 또는 동거인으로서 사리를 분별할 지능이 있는 사람에게 서류를 교부할 수 있다(민소법 제186조 제1항). 근무장소에서 송달받을 사람을 만나지 못한 때에는 제183조 제2항의 다른 사람 또는 그 법정대리인이나 피용자 그 밖의 종업원으로서 사리를 분별할 지능이 있는 사람이 서류의 수령을 거부하지 아니하면 그에게 서류를 교부할 수 있다(민소법 제186조 제2항).

3) 유치송달

서류를 송달받을 사람 또는 제1항의 규정에 의하여 서류를 넘겨받을 사람이 정당한 사유 없이 송달받기를 거부하는 때에는 송달할 장소에 서류를 놓아둘 수 있다(민소법 제186조 제3항).

(2) 판례 - 송달은 원칙적으로 받을 사람의 주소·거소·영업소 또는 사무소에서 해야 하는데, 여기서 말하는 영업소 또는 사무소는 송달받을 사람 자신이 경영하는 영업소 또는 사무소를 의미하는 것이지 송달받을 사람의 근무장소는 이에 해당하지 않으며, 송달받을 사람이 경영하는, 그와 별도의 법인격을 가지는 회사의 사무실은 송달받을 사람의 영업소나 사무소라 할 수 없고, 이는 그의 근무장소에 지나지 아니한다.

(3) 사안의 경우
1) 乙에게 있어 A 법인 사무실의 의미는 근무장소이다. 법인과 대표는 별도의 인격체이므로, 송달받을 사람이 고용·위임 그 밖에 법률상 행위로 취업하고 있는 다른 사람 즉, A 법인의 주소에 해당하기 때문이다.
2) 근무장소에서의 송달이라도 송달받을 자 본인 乙에게 송달되었다면 문제가 없으나, 수령대행인에 대한 송달의 경우에는 사용자, 그의 법정대리인이나 피용자 그 밖의 종업원(이하 "사용자 등")이 받기를 거부하지 않을 때 할 수 있다. 즉, 근무장소에서의 송달은 그 사용자 등이 받기를 거부하지 않을 때만 가능하므로, 이들이 수령을 거부하면 교부송달은 물론 유치송달도 할 수 없는 바, 우편집배원이 한 유치송달은 부적법하다.

4. 결론
유치송달이 부적법하다면 소장 부본이 乙에게 적법하게 송달되었다고 할 수 없고, 그로부터 30일 내에 답변서가 제출되지 않았다고 하더라도 자백으로 간주할 수 없기 때문에 무변론 판결도 불가능하게 되는바, 법원이 한 무변론 판결은 부적법하다.

〈제1문의 5〉

〈 기초적 사실관계 〉

甲은 2013. 1. 5. A상호신용금고(이하 'A금고'라 한다)로부터 1억 원을 빌리면서 변제기는 2014. 1. 5.로 하고 이자는 월 1%로 매월 말일 지급하기로 하였다. 甲은 이 대출금채무를 담보하기 위하여 자신의 X 부동산(시가 1억 2천만 원) 및 乙 소유의 Y 부동산(시가 1억 원)에 대해 저당권 설정등기를 마쳐주었다. 그런데 甲은 乙에게 변제기가 지난 대여금채권 1억 원을 가지고 있었다.

그 후 乙은 2016. 4. 1. 丙으로부터 1억 원을 차용하면서 Y 부동산에 대해 2번 저당권을 설정해 주었고, 甲은 2016. 5. 1. 丁으로부터 5천만 원을 차용하면서 X 부동산에 대해 2번 저당권을 설정해 주었다.

(※ 아래 각 질문은 상호 독립적이고 서로 무관함)

〈 추가된 사실관계 1 〉

甲이 A금고에 대해 이자만 지급하고 대출 원금은 변제하지 않자, A 금고는 2018. 5. 3. Y 부동산에 대해 임의경매를 신청하였다. 이후 진행된 경매절차에서 Y 부동산이 1억 원에 경매되어 A 금고는 대출원금 1억 원 전액을 우선 배당받았다(이하 경매비용과 지연이자 등은 고려하지 말 것).

문제 1.

2019. 10. 10. X 부동산이 1억 2천만 원에 경매되었고 乙, 丙, 丁이 채권을 전혀 변제받지 못하여 채권 전액으로 배당 신청한 경우, 그 매각대금은 누구에게 어떻게 배당되는지 판단하시오. (10점)

문제 2.

丙은 乙을 대위하여 A 금고에게 X 부동산에 대한 1번 저당권 설정등기의 이전을 구하였다. 그러자 오히려 甲은 乙의 甲에 대한 구상금 채권과 甲의 乙에 대한 대여금채권의 상계를 주장하면서 A 금고에게 1번 저당권 설정등기의 말소를 구하였다. 甲의 주장이 타당한지 판단하시오. (10점)

〈추가된 사실관계 2〉

甲은 A 금고에게 원금은 물론 변제기 이후 이자조차 전혀 지급하지 못하고 있었다. 이에 A 금고는 2020. 10. 5. X 부동산에 대하여 임의경매를 신청하였고, 이에 따라 임의경매절차가 개시되어 2020. 12. 5. 배당기일에서 A 금고가 매매대금 중 1억 원을 배당받는 것으로 배당표가 작성되었다. 甲은 경매절차의 진행사실을 알고도 아무런 이의를 제기하지 않았다.

문제 3.

A 금고는 위 경매절차에서 매매대금 중 1억 원을 배당받아 그때까지의 이자 및 원금 일부의 변제에 충당하였다. A 금고는 2021. 1. 15. 다시 나머지 원금을 변제받기 위하여 Y 부동산에 대해 임의경매를 신청하였는데 乙은 소멸시효 완성의 항변을 하였다. 乙의 주장이 타당한지 판단하시오. (15점)

문제 4.

위 경매절차에서 甲의 일반채권자 戊는 배당절차에서 A 금고의 배당에 대해 이의를 제기한 후, 甲을 대위하여 소멸시효 완성의 항변을 하였다. 이에 대하여 A 금고는 ① 甲은 배당절차에서 아무런 이의를 제기하지 않았으므로 더 이상 소멸시효 완성을 원용할 수 없고, ② 설사 원용할 수 있더라도 제3자인 戊는 이를 대위할 수 없다고 주장하였다. A 금고의 주장이 타당한지 판단하시오. (15점)

[제1문의 5] 문제 1. 해설

1. 문제
제368조 제2항 후문에 의한 후순위저당권자의 대위와 변제자대위의 우선순위가 문제 된다.

2. 제368조 제2항 후문에 의한 후순위저당권자의 대위와 변제자대위의 우선순위

(1) 판례

1) 공동저당의 목적인 물상보증인 소유 부동산에 먼저 경매가 이루어져 경매대금의 교부에 의하여 1번 저당권자가 변제를 받은 때에는 물상보증인은 채무자에 대하여 구상권을 취득함과 동시에 민법 제481조, 제482조의 규정에 의한 변제자대위에 의하여 채무자 소유 부동산에 대한 1번 저당권을 취득한다.

2) 이러한 경우, 자기 소유 부동산이 먼저 경매되어 1번 저당권자에게 대위변제를 한 물상보증인은 1번 저당권을 대위취득하고, 물상보증인 소유 부동산의 후순위저당권자는 1번 저당권에 대하여 물상대위를 할 수 있다.

(2) 사안의 경우

물상보증인 乙소유 Y부동산에 먼저 경매가 이루어져 1번 저당권자 A가 전액 변제를 받은 경우에는, 물상보증인 乙은 채무자 甲에 대한 구상권을 취득함과 동시에 변제자 대위에 의하여 채무자 甲소유 X부동산에 대한 1번 저당권을 취득하며, 후순위저당권자 丙은 1번 저당권에 물상대위를 행사하여 우선변제를 받게 되는바, 丙은 1억원, 丁은 2천만 원을 배당받는다.

3. 결론
乙은 0원, 丙은 1억 원, 丁은 2천만 원을 배당받는다.

[제1문의 5] 문제 2. 해설

1. 문제
甲의 상계권 행사 당부가 문제 된다.

2. 甲의 상계권 행사 당부

(1) **관련 조문** - 쌍방이 서로 같은 종류를 목적으로 한 채무를 부담하는 경우에 그 쌍방의 채무의 이행기가 도래한 때에는 각 채무자는 대등액에 관하여 상계할 수 있다(제492조 제1항).

(2) 판례

1) 채무자는 물상보증인에 대한 반대채권이 있더라도 물상보증인의 구상금 채권과 상계함으로써 물상보증인 소유의 부동산에 대한 후순위저당권자에게 대항할 수 없다.

2) 채무자는 선순위공동저당권자가 물상보증인 소유의 부동산에 대해 먼저 경매를 신청한 경우에 비로소 상계할 것을 기대할 수 있는데, 이처럼 우연한 사정에 의하여 좌우되는 상계에 대한 기대가 물상보증인 소유의 부동산에 대한 후순위저당권자가 가지는 법적 지위에 우선할 수 없기 때문이다.

(3) 사안의 경우

1) 甲은 乙에 대한 대여금 채권을 자동채권으로 乙의 甲에 대한 구상금 채권과 상계를 주장할 수 없다.

2) 왜냐하면, 채무자 甲은 A 금고 채무에 대한 최종적인 책임을 지는 자로 물상보증인 乙소유 Y부동산이 아닌 자기 소유 X부동산이 먼저 경매되었다면 상계를 기대할 수 없었는데, Y부동산이 먼저 경매된 우연한 사정으로 발생한 상계 기대이익이 丙에게 법적으로 인정되는 물상대위권보다 우선할 수는 없기 때문이다.

3. 결론

甲의 상계 주장은 부당하다.

[제1문의 5] 문제 3. 해설

1. 문제

(1) 甲의 시효이익 포기 여부, (2) 물상보증인 乙의 시효항변 당부가 문제 된다.

2. 甲의 시효이익 포기 여부

(1) 관련 조문 - 상행위로 인한 채권은 5년간 행사하지 아니하면 소멸시효가 완성한다(상법 제64조).

(2) 판례 - 소멸시효가 완성된 채무를 피담보채무로 하는 근저당권이 실행되어 채무자 소유의 부동산이 경락되고 대금이 배당되어 채무의 일부 변제에 충당될 때까지 채무자가 아무런 이의를 제기하지 아니하였다면, 채무자는 시효완성의 사실을 알고 채무를 묵시적으로 승인하여 시효의 이익을 포기한 것으로 볼 수 있다.

(3) 사안의 경우 - 甲이 A금고로부터 금전을 차용한 행위는 상행위로서 5년의 시효기간이 적용되어 2019. 1. 5. 소멸시효가 완성되므로, 시효완성 이후인 2020. 10. 5. 임의경매가 실행되고 배당이 실시될 때까지 아무런 이의를 제기하지 않은 것은 시효이익 포기로 해석된다.

3. 물상보증인 乙의 시효항변 당부

(1) 관련 조문 - 주채무자의 항변포기는 보증인에게 효력이 없다(민법 제433조 제2항).

(2) 판례 - 타인의 채무를 담보하기 위하여 자기의 물건에 담보권을 설정한 물상보증인이 피담보채권의 소멸시효 완성을 주장할 수 있고, 채무자가 시효이익을 포기한 경우, 물상보증인에게 효력이 없다.

(3) **사안의 경우** - 피담보채권의 소멸시효가 완성된 이후 2021. 1. 15. 채무자 소유 X 부동산에서 배당받지 못한 나머지 원금을 변제받기 위하여 물상보증인 乙 소유 Y 부동산에 대한 임의경매신청절차에서, 乙은 채무자 甲의 시효이익 포기의 효과가 미치지 않으므로, 독자적으로 주채무의 소멸시효 완성 항변을 주장하는 것은 타당하다.

4. 결론

乙의 주장은 타당하다.

[제1문의 5] 문제 4. 해설

1. 문제

(1) 甲의 시효이익 묵시적 포기 여부, (2) 채무자의 다른 채권자 戊의 시효완성 대위 주장 가부가 문제된다.

2. 甲의 시효이익 묵시적 포기 여부

상술한 바와 같이, 甲이 A금고로부터 금전을 차용한 행위는 상행위로서 5년의 시효기간이 적용되어 2019. 1. 5. 소멸시효가 완성되므로, 시효완성 이후인 2020. 10. 5. 임의경매가 실행되고 배당이 실시될 때까지 아무런 이의를 제기하지 않은 것은 시효이익의 묵시적 포기로 해석될 수 있다.

3. 채무자의 다른 채권자 戊의 시효완성 대위 주장 가부

(1) **관련 법리** - 소멸시효가 완성된 경우 채무자에 대한 일반채권자는 채권자의 지위에서 독자적으로 소멸시효의 주장을 할 수 없다.

(2) **판례** - 일반 채권자는 채무자를 대위하여 소멸시효 주장을 할 수 있으므로 채무자가 배당절차에서 이의를 제기하지 아니하였다고 하더라도 채무자의 다른 채권자가 이의를 제기하고 채무자를 대위하여 소멸시효 완성의 주장을 원용하였다면, 시효의 이익을 묵시적으로 포기한 것으로 볼 수 없다.

(3) **사안의 경우** - 戊가 甲을 대위하여 소멸시효 완성의 항변을 하였으므로 甲이 시효의 이익을 포기한 것으로 볼 수 없다.

4. 결론

A 금고의 ①번 주장은 타당하나, ②번 주장은 타당하지 않다. 결국, 甲의 일반채권자 戊가 甲을 대위하여 행사한 소멸시효 완성 항변은 타당하다.

제1차 모의시험 제2문

〈제2문의 1〉

〈 기초적 사실관계 〉

甲과 乙은 1997. 11. 1. X 토지에 대하여 각 1/2의 지분으로 하는 공유등기를 마쳤다. X 토지의 관리는 乙이 하였다. 한편 甲은 사업자금을 마련하기 위해 A 은행으로부터 5억 원을 차용하면서 2010. 1. 5. X 토지에 대한 자신의 1/2지분에 근저당권을 설정해 주었다.

(※ 아래 각 질문은 상호 독립적이고 서로 무관함)

문제 1.

乙은 甲 소유 지분에 대해 처분권이 없음에도 불구하고 甲의 동의를 얻은 것처럼 하여 1999. 3. 5. X 토지 전체를 丙에게 매도하였다. 丙은 소유권이전등기는 경료하지 않은 채 같은 날부터 현재까지 X 토지를 점유해 왔다. 한편 甲이 채무를 변제하지 않자 A 은행은 저당권 실행의 경매를 신청하여 2018. 10. 1. 경매개시결정을 받아 당일 기입등기를 마쳤다. 2019. 5. 15. 丙은 甲으로부터 취득시효 완성을 원인으로 하여 그 지분에 관한 소유권이전등기를 받은 후 A 은행을 상대로 근저당권등기의 말소를 구하는 소를 제기하였다. 이에 대해 A 은행은 X토지 중 甲의 지분에 대한 압류에 의해 시효가 중단되었다고 항변하였다.

丙의 A 은행에 대한 청구가 타당한지 A 은행의 항변을 고려하여 판단하시오. (20점)

문제 2.

甲이 A 은행에 대한 대여금채무를 변제하지 못한 채 X 토지가 2015. 5. 10. 공유물분할절차에 따라 X1, X2로 분할되었다. 乙은 2018. 5. 10 丙으로부터 1억 원을 차용하면서 자기의 단독소유가 된 X2 토지에 대해 저당권을 설정해 주었다. 甲이 A 은행에 대한 채무를 변제하지 않자, 2020. 10. 20. X2 토지에 대한 임의경매절차가 개시되어 2021. 1. 5. 배당기일에서 A 은행이 X2 토지의 매각대금 2억 원 전부를 우선변제받는 것으로 배당표가 작성되었다. 이에 대하여 丙은 A 은행에게는 X2 토지의 매각대금에 대하여 우선변제권이 없다고 이의를 제기하였다. 丙의 주장이 타당한지 판단하시오. (15점)

[제2문의 1] 문제 1. 해설

1. 문제
(1) 점유취득시효 주장 가부, (2) A 은행의 X토지에 대한 압류가 취득시효 중단 사유 여부가 문제된다.

2. 점유취득시효 주장 가부
(1) **관련 조문** - 20년간 소유의 의사로 평온, 공연하게 부동산을 점유하는 자는 등기함으로써 그 소유권을 취득한다(민법 제245조 제1항).

(2) **판례** - 점유취득시효로 인한 부동산소유권 취득은 원시취득으로 원소유자의 소유권에 가하여진 제한에 의하여 영향을 받지 아니하는 완전한 내용의 소유권을 취득한다.

(3) **사안의 경우**
1) 丙은 1999. 3. 5. 甲의 동의를 얻었다고 주장하는 乙의 말을 믿고 X 부동산 전체를 미등기매수인의 지위에서 점유를 시작하였으므로 선의·자주점유가 추정되므로, 20년을 경과한 2019. 3. 5. X부동산 전체 지분에 대한 점유취득시효 완성을 주장할 수 있다.
2) 이에, 점유취득시효 완성 이전인 2010. 1. 5. X토지 甲 소유 1/2지분에 설정된 A은행에 대한 근저당권은 원시취득의 효과로서 말소의 대상이므로 근저당권설정등기말소청구는 일응 타당하다.

3. A 은행의 X토지 압류 취득시효 중단 사유 여부
(1) **관련 조문** - 소멸시효의 중단에 관한 규정은 점유취득시효 기간산입에 준용한다(민법 제247조 제2항). 소멸시효는 압류로 인해 중단된다(민법 제168조 제2호).

(2) **판례** - 부동산에 압류 또는 가압류 조치가 이루어졌다고 하더라도 이로써 종래의 점유상태의 계속이 파괴되었다고는 할 수 없으므로 이는 취득시효의 중단사유가 될 수 없다.

(3) **사안의 경우** - A은행이 X토지에 대하여 2018. 10. 1. 경매개시결정을 받아 등기부에 기재된 이른바 '압류등기'는 점유상태의 계속을 파괴하는 사유에 해당되지 않으므로, X토지에 대한 시효가 압류로 중단되었다는 항변은 타당하지 않다.

4. 결론
丙의 A은행에 대한 근저당권설정등기 말소등기를 구하는 청구는 타당하다.

[제2문의 1] 문제 2. 해설

1. 문제
(1) 공유물 분할과 지분 상의 담보물권 존속 가부, (2) A 은행의 X2 토지에 대한 우선변제권 존속 여부가 문제 된다.

2. 공유물 분할과 지분 상의 담보물권 존속 가부

(1) **판례** - 부동산의 일부 공유지분에 관하여 저당권이 설정된 후 부동산이 분할된 경우, 그 저당권은 분할된 각 부동산 위에 종전의 지분비율대로 존속하고, 분할된 각 부동산은 저당권의 공동담보가 된다.

(2) **사안의 경우** - X토지 1/2지분을 소유한 甲이 2010. 1. 5. A은행으로부터 5억 원을 차용하면서 설정한 근저당권은, 2015. 5. 10. 공유물분할절차에 따라 X1, X2로 분할되었더라도 각 부동산에 동일하게 존속하는바, 각 토지의 1순위 근저당권으로서 지위를 상실하지 않는다.

3. A 은행의 X2 토지에 대한 우선변제권 존속 여부

(1) **관련 조문** - 동일한 채권의 담보로 수개의 부동산에 저당권을 설정한 경우에 그 부동산의 경매대가를 동시에 배당하는 때에는 각부동산의 경매대가에 비례하여 그 채권의 분담을 정한다(민법 제368조 제1항). 제1항의 저당부동산중 일부의 경매대가를 먼저 배당하는 경우에는 그 대가에서 그 채권 전부의 변제를 받을 수 있다(민법 제368조 제2항).

(2) **사안의 경우** - X토지의 지분 위에 설정된 저당권의 담보적 효력은 X1과 X2 부동산 위에 그대로 유지되므로, 동일한 채권의 담보로 저당권이 설정된 것이며 공동저당이 성립한다. X2의 부동산이 먼저 경매되어 공동저당의 목적인 부동산 중 일부만이 경매에 들어간 것이 되고, 공동저당 중 이시배당에 관하여 규정하고 있는 민법 제368조 제2항의 법리에 따라 2억 원에 대해서 우선변제 받을 수 있다.

4. 결론
A 은행에 X2 토지의 매각대금에서 우선변제권이 인정되는바, 우선변제권이 없다는 丙의 주장은 타당하지 않다.

〈제2문의 2〉

〈 기초적 사실관계 〉

甲은 1997. 5. 28. 乙로부터 그 소유 X 부동산을 매수하여 1997. 7. 28. 소유권이전등기를 마치고 당일부터 X 부동산을 점유하고 있다. 丙은 乙에 대하여 가지고 있는 5억 원의 채권을 피보전권리로 하여 甲을 상대로 위 매매계약에 대한 사해행위취소 및 원상회복을 구하는 소를 제기하였다. 이에 법원은 위 매매계약을 취소하고 甲은 丙에게 위 소유권이전등기의 말소등기절차를 이행하라는 판결을 선고하였고, 이는 1999. 2. 3. 확정되었다. 丙은 1999. 4. 6. 소유권이전등기 말소등기청구권을 보전하기 위하여 X 부동산에 대한 처분금지 가처분등기를 마쳤다.

(※ 아래 각 질문은 상호 독립적이고 서로 무관함)

문제 1.

그 후로 별다른 조치를 취하지 않았던 丙이 2015. 3. 12. 위 판결에 기하여 X 부동산에 대한 甲 명의의 소유권이전등기의 말소를 청구하자, 甲은 그 소유권이전등기 말소등기청구권이 시효가 완성되어 소멸하였음을 항변하였다. 丙의 甲에 대한 청구가 타당한지 판단하시오. (10점)

〈추가된 사실관계〉

그 후로 별다른 조치를 취하지 않았던 丙은 2015. 3. 12. 위 판결에 기하여 X 부동산에 대한 甲 명의의 소유권이전등기를 말소하여 소유자 명의를 乙로 환원하였다. 그 후 丙은 경매신청을 하여 2015. 4. 18. X 부동산에 대해 경매개시결정의 기입등기가 이루어졌다.

문제 2.

위 압류에 기하여 경매가 진행되었고 丁이 2017. 9. 19. X 부동산을 취득하였다. 丁이 현재의 X 부동산의 점유자인 A에게 소유권에 기하여 점유의 반환을 주장하자, A는 2016. 3. 5. 甲과의 계약으로 X 부동산을 수리하여 공사대금 채권 2억 원을 취득하였음을 이유로 유치권을 행사하면서 인도를 거절하였다. 丁의 A에 대한 청구가 타당한지 판단하시오. (15점)

[제2문의 2] 문제 1. 해설

1. 문제
사해행위취소에 기한 원상회복청구권의 시효완성 및 중단 여부가 문제 된다.

2. 사해행위취소에 기한 원상회복청구권의 시효완성 및 중단 여부
(1) **관련 조문** - 채무자가 채권자를 해함을 알고 재산권을 목적으로 한 법률행위를 한 때에는 채권자는 그 취소 및 원상회복을 법원에 청구할 수 있다(민법 제406조 제1항). 채권은 10년간 행사하지 아니하면 소멸시효가 완성한다(민법 제162조 제1항). 소멸시효는 가처분의 사유로 인해 중단된다(민법 제168조 제2호).

(2) **판례** - 민법 제168조에서 가압류를 시효중단사유로 정하고 있는 것은 가압류에 의하여 채권자가 권리를 행사하였다고 할 수 있기 때문인데 가압류에 의한 집행보전의 효력이 존속하는 동안은 가압류채권자에 의한 권리행사가 계속되고 있다고 보아야 할 것이므로 가압류에 의한 시효중단의 효력은 가압류의 집행보전의 효력이 존속하는 동안은 계속 된다.

(3) **사안의 경우** - 처분금지가처분에 의한 시효중단의 효력은 가처분의 집행보전의 효력이 존속하는 동안은 계속되므로, 취소채권자인 丙이 1999. 4. 6. 소유권이전등기 말소등기청구권을 보전하기 위하여 가처분등기를 한 때에, 사해행위취소 판결에 기한 말소등기청구권의 소멸시효는 중단되었고, 이후 가처분 등기의 효력이 존속하는 한 시효중단의 효력은 지속되는바, 시효는 완성되지 않았다.

3. 결론
丙의 소유권이전등기 말소등기청구권은 시효가 완성되지 않았는바, 丙의 원상회복청구에 기한 말소 주장은 타당하다.

[제2문의 2] 문제 2. 해설

1. 문제
압류등기 이후 성립된 유치권 항변의 당부가 문제 된다.

2. 압류등기 이후 성립된 유치권 항변의 당부
(1) **관련 조문** - 타인의 물건을 점유한 자는 그 물건에 관하여 생긴 채권이 변제기에 있는 경우에는 변제를 받을 때까지 그 물건을 유치할 권리가 있고, 점유가 불법행위로 인한 경우에 유치할 권리가 없다(민법 제320조 제1항).

(2) **판례** - 유치권은 그 목적물에 관하여 생긴 채권이 변제기에 있는 경우에 비로소 성립하고, 한편 채무자 소유의 부동산에 경매개시결정의 기입등기가 마쳐져 압류의 효력이 발생한 후에 유치권을 취득한 경우에는 그로써 그 부동산에 관한 경매절차의 매수인에게 대항할 수 없다.

(3) **사안의 경우** - A가 수급인으로서 가지는 공사대금 채권은 점유하는 X 부동산과 견련관계를 가지는 채권이며, 소유권자인 甲과의 계약체결에 기한 점유로 불법점유가 아니고, 공사대금 채권의 변제기 또한 도래하였다는 점에서 A의 유치권은 성립요건을 충족한다. 그러나, 채무자 甲 소유의 X 부동산에 경매개시결정의 기입등기가 마쳐져 압류의 효력이 발생한 후에 유치권을 취득하였기에, 경매절차의 매수인 丁에게 대항할 수 없다.

3. 결론

A의 유치권 항변이 타당하지 않으므로 丁의 A에 대한 청구는 인용된다.

〈제2문의 3〉

〈 기초적 사실관계 〉

甲은 2021. 1. 1. 乙 소유의 X 토지를 10억 원에 매수하는 계약을 체결하였다. 약정에 따라 계약금 2억 원은 계약 당일에, 중도금 4억 원은 같은 해 2월 1일, 잔금 4억 원은 같은 해 3월 1일 각각 지급하기로 약정하였다. 다만 甲은 계약 당일 1억 원만 乙의 계좌에 입금하고 나머지 계약금 1억 원은 1월 4일 입금하기로 합의하였다.

(※ 아래 각 질문은 상호 독립적이고 서로 무관함)

〈 추가된 사실관계 1 〉

계약 다음날 乙은 X 토지 인근지역의 개발정보를 접하고 甲에게 매매대금 인상을 위한 재협상을 요구하였다. 甲이 거절하자, 乙은 甲에게 수령한 계약금 1억 원의 배액인 2억 원을 제공하며 계약의 해제를 통지하였다. 甲이 그 수령을 거절하고, 2021. 1. 4. 나머지 계약금 1억 원을 乙의 계좌에 입금하자, 乙은 그 다음날 다시 해제의 의사표시를 하면서 계약금의 배액인 4억 원을 2021. 1. 17.에 반환하겠다고 통지하였다. 그러자 甲은 2021. 1. 15. 중도금 4억 원을 乙의 계좌에 입금하였다. 그러자 乙은 2021. 1. 17. 약정한 계약금의 배액인 4억 원 및 중도금 4억 원의 반환을 위한 이행의 제공을 하면서 해제의 의사표시를 하였다.

문제 1.

乙에 의한 계약의 해제 여부를 판단하시오. (20점)

〈추가된 사실관계 2〉

甲이 乙에게 계약금과 중도금을 지급하였으나 그 일대의 토지 가격이 급등하자, 乙은 丙에게 접근하여 X 토지를 18억 원에 매도하겠다고 제안을 하였고, 丙은 당해 토지가 이미 다른 사람에게 매각된 것임을 잘 알면서도 이를 승낙하였다. 이에 따라 乙과 丙은 X 토지에 대한 매매계약을 체결하고, 乙은 2021. 2. 15. 丙에게 소유권이전등기를 마쳐주었다.

문제 2.

甲이 丙을 상대로 소를 제기하기 전에 변호사에게 ① 乙과 丙 사이의 X 토지에 대한 매매계약이 반사회질서 법률행위로 무효인지, ② 乙과 丙 사이의 매매계약을 사해행위로 취소할 수 있는지를 자문하였다. 甲의 위 자문에 대한 변호사의 적절한 답변을 검토하시오. (20점)

[제2문의 3] 문제 1. 해설

1. 문제
(1) 계약금 일부 지급한 경우의 해제권 행사요건 충족 여부, (2) 계약금 배액 반환 후 해제권 행사 적법 여부가 문제 된다.

2. 계약금 일부 지급한 경우의 해제권 행사요건 충족 여부
(1) **관련 조문** - 매매의 당사자 일방이 계약 당시에 금전을 계약금 목적으로 상대방에게 교부한 때에는 일방이 이행에 착수할 때까지 수령자는 그 배액을 상환하여 매매계약을 해제할 수 있다(민법 제565조 제1항).

(2) **판례** - 계약금 일부만 지급되어 수령자가 매매계약을 해제할 경우, 해약금 기준이 되는 금원은 '실제 교부받은 계약금'이 아니라 '약정 계약금'이므로, 매도인이 계약금의 일부로서 지급받은 금원의 배액을 상환하는 것으로는 매매계약을 해제할 수 없다.

(3) **사안의 경우** - 매도인 乙이 계약금 2억 원 중 일부 지급받은 1억 원의 배액인 2억 원을 제공하며 계약의 해제를 통지한 것은 적법한 해제라고 볼 수 없는바, 이로 인하여 계약이 해제되었다고는 볼 수 없다.

3. 계약금 배액 반환 후 해제권 행사 적법 여부
(1) **판례**
1) 당사자 간 이행기 전 이행에 착수하지 않기로 하는 특약을 하는 등 특별한 사정이 없는 한 이행 전에도 이행에 착수할 수 있고 그로 인하여 매도인은 더 이상 해제권을 행사할 수 없다.
2) 그런데, 매도인이 이미 민법 제565조 제1항에 따라 해제의 의사표시를 한 때에는 매수인이 이행기 전에 이행에 착수할 수 없는 특별한 사정이 있는 것으로 보아야 하고 이때 해약금의 제공이 적법하지 못하다면 해제권을 보유하고 있는 동안 적법한 제공을 한 때에 계약이 해제된다.

(2) **사안의 경우** - 약정한 중도금 지급기일 2021. 2. 1 전인 2021. 1. 4. 약정한 계약금의 배액 4억 원을 2021. 1. 17. 반환하겠다는 것은 민법 제565조 제1항의 해약금 해제의 의사표시를 한 것으로 볼 수 있고, 이는 이행기 전에 이행에 착수할 수 없는 특별한 사정에 해당하여 甲이 2021. 1. 15. 4억 원을 지급한 것을 해약금 해제의 장애 사유로 볼 수 없는바, 乙이 2021. 1. 17. 약정한 계약금의 배액인 4억 원 및 중도금 4억 원의 반환을 위한 이행제공을 하면서 해제를 한 것은 적법하다.

4. 결론
甲과 乙 사이의 2021. 1. 1. X 토지 10억 원의 매매계약은 해제되었다.

[제2문의 3] 문제 2. 해설

1. 문제
(1) 매매계약의 반사회질서 법률행위 여부, (2) 채권자취소권 행사 가부가 문제 된다.

2. 매매계약의 반사회질서 법률행위 여부
(1) **관련 조문** - 선량한 풍속 기타 사회질서에 위반한 사항을 내용으로 하는 법률행위는 무효로 한다(민법 제103조).

(2) **판례** - 제2매수인이 매도사실을 알고도 매도를 요청하거나 유도하여 배임행위를 유인, 교사하거나 이에 협력하는 등 적극 가담하는 정도가 되면 부동산 이중매매행위는 민법 제103조에 위반한 반사회적 법률행위로서 무효가 된다.

(3) **사안의 경우** - 丙이 甲과 乙 사이의 매매계약을 알고 있었다 하더라도 丙이 乙의 배임행위에 적극 가담한 사실은 없으므로 반사회질서 법률행위로 무효라는 주장은 타당하지 않다.

3. 채권자취소권 행사 가부
(1) **소유권이전등기청구권을 피보전채권으로 하는 경우**
  1) 관련 조문 - 채권자취소권에 의한 취소와 원상회복은 모든 채권자의 이익을 위하여 그 효력이 있다(민법 제407조).
  2) 판례 - 채권자취소권을 특정물에 대한 소유권이전등기청구권을 보전하기 위하여 행사하는 것은 허용되지 않으므로, 부동산의 제1양수인은 자신의 소유권이전등기청구권 보전을 위하여 양도인과 제3자 사이에서 이루어진 이중양도행위에 대하여 채권자취소권을 행사할 수 없다.
  3) 사안의 경우 - 채권자취소권은 채권자의 공동담보인 채무자의 책임재산 감소를 방지하기 위한 것이므로, 특정채권의 보전을 위해서는 사해행위 취소의 소 제기할 수 없는 바, 甲의 乙에 대한 이전등기청구권을 보전하기 위하여 사해행위 취소의 소를 제기할 수 없다.

(2) **손해배상청구권을 피보전채권으로 하는 경우**
  1) 관련 조문 - 채무자가 채권자를 해함을 알고 재산권을 목적으로 한 법률행위를 한 때에는 채권자는 그 취소 및 원상회복을 법원에 청구할 수 있다(민법 제406조).
  2) 판례 - 사해행위의 피보전채권은 원칙적으로 사해행위라고 볼 수 있는 행위가 행하여지기 전에 발생된 것임을 요하므로 부동산 이중매매에 대하여 제1양수인이 취득하는 부동산 가액 상당의 손해배상채권은 이중양도행위에 대한 사해행위취소권을 행사할 수 있는 피보전채권에 해당한다고 할 수 없다.
  3) 사안의 경우 - 甲의 乙에 대한 손해배상청구권은 사해행위인 乙의 丙에 대한 이중매매 이후에 발생하여, 사해행위 이전에 존재하는 피보전 금전채권에 해당하지 않는바, 이를 보전하기 위하여 사해행위 취소의 소를 제기할 수 없다.

4. 결론
(1) 매매계약은 제2매수인 丙의 적극 가담 사실이 없어 반사회질서 법률행위로 무효로 볼 수 없고,
(2) 乙과 丙사이의 매매계약은 사해행위취소의 소의 피보전채권 요건불비로 취소하기 어렵습니다.

제1차 모의시험 제3문

甲주식회사는 자동차 부품을 제조하는 비상장회사로 자본금 총액이 5억원이고, 甲회사의 이사는 A, B 2인이며, A는 대표이사이다. 甲회사의 주주명부에 따르면 의결권 있는 발행주식 총수 100,000주 중 乙주식회사는 65%, B는 5%, C는 15%, D는 10%를, 나머지 주식은 甲회사가 3%, 기타 주주들이 2% 정도 보유하고 있다. A는 乙회사의 대표이사이기도 하다. A는 2019. 6. 23.에 乙회사의 승인만을 받아 甲회사가 보유하고 있던 자기주식 3%를 개인적으로 양수하는 계약을 체결하고 주권까지 교부받았다.

B가 자기 소유 주권을 사무실에 보관하던 중 2019. 12. 23.에 E가 권한 없이 B의 대리인이라고 하면서 F에게 이 주식을 양도하고 주권을 인도하였다. F는 양도계약체결 당시 특별히 의심할 만한 사정이 없어 E를 대리인으로 신뢰하였다. B는 3일 뒤에 주권이 절취되었음을 주장하며 F에게 주권의 반환을 요구했으나 F는 이를 무시하고 甲회사에 주권을 제시하며 명의개서를 청구하였다. B로부터 그 주권이 절취되었다는 사실을 통지 받았던 甲회사의 대표이사 A는 F의 명의개서 청구를 거절하였다.

한편, 甲회사는 2017. 3. 11.에 상환우선주 및 제3자 배정에 관한 적법한 정관 규정에 근거하여 의결권있는 상환우선주 1,000주를 발행하면서 주당 10,000원으로 계산하여 G가 총 1천만원에 인수하는 내용의 상환우선주 인수계약을 체결하면서 다음과 같이 정하였다.

상환우선주 인수계약

제5조 ① G가 인수일로부터 3년이 되는 날부터 7일 이내에 서면으로 甲회사에게 조기상환을 청구할 수 있고, 이때 상환 대금은 조기상환권 행사를 통지한 날의 공정시장가격에 의한다.

G는 상환주식을 인수하였고(甲회사의 주주명부에 상환주주로 기재되었음), 그로부터 3년이 되는 날인 2020. 3. 11.에 甲회사에게 서면으로 상환주식에 대한 조기상환을 청구하였다. 甲회사는 공정가액이 3천만원임에도 불구하고 G에게 상환금액으로 2천만원을 제안하였다. 이에 G는 상환금액의 수령을 거절하였다. 甲회사는 G가 상환청구권을 행사하였기 때문에 주주명부에서 G의 명의를 말소하였다. 그 후 甲회사는 2020. 5. 30.에 이사 선임을 안건으로 하는 정기주주총회를 개최하면서 F와 G에게는 주주총회의 소집통지를 하지 않았다. 乙회사, C, D가 출석한 주주총회에서 만장일치로 D가 이사로 선임되었다.

문제 1.
　甲회사의 A에 대한 주식양도계약은 유효한가? (15점)

문제 2.
　G는 2020. 5. 30.에 개최된 정기주주총회의 이사선임 결의의 하자를 다툴 수 있는가? (35점)

〈추가적 사실관계 1〉

　서울에서 백화점을 운영하는 甲주식회사(최근 사업연도 말 현재의 자산총액이 1조원인 상장회사이고 의결권 있는 보통주식만 발행)는 2020. 1. 3.에 부산에서 백화점 운영을 위해 100% 출자하여 乙주식회사를 설립하였다. 乙회사는 신주를 발행하였는데 부채가 많았던 甲회사는 이사회의 결의를 통해 신주인수를 포기하였고, 대신에 甲회사의 주식 53%를 가지고 있던 甲회사의 지배주주의 아들이고 甲회사의 이사인 A가 甲회사 이사회에 알리지 않고 2021. 1. 1.에 甲회사가 포기한 실권주를 인수하여 그 결과 乙회사에 대한 A의 지분율이 60%가 되어 최대주주가 되었다. A는 乙회사의 경영상 결정에 실질적으로 관여를 하였다.

　甲회사는 족벌경영에 반대하는 소수주주의 요구로 이사 A의 해임안을 상정한 주주총회를 2021. 6. 10.에 개최하였으나 그 해임안은 부결되었다. 2021. 1. 15.에 甲회사 주식 3%를 취득하고 명의개서를 완료한 B는 2021. 7. 7.에 이사 A의 해임을 청구하는 소를 제기하였다.

문제 3.
　A는 甲회사에 대해 상법상 어떠한 의무를 위반하였는가? (15점)

문제 4.
　이사 A의 해임을 청구하는 B의 제소는 적법한가? (15점)

〈추가적 사실관계 2〉

　매수인 A는 매매대금 지급을 위해 2018. 10. 23.에 매도인 B에게 만기가 2019. 1. 23.이고 어음금액이 1억원인 약속어음을 발행하여 교부하였는데, 매매목적물에 중대한 하자가 있어 매매계약을 해제하고 어음의 반환을 요구하였다. 그러나 B는 어음을 반환하지 않고 만기를 2019. 4. 23.로, 어음금액을 1억 5천만원으로 변경한 후 A와 B사이의 매매계약이 해제된 사실을 과실로 알지 못한 C에게 2019. 1. 20.에 배서양도 하였다. C는 2019. 4. 25.에 A에게 지급제시를 하였으나 A는 지급을 거절하였다(B가 기재한 거절증서작성면제 문구가 있음).

문제 5.
　2019. 12. 26.을 기준으로 할 때 C와 A 및 B사이의 어음상 권리의무 관계를 검토하시오. (20점)

[제3문] 문제 1. 해설

1. 문제
(1) 이사 자기거래 해당 여부, (2) 자기거래에 대한 회사의 승인 여부 및 흠결된 경우의 효력이 문제된다.

2. 이사 자기거래 해당 여부
(1) **관련 조문** - 이사가 자기 또는 제3자의 계산으로 회사와 거래를 하기 위하여는 미리 이사회에서 해당 거래에 관한 중요사실을 밝히고 이사회의 승인을 받아야 한다. 이 경우 이사회의 승인은 이사 3분의 2 이상의 수로써 하여야 하고, 그 거래의 내용과 절차는 공정하여야 한다(상법 제398조 제1호).

(2) **사안의 경우** - A는 甲 회사의 이사이기 때문에 상법 제398조 제1호에 해당하는 자이며, A는 자기의 계산으로 甲 회사가 보유하는 자기주식을 양수하였는데 甲 회사와 이사 A 사이에 이해상충 가능성이 있는 자기거래에 해당한다.

3. 자기거래에 대한 회사의 승인 여부 및 흠결된 경우의 효력
(1) **관련 조문** - 자본금 총액이 10억원 미만으로 이사회가 없는 회사에서 이사가 회사와 거래를 하기 위하여는 주주총회에서 승인을 받아야 한다(상법 제383조 제1항 단서, 제4항).

(2) **판례** - 주식회사에서 주주총회의 의결정족수를 충족하는 주식을 가진 주주들이 동의하거나 승인하였다는 사정만으로 주주총회에서 그러한 내용의 주주총회 결의가 있는 것으로 볼 수 없는바, 자본금 총액이 10억 원 미만인 소규모 회사의 이사가 자기 또는 제3자의 계산으로 회사와 거래를 하기 전에 주주총회에서 해당 거래에 관한 중요사실을 밝히고 주주총회의 승인을 받지 않았다면, 특별한 사정이 없는 한 그 거래는 무효이다.

(3) **사안의 경우**
1) 자본금 총액 5억 원의 회사로서 이사회가 없는 甲 회사의 경우, 이사 A에 대한 주식양도에는 이사회 사전 승인 대신 주주총회의 사전 승인이 필요하나 甲 회사의 주식 65% 보유한 대주주인 乙 회사의 승인만이 있었을 뿐 주주총회 사전 승인은 없었다.

2) 그렇다면, 주주총회의 의결정족수를 충족하는 주주인 乙 회사의 동의가 있었다는 사정만으로 甲 회사의 주주총회에서의 결의가 있었다고는 볼 수 없는바, 회사와 상법 제398조 각호에 규정된 자와의 사이에는 선·악의를 묻지 않고 무효인바, 甲 회사 이사인 A와 甲 회사 사이의 주식양도계약은 주주총회 승인 흠결로 무효이다.

4. 결론
甲 회사의 2019. 6. 23. A회사에 대한 자사주 3%의 주식양도계약은 주주총회의 승인이 없어 무효이다. 다만, 이러한 무효주장은 甲 회사만 가능하다.

[제3문] 문제 2. 해설

1. 문제
(1) G의 원고적격 인정 여부, (2) 주주총회결의 취소 사유 존부가 문제 된다.

2. G의 원고적격 인정 여부
(1) **관련 조문** - 총회의 소집절차가 법령에 위반한 때에는 주주·이사 또는 감사는 결의의 날로부터 2월 내에 결의취소의 소를 제기할 수 있다(상법 제376조 제1항).

(2) **판례**
  1) 주주가 상환권을 행사하면 회사는 주식 취득의 대가로 주주에게 상환금을 지급할 의무를 부담하고, 주주는 상환금을 지급받음과 동시에 회사에게 주식을 이전할 의무를 부담하므로 정관이나 상환주식인수계약 등에서 특별히 정한 바가 없으면 주주가 회사로부터 상환금을 지급받을 때까지는 상환권을 행사한 이후에도 여전히 주주의 지위에 있다.
  2) 주주권의 일종인 제소권을 행사하기 위해서는 주주 명부상 주주로 명의개서가 되어 있어야 하나 명의개서 청구가 부당하게 거절 혹은 명의가 부당하게 말소된 경우에는 명의개서 없이 주주권인 제소권의 행사가 가능하다.

(3) **사안의 경우** - G는 상환청구권을 행사하였으나 甲회사가 제시한 상환금액에 동의하지 않아 수령을 거절하고 있는 상태이므로 G는 여전히 주주 지위를 보유한다. 그렇다면, 甲회사의 일방적인 명의 말소는 부당하므로 G는 명의기재가 말소된 상태에서도 주주권인 주주총회결의 취소 소송을 제기할 수 있는 원고적격이 인정된다.

3. 주주총회결의 취소 사유 존부
(1) **F에 대한 소집통지 흠결의 하자**
  1) F의 주주 여부 - 주권 선의취득 가부
    ① 관련 조문 - 어떤 사유로든 주권의 점유를 잃은 자가 있는 경우에 그 주권의 소지인은 그 권리를 증명할 때에는 그 주권을 반환할 의무가 없다. 그러나 소지인이 악의 또는 중대한 과실로 인하여 주권를 취득한 경우에는 그러하지 아니하다(상법 제359조, 수표법 제21조).
    ② 판례 - 양도인이 무권리자인 경우뿐만 아니라 무권대리인인 경우에도 선의취득을 인정하고, 양수인의 선의·무중과실은 주권 취득시점이 기준이 된다.
    ③ 사안의 경우 - ㄱ) 주식양도 방법에 의한 취득 : F는 E와 양도 합의(양도계약)와 F에 대한 주권의 교부가 있어 주식의 양도 방법에 의한 주식의 취득이 이루어졌고, ㄴ) 양도인의 형식적 자격 존재 : 양도인 B의 주주로서의 지위는 인정되고, ㄷ) 무권리자로부터의 취득 : 양도인이 무권리자인 경우뿐만 아니라 무권대리인 경우에도 인정되는바, 무권대리인인 E는 주권의 선의취득이 인정되는 무권리자에 포함되며, ㄹ) 양수인의 선의 또는 무중과실 : E가 무권대리인임을 의심할만한 특별한 사정이 없었기 때문에 E를 대리인으로 신뢰하고 주권을 취득한

F의 선의가 인정되고, 주식양도가 이루어진 날로부터 3일 후에 B의 통지를 통해 E가 무권대리인임을 F가 알게 되어도 거래 시점에서는 선의였으므로 F의 선의에는 아무런 영향이 없는바, F는 무권대리인 E로부터 주권을 유효하게 선의취득 한다.

2) 명의개서 부당거절 여부

상술한 바와 같이, F는 주권을 선의취득한 적법한 주주이므로 주권을 제시하여 행한 명의개서 청구는 정당함에도 불구하고 甲회사가 B의 절취 통지를 이유로 명의개서를 거절한 것은 부당하고, 부당거절된 주주는 명의개서 없이도 주주권을 행사할 수 있는바, 甲회사의 발행주식총수 5%인 5천주를 가지고 있는 F가 甲회사로부터 주주총회 소집통지를 받지 못한 것은 주주총회결의 취소사유에 해당한다.

(2) G에 대한 소집통지 흠결의 하자

상술한 바와 같이, G는 주주의 지위를 보유하므로, 甲회사의 발행주식총수 1%인 1천주를 가지고 있는 G에 대해 주주총회 소집통지를 하지 않은 것은 총회의 소집절차가 법령에 반한 것으로 주주총회결의 취소사유에 해당한다.

(3) D의 의결권 행사 적법여부 - 특별이해관계인 해당여부

1) 관련 조문
총회의 결의에 관하여 특별한 이해관계가 있는 자는 의결권을 행사하지 못한다(상법 제368조 제3항).

2) 판례
주주의 입장을 떠나 개인적으로 이해관계를 가지는 경우로서 그 결의에 관한 특별이해관계인에 해당한다(개인법설). 즉, 주주의 개인적 이해관계와 회사의 지배에 관한 이해관계를 구분하여 회사의 지배에 관한 결의, 예컨대 이사·감사의 선·해임결의에서 그 결의의 대상자인 주주는 주주로서 회사의 지배와 관련한 이해관계는 있으나 주주의 입장을 떠난 개인적 이해관계는 없으므로 특별이해관계인이 아니다.

3) 사안의 경우
주주 D는 자신을 이사로 선임하는 주주총회에 출석하여 의결권을 행사하였으나, 이사 선임 결의는 회사의 지배에 관한 것으로서 주주 D는 특별이해관계인이 아니어서 D의 의결권 행사는 적법한바, 주총결의 취소 사유에 해당하지 않는다.

4. 결론

G는 2020. 5. 30. 개최된 정기주주총회에서 D를 이사로 선임한 결의를 결의일로부터 2개월 내에 주주인 F와 G에 대한 소집통지 흠결의 하자를 이유로 취소소송을 제기할 수 있다.

[제3문] 문제 3. 해설

1. 문제

(1) 경업금지의무, (2) 자기거래금지 위반 여부가 문제 된다.

2. 경업금지의무 위반 여부

(1) **관련 조문** - 이사는 이사회의 승인이 없으면 자기 또는 제삼자의 계산으로 회사의 영업부류에 속한 거래를 하거나 동종영업을 목적으로 하는 다른 회사의 이사가 되지 못한다(상법 제397조 제1항).

(2) **판례** - 이사는 경업 대상 회사의 이사, 대표이사가 되는 경우뿐만 아니라 그 회사의 지배주주가 되어 그 회사의 의사결정과 업무집행에 관여할 수 있게 되는 경우에도 자신이 속한 회사 이사회의 승인을 얻어야 한다.

(3) **사안의 경우** - A는 이사회 승인 없이 甲회사의 동종영업인 백화점 영업을 목적으로 하는 乙회사의 주식을 인수하여 지분율 53%의 지배주주(최대주주)가 되어 乙회사의 경영상 결정에 실질적으로 관여하였으므로 경업금지규정(상법 제397조 제1항) 위반에 해당한다.

3. 자기거래금지 위반 여부

(1) **관련 조문** - 이사 또는 주요주주의 직계비속이 자기 또는 제3자의 계산으로 회사와 거래를 하기 위하여는 미리 이사회에서 해당 거래에 관한 중요사실을 밝히고 이사회의 승인을 받아야 한다. 이 경우 이사회의 승인은 이사 3분의 2 이상의 수로써 하여야 하고, 그 거래의 내용과 절차는 공정하여야 한다(상법 제398조 제1호, 제2호).

(2) **판례** - 자기거래금지규정이 적용되기 위하여는 이사의 거래상대방이 이사가 직무수행에 관하여 선량한 관리자의 주의의무를 부담하는 당해 회사이어야 하므로, 자회사가 모회사의 이사와 거래를 한 경우에는 모회사가 자회사의 주식 전부를 소유하고 있더라도 모회사와 자회사는 상법상 별개의 법인격을 가진 회사이고, 그 거래로 인한 불이익이 있더라도 그것은 자회사에게 돌아갈 뿐 모회사는 간접적인 영향을 받는 데 지나지 아니하므로, 자회사의 거래를 곧바로 모회사의 거래와 동일하게 볼 수는 없다.

(3) **사안의 경우**
1) A는 상법 제542조의8 제2항 제6호에 따른 주요주주의 직계비속(상법 제398조 제2호)이면서 동시에 甲회사의 이사(상법 제398조 제1호)로서 상법 제398조의 자기거래(이해관계자거래)의 주체가 되고, 자기거래금지 규정은 회사와 이해 상충이 있는 모든 재산상 거래에 적용되어 자본거래에도 적용되는바, 자본거래인 신주인수에도 상법 제398조가 적용된다.

2) 그런데, A는 甲회사의 신주를 인수한 것이 아니라 甲회사의 자회사인 乙회사의 신주를 인수하였으므로 A의 신주인수는 甲회사와의 거래가 아니어서 상법 제398조가 적용되는 자기거래에 해당하지 아니하는바, A가 甲회사 이사회 승인 없이 자회사인 乙회사의 신주를 인수한 것은 자기거래금지규정 위반이 아니다.

4. 결론

A는 甲회사에 대하여 경업금지의무를 위반하였으나, 자기거래금지의무의 위반은 없다.

[제3문] 문제 4. 해설

1. 문제
소수주주 B의 이사 A 해임청구 적법 여부와 관련하여, (1) 상장회사의 소수주주 특례규정 요건충족 여부, (2) 이사해임 청구 일반규정 요건충족 여부가 문제 된다.

2. 상장회사의 소수주주 특례규정 요건충족 여부

(1) **관련 조문** - 6개월 전부터 계속하여 최근 사업연도 말 현재의 자본금이 1천억 원 이상인 상장회사 발행주식총수의 1만분의 25 이상에 해당하는 주식을 보유한 자는 제385조에 따른 주주의 권리를 행사할 수 있다(상법 제542조의6 제3항). 위 조문은 다른 상법 규정에 우선하여 적용한다는 제542조의2 제2항에도 불구하고 이 장의 다른 절에 따른 소수주주권의 행사에 영향을 미치지 아니한다(상법 제542조의6 제10항).

(2) **사안의 경우**

1) 주주 B는 甲회사의 발행주식총수의 3%에 해당하는 주식을 2021. 1. 15.에 유효하게 취득하여 계속 보유하고 있으므로 이사 해임 청구의 소의 제소 시점인 2021. 7. 7. 기준으로 계산하면 상법 제542조의6 제3항이 요구하는 발행주식총수의 1만 분의 25(0.25%)이라는 지분요건은 충족한다.

2) 그러나, 주식을 양수한 시점은 2021. 1. 15.이고 제소 시점은 2021. 7. 7.이므로 6개월 계속 보유 요건이 충족되지 아니하여서, 주주 B가 보유한 주식은 상장회사인 甲회사의 이사 A에 대한 해임 청구의 소 제기에 필요한 상법 제542조의6 제3항의 요건을 충족하지 못하지만, 상법 제542조의6 제10항에 따라 제385조 제2항의 요건을 갖추면 상장회사 소수주주의 경우에도 소수주주권을 행사할 수 있는바, 위 요건 충족 여부가 검토되어야 한다.

3. 이사해임 청구 일반규정 요건충족 여부

(1) **관련 조문** - 이사가 그 직무에 관하여 부정행위 또는 법령이나 정관에 위반한 중대한 사실이 있음에도 불구하고 주주총회에서 그 해임을 부결한 때에는 발행주식의 총수의 100분의 3 이상에 해당하는 주식을 가진 주주는 총회의 결의가 있은 날부터 1월 내에 그 이사의 해임을 법원에 청구할 수 있다(상법 제385조).

(2) **사안의 경우** - B는 甲회사의 발행주식총수의 3%를 보유하고 있으므로 A에 대한 이사해임 청구의 소를 제기할 수 있는 지분요건이 충족되고, 2021. 6. 10. 주주총회에서 그 해임이 부결되었는바, 그로부터 1개월이 지나지 않은 2021. 7. 7. 소를 제기하여 제소 기간을 준수하였는바, 상법 제385조의 이사해임 청구의 일반규정 요건을 충족하였다.

4. 결론
이사 A의 해임을 청구하는 B의 제소는 상장회사의 특례규정인 상법 제542조의6 제3항이 아닌 일반규정 제385조 요건을 충족하였는바, 적법하다.

[제3문] 문제 5. 해설

1. 문제
(1) A의 C에 대한 어음금 지급의무, (2) B의 C에 대한 상환의무가 문제 된다.

2. A의 C에 대한 어음금 지급의무

(1) C가 어음의 적법한 소지인 여부
C는 B로부터 어음법적 양도 방법인 배서를 통해 어음을 취득하여 적법한 소지인이며, A와 B사이의 원인관계인 매매계약의 해제를 C가 과실로 알지 못하여도 어음의 적법한 취득에는 영향이 없는바, C는 형식적으로 유효한 어음의 적법한 소지인이다.

(2) A가 약속어음의 발행인으로서 어음의 주채무자 여부
1) 관련 조문 - 약속어음의 발행인은 환어음의 인수인과 같은 의무를 부담한다(어음법 제78조 제1항).
2) 사안의 경우 - A는 만기가 2019. 1. 23.이고 어음금액 1억 원인 유효한 약속어음을 2018. 10. 23.에 적법하게 발행하여 B에게 교부하였으므로 약속어음의 발행인으로서 환어음의 인수인과 같은 어음의 주채무자에 해당된다.

(3) 항변 대항 가부

1) 지급제시기간 경과
① 관련 조문 - 약속어음의 문구가 변조된 경우에는 그 변조 후에 기명날인하거나 서명한 자는 변조된 문구에 따라 책임을 지고 변조 전에 기명날인하거나 서명한 자는 원래 문구에 따라 책임을 진다(어음법 제77조 제1항 제7호, 제69조).

② 사안의 경우
ㄱ) 변조의 항변은 물적 항변으로 어음소지인의 선·악의와 관계없이 대항할 수 있고, 어음의 변조 전에 발행이라는 어음행위를 한 A에게 적용되는 만기는 어음소지인 C의 선·악의를 불문하고 2019. 1. 23.이며, 어음소지인 C는 2019. 4. 25. 지급제시를 하였기 때문에 지급제시기간(어음법 제77조 제1항 제9호, 제72조 제1항) 또는 그날 이후의 2거래일 내(어음법 제77조 제1항 제3호, 제38조)을 경과한 것은 분명하다.

ㄴ) 지급제시기간 내 지급제시를 하지 않은 경우라도 어음의 주채무자(약속어음 발행인)에 대한 어음소지인의 어음상 권리는 만기로부터 3년이라는 소멸시효기간 내(어음법 제77조 제1항 제8호, 제70조 제1항)에는 소멸하지 아니하는바, 지급제시기간 내 지급제시는 상환청구권 보전을 위해서는 필요하지만, 어음의 주채무자에 대한 어음금 청구를 위해서는 필요한 절차가 아니어서 변조 전 만기는 2019. 1. 23.이므로 2019. 12. 26. 기준으로 보면 소멸시효기간 3년이 완성되지 않았는바, A는 C에 대해 어음상 채무를 부담한다.

2) 매매계약 해제
① 관련 조문 - 약속어음에 의하여 청구를 받은 자는 발행인 또는 종전의 소지인에 대한 인적 관계로 인한 항변으로써 소지인에게 대항하지 못한다. 그러나 소지인이 그 채무자를 해할 것을

알고 어음을 취득한 경우에는 그러하지 아니하다(어음법 제77조 제1항 제1호, 제17조).
② 판례 - 어음소지인이 중대한 과실로 그러한 사실을 몰랐다고 하더라도 종전 소지인에 대한 인적항변으로써 소지인에게 대항할 수 없다.
③ 사안의 경우 - 어음소지인 C는 어음 취득시 A와 B사이에 매매계약이 해제된 사실을 과실로 알지 못했을 뿐이고 어음 채무자인 A를 해할 것을 알고 어음을 취득한 해의는 없는바, A는 매매계약 해제를 이유로 어음금 지급을 거절할 수 없다.

3) 변조
① 판례 - 어음의 문언에 변조가 되었음이 명백한 경우에 어음소지인이 기명날인자에게 그 변조 후의 문언에 따른 책임을 지우자면 그 기명날인이 변조 후에 있은 것 또는 기명날인자가 그 변조에 동의하였다는 것을 입증하여야 하고 그 입증을 다하지 못하면 그 불이익은 어음소지인이 진다.
② 사안의 경우 - 발행인 A는 변조 전 발행이라는 어음행위를 통해 기재한 1억 원의 어음금에 대해서는 지급할 책임이 있으나 어음소지인 C의 선·악의를 불문하고 1억5천만 원의 어음금을 지급할 책임은 없다.

(4) 소결 - 약속어음 발행인 A는 어음소지인 C에 대해 1억 원의 어음채무를 부담한다.

3. B의 C에 대한 상환의무

(1) B의 상환채무자 여부
1) 관련 조문 - 만기에 지급이 되지 아니한 경우 소지인은 배서인에 대하여 상환청구권을 행사할 수 있다(어음법 제77조 제1항 제4호, 제43조).
2) 사안의 경우 - B는 배서인으로서 상환채무자에 해당한다.

(2) 상환요건 충족 여부
1) 지급제시여부
약속어음의 지급제시기간은 지급을 할 날 또는 이에 이은 2거래일(어음법 제77조 제3항, 제38조 1항)이고, C가 변조된 만기인 2019. 4. 23.로부터 2거래일 내인 2019. 4. 25. 지급제시 하였으므로 지급제시기간 내 적법한 지급제시에 해당한다.

2) 지급거절증서 작성
주채무자인 발행인 A가 지급거절 하였고, 배서인 B에 의해 거절증서 작성이 면제되었으므로 지급거절증서 작성은 필요하지 않다.

(3) 변조 항변 가부
어음금액을 1억 원에서 1억5천만 원으로 변조한 후 배서를 한 B는 C에 대해서 변조된 어음금액인 1억5천만 원에 대해 상환책임을 부담하고, B에 대한 상환청구권은 거절증서의 작성이 면제된 경우에는 만기일로부터 1년(어음법 제77조 제1항 제8호, 제70조 제2항)이 소멸시효기간이고, 상환청구권의 시효의 기산점은 역시 변조 후 만기인 2019. 4. 23.이므로 2019. 12. 26. 현재 만기로부터 1년이 지나지 않아 시효가 완성되지 아니하였다.

(4) 소결 - 배서인 B는 어음소지인 C에 대하여 1억5천만 원의 상환채무를 부담한다.

4. 결론

어음소지인 C에게 2019. 12. 26. 기준으로 약속어음의 주채무자인 발행인 A는 1억 원, 상환의무자인 배서인 B는 1억5천만 원의 어음채무를 합동하여 책임을 진다(어음법 제77조 제1항 제4호, 제47조 제1항).

Chapter 03 2020년 변호사시험 모의시험

제3차 모의시험 제1문

〈제1문의 1〉

甲은 2020. 4. 5. 丁, 丙을 상대로, "甲은 2010. 1. 5. 乙에게 1억 원을 변제기 2010. 3. 4., 이자 월 0.5%(월 50만 원, 매월 4일 지급)로 정하여 대여하였고, 丙은 乙의 위 채무를 연대보증하였다. 乙은 2016. 9. 30. 사망하였고, 그 유일한 상속자로는 아들 丁이 있다. 따라서 丁, 丙은 연대하여 위 채무를 변제할 의무가 있다."고 주장하면서, '丁, 丙은 연대하여 甲에게 1억 원 및 이에 대하여 2010. 1. 5.부터 갚는 날까지 월 0.5%의 비율로 계산한 돈을 지급하라.'는 소를 제기하였다.

丁에 대하여는 2020. 4. 20. 소장 부본이 적법하게 교부송달되었으나, 丙에 대하여는 이사불명으로 송달불능이 되었고, 법원은 2020. 5. 15. 공시송달명령을 하였다. 丙은 변론기일에 출석하지 않고, 甲, 丁만 출석하였는데, 丁은 "甲이 2010. 1. 5. 乙에게 1억 원을 변제기 2010. 3. 4., 이자 월 0.5%, 매월 4일 지급 조건으로 대여한 사실, 乙이 2016. 9. 30. 사망하여 丁이 乙을 단독상속한 사실은 다툼이 없으나, 위 대여금과 이자, 지연손해금은 민사채무로서 그 소멸시효기간은 10년이므로, 각 그 변제기로부터 10년이 도과하여 시효소멸하였다."고 항변하였다. 甲은 이에 대하여 "위 대여금과 이자, 지연손해금의 소멸시효기간이 10년인 사실은 다툼이 없으나, 甲은 2016. 9. 25. 乙을 채무자로 하고 위 대여금, 이자, 지연손해금을 피보전채권으로 하여 乙 소유의 X부동산에 관하여 부동산가압류신청을 하였고, 2016. 10. 4. 법원이 가압류결정을 하였으며, 2016. 10. 7. X부동산에 관하여 가압류기입등기가 마쳐졌으므로, 위 대여금과 이자, 지연손해금 채무의 시효는 중단되었다."고 재항변하였다.

법원은 심리 결과, 甲이 주장하는 대여일, 변제기, 이율은 인정되나 다만 대여금의 액수는 1억 원이 아니라 8,000만 원만 인정되고, <u>丙과 연대보증계약 체결 사실 및 가압류 관련 甲의 주장 사실은 모두 진실하다는 확신을 갖게 되었다</u>[1].

법원은 어떠한 판결을 하여야 하며(소 각하/청구 기각/청구 인용/청구 일부 인용, 단 일부 인용 시 피고별로 인용범위를 정확하게 기재), 그 근거는 무엇인가? (40점)

---

[1] 기출문제에서는 연대보증계약 체결 사실에 대한 입증 여부가 기재되어 있지 않았으나, 연대보증채무이행청구에서는 주채무와 존재와 아울러 연대보증계약체결 사실에 대한 입증책임도 원고에게 있는바, 문제의 완성도를 위하여 필요한 요건사실에 대한 입증 여부를 추가하였습니다.

[제1문의 1] 해설

1. 문제
(1) 통상공동소송 여부, (2) 연대보증인 丙에 대한 청구, (3) 주채무자 丁에 대한 청구에 대한 법원의 판단이 문제 된다.

2. 통상공동소송 여부
(1) **관련 조문** - 공동소송인 가운데 한 사람의 소송행위 또는 이에 대한 상대방의 소송행위와 공동소송인 가운데 한 사람에 관한 사항은 다른 공동소송인에게 영향을 미치지 아니한다(민소법 제66조).

(2) **판례** - 통상공동소송인 중 1인의 자백은 다른 공동소송인에게는 효력이 생기지 않는다.

(3) **사안의 경우** - 채권자 甲의 연대보증인 丙, 채무자 丁에 대한 소송은 실체법상 관리처분권이 공동귀속되거나 판결이 합일 확정되는 관계라고 볼 수 없어, 甲의 丙, 丁에 대한 공동소송은 통상공동소송으로 상호 간에 영향을 미치지 않는바, 丁의 자백 및 시효항변은 丙에게 아무런 영향이 없다.

3. 연대보증인 丙에 대한 청구
(1) **관련 조문** - 주채무의 발생과 보증계약의 체결의 존재가 주장 증명되어야 한다.

(2) **자백간주 여부**
　1) 관련 조문 - 공시송달의 방법으로 기일통지서를 송달받은 당사자가 변론기일에 출석하지 아니하는 경우에는 상대방이 주장하는 사실을 자백한 것으로 보지 않는다(민소법 제150조 제3항 단서).
　2) 사안의 경우
　　① 甲의 이 사건 대여사실과 丙의 연대보증사실이 기재된 소장 부본이 丁에게는 소재불명으로 송달 불능되어 법원의 명령에 따라 소장 부본이 공시송달 되었으므로 주채무의 발생과 보증계약의 체결에 대하여 자백한 것으로 보지 않는다.
　　② 그렇다면, 원고 甲이 위 사실을 입증하여야 하는데 법원의 심리결과 주채무 및 연대보증계약 체결 사실은 진실하나, 주채무인 대여금 액수는 1억 원이 아니라 8천만 원으로 인정되는바, '丙은 甲에게 8천만 원 및 이에 대하여 2010. 1. 5.부터 다 갚는 날까지 월 0.5%의 비율로 계산한 돈을 지급할 의무가 있다.'는 판단을 하여야 한다.

4. 주채무자 丁에 대한 청구
(1) **재판상 자백의 성립**
　甲이 주장하는 1억 원의 대여 사실과 이자 약정, 변제기, 乙의 사망과 丁의 단독상속 사실에 관하여 丁이 전부 자백하였으므로, 일단 丁은 甲에게 甲이 청구하는 바에 따라 1억 원 및 이에 대하여 대여일인 2010. 1. 5.부터 갚는 날까지 연 0.5%의 비율로 계산한 이자 및 지연손해금을 변제할 의무가 있다.

(2) 소멸시효 항변
    1) 관련 조문 - 채권은 10년간 행사하지 아니하면 소멸시효가 완성한다(민법 제162조 제1항). 이자의 지급을 목적으로 하는 채권은 3년간 행사하지 아니하면 소멸시효가 완성한다(민법 제163조 제1호).
    2) 판례
        ① 금전채무에 대한 변제기 이후의 지연손해금은 금전채무의 이행을 지체함으로 인한 손해의 배상으로 지급되는 것이므로, 그 소멸시효기간은 원본채권과 같다.
        ② 어떤 시효기간이 적용되는지에 관한 주장은 권리의 소멸이라는 법률효과를 발생시키는 요건을 구성하는 사실에 관한 주장이 아니라 단순히 법률의 해석이나 적용에 관한 의견을 표명한 것으로 변론주의가 적용되지 않으므로 법원이 당사자의 주장에 구속되지 않고 직권으로 판단할 수 있다.
    3) 사안의 경우 - 대여금 원금과 지연손해금은 모두 변제기인 2010. 3. 4.로부터 10년이 지난 2020. 3. 4. 0시에 소멸시효가 완성되고, 2010. 2. 4., 2010. 3. 4.에 각 지급하여야 할 약정이자는 각 이자지급일로부터 3년이 지난 2013. 2. 4., 2013. 3. 4.에 소멸시효가 완성된다.

(3) 소멸시효 중단의 재항변
    1) 관련 조문 - 소멸시효는 가압류로 인하여 중단된다(민법 제168조 제2호).
    2) 판례 - 가압류를 신청한 때 시효중단의 효력이 생기고, 신청 당시 채무자가 생존하고 있었던 이상 그 결정 직전에 채무자가 사망함으로 인하여 사망한 자를 채무자로 하여 내려졌다고 하더라도 이를 당연무효라고 할 수 없다.
    3) 사안의 경우
        ① 甲의 가압류신청은 2016. 9. 25. 있었고, 乙의 사망일은 2016. 9. 30.이며, 가압류결정은 2016. 10. 4. 있어, 가압류신청시에는 乙이 생존하였으므로 가압류결정이 乙 사망 후에 있었다 하더라도 위 가압류결정은 무효라고 할 수 없는바, 2016. 9. 25.에 시효중단의 효력이 생긴다.
        ② 즉, 대여원금과 지연손해금의 경우 시효완성일인 2020. 3. 4. 전에 가압류신청이 있었으므로 이로써 시효가 중단되었으나, 약정이자는 가압류신청 전에 이미 3년의 단기소멸시효 완성으로 소멸하였다.

(4) 소결
    법원은 '丁은 甲에게 이미 시효소멸한 약정이자를 제외하고 대여금 1억 원 및 이에 대하여 변제기 다음날인 2010. 3. 5.부터 갚는 날까지 월 0.5%의 비율로 계산한 지연손해금을 지급할 의무가 있다.'라는 판결을 하여야 한다.

5. 결론
    법원은 청구일부 인용 판결을 한다. 즉, '丁은 甲에게 1억 원 및 이에 대하여 2010. 3. 5.부터 갚는 날까지 월 0.5%의 비율로 계산한 돈을 지급하고, 丙은 丁과 연대하여 위 돈 중 8,000만 원 및 이에 대하여 2010. 1. 5.부터 갚는 날까지 월 0.5%의 비율로 계산한 돈을 지급하라.'는 판결을 한다.

<제1문의 2>

甲은 주택을 신축하려고 2019. 2. 2. 乙로부터 그 소유의 X토지를 12억 원에 매수하였는데, 잔금지급 및 토지인도는 2019. 3. 3.에 하기로 하되, 甲의 세금관계상 이전등기는 위 잔금일 후 甲이 요구하는 날에 마치기로 했으며(통지는 7일 전에 하기로 함), 위 3. 3.에 인도 및 잔금지급을 마쳤다.

세금문제가 해소되어 甲이 2019. 9. 9. 乙에게 이전등기를 요청했으나 乙이 응하지 않았고 그 후에도 몇 차례 독촉했으나 乙의 반응이 없다. (이하의 각 사실관계는 독립적임)

문제 1.

甲이 확인한 결과, 乙은 이미 2019. 12. 1.에 X토지를 丙에게 매도하고 丙 앞으로 소유권이전등기를 마쳤다. 甲은 乙을 상대로 ① 丙 앞으로 마쳐진 소유권이전등기의 말소등기 및 ② 2019. 2. 2. 매매를 원인으로 한 소유권이전등기를 구하는 소를 제기하려 한다. 甲이 乙을 피고로 삼아서 위 ① 또는 ②의 소를 제기하는 경우, 각 소는 소송절차상 적법한가? (20점)

문제 2.

丙 앞으로 이전등기가 마쳐지지는 않은 경우임.] 甲은 乙을 상대로 X토지에 관하여 2019. 2. 2. 매매를 원인으로 한 소유권이전등기청구의 소를 제기하였는데, 乙은, 위 2019. 2. 2. 매매계약은 자신은 모르는 일이고, 평소에 X토지를 관리하던 자신의 동생인 丁이 아무런 권한 없이 乙의 대리인임을 자처하면서 甲과 매매계약을 체결하였다고 주장했다. 그래서 甲은 乙의 위 주장이 받아들여질 경우에 대비하여, 丁에 대하여 손해배상을 구하는 예비적 청구를 추가하였다.

　가. 법원이 심리한 결과 丁에게 乙을 대리할 권한이 없다고 판단된다면, 법원의 판결주문은 어떠해야 하는가? (15점)

　나. 乙을 주위적 피고로, 丁을 예비적 피고로 한 위 소송에서 乙에 대한 청구기각 및 丁에 대한 청구인용의 제1심판결이 선고된 후에, 丁만 항소를 하고 甲은 항소를 하지 않았다. 그런데 항소심은 위 매매계약 당시 丁에게 대리권이 있었다는 확신을 갖게 되었다. 항소심이 제1심판결을 변경하여 甲의 乙에 대한 청구를 인용할 수 있는지 여부 및 그 논거를 설명하시오. (25점)

[제1문의 2] 문제 1. 해설

1. 문제
①, ② 소송의 적법성이 문제 된다.

2. ① 소송의 적법성
(1) **관련 법리** – 이행의 소에서는 주장 자체만으로 당사자 적격이 인정된다.

(2) **판례** – 등기의무자, 즉 등기부상의 형식상 그 등기에 의하여 권리를 상실하거나 기타 불이익을 받을 자(등기명의인이거나 그 포괄승계인)가 아닌 자를 상대로 한 등기의 말소절차이행을 구하는 소는 당사자적격이 없는 자를 상대로 한 부적법한 소이다.

(3) **사안의 경우** – 이행의 소에서는 주장 자체만으로 당사자적격이 판단됨이 원칙이지만, 판례는 말소등기청구에 관해서는 주장 자체만으로 피고적격을 판단하지 않으므로, 甲이 X토지의 소유권을 이미 丙 앞으로 이전등기를 마친 乙을 상대로 말소등기를 구하는 소송을 제기하는 것은 당사자적격이 없는 자를 상대로 한 소에 해당되는바, 부적법하다.

3. ② 소송의 적법성
(1) **관련 법리** – 이행의 소에서는 주장 자체만으로 당사자적격이 인정된다.

(2) **사안의 경우** – 매매계약에 기한 이전등기를 구함에 있어서, 피고가 현재의 등기부상 소유명의자여야 할 필요는 없고, 피고가 현 소유명의자가 아니라서 그 승소 판결로써 원고가 곧바로 집행을 할 수 없다는 점은 적법성 판단에 영향을 미치지 않는다. 또한, ② 소송에서 승소할 경우 甲이 乙에게 이행불능에 따른 손해배상 책임을 물을 수 있다는 점에서도 실질적 의미를 갖는바, ② 소송은 적법하다.

4. 결론
① 소송은 부적법하고, ② 소송은 적법하다.

[제1문의 2] 문제 2-가. 해설

1. 문제
소의 주관적·예비적 병합청구에 대한 법원의 판단이 문제 된다.

2. 소의 주관적·예비적 병합청구에 대한 법원의 판단
(1) **관련 조문** – 공동소송인 가운데 일부의 청구가 다른 공동소송인의 청구와 법률상 양립할 수 없는 경우에는 한 사람에 대한 상대방의 소송행위는 다른 공동소송인 모두에게 효력이 미친다(민소법 제70조 제1항, 제67조 제2항).

(2) **판례** - 주관적·예비적 공동소송은 동일한 법률관계에 관하여 모든 공동소송인이 서로간의 다툼을 하나의 소송절차로 한꺼번에 모순 없이 해결하는 소송형태로서 모든 공동소송인에 대한 청구에 관하여 판결을 하여야 하고, 그 중 일부 공동소송인에 대하여만 판결을 하거나 남겨진 자를 위하여 추가판결을 하는 것은 허용되지 않는다.

(3) **사안의 경우** - 甲의 乙과 丁에 대한 청구의 판단은 합일확정되어야 하고 모순되면 안 되며, 모든 피고에 대하여 주문을 내어야 한다.

3. 결론

법원은 丁에게 대리권이 없었다면 甲의 乙에 대한 청구기각 및 丁에 대한 청구인용 판결 주문을 내어야 한다.

[제1문의 2] 문제 2-나. 해설

1. 문제

甲의 乙, 丁에 대한 1심 판결의 항소심 법원의 판단과 관련하여 (1) 상소불가분의 원칙, (2) 불이익변경금지 원칙 위배 여부가 문제 된다.

2. 甲의 乙, 丁에 대한 1심 판결의 항소심 법원의 판단

(1) **소의 주관적 예비적 병합과 상소불가분의 원칙**

1) **관련 조문** - 공동소송인 가운데 일부의 청구가 다른 공동소송인의 청구와 법률상 양립할 수 없는 경우에는 한 사람에 대한 상대방의 소송행위는 다른 공동소송인 모두에게 효력이 미친다 (민소법 제70조 제1항, 제67조 제2항).

2) **판례** - 주관적·예비적 공동소송에서 주위적 공동소송인과 예비적 공동소송인 중 어느 한 사람이 상소를 제기하면 다른 공동소송인에 관한 청구 부분도 확정이 차단되고 상소심에 이심되어 심판대상이 되고, 이러한 경우 상소심의 심판대상은 주위적·예비적 공동소송인들 및 상대방 당사자 간 결론의 합일확정 필요성을 고려하여 판단하여야 한다.

3) **사안의 경우** - 예비적 피고 丁만 항소하였지만, 상소불가분의 원칙에 따라 주위적 피고 丙에 대한 청구도 항소심 법원에 이심되고 심판의 대상이 되는데, 심리결과 매매계약의 유권대리가 인정되어 乙에 대한 청구를 인용하고 丁에 대한 청구를 기각하는 판결을 선고하여야 하는데, 이러한 판결이 불이익변경금지원칙에 위배되는지 여부가 검토되어야 한다.

(2) **불이익변경금지 원칙 위배 여부**

1) **관련 조문** - 원심판결 전부에 대해 확정차단 및 이심의 효과가 있다고 해도 항소법원은 항소인의 불복범위를 넘어서 원심판결보다 유리한 재판을 할 수 없다(제415조 본문).

2) 학설 - ① 부정설 : 법률상 양립할 수 없는 공동소송인 사이의 분쟁관계를 모순없이 통일적으로 해결함으로써 재판의 통일을 기하려는 예비적 공동소송제도의 취지상 불이익변경금지원칙이 적용되지 않는다. ② 긍정설 : 결론의 합일확정 필요성만으로 소송법상 기본관련 조문인 불이익변경금지 원칙을 부정할 수 없다.

3) 사안의 경우 - 분쟁의 합일확정 필요성과 소송경제 측면에서 주관적·예비적 공동소송의 항소심에서는 불이익변경금지 원칙이 적용되지 않는다고 보는 것이 타당하므로, 항소심 법원의 심리결과 유권대리로 인정되어 주위적 청구가 이유 있다고 판단되고 있는바, 1심 판결을 취소하고 주위적 피고 乙에 대한 청구를 인용하는 한편 피고 丁에 대한 청구를 기각하는 항소 인용판결을 선고해야 한다.

3. 결론

항소심 법원은 1심 판결을 취소하고 주위적 피고 乙에 대한 청구를 인용하는 한편 예비적 피고 丁에 대한 청구를 기각하는 항소 인용 판결을 선고할 수 있다.

〈제1문의 3〉

〈 공통된 사실관계 〉

甲과 乙은 공유하고 있던 X건물에 관하여 2018. 1. 10. 丙과 임대차계약을 체결하면서, 보증금을 3억 원, 임대기간을 2020. 1. 9.까지로 약정하였다. 甲·乙과 丙은 임대기간이 만료되는 즉시 임대목적물의 반환과 상환하여 보증금을 반환하기로 하고, 만일 甲과 乙이 보증금반환채무를 이행하지 않는 경우 월 1%의 지연손해금을 丙에게 지급하기로 하였다. 그런데 甲과 乙의 신용상태가 2019. 9.말경 심각하게 악화되자 丙은 甲과 乙에게 보증금 반환을 확보하기 위하여 담보 제공을 요구하였고, 이에 A, B, C가 위 보증금반환채무를 담보하기 위하여 丙과 연대보증계약을 체결하는 한편 B 소유인 시가 2억 원인 Z토지에 관하여 丙 명의의 근저당권을 설정해주었다. 한편 丙은 위 임대차계약에 관하여 자세하게 설명하면서 2019. 11. 15. 보증금반환채권을 丁에게 양도하였고 이에 대하여 같은 날 甲과 乙은 이의 없이 승낙하였다. 임대차계약기간이 만료되었지만 甲과 乙은 보증금을 반환하지 않고 있고, 이에 따라 丙은 X건물을 인도하지 않고 있다.

〈 추가된 사실관계 〉

丁은 2020. 2. 10. 甲과 乙을 상대로 각각 "양수금 3억 원 및 그에 대한 2020. 1. 10.부터 다 갚는 날까지 월 1%의 비율로 계산된 지연손해금을 지급하라."는 내용의 소를 제기하였다. 이에 대하여 甲과 乙은 ① "丙에 대하여 행사할 수 있었던 항변권으로 丁에게 대항할 수 있으므로 丙이 X건물을 인도하지 않는 한 이에 응할 의무가 없다.", ② "丁의 청구에 응하더라도 보증금반환채무는 분할채무로서 각각 양수금 1억 5,000만 원을 부담할 뿐이고, 丁이 청구한 지연손해금 역시 지급할 의무가 없다."고 항변하였다.

문제 1.

1. 丁의 청구에 대한 결론(소 각하, 청구 전부인용, 일부인용, 기각, 일부인용의 경우 구체적인 금액과 내용을 기재)을 그 근거와 함께 서술하시오. (25점)

〈별도의 추가된 사실관계〉

A가 2020. 2. 10. 丁에게 연대보증채무를 이행한 후 2020. 3. 9. B와 C를 상대로 각각 "구상금 1억 원 및 이에 대한 2020. 1. 10.부터 다 갚는 날까지 월 1%의 비율로 계산된 지연손해금을 지급하라."는 내용의 소를 제기하였고, 위 소장은 2020. 3. 20. B와 C에게 송달되었다. 이에 대하여 C는 "B가 보증인과 물상보증인의 지위를 겸하는 지위에 있으므로 자신은 B에 비하여 1/2의 금액만 지급하면 되므로 A의 청구액 전부를 지급할 의무가 없다."고 항변하였고, 나아가 B와 C는 ① "甲과 乙로부터 부탁받지 않은 공동보증인으로서 구상채무는 그 이익을 받은 한도에 불과하므로 이자나 지연손해금을 지급할 의무가 없다.", ② "설령 지연손해금을 지급하더라도 2020. 1. 10.부터 A가 청구한 월 1%로 계산된 돈을 지급할 의무는 없다."고 항변하였다.

문제 2.

A의 청구에 대한 결론(소 각하, 청구 전부인용, 일부인용, 기각, 일부인용의 경우 구체적인 금액과 내용을 기재)을 그 근거와 함께 서술하시오. (25점)

[제1문의 3] 문제 1. 해설

1. 문제
(1) 양수금 청구의 적법 여부, (2) 甲과 乙의 ① 항변, ② 항변 당부가 문제 된다.

2. 양수금 청구의 적법 여부
(1) 요건 - ① 채권존재, ② 채권양도, ③ 대항요건 구비를 요한다.

(2) 사안의 경우 - ① 丙이 甲, 乙에 대하여 변제기가 2020. 1. 9.인 3억 원의 임대차보증금 반환채권이 존재하고, ② 丙이 丁에게 2019. 11. 15. 채권양도를 하였고, ③ 채무자 甲, 乙이 채권양도를 이의 없이 승낙하였는바, 丁이 2020. 2. 10. 甲, 乙에 대한 양수금 청구는 적법하다.

3. 甲과 乙의 ① 항변 당부 - 이의유보 없는 승낙의 효력
(1) 관련 조문 - 채무자가 이의를 유보하지 아니하고 채권양도의 승낙을 한 때에는 양도인에게 대항할 수 있는 사유로서 양수인에게 대항하지 못한다(민법 제451조 제1항 본문).

(2) 판례
1) 채무자는 양도인에게 대항할 수 있는 사유로서 양수인에게 대항할 수 없고, 이 경우 대항할 수 없는 사유는 협의의 항변권에 한하지 아니하고, 넓게 채권의 성립, 존속, 행사를 저지하거나 배척하는 사유를 포함하나, 채권의 귀속은 포함되지 않는다.
2) 이의를 보류하지 않은 승낙이 이루어진 경우 양수인은 양수채권에 아무런 항변권도 부착되지 아니한 것으로 신뢰하지만 양수인이 그 사유에 대하여 악의 또는 중과실의 경우 채무자의 승낙 당시까지 양도인에 대하여 생긴 사유로써도 양수인에게 대항할 수 있다.

(3) 사안의 경우 - 丙이 丁에게 보증금반환채권을 양도할 때 임대차계약에 관하여 구체적으로 설명하였으므로, 丁은 임대차계약의 내용으로서 동시이행관계에 대하여 악의로 보아야 하는바, 甲과 乙은 丙으로부터 X건물을 인도받지 않으면 이에 응할 의무가 없다는 동시이행항변권 행사는 타당하다.

4. 甲과 乙의 ② 항변 당부
(1) 관련 조문 - 수인이 불가분채무를 부담한 경우 수인의 채무자가 채무 전부를 각자 이행할 의무가 있다(민법 제411조, 제413조).

(2) 판례 - 건물의 공유자가 공동으로 건물을 임대하고 임차보증금을 수령한 경우 특별한 사정이 없는 한 그 임대는 각자 공유지분을 임대한 것이 아니라 임대목적물을 다수의 당사자로서 공동으로 임대한 것이고 임차보증금 반환채무는 성질상 불가분채무에 해당한다.

(3) 사안의 경우
1) 甲과 乙은 X 건물의 공유자로서 공동으로 건물을 임대하고 임차보증금 3억 원을 수령한 것으로

공동하여 丁에게 보증금을 지급할 의무를 부담하는바, 분할채무로서 1억 5천만 원을 부담한다는 항변은 타당하지 않다.

2) 다만, 丁이 청구한 지연손해금은 상술한 동시이행항변권 행사가 타당하여 발생하지 않는바, 이 부분에 대하여 지급할 의무가 없다는 항변은 타당하다.

5. 결론

법원은 상환급부판결로서 일부 인용판결을 하여야 한다. 즉, '甲과 乙은 丙으로부터 X건물을 인도받음과 동시에 공동하여 丁에게 보증금 3억 원을 지급하라.'는 판결을 하여야 한다.

[제1문의 3] 문제 2. 해설

1. 문제

(1) 구상금 청구의 적법 여부, (2) C의 구상금액 1/2 항변, (3) B와 C의 ①, ② 항변 당부가 문제 된다.

2. 구상금 청구의 적법 여부 (연대보증계약의 체결 + 대위변제사실)

(1) **관련 조문** - 주채무자와 연대로 채무를 부담한 경우에 어느 보증인이 자기의 부담부분을 넘은 변제를 한 때에 다른 연대보증인의 부담부분에 대하여 구상권을 행사할 수 있다(민법 제448조 제2항, 제425조 제1항).

(2) **판례** - 보증채무는 주채무에 대한 부종성 또는 수반성이 있어서 주채무자에 대한 채권이 이전되면 당사자 사이에 별도의 특약이 없는 한 보증인에 대한 채권도 함께 이전하고, 이 경우 채권양도의 대항요건도 주채권의 이전에 관하여 구비하면 족하고, 별도로 보증채권에 관하여 대항요건을 갖출 필요는 없다.

(3) **사안의 경우** - A, B, C는 연대보증채무를 부담하고 있는 자로, 양수인 丁이 채권양도 당시에 주채무자 甲, 乙에 대한 대항요건을 갖추어서 연대보증채무자들에 대한 별도의 대항요건을 갖추지 않아도 되어 A의 丁에 대한 연대보증채무 이행은 유효하고, A는 자신의 부담부분 1억 원을 넘는 3억 원을 변제하여 A의 B, C에 부담부분 각 1억 원에 대한 구상금 청구는 적법하다.

3. C의 구상금액 1/2 항변 당부

(1) **관련 조문** - 자기의 재산을 타인의 채무의 담보로 제공한 자와 보증인간에는 그 인원수에 비례하여 채권자를 대위한다(민법 제482조 제2항 제5호).

(2) **판례** - 동일한 채무에 대하여 보증인 또는 물상보증인이 여럿 있고, 이 중에서 보증인과 물상보증인의 지위를 겸하는 자가 포함되어 있는 경우 형식적으로 인원수에 비례하여 평등하게 대위 비율을 결정한다.

(3) 사안의 경우 - A, B, C 모두 1인으로 3억 원의 채무를 각각 1억 원씩 부담하는바, B가 보증인과 물상보증인의 지위를 겸하는 지위에 있으므로 자신은 B에 비하여 1/2의 금액만 지급하면 되므로 A의 청구액 전부를 지급할 의무가 없다는 C의 항변은 타당하지 않다.

4. B와 C의 ① 항변 당부

(1) 관련 조문 - 연대보증채무자에 대한 구상권은 면책된 날 이후의 법정이자 및 피할 수 없는 비용 기타 손해배상을 포함한다(민법 제448조 제2항, 제425조 제2항). 주채무자의 부탁없이 보증인이 된, 분별의 이익이 있는 수인의 보증인이 변제 기타 자기의 출재로 주채무를 소멸하게 한 때에는 주채무자는 그 당시에 이익을 받은 한도 내지 현존이익 에서 배상하여야 한다(민법 제448조 제1항, 제444조 제1,2항).

(2) 사안의 경우 - B와 C는 주채무자 甲과 乙의 부탁을 받은 연대보증인이므로 이에 대한 구상채무의 내용은 단순보증인 간의 구상권 범위에 관한 제448조 제1항에서 준용하는 제444조 제1항이 아니라 제448조 제2항에서 준용하는 제425조 제2항이 적용되는바, 이익을 받은 한도에 불과하여 이자나 지연손해금을 지급할 의무가 없다는 항변은 타당하지 않다.

5. B와 C의 ② 항변 당부

(1) 관련 조문 - 채무자에게 그 이행의무가 있음을 선언하는 사실심 판결이 선고되기 전까지 채무자가 그 이행의무의 존재 여부나 범위에 관하여 항쟁하는 것이 타당하다고 인정되는 경우에는 그 타당한 범위에서 소촉법상 이율을 적용하지 아니한다(소촉법 제3조 제2항).

(2) 판례 - 기한의 정함이 없는 경우에는 그 이행의 청구를 받은 다음날로부터 이행지체의 책임을 짐에도, 구상채무의 경우 특별한 설시 없이 면책일을 포함한 날부터 법정이자를 청구할 수 있다는 입장이다.

(3) 사안의 경우
  1) 구상채무와 주채무는 별개의 채무이므로 주채무의 지연손해금 비율이 당연히 적용되는 것은 아니며, 구상금채무는 성질상 기한의 정함이 없는 채무임에도 판례의 태도에 비추어 면책 일을 포함한 날부터 법정이자를 청구할 수 있다.
  2) 그렇다면, A가 연대보증채무를 이행하기 전 시점인 2020. 1. 10.부터 같은 해 2. 9.까지의 지연손해금 부분에 대한 청구는 이유가 없어 기각되고, B와 C는 각각 1억 원 및 이에 대하여 2020. 2. 10.(면책 당일 포함)부터 A의 소장부본이 송달된 2020. 3. 20.까지는 연 5%, 그 다음날인 2020. 3. 21.부터 다 갚는 날까지 소촉법상 이율에 의한 지연손해금의 지급의무를 부담하여야 하는바, B와 C의 ②항변은 타당하다.
  3) 결국, A의 청구는 일부 인용되어 소촉법 제3조 제2항의 적용을 받게 된다.

6. 결론

A의 청구는 일부인용 판결을 받는다. 즉, 법원은 "피고 B와 피고 C는 원고 A에게 각 1억 원 및 이에 대한 2020. 2. 10.부터 이 사건 판결선고일까지는 연 5%, 그 다음날부터 다 갚는 날까지 연 12%의 각 비율로 계산한 돈을 각 지급하라."는 취지의 판결을 한다.

제3차 모의시험 제2문

〈제2문의 1〉

〈 기초적 사실관계 〉

甲은 고서화 소매업을 운영하는 사람이다. 甲이 마침 단원 김홍도 선생의 산수화 1점을 보유하고 있음을 알게 된 乙법인(전통 문화예술품의 수집, 보존, 전시 등을 목적으로 하는 비영리법인이다)의 대표이사 A는 위 산수화를 전시하기 위하여 2014. 3. 1. 甲의 화랑을 방문하여 乙명의로 위 산수화를 대금 1억 원에 매수하는 내용의 매매계약을 체결하였다. 甲은 다음 날 A로부터 대금 전액을 지급받으면서 그 산수화를 인도하였다. 다음 각 독립한 물음에 답하시오.

문제 1.

乙법인의 정관에 법인 명의로 재산을 취득하는 경우 이사회의 심의, 의결을 거쳐야 한다는 규정이 있었음에도 A가 이를 무시하고 그와 같은 이사회를 소집하지도 않은 채 위 산수화를 매수하였으며, 甲 또한 乙법인과 빈번한 거래로 말미암아 위 정관 규정을 알고 있었음에도 이를 문제 삼지 않았다. 乙법인과 甲 사이에 매매계약은 유효한가? (15점)

〈아래 문제 2에 적용되는 추가되는 사실관계〉[1])

甲은 고서화 소매업을 운영하는 사람이다. 甲이 마침 단원 김홍도 선생의 산수화 1점을 보유하고 있음을 알게 된 乙은 위 산수화를 구매하기 위하여 2014. 3. 1. 甲의 화랑을 방문하여 乙명의로 위 산수화를 대금 1억 원에 매수하는 내용의 매매계약을 체결하였다. 매매계약서 제3조에는 "문화예술품이 감정결과 위작으로 판명되었을 때 乙이 약정해제권을 행사할 수 있다"는 규정을 두고 있다.

甲은 다음 날 乙로부터 대금 전액을 지급받으면서 그 산수화를 인도하였다. 乙은 甲과 위 매매계약을 체결할 당시 위 산수화가 단원의 진품이라고 감정된 한국고미술협회의 감정서를 甲으로부터 제시받았다. 甲과 乙은 한국고미술협회의 권위를 믿고 위 산수화가 진품이라는 것에 대하여 별다른 의심을 하지 않았다. 그런데 위 작품의 진위 여부에 관하여 우연한 기회에 의구심을 갖게 된 乙은 2019. 2. 28. 한국미술품감정평가원에 그 감정을 의뢰하였고, 2019. 3. 3. 위 산수화가 위작이라는 회신을 받았다.

문제 2.

2019. 7. 1.을 기준으로 乙이 甲과의 매매계약의 구속력으로부터 벗어날 수 있는 방법에 관하여 검토하시오. (25점)

---

[1]) 법전협 모의고사의 문제에 기초가 된 대법원 2018. 9. 13. 선고 2015다78703 판결, 서울고등법원 2015.12.3. 2015나4841, 서울중앙지방법원 2015.1.14. 2013가합93536을 반영하여 문제를 판례의 기초적 사실관계에 맞게 일부 수정하였습니다.

〈아래 문제 3에 적용되는 추가적 사실관계〉

乙법인은 甲으로부터 단원산수화를 구입한 후 금전을 차용할 필요가 있어서 2014. 5. 1. 丙으로부터 3개월 후 상환하기로 하면서 5,000만 원을 차용하였다. 그러면서 乙법인은 丙에게 차용금채무의 담보로 위 단원산수화를 양도하기로 하되, 乙법인이 전시를 위해 계속 소장하기로 하였다. 그 후 乙법인은 2014. 7. 15. 이러한 사정을 알 수 없었던 丁에게 위 단원산수화를 1억 2,000만 원에 팔기로 하면서 매매대금을 지급받고 그림을 즉시 인도해 주었다. (乙법인의 행위는 적법한 것으로 간주한다.)

문제 3.

2014. 8. 15. 乙법인으로부터 차용금을 상환받지 못하고 있던 丙은 丁이 단원산수화를 보관하고 있는 것을 알게 되었고, 이에 丁을 상대로 그림의 인도를 구하고 있다. 丙의 인도청구에 대한 법원의 판단과 그 근거를 서술하시오. (15점)

[제2문의 1] 문제 1. 해설

1. 문제
乙 법인과 甲의 매매계약 유효 여부가 문제 된다.

2. 乙 법인과 甲의 매매계약 유효 여부

(1) 법인 목적 범위 내 여부 및 매매계약 체결 권한 존부
1) 관련 조문 – 법인은 법률의 규정에 좇아 정관으로 정한 목적의 범위내에서 권리와 의무의 주체가 된다(민법 제34조). 이사는 법인의 사무에 관하여 각자 법인을 대표한다. 그러나 정관에 규정한 취지에 위반할 수 없고, 법인의 대표에 관하여는 대리에 관한 규정을 준용한다(민법 제59조).

2) 사안의 경우 – 乙 법인은 전통 문화예술품의 수집, 보존, 전시 등을 목적으로 하는 비영리법인으로 단원 김홍도 선생의 산수화를 매매하는 것은 법인의 목적 범위 내의 행위에 있으며, 대표이사 A는 乙 법인을 대표하여 그러한 매매계약을 체결할 수 있는 대리 권한이 있다.

(2) 대표권 범위 내의 법률행위 여부
1) 관련 조문 – 이사의 대표권에 대한 제한은 이를 정관에 기재하지 아니하면 그 효력이 없다(민법 제41조). 이사의 대표권에 대한 제한은 등기하지 아니하면 제3자에게 대항하지 못한다(민법 제60조).

2) 등기되어 있는 경우 – 법인은 정관규정에 의한 대표권의 제한을 甲에게 대항할 수 있고, 대표이사 A의 행위는 무권대표행위로 되어 무효가 된다. 그리고, 상대방 甲이 대표권 제한규정에 대해 악의였기 때문에 표현대표(대리)가 성립할 수 없는바, 乙법인의 추인이 없다면 乙법인과 甲사이의 매매계약은 무효이다.

3) 등기되어 있지 않은 경우
① 판례 – 법인의 정관에 법인 대표권의 제한에 관한 규정이 있으나 그와 같은 취지가 등기되어 있지 않다면 법인은 그와 같은 정관의 규정에 대하여 선의냐 악의냐에 관계없이 제3자에 대하여 대항할 수 없다.
② 사안의 경우 – 법인은 정관규정에 의한 대표권의 제한을 악의의 甲에게도 대항할 수 없고, 甲에 대해서는 대표권의 제한이 없는 것과 같은 상황으로 되어 A의 대표권행사는 정당한 범위 내의 것으로 되는바, 乙법인과 甲사이의 매매계약은 유효하다.

3. 결론
乙 법인의 정관에 대표권 제한이 등기되어 있는 경우, 乙 법인의 추인이 없는 한, 乙 법인과 甲의 매매계약은 무효가 되고, 등기되어 있지 않은 경우, 乙 법인과 甲의 매매계약은 유효가 된다.

[제2문의 1] 문제 2. 해설

1. 문제
(1) 계약해제, (2) 착오 취소 가부가 문제 된다.

2. 계약해제 가부
(1) 약정해제 가부
1) 판례 - 약정해제권의 발생시기를 "감정결과 위작으로 판명되었을 때"로 기재하였는바, 만일 몇 십 년 후라 하더라도 위작으로 판명되기만 하면 약정해제권을 부여한 것으로 해석하는 것은 당해 권리를 신속하게 행사하도록 함으로써 법률관계를 조속히 확정시키려는 제척기간 제도의 취지에 부합하지 않는 점에서, 약정해제권의 제척기간의 기산점은 서화를 인도받은 무렵이라고 봄이 상당하다.
2) 사안의 경우 - 그림을 인도받은 2014. 3. 2.부터 5년 이내에 행사되어야 하므로, 2019. 7. 1. 소를 제기한 것은 2019. 3. 2. 이후의 약정해제권 행사에 해당되는바, 약정해제를 이유로 계약관계에서 벗어날 수는 없다.

(2) 법정해제 가부
1) 관련 조문 - 매매의 목적물에 하자가 있는 때에는 이로 인하여 계약의 목적을 달성할 수 없는 경우에 한하여 매수인은 계약을 해제할 수 있다(민법 제580조 제1항, 제575조 제1항). 이는 매수인이 그 사실을 안 날로부터 6월내에 행사하여야 한다(민법 제582조). 당사자중 그 1인의 행위가 상행위인 때에는 전원에 대하여 본법을 적용한다(상법 제3조).
2) 사안의 경우
① 甲은 고서화 소매업을 운영하는 상인으로 乙에게 단원 김홍도 선생의 산수화 1점을 매매한 것은 일방적 상행위로서 상법이 적용되나, 乙은 상인이 아니므로 상사매매 상법 제69조의 담보책임이 아닌 민법 제580, 제582조의 담보책임을 물을 수 있다.
② 그러나, 이러한 해제권도 산수화를 인도받은 2014. 3. 2.부터 5년 이내에 행사되어야 하고, 위작 회신을 받은 2019. 3. 3.부터 6개월 이내인 2019. 7. 1. 소를 제기하였다고 하나, 2019. 3. 2.이후의 형성권 행사에 해당되는바, 민법 제582조에 따른 법정해제를 이유로 계약관계에서 벗어날 수는 없다.

3. 착오 취소 가부
(1) 관련 조문 - 의사표시는 법률행위의 내용의 중요부분에 착오가 있는 때에 취소할 수 있으나, 그 착오가 표의자의 중대한 과실로 인한 때에는 취소하지 못한다(민법 제109조). 취소권은 추인할 수 있는 날로부터 3년 내에 법률행위를 한 날로부터 10년 내에 행사하여야 한다(민법 제146조).

(2) 판례
1) 착오로 인한 취소제도와 매도인의 하자담보책임 제도는 취지가 서로 다르고, 요건과 효과도 구

별되므로, 매매계약 내용의 중요 부분에 착오가 있는 경우 매수인은 매도인의 하자담보책임이 성립하는지와 상관없이 착오를 이유로 매매계약을 취소할 수 있다.

2) '추인할 수 있는 날'이란 취소의 원인이 종료되어 취소권행사에 관한 장애가 없어져서 취소권자가 취소의 대상인 법률행위를 추인할 수도 있고 취소할 수도 있는 상태가 된 때를 가리킨다.

(3) 사안의 경우

1) 매매의 목적물인 그림이 진품이라는 사정이 매매계약의 내용으로 표시되었고, 乙은 甲에 의하여 제시된 미술가협회의 감정서를 믿고 거래한 점에 비추어 乙에게 중대한 과실이 인정되기 어려운 바, 하자담보책임에 따른 해제권 소멸 여부와 상관없이 착오 취소를 주장할 수 있다.

2) 그리고, 乙이 위작이라는 회신을 받은 2019. 3. 3.부터 3년 이내인 2019. 7. 1. 착오 취소를 이유로 한 이 사건 소를 제기하였고, 이는 법률행위를 한 날인 2014. 3. 1.부터 10년 내에 행사하여, 제척기간은 도과하지 않았는바, 적법·유효하다.

4. 결론

乙은 甲을 상대로 착오 취소를 주장하여 매매계약의 구속력으로부터 벗어날 수 있다.

[제2문의 1] 문제 3. 해설

1. 문제

(1) 丙의 소유권에 기한 인도청구 가부, (2) 丁의 선의취득 여부가 문제 된다.

2. 丙의 소유권에 기한 인도청구 가부

(1) **관련 조문** - 소유자는 그 소유에 속한 물건을 점유한 자에 대하여 반환을 청구할 수 있다. 그러나 점유자가 그 물건을 점유할 권리가 있는 때에는 반환을 거부할 수 있다(민법 제213조).

(2) **판례** - 신탁적 소유권이전설에 따라 양도담보권설정자의 처분행위의 경우 양수인의 소유권취득을 인정하지 않고, 다만 동산의 경우 선의취득으로 보호받을 수 있다.

(3) **사안의 경우** - 乙 법인은 2014. 5. 1. 5천만 원의 차용금 채무의 담보로 단원산수화를 양도하기로 한 것은 동산양도담보를 설정한 것으로 신탁적 소유권이전설에 따라 소유권은 양도담보권자인 丙에게 있는바, 丙의 점유자 丁에 대한 소유권에 기한 인도청구는 일응 적법하다.

3. 丁의 선의취득 여부

(1) **관련 조문** - 평온, 공연하게 동산을 양수한 자가 선의이며 과실없이 그 동산을 점유한 경우에는 양도인이 정당한 소유자가 아닌 때에도 즉시 그 동산의 소유권을 취득한다(민법 제249조).

(2) **판례** - 동산을 선의취득하기 위하여는 평온, 공연하게 선의이며 과실없이 동산을 취득하여야 하고 그 취득자의 선의, 무과실은 선의취득자가 입증하여야 한다.

(3) **사안의 경우** - 무권한자인 乙법인과 매수인 丁의 매매계약은 적법 유효하고, 매수인 丁이 인도 당시인 2014. 7. 15. 이러한 사정을 알 수 없었던 점에서 선의, 무과실로 추정되는바, 丁의 선의취득이 인정된다면 단원산수화의 소유권을 즉시 취득한다.

4. 결론

丙의 丁에 대한 인도청구는 기각된다.

〈제2문의 2〉

〈 기초적 사실관계 〉

甲은 2005. 5. 10. 丙에게서 X토지를 2억 원에 매수하는 매매계약을 체결하였다. 甲은 위 매매계약에 따라 2005. 5. 20. 丙에게 매매대금 2억 원을 지급하였고, 같은 날 X토지 중 1/2지분은 甲 명의로, 나머지 1/2지분은 동생 乙에게 부탁하여 乙명의로 소유권이전등기를 각각 경료하였다.

그 후 X토지는 2018년 경 X1토지와 X2토지로 분할되었으며, LH공사는 2020. 1월 경 X2토지를 협의취득 방식으로 수용하면서 소유명의자인 甲과 乙에게 수용보상금으로 각각 1억 원을 지급하였다. 甲은 2005. 5. 30. 丙으로부터 X토지를 인도받은 후 위와 같이 수용되기 전까지 주차장 등의 용도로 사용하여 왔다.

〈 문제 〉

1. 甲은 2020년 2월 경 X1토지의 소유 명의를 이전받기 위하여 ① 乙에 대하여는 X1토지 중 1/2지분에 관하여 2005. 5. 20.자 소유권이전등기의 말소를 구하고, ② 丙에 대하여는 위 1/2지분에 관하여 2005. 5. 10. 매매를 원인으로 하는 소유권이전등기를 구하였다. 위 청구에 대하여 乙과 丙은 "甲은 매매대금에 대한 반환을 구할 수는 있어도 부동산 자체의 반환을 구할 수 없다."고 주장한다. 甲의 위 청구가 인용될 수 있는지를 그 근거와 함께 설명하시오. (20점)

2. 甲은 乙에게 LH공사로부터 지급받은 수용보상금 1억 원을 자신에게 반환하라고 청구할 수 있는가? (10점)

[제2문의 2] 문제 1. 해설

1. 문제
중간생략등기 명의신탁에서 신탁자 甲의 소유권이전등기청구 가부가 문제 된다.

2. 중간생략등기 명의신탁에서 신탁자 甲의 소유권이전등기청구 가부

(1) 중간생략등기명의신탁의 효력

1) 관련 조문 - 명의신탁 약정은 무효이고, 위 약정에 따라 이루어진 등기는 무효이다(부실법 제4조 제1, 2항).

2) 사안의 경우 - X 토지 매매계약의 당사자는 매도인 丙과 매수인 甲이고, 매수인 甲이 제3자 동생 乙에게 부탁하여 소유권이전등기를 경료한 것은 중간생략등기 명의신탁으로 약정 및 등기는 무효이다. 이후 X 토지는 X1 토지와 X2 토지로 분할되었고 그 중 X2 토지는 LH공사가 수용하였으므로, 이 사건 소가 제기된 2020년 2월경 X1 토지 중 1/2지분의 소유자는 매도인 丙이다.

(2) 청구인용 가부

1) 관련 조문 - 채권자는 자기의 채권을 보전하기 위하여 채무자의 권리를 행사할 수 있다(민법 제404조 제1항).

2) 판례 - 목적 부동산을 인도받아 점유하고 있는 명의신탁자의 매도인에 대한 소유권이전등기청구권 역시 소멸시효가 진행되지 않는다.

3) 사안의 경우 - 甲은 X토지를 매수한 후 이를 2005. 5. 30. 매도인 丙으로부터 인도받아 2020. 1월경까지 점유·사용하여 왔으므로 매매에 기한 소유권이전등기청구권은 소멸시효가 진행되지 않는바, ② 청구는 인용된다. 甲은 ② 청구권을 피보전권리로 하여 X1 토지 중 1/2 지분에 관하여 명의수탁자인 乙을 상대로 소유권자인 매도인 丙을 대위하여 소유권이전등기의 말소를 구할 수 있는바, 甲의 ① 청구도 인용된다.

3. 결론
甲의 ①, ② 청구 전부 인용될 수 있다.

[제2문의 2] 문제 2. 해설

1. 문제
甲의 乙에 대한 X2 토지 수용보상금 1억 원에 대한 부당이득반환청구 가부가 문제 된다.

2. 부당이득반환청구 가부

(1) 관련 조문 - 법률상 원인없이 타인의 재산으로 인하여 이익을 얻고 이로 인하여 타인에게 손해

를 가한 자는 그 이익을 반환하여야 한다(민법 제741조). 명의신탁약정의 무효를 가지고 제3자에게 대항하지 못한다(부실법 제4조 제3항).

(2) **판례** – 3자간 등기명의신탁에서 신탁부동산이 공공용지 협의취득 등을 원인으로 제3취득자 명의로 이전등기가 마쳐진 경우, 제3취득자는 유효하게 소유권을 취득하고, 그로 인하여 매도인의 명의신탁자에 대한 소유권이전등기의무는 이행불능되고, 명의신탁자는 신탁부동산의 소유권을 이전받을 권리를 상실하는 손해를 입게 되는 반면, 명의수탁자는 신탁부동산의 보상금을 취득하는 이익을 얻게 되므로, 명의수탁자는 명의신탁자에게 그 이익을 부당이득으로 반환할 의무가 있다.

(3) **사안의 경우** – 甲은 X2토지 중 1/2 지분에 대한 소유권이전등기청구권을 상실하고 그로 인해 명의수탁자인 乙은 수용보상금 1억 원을 취득하였는바, 甲의 乙에 대한 X2 토지보상금 1억 원의 부당이득반환청구는 인용된다.

3. 결론
甲은 乙에게 LH공사로부터 지급 받은 수용보상금 1억 원을 자신에게 반환하라고 청구할 수 있다.

<제2문의 3>

甲은 2015. 2. 1. 자기소유의 X부동산에 관하여 채권자 乙에게 채권최고액 2억 5,000만 원의 1순위 근저당권 설정등기를 경료해 주었다. 甲은 2015. 8. 1. 자신의 유일한 재산인 시가 5억 원의 X부동산을 丙에게 2억 원에 매도하고, 같은 날 丙 명의로 소유권이전등기까지 마쳤다. 丙은 2016. 4. 2. X부동산에 설정되어 있던 근저당권의 피담보채무 전액 2억 원을 乙에게 변제하고 근저당권을 말소하였다.

甲에 대하여 5,000만 원의 대여금채권을 가지는 채권자인 丁은 2017. 1.경 甲의 乙에 대한 근저당권설정 사실을 알게 되었고, 2017. 2. 2. 乙을 상대로 사해행위취소 및 원상회복 청구의 소를 제기하였다. 이후 2017. 10.경 丁은 승소확정판결을 받았다. 甲에 대한 채권자 戊(총 채권액 7억 원)는 2018. 2.경 甲이 X부동산을 丙에게 매도한 사실을 알게 되었고, 2018. 3. 1. 丙을 상대로 '1. 피고와 소외 甲 사이에 X부동산에 관하여 2015. 8. 1.에 체결된 매매계약을 취소한다. 2. 피고는 원고에게 5억 원 및 이에 대하여 매매계약일부터 다 갚는 날까지 연 5%의 비율에 의한 돈을 지급하라.'라는 소를 제기하였다.

丙은 ① 2015. 8. 1. 매매계약은 사해행위가 아니고, ② 설령 사해행위이더라도 자신은 5억 원을 반환할 의무가 없으며, ③ 가액반환의무에 대한 지연손해금의 발생시점은 소장부본 송달 다음 날이라고 주장하였다.

법원의 심리결과, 甲은 2015. 1. 1.부터 변론종결시까지 계속 채무초과상태이고, 변론종결당시 X부동산의 시가는 5억 원으로 동일하며, 乙의 피담보채권액은 2억 원으로 근저당권 설정 당시부터 丙이 변제할 때까지 변동이 없다고 밝혀졌다.

丙에 대한 戊의 청구에 대한 결론[각하, 전부인용, 일부인용(일부 인용되는 경우 그 구체적인 금액 또는 내용을 기재할 것), 기각]을 그 논거와 함께 서술하시오. (20점)

[제2문의 3] 해설

1. 문제
戊의 丙에 대한 채권자 취소소송 및 가액배상 청구 인용 여부가 문제 된다.

2. 戊의 丙에 대한 채권자 취소소송 청구 인용 여부

(1) **요건** - ① 피보전채권의 존재, ② 채무자의 사해행위, ③ 채무자의 사해의사(민법 제406조).

(2) **피보전채권의 존재** - 피보전채권은 사해행위 이전에 존재하여야 하는데, 戊의 甲에 대한 7억 원의 대여금 채권의 발생시기가 나타나 있지 않은바, 일단 2015. 8. 1. 사해행위 이전에 발생한 것으로 추정하여, 피보전채권이 존재함을 전제로 검토한다.

(3) **채무자의 사해행위 및 사해의사**

1) 판례 - 사해행위는 채무자를 채무초과 상태로 만들거나 채무초과 상태를 심화시키는 채무자의 재산상 법률행위를 말하므로, 채무자가 유일한 재산인 부동산을 매각하여 소비하기 쉬운 금전으로 바꾼 경우 원칙적으로 사해행위에 해당한다.

2) 사안의 경우 - 甲은 2015. 1. 1.부터 변론종결시까지 계속 채무초과상태이고, 甲은 2015. 8. 1. 자신의 유일한 재산인 시가 5억 원의 X 부동산을 丙에게 2억 원에 매도하고, 같은 날 丙 명의로 소유권이전등기까지 경료하여 사해행위 및 사해의사가 인정되는바, 사해행위에 해당되지 않는다는 丙의 ① 항변은 타당하지 않다.

(4) **소결** - 채권자 취소소송에 필요한 요건을 충족하여 丁의 채권자 취소소송은 인용된다.

3. 戊의 丙에 대한 가액배상청구 인용 여부

(1) **취소의 범위**

1) 판례 - 저당권설정행위 등이 사해행위에 해당하여 채권자가 저당권자를 상대로 제기한 사해행위 취소소송에서 채권자의 청구를 인용하는 판결이 선고되었다고 하더라도 이러한 사해행위 취소판결의 효력은 해당 부동산의 소유권을 이전받은 자에게 미치지 아니하므로, 저당권이 설정되어 있는 부동산에 관하여 사해행위가 이루어진 경우에 그 사해행위는 부동산의 가액에서 저당권의 피담보채권액을 공제한 잔액의 범위 내에서만 성립하고, 그 가액 산정은 사실심 변론종결시를 기준으로 한다.

2) 사안의 경우 - 丁의 乙에 대한 2017. 2. 2. 자 근저당권설정계약 사해행위 취소 및 원상회복 청구의 소 확정판결의 효과가, 丙에게 미치지 아니하므로, 甲소유 X 부동산을 丙에게 매도한 사해행위는 X 부동산 시가 5억 원에서 乙의 피담보채권액 2억 원을 공제한 3억 원 범위 내에서만 성립하는바, 사해행위에 해당하더라도 5억 원을 반환할 의무가 없다는 丙의 ② 항변은 타당하다.

(2) 지연손해금 발생시점

1) 관련법리 - 채권자취소소송은 형성소송이고, 형성판결이 확정될 때 법률관계의 변동이 일어나므로 원상회복의무는 판결확정시에 발생하고, 원상회복의무에 대한 지연손해금은 판결 확정 다음날부터 발생한다.

2) 사안의 경우 - 戊의 丙에 대한 가액배상의무는 판결 확정 다음날부터 발생되는바, 소장부본 송달 다음날부터 발생한다는 丙의 ③ 주장은 타당하지 않다.

4. 결론

법원은 "1. 丙과 甲 사이에 X부동산에 관하여 2015. 8. 1.에 체결된 매매계약을 3억 원의 범위 내에서 취소한다. 2. 丙은 戊에게 3억 원 및 이에 대하여 판결 확정 다음날부터 다 갚는 날까지 연 5%의 비율에 의한 돈을 지급하라."는 일부인용판결을 하여야 한다.

제3차 모의시험 제3문

甲주식회사(이하 '甲회사'라 함)는 자본금 100억 원의 비상장회사로서 甲회사의 주주명부에 따르면 발행주식 총수 중 A는 30%, B는 20%, C는 10%, 丙주식회사(이하 '丙회사'라 함)는 12%, 丁주식회사(이하 '丁회사'라 함)는 10%를, 나머지 주식은 기타 주주가 보유하고 있다. 경영에 무관심하던 C는 A에게 위임사항에 관한 특별한 언급이 없이 보유한 주식의 의결권 행사를 위임하고 위임장을 교부하였는데, 甲회사의 정관에는 의결권 대리행사의 경우 대리인의 자격을 주주로 한정하는 규정을 두고 있다.

甲회사는 乙주식회사(이하 '乙회사'라 함)의 발행주식총수의 60%와 丙회사의 발행주식총수의 5%를 보유하고 있고, 乙회사는 丙회사 발행주식총수의 3%를 보유하고 있다(각 회사는 의결권 있는 보통주만을 발행하였음). 그리고 丙회사는 甲회사의 발행주식총수의 12%와 乙회사의 발행주식총수의 5%를 가지고 있고 해당주식은 명의개서가 마쳐진 상태이다 甲회사는 거래처 D로부터 물품을 매수하고 그 매수대금의 지급을 담보하기 위하여 발행지를 백지로 한 액면금 50억 원의 약속어음을 발행하여 D에 교부하였고, D는 다시 거래처 E와 매매계약을 체결하고 거래대금의 지급을 위하여 그 약속어음을 배서·교부하였다.

한편, 甲회사의 대표이사 A는 이사 B가 경영에 불만을 품자 이사회를 열어 이사B 해임을 위한 임시주주총회를 개최하기로 결의하고 주주명부상의 주주에게 소집통지를 하였다. 그 후 주주총회 개최일 전 乙회사는 丙회사의 발행주식총수의 4%를 추가로 매수하였으나 명의개서를 마치지는 않았다. 주주총회 당일 A는 C의 의결권을 대리 행사하였고, 丁회사가 그의 직원인 F를 그 총회에서의 대리인으로 선임한 후 위임장을 교부하여, F는 丁회사의 의결권을 대리행사하였다.

문제 1.
甲회사와 D사이의 매매계약과 D와 E사이의 매매계약이 모두 해제되었음에도 그 약속어음을 반환하지 아니한 E가 어음의 발행지를 기재하지 않은 채 만기에 甲회사에 지급제시를 한 경우 甲회사는 어음금을 지급하여야 하는가? (30점)

문제 2.
임시주주총회에서의 A와 F의 각 의결권 대리행사는 유효한가? (20점)

문제 3.
丙회사는 甲회사의 임시주주총회에서 의결권을 행사할 수 있는가? (20점)

〈추가적 사실관계〉
전기부품 제조업 및 조명기구 제조·판매업을 하는 하던 丁주식회사 (이하 '丁회사'라 함)는 전기부품 원자재를 납품하던 G에게 거래대금 7억 원의 지급을 지체하였다. 이에 G는 그 대금 및 지연이자의 지급을 구하는 소를 제기하였고, G의 청구를 모두 인용한 판결이 선고되어 그 판결은

2012. 6. 9. 확정되었다. 그 후 丁회사는 적법한 절차를 거쳐 전기부품 제조업부문을 분할하고 戊주식회사(이하 '戊회사'라 함)에 출자하여 분할합병을 하였고, 丁회사는 2015. 5. 6. 분할등기를, 戊회사는 같은 달 11. 분할합병 등기를 각 경료하였다. 2020. 9. 2. G가 丁회사와 戊회사를 상대로 원자재 거래대금의 지급을 청구하자, 분할합병을 이유로 丁회사는 채무가 戊회사에게 이전되었다고 주장하고, 戊회사는 분할합병 등기 후 5년의 상사소멸시효가 경과하였으므로 대금의 지급의무가 없다고 주장한다.

문제 4.
　丁회사와 戊회사에 대한 G의 청구는 인용될 수 있는가? (30점)

[제3문] 문제 1. 해설

1. 문제
(1) 소지인 E의 백지어음 지급제시 유효 여부, (2) 발행인 甲 회사의 이중무권 항변 당부가 문제 된다.

2. 소지인 E의 백지어음 지급제시 유효 여부
(1) **관련 조문** – 백지어음은 불완전어음과는 구분하여야 하는데, 어음요건의 흠결은 불완전어음으로서 발행단계에서부터 무효이나, 발행지의 기재가 없는 어음은 발행인의 명칭에 부기한 지(地)에서 발행된 것으로 보아 유효한 어음으로 본다(어음법 제2조 제3호).

(2) **판례** – 발행지의 기재가 없는 어음의 유통에 관여한 당사자들은 완전한 어음에 의한 것과 같은 유효한 어음행위를 하려고 하였던 것으로 봄이 상당하므로, 어음면의 기재 자체로 보아 국내어음으로 인정되는 경우에 있어서는 그 어음면상 발행지의 기재가 없는 경우라고 할지라도 이를 무효의 어음으로 볼 수는 없다.

(3) **사안의 경우** – 발행지는 어음요건이지만 준거법을 정함에 있어 일응 추정력만을 갖는 기능을 하는 이외에 어음상 권리관계에 영향을 주는 바 없으므로, 어음소지인 E가 발행인 甲회사에게 어음의 발행기를 기재하지 않은 채 만기에 지급제시한 것은 적법한바, 甲 회사는 발행인으로서 어음금 지급의무를 일응 부담한다.

3. 발행인 甲 회사의 어음상 항변 당부
(1) **제3자의 항변**
1) 의의 – 제3자의 항변이란 어음항변의 당사자가 아닌 어음채무자가 다른 어음채무자의 항변사유로써 어음소지인에 대하여 주장하는 것을 말한다. 어음채무자가 자기의 후자와 어음소지인 사이의 항변사유를 원용하여 어음소지인의 청구를 배척하는 것을 후자의 항변이라 한다.

2) 사안의 경우 – 甲 회사는 D와 E사이의 매매계약이 해제되었으므로 그 약속어음을 D에게 반환하여야 함에도 반환하지 아니하고 있음을 기회로 발행인에 대해 어음금을 청구하는 것이 권리남용에 해당함을 주장하여 어음금 지급을 거절할 수 있다.

(2) **이중 무권의 항변**
1) 의의 – 연속된 어음거래에 대해 항변사유가 연속해서 존재하는 경우 최초의 어음채무자가 어음소지인의 어음금청구에 대하여 대항할 수 있는 항변을 말하고, 이는 어음소지인과 전자 및 전자와 전전자 사이의 원인관계가 소멸된 경우에 인정된다.

2) 판례 – 어음의 배서인이 발행인으로부터 지급받은 어음금 중 일부를 어음 소지인에게 지급한 경우, 어음소지인은 배서인과 사이에 소멸된 어음금에 대하여는 지급을 구할 경제적 이익이 없게 되어 인적항변 절단의 이익을 향유할 지위에 있지 아니하므로 어음의 발행인은 그 범위 내에서 배서인에 대한 인적항변으로써 소지인에게 대항하여 그 부분 어음금의 지급을 거절할 수 있다.

3) 사안의 경우 - 甲회사는 D와 E사이의 어음행위 원인관계인 매매계약이 해제되었고, 甲회사와 D 사이의 어음행위 원인관계인 매매계약이 해제를 통해 소멸되었음을 이유로, 이중무권의 항변을 주장하여 甲회사는 E의 어음금 청구를 거절할 수 있다.

4. 결론

발행지 백지어음은 발행지의 보충이 없더라도 유효한 어음으로 인정되므로 지급제시는 유효하지만, 발행인 甲회사는 제3자의 항변 또는 이중무권의 항변을 주장·입증하여 어음금 지급을 거절할 수 있다.

[제3문] 문제 2. 해설

1. 문제

대리인 A와 F의 의결권 행사 유효 여부가 문제 된다.

2. 대리인 A와 F의 의결권 행사 유효 여부

(1) 甲 회사 정관의 유효성

1) 판례 - 대리인의 자격을 주주로 한정하는 취지의 주식회사의 정관 규정은 주주총회가 주주 이외의 제3자에 의하여 교란되는 것을 방지하여 회사 이익을 보호하는 취지에서 마련된 것으로서 합리적인 이유에 의한 상당한 정도의 제한이라고 볼 수 있으므로 이를 무효라고 볼 수는 없다.

2) 사안의 경우 - 甲 회사의 정관에서 의결권 대리 행사의 경우 대리인의 자격을 주주로 한정하는 규정 자체를 무효라고 볼 수 없다.

(2) C의 의결권 포괄위임 효력

1) 관련 조문 - 주주는 대리인으로 하여금 그 의결권을 행사하게 할 수 있고, 그 대리인은 대리권을 증명하는 서면을 총회에 제출하여야 한다(상법 제368조 제2항).

2) 판례 - 의결권의 행사를 구체적이고 개별적인 사항에 국한하여 위임해야 한다고 해석하여야 할 근거는 없고 포괄적으로 위임할 수도 있다.

3) 사안의 경우 - 주주 C가 A에게 위임사항에 관한 특별한 언급 없이 보유한 주식의 의결권 행사를 포괄 위임한 것은 유효한 바, 주주총회 당일 A가 C의 의결권을 대리 행사한 것은 적법·유효하다.

(3) F의 의결권 행사 유효 여부

1) 판례 - 주주에 한해서 대리 행사를 가능하게 하는 정관 규정이 있더라도 주주인 주식회사가 그 소속의 피용자에게 의결권을 대리 행사 하도록 한 때에는 그들의 의결권 행사에 주주 내부의 의사결정에 따른 의사가 그대로 반영되고, 주주총회가 교란되어 회사 이익이 침해되는 위험은 없는바, 이를 정관 규정에 위반한 무효의 의결권 대리 행사라고 할 수 없다.

2) 사안의 경우 - 丁 주식회사가 소속 직원 F에게 의결권 행사를 대리하도록 하는 경우 내부의 의사결정에 따른 대표자의 의사가 그대로 반영된다고 볼 수 있으므로 주주총회를 교란하여 회사의 이익이 침해될 우려가 없는 반면 대리 행사를 거부하면 주식회사의 의결권 행사의 기회를 박탈하는 것이 되어 그 대리 행사는 허용되어야 하는바, F의 의결권 행사는 적법·유효하다.

3. 결론

임시주주총회에서 A와 F의 각 의결권 대리 행사는 적법·유효하다.

[제3문] 문제 3. 해설

1. 문제

丙 회사의 甲 회사 임시주총에서 의결권 행사 가부는 상호주 의결권 제한에 해당되는지 문제 된다.

2. 丙 회사의 甲 회사 임시주총에서 의결권 행사 가부 - 상호주 의결권 제한

(1) **관련 조문** - 모회사 및 자회사가 다른 회사의 발행주식의 총수의 10분의 1을 초과하는 주식을 가지고 있는 경우 그 다른 회사가 가지고 있는 모회사의 주식은 의결권이 없다(상법 제369조 제3항). 발행주식 총수에도 산입되지 않는다(상법 제371조 제1항).

(2) **판례**
   1) 주주총회의 기준일에는 상법 제369조 제3항이 정한 요건에 해당하지 않더라도, 실제로 의결권이 행사되는 주주총회일에 실제로 주식을 소유하고 있는 경우에는 상법 제369조 제3항이 정하는 상호소유 주식에 해당하여 의결권이 없다.
   2) 이때 회사, 모회사 및 자회사 또는 자회사가 다른 회사 발행주식 총수의 10분의 1을 초과하는 주식을 가지고 있는지 여부는 실제로 소유하고 있는 주식수를 기준으로 판단하여야 하며 그에 관하여 주주명부상의 명의개서 여부와는 관계가 없다.

(3) **사안의 경우**
   1) 丙 회사는 甲회사의 주식을 12% 보유하고 있고, 丙회사의 상호주 의결권 제한 여부를 판단할 때 甲회사와 乙회사의 명의개서 여부는 고려요소가 아니므로, 실제로 의결권이 행사되는 주주총회일 甲회사가 丙회사의 주식을 5%, 甲회사의 자회사인 乙회사가 丙회사의 주식을 7%(명의개서주식 3%+ 명의개서미필주식 4%)을 갖고 있다.
   2) 그렇다면, 丙 회사의 발행주식총수 10%을 초과하는 12%을 보유하고 있어, 丙회사가 보유한 甲회사 주식 12%는 상호주에 해당되는바, 의결권이 없다.

3. 결론

丙회사는 甲회사의 임시주주총회에서 주주로서 의결권을 행사할 수 없다.

[제3문] 문제 4. 해설

1. 문제
(1) G 청구의 적법 여부, (2) 丁 회사의 연대책임 면제 항변 당부, (3) 戊의 시효항변 당부가 문제 된다.

2. G 청구의 적법 여부
(1) **관련 조문** - 상인이 판매한 상품의 대가는 3년간 행사하지 아니하면 소멸시효가 완성한다(민법 제163조 제6호). 판결에 의하여 확정된 채권은 단기의 소멸시효에 해당한 것이라도 그 소멸시효는 10년으로 한다(민법 제165조 제1항).

(2) **사안의 경우** - G는 전기부품 원자재 丁회사에 공급하는 원자재 납품업자로 추정되는데, 7억 원의 대금채권 지체를 이유로 대금 및 지연이자를 구하는 소를 제기하여 그 판결이 2012. 6. 9. 확정되어, G의 丁에 대한 금전채권의 소멸시효 완성시점은 2022. 6. 9.이 되는바, 2020. 9. 2. 채무자 丁과 戊회사에 대한 청구는 일응 적법하다.

3. 丁 회사의 연대책임 면제 항변 당부
(1) **관련 조문** - 분할회사는 분할합병 전의 분할회사 채무에 관하여 연대하여 변제할 책임이 있다(상법 제530조의9 제1항). 분할합병의 경우에 분할회사는 주주총회특별결의로 분할합병에 따른 출자를 받는 분할승계회사 또는 분할합병신설회사가 분할회사의 채무 중에서 분할합병계약서에 승계하기로 정한 채무에 대한 책임만을 부담하는 것으로 정할 수 있다(상법 제530조의9 제3항). 분할합병의 경우에는 채권자보호절차를 거쳐야 하는바, 회사는 합병계약에 대한 주주총회의 승인 결의가 있은 날부터 2주내에 채권자에 대하여 합병에 이의가 있으면 1월 이상의 기간 내에 이를 제출할 것을 공고하고 알고 있는 채권자에 대하여 따로따로 이를 최고하여야 한다(제530조의11 제2항, 제527조의5 준용).

(2) **판례** - 연대책임의 대상이 되는 채무에 분할합병의 효력 발생 전에 발생하였으나 분할 또는 분할합병 당시에는 아직 그 변제기가 도래하지 아니한 채무도 포함된다.

(3) **사안의 경우**
1) G회사의 丁에 대한 7억 원의 채권은 분할합병 효력 발생 전에 발생하였고, 변제기도 이미 도래하였는바. 분할회사 채무에 해당하는 것은 분명하다.
2) 그리고, 丁과 戊회사 사이에서 丁의 연대책임을 면제할 만한 절차 즉, 연대책임 배제에 관한 주주총회 특별결의 및 채권자 보호절차 등을 거친 사정이 없는바, 丁회사의 연대책임 면제 항변은 타당하지 않다.

4. 戊의 시효항변 당부
(1) **관련 조문** - 분할승계회사는 분할 또는 분할합병 전의 분할회사 채무에 관하여 연대하여 변제할 책임이 있다(상법 제530조의9 제1항).

(2) 판례
   1) 회사분할로 채무자의 책임재산에 변동이 생겨 채권 회수에 불리한 영향을 받는 채권자를 보호하기 위하여 부과된 법정책임을 정한 것으로, 분할승계회사는 분할 또는 분할합병 전의 회사 채무에 대하여 부진정연대책임을 진다.
   2) 분할승계회사가 채권자에게 부담하는 연대채무의 소멸시효 기간과 기산점은 분할 또는 분할합병 전의 회사가 채권자에게 부담하는 채무와 동일한 것으로, 채권자는 해당 채권의 시효기간 내에서 분할로 인하여 승계되는 재산의 가액과 무관하게 연대책임을 물을 수 있다.

(3) 사안의 경우
   1) 戊 회사는 丁이 G에 부담하는 7억 원의 대금채권에 대하여 부진정연대책임을 부담한다.
   2) 그 기산점과 시효 또한 丁과 동일하여 G의 戊에 대한 금전채권의 소멸시효 기산점은 2012. 6. 9. 완성시점은 2022. 6. 9.이 되는바, 분할합병 등기일인 2015. 5. 11.을 기산점으로 하여 5년의 소멸시효기간이 적용되어 2020. 5. 11. 시효가 완성되었다는 항변은 타당하지 않다.

5. 결론
G의 2020. 9. 2.자 丁회사와 戊회사에 대한 대금지급청구는 인용된다.

제3차 모의시험 제1문

〈제1문의 1〉

〈 기초적 사실관계 〉

甲은 2010. 1. 5. 乙에게 1억 원을 변제기 2010. 3. 4.로 정하여 무이자로 대여하였다.(아래의 각 설문은 독립적임. 지연손해금은 고려하지 말 것).

문제 1.

甲은 乙을 상대로 2020. 2. 11. 위 대여금의 지급을 구하는 소를 제기하였고, 그 소장은 2020. 2. 22. 乙에게 송달되었다. 한편 甲의 채권자 丙은 강제집행을 승낙하는 취지가 기재된 소비대차계약 공정증서를 집행권원으로 하여 2020. 3. 10. 甲의 乙에 대한 위 대여금 채권에 관한 채권압류 및 추심명령신청을 하여, 2020. 3. 15. 채권압류 및 추심명령이 내려지고, 2020. 3. 20. 乙에게 위 추심명령이 송달되었다. 丙은 甲의 乙에 대한 소송의 변론기일이 계속 진행 중인 상태에서 2020. 5. 1. 乙을 상대로 추심금 청구의 소를 제기하였다.

가. 丙의 소는 적법한가? (15점)

나. 甲은 2020. 5. 10. 乙에 대한 위 대여금 청구의 소를 취하하였고, 乙도 같은 날 소취하에 동의하였다. 한편 丙의 乙에 대한 위 추심금 청구 소송에서 乙은 '위 대여금은 변제기 2010. 3. 4.로부터 10년이 지나 시효소멸하였다.'고 항변하였고, 이에 대하여 丙은 '甲이 소멸시효 완성 전에 재판상 청구를 하였고, 甲이 그 후 소를 취하하기는 하였지만 丙이 별도로 추심금 청구를 하였으므로 위 대여금 채무의 시효는 중단되었다.'고 재항변하였다. 법원은 그 상태에서 변론을 종결하였다. 쌍방 주장사실이 모두 인정되는 경우, 법원은 어떠한 판결을 하여야 하며(소 각하/청구 기각/청구 인용), 그 근거는 무엇인가? (15점)

문제 2.

甲에 대하여 공사대금채권을 가지는 甲의 채권자 丙은 甲을 대위하여 乙을 상대로 위 대여금의 지급을 구하는 소를 제기하여, 자백간주로 승소판결을 받았고, 위 판결은 그대로 확정되었다. 丙은 판결 직후 甲에게 위 확정판결문 사본을 등기우편으로 송부하여 甲이 수령하였다.

그 후 甲의 다른 채권자 丁은 강제집행을 승낙하는 취지가 기재된 소비대차계약 공정증서를 집행권원으로 하여 甲의 乙에 대한 위 대여금 채권에 관한 채권압류 및 전부명령신청을 하여, 채권압류 및 전부명령이 내려지고, 그 결정문이 甲, 乙에게 각 송달되었다. 甲, 乙 모두 즉시항고 기간 내에 항고하지 않았다.

丁은 乙을 상대로 전부금 청구의 소를 제기하였는데, 乙은 이미 甲의 다른 채권자 丙이 채권자대위소송을 제기하여 승소확정판결을 받고 甲도 그러한 사정을 알고 있으므로, 丁의 채권압류 및 전부명령은 무효라고 주장하였다.

법원은 어떠한 판결을 하여야 하며(소 각하/청구 기각/청구 인용), 그 근거는 무엇인가? (20점)

[제1문의 1] 문제 1-가. 해설

1. 문제
丙 추심금 청구 소송의 중복된 소 제기 해당 여부가 문제 된다.

2. 중복된 소 제기 해당 여부
(1) **관련 조문 및 요건** – 법원에 계속되어 있는 사건에 대하여 당사자는 다시 소를 제기하지 못한다(민소법 제259조). ① 당사자 동일, ② 소송물 동일, ③ 전소 계속 중 후소제기를 요한다.

(2) **판례**
   1) 채무자가 제3채무자를 상대로 제기한 이행의 소가 이미 법원에 계속되어 있는 상태에서 압류채권자가 제3채무자를 상대로 제기한 추심의 소의 본안에 관하여 심리·판단한다고 하여, 제3채무자에게 불합리하게 과도한 이중 응소의 부담을 지우고 본안 심리가 중복되어 당사자와 법원의 소송경제에 반한다거나 판결의 모순·저촉의 위험이 크다고 볼 수 없다.
   2) 채무자가 제3채무자를 상대로 제기한 이행의 소가 법원에 계속되어 있는 경우에도 압류채권자는 제3채무자를 상대로 압류된 채권의 이행을 청구하는 추심의 소를 제기할 수 있고, 제3채무자를 상대로 압류채권자가 제기한 추심의 소는 채무자가 제기한 이행의 소에 대한 관계에서 민사소송법 제259조가 금지하는 중복된 소제기에 해당하지 않는다.

(3) **사안의 경우**
   1) 피고는 모두 乙로서 동일하고, 원고는 甲과 丙으로서 다르지만, 압류 및 추심명령은 어디까지나 압류채권자에게 채무자의 제3채무자에 대한 채권을 추심할 권능만을 부여하는 것일 뿐이므로 채무자가 제3채무자를 상대로 먼저 제기한 이행의 소와 압류채권자가 제3채무자를 상대로 나중에 제기한 추심의 소는 비록 원고가 다를지라도 실질적으로 동일한 사건이다.
   2) 그러나, 丙이 乙에게 제기한 추심금 청구 소송이 甲이 乙에게 제기한 대여금 지급 청구의 전소에 대한 후소로 본안 심리가 중복되어 당사자와 법원의 소송경제에 반한다거나 판결의 모순·저촉의 위험이 크다고 볼 수 없는바, 중복된 소제기 금지 원칙에 위배되지 않는다.

3. 결론
丙의 소는 적법하다.

[제1문의 1] 문제 1-나. 해설

1. 문제
채무자가 제3채무자를 상대로 한 재판상 청구의 효력이 추심채권자에게도 미치는지 및 유지 여부가 문제 된다.

2. 甲이 乙을 상대로 한 재판상 청구의 효력이 丙에게 발생 및 유지 여부

(1) 관련 조문 – 시효의 중단은 당사자 및 그 승계인간에만 효력이 있다(민법 제169조). 재판상의 청구는 소 취하의 경우에는 시효중단의 효력이 없으나, 6월내에 재판상의 청구를 한 때에는 시효는 최초의 재판상 청구로 인하여 중단된 것으로 본다(민법 제170조).

(2) 판례

1) 채무자가 제3채무자를 상대로 금전채권의 이행을 구하는 소를 제기한 후 채권자가 위 금전채권에 대하여 압류 및 추심명령을 받아 제3채무자를 상대로 추심의 소를 제기한 경우, 채무자가 권리주체의 지위에서 한 시효중단의 효력은 추심채권자에게도 미친다.

2) 채무자가 제3채무자를 상대로 제기한 금전채권의 이행소송이 압류 및 추심명령으로 인한 당사자적격의 상실로 각하되더라도, 추심채권자가 위 각하판결이 확정된 날로부터 6개월 내에 제3채무자를 상대로 추심의 소를 제기하였다면, 채무자가 제기한 재판상 청구로 인하여 발생한 시효중단의 효력은 추심채권자의 추심소송에서도 그대로 유지된다.

(3) 사안의 경우 – 甲이 2020. 2. 11. 乙을 상대로 제기한 대여금 지급 청구의 소에 따른 시효중단의 효력이 추심채권자 丙에게도 미치고, 甲이 2020. 5. 10. 소취하를 하였지만, 그 전부터인 2020. 5. 1. 丙이 추심의 소를 제기하였는바, 2020. 2. 11. 소제기에 따른 시효중단의 효력이 유지되어 乙의 항변은 타당하지 않다.

3. 결론

법원은 丙의 추심금 청구를 인용하여야 한다.

[제1문의 1] 문제 2. 해설

1. 문제

丁의 전부금청구에 대한 법원의 판단이 문제 된다.

2. 丁의 채권압류 및 전부명령 유효여부

(1) 관련 조문 – 전부명령이 제3채무자에게 송달될 때까지 그 금전채권에 관하여 다른 채권자가 압류·가압류 또는 배당요구를 한 경우에는 전부명령은 효력을 가지지 아니한다(민집법 제229조 제5항).

(2) 판례

1) 채권자대위소송이 제기되고 대위채권자가 채무자에게 대위권 행사사실을 통지하거나 채무자가 이를 알게 된 이후에는 민사집행법 제229조 제5항이 유추 적용되어 피대위채권에 대한 전부명령은, 우선권 있는 채권에 기초한 것이라는 등의 특별한 사정이 없는 한, 무효이다.

2) 채권에 대한 압류가 경합되어 전부명령이 무효라 할지라도 채권압류의 효력은 여전히 유효하다.

(3) 사안의 경우 - 丁이 甲의 乙에 대한 채권에 압류 및 전부 명령을 받기 전에 丙이 위 대여금 채권에 대하여 채권자대위소송을 제기하여 승소·확정판결을 받았고, 채무자 甲도 이러한 사정을 알고 있었으므로 이는 압류경합에 준하는 사유에 해당하여, 丁의 전부명령은 민집법 제229조 제5항에 위배되어 무효이다. 다만, 압류 자체는 여전히 유효한바, 丁의 주장 중 전부명령이 무효라는 주장 부분은 타당하다.

3. 결론

전부명령이 무효인 이상 丁은 위 대여금 채권의 전부채권자가 아닌바, 청구는 기각되어야 한다.

〈제1문의 2〉

〈기초적 사실관계〉

乙은 甲에게 자기 소유의 X토지와 Y건물을 매도하였으나 X토지와 Y건물에 대한 소유권이전등기의무를 이행하지 않고 있던 중 丙에게 X토지를 매도하였고, 丙은 자신의 명의로 X토지에 관하여 소유권이전등기를 마쳤다.(추가적 사실관계는 각각 별개임)

〈추가적 사실관계 1〉

甲은 乙과 丙을 상대로 乙에게는 X토지에 대한 매매를 원인으로 한 소유권이전등기를, 丙에게는 X토지에 관한 乙과 丙 사이의 매매가 통정허위표시에 의한 것이어서 무효라는 이유로 乙을 대위하여 X토지에 대한 소유권이전등기말소를 청구하는 소를 제기하였다.

문제 1.

제1심 법원은 ① 甲의 乙에 대한 청구는 '乙은 甲으로부터 매매잔대금을 지급받음과 동시에 甲에게 X토지에 관하여 위 매매를 원인으로 한 소유권이전등기절차를 이행하라'는 내용으로 일부 인용하고, ② 丙에 대한 청구는 기각하였다. 甲은 丙에 대한 청구 부분에 대하여만 항소를 제기하였다. 항소심 법원은 甲의 乙에 대한 청구 부분도 심리한 후 '甲의 乙과 丙에 대한 항소를 모두 기각한다'고 판결하였다. 항소심 법원의 판단은 타당한가? (15점)

〈추가적 사실관계 2〉

丁은 乙에 대해 3억 원의 채권을 주장하면서 乙의 명의로 남아 있던 Y건물을 가압류하였다. 丁은 이 가압류에 관한 본안소송으로 乙에 대하여 3억 원의 지급을 구하는 소를 제기하였다.

문제 2.

甲은 '丁이 승소하면 Y건물에 대한 강제집행에 나설 것이고 그렇게 되면 甲은 Y건물의 소유권을 취득하지 못하게 되는 손해를 입게 된다'고 주장하면서 乙의 보조참가인으로 참가하였는데 丁과 乙은 甲의 보조참가신청에 대하여 이의를 신청하지 않았다. 乙은 변론기일에 출석하지 않고 丁이 주장하는 사실을 명백히 다투지도 않았으나 甲은 변론기일에 출석하여 丁의 乙에 대한 위 3억 원의 채권이 변제로 소멸하였다고 항변하였다. 법원이 심리 결과 채권의 존재 및 변제 사실 모두에 관하여 확신을 갖게 된 경우, 법원은 어떻게 판결하여야 하는가? (15점)

[제1문의 2] 문제 1. 해설

1. 문제
통상공동소송에서 항소심의 심판범위가 문제 된다.

2. 통상공동소송에서 항소심의 심판범위

(1) **관련 조문** – 공동소송인 가운데 한 사람의 소송행위 또는 이에 대한 상대방의 소송행위와 공동소송인 가운데 한 사람에 관한 사항은 다른 공동소송인에게 영향을 미치지 아니한다(민소법 제66조).

(2) **판례** – 부진정연대채무의 관계에 있는 채무자들을 공동피고로 하여 이행의 소가 제기된 경우 공동피고에 대한 각 청구는 법률상 양립할 수 없는 것이 아니므로 상소로 인한 확정차단의 효력도 상소인과 그 상대방에 대해서만 생기고 다른 공동소송인에 대한 관계에는 미치지 않는바, 상소로 인한 확정차단의 효력도 당사자별로 따로 판단해야 한다.

(3) **사안의 경우** – 甲의 乙과 丙에 대한 소송이 실체법상 관리처분권을 공동으로 갖는 자도 아니고, 판결의 효력이 상호간에 미치는 관계도 있지 않아 통상공동소송에 있으므로 공동소송인 독립의 원칙이 적용되는바, 甲이 丙에게 제기한 항소는 乙에게 아무런 효력이 없다.

3. 결론
항소심 법원이 乙에 대한 청구 부분도 심리한 후 항소를 기각한 것은 타당하지 않으며, 乙에 대한 1심 판결은 별도의 항소기간이 만료된 때 분리 확정된다.

[제1문의 2] 문제 2. 해설

1. 문제
(1) 보조참가의 적법여부, (2) 보조참가인의 소송행위가 피참가인의 행위와 저촉되는 경우의 효력이 문제 된다.

2. 보조참가의 적법여부

(1) **관련 조문** – 소송결과에 이해관계가 있는 제3자는 한 쪽 당사자를 돕기 위하여 법원에 계속 중인 소송에 참가할 수 있다(민소법 제71조).

(2) **판례** – 특정 소송사건에서 당사자의 일방을 보조하기 위하여 보조참가를 하려면 당해 소송의 결과에 대하여 이해관계가 있어야 하고, 여기에서 말하는 이해관계라 함은 사실상, 경제상 또는 감정상의 이해관계가 아니라 법률상의 이해관계를 가리킨다.

(3) **사안의 경우** – 丁이 乙에 대한 대여금에서 승소한 뒤 Y 건물에 대한 강제집행으로 인해 甲은 Y건물의 소유권을 취득하지 못하게 되는 법률상 이해관계에 있는 자인바, 甲이 3억 원의 대여금 소송에 보조참가한 것은 적법하다.

3. 보조참가인의 소송행위가 피참가인의 행위와 저촉되는 경우의 효력
   (1) **관련 조문** – 참가인의 소송행위가 피참가인의 소송행위에 어긋나는 경우에는 그 참가인의 소송행위는 효력을 가지지 아니한다. (민소법 제76조 제2항).
   (2) **판례** – 피참가인인 피고가 원고가 주장하는 사실을 명백히 다투지 아니하여 민사소송법 제150조에 의하여 그 사실을 자백한 것으로 보게 될 경우라도 참가인이 보조참가를 신청하면서 그 사실에 대하여 다투는 것은 피참가인의 행위와 명백히 적극적으로 배치되는 경우라 할 수 없어 그 소송행위의 효력이 있다.
   (3) **사안의 경우** – 원고 丁의 피고 乙에 대한 3억 원의 대여금 청구에 대하여 자백간주의 효력이 발생하여, 대여금 존재사실에 대하여 다툴 수는 없게 되었으나, 보조참가인 甲이 변제로 인한 소멸사실을 주장 증명한 것은 피참가인의 소송행위에 어긋나는 경우라고 볼 수 없는바, 법원은 이를 근거로 판단하면 된다.

4. 결론
   법원은 丁의 乙에 대한 3억 원의 대여금 청구를 기각한다.

⟨제1문의 3⟩

⟨ 기초적 사실관계 ⟩

X토지에 관하여는 甲의 명의로 소유권이전등기가 마쳐져 있다가 그 후 다시 乙의 명의로 소유권이전등기가 마쳐졌다. 甲은 乙을 상대로 乙의 등기가 원인무효라고 주장하면서 X토지에 관한 소유권이전등기말소청구의 소를 제기하였다. 제1심 법원은 甲의 청구를 인용하는 판결을 선고하였고 위 판결은 그대로 확정되었다. 이에 甲은 乙 명의의 X토지에 관한 소유권이전등기를 말소하였다.

그 후 丙은 甲으로부터 X토지를 매수하여 소유권이전등기를 마쳤고, 丁에 대한 채무를 담보하기 위하여 X토지에 관하여 丁에게 근저당권설정등기를 마쳐 주었다. 그러자 乙은 자신의 소유권이전등기가 원인무효가 아님에도 잘못 말소된 것이므로 자신이 여전히 X토지의 소유자라고 주장하면서, 丙을 상대로는 X토지에 관하여 진정한 등기명의의 회복을 원인으로 하는 소유권이전등기청구의 소를 제기하는 한편, 丁을 상대로는 X토지에 관한 근저당권설정등기말소청구의 소를 제기하였다.

⟨ 문제 ⟩

법원이 심리 결과 乙의 등기가 원인무효가 아니고 乙이 진정한 소유자라는 확신을 가지게 된 경우, 乙의 각각의 청구에 대해 어떤 판결을 하여야 하는가?(소 각하/청구 인용/청구 기각) (20점)

[제1문의 3] 해설

1. 문제
甲의 乙에 대한 확정판결의 효력이 乙의 丁과 戊에 대한 각각의 청구에 대하여도 미치는지, 즉 기판력 저촉여부가 문제 된다.

2. 기판력 저촉 여부

(1) 객관적 범위
1) 관련 조문 및 법리 - 확정판결은 주문에 포함된 것에 한하여 기판력을 가진다(민소법 제216조 제1항). 소송물이 동일하거나 전소의 소송물에 대한 판단이 후소의 선결관계 내지 모순관계에 있을 때에는 후소에서 전소와 다른 판단을 하는 경우에도 기판력이 미친다.
2) 판례 - 진정명의회복을 원인으로 한 소유권이전등기청구권과 무효등기의 말소청구권은 어느 것이나 진정한 소유자의 등기명의를 회복하기 위한 것으로서 실질적으로 그 목적이 동일하고 두 청구권 모두 소유권에 기한 방해배제청구권으로서 그 법적근거와 성질이 동일하므로 그 소송물은 실질상 동일한 것으로 보아야 한다.
3) 사안의 경우 - 甲이 乙을 상대로 한 무효등기의 말소청구 소송과 乙이 丙과 丁을 상대로 한 진정명의회복을 원인으로 한 이전등기청구 및 근저당권설정등기말소청구 소송의 소송물은 모두 X토지 소유권에 근거한 민법 제214조의 물권적 청구권으로 소송물이 동일하다.

(2) 주관적 범위
1) 관련 조문 - 확정판결은 변론을 종결한 뒤의 승계인에 대하여 그 효력이 미친다(민소법 제218조 제1항).
2) 판례 - 현재의 등기명의인 및 근저당권자 등은 확정된 소유권이전등기말소소송의 사실심 변론 종결 후의 승계인으로서 위 확정판결의 기판력은 그와 실질적으로 동일한 소송물인 진정한 등기명의의 회복을 위한 소유권이전등기청구 및 위 확정된 전소의 말소등기청구권의 존재여부를 선결문제로 하는 근저당권설정등기 등의 말소등기청구에 모두 미친다.
3) 사안의 경우 - 丙은 물권적청구권을 소송물로 하는 소송의 사실심 변론종결 후에 계쟁물인 X토지의 이전등기를 경료한 자로, 丁은 근저당권설정등기를 경료한 자로서 변론 종결 후의 승계인에 해당되는바, 기판력이 미치는 주관적 범위에 해당한다.

(3) 시적범위
1) 판례 - 전소 확정판결의 기판력은 전소 변론 종결 전에 주장할 수 있었던 모든 공격방어방법에 미친다.
2) 사안의 경우 - 후소 법원이 전소와 다른 판단을 한 근거가 설시되어 있지 않으나, 그러한 사정이 전소 변론종결 전에 주장할 수 있었던 사유에 대한 다른 판단이라면 기판력에 저촉되어 허용될 수 없다.

3. 결론
법원은 乙의 각각의 청구에 대하여 기판력에 저촉됨을 이유로 청구기각 판결을 한다.

〈제1문의 4〉

〈 사실관계 〉

A농협은 2005. 12. 23. 甲에게 3억 5천만 원을 대출하면서, 甲, 乙과 사이에 甲소유의 X토지와 乙소유의 Y토지에 관하여, 근저당권자를 A농협으로, 채무자를 甲으로, 채권최고액을 4억 9천만 원으로 각 정하고 甲이 A농협에 대하여 현재 및 장래에 부담하게 될 여신거래, 신용카드거래 등 모든 채무를 포괄하여 담보하는 내용의 근저당권 설정계약을 체결하였고, 같은 날 X토지 및 Y토지에 관하여 위 토지들을 공동담보로 하여 A농협 명의의 근저당권설정등기가 경료되었다.

한편, 甲은 2007. 1. 23. 丙에 대한 자신의 채무의 변제를 담보하기 위하여 丙에게 X토지를 소유권이전등기청구권가등기 형식으로 담보로 제공하고 丙 명의로 가등기를 마쳐주었다.

Y토지에 관하여 A농협보다 후순위 근저당권자인 丁이 2006. 8. 18. 담보권실행을 위한 경매를 신청함에 따라 진행된 경매절차에서, A농협은 2007. 3. 26. 위 근저당권에 기하여 甲에 대한 2005. 12. 23.자 대출원리금 합계 3억 7천만 원을 전액 우선배당받았다. A농협이 근저당권의 피담보채무를 전액 변제받음에 따라 Y토지에 관하여는 근저당권설정등기가 말소되었으나, 경매 목적물이 아니었던 X토지에 관하여는 근저당권설정등기가 말소되지 않았다. A농협은 위 근저당권을 담보로 2007. 10. 31. 甲에게 추가로 8천만 원을 대출하였고 그 후 甲과의 여신거래 관계는 종료되었다.

그 후 丙은 A농협을 상대로 가등기담보권에 기한 방해배제청구권의 행사로써 또는 채권자대위권의 행사로써 X토지 위 A농협 명의의 근저당권설정등기의 말소를 구하는 소를 제기하였다.

丙은 "위 경매절차에서 A농협 명의의 근저당권설정등기의 피담보채무가 모두 변제되어 근저당권설정등기는 무효가 되었고, A농협은 甲에게 8천만 원을 대출하면서 무효가 된 근저당권설정등기를 유용한 것으로 이는 그 전에 등기부상 이해관계를 가지게 된 丙에 대하여 효력이 없다."고 주장하였다.

이에 대하여 A농협은 "근저당권자가 아닌 제3자가 공동저당물의 일부인 Y토지 등에 대하여 경매신청을 한 경우 경매목적물이 아닌 X토지에 관하여는 근저당권설정등기의 피담보채무가 확정되지 않으므로, 피담보채무가 전액 배당되어도 X토지의 근저당권설정등기는 유효하다."고 주장하였다.

〈 문제 〉

1. 丙의 주장을 검토하고 丙의 청구에 대하여 법원이 어떻게 판단하여야 하는지 설명하시오. (20점)
2. X토지에 대하여 경매가 이루어진 경우 A농협, 乙, 丙이 어떠한 순서로 배당받을 수 있는지 설명하시오. (10점)

[제1문의 4] 문제 1. 해설

1. 문제
(1) 피담보채무의 확정여부, (2) 우선변제권의 범위가 문제 된다.

2. 피담보채무의 확정여부

(1) **관련 조문** - 저당권은 그 담보할 채무의 최고액만을 정하고 채무의 확정을 장래에 보류하여 이를 설정할 수 있고, 확정될 때까지의 채무의 소멸 또는 이전은 저당권에 영향을 미치지 아니한다(민법 제357조 제1항).

(2) **판례** - 공동근저당권자가 목적 부동산 중 일부 부동산에 대하여 제3자가 신청한 경매절차에 소극적으로 참가하여 우선배당을 받은 경우, 해당 부동산에 관한 근저당권의 피담보채권은 그 근저당권이 소멸하는 시기, 즉 매수인이 매각대금을 지급한 때에 확정되지만, 나머지 목적 부동산에 관한 근저당권의 피담보채권은 기본거래가 종료되는 등의 다른 확정사유가 발생하지 아니하는 한 확정되지 않는다.

(3) **사안의 경우** - A농협이 Y토지에 관하여 후순위 근저당권자 丁이 신청한 경매절차에 소극적으로 참가하여 당시 존재하던 근저당권의 피담보채권액을 전액 우선배당 받았더라도, 그것만으로는 A농협과 甲, 乙 사이의 근저당권에 관한 기본거래가 종료된다고 할 수 없으므로 X토지에 관한 근저당권의 피담보채권이 확정되지 않는다.

3. 우선변제권의 범위

(1) **관련 조문** - 공동저당 부동산 중 일부의 경매대가를 먼저 배당하는 경우에는 그 대가에서 그 채권 전부의 변제를 받을 수 있다(민법 제368조 제2항).

(2) **판례** - 우선배당을 받은 금액은 나머지 목적 부동산에 대한 경매절차에서 다시 공동근저당권자로서 우선변제권을 행사할 수 없어 이후에 피담보채권액이 증가하더라도 나머지 목적 부동산에 관한 공동근저당권자의 우선변제권 범위는 우선배당액을 공제한 채권최고액으로 제한된다.

(3) **사안의 경우** - A농협이 Y토지 경매절차에서 우선배당받은 금액이 근저당권의 채권최고액에 미치지 아니하므로 위 근저당권은 채권최고액(4억 9,000만 원)에서 위 우선배당액(3억 7,000만 원)을 공제한 금액(1억 2,000만 원)으로 감액되어 존속하며, 그 후 A농협이 2007. 10. 31. 甲에게 추가로 8,000만 원을 대출함으로써 이 사건 근저당권설정계약에 따라 그 대출금채권이 피담보채권으로 추가되었는바, 甲소유 X토지에 대한 A농협의 근저당권은 1억 2천만 원 범위에서 유효하다.

4. 결론
丙의 A농협에 대한 근저당권설정등기의 말소청구는 기각된다.

[제1문의 4] 문제 2. 해설

1. 문제
A농협, 乙, 丙의 배당순위가 문제 된다.

2. A농협, 乙, 丙의 배당순위

(1) **관련 조문** - 채권의 일부에 대하여 대위변제가 있는 때에는 대위자는 그 변제한 가액에 비례하여 채권자와 함께 그 권리를 행사한다(민법 제483조 제1항).

(2) **판례** - 채권자가 부동산에 대하여 저당권을 가지고 있는 경우에는 채권자는 대위변제자에게 일부 대위변제에 따른 저당권의 일부이전의 부기등기를 경료해 주어야 할 의무가 있으나 이 경우에도 채권자는 일부 대위변제자에 대하여 우선변제권을 가진다.

(3) **사안의 경우** - 근저당권자와 근저당권 일부를 대위하는 물상보증인 사이에서는 근저당권자가 우선하므로 A농협이 乙보다 우선하여 배당을 받게 되고, 丙은 X부동산에 관하여 공동근저당권이 설정된 후 가등기담보권을 취득한 후순위 권리자로서 A농협, 乙보다 후순위로 배당을 받게 된다.

3. 결론
1순위 A농협, 2순위 乙, 3순위 丙 순서로 배당받게 된다.

〈제1문의 5〉

甲은 2018. 9. 1. 丙으로부터 X부동산을 2억 원에 매수하면서, 같은 날 丙에게 계약금 2,000만 원을 지급하고 잔금 1억 8,000만 원은 2018. 10. 13. 지급하기로 약정하였다. 甲은 위 매매계약에 따라 丙에게 계약금과 잔금을 지급하고, 2018. 10. 15. 丙으로부터 甲명의로 X부동산의 소유권이전등기를 경료받았다. 甲은 乙과의 명의신탁약정에 따라 乙로부터 제공받은 자금으로 위 계약금과 잔금을 지급한 것이고, 丙은 위와 같은 사정을 알지 못하였다.

X부동산은 甲의 유일한 재산이다. 자금사정이 나빠진 甲은 2018. 12. 2. 자신의 처남인 戊와 X부동산에 대한 매매계약을 체결하고 戊에게 소유권이전등기를 경료하였다.

甲은 2018. 1. 5. 丁으로부터 1억 원을 변제기 2018. 11. 5.로 차용하였다. 2019. 5. 5. 甲이 戊에게 X부동산을 매도한 사실을 알게 된 丁은 2019. 5. 10. 戊를 상대로 甲이 X부동산을 戊에게 소유권을 이전한 것은 丁에 대하여 사해행위에 해당하므로 甲과 戊와의 위 매매계약을 취소하고 소유권이전등기의 말소를 구하는 소를 제기하였다. 甲은 戊와의 매매계약시부터 변론종결 당시까지 채무초과상태에 있었다.

丁의 청구에 관한 결론을 그 논거와 함께 서술하시오. (20점)

[제1문의 5] 해설

1. 문제
(1) 채권자취소소송의 적법여부, (2) 채권자취소소송의 인용여부가 문제 된다.

2. 채권자취소소송의 적법여부
(1) **관련 조문** - 채권자취소소송은 채권자가 취소원인을 안 날로부터 1년, 법률행위가 있은 날로부터 5년 내에 제기하여야 한다(민법 제406조 제2항).

(2) **사안의 경우** - 채권자 丁은 수익자인 戊를 상대로 채권자취소의 소를 제기하였으며, 甲이 X부동산을 戊에게 매도한 사실을 2019. 5. 5. 알게 되었으므로 그 날로부터 1년 내인 2019. 5. 10. 채권자취소의 소를 제기한 것은 적법하다.

3. 채권자취소소송의 인용여부
(1) **요건** - ① 피보전채권의 존재, ② 채무자의 사해행위, ③ 채무자의 사해의사 (민법 제406조).

(2) **피보전채권의 존재** - 피보전채권은 사해행위 이전에 존재하여야 하는데, 丁의 甲에 대한 대여금 채권은 2018. 1. 5. 발생했으며, 이는 甲이 戊에게 X부동산을 매도한 사해행위 2018. 12. 2. 이전에 발생하였는바, 피보전채권이 존재한다.

(3) **채무자의 사해행위**

1) 관련 조문 - 부동산 명의신탁약정은 무효이고, 위 약정에 따라 이루어진 등기는 무효이지만, 상대방 당사자가 명의신탁약정 사실을 모르고 수탁자와 계약을 맺은 경우의 부동산물권변동은 유효이다(부실법 제4조 제1, 2항).

2) 판례 - 명의수탁자가 취득한 부동산은 채무자인 명의수탁자의 일반 채권자들의 공동담보에 제공되는 책임재산이 되고, 명의수탁자의 유일한 재산인 부동산을 수익자에게 매도·처분한 경우 명의수탁자의 일반채권자들을 해하는 행위로서 사해행위에 해당된다.

3) 사안의 경우 - 甲은 乙과 계약명의신탁약정을 체결하고 명의신탁약정에 대해 선의인 丙과 X부동산의 매매계약을 체결한 후 그 부동산의 소유권이전등기를 경료한 자로서 X부동산에 대한 완전한 소유권을 취득하게 되어, X부동산은 일반 채권자들에 대한 관계에서 甲의 책임재산이 되는바, 甲이 자신의 유일한 재산인 X부동산을 戊에게 매도·처분한 경우 특별한 사정이 없는 한 이는 丁에 대하여 사해행위가 된다.

(4) **채무자의 사해의사**

1) 판례 - 채무자가 자기의 유일재산인 부동산을 매각하여 소비하기 쉬운 금전으로 바꾸거나 타인에게 무상으로 이전하여 주는 행위는 채권자에 대하여 사해행위가 된다고 볼 것이므로 채무자의 사해의사는 추정되고, 이를 매수하거나 이전받은 자가 악의가 없었다는 입증책임은 수익자에게 있다.

2) 사안의 경우 – 甲은 자신의 유일한 재산인 X부동산을 매각하여 소비하기 쉬운 금전으로 바꾸었으므로 특별한 사정이 없는 한 채권자에 대한 사해행위가 되며 甲의 사해의 의사는 추정되고, 수익자 戊 역시 선의를 증명한 사정이 없으므로, 甲과 戊는 악의로 인정된다.

4. 결론
丁의 채권자취소소송 및 원상회복청구는 인용된다.

제2차 모의시험 제2문

〈제2문의 1〉

〈 사실관계 〉

X토지는 1970. 5. 1. A명의로 소유권이전등기가 마쳐지고, 1993. 5. 1. B명의로 소유권이전등기가 마쳐졌다가, 그 중 1/2 지분에 관하여는 2012. 5. 1., 나머지 1/2 지분에 관하여는 2014. 5. 1. 각각 甲명의로 소유권이전등기가 마쳐졌다. B에 대한 금전채권자 丁은 자기채권을 보전하기 위해 X토지에 대하여 2010. 3. 10. 가압류등기를 마쳤고, 위 가압류등기는 현재까지 존속하고 있다.

乙은 1972. 7. 1. X토지 지상에 Y건물을 신축하여 그 명의로 소유권보존등기를 마쳤고, 乙이 1980. 8. 9. 사망한 이후에는 乙의 단독상속인인 丙이 소유명의를 가지고 있다.

甲은 2015. 9. 5. 丙을 상대로 "丙은 甲에게 Y건물을 철거하고, X토지를 인도하며, X토지에 대한 차임 상당 부당이득금으로 2014. 5. 1.부터 인도완료일까지 월 500만 원의 비율에 의한 돈을 지급하라."는 내용의 소를 제기하여 그 소장부본이 같은 해 9. 12. 丙에게 송달되었다.

〈 소송의 경과 〉

이에 대하여 丙은 "① 乙이 1972.경 A로부터 X토지를 증여받았으나 X토지에 대한 소유권이전등기를 마치지 아니한 채 그 지상에 Y건물을 신축한 것이어서 X토지에 대한 점유는 적법하고, ② 설령 증여사실이 인정되지 않더라도 乙이 1972. 7. 1.부터 X토지를 점유하여 그로부터 20년이 경과한 1992. 7. 1. X토지에 대한 점유취득시효가 완성되었으며, ③ 그렇지 않다 하더라도 B가 X토지의 소유권을 취득한 1993. 5. 1.부터 20년 동안 X토지를 점유하여 2013. 5. 1. X토지에 관한 점유취득시효가 완성되었다."고 주장하였다.

그러자 甲은 "① A가 乙에게 X토지를 증여한 사실이 없어 乙의 점유는 타주점유에 해당하고, ② 1992. 7. 1. X토지에 관한 점유취득시효가 완성되었다 하더라도 그 이후에 X토지에 관하여 소유권을 취득한 B 및 甲에 대하여는 그로써 대항할 수 없고, ③ 취득시효 진행 중에 소유자가 변경된 경우에는 점유기간의 기산점을 임의로 선택할 수 없으므로 1993. 5. 1.을 점유취득시효의 기산점으로 삼을 수 없으며, 설령 1993. 5. 1.을 기산점으로 삼을 수 있다고 하더라도 그로부터 20년이 경과하기 이전에 X토지에 관한 등기부상 소유명의자가 다시 변경되고 丁의 가압류등기가 X토지에 경료됨으로 인하여 시효가 중단되었고, ④ 적어도 1/2 지분에 관하여는 丙이 주장하는 시효완성일인 2013. 5. 1. 후에 甲이 그 소유권을 취득하였으므로 丙은 시효완성으로 甲에게 대항할 수 없다."고 주장하였다.

심리 결과, 乙이 A로부터 X토지를 증여받았다는 점을 증명할 뚜렷한 증거가 제출되지 아니하였고, X토지 전체가 Y건물의 사용·수익에 필요하고, X토지의 차임은 2014. 5. 1.부터 현재까지 월 300만 원임이 인정되었다.

〈 문제 〉

위 사안에서 甲의 丙에 대한 청구 중,

1. Y건물의 철거 및 X토지의 인도 청구에 대한 결론[각하, 전부인용, 일부인용(이 경우 구체적인 인용범위를 기재할 것), 전부기각]을 그 논거와 함께 서술하시오. (35점)

2. 부당이득금 반환청구에 대한 결론[각하, 전부인용, 일부인용(이 경우 구체적인 인용범위를 기재할 것), 전부기각]을 그 논거와 함께 서술하시오. (15점)

[제2문의 1] 문제 1. 해설

1. 문제
甲의 丙에 대한 Y건물 철거 및 X토지 인도 청구에 관한 법원의 판단이 문제 된다.

2. 甲의 청구원인
(1) **관련 조문** - 소유자는 그 소유에 속한 물건을 점유한 자에 대하여 반환을 청구할 수 있고, 소유권을 방해하는 자에 대하여 방해의 제거를 청구할 수 있다(민법 제213조, 214조).

(2) **사안의 경우** - 甲이 丙을 상대로 소를 제기한 2015. 9. 5. X토지에 대하여 단독으로 소유권자로 등기되어 X토지는 甲의 소유로 추정된다. 건물의 부지가 된 토지는 그 건물의 소유자가 점유하는 것이고, 丙이 Y건물을 소유하면서 그 부지인 X토지를 점유하고 있으므로, 甲의 건물철거 및 토지인도 청구에 관한 청구원인은 일응 증명되었다.

3. 丙 항변 및 甲 재항변의 당부
(1) **증여**
  1) 관련 조문 - 점유자가 그 물건을 점유할 권리가 있는 때에는 반환을 거부할 수 있다(민법 제213조 단서).
  2) 사안의 경우 - 乙이 A로부터 X 토지를 증여받아 적법하게 점유하고 있다는 주장에 대한 입증책임은 丙에게 있음에도 이를 입증할 증거가 없는바, 타당하지 않다.

(2) **1992. 7. 1. X토지 취득시효 성립 여부 (1차 점유취득시효)**
  1) 관련 조문 - 점유권은 상속인에 이전한다(민법 제193조). 점유자는 소유의 의사로 선의, 평온 및 공연하게 점유한 것으로 추정한다(민법 제197조 제1항). 20년간 소유의 의사로 평온, 공연하게 부동산을 점유하는 자는 등기함으로써 그 소유권을 취득한다(민법 제245조 제1항).
  2) 판례 - 자주점유인지 타주점유인지 여부는 점유자 내심의 의사가 아니라 점유 취득 원인이 된 권원의 성질이나 점유와 관계가 있는 모든 사정에 의하여 외형적·객관적으로 결정된다.
  3) 사안의 경우 - 자주점유는 법률상 추정되고 타주점유에 대한 증명책임이 원고 甲에게 있어 그 추정을 깨뜨려야 하나, A가 乙에게 X토지를 증여한 사실이 없다는 주장만으로는 그 추정을 깨뜨리기에 부족하여, 타주점유에 해당하여 점유취득시효가 완성되지 않았다는 甲의 재항변은 정당하지 않는바, 점유취득시효의 기초가 된 점유는 1972. 7. 1.에 개시되어, 乙이 사망한 1980. 8. 9.에 점유권이 상속인 丙에게 당연히 이전하므로, 丙의 1992. 7. 1. 취득시효 완성 항변은 타당하다.

(3) **1차 점유취득시효 주장 가부**
  1) 판례 - 부동산에 대한 점유취득시효가 완성되었다 하더라도 이를 등기하지 아니하고 있는 사이에 그 부동산에 관하여 제3자에게 소유권이전등기가 마쳐지면 점유자는 그 제3자에게 대항할 수 없다.

2) 사안의 경우 - 丙은 취득시효 완성 후에 X토지에 관한 소유권을 취득한 B 또는 甲에게 그 시효취득을 주장할 수 없어, 甲의 재항변이 타당한바, 1차 점유취득시효 완성을 이유로 한 적법한 점유권원의 주장은 부당하다.

(4) 2013. 5. 1. X토지 취득시효 성립 여부 (2차 점유취득시효)
1) 기산점 임의선택 가부
   ① 판례 - 1차 점유취득시효가 완성된 후 취득시효 완성을 원인으로 한 소유권이전등기를 하지 않고 있는 사이에 그 부동산에 관하여 제3자 명의의 소유권이전등기가 경료된 경우라 하더라도 당초 점유자가 계속 점유하고 있고 소유자가 변동된 시점을 기산점으로 삼아도 다시 취득시효의 점유기간이 경과한 경우에는 점유자로서는 제3자 앞으로의 소유권 변동시를 새로운 점유취득시효의 기산점으로 삼아 2차 취득시효 완성을 주장할 수 있다.
   ② 사안의 경우 - 丙은 1차 취득시효 완성 후에 B가 X토지에 관하여 소유권을 취득한 1993. 5. 1. 새로운 기산점으로 삼을 수 있는바, 임의선택이 불가하다는 甲의 재항변은 부당하다.
2) X토지 소유자 변동으로 인한 시효중단 여부
   ① 판례 - 취득시효기간이 경과하기 전에 등기부상의 소유명의자가 변경된다 하더라도 그 사유만으로는 점유자의 종래의 사실상태의 계속을 파괴한 것이라고 볼 수 없어 취득시효를 중단할 사유가 되지 못한다.
   ② 사안의 경우 - 취득시효기간 경과하기 전에 X토지 소유명의자가 甲으로 변동된 사실만으로 점유취득시효 중단사유에 해당되지 않는바, 甲의 재항변은 부당하다.
3) X토지 가압류로 인한 시효중단 여부
   ① 판례 - 부동산에 압류 또는 가압류 조치가 이루어졌다고 하더라도 이로써 종래의 점유상태의 계속이 파괴되었다고는 할 수 없으므로 이는 취득시효의 중단사유가 될 수 없다.
   ② 사안의 경우 - 丁의 X토지 가압류 사실만으로는 점유취득시효 중단사유가 되지 않아, 甲의 재항변은 부당한바, 丙은 2013. 5. 1. X토지에 대한 점유취득시효를 완성하였다.

(5) 2차 점유취득시효 주장 가부
1) 판례 - 부동산에 대한 점유취득시효가 완성되었다고 하더라도 이를 등기하지 아니하고 있는 사이에 그 부동산에 관하여 제3자에게 소유권이전등기가 마쳐지면 점유자는 그 제3자에게 대항할 수 없다.
2) 사안의 경우 - 丙은 2013. 5. 1. 이후에 X 토지 중 1/2 지분에 관하여 소유권을 취득한 甲에게는 그 지분에 관하여 시효취득을 주장할 수 없으므로, 丙은 1993. 5. 1.을 새로운 점유취득시효의 기산점으로 삼아 원고 甲에게 X 토지 중 1/2 지분에 관하여는 시효취득을 주장할 수 있으나, 나머지 1/2 지분에 관하여는 시효취득을 주장할 수 없다.

4. 공유물의 보존행위로서 인도청구 및 철거청구 가부
(1) 관련 조문 - 공유물의 관리에 관한 사항은 공유자의 지분의 과반수로써 결정하나 보존행위는 각자가 할 수 있다(민법 제265조).

(2) 판례
  1) 공유물의 소수지분권자가 다른 공유자와 협의 없이 공유물의 전부 또는 일부를 독점적으로 점유·사용하는 경우에, 다른 소수지분권자는 공유물의 보존행위로서 공유물을 자신에게 인도하라고 청구할 수는 없고, 자신의 공유지분권에 기하여 공유물에 대한 방해 상태를 제거하거나 원고의 공동점유·사용을 방해하는 행위의 금지 등을 청구할 수 있을 뿐이다.
  2) 근거로, ① 공유물을 독점적으로 점유하는 행위를 배제하기 위해 인도청구를 구하는 것을 민법 제265조 단서에서 정한 보존행위라고 보기 어렵고, ② 인도청구를 허용한다면, 소수지분권자가 적법하게 보유하는 '지분 비율에 따른 사용·수익권'까지 근거 없이 박탈하는 부당한 결과를 가져오며, ③ '일부 소수지분권자가 다른 공유자를 배제하고 공유물을 독점적으로 점유'하는 인도 전의 위법한 상태와 다르지 않고, ④ 인도청구를 허용한다면 순환소송·순환집행이 반복될 우려가 있기 때문이다.

(3) 사안의 경우 - X토지에 대한 1/2 소수지분권자인 甲은 다른 1/2 소수지분권을 취득할 지위에 있는 자인 丙에 대하여 소유권방해배제청구로서 丙 소유 Y건물의 철거를 구할 수는 있으나, X토지의 인도는 보존행위로서 청구할 수 없다.

5. 결론
甲의 청구는 일부 인용된다. 즉, Y 건물 철거청구는 인용되고 X 토지 인도청구는 기각된다.

[제2문의 1] 문제 2. 해설

1. 문제
甲의 丙에 대한 부당이득반환청구에 대한 법원의 판단이 문제 된다.

2. 부당이득 반환청구 가부
(1) **관련 조문** - 법률상 원인없이 타인의 재산으로 인하여 이익을 얻고 이로 인하여 타인에게 손해를 가한 자는 그 이익을 반환하여야 한다(민법 제741조).

(2) **판례** - 타인 소유의 토지 위에 권한 없이 건물을 소유하고 있는 자는 그 자체로써 특별한 사정이 없는 한 법률상 원인 없이 타인의 재산으로 인하여 토지의 차임에 상당하는 이익을 얻고 이로 인하여 타인에게 동액 상당의 손해를 주고 있다.

(3) **사안의 경우** - 甲 소유인 X토지 위에 Y건물을 소유하고 있는 丙은 특별한 사정이 없는 한 甲에게 X토지의 차임에 상당하는 금액을 부당이득으로 반환해야 한다.

3. 부당이득 반환범위

(1) 부당이득액

1) 판례 - 취득시효가 완성되면 점유자는 소유명의자에 대하여 취득시효완성을 원인으로 한 소유권이전등기절차의 이행을 청구할 수 있고, 소유명의자는 이에 응할 의무가 있으므로 점유자가 그 명의로 소유권이전등기를 경료하지 아니하여 아직 소유권을 취득하지 못하였다 하더라도 소유명의자는 점유자에 대하여 점유로 인한 부당이득반환청구를 할 수 없다.

2) 사안의 경우 - 丙은 X토지 중 1/2 지분에 관하여 2013. 5. 1. 취득시효 완성을 원인으로 한 소유권이전등기청구권을 취득하였으므로 아직 그 이전등기를 경료하지 않았더라도 甲으로서는 丙에 대하여 X토지의 점유로 인한 부당이득 중 1/2 지분에 해당하는 돈 즉, 월 150만 원(= 월 300만 원 × 1/2)의 지급을 구할 수 없다.

(2) 부당이득 기산점

1) 관련 조문 - 선의의 점유자라도 본권에 관한 소에 패소한 때에는 그 소가 제기된 때로부터 악의의 점유자로 본다(민법 제197조 제2항).

2) 판례 - '소가 제기된 때'란 소송이 계속된 때, 즉 소장 부본이 피고에게 송달된 때를 말한다.

3) 사안의 경우 - 丙은 甲에게 2015. 9. 12.부터 Y건물 철거일까지 돈을 반환할 의무가 있다.

4. 결론

甲이 丙을 상대로 제기한 부당이득금 반환청구의 소는 일부 인용된다. 즉, "丙은 2015. 9. 12.부터 甲에게 Y건물 철거완료일까지 X토지의 1/2 지분에 대한 부당이득금인 월 150만 원씩을 반환하라."는 일부인용 판결이 내려진다.

〈제2문의 2〉

甲은 2013. 7. 1. 乙에게 물품을 공급하고 5억 원의 물품대금채권(변제기 2014. 6. 30.)을 취득하였다. 乙의 부탁을 받은 丙은 乙의 甲에 대한 위 물품대금채무를 연대보증하였다. 乙은 물품대금채무의 변제기 이후에도 채무를 변제하지 못하였다. 甲은 乙의 요청으로 물품대금채무의 변제기를 2015. 12. 31.로 연장해 주었다. 丙은 2018. 12. 1. 甲에게 연대보증인으로서 물품대금채무 원금 및 지연손해금 전액을 지급하였다.

한편 丁은 乙과의 건물신축에 관한 공사도급계약에 따른 건물을 완공하여 乙에게 2017. 2. 1. 인도하였음에도 공사대금을 지급받지 못하고 있던 중 2017. 9. 1. 乙을 상대로 공사대금 3억 원의 지급을 구하는 소를 제기하였다. 이 소송에서 丁은 2018. 7. 1. '乙은 丁에게 3억 원 및 그에 대하여 2017. 2. 1. 다음날부터의 지연손해금을 지급하라'는 취지의 승소판결을 받았고 그 무렵 확정되었다. 한편 乙은 丙에게 자기 소유의 부동산을 매도하고 소유권이전등기를 마쳐주었으나 丙으로부터 받지 못한 3억 원의 매매대금채권(변제기 2017. 6. 1.)을 가지고 있었다.

丁은 2018. 9. 15. 乙에 대한 위 승소판결에 기하여 乙의 丙에 대한 위 매매대금채권에 대하여 채권압류 및 추심명령을 받았고 이는 2018. 9. 20. 丙에게 송달되었다. 이후 丁은 2018. 10. 1. 丙을 상대로 추심금의 지급을 구하는 소를 제기하였다. 이 소송에서 丙은 다음과 같이 주장하였다.

(1) 丙은 乙의 甲에 대한 물품대금채무를 연대보증한 사람으로 2018. 12. 1. 甲에 대하여 보증채무를 이행하였으므로 乙에 대하여 구상권을 취득하였고 이 구상권을 자동채권으로 하여 乙의 丙에 대한 매매대금채권과 상계함으로써 乙의 丙에 대한 채권은 소멸하였다.

(2) 丙이 연대보증한 乙의 甲에 대한 물품대금채무의 변제기가 2014. 6. 30. 도래함으로써 丙이 乙에 대하여 취득한 사전구상권과 乙의 丙에 대한 매매대금채권은 丁의 신청에 의한 乙의 丙에 대한 매매대금채권에 대한 압류 및 추심명령이 丙에게 송달될 당시인 2018. 9. 20. 이미 상계적상에 있었던 바 상계함으로써 乙의 丙에 대한 채권은 소멸하였다.

丙주장의 타당성에 대하여 검토하시오. (30점)

[제2문의 2] 해설

1. 문제
丙의 (1) 사후구상권, (2) 사전구상권을 자동채권으로 한 상계항변 당부가 문제 된다.

2. 丙의 사후구상권을 자동채권으로 한 상계항변의 당부

(1) **관련 조문** - 지급을 금지하는 명령을 받은 제3채무자는 그 후에 취득한 채권에 의한 상계로 그 명령을 신청한 채권자에게 대항하지 못한다(민법 제498조).

(2) **판례** - 채권압류명령을 받은 제3채무자가 압류채무자에 대한 반대채권을 가지고 있는 경우에 상계로써 압류채권자에게 대항하기 위하여는, 압류의 효력 발생 당시에 대립하는 양 채권이 상계적상에 있거나, 그 당시 반대채권(자동채권)의 변제기가 도래하지 아니한 경우에는 그것이 피압류채권(수동채권)의 변제기와 동시에 또는 그보다 먼저 도래하여야 한다.

(3) **사안의 경우**

1) 丙은 2018. 12. 1. 甲에게 연대보증인으로서 물품대금채무 원금 및 지연손해금 전액을 지급하였으므로 같은 날 乙에 대하여 사후구상권을 취득하는바, 민법 제498조에 따라 丁으로부터 압류명령을 받은 2018. 9. 20. 이후에 취득한 채권으로 상계를 주장할 수 없다.

2) 사후구상권의 발생원인이 지급금지명령의 효력발생 전에 존재하였더라도, 자동채권의 변제기는 기한의 정함이 없는 채무인 사후구상권의 발생시점인 2018. 12. 1.이 지급금지명령의 효력발생 2018. 9. 20. 후에 도래하고, 수동채권의 변제기 2017. 6. 1.보다 늦는바, 상계주장은 타당하지 않다.

3. 丙의 사전구상권을 자동채권으로 한 상계항변의 당부

(1) **관련 조문** - 주채무자의 부탁으로 보증인이 된 자는 채무의 이행기가 도래한 경우에 주채무자에 대하여 미리 구상권을 행사할 수 있다(민법 제442조 제1항 제4호). 이때 보증계약 후에 채권자가 주채무자에게 허여한 기한으로 보증인에게 대항하지 못한다(민법 제442조 제2항). 주채무자가 보증인에게 배상하는 경우에 주채무자는 자기를 면책하게 하거나 자기에게 담보를 제공할 것을 보증인에게 청구할 수 있다(민법 제443조).

(2) **판례** - 제3채무자가 압류채무자에 대한 사전구상권을 가지고 있는 경우에 상계로써 압류채권자에게 대항하기 위해서는, ① 압류의 효력 발생 당시 사전구상권에 부착된 담보제공청구의 항변권이 소멸하여 사전구상권과 피압류채권이 상계적상에 있거나, ② 압류 당시 여전히 사전구상권에 담보제공청구의 항변권이 부착되어 있는 경우에는 제3채무자의 면책행위 등으로 인해 위 항변권을 소멸시켜 사전구상권을 통한 상계가 가능하게 된 때가 피압류채권의 변제기보다 먼저 도래하여야 한다.

(3) 사안의 경우
  1) 주채무의 변제기는 2014. 6. 30.에 도래하였고, 채권자가 주채무자에게 2015. 12. 31.로 변제기를 연장해 준 기한으로 보증인에게 대항 못하는바, 수탁보증인 丙의 사전구상권은 압류명령이 송달된 2018. 9. 20. 이전에 발생하였다.
  2) 그런데, 수탁보증인 丙의 사전구상권에 대하여 주채무자 乙의 항변권(담보제공청구의 항변권)이 부착되어 있으므로 丙은 위 사전구상권을 자동채권으로 한 상계를 주장할 수 없는 것이 원칙이나 丙은 2018. 12. 1. 자신의 연대보증채무를 이행하였으므로 주채무자 乙의 항변권은 소멸하였다.
  3) 그렇다면, 상계의 자동채권에 부착된 주채무자 乙의 항변권이 소멸한 시점인 2018. 12. 1.이 압류 효력발생 시점 2018. 9. 20. 이후이고, 2014. 6. 30. 발생한 사전구상권은 2018. 12. 1.이 되어서 상계 가능한 자동채권이 되었으므로, 이 시점은 수동채권의 변제기 2017. 6. 1.보다 늦는바, 丙은 위 사전구상권을 자동채권으로 한 상계를 주장할 수 없다.

4. 결론
丁의 추심금 청구에 대한 丙의 상계항변은 타당하지 않다.

<제2문의 3>

A의 단독상속인 甲은 한정승인 신고를 마쳤다. 그 후 甲은 상속재산인 X부동산에 대하여 자신의 채권자인 乙에게 근저당권설정등기를 마쳐주었다. 또한 甲의 일반채권자 丙은 위와 같이 근저당권설정등기가 경료된 이후 X부동산에 대하여 가압류등기를 경료하였다. 그 외 A의 일반채권자 丁이 있었다. X부동산에 대한 경매절차에서 배당이 이루어질 경우 丁과 乙, 丙 사이의 우열관계에 관하여 설명하시오. (20점)

[제2문의 3] 해설

1. 문제

(1) 한정승인에 따른 법률관계, (2) 상속채권자와 상속재산에 관하여 한정승인자로부터 담보권을 취득한 고유채권자 사이의 우열관계, (3) 상속채권자와 상속인의 고유채권자 사이의 우열관계가 문제된다.

2. 한정승인에 따른 법률관계

(1) **관련 조문** - 상속인은 상속으로 인하여 취득할 재산의 한도에서 피상속인의 채무와 유증을 변제할 것을 조건으로 상속을 승인할 수 있다(민법 제1028조).

(2) **사안의 경우** - 상속인 甲이 한정승인 신고를 마쳤으므로 피상속인 A의 채무에 대한 甲의 책임은 상속재산 X부동산으로 한정되고, 그 결과 상속채권자 丁은 상속인의 고유재산에 대하여 강제집행을 할 수 없으며 상속재산으로부터만 채권의 만족을 받을 수 있다.

3. 상속채권자와 상속재산에 관하여 한정승인자로부터 담보권을 취득한 고유채권자 사이의 우열관계

(1) **한정승인 후 상속재산 처분행위**

1) 관련 법리 - 제1026조 3호에서 한정승인자가 그 상속재산을 은닉하거나 부정소비하는 경우 단순승인으로 간주하는 것 이외에는 상속재산 처분행위를 제한하는 규정이 없다.

2) 사안의 경우 - 민법에서 한정승인 이후 부정소비를 하는 경우에만 단순승인으로 보고 그 이외에는 별다른 규정이 없어, 상속인이자 한정승인자인 甲이 乙에게 X토지의 저당권을 설정해 준 행위는 부정소비 및 단순승인으로 볼 수 없는바, 상속재산 처분행위로서 유효하다.

(2) **상속채권자와 상속인의 담보권자 사이의 우열문제**

1) 관련 법리 - 한정승인만으로 상속채권자에게 상속재산에 관하여 한정승인자로부터 물권을 취득한 제3자에 대하여 우선적 지위를 부여하고 있지 않다.

2) 판례 - 한정승인자로부터 상속재산에 관하여 저당권 등의 담보권을 취득한 사람과 상속채권자 사이의 우열관계는 민법상의 일반원칙에 따라야 하고, 상속채권자가 한정승인의 사유만으로 우선적 지위를 주장할 수 없다.

3) 사안의 경우 - 근저당권자 乙이 상속채권자 丁에 우선하는 지위에 있다.

4. 상속채권자와 상속인의 고유채권자 사이의 우열관계

(1) **판례** - 한정승인자의 고유채권자는 상속채권자가 상속재산으로부터 채권의 만족을 받지 못한 상태에서 상속재산을 고유채권에 대한 책임재산으로 삼아 이에 대하여 강제집행을 할 수 없다고 보는 것이 형평의 원칙이나 한정승인제도의 취지에 부합한다.

(2) **사안의 경우** - 상속인의 고유재산과 상속재산을 분리하는 한정승인 제도의 취지를 고려하여 볼 때, 상속채권자 丁이 상속재산 X 부동산에 대하여 상속인의 일반채권자 丙보다 우선하는 지위에 있다.

5. 결론

 X 부동산에 대하여 상속채권자 丁은 근저당권자 乙보다 후순위로, 상속인의 일반채권자 丙보다는 선순위에 있게 된다. 즉, 배당순위는 1순위 乙, 2순위 丁, 3순위 丙이 된다.

제2차 모의시험 제3문

식품가공업을 영위하는 자본금 30억 원 규모의 비상장회사 X주식회사(이하 'X회사'라 함)는 발기설립과정에서 甲 20%, 乙 20%, 丙 15% 및 丁 45%로 각각 지분비율을 정하고, 2017. 3. 10. 주식인수대금의 납입이 완료되었다. 동년 4. 2. 발기인대표 甲은 '설립중의 X회사 발기인 대표 甲'의 명의로 자금 1억 5천만 원을 A로부터 빌려 성립 후 X회사가 사용할 공장 부지를 임차하였다. 동년 4. 10. X회사의 설립등기가 경료되었고, 甲은 대표이사, 乙과 丙은 이사로 취임하였다. 甲은 공장건물을 신축하고 기계 설비를 도입하면서 자본금을 모두 지출하였고, 그로 인하여 회사 설립 전 A로부터 빌린 1억 5천만 원을 갚지 못하고 있다.

甲은 사업 확대를 위하여 전국적인 영업조직망의 구축을 주장하였고, 乙은 사업 확장보다는 내실 있는 경영을 주장하였다. 특히 甲과 乙은 신규지점의 설립 건으로 서로 다투었는데, 乙은 자신의 의사가 반영되지 않을 경우 회사를 떠나겠다고 말하였다. 甲은 乙의 반대에도 불구하고 이사회의 논의를 거치지 아니한 채 지점을 전국에 개설하였다. 이에 乙은 이사직을 사임하면서 나머지 주주들에게 자신이 소유한 주식을 매수할 것을 요구하였고, 2017. 11. 15. 대표이사 甲은 이사 丙의 동의를 얻어 회사명의와 회사자금으로 乙의 주식을 취득하였다.

2018. 7.경 종래부터 경영에 관여해 왔던 주주 丁은 한류의 영향으로 인하여 장차 치킨소스가 유행할 것으로 생각하고 甲에게 소스의 개발 및 생산을 위한 공장의 증설(치킨소스 개발사업)을 강력히 요구하였다. 그러나 甲은 업체의 난립으로 장래 사업전망이 어두울 것으로 예상되었지만, 대표이사 및 이사직의 연임에는 丁의 협력이 절대적으로 필요하다고 생각하여 다른 이사들의 의견을 묻지 않은 채 丁의 지시대로 생산설비를 증강하기 위한 자금조달에 착수하여 25억 원을 차입하였다. 이후 설비를 증강하여 제품을 생산하였지만 예상만큼 해외 수요가 발생하지 않아서 X회사는 큰 손해를 입게 되었고, 얼마 지나지 않아 甲의 대표이사직은 임기가 만료되었다.

한편 2018. 3.경에 X회사는 돈육냉동식품의 보관 및 공급을 위하여 화성시에 냉동창고만을 설치하였는데, 해당지역에는 지점이 없음에도 불구하고 창고관리 업무를 총괄하는 B는 'X회사 화성지점 지점장 B'의 명의를 회사 몰래 임의로 사용하여 戊와 돈육냉동식품 공급계약을 체결하였다. 그런데 戊는 위 공급계약에 따르는 제품을 적시에 공급받지 못하고 있다.

문제 1.
  A가 1억 5천만 원의 채권을 X회사에게 청구하는 경우 X회사는 그 지급 의무를 부담하는가? (15점)

문제 2.
  2017. 11. 15. X회사의 주식 취득은 유효한가? (20점)

문제 3.

X회사에 새로 취임한 대표이사 C가 위 치킨소스 개발사업의 실패에 따른 책임에 관하여 상법상 취할 수 있는 조치 및 그 인용 가능성에 관하여 서술하시오. (45점)

문제 4.

2020. 8. 1. 戊가 X회사에 대하여 상법상 위 돈육냉동식품 공급계약의 이행을 청구하였다면 이 청구는 인용될 수 있는가? (20점)

[제3문] 문제 1. 해설

1. 문제
설립 중 회사의 요건충족 여부가 문제 된다.

2. 설립 중 회사의 요건충족 여부

(1) 의의 - 주식회사 성립과정의 법률관계를 단순화시킬 필요에 따라 강학상 만든 법리로 설립과정에서 발기인 이외의 권리의무의 귀속주체로서 설립 중 회사를 거쳐, 설립등기에 따라 설립 중의 회사의 법률관계가 설립된 회사로 자동적으로 승계하도록 구성된다(동일성설).

(2) 요건충족 여부

 1) 설립 중 회사의 명의 - 설립 중 회사의 명의로 법률관계를 취득하여야 하는데, 사안의 경우 발기인대표 甲은 '설립 중의 X 회사 발기인대표 甲'의 명의로 A로부터 1억 5천만 원의 소비대차 계약을 체결하였는바, 위 요건을 충족한다.

 2) 설립 중 회사의 창립시기 이후 취득
  ① 판례 - 설립 중의 회사가 성립하기 위해서는 정관이 작성되고 발기인이 적어도 1주 이상의 주식을 인수하였을 것을 요건으로 한다.
  ② 사안의 경우 - 소비대차 계약을 체결한 시기는 2017. 4. 2.로 주식인수인들이 주식인수대금을 납입한 2017. 3. 10. 이후이므로 '1주 이상 인수 시'라는 요건도 충족되었다.

 3) 발기인의 권한 범위 내
  ① 학설 - 최협의설, 협의설, 광의설이 있다. 이 중 광의설은 회사설립목적에 반하지 않는 한 모든 행위를 할 수 있으며, 점포나 공장의 임차, 기계의 구입, 영업의 양수 등 개업준비행위를 포함한다.
  ② 판례 - 발기인이 개업준비행위를 한 것에 대해서 성립된 회사의 책임을 인정한다.
  ③ 사안의 경우 - 발기인이 개업준비행위도 할 수 있다는 광의설 및 판례에 의하면 위 요건을 충족한다.

3. 결론
A가 1억 5천만 원의 채권을 X회사에게 청구하는 경우 X회사는 그 지급의무를 부담한다.

[제3문] 문제 2. 해설

1. 문제
자기주식 취득의 효력 여부가 문제 된다.

2. 자기주식 취득의 효력 여부

(1) 관련 법리 - 주식회사에서 출자의 환급을 원칙적으로 금지하는 것이 채권자 보호를 위한 요청이라는 점에서 명문의 규정은 없으나 자기주식취득은 금지가 원칙이며, 상법 제341조, 제341조의2는 예외적으로 자기주식취득을 할 수 있는 경우를 한정적으로 열거한 것이 되는바, 위 요건에 충족되지 않는 경우는 위법한 자기주식취득이 된다.

(2) 상법 제341조 요건충족 여부

1) 자기의 명의와 계산
   ① 의의 - 자기의 계산이란 주식취득을 위한 자금이 회사의 출연에 의한 것이고 그 주식취득에 따른 손익이 회사에 귀속되는 경우를 말한다.
   ② 사안의 경우 - 자기의 명의는 회사가 법률상의 귀속주체가 된다는 의미이므로, 대표이사 甲이 회사의 명의와 자금으로 이사 乙의 주식을 취득한 것은 위 요건을 충족한다.

2) 배당가능이익
   ① 관련 법리 - 제341조 1항 단서와 제341조 제3항에서 배당가능이익 한도 내에서 취득하여야 한다.
   ② 사안의 경우 - 배당가능이익에 대한 설시가 없는바, 위 요건을 충족한 것으로 보기 어렵다.

3) 주주총회결의
   ① 관련 법리 - 제341조 제2항에 따라 자기주식취득을 하려는 회사는 미리 주주총회의 결의로 취득할 수 있는 주식의 종류와 수, 취득가액 총액의 한도, 1년을 초과하지 않는 범위에서 자기주식을 취득할 수 있는 기간을 정하여야 한다.
   ② 사안의 경우 - 주주총회의 승인을 거친 사실에 대한 설시가 없는바, 위 요건도 미충족하였다.

4) 자기주식 취득방법
   ① 관련 조문 - 거래소에서 취득(제341조 제1항 제1호)하는 방법과 주주평등의 원칙에 따른 방법(제341조 제1항 제2호)이 있다.
   ② 사안의 경우 - 비상장주식이므로 거래소에서 취득할 수 없고, 주주평등의 원칙을 충족하는 방법으로 취득하지 않았는바, 위 요건도 미충족하였다.

(3) 상법 제341조의2 요건충족 여부

1) 관련 조문 - 특정목적에 의해 자기주식을 취득하는 경우에 한하여 예외적으로 자기주식을 취득할 수 있다(상법 제341조의2).

2) 사안의 경우 - 특정목적 자기주식 취득사유에도 해당하지 않는다.

(4) 위법한 자기주식 취득의 효력

1) 판례 - 회사의 자기주식취득 규정에 위반하여 자기주식을 취득하는 행위는 강행법규위반이고 자본금 충실의 원칙에 반하기 때문에 절대적으로 무효가 된다.

2) 사안의 경우 - 회사가 제341조의 요건 및 절차를 준수하지 않았으므로 이는 위법한 자기주식 취득으로 판단되는바, X회사의 주식취득은 무효로 된다.

3. 결론

2017. 11. 15. X회사의 주식 취득은 유효하지 않다.

[제3문] 문제 3. 해설

1. 문제

(1) 전단적 대표행위의 효력, (2) 이사 甲의 X 회사에 대한 책임 성부, (3) 이사 丙의 X 회사에 대한 책임 성부, (4) 업무집행지시자 丁의 회사에 대한 책임 성부, (5) 이사의 해임을 위한 주총소집 여부가 문제 된다.

2. 전단적 대표행위의 효력

(1) **관련 조문** - 중요한 자산의 처분 및 양도, 대규모 재산의 차입 등 회사의 업무집행은 이사회의 결의로 한다(상법 제393조 제1항).

(2) **판례** - 이사회 결의가 필요함에도 없는 경우에는 그 거래상대방이 이에 대하여 악의 또는 중과실이 아니라면 그 거래행위는 유효하고, 이때 거래상대방이 이사회 결의가 없음에 대하여 악의 또는 중과실을 회사가 입증하여 무효로 할 수 있다.

(3) **사안의 경우** - 자본금 30억 원의 규모의 비상장 X 주식회사의 대표이사인 甲의 25억 차입행위는 대규모 재산의 차입으로 X 회사가 상대방이 이사회의 결의가 없음에 대하여 악의 또는 중과실을 입증한 경우에 한하여 무효를 주장할 수 있는바, 일단 유효한 것으로 해석된다.

3. 이사 甲의 X 회사에 대한 책임 성부

(1) **관련 조문** - 회사와 이사의 관계는 민법 위임에 관한 규정을 준용한다(상법 제382조 제2항). 이사가 고의 또는 과실로 법령 또는 정관에 위반한 행위를 하거나 그 임무를 게을리한 경우에는 그 이사는 회사에 대하여 연대하여 손해를 배상할 책임이 있다(상법 제399조 제1항).

(2) **판례** - 법령에 위반한 행위에 대하여는 이사가 임무를 수행함에 있어서 선관주의의무를 위반하여 임무해태로 인한 손해배상책임이 문제되는 경우에 고려될 수 있는 경영판단의 원칙은 적용할 수 없다.

(3) **사안의 경우**

1) 고의 또는 과실로 법령위반 - 사업을 위하여 자본금 30억 원 규모의 회사에서 25억 원을 차입하면서 이사회를 개최하지 않음으로써 대규모 재산의 차입에 이사회의 승인을 요구하는 상법 제393조 제1항을 위반하였다.

2) 고의 또는 과실로 임무해태 - 사업전망이 어두울 것으로 예상했음에도 불구하고 대표이사 및 이사

지위의 연임을 위하여 무모한 결정을 했다는 점에서 이사로서 선관주의의무를 위반하였는바, 회사에 대한 손해배상책임을 진다.

3) 경영판단원칙 적용 여부 - 대표이사 甲은 소스개발사업을 결정하면서 자신의 이익을 위하여 대주주 丁의 지시를 중시하고 자신만의 독립적인 판단을 하지 않았고, 법령위반 사실 및 임무해태 사실 또한 존재하여 경영판단원칙을 이유로 한 책임해제는 불가하다.

4. 이사 丙의 X회사에 대한 책임 성부

(1) **관련 조문** - 이사회 소집권자로 지정되지 않은 다른 이사는 소집권자인 이사에게 이사회 소집을 요구할 수 있고, 소집권자인 이사가 정당한 이유 없이 이사회 소집을 거절하는 경우에는 다른 이사가 이사회를 소집할 수 있다(상법 제390조 제2,3항). 이사가 고의 또는 과실로 법령 또는 정관에 위반한 행위를 하거나 그 임무를 게을리한 경우에는 그 이사는 회사에 대하여 연대하여 손해를 배상할 책임이 있다(상법 제399조 제1항).

(2) **판례** - 주식회사의 업무집행을 담당하지 아니한 평이사는 대표이사를 비롯한 업무담당이사의 전반적인 업무집행을 감시할 수 있는 것이므로, 업무담당 이사의 업무집행이 위법하다고 의심할 만한 사유가 있음에도 불구하고 평이사가 감시의무를 위반하여 이를 방치한 때에는 이로 말미암아 회사가 입은 손해에 대하여 배상책임을 면할 수 없다.

(3) **사안의 경우**

1) 丙이 업무담당이사라면 그는 甲의 업무집행을 쉽게 알고 이를 저지하기 위한 조치를 취할 수 있는 지위에 있었음에도, 이를 게을리한 잘못이 인정된다.

2) 丙이 비업무담당이사라면 생산설비를 증강하는 신규사업이 이사회의 승인도 없이 진행되어 그 업무집행이 위법하다는 것을 알 수 있는 지위에 있었으므로 이를 문제 삼지 않은 잘못이 있다. 즉, 丙은 甲의 업무집행에 대하여 적극적으로 만류의 의사를 표시하고, 이사회를 소집하여 대표이사로 하여금 이사회에 보고할 것을 요구하는 등의 조치를 취하지 않아, 이사의 감시의무를 위반한 것으로 판단되는바, 회사에 대한 손해배상책임을 진다.

5. 업무집행지시자 丁의 회사에 대한 책임 성부

(1) **관련 조문** - 회사에 대한 자신의 영향력을 이용하여 이사에게 업무집행을 지시한 자는 그 지시하거나 집행한 업무에 관하여 제399조·제401조 및 제403조의 적용에 있어서 이를 이사로 본다(상법 제401조의2 제1항 제1호).

(2) **사안의 경우**

1) 회사에 대한 자신의 영향력 이용 - 丁은 45%의 주식을 소유하는 최대주주로서 이사의 임면에 영향력을 갖는 자이다.

2) 업무집행지시 - 경영에 관한 전문가인 대표이사 甲이 전망을 어둡게 보는 사업을 강권함으로써 무모한 사업을 시행하도록 하여 회사에 손해가 발생하여, 상법 제401조의2가 정하는 업무집행지시자의 책임이 인정되는바, 丁은 제399조에 따라 X회사에 대하여 손해배상책임을 부담한다.

6. 이사해임을 위한 주총소집

(1) **관련 조문** - 이사는 언제든지 제434조의 규정에 의한 주주총회의 결의로 이를 해임할 수 있으나 이사의 임기를 정한 경우에 정당한 이유 없이 그 임기만료 전에 이를 해임한 때에는 그 이사는 회사에 대하여 해임으로 인한 손해의 배상을 청구할 수 있다(상법 제385조 제1항).

(2) **판례** - 상법 제385조 제1항의 '정당한 이유'란 주주와 이사 사이에 불화 등 주관적인 신뢰관계가 상실된 것만으로는 부족하고, 이사가 법령이나 정관에 위배된 행위를 한 경우 등과 같이 당해 이사가 경영자로서 업무를 집행하는 데 장해가 될 객관적 상황이 발생한 경우를 의미한다.

(3) **사안의 경우** - 소스개발사업의 실패와 관련된 전임 대표이사 甲과 이사 丙이 이사직을 유지하고 있으므로 새로운 대표이사 C는 상술한 법령위반 등 이사 임기 전에 해임할 만한 정당한 이유가 있음을 주장하여 이사해임을 위한 주주총회를 소집할 수 있다.

7. 결론

(1) 대표이사 C는 이사 甲과 丙, 업무집행지시자 丁에게 X회사의 손해에 대하여 상법 제399조에 따른 배상책임을 물을 수 있고 甲, 丙, 丁은 이에 대하여 부진정연대책임을 지게 된다.

(2) 이사 甲과 丙의 해임을 위한 주주총회 소집절차를 진행할 수 있다.

[제3문] 문제 4. 해설

1. 문제

B가 X회사의 표현지배인에 해당되는지 문제 된다.

2. 표현지배인 성립 여부

(1) **관련 조문** - 지배인은 영업주에 갈음하여 그 영업에 관한 모든 행위를 할 수 있다(상법 제11조 제1항). 지점의 지점장 등 지배인으로 인정될 만한 명칭을 사용하는 자는 지점의 지배인과 동일한 권한이 있는 것으로 본다(상법 제14조).

(2) **외관의 존재**

1) 의의 - 표현지배인으로 인정될 만한 명칭을 사용하고, 지점은 영업소로서의 실질을 갖추어야 한다.

2) 판례 - 영업장소가 본점 또는 지점의 지휘·감독 아래 제한된 업무만을 보조적으로 처리하는 것이 아니라, 본점 또는 지점으로부터 독립하여 독자적으로 일정한 범위 내의 영업활동에 관한 결정을 하고 대외적 거래를 해야 한다.

3) 사안의 경우

① B는 지배인에 해당하는 직함인 '화성지점 지점장'이라는 명칭을 사용하여 戊와 돈육냉동식품 공급계약을 체결하였으므로 상법 제14조의 표현적 명칭을 사용하였다.

② 표현지배인이 성립하기 위해서 B가 활동하는 장소는 본점 또는 지점으로서의 실질을 갖추어야 하고, 독자적 영업활동을 할 수 있는 영업소의 실질이 요구되는데, 거래처와 맺은 돈육냉동식품 공급하기 위하여 냉동창고만을 설치하였는바, 이는 독자적 영업활동을 할 수 있는 영업소의 실질을 갖추지 않은 경우에 해당한다.

(3) 외관의 부여
1) 의의 - 표현적 명칭의 사용에 영업주의 명시적 또는 묵시적 허락이 있어야 한다.
2) 판례 - 영업주가 그 명칭의 사용을 알지 못한 경우에는 설사 이를 제지하지 못한 점에 과실이 있다고 하더라도 책임을 지지 않는다.
3) 사안의 경우 - 최소한 영업주인 X회사가 B의 표현적 명칭의 사용은 알고 있어야 하는데, B가 회사 몰래 임의로 사용하여 그 사실을 알지 못하였는바, 회사의 명칭 부여에 대한 귀책사유는 존재하지 않는다.

(4) 외관의 신뢰
1) 의의 - 거래상대방이 선의이어야 한다.
2) 사안의 경우 - 戊의 인식여부에 대하여는 설시된 바가 없으나, 앞에 요건이 불비되어 신뢰여부와 상관없이 표현지배인 성립요건을 충족하지 못한다.

3. 결론

2020. 8. 1. 戊가 X회사에 대하여 돈육냉동식품 공급계약의 이행청구는 표현지배인 성립요건이 충족되지 않아 X회사가 영업주로서의 책임을 지지 않는바, 인용될 수 없다.

제1차 모의시험 제1문

〈제1문의 1〉

〈기초적 사실관계〉

부산광역시 동래구[토지관할 법원은 부산지방법원임]에 거주하는 甲은 경상남도 양산시[토지관할 법원은 울산지방법원임]에 있는 영업소 겸 공장에서 각종 자동차 부품을 생산해 자동차 제조회사에 납품하는 기업을 경영하는 사람이고, 乙 주식회사는 자동차 부품을 생산하는 데 필요한 각종 기계·기구를 제조·판매하는 회사로서 주된 사무소는 경기도 수원시[토지관할 법원은 수원지방법원임]에 있다. 甲은 부산광역시 강서구[토지관할 법원은 부산지방법원 서부지원임]에 있는 乙 주식회사의 부산영업소에서 乙 주식회사가 제조·판매하는 공작기계를 구입했는데 그 기계에 중대한 하자가 있어 그것으로 생산한 자동차 부품에 많은 하자가 발생해 막대한 손해를 입었다는 취지로 주장하면서 부산지방법원에 乙 주식회사에 대한 손해배상 청구의 소를 제기했다. 乙 주식회사는 그 사건의 관할법원에 관해서는 아무런 언급도 하지 않은 채 乙 주식회사가 甲에게 제조·공급한 기계에는 아무런 하자도 없다고 주장하는 답변서를 부산지방법원에 제출했다. 그 후 부산지방법원은 민사소송법 제34조 제1항의 규정에 의해 이 소송을 수원지방법원으로 이송하는 결정을 했다.

〈문제〉

그 이송결정은 법률상 타당한가? (20점)

[제1문의 1] 해설

1. 문제
(1) 손해배상청구의 관할법원, (2) 변론관할 발생 여부가 문제 된다.

2. 손해배상청구의 관할법원

(1) 관련 조문
1) 보통재판적 - 소는 피고의 보통재판적 있는 곳의 법원이 관할한다(민소법 제2조). 법인의 보통재판적은 법인의 주된 사무소 또는 영업소가 있는 곳에 따라 정한다(민소법 제5조 제1항).
2) 특별재판적 - 재산권에 관한 소를 제기하는 경우에는 의무이행지의 법원에서 제기할 수 있다(민소법 제8조). 영업에 관한 채무의 변제는 채권자의 현영업소에서 해야한다(민법 제467조 제2항 단서). 사무소 또는 영업소가 있는 사람에 대하여 그 업무와 관련이 있는 소를 제기하는 경우에는 사무소 또는 영업소가 있는 곳의 법원에 제기할 수 있다(민소법 제12조).

(2) 사안의 경우
1) 피고 乙사의 보통재판적은 주된 사무소가 있는 수원지방법원, 특별재판적은 부산영업소가 있는 부산광역시 강서구 지역을 관할하는 부산지방법원 서부지원이다.
2) 원고 甲의 특별재판적은 甲의 영업소가 있는 경상남도 양산시 지역을 관할하는 울산지방법원도 관할법원이지만, 甲의 주소지인 부산광역시 동래구 지역을 관할하는 부산지방법원은 이 사건 손해배상청구의 소의 관할법원이 아니다.

3. 변론관할 발생여부

(1) 관련 조문 - 피고가 제1심 법원에서 관할위반이라고 항변하지 아니하고 본안에 대하여 변론하거나 변론준비기일에서 진술하면 그 법원은 관할권을 가진다(민소법 제30조).

(2) 판례 - 변론관할이 생기려면 피고의 본안에 관한 변론이나 준비절차에서의 진술은 현실적인 것이어야 하므로 피고의 불출석에 의하여 답변서 등이 법률상 진술 간주되는 경우는 이에 포함되지 않는다.

(3) 사안의 경우 - 乙사는 답변서를 제출했을 뿐 아직 본안에 대해 변론하거나 변론준비기일에서 진술하지 않았으므로 부산지방법원에 변론관할이 생기지 않는다.

4. 결론
부산지방법원은 甲이 乙에게 제기한 손해배상청구의 소에 대하여 관할을 갖지 않는바, 결정으로 관할이 있는 수원지방법원에 이송한 것은 타당하다.

〈제1문의 2〉

〈 기초적 사실관계 〉

甲은 자신의 X 토지를 2015. 3. 2.부터 乙이 무단 점유하면서 이를 도로로 사용하고 있다는 사실을 알게 되었다. 甲은 乙과 합의하여 일정한 액수의 배상액을 받기를 원했으나 둘은 합의에 이르지 못하였다. 이에 甲은 2017. 7. 25. 乙을 상대로 X 토지에 관하여 월 200만 원의 차임 상당의 부당이득반환을 구하는 소를 제기하였다. 제1심 법원은 X 토지의 월차임을 150만 원으로 인정한 뒤, 乙은 甲에게 2015. 3. 2.부터 2017. 7. 25.까지는 차임 상당의 부당이득(기존 차임)을 반환하고, 2017. 7. 26.부터 피고의 점유종료일까지는 월 150만 원의 부당이득금을 정기금으로 지급하라는 취지의 판결을 선고하였다(아래의 각 설문은 독립적임).

〈 문제 〉

1. 원고는 이에 불복하여 항소를 제기하였으나 정기금 지급을 명한 부분에 대해서는 항소취지를 누락하였다. 항소심은 이 사건 토지가 '도로'가 아닌 '대지'임을 전제로 위 기존 차임 부분에 대해 월 500만 원의 비율로 산정한 차임 상당의 부당이득을 반환하라고 판결하였으나 정기금 청구 부분은 항소가 없었으므로 이를 변경하지 않았으며, 이 판결은 상고심에서 그대로 확정되었다. 그 후 원고는 전소 항소심에서 항소취지를 누락하지 않았다면 위 정기금 청구 부분에 대해서도 월 500만 원을 지급하라는 판결이 선고되었을 것이라는 이유로 변경의 소를 제기하였다. 법원은 어떠한 판결을 해야 하는가? (10점)

2. 위 제1심 판결은 그대로 확정되었고, 판결확정 후 丙은 甲으로부터 이 사건 토지를 매수하여 소유권이전등기를 넘겨받았다. 丙은 위 제1심 판결의 확정 후 이 사건 토지의 시가 및 차임 상당액이 10배 이상 앙등하였다고 주장하면서 월차임을 1,000만 원으로 변경하는 변경의 소를 제기하였다. 이 소는 적법한가? (15점)

[제1문의 2] 문제 1. 해설

1. 문제
정기금판결 변경의 소에서 항소취지 누락이 사정변경 사유에 해당되는지 여부가 문제 된다.

2. 정기금판결 변경의 소 인용여부

(1) **관련 조문** – 정기금의 지급을 명한 판결이 확정된 뒤에 그 액수산정의 기초가 된 사정이 현저하게 바뀜으로써 당사자 사이의 형평을 크게 침해할 특별한 사정이 생긴 때에는 그 판결의 당사자는 장차 지급할 정기금 액수를 바꾸어 달라는 소를 제기할 수 있다(민소법 제252조 제1항).

(2) **판례** – 정기금판결에 대한 변경의 소는 판결 확정 뒤에 발생한 사정변경을 요건으로 하므로, 단순히 종전 확정판결의 결론이 위법·부당하다는 등의 사정을 이유로 본조에 따라 정기금의 액수를 바꾸어 달라고 하는 것은 허용될 수 없다.

(3) **사안의 경우** – 甲이 항소 취지를 누락 하지 않았다면 항소심에서 정기금 청구 부분에 대해서도 월 5백만 원을 지급하라는 취지의 판결이 선고되었을 가능성은 있으나 그러한 사정은 어디까지나 종전소송 판결 확정 전의 사정에 불과한 것이고, 판결 확정 이후의 사정이라고는 볼 수 없다.

3. 결론
법원은 甲이 제기한 정기금 판결 변경의 소에 대하여 권리보호이익이 없음을 이유로 부적법 각하한다.

[제1문의 2] 문제 2. 해설

1. 문제
丙이 정기금판결 변경의 소를 제기할 원고적격이 있는지가 문제 된다.

2. 丙의 정기금판결 변경의 소 원고적격 인정 여부

(1) **관련 조문** – 확정판결은 당사자, 변론을 종결한 뒤의 승계인 또는 그를 위하여 청구의 목적물을 소지한 사람에 대하여 효력이 미친다(민소법 제218조 제1항). 정기금의 지급을 명한 판결이 확정된 뒤에 특별한 사정이 생긴 때에는 그 판결의 당사자는 장차 지급할 정기금 액수를 바꾸어 달라는 소를 제기할 수 있다(민소법 제252조 제1항).

(2) **판례** – 정기금판결에 대한 변경의 소는 확정된 정기금판결의 당사자 또는 민사소송법 제218조 제1항에 의하여 확정판결의 기판력이 미치는 제3자만 정기금판결에 대한 변경의 소를 제기할 수 있는데, 소송물이 채권적 청구권인 부당이득반환청구권인 경우, 소송의 변론종결 후에 토지의 소

유권을 취득한 사람은 민사소송법 제218조 제1항에 의하여 확정판결의 기판력이 미치는 변론을 종결한 뒤의 승계인에 해당한다고 볼 수 없다.

(3) **사안의 경우** – 甲이 제기한 부당이득반환청구소송의 판결확정 후에 X토지의 소유권을 취득한 丙에게는 정기금 지급을 명하는 확정판결의 기판력이 미치지 아니하므로, 丙이 乙을 상대로 다시 부당이득반환청구의 소를 제기하지 아니하고, 甲이 제기한 부당이득반환청구소송에서 내려진 정기금판결에 대하여 변경의 소를 제기하는 것은 원고적격이 인정되지 않는다.

3. 결론
丙이 제기한 정기금 판결 변경의 소는 원고적격 불비로 부적법 각하되어야 한다.

〈제1문의 3〉

〈 기초적 사실관계 〉

甲은 2018. 4. 1.경 丙으로부터 X 점포를 매수하고 같은 날 이에 관한 소유권이전등기를 마쳤는데, 乙은 丙으로부터 X 점포를 임대차보증금 1억 원, 임대차기간 2018. 1. 1.부터 2018. 12. 31.까지, 차임 월 500만 원(매월 1일 지급)으로 정하여 임차하고 위 임대차보증금을 丙에게 교부한 후 사업자등록을 마치고 음식점을 운영하고 있었다. 甲은 2018. 11. 말경 자신이 X 점포를 사용할 계획이어서 임대차계약의 갱신을 거절한다는 취지를 乙에게 통지하였다. 乙은 2018. 12. 31.이 지나도록 X 점포를 인도하지 않고 계속 음식점을 운영하면서 2019. 1.부터는 차임을 지급하지 않고 있다.

문제 1.

甲은 乙을 상대로 채무불이행과 불법행위를 원인으로 하여 2019. 1. 1.부터 乙이 X 점포를 甲에게 인도할 때까지 월 500만 원의 지급을 구하는 소를 병합하여 제기하였다. 법원은 甲의 청구에 대하여 어떠한 판결을 하여야 하는가(20점).

〈추가된 사실관계〉

甲이 乙을 상대로 임대차계약의 종료를 원인으로 X 점포의 인도를 구하는 소를 제기하자 乙은 변론기일에 출석하여 자신이 丙에게 1억 원의 보증금을 지급하였으므로 그 반환을 받을 때까지는 X 점포를 甲에게 인도할 수 없다고 주장하였다. 甲이 乙의 보증금 지급사실을 다투자 乙은 1억 원의 보증금반환채권의 존재확인을 구하는 반소를 제기하였다.

문제 2.

법원의 심리 결과 乙이 丙에게 보증금 1억 원을 교부한 사실이 인정된 경우 법원은 甲의 본소와 乙의 반소에 대하여 어떠한 판결을 하여야 하는가? (15점)

[제1문의 3] 문제 1. 해설

1. 문제
(1) 甲이 제기한 소의 병합청구 형태에 따른 법원의 심판방법, (2) 채무불이행 및 불법행위 청구에 대한 법원의 판단이 문제 된다.

2. 甲이 제기한 소의 병합청구 형태에 따른 법원의 심판방법
(1) **관련 법리** – 장래 이행할 것을 청구하는 소는 미리 청구할 필요가 있어야 제기할 수 있다(민소법 제251조). 선택적 병합이란 여러 개의 청구 중 어느 한 청구가 택일적으로 인용될 것을 해제조건으로 하여 청구하는 형태를 말한다.

(2) **판례** – 병합의 형태가 선택적 병합인지 예비적 병합인지는 당사자의 의사가 아닌 병합청구의 성질을 기준으로 판단한다.

(3) **사안의 경우** – 甲은 2019. 1. 1.부터 乙이 차임을 지급하지 않고, 임의이행을 기대할 수 없어 미리 청구할 필요가 있어 불법행위 손해배상청구와 채무불이행에 의한 손해배상청구를 병합청구 한 경우로 성질상 이는 선택적 병합으로 판단되는바, 법원은 어느 한 청구를 선택하여 원고청구를 인용하거나, 기각하는 경우에는 둘 다 심판하여야 한다.

3. 채무불이행 및 불법행위 청구에 대한 법원의 판단
(1) **관련 조문** - 채무자가 채무의 내용에 좇은 이행을 하지 아니한 때 채권자는 손해배상을 청구할 수 있으나 채무자의 고의나 과실없이 이행할 수 없게 된 때에는 그러하지 아니하다(민법 제390조). 고의 또는 과실로 인한 위법행위로 타인에게 손해를 가한 자는 그 손해를 배상할 책임이 있다(민법 제750조).

(2) **판례** - 임대차계약의 종료에 따른 임차인의 임대차목적물 반환의무와 임대인의 연체차임 등을 공제한 나머지 보증금의 반환의무는 동시이행관계에 있으므로, 임대인이 나머지 임대차보증금의 반환의무를 이행하거나 적법하게 이행제공하는 등의 사유로 임차인의 동시이행항변권을 상실시키지 아니한 때에는 임대차계약이 종료된 후에 임차인이 목적물을 계속 점유하더라도 불법점유라 할 수 없고, 임차인은 이에 대한 손해배상의무를 지지 않는다.

(3) **사안의 경우** – 甲이 乙에게 연체차임을 공제한 임대차보증금 잔액을 이행 제공하여 이행지체에 상태를 만들지 않는 한 동시이행관계에 있어서 채무불이행 및 불법점유에 따른 불법행위 손해배상 책임을 지지 않는다.

4. 결론
법원은 甲의 청구를 모두 기각한다.

[제1문의 3] 문제 2. 해설

1. 문제
甲의 본소와 乙의 반소에 대한 법원의 판단이 문제 된다.

2. 甲의 본소에 대한 법원의 판단
(1) **관련 조문** - 임차건물의 양수인은 임대인의 지위를 승계한 것으로 본다(상임법 제3조 제2항). 법원은 당사자가 신청하지 아니한 사항에 대하여는 판결하지 못한다(민소법 제203조).

(2) **판례** - 원고는 단순이행을 청구하고 있는데 피고의 동시이행의 항변이 정당하다고 인정되는 때에는 원고가 반대의 의사를 표시하지 않는 한 원고청구를 기각하는 판결을 할 것이 아니라 피고에게 원고의 채무이행과 상환으로 피고의 채무를 이행할 것을 명하는 판결을 한다.

(3) **사안의 경우** - 甲이 乙을 상대로 임대차계약 종료에 따른 X 점포 인도를 구하는 소에서 乙이 보증금반환과의 동시이행항변을 하였으므로 법원은 甲의 청구를 전부 기각할 것이 아니라, "1. 乙은 甲으로부터 1억 원에서 2019. 1. 1.부터 건물인도 완료시까지 월 500만 원의 비율에 의한 금원을 공제한 나머지 금원을 지급받음과 동시에 甲에게 X 점포를 인도하라. 2. 원고의 나머지 청구를 기각한다."라는 상환이행판결을 하여야 한다.

3. 乙의 반소에 대한 법원의 판단
(1) **관련 조문** - 피고는 소송절차를 현저히 지연시키지 아니하는 경우에만 변론을 종결할 때까지 본소가 계속된 법원에 반소를 제기할 수 있다. 다만, 소송의 목적이 된 청구가 다른 법원의 관할에 전속되지 아니하고 본소의 청구 또는 방어의 방법과 서로 관련이 있어야 한다(민소법 제269조 제1항).

(2) **판례** - 권리 또는 법적 지위에 불안 내지 위험이 현존하고, 현존하는 법적 불안이나 위험을 제거하는데 확인판결을 받는 것이 유효·적절한 수단이어야 확인의 소의 확인의 이익이 인정된다.

(3) **사안의 경우** - 乙에게 보증금반환청구권이 인정되는 경우 그 지급을 구하는 소를 제기하면 될 것이므로 보증금반환채권의 존재확인청구는 유효·적절한 분쟁해결방법이라고 할 수 없어 확인의 이익이 부정되는바, 부적법 각하되어야 한다.

4. 결론
甲의 본소에 대하여는 상환이행판결, 乙의 반소에 대하여는 부적법 각하 판결을 한다.

〈제1문의 4〉

甲은 자신이 乙에게 2억 원을 대여하였고 丁이 丙을 대리하여 甲에 대한 乙의 채무를 연대보증하였다고 주장하면서 주위적으로 乙과 丙은 연대하여 甲에게 2억 원의 지급을 구하고, 丁이 무권대리인이라는 이유로 丙에 대한 청구가 기각될 경우에 대비하여 丁은 무권대리인으로서 丙의 연대보증의무를 이행하여야 한다고 주장하면서 예비적으로 乙과 丁은 연대하여 甲에게 2억 원의 지급을 구하는 소를 제기하였다.

제1심은 乙과 丁에 대한 청구를 인용하면서, 丙에 대한 청구는 기각하였고, 이에 丁만이 항소하였다. 항소심 법원은 甲의 丙에 대한 청구 부분은 제1심 판결이 확정되었으므로 항소심의 심판대상은 丁에 대한 청구 부분으로 한정된다고 인정하여, 丁의 항소를 기각하면서 丙에 대한 청구 부분에 대하여는 아무런 판단도 하지 아니하였다.

위와 같은 항소심 판단은 정당한가? (소제기의 적법 여부도 검토할 것) (20점)

[제1문의 4] 해설

1. 문제
(1) 주관적·예비적 공동소송의 적법여부, (2) 항소심 판단의 당부가 문제 된다.

2. 주관적·예비적 공동소송의 적법여부
(1) **관련 조문** - 공동소송인 가운데 일부에 대한 청구가 다른 공동소송인에 대한 청구와 법률상 양립할 수 없는 경우에는 필수적 공동소송에 관한 규정을 준용하고, 위 소송에서는 모든 공동소송인에 관한 청구에 대하여 판결을 하여야 한다(민소법 제70조 제1,2항).

(2) **판례** - 법률상 양립할 수 없는 경우란 두 청구들 사이에서 한 쪽 청구에 대한 판단 이유가 다른 쪽 청구에 대한 판단 이유에 영향을 주어 각 청구에 대한 판단 과정이 필연적으로 상호 결합되어 있는 관계를 의미하며, 실체법적으로 서로 양립할 수 없는 경우뿐 아니라 소송법상으로 서로 양립할 수 없는 경우를 포함한다.

(3) **사안의 경우**
1) 丙은 甲의 연대보증인(본인) 즉, 유권대리라는 이유로 피고가 된 것이고 丁은 무권대리로 丙이 乙의 연대보증인이 아닐 경우를 대비하여 무권대리인이라는 이유로 민법 제135조 제1항에 따른 이행 또는 손해배상책임이 있기에 피고가 된 것이다.
2) 즉, 피고 丙과 피고 丁에 대한 청구는 두 청구가 모두 인용될 수 없는 관계에 있으므로 공동소송인 가운데 일부에 대한 청구가 다른 공동소송인에 대한 청구와 법률상 양립할 수 없는 경우에 해당되는바, 원고 甲이 주위적으로 피고 乙과 丙, 예비적으로 피고 乙과 丁을 상대로 소를 제기한 것은 적법하다.

3. 항소심 판단의 당부
(1) **판례** - 주관적·예비적 공동소송에서 주위적 공동소송인과 예비적 공동소송인 중 어느 한 사람이 상소를 제기하면 다른 공동소송인에 관한 청구 부분도 확정이 차단되고 상소심에 이심되어 심판대상이 되고, 결론의 합일확정의 필요성을 고려하여 그 심판의 범위를 판단한다.

(2) **사안의 경우** - 예비적 피고 丁만 항소하였지만, 상소불가분의 원칙에 따라 주위적 피고 丙에 대한 청구도 항소심 법원에 이심되고, 합일확정의 필요성을 고려하여 피고 丙도 심판의 대상이 됨에도, 항소심의 심판대상을 丁에 대한 청구 부분으로 한정하여 丙에 대한 청구 부분에 대하여 아무런 판단을 하지 않고 丁의 항소를 기각한 것은 위법하다.

4. 결론
항소심 판단은 위법하다. 상고 제시기 상고법원은 항소심 판결을 전부 파기한다.

〈제1문의 5〉

〈 공통된 기초사실관계 〉

甲은 2017. 3. 21. 乙과 사이에 乙 소유의 X 아파트를 임대차보증금 2억 원, 임대차기간 2017. 4. 1.부터 2019. 3. 31.까지 임차하는 내용의 임대차계약(이하 '이 사건 임대차'라 한다)을 체결하고, 2017. 4. 1. 임대차보증금을 2억 원을 지급하고서 X 아파트를 인도받아 당일 전입신고를 하고, 이 사건 임대차 계약서에 확정일자를 받았다.

甲은 2017. 4. 3. 丙으로부터 1억 5,000만 원을 이자 없이 변제기 2018. 3. 31.로 정하여 차용(이하 '이 사건 차용금'이라 한다)하면서 丙에게 이 사건 임대차에 기한 임대차보증금반환채권 중 1억 5,000만 원에 대하여 질권(이하 '이 사건 질권'이라 한다)을 설정해 주었다. 乙은 2017. 4. 4. 甲과 丙을 만나 이 사건 질권 설정을 승낙하고, 이 사건 임대차 종료 등으로 임대차보증금을 반환하는 경우 질권이 설정된 1억 5,000만 원은 丙에게 직접 반환하기로 약정하였다.

〈아래의 각 추가된 사실관계는 상호 독립적임〉

〈 추가된 사실관계 1 〉

乙은 2019. 3. 20. X 아파트를 丁에게 매도하면서 丁이 이 사건 임대차관계를 승계하는 특약을 체결하였고, 같은 날 丁 명의로 소유권이전등기를 마쳤다. 이 사건 차용금의 변제기가 지나도 甲이 변제를 하지 아니하자 丙은 2019. 5. 1. 乙을 상대로 질권이 설정된 1억 5,000만 원의 지급을 구하는 소를 제기하였다. 이에 대하여 乙은 1) 「민법」 제347조(설정계약의 요물성)에 근거해 이 사건 임대차계약서가 채권증서에 해당함에도 불구하고, 丙이 이를 甲으로부터 교부받지 못해 유효한 질권을 취득하지 못하였다고 주장하고(실제 丙이 변론과정에 甲의 교부사실을 증명하지 못하였다), 2) 임대차승계 특약을 하였으므로 자신이 면책되고, 3) 그것이 아니더라도 주택임대차보호법에 따라 丁이 임대인 지위를 승계하였으므로 자신은 면책된다고 항변하였다.

〈 문제 〉

1. 丙의 청구의 타당성 여부를 먼저 검토한 후, 乙의 위의 각 항변의 당부를 판단하여 위 청구에 대한 법원의 결론(인용, 일부인용, 기각, 각하)을 그 이유를 들어 검토하시오(30점).

〈 추가된 사실관계 2 〉

乙은 2019. 3. 20. 기존에 거주하던 임차인 甲에게 X 아파트를 3억 원에 매도하는 내용의 매매계약을 체결하면서 매매대금 3억 원 중 2억 원은 이 사건 임대차에 따른 임대차보증금 2억 원과 상계하기로 합의하고, 나머지 1억 원은 甲이 乙에게 당일 직접 지급하고서 2019. 3. 21. 乙은 甲 명의로 소유권이전등기를 마쳐 주어 당일 이 사건 임대차계약을 해지하였다.

이 사건 차용금의 변제기가 지나도 甲이 변제를 하지 아니하자 丙은 2019. 5. 1. 乙을 상대로 질권이 설정된 1억 5,000만 원의 지급을 구하는 소를 제기하였다. 이에 대하여 乙은 1) X 아파트를 이미 甲에게 매도하였으므로 자신은 면책되었고, 2) 甲과 사이에 한 상계합의로 이 사건 임대차에 따른 보증금반환채무는 소멸되었다고 주장한다.

〈 문제 〉

2. 乙의 위 각 항변의 당부를 판단하여 丙의 청구에 대한 법원의 결론(인용, 일부인용, 기각, 각하)을 그 이유를 들어 검토하시오(20점).

[제1문의 5] 문제 1. 해설

1. 문제
(1) 丙 채권질권의 유효 여부, (2) 乙 항변의 당부가 문제 된다.

2. 丙 채권질권의 유효 여부
(1) **의의** - 지명채권을 목적으로 한 질권의 설정은 설정자가 제3채무자에게 질권설정의 사실을 통지하거나 제3채무자가 이를 승낙함이 아니면 이로써 제3채무자 기타 제3자에게 대항하지 못한다(민법 제349조 제1항). 질권자는 질권의 목적이 된 채권을 직접 청구할 수 있고, 채권의 목적물이 금전인 때에는 질권자는 자기채권의 한도에서 직접 청구할 수 있다(민법 제353조 제1,2항).

(2) **판례** - 채권질권의 효력은 질권의 목적이 된 채권의 지연손해금 등과 같은 부대채권에도 미치므로 채권질권자는 질권의 목적이 된 채권과 그에 대한 지연손해금채권을 피담보채권의 범위에 속하는 자기채권액에 대한 부분에 한하여 직접 추심하여 자기채권의 변제에 충당할 수 있다.

(3) **사안의 경우** - 丙은 1억 5,000만 원의 이 사건 차용금 채권에 대한 담보로서 甲의 乙에 대한 임대차보증금반환채권 2억 원 중 1억 5,000만 원에 대해 질권을 설정하고, 그 질권설정에 대해 제3채무자인 임대인 乙로부터 승낙을 받아 질권설정의 요건을 모두 갖추었는바, 丙은 양 채권의 변제기가 모두 도래한 2019. 5. 1. 乙에게 1억 5,000만 원을 직접 청구할 수 있다.

3. 乙 항변의 당부
(1) **채권질권설정의 무효항변**
   1) **관련 조문** - 채권을 질권의 목적으로 하는 경우에 채권증서가 있는 때에는 질권의 설정은 그 증서를 질권자에게 교부함으로써 그 효력이 생긴다(민법 제347조).
   2) **판례** - 채권증서는 채권의 존재를 증명하기 위하여 채권자에게 제공된 문서로서 임대차 계약서와 같이 계약 당사자 쌍방의 권리의무관계의 내용을 정한 서면은 그 계약에 의한 권리의 존속을 표상하기 위한 것이라고 할 수는 없으므로 위 채권증서에 해당하지 않는다.
   3) **사안의 경우** - 임대차계약서는 민법 제347조에서 정한 채권증서라 볼 수 없어 원고인 질권자 丙이 그 수령사실을 증명하지 못하였다고 하더라도 이는 丙 청구의 요건사실로 볼 수 없는바, 丙이 이를 甲으로부터 교부받지 못해 유효한 질권을 취득하지 못하였다는 乙의 항변은 부당하다.

(2) **임대차승계 특약에 따른 면책 항변**
   1) **관련 조문** - 질권설정자는 질권자의 동의없이 질권의 목적된 권리를 소멸하게 하거나 질권자의 이익을 해하는 변경을 할 수 없다(민법 제352조).
   2) **판례** - 부동산의 매수인이 매매목적물에 관한 임대차보증금 반환채무 등을 인수하는 한편 그 채무액을 매매대금에서 공제하기로 약정한 경우, 그 인수는 특별한 사정이 없는 이상 매도인을 면책시키는 면책적 채무인수가 아니라 이행인수로 보아야 하고, 면책적 채무인수로 보기 위해서는 이에 대한 채권자 즉 임차인의 승낙이 있어야 한다.

3) 사안의 경우 - 제3채무자인 임대인 乙이 임차인 甲이나 질권자 丙의 동의나 승낙 없이 임의로 임대차 승계 특약을 통하여 임차보증금반환채무를 X 아파트 매수인 乙에게 면책적으로 인수하도록 하는 것은 임차인 甲이나 질권자인 丙에게 대항할 수 없고, 설령 임차인이자 질권설정자 甲이 승낙하더라도 민법 제352조에 따라 질권자인 丙에게 임대차 승계 특약을 이유로 자신의 보증금반환채무가 면책되었다는 주장을 할 수 없는바, 위 항변은 부당하다.

(3) 주임법에 따른 면책 항변

1) **관련 조문** - 임차주택의 양수인은 임대인의 지위를 승계한 것으로 본다(주임법 제3조 제4항).

2) **판례** - 임차인이 임대차보증금반환채권에 질권을 설정하고 임대인이 그 질권 설정을 승낙한 후에 임대주택이 양도된 경우, 양수인이 임대차보증금반환채무를 면책적으로 인수하고, 양도인은 임대차관계에서 탈퇴하여 임차인에 대한 임대차보증금반환채무를 면하게 된다.

3) **사안의 경우** - 임차인 甲이 2017. 4. 1.부터 대항력을 갖추고 있으므로 임대인 乙이 2019. 3. 20. 丁에게 X 아파트를 양도하여 소유권이전등기를 넘겨주면 주택임대차보호법에 따라 丁이 임대인 지위를 승계하고, 양도인 乙은 질권 설정을 승낙하였다고 하더라도 임대차 관계에서 탈퇴하고 임차인에 대한 임대차보증금반환채무를 면하게 되는바, 위 항변은 타당하다.

4. 결론

丙의 乙에 대한 청구는 기각된다.

[제1문의 5] 문제 2. 해설

1. 문제

(1) 乙의 주임법 면책 항변, (2) 乙의 상계항변 당부가 문제 된다.

2. 乙의 주임법 면책 항변의 당부

(1) **관련 조문** - 임차주택의 양수인은 임대인의 지위를 승계한 것으로 본다(주임법 제3조 제4항).

(2) **판례** - 임대차기간의 만료 전에 임대인과 합의에 의하여 임대차계약을 해지하고 임대인으로부터 임대차보증금을 반환받을 수 있으며, 이러한 경우 임차주택의 양수인은 임대인의 지위를 승계하지 아니한다.

(3) **사안의 경우** - 대항력을 갖춘 임차인 甲은 임대인 乙로부터 X 아파트를 매수하면서 그와 동시에 2019. 3. 21. 임대차계약을 해지하였으므로 임차인 甲이 임대인 지위의 승계를 하지 않는바, 乙의 주임법상 면책 항변은 타당하지 않다.

3. 乙의 상계항변 당부

(1) **관련 조문** - 질권설정자는 질권자의 동의없이 질권의 목적된 권리를 소멸하게 하거나 질권자의 이익을 해하는 변경을 할 수 없다(민법 제352조).

(2) **판례** - 제3채무자가 질권자의 동의 없이 질권설정자와 상계합의를 함으로써 질권의 목적인 채무를 소멸하게 한 경우에도 질권자에게 대항할 수 없고, 질권자는 여전히 제3채무자에 대하여 직접 채무의 변제를 청구할 수 있다.

(3) **사안의 경우** - 乙은 질권 설정의 제3채무자로서 질권 설정을 승낙하였으므로 乙이 질권자인 丙의 동의 없이 질권설정자인 甲과 상계합의를 함으로써 질권의 목적인 X 아파트에 관한 임대차보증금반환채무를 소멸하게 하였더라도 이로써 질권자인 丙에게 대항할 수 없어, 乙의 상계항변은 타당하지 않는바, 丙은 여전히 乙에 대하여 직접 임대차보증금의 반환을 청구할 수 있다.

4. 결론

丙의 청구는 인용된다.

제1차 모의시험 제2문

⟨제2문의 1⟩

⟨ 공통된 기초사실관계 ⟩

甲은 1994. 9. 21. 사망하였는데, 당시 상속인으로 처인 乙, 자녀 A, B가 있었다. 乙은 2009. 1. 17. 사망하였고, 乙의 상속인으로는 1) 甲과의 사이에서 태어난 자녀 A, B, 2) 甲과 혼인하기 전에 丙과의 사이에서 태어난 자녀 C가 있었다. 한편 사망 당시 甲은 자신 명의로 X 임야의 소유권이전등기를 마쳐두고 있었다.

⟨이하의 각 추가된 사실관계는 상호무관하고 독립적임⟩

⟨ 추가된 사실관계 1 ⟩

甲이 사망한 이후 甲의 상속인들 중 A를 제외한 나머지 상속인들은 X 임야를 장남인 A의 단독 명의로 해 두기 위하여 각 상속포기 신고를 하여 1994. 11. 1. 가정법원으로부터 이를 수리하는 심판을 받았다. 그런데 1996. 5. 22. 乙이 공유물의 보존행위로서 공동상속인 모두를 위하여 상속등기를 신청하였다. 이에 상속인들의 법정상속분에 따라 A, B 명의로 각 2/7지분, 乙명의로 3/7 지분에 관하여 각 소유권이전등기가 마쳐졌다. 그 후 A는 乙과 B로부터 X 임야의 각 지분을 매수한 사실이 없는데도 불구하고 보증서와 확인서를 위조하여 2007. 3. 4. 乙과 B의 위 각 지분에 관하여 1995. 5. 31. 매매를 원인으로 하여 구「부동산소유권 이전등기 등에 관한 특별조치법」(이하 '특별조치법'이라 한다)에 의하여 A 명의로 소유권이전등기(이하 '이 사건 소유권이전등기'라 한다)를 마쳤다.

문제 1.

2010. 5. 6. C는 A를 상대로 위 부동산에 관한 乙의 지분(X 임야의 3/7지분) 중 A의 상속분을 제외한 나머지 지분(X 임야의 2/7지분)의 원인무효를 이유로 이 사건 소유권 이전등기말소를 청구하는 소를 제기하였다. C의 A에 대한 청구의 결론[인용, 기각, 일부 인용, 각하]을 구체적 이유와 함께 적시하시오. (20점)

⟨ 추가된 사실관계 2 ⟩

1975. 3. 4.부터 丁이 소유의 의사로 평온·공연하게 X 임야를 점유하기 시작하였는데, 1991. 4. 5. 甲은 X를 A에게 증여하기로 약정하였다. 甲과의 증여계약에 따라 1996. 12. 3. 공동상속인들로부터 X 임야전부에 대한 이전등기를 A 명의로 마쳤다.

문제 2.

1998. 5. 4. 丁이 취득시효를 이유로 A에게 X 임야에 대한 이전등기 청구의 소를 제기한 경우, 丁의 A에 대한 청구의 결론[인용, 기각, 일부 인용, 각하]을 구체적 이유와 함께 적시하시오. (15점)

〈 추가된 사실관계 3 〉

1976. 3. 4.부터 丁이 소유의 의사로 평온·공연하게 X 임야를 점유하고 있었다. 한편 1990. 5. 6. 甲은 등기서류를 위조하여 X 임야에 대한 소유권 이전등기를 마쳤는데, 1997. 3. 2. X 임야의 진정한 소유자인 戊가 진정명의회복을 위한 이전등기청구권을 보전하기 위하여 甲의 공동상속인들을 상대로 X 임야에 대한 처분금지가처분을 하였다. 1998. 3. 4. 丁이 甲의 공동상속인들로부터 점유취득시효를 원인으로 하여 이전등기를 마쳤다. 戊가 가처분의 본안소송에서 甲의 공동상속인들에 대해 승소판결을 받고 그 확정판결에 따라 2000. 3. 2. 진정명의회복을 원인으로 한 소유권이전등기를 하였고, 2001. 4. 5. D에게 매도한 후 이전등기를 마쳤다.

문제 3.

현재까지 X 임야를 점유하고 있던 丁이 戊와 D를 상대로 각 이전등기의 말소를 구하는 소를 제기한 경우, 丁의 戊와 D에 대한 청구의 결론[인용, 기각, 일부 인용, 각하]을 구체적 이유와 함께 적시하시오. (15점)

[제2문의 1] 문제 1. 해설

1. 문제
(1) X 임야의 소유권 귀속관계, (2) C의 소유권이전등기말소청구 당부가 문제 된다.

2. X 임야의 소유권 귀속관계

(1) 1994. 9. 21. 甲의 사망

1) 관련 조문 - 상속인의 순위는 직계비속이 1순위이고, 배우자의 상속순위는 1순위가 있는 경우에는 동순위로 공동상속인이 된다(민법 제1000조 제1항 제1호, 제1003조 제1항).

2) 사안의 경우 - 배우자 乙, 자녀 A와 B가 각각 3/7, 2/7, 2/7지분의 비율로 X임야를 공유한다.

(2) 1994. 11. 1. 乙과 B가 받은 상속포기

1) 관련 조문 - 상속인은 상속개시가 있음을 안 날로부터 3월내에 포기를 할 수 있고(민법 제1019조 제1항), 상속 포기는 상속개시 된 때에 소급하여 효력이 있다(민법 제1042조).

2) 사안의 경우 - X임야는 상속개시시인 1994. 9. 21.부터 A의 단독소유가 된다.

(3) 1996. 5. 22. 乙이 신청한 상속등기

1) 관련 조문 - 상속권이 참칭상속권자로 인하여 침해된 때에는 상속권자 또는 그 법정대리인은 상속회복의 소를 제기할 수 있고, 이는 그 침해를 안 날부터 3년, 상속권의 침해행위가 있은 날부터 10년을 경과하면 소멸된다(민법 제999조 제1, 2항).

2) 사안의 경우 - 乙은 상속 포기에도 공유물의 보존행위로서 공동상속인 모두를 위하여 상속등기를 마쳤으므로 참칭상속인에 해당하지만, 침해가 있었던 날인 1996. 5. 22.로부터 10년이 도과한 시점에서 乙은 상속개시일로 소급하여 1994. 9. 21.부터 X임야의 3/7 지분에 대한 소유권을 취득하는바, X임야는 A가 4/7, 乙이 3/7지분을 공유하게 된다.

(4) 2007. 3. 4. 특별조치법에 의한 소유권이전등기

1) 판례 - 특별조치법에 의하여 경료된 등기는 실체적 권리관계에 부합하는 등기로 추정되고, 위 법 소정의 보증서나 확인서가 허위 또는 위조된 것이라거나 그 밖의 사유로 적법하게 등기된 것이 아니라는 입증이 있으면 그 추정력은 번복된다.

2) 사안의 경우 - A는 乙과 B로부터 X 임야의 각 지분을 매수한 사실이 없는데도 보증서와 확인서를 위조하여 2007. 3. 4. 乙과 B의 위 각 지분에 관하여 1995. 5. 31. 매매를 원인으로 하여 특별조치법에 의하여 A 명의로 소유권이전등기를 마쳤으므로 원인무효의 등기가 된다.

(5) 2009. 1. 17. 乙의 사망

1) 관련 조문 - 상속인의 순위는 직계비속이 1순위가 된다(민법 제1000조 제1항 제1호).

2) 사안의 경우 - A, B, C가 乙의 3/7지분을 각각 1/3씩 상속받는다.

(6) 소결 - 결국 X임야의 소유권은 A, B, C가 5/7, 1/7, 1/7 비율로 공유하게 된다.

3. C의 소유권이전등기말소청구 당부

(1) **관련 조문** - 공유물의 보존행위는 각자가 할 수 있다(민법 제265조 단서).

(2) **판례** - 공동상속인들 중 1인은 다른 공동상속인들을 위하여 공유물의 보존행위를 할 수 있고, 부동산의 공유자의 1인은 당해 부동산에 관하여 제3자 명의로 원인무효의 소유권이전등기가 경료되어 있는 경우 공유물에 관한 보존행위로서 제3자에 대하여 그 등기 전부의 말소를 구할 수 있다.

(3) **사안의 경우** - C는 본인의 1/7 지분뿐만 아니라 B의 1/7 지분에 대해서도 말소를 청구할 수 있다.

4. 결론

C의 A에 대한 청구는 인용된다.

[제2문의 1] 문제 2. 해설

1. 문제

丁의 A에 대한 취득시효 원인으로 한 소유권이전등기청구 가부가 문제 된다.

2. 점유취득시효 완성 이후 새로운 이해관계인 해당 여부

(1) **관련 조문** - 20년간 소유의 의사로 평온, 공연하게 부동산을 점유한 자는 등기함으로써 소유권을 취득한다(민법 제245조 제1항).

(2) **판례**

1) 부동산에 대한 점유취득시효가 완성되었더라도 이를 등기하지 아니하고 있는 사이에 그 부동산에 관하여 제3자에게 소유권이전등기가 마쳐지면 점유자는 그 제3자에게 대항할 수 없는 것이고, 이 경우 제3자의 이전등기 원인이 점유자의 취득시효 완성 전의 것이라 하더라도 마찬가지이다.

2) 점유취득시효 기간이 경과된 후 증여를 원인으로 한 소유권이전등기를 마친 수증자가 취득시효 완성 후의 새로운 이해관계인에 해당되고, 이때 수증자가 상속인 중 한 사람인 경우 자기의 상속지분 범위 내에서 점유자에 대하여 취득시효 완성을 원인으로 한 소유권이전등기의무를 부담한다.

(3) **사안의 경우**

1) 乙과 B로부터 이전받은 5/7지분 - 丁은 1995. 3. 4. 乙과 A, B에게 3/7, 2/7, 2/7 각 지분에 대하여 점유취득시효 완성을 원인으로 한 소유권이전등기청구권을 갖게 되었으나, 이전등기를

마치기 전인 1996. 12. 3. 乙과 B가 A에게 증여를 원인으로 하여 이전등기를 마쳤는바, 새로운 이해관계인에 해당하여 A에게 5/7지분에 대한 소유권이전등기청구는 기각된다.

2) A가 甲으로부터 상속받은 2/7지분 - A가 甲에 대한 증여를 원인으로 한 소유권이전등기청구권은 2/7 상속지분 범위 내에서는 상속에 의하여 혼동으로 소멸하므로 취득시효 완성 후의 새로운 이해관계인이라 할 수 없는바, 丁에 대하여 취득시효 완성을 원인으로 한 소유권이전등기의무를 부담한다.

3. 결론

丁의 A에 대한 취득시효 완성을 원인으로 한 X임야에 대한 이전등기청구는 2/7지분 범위 내에서 일부 인용된다.

[제2문의 1] 문제 3. 해설

1. 문제

丁의 戊와 D에 대한 이전등기말소청구에 대한 법원의 판단이 문제 된다.

2. 부동산에 대한 점유시효취득등기와 처분금지가처분등기의 관계

(1) 관련 조문 - 20년간 소유의 의사로 평온, 공연하게 부동산을 점유한 자는 등기함으로써 소유권을 취득한다(민법 제245조 제1항).

(2) 판례

1) 취득시효 완성 후 등기 이전에 제3자의 처분금지가처분이 이루어진 부동산에 관하여 점유자가 취득시효 완성을 원인으로 소유권이전등기를 하였는데, 그 후 가처분권리자가 가처분의 본안소송에서 승소판결을 받고 확정판결에 따라 소유권이전등기를 한 경우, 점유자가 가처분권리자에게 대항할 수 없다.

2) 그러나, 처분금지가처분의 권리자가 취득시효 완성 당시 부동산의 진정한 소유자이며 가처분의 피보전권리가 소유권에 기한 말소등기청구권 또는 진정명의회복을 위한 이전등기청구권인 경우, 가처분에 의하여 부동산의 소유명의를 회복한 가처분권리자는 취득시효 완성을 원인으로 하여 이루어진 소유권이전등기가 자신의 처분금지가처분에 저촉되는 것이라고 주장하여 시효취득자의 소유권취득의 효력을 부정할 수 없다.

(3) 사안의 경우

1) 가처분권리자 戊가 처분금지가처분의 본안소송에서 승소판결을 받고 그 확정판결에 따라 소유권이전등기를 하였다면 특별한 사정이 없는 한, 시효취득자 丁은 戊에게 대항할 수 없다.

2) 그런데, 점유취득시효 완성자 丁이 실질적으로 점유취득시효 완성을 원인으로 소유권이전등기를 청구할 상대방은 甲의 공동상속인이 아닌 진정한 소유권자 戊이고, 戊에게 점유취득시효

완성을 원인으로 한 소유권이전등기를 받기 위해 원인무효등기인 甲의 공동상속인들의 등기를 대위말소하고, 戊로부터 이전등기를 받아야 한다.

3) 따라서, 무효등기인 甲의 공동상속인들로부터 점유취득시효를 원인으로 하여 마친 이전등기는 실체관계에 부합한 등기로서 유효하므로 丁은 소유권을 취득한 것으로 볼 수 있으며, 그 소유권이전등기가 戊 앞으로 마쳐졌다고 하더라도 丁은 여전히 소유권을 가지므로 戊와 D에게도 소유권을 주장할 수 있다.

3. 결론
丁의 戊와 D를 상대로 한 각 이전등기 말소청구 소송은 인용된다.

〈제2문의 2〉

〈 공통된 기초사실관계 〉

　A(女)는 B(男)와 1996. 11. 5. 혼인신고를 마치고 2000. 2. 6. 슬하에 쌍둥이 甲과 乙을 낳은 다음 2012. 5. 2. 이혼하였다(친권과 양육권은 B가 가지기로 함). 2016. 3. 13. A가 사망하자, 甲과 乙이 A가 남긴 X 부동산을 상속하였고, B는 甲과 乙의 친권자로서 이들을 대리하여 2016. 6. 30. 丙에게 시가 10억 원 상당의 X 부동산을 3억 원에 매도하였고(이하 '이 사건 매매계약'이라고 한다), 丙은 B가 사리(私利)목적으로 이러한 매매행위를 한다는 사실을 알고 있었다. 2016. 7. 1. B는 X 부동산에 관하여 甲과 乙앞으로 2016. 3. 13. 상속을 원인으로 하는 각 1/2 지분의 소유권이전등기를 마친 다음, 같은 날 丙 앞으로 소유권이전등기를 마쳐주었다. 丙은 이러한 사실을 숨긴 채 X 부동산을 丁에게 매도한 후 2018. 8. 26. X 부동산에 관하여 丁 앞으로 소유권이전등기를 마쳐주었다.

〈 문제 〉

1. 甲과 乙은 2020. 6. 4. 이해상반행위 또는 친권남용을 이유로 丙을 상대로 그 명의의 소유권이전등기의 말소를 구하는 소를 제기하였다. 甲과 乙의 丙에 대한 청구의 결론[인용, 기각, 일부 인용, 각하]을 구체적 이유와 함께 적시하시오. (10점)

2. 甲과 乙은 2020. 6. 14. 丁 명의의 소유권이전등기 역시 원인무효라고 주장하면서 丁을 상대로 그 말소를 구하는 소를 제기하였다. 甲과 乙의 丁에 대한 청구의 결론[인용, 기각, 일부 인용, 각하]을 구체적 이유와 함께 적시하시오. (10점)

[제2문의 2] 문제 1. 해설

1. 문제
(1) 이해상반행위, (2) 친권남용 해당 여부가 문제 된다.

2. 이해상반행위 해당 여부
(1) **관련 조문** - 법정대리인인 친권자와 그 자 사이에 이해상반되는 행위를 함에는 친권자는 법원에 그 자의 특별대리인의 선임을 청구하여야 한다(민법 제921조 제1항).

(2) **판례** - 이해상반행위란 행위의 객관적 성질상 친권자와 그 자 사이 또는 친권에 복종하는 수인의 자 사이에 이해의 대립이 생길 우려가 있는 행위를 가리키는 것으로서, 친권자의 의도나 그 행위의 결과 실제로 이해의 대립이 생겼는지의 여부는 묻지 않는다.

(3) **사안의 경우** - 친권자 B의 의도는 고려하지 않으므로 B의 대리행위가 이해상반행위가 아니므로 특별대리인을 선임하지 않고 대리행위를 하였다 할지라도 무권대리가 되지 않는다.

3. 친권남용 해당 여부
(1) **관련 조문** - 의사표시는 표의자가 진의 아님을 알고 한 것이라도 그 효력이 있으나 상대방이 표의자의 진의 아님을 알았거나 이를 알 수 있었을 경우에는 무효로 한다(민법 제107조 제1항).

(2) **판례** - 법정대리인인 친권자의 대리행위가 객관적으로 볼 때 미성년자 본인에게는 경제적인 손실만을 초래하는 반면, 친권자나 제3자에게는 경제적인 이익을 가져오는 행위이고 그 행위의 상대방이 이러한 사실을 알았거나 알 수 있었을 때에는 민법 제107조 제1항 단서의 규정을 유추적용하여 행위의 효과가 자(子)에게는 미치지 않는다.

(3) **사안의 경우** - 丙이 친권자이자 법정대리인인 B의 사리목적 사실을 알았으므로 친권남용에 의하여 B의 대리행위는 무효가 된다.

4. 결론
甲과 乙의 丙에 대한 X부동산 소유권이전등기말소청구소송은 인용된다.

[제2문의 2] 문제 2. 해설

1. 문제
丁이 보호되는 제3자에 해당 여부가 문제 된다.

2. 丁이 보호되는 제3자에 해당 여부

(1) **관련 조문** - 의사표시는 표의자가 진의 아님을 알고 한 것이라도 그 효력이 있으나 상대방이 표의자의 진의 아님을 알았거나 이를 알 수 있었을 경우에는 무효로 하며, 이러한 의사표시의 무효는 선의의 제3자에게 대항하지 못한다(민법 제107조 제1,2항).

(2) **판례** - 외형상 형성된 법률관계를 기초로 하여 새로운 법률상 이해관계를 맺은 선의의 제3자에 대하여는 민법 제107조 제2항의 규정을 유추적용하여 누구도 그와 같은 사정을 들어 대항할 수 없으며, 제3자가 악의라는 사실에 관한 주장·증명책임은 대리권 남용에 기하여 그 무효를 주장하는 자에게 있다.

(3) **사안의 경우** - 丙은 B가 사리목적으로 이러한 매매행위를 한다는 사실을 알고 있었으므로 민법 제107조 제1항 단서의 유추적용에 의하여 대리의 효과가 본인 甲과 乙에게 미치지 않으나, 제3자 丁의 선의는 추정되므로 甲과 乙이 丁의 악의를 입증하지 못하는 한, 丁은 보호되는 제3자에 해당하여 유효하게 X부동산의 소유권을 취득한다.

3. 결론

甲과 乙의 丁에 대한 소유권이전등기말소청구소송은 기각된다.

〈제2문의 3〉

〈 공통된 기초사실관계 〉

甲은 A 은행 지점장과 공모하여 자신의 모(母)인 B명의의 대출거래약정서, 근저당권설정계약서 등을 위조하고 이를 행사해서 B 소유의 Y 토지에 대하여 2019. 5. 18. A 은행 앞으로 채무자 B, 채권최고액 4억 원인 근저당권설정등기(이하 '제1근저당권설정등기'라 한다)를 하고 3억 3,000만 원을 대출받았다. 제1근저당권설정등기가 된 후 A 은행은 2019. 5. 21. B에게 등기완료통지를 하였다. A 은행은 제1근저당권설정등기의 담보대출금 3억 3,000만 원에 대한 이자 납입이 연체되자, 2019. 8.경 B에게 대출금채무와 관련하여 기한의 이익 상실 예고통지를 하였고, 그 이후에도 연체가 계속되자 B에게 대출금 이자납입을 독촉하고 2019. 11. 16. 이 사건 제1근저당권설정등기에 기한 임의경매 실행예정 통지를 하였으며, B는 2019. 11. 19. 이를 직접 수령하였다. B는 2019. 12. 31. 직접 A 은행에 방문하여 새로운 대출 및 근저당설정계약을 위해 관련 서류(대출거래약정서, 근저당권설정계약서)에 자필 서명한 다음 Y 토지에 관하여 A 은행 앞으로 채무자 B, 채권최고액 1,600만 원인 근저당권설정등기(이하 '제2근저당권설정등기'라 한다)를 하고 1,400만 원을 대출받아 그 중 1,300만 원을 제1근저당권설정등기의 피담보대출금의 이자로 납부하였다.

문제 1.

만약 2020. 6. 3. B가 A 은행을 상대로 제1근저당권설정등기의 말소를 구하는 소를 제기한 경우, B의 A 은행에 대한 청구의 결론[인용, 기각, 일부 인용, 각하]를 구체적 이유와 함께 적시하시오. (15점)

〈추가된 사실관계〉

2020. 1. 23. B로부터 C가 Y 토지를 매매대금 10억 원(계약금 1억 원, 중도금 4억 원, 잔금 5억 원)에 매수하기로 하였다. 계약금은 계약 당일 C가 B에게 지급하였고, 2020. 4. 6. 지급하기로 한 중도금 4억 원에 대해서는 C가 Y 토지에 관한 각 근저당권의 확정된 피담보채무의 합계인 4억 원을 인수하는 것으로 갈음하였고, 2020. 6. 7. 잔금 5억 원의 지급과 Y부동산에 대한 소유권이전등기는 동시에 이행하기로 약정하였다. 그러나 매수인 C가 근저당권의 피담보채무의 변제기가 도래하였음에도 불구하고 이를 변제하지 않아 Y부동산에 관하여 근저당권의 실행으로 임의경매절차가 개시되고 B가 경매절차의 진행을 막기 위하여 C가 인수한 확정된 피담보채무 4억 원을 변제하여 A은행의 각 근저당권을 말소하였다.

문제 2.

2020. 6. 7. C가 B에게 잔금 5억 원을 지급하면서 Y부동산에 관한 등기의 이전을 청구한 경우, B가 취할 수 있는 법적 항변이나 조치를 구체적으로 검토하시오. (15점)

[제2문의 3] 문제 1. 해설

1. 문제

무권리자 처분행위에 대한 묵시적 추인 인정 여부

2. 무권리자 처분행위에 대한 묵시적 추인 인정 여부

(1) **관련 조문** - 대리권 없는 자가 타인의 대리인으로 한 계약은 본인이 이를 추인하지 아니하면 본인에 대하여 효력이 없다(민법 제130조). 추인은 다른 의사표시가 없는 때에는 계약시에 소급하여 그 효력이 생긴다(민법 제133조).

(2) **판례** - 권리자가 무권리자의 처분을 추인하면 무권대리에 대해 본인이 추인을 한 경우 유사하므로, 무권대리의 추인에 관한 민법 제130조, 제133조 등을 무권리자의 추인에 유추 적용할 수 있는바, 무권리자의 처분이 계약으로 이루어진 경우에 권리자가 이를 추인하면 원칙적으로 계약의 효과가 계약을 체결했을 때에 소급하여 권리자에게 귀속된다.

(3) **사안의 경우**

1) 甲이 母 B 소유 Y토지에 대하여 위조서류로 근저당권설정계약을 체결한 것은 무권한자의 처분행위로서 무효이다.

2) 그런데, B는 제1근저당권설정등기에 관한 등기완료통지를 비롯한 각종 통지를 통해서 무권리자인 甲이 제1근저당권설정등기를 하고 대출을 받았다는 사실을 알고, 직접 은행에 방문하여 Y토지에 관하여 A은행 앞으로 제2근저당권설정등기를 하고 1,400만 원을 대출받아 그 대부분을 제1근저당권의 담보대출금 이자로 납부한 것은, 제1근저당권설정등기와 담보대출의 효과가 자신에게 유효하게 귀속됨을 묵시적으로 인정한 것으로 볼 수 있다.

3) 따라서, 무권리자의 처분행위에 대한 추인으로 보이고 이는 소급효가 인정되므로 계약의 효과는 계약을 체결했을 때에 소급하여 권리자에게 귀속되는바, 제1근저당권설정등기시점부터 유효하게 된다.

3. 결론

B가 A은행을 상대로 제1근저당권설정등기의 말소를 구하는 소는 기각된다.

[제2문의 3] 문제 2. 해설

1. 문제

계약해제 및 동시이행항변 가부가 문제 된다.

2. 계약해제
   (1) **관련 조문** – 당사자일방이 그 채무를 이행하지 아니하는 때에는 상대방은 상당한 기간을 정하여 그 이행을 최고하고 그 기간내에 이행하지 아니한 때에는 계약을 해제할 수 있다. 그러나 채무자가 미리 이행하지 아니할 의사를 표시한 경우에는 최고를 요하지 아니한다(민법 제544조).
   (2) **판례** – 매매목적물에 관한 근저당권의 피담보채무를 인수한 매수인이 인수채무의 일부인 근저당권의 피담보채무의 변제를 게을리함으로써 매매목적물에 관하여 근저당권의 실행으로 임의경매절차가 개시되고 매도인이 경매절차의 진행을 막기 위하여 피담보채무를 변제하였다면, 매도인은 채무인수인에 대하여 손해배상채권을 취득하는 이외에 이 사유를 들어 매매계약을 해제할 수 있다.
   (3) **사안의 경우** – B는 C의 인수채무불이행 사실에 따른 이행지체를 이유로 매매계약을 해제할 수 있다.

3. 동시이행항변
   (1) **관련 조문** – 쌍무계약의 당사자일방은 상대방이 그 채무이행을 제공할 때까지 자기의 채무이행을 거절할 수 있으나 상대방의 채무가 변제기에 있지 아니하는 때에는 그러하지 아니하다(민법 제536조 제1항).
   (2) **판례** – 매도인이 매수인의 인수채무불이행으로 말미암아 또는 임의로 인수채무를 대신 변제하여 발생한 손해배상채무 또는 구상채무는 인수채무의 변형으로서 매매대금지급채무에 갈음한 것의 변형이므로 매수인의 손해배상채무 또는 구상채무와 매도인의 소유권이전등기의무는 대가적 의미가 있어 이행상 견련관계에 있다고 인정되므로 양자는 동시이행의 관계에 있다.
   (3) **사안의 경우** – 매수인 C는 매매대금에서 그 채무액을 공제한 나머지를 지급함으로써 잔금지급의무를 다하였다고 할 것이나, 매도인 B는 손해배상 또는 구상채무 4억 원과 잔금 5억 원 모두 소유권이전등기의무와 동시이행 관계에 있음을 항변할 수 있다.

4. 결론
   B는 계약해제 또는 동시이행항변을 주장할 수 있다.

제1차 모의시험 제3문

　자본금 10억원의 비상장 A주식회사의 이사는 甲, 乙, 丙 3인이며, 甲은 대표이사로서 이사회 소집권자이다. A회사는 설립 후 3개월이 경과하기까지 주권을 발행한 바 없으나, 이때 A회사의 주주명부상 주주인 丁은 자신이 소유한 A회사 주식을 丙에게 양도하는 주식양도계약서를 작성하고 그 주식을 丙에게 양도하였다. 그 후 A회사는 회사설립 후 1년이 경과한 시점에서 주권을 작성하여 주주명부상 주주들에게 교부하였고, 이때 丁은 A회사로부터 수령한 자신의 주권을 丙에게 교부하였다. 丙은 A회사에 주권을 제시하면서 명의개서를 청구하였으나 A회사는 이를 거절하였다.

　그 후 甲이 적법하게 소집한 A회사 이사회에 이사 甲, 乙만 출석하였고, ① A회사 소유의 중요한 자산인 건물을 B회사에 양도하는 계약(甲의 아들 戊는 B회사의 대표이사이고, B회사의 의결권 있는 주식의 50%를 소유하고 있다), ② A회사가 신기술 도입을 목적으로 C회사에 전환사채를 발행하려는 계획 등 2개의 안건을 출석이사 전원의 찬성으로 승인하였다. B회사와 C회사는 A회사의 주식을 전혀 보유하고 있지 않다. 甲은 위 승인내용에 따라 A회사 소유 해당 건물을 B회사에게 양도하였다.

　또한 甲은 전환사채의 발행을 위하여 주주총회를 개최하기로 하고, 총회 소집을 위한 이사회의 결의 없이 총회 개최일 2주전에 A회사 주식의 60%를 소유하고 있는 주주들에게만 소집을 통지하였고 나머지 주주들에게는 총회소집통지서를 발송하지 않았다. 개최된 주주총회에서는 C회사와의 관계를 고려하여 각 전환사채는 20주의 주식으로 전환될 수 있도록 전환비율을 정하였다. 그러나 총회결의 당시 A회사의 자산과 수익을 기초로 산정한다면 각 전환사채를 2주로 전환하는 것이 타당하다. A회사는 주주총회 특별결의 후 상법상 절차에 따라 C회사에 전환사채를 발행하였다.

문제 1.

　A회사가 丙의 명의개서 청구를 거부한 행위는 적법한가? 명의개서가 되지 않은 丙이 전환사채 발행을 위한 위 주주총회에서 의결권을 행사할 수 있는가? (30점)

문제 2.

　상법상 A회사가 B회사를 상대로 위 건물의 반환청구를 할 수 있는가? (戊는 A회사의 이사회가 위 건물을 양도하는 계약에 대한 승인이 있었는지 여부에 대하여 알지 못하였고, 그 알지 못한데 대하여 중대한 과실은 없지만 경과실이 있었다고 가정한다). (30점)

문제 3.

　다음 질문에 답하시오.
　(1) A회사의 주주가 전환사채 발행의 효력에 대하여 상법상 다툴 수 있는가? (20점)
　(2) 전환사채의 발행과 관련하여 A회사가 甲과 C회사 각자에 대하여 상법상 행사할 수 있는 권리는 무엇인가? (20점)

[제3문] 문제 1. 해설

1. 문제
(1) 주권발행 전 주식양도의 효력, (2) 주권발행의 효력발생시기, (3) 명의개서 부당거절 여부가 문제된다.

2. 주권발행 전 주식양도의 효력
(1) **관련 조문** - 주권발행 전에 한 주식의 양도는 회사에 대하여 효력이 없으나 회사성립 후 6월이 경과한 때에는 회사에 대하여도 효력이 있다(상법 제335조 제3항).

(2) **판례**
  1) 회사성립 후 6월 이내 주식양도 - 주식양수인은 회사에 대하여 자신에게 명의개서 및 주권발행 청구를 할 수 없고, 주식양도인의 회사에 대한 주권발행 및 교부를 대위청구 할 수 있다. 주식양도를 회사 측에서 승인하고 주주명부에 기재하였다고 하더라도 회사 측에 아무런 효력이 없으며 회사가 주식양수인에게 주권을 발행하였더라도 주권으로서 효력이 없다.
  2) 회사성립 후 6월 이후 주식양도 - 자신이 적법하게 주식을 양수하였다는 증명과 함께 회사에 대하여 명의개서와 주권발행 및 교부를 청구할 수 있다.

(3) **사안의 경우** - A사 성립후 3개월 경과하기까지 주권발행 없이 丁이 丙에게 행해진 주식양도의 6개월까지는 회사에 대하여 효력이 없지만, 회사성립후 6월 경과시점에도 주권이 발행되지 않은 경우 하자가 치유되어 회사에게도 효력이 있는바, 丙은 회사에 대하여 유효한 주식양수인이 된다.

3. 주권발행의 효력발생시기
(1) **관련 조문** - 주식의 양도에 있어서는 주권을 교부하여야 한다(상법 제336조 제1항). 회사는 성립후 또는 신주의 납입기일후 지체없이 주권을 발행하여야 하고, 주권은 회사의 성립 후 또는 신주의 납입기일 후가 아니면 발행하지 못한다(민법 제355조 제1,2항).

(2) **판례** - 주권발행은 형식을 구비한 문서를 작성하여 이를 주주에게 교부하는 것을 말하고, 위 문서가 주주에게 교부된 때에 비로소 주권으로서의 효력을 발생한다고 해석되므로 회사가 주주권을 표창하는 문서를 작성하여 이를 주주가 아닌 제3자에게 교부하여 주었다면 회사의 주권으로서의 효력을 갖지 못한다.

(3) **사안의 경우**
  1) 회사와의 관계에서 주주명부상의 주주가 주주권을 행사할 자, 즉 주권교부청구권을 행사할 자이므로 A사가 주주명부상 주주인 丁에게 주권을 발행한 경우, 그 주권은 유효하게 효력이 발생한다.

2) 그리고, 丁과 丙과의 관계에서 丁은 주식을 丙에게 양도하였고, 주식양도의 효력으로 丁이 A사로부터 주권을 교부받은 경우 丙에게 교부할 의무가 있는바, 丙은 본 주권을 적법하게 점유할 권리가 있다.

4. 명의개서 부당거절 여부

(1) **관련 조문** – 주권의 점유자는 이를 적법한 소지인으로 추정한다(상법 제336조 제2항).

(2) **판례** – 주주명부에 기재를 마치지 않고도 회사에 대한 관계에서 주주권을 행사할 수 있는 경우는 주주명부에의 기재 또는 명의개서청구가 부당하게 지연되거나 거절되었다는 등의 극히 예외적인 사정이 인정되는 경우에 한한다.

(3) **사안의 경우** – 주권을 점유한 丙은 적법한 소지인으로 추정되므로, 丙의 명의개서 거부를 위하여는 A회사가 丙이 진정한 소지인이 아님을 증명하여야 하는데, 丙은 주권의 적법한 소지인이므로 A회사가 丙의 명의개서 신청을 거절한 것은 부당거절에 해당하는바, 丙은 A사의 주주로서 명의개서 없이도 A사의 주주총회에서 주주로서 의결권을 행사할 수 있다.

5. 결론

(1) 丁의 丙에 대한 주식양도는 주권발행 전으로 회사성립 후 6월 경과전 주식양도이나, 그 후 회사가 6개월이 경과하기까지 주권을 발행하지 않았으므로, 주권발행전 주식양도의 하자가 치유되어, 丙은 회사에 대한 관계에서도 유효한 주식양수인에 해당한다.

(2) 그러므로, 丙에 대한 A회사의 명의개서 거절은 부당하므로 丙은 명의개서 없이도 A회사의 주주총회에서 의결권을 행사할 수 있다.

[제3문] 문제 2. 해설

1. 문제

(1) 이사자기거래, (2) 전단적 대표행위에 대한 거래행위의 효력 여부가 문제 된다.

2. 이사자기거래

(1) **관련 조문** – 이사의 직계비속이 의결권 있는 발행주식 총수의 100분의 50 이상을 가진 회사와 거래를 하기 위해서는 미리 이사회에서 해당 거래사실에 대한 중요사실을 밝히고 이사 3분의 2이상의 수로써 이사회 승인을 받아야 하고, 그 거래의 내용과 절차는 공정하여야 한다(제398조 제4호). 이사회 결의에 있어서 특별이해관계인은 의결정족수를 계산하는데 산입하지 않는다(상법 제391조 제3항, 제368조 제3항).

(2) **판례**
  1) 주주의 입장을 떠나 개인적으로 이해관계를 가지는 경우로서 그 결의에 관한 특별이해관계인에 해당한다.

2) 회사의 대표이사가 이사회의 승인 없이 한 이른바 자기거래행위는 회사와 회사와 자기거래의 상대방인 상법 제398조의 각호의 자와의 사이에서는 언제나 무효이지만, 회사가 위 거래가 이사회의 승인을 얻지 못하여 무효라는 것을 상법 제398조의 각호의 자 이외의 제3자에 대하여 주장하기 위해서는 이사회의 승인을 얻지 못하였다는 것 외에 제3자가 이사회의 승인 없음에 대한 악의 또는 중과실이 있음을 입증하여야 한다.

(3) **사안의 경우**
1) A사의 이사회에서 특별이해관계인 甲을 제외하고 산정하면 乙만이 찬성하였으므로 이사 수의 3분의 2 찬성 요건을 충족하지 못하였는바, B사에 대한 A사의 건물 양도는 유효한 이사회 승인이 없었으므로 무효이다.
2) A사와 상법 제398조 제4호에 해당하는 B사 사이의 자기거래는 이사회 승인이 없었으므로 이사회 승인 흠결에 관한 B회사 대표이사 戊의 선·악의를 묻지 않고 무효이다.

3. 전단적 대표행위

(1) **관련 조문** - 회사의 중요한 자산의 처분 및 양도의 경우에는 이사회의 결의를 요한다(상법 제393조 제1항).

(2) **판례** - 이사회 결의가 필요함에도 없는 경우에는 그 거래상대방이 이에 대하여 악의 또는 중과실이 아니라면 그 거래행위는 유효하고, 이 때 거래상대방이 이사회 결의가 없음에 대하여 악의 또는 중과실을 회사가 입증하여 무효로 할 수 있다.

(3) **사안의 경우** - A사의 B사에 대한 양도행위는 이사회 결의 없는 전단적 대표행위이기는 하나, B사의 대표이사인 戊에게 경과실 밖에 인정되지 않으므로, A사는 B사를 상대로 전단적 대표행위에 대한 무효를 주장할 수 없다.

4. 결론

(1) A사는 B사에 대하여 이사회 승인 없는 자기거래가 무효임을 이유로 건물의 반환을 구할 수 있다.

(2) 이사회 승인 없는 전단적 대표행위가 무효임을 이유로 건물의 반환을 청구할 수는 없다.

[제3문] 문제 3. (1) 해설

1. 문제
(1) 전환사채발행 무효사유 존부, (2) 전환사채발행무효의 소 가부가 문제 된다.

2. 전환사채발행 무효사유 존부
(1) **관련 조문** - 주주외의 자에 대하여 전환사채를 발행하는 경우에 그 발행할 수 있는 전환사채의 액, 전환의 조건, 전환으로 인하여 발행할 주식의 내용과 전환을 청구할 수 있는 기간에 관하여

정관에 규정이 없으면 주주총회 특별결의로써 이를 정하여야 하고, 이 경우에는 신기술의 도입, 재무구조의 개선 등 회사의 경영상 목적을 달성하기 위하여 필요한 경우에 한한다(상법 제513조 제3항, 제418조 제2항 단서). 전환조건이 공정하여야 한다(상법 제516조 제1항, 제424조의2).

(2) 사안의 경우

1) 주주총회 특별결의 - 출석한 주주 의결권의 3분의 2이상의 수와 발행주식 총수의 3분의 1 이상의 수로써 하는 특별결의가 있어야 하는데, 대표 甲이 일부주주 60%에게만 소집통지를 하고 나머지 40% 주주에게는 소집통지를 하지 않아, 적법 유효한 주주총회 특별결의를 거치지 못한 하자가 존재한다.

2) 전환조건의 불공정 - 주주총회 결의 당시 공정하게 평가하였다면 각 전환사채를 2주의 A사 주식으로 전환하는 것이었음에도 위 주주총회에서는 C회사와의 관계만을 고려하여 각 전환사채는 20주의 A사 주식으로 전환될 수 있도록 전환비율을 정하였는바, 전환조건도 공정하지 못하다.

3) 소결 - A사 전환사채 발행에는 상법 제513조 제3항, 제516조 제1항에 위배되는 하자가 존재한다.

3. 전환사채발행무효의 소

(1) 관련 조문
전환사채발행무효의 소에 관한 상법상 규정이 존재하지 않는다. 신주발행의 무효는 주주·이사 또는 감사에 한하여 신주를 발행한 날로부터 6월내에 소만으로 이를 주장할 수 있다(상법 제429조). 이는 형성의 소의 성질을 가지며 대세적 효력이 있으나 소급효는 없고 재량기각의 대상이 된다.

(2) 판례
전환사채는 전환권의 행사에 의하여 장차 주식으로 전환될 수 있는 권리가 부여된 사채로서, 이러한 전환사채의 발행은 주식회사의 물적 기초와 기존 주주들의 이해관계에 영향을 미친다는 점에서 사실상 신주를 발행하는 것과 유사하므로, 전환사채 발행의 경우에도 신주발행무효의 소에 관한 상법 제429조가 유추 적용된다.

(3) 사안의 경우
전환사채 발행의 효력이 발생한 후에는 흡수설에 따라 그 전환사채 발행을 결의한 주주총회 결의에 대한 소는 적용되지 않는바, A사의 주주는 신주발행무효의 소에 관한 상법 제429조를 유추 적용하여 전환사채발행무효의 소를 통해 그 하자를 다툴 수 있다.

4. 결론

A사의 주주는 전환사채 발행이 이미 효력을 발생하였으므로 전환사채 발행무효의 소로 다툴 수 있다.

[제3문] 문제 3. (2) 해설

1. 문제

(1) A회사가 甲을 상대로 해임 및 이사의 의무 위반을 이유로 손해배상을 청구 가부, (2) 불공정한 가액으로 인수한 C회사에 대하여 차액지급청구가 가부가 문제 된다.

2. A회사가 甲을 상대로 해임 및 이사의 의무 위반을 이유로 손해배상을 청구 가부

(1) 해임

1) 관련 조문 – 회사와 이사의 관계는 민법의 위임에 관한 규정을 준용하므로 이사는 회사에 대하여 선관주의 의무를 진다(상법 제382조 제2항). 이사는 언제든지 주주총회 특별결의로 이를 해임할 수 있다(상법 제385조 제1항).

2) 사안의 경우 – A사는 전환사채의 발행에 관한 대표이사 甲의 임무위반을 이유로 주총특별결의를 거쳐 해임할 수 있다.

(2) 손해배상청구

1) 관련 조문 – 이사가 고의 또는 과실로 법령 또는 정관에 위반한 행위를 하거나 그 임무를 게을리한 경우에는 그 이사는 회사에 대하여 연대하여 손해를 배상할 책임이 있다(상법 제399조 제1항).

2) 판례 – 제3자 배정방법의 경우에는 제3자에게 시가보다 현저하게 낮은 가액으로 신주 등을 발행하는 경우에는 회사법상 공정한 발행가액과 실제 발행가액과의 차액에 발행주식수를 곱하여 산출된 액수만큼 회사가 손해를 입은 것으로 본다.

3) 사안의 경우 – A회사는 전환사채에 대하여 20주의 주식으로 전환될 수 있도록 전환비율을 정하였으나, A회사의 자산과 수익을 기초로 산정한다면 각 전환사채를 2주로 전환하는 것이 타당하므로 전환사채는 현저한 저가 발행에 해당하는바, 그로 발생한 손해배상을 청구할 수 있다.

3. 불공정한 가액으로 인수한 C회사에 대한 차액지급 청구 가부

(1) **관련 조문** – 이사와 통모하여 현저하게 불공정한 발행가액으로 전환사채를 인수한 자는 회사에 대하여 공정한 발행가액과의 차액에 상당하는 금액을 지급할 의무가 있다(상법 제516조, 제424조의 2).

(2) **사안의 경우** – 전환사채 인수인 C회사와 A회사 이사와의 통모하여 현저하게 불공정한 가액으로 발행하였다면, C회사는 공정한 발행가액과의 차액에 해당하는 금액만큼 A회사에 지급할 의무가 있다.

4. 결론

(1) A회사는 주주총회 특별결의를 거쳐 甲을 이사에서 해임하고, 전환사채 불공정 저가발행에 대한 손해배상을 청구할 수 있다.

(2) 그리고 C회사에 대하여는 불공정 저가발행에 대한 통모사실을 입증하여 공정한 발행가액과의 차액에 해당하는 상당액을 지급청구할 수 있다.

Chapter 04 2019년 변호사시험 모의시험

제3차 모의시험 제1문

〈제1문의 1〉

〈 기초적 사실관계 〉

甲은 2018. 4. 1. 그 소유의 2층 건물 중 1층 부분 100㎡(이하 '이 사건 건물' 이라고 함)를 乙에게 임대보증금 2억 원, 월차임 200만 원, 임대차기간 2년으로 정하여 임대하면서 같은 날 임대보증금을 수령함과 동시에 이 사건 건물을 인도하였고, 乙은 이 사건 건물에서 음식점 영업을 하고 있다.

2019. 5. 1. 24:00경 이 사건 건물 내부에서 원인불명의 화재가 발생하여 이 사건 건물이 불에 타 소실되는 사고가 발생하였다.

이 사건 화재의 발화지점은 1층 음식점 내로 추정되나, 발화원인에 관하여는 이 사건 화재를 진압한 서울서초소방서는 전기적 요인이 많아 보이나 명확한 증거를 찾을 수 없다는 이유로 원인 미상으로 판정하였고, 화재현장을 감식한 서울지방경찰청 화재감식반은 전기합선이나 누전에 의한 발화가능성을 배제할 수 없으나, 화재로 인하여 전선을 지지하는 석고보드가 소실되었고 전선의 배선상태를 파악하기 곤란하여 구체적인 발화원인은 미상이라고 판정하였다.

甲이 乙을 상대로 불법행위에 기한 1억 원의 손해배상청구의 소를 제기하였다. 위 소송에서 甲은 乙의 과실로 화재가 발생하였다고 주장하였으나, 乙은 평소 이 사건 건물에 관하여 전기안전공사의 정기안전점검을 받아왔고, 이 사건 화재가 발생한 당일에도 안전점검을 마치고 전기스위치를 내린 후 잠금장치를 하고 퇴근하였으므로 乙은 이 사건 화재에 아무런 책임이 없다고 주장하고 있다. 甲은 제1심 소송계속 중 불법행위의 요건사실을 모두 증명하기 어려워 패소할 수도 있다는 생각이 들자, 채무불이행에 기한 손해배상청구를 예비적으로 추가하였다(아래의 각 설문은 독립적임).

〈 문제 1 〉

제1심 법원은 甲이 붙인 심판의 순위에 따라 판단하여 甲의 청구 중 불법행위에 기한 청구를 기각하고 채무불이행에 기한 청구에 대하여는 판단을 하지 않았다. 甲이 청구기각 부분에 대하여 불복하여 항소를 제기하였다. 항소심 법원의 심리결과 불법행위에 기한 손해배상청구가 이유 없다는 심증을 얻었다면 어떠한 판결을 선고할 것인가? (15점)

〈 문제 2 〉
　제1심 법원은 주위적 청구인 불법행위에 기한 손해배상청구는 기각하고 채무불이행에 기한 청구를 인용하는 판결을 선고하였다. 위 제1심 판결에 대하여 乙만 항소하였다. 항소심 법원의 심리결과 불법행위에 기한 손해배상청구가 이유 있다는 심증을 얻었다면 어떠한 판결을 선고할 것인가? (15점)

[제1문의 1] 문제 1. 해설

1. 문제
(1) 甲 병합청구의 형태, (2) 선택적 병합청구의 항소심 심판범위가 문제 된다.

2. 甲 병합청구의 형태
(1) **의의** - 선택적 병합이란 여러 개의 청구 중 어느 한 청구가 택일적으로 인용될 것을 해제조건으로 하여 청구하는 형태를 말하고, 예비적 병합이란 양립할 수 없는 여러 개의 청구를 하면서 그 심판의 순위를 붙여 주위적 청구가 인용될 것을 해제조건으로 하여 예비적 청구에 대하여 심판을 구하는 형태의 병합을 말한다.

(2) **판례** - 병합의 형태가 선택적 병합인지 예비적 병합인지는 당사자의 의사가 아닌 병합청구의 성질을 기준으로 판단하여야 한다.

(3) **사안의 경우** - 甲이 화재로 인해 발생한 손해배상을 청구하면서 불법행위와 채무불이행에 의한 손해를 병합청구 한 경우, 두 청구는 동일한 목적을 달성하기 위한 것으로서 어느 하나의 채권이 변제로 소멸한다면 나머지 채권도 그 목적 달성을 이유로 동시에 소멸하는 관계에 있는 바, 선택적 병합 관계에 있다.

3. 선택적 병합청구의 항소심 심판범위
(1) **관련 법리** - 법원은 이유 있는 청구 중에 어느 하나를 무작위로 선택하여 인용하면 되고, 다른 청구에 대하여는 별도의 판단을 하지 않으나, 기각하는 경우에는 두 청구에 대하여 모두 판단하여야 한다.

(2) **판례** - 선택적 병합청구 중 하나만을 기각하고 다른 선택적 청구에 대하여 아무런 판단을 하지 아니한 것은 위법하고, 이 부분은 판단 누락으로 항소심에 이심된다.

(3) **사안의 경우** - 항소심 법원은 甲이 붙인 심판의 순위에 구속되지 않고 두 청구 모두를 심판대상으로 삼아 판단하여야 한다.

4. 결론
항소심 심리결과 불법행위에 기한 손해배상 청구가 이유 없다는 심증을 얻었다면, 채무불이행에 기한 청구에 관하여 심리, 판단하여야 한다.

[제1문의 1] 문제 2. 해설

1. 문제
(1) 甲 병합청구의 형태, (2) 부진정예비적 병합인정 여부, (3) 항소심의 심판범위와 판단이 문제 된다.

2. 甲 병합청구의 형태
상술한 바와 같이, 甲이 화재로 인해 발생한 손해배상을 청구하면서 불법행위와 채무불이행에 의한 손해를 병합청구 한 경우 성질상 이는 선택적 병합으로, 법원은 어느 한 청구를 선택하여 원고청구를 인용하면 된다.

3. 부진정예비적 병합인정 여부
(1) **판례** – 원칙적으로 선택적 병합으로 구해야 하는 청구를 주위적·예비적 병합하여 청구한 경우 부적법하지만 법원이 소송지휘권을 행사하여 보정하고, 예외적으로 당사자가 심판의 순위를 붙여 청구할 합리적 필요성이 있는 경우에 한하여 순서에 따라 심리한다.

(2) **사안의 경우** – 甲이 불법행위에 기한 청구와 채무불이행에 기한 청구를 심판의 순위를 붙여 청구할 합리적 필요성이 있는 경우라고 볼 수 없으므로 당사자가 붙인 순위에 따라서 심리를 하거나 판단을 할 필요가 없다.

4. 항소심의 심판범위와 판단
(1) **판례** – 항소심에서의 심판범위도 병합청구의 성질을 기준으로 결정하여야 하므로 실질적으로 선택적 병합 관계에 있는 두 청구에 관하여 당사자가 주위적·예비적으로 순위를 붙여 청구하였고, 그에 대하여 제1심법원이 주위적 청구를 기각하고 예비적 청구만을 인용하는 판결을 선고하여 피고만이 항소를 제기한 경우에도, 항소심으로서는 두 청구 모두를 심판의 대상으로 삼아 판단하여야 한다.

(2) **사안의 경우** – 선택적 병합으로 구할 사건을 주위적·예비적 병합으로 구한 것이므로 乙이 인용된 예비적 청구에 대해서만 항소를 제기하였다고 하더라도 항소법원은 두 청구를 모두 심판해야 하고 불법행위에 기한 손해배상 청구가 이유 있다고 판단되는 경우에는 원심판결 전부를 취소하고, 불법행위 청구 부분을 인용하는 판결을 선고하여야 한다. 이 때 채무불이행청구는 판단하지 않는다.

5. 결론
항소심 법원은 1심 판결을 전부 취소하고 불법행위 청구를 인용하는 판결을 한다.

〈제1문의 2〉

가전제품 판매상인 甲은 2015. 6. 30. 乙에게 300만 원 짜리 TV 1대를 판매·인도하고 대금은 2015. 12. 31.에 받기로 약정했다. 甲은 그와 같은 사실을 잊고 지내다가 2018. 12. 26. 乙에 대해 그 300만 원의 지급을 청구하는 내용의 소장을 법원에 제출했다. 그런데 乙은 2018. 12. 1. 사망했고, 丙이 단독으로 乙의 권리·의무를 상속했는데도, 甲은 그러한 사정을 모르고 乙로부터 그 TV 판매대금을 받기 위해 그 소를 제기했다. 소장부본이 송달되는 과정에서 甲이 위와 같은 사정을 비로소 알고 2019. 3. 20. 피고를 丙으로 바꾸어 달라는 피고경정 신청서를 법원에 제출했다.

〈 문제 1 〉
법원은 甲의 피고경정 신청에 대해 어떤 조치를 할 수 있는가? (10점)

〈 문제 2 〉
甲의 채권에 관한 소멸시효는 중단되었는가? 중단되었다면 그 중단 시점은 언제인가? (20점)

[제1문의 2] 문제 1. 해설

1. 문제
(1) 당사자확정, (2) 피고경정신청을 피고표시정정으로 볼 수 있는지가 문제 된다.

2. 당사자확정
(1) **판례** - 원고가 피고의 사망사실을 모르고 사망자를 피고로 표시하여 소를 제기한 경우, 청구의 내용과 원인사실 등을 종합적으로 고려하여 볼 때 실질적 피고는 처음부터 사망자의 상속인이고 그 표시를 잘못한 것에 지나지 않는다면 당사자표시정정이 가능하다.

(2) **사안의 경우** - 甲이 의도한 이 사건 소의 실질적인 피고는 乙의 단독상속인 丙임에도 이러한 사정을 모르고 乙을 피고로 하여 소를 제기하였는바, 피고는 丙이 되어야 한다.

3. 피고경정 신청의 실질
(1) **관련 법리** - 피고경정신청은 기존 당사자와 동일성이 없는 당사자로 피고를 변경하는 경우에 가능한 당사자 변경방법이고, 피고표시정정은 동일성이 인정되는 경우에 가능하다.

(2) **판례** - 표시에 잘못이 있는 것에 지나지 아니하여 피고표시정정의 대상이 된다 할 것 이므로, 피고의 표시를 바꾸면서 피고경정의 방법을 취하였다 해도 피고표시정정으로서의 법적 성질 및 효과는 잃지 않는다.

(3) **사안의 경우** - 원고 甲이 피고 乙에서 丙으로 바꾸어 달라는 피고경정 신청은 실질적으로 표시정정으로서의 성질을 지는바, 피고표시정정으로서의 효력이 인정된다.

4. 결론
법원은 당사자표시정정신청이 있는 것으로 보아 사망자 乙의 단독상속인 丙을 당사자로 하는 소송절차를 속행하면 된다.

[제1문의 2] 문제 2. 해설

1. 문제
(1) 甲 채권의 소멸시효 기산점 및 완성시점, (2) 소멸시효 중단여부 및 중단시점이 문제 된다.

2. 甲 채권의 소멸시효 기산점 및 완성시점
(1) **관련 조문** - 상행위로 인한 채권은 상법에 다른 규정이 없는 때에는 5년간 행사하지 아니하면 소멸시효가 완성하나, 다른 법령에 이보다 단기의 시효규정이 있는 때에는 그에 의한다(상법 제64조). 상인이 판매한 상품의 대가에 대한 채권은 3년간 행사하지 아니하면 소멸시효가 완성된다(민법 제163조 제6호).

(2) **사안의 경우** - 甲은 가전제품 판매상인으로 2015. 6. 30. 乙에게 TV 1대를 300만 원에 판매하고 변제기는 2015. 12. 31.로 약정하였으므로, 민법 제163조 제6호의 3년의 소멸시효기간이 적용되어, 2019. 1. 1. 소멸시효가 완성된다.

3. 소멸시효 중단여부 및 중단시점

(1) **관련 조문** - 시효의 중단 또는 법률상 기간을 지킴에 필요한 재판상 청구는 소를 제기한 때 또는 피고 경정신청서를 법원에 제출한 때에 그 효력이 생긴다(민소법 제265조).

(2) **판례** - 표시에 잘못이 있는 것에 지나지 아니하여 피고표시정정의 대상이 된다 할 것이므로, 피고의 표시를 바꾸면서 피고경정의 방법을 취하였다 해도 피고표시정정으로서의 법적 성질 및 효과는 잃지 않는다.

(3) **사안의 경우** - 피고 경정은 경정신청서 제출시(민소 제265조)에 시효중단의 효과가 생기고, 표시정정은 종전 소송 상태의 승계를 전제로 하므로 당초의 소제기 효과가 유지되는바, 법원은 甲이 2019. 3. 20. 제출한 피고경정 신청서를 피고표시정정으로 보면 2018. 12. 26. 소제기에 의한 시효중단 효력이 인정된다.

4. 결론

甲의 채권에 관한 소멸시효는 소멸시효 완성시점 2019. 1. 1. 이전인 2018. 12. 26. 甲의 소제기로 인해 중단되었다.

⟨제1문의 3⟩

⟨ 기초적 사실관계 ⟩

A가 사망하자 A 명의의 X 토지를 乙(妻)과 丙(子, 27세)이 공동상속하여 그에 관한 상속등기를 마쳤다. 乙과 丙이 상속재산의 분배·관리 등과 관련하여 갈등을 겪던 중, 乙은 X 토지를 丙의 동의 없이 甲에게 매도하였다. 乙은 X 토지를 甲에게 매도할 당시 丙의 인감도장, 인감증명서, 위임장 등을 제시하지 않은 채 甲과 매매계약을 체결하였다(아래의 각 설문은 독립적임).

⟨ 추가적 사실관계 1 ⟩

甲은 乙과 丙을 상대로 위 매매를 원인으로 한 소유권이전등기절차의 이행을 구하는 소를 제기하였다. 그 소제기 당시 丙은 해외에 근무하고 있었는데, 丙은 해외에 근무하기 전까지 乙과 주소를 함께 하면서 같은 곳에서 생활하였다. 乙은 丙에 대한 소송서류를 수령한 다음 丙에게 그 수령 사실을 알리지 아니하여 丙은 甲이 자신을 상대로 소를 제기한 사실을 알지 못하였다. 법원은 甲의 청구를 인용하는 판결을 선고하였다. 乙은 2019. 5. 10. 위 판결정본을 송달받고도 丙에게 그 사실을 알리지 않았고, 항소를 제기하지도 아니하였다. 甲은 그 판결에 기해 그의 명의로 소유권이전등기를 마쳤다. 丙은 휴가차 집에 돌아와 있던 중, 2019. 6. 10.경 X 토지에 관한 등기기록을 열람해 보고 甲 명의로 소유권이전등기가 되어 있는 것을 발견하고, 乙에게 확인해 본 결과 甲이 소를 제기한 사실, 乙이 소장부본 이하 판결정본을 송달받은 사실을 알게 되었다. 위와 같은 사실을 알게 된 丙은 2019. 6. 17. 자신의 지분에 관한 판결에 대하여 항소장을 제1심 법원에 제출하였다. 丙은 항소장에 자신은 소제기 사실은 물론 판결이 송달된 사실을 전혀 몰랐으므로 2019. 6. 17.에 이르러서야 비로소 항소를 제기하게 되었다고 기재하였다.

⟨ 문제 1. ⟩

丙의 항소는 적법한가? (15점)

⟨ 추가적 사실관계 2 ⟩

甲은 乙과 丙을 상대로 위 매매를 원인으로 한 소유권이전등기절차의 이행을 구하는 소를 제기하면서 乙과 통모하여 소장의 丙의 주소란에 乙의 주소를 기재하였고(乙과 丙의 주소는 다르다), 그 후 乙은 丙에 대한 소송서류를 직접 송달받고도 그러한 사실을 丙에게 알려주지 아니하였다. 피고들은 법원이 지정한 변론기일에 출석하지 않았고, 법원은 甲의 청구를 인용하는 판결을 선고하였으며, 乙과 丙에 대한 판결정본은 2019. 7. 4. 乙에게 송달되었다. 乙은 2019. 7. 10. 교통사고로 사망하였고, 2019. 7. 29.경 乙의 유품을 정리하던 丙은 甲이 乙과 丙을 상대로 소유권이전등기 청구의 소를 제기하여 승소한 사실을 알게 되었다.

⟨ 문제 2. ⟩

丙은 乙과 丙에 대한 甲의 청구를 인용한 위 판결에 대하여 소송상 어떠한 조치를 취할 수 있는가? (25점)

[제1문의 3] 문제 1. 해설

1. 문제

丙의 추후보완 항소 적법 여부가 문제 된다.

2. 丙의 추후보완 항소 적법 여부

(1) 관련 조문 - 당사자가 책임질 수 없는 사유로 말미암아 불변기간을 지킬 수 없었던 경우에는 그 사유가 없어진 날부터 2주 이내에 게을리 한 소송행위를 보완할 수 있다(민소법 제173조 제1항).

(2) 판례

1) 당사자가 책임질 수 없는 사유란 당사자가 그 소송행위를 하기 위하여 일반적으로 하여야 할 주의를 다하였음에도 불구하고 그 기간을 준수할 수 없었던 사유를 의미하고, 당사자에는 당사자 본인뿐만 아니라 그 소송대리인 및 소송대리인의 보조인도 포함된다.

2) 당사자가 항소를 제기하면서 추후보완항소라는 취지의 문언을 기재하지 아니하였더라도 그 전체적인 취지에 비추어 항소를 추후보완한다는 주장이 있는 것으로 볼 수 있는 경우에는 추후보완사유에 대하여 심리·판단하여야 하고, 그 항소는 처음부터 추후보완에 의하여 제기된 항소에 해당한다.

(3) 사안의 경우

1) 동거인 乙이 丙에 대한 소송서류를 수령한 후 이를 丙에게 전달하지 않아 丙이 소송계속사실을 알지 못하였고 판결정본이 송달된 사실도 몰랐으므로, 이로 인해 항소기간을 지키지 못한 것은 丙에게 책임을 돌릴 수 없는바, 추후보완사유에 해당된다.

2) 그리고, 丙은 2019. 6. 10. 소송의 경과 등에 관하여 알게 되었으므로, 그로부터 2주가 경과하기 전인 2019. 6. 24.까지 항소장을 제1심 법원에 제출하였으므로, 항소장을 선해하여 처음부터 추후보완 항소를 한 것으로 볼 수 있다.

4. 결론

丙의 추후보완 항소는 적법하다.

[제1문의 3] 문제 2. 해설

1. 문제

(1) 통상공동소송 여부, (2) 甲의 乙에 대한 청구에 관한 丙의 소송상 조치, (3) 甲의 丙에 대한 청구에 관한 丙의 소송상 조치가 문제 된다.

2. 통상공동소송 여부
   (1) **관련 조문** - 공동소송인 가운데 한 사람의 소송행위 또는 이에 대한 상대방의 소송행위와 공동소송인 가운데 한 사람에 관한 사항은 다른 공동소송인에게 영향을 미치지 아니한다(민소법 제66조).
   (2) **판례** - 통상공동소송인 중 1인의 자백은 다른 공동소송인에게는 효력이 생기지 않는다.
   (3) **사안의 경우** - 매수인 甲의 매도인 乙, 丙에 대한 소송은 실체법상 관리처분권이 공동귀속되거나 판결이 합일 확정되는 관계라고 볼 수 없어, 甲의 乙, 丙에 대한 공동소송은 통상공동소송으로 상호간에 영향을 미치지 않는바, 乙의 변론기일 불출석에 의한 진술 간주에 따른 자백의 효과 및 사망에 따른 중단은 丙에게 아무런 영향이 없다.

3. 甲의 乙에 대한 청구에 관한 丙의 소송상 조치 - 수계신청
   (1) **관련 조문** - 당사자가 죽은 때에 소송절차는 중단되므로 상속인은 소송절차를 수계하여야 한다(민소법 제233조 제1항). 소송절차의 수계신청은 서면으로 하여야 하고, 신청서에는 중단사유와 수계할 사람의 자격을 소명하는 자료를 붙여야 한다(민소규칙 제60조 제1항, 제2항).
   (2) **판례** - 소송절차가 중단된 상태에서 제기된 상소는 부적법한 것이지만, 상소심 법원에 수계신청을 하여 그 하자를 치유시킬 수 있다.
   (3) **사안의 경우** - 甲의 乙에 대한 판결정본이 2019. 7. 4. 乙에게 송달되어 불복할 경우 2주 이내에 항소하여야 하는데, 2019. 7. 10. 사망하여 소송절차가 중단된 상태에 있는바, 丙은 1심 법원에 수계신청을 하면 된다. 수계신청을 간과하고 항소를 한 경우 항소심에서 수계신청을 하면 하자가 치유된다.

4. 甲의 丙에 대한 청구에 관한 丙의 소송상 조치 - 항소
   (1) **관련 조문** - 항소는 판결서가 송달된 날부터 2주 이내에 항소장을 제1심 법원에 제출하여야 한다(민소법 제396조 제1항, 제397조 제1항).
   (2) **판례** - 허위로 표시한 주소로 송달 하여 상대방 아닌 다른 사람이 그 소송서류를 받아 의제자백의 형식으로 판결이 선고되고 다른 사람이 판결정본을 수령하였을 때에는 상대방은 아직도 판결정본을 받지 않은 상태에 있는 것으로서 판결은 확정판결이 아니어서 기판력이 없다.
   (3) **사안의 경우** - 甲이 乙과 통모하여 丙의 주소를 허위로 기재하여 소송서류를 전달해주지 않았고, 판결정본을 2019. 7. 4. 乙이 이를 수령하여 丙은 판결정본을 받지 않은 상태에 있으므로, 그 판결은 형식적으로도 확정되었다고 볼 수 없어, 소송행위 추완의 문제는 발생하지 않는바, 丙은 甲의 丙에 대한 청구에 관하여 항소를 하면 된다.

5. 결론
   (1) 丙은 乙에 대한 甲의 청구를 인용한 판결에 대하여 1심법원에 수계신청을 하면 된다.
   (2) 丙은 자신에 대한 甲의 청구를 인용한 판결에 대하여 1심법원에 항소를 하면 된다.

〈제1문의 4〉

〈 공통된 기초적 사실관계 〉

乙은 甲에게 매매대금을 지급하고 2001. 5. 1. 유효하게 X토지의 소유권을 취득했다. 무자력 상태인 乙이 아무런 대가없이 2015. 2. 6. 기존의 채권자들 중 1인(채권액 2억 원)인 A에게 X 토지에 관해 저당권(이하 '이 사건 저당권'이라 한다)을 설정하자, 2015. 2. 10. 乙의 채권자 B(乙에 대해 1억 원의 채권을 가지고 있음)가 A를 피고로 하여 이 사건 저당권설정계약의 취소와 이 사건 저당권설정등기의 말소를 구하는 소를 제기하였다. 법원이 2016. 10. 8. B 승소판결(이하 '이 사건 판결'이라 한다)을 선고하였고 판결은 그 무렵 확정되었다. 한편 이 사건 저당권설정등기가 말소되지 않은 상태에서 A에 의한 이 사건 저당권 실행을 위한 경매신청에 의하여 2016. 5. 6.부터 경매절차가 개시되어 2016. 11. 3. X 토지는 C에게 1억 500만 원에 매각되었다. 한편 경매비용을 제외한 매각대금 1억 원은 2016. 11. 10. 모두 채권자 A가 위 저당권에 기해 배당받았다.

〈 문제 1 〉

B는 2016. 11. 30. A를 상대로 원물반환의 불능을 이유로 1억 원의 가액반환을 구하는 소를 제기하였다. 이에 대한 법원의 결론[인용, 일부 인용, 기각, 각하]을 구체적인 논거와 함께 서술하시오. (10점)

〈 문제 2 〉

B는 2016. 11. 24. 대상청구권에 근거하여 A를 상대로 A가 지급받은 배당금 1억 원의 지급을 구하는 소를 제기하였다. 이에 대한 법원의 결론[인용, 일부 인용, 기각, 각하]을 그 구체적인 논거와 함께 서술하시오. (15점)

〈추가된 사실관계〉

X 토지를 매각 받아 소유권을 취득한 C는 X 토지의 시가가 크게 상승하자 그 위에 건물을 짓기 위해 2018. 1. 6. 丙에게 2억 원을 차용하였고, 이를 담보하기 위하여 X 토지(시가 4억 원)에 저당권을 설정하였다. D에게 2억 원의 채무를 부담하고 있는 등 이미 채무초과상태에 있는 C는 다른 2억 원의 채권자인 E로 하여금 D에 대한 채무를 대신 변제하게 하는 조건으로 E에게 자신의 유일한 재산인 X 토지를 대물변제하고 2018. 6. 25. 소유권이전등기를 마쳐 주었다. E는 2018. 7. 10. 丙에게 2억 원의 피담보채권을 변제하여 X 토지에 있던 저당권을 말소시켰다. 2018. 11. 20.에 뒤늦게 대물변제사실을 알게 된 D가 E를 상대로 사해행위취소 및 가액반환으로 2억 원의 지급을 구하는 소를 제기하였고 이에 법원은 사해행위 취소를 인정하고 E에게 원상회복으로 가액 2억 원을 D에게 반환할 것을 명하여 그 판결이 확정되었다. 한편 그 이전에 E는 D에게 3억 원의 대여금채권의 지급을 구하는 소를 제기하여 2015. 8. 1. 승소하여 그 무렵 그 판결(이하 E가 D에게 가지는 3억 원의 채권을 '이 사건 판결금 채권'이라 한다)이 확정되었다.

〈 문제 3 〉

2억 원의 지급을 명하는 판결에 따라 D가 E에게 2억 원의 지급을 요구하자 E는 C에 대한 2억 원의 채권을 자동채권으로 하여 상계를 주장하였다. E의 주장의 타당성 여부를 구체적으로 판단하시오. (15점)

〈 문제 4 〉

E가 D에 대해 가지는 이 사건 판결금 채권을 집행채권으로 하여 법원에 D의 E에 대한 2억 원의 가액반환채권에 대해 압류 및 전부명령을 신청하였다. 이에 대한 법원의 판단을 구체적인 논거와 함께 서술하시오. (10점)

[제1문의 4] 문제 1. 해설

1. 문제
사해행위 취소 및 원물반환판결 확정 후 반환불능시 가액반환청구 가부가 문제 된다.

2. 사해행위 취소 및 원물반환판결 확정 후 반환불능시 가액반환청구 가부
(1) **관련 조문** - 채무자가 채권자를 해함을 알고 재산권을 목적으로 한 법률행위를 한 때에는 채권자는 그 취소 및 원상회복을 법원에 청구할 수 있다(민법 제406조 제1항).

(2) **판례** - 채권자가 사해행위취소 및 원상회복으로 원물반환 청구를 하여 승소 판결이 확정된 후에 원물반환의 목적을 달성할 수 없게 된 경우, 다시 제기한 가액배상 청구의 권리보호의 이익이 없어 허용되지 않는다.

(3) **사안의 경우** - B가 2016. 11. 30. A를 상대로 원물반환의 불능을 이유로 1억의 가액반환을 구하는 소는 권리보호이익이 없다.

3. 결론
B의 소는 권리보호이익이 없어 각하된다.

[제1문의 4] 문제 2. 해설

1. 문제
B의 대상청구권 가부가 문제 된다.

2. B의 대상청구권 가부
(1) **관련 법리 및 요건** - 민법에 명문의 규정이 없으나, 판례는 이행불능의 효과로서 해석상 대상청구권을 부정할 이유가 없다고 한다. 요건으로 ① 채무의 후발적 이행불능, ② 이행불능으로 말미암아 채무자가 원래의 급부에 갈음하는 이익(代償)을 얻은 사실, ③ 양자 간의 동일성 및 상당인과관계 등이 있다.

(2) **판례** - 사해행위취소소송에서 원물반환으로 근저당권설정등기의 말소를 구하여 승소판결이 확정되었는데, 그 후 해당 부동산이 담보권 실행을 위한 경매절차를 통하여 제3자에게 매각된 경우, 채권자취소소송을 제기한 채권자는 대상청구권의 행사로서 수익자가 말소될 근저당권에 기하여 지급받은 배당금의 반환을 청구할 수 있다.

(3) **사안의 경우** - ① A의 B에 대한 원상회복의무가 임의경매실행으로 후발적으로 이행불능이 되었고, ② 이행불능으로 채무자 A가 저당권에 기해 말소 대신에 1억 원의 매각대금을 배당받았고, ③ 1억

원의 매각대금과 A의 저당권 말소의무 이행불능과는 동일성 및 상당인과관계가 있는바, B의 A에 대한 대상청구는 인용된다.

3. 결론

B가 2016.11.24. A를 상대로 한 배당금 1억 원에 대한 대상청구는 인용된다.

[제1문의 4] 문제 3. 해설

1. 문제

E의 상계주장의 당부가 문제 된다.

2. E의 상계주장의 당부

(1) **관련 조문** - 쌍방이 서로 같은 종류를 목적으로 한 채무를 부담한 경우에 그 쌍방의 채무의 이행기가 도래한 때에는 각 채무자는 대등액에 관하여 상계할 수 있으나 채무의 성질이 상계를 허용하지 아니할 때에는 상계할 수 없다(민법 제492조 제1항).

(2) **자동채권의 존부**

1) 판례 - 채무자가 다수의 채권자들 중 1인(수익자)에게 대물변제를 한 것이 다른 채권자들에 대한 사해행위가 되어 그 취소와 원상회복이 확정된 경우, 수익자는 사해행위가 취소되면서 그의 채권이 부활하게 되는 결과 본래의 채권자로서의 지위를 회복하게 된다.

2) 사안의 경우 - D가 2018. 11. 20. E를 상대로 2018. 6. 25.자 X토지 대물변제를 사해행위로 취소하고 원상회복으로 인한 가액반환 청구가 확정되었는바, E는 C의 2억원 채권자로서의 지위를 회복하는 바, 이는 자동채권에 해당한다.

(3) **상계 가부**

1) 판례 - 채권자취소의 소에서 수익자가 가액배상을 할 경우, 수익자 자신도 채무자에 대한 채권자 중의 1인이라는 이유로 취소채권자에게 자기 채권에 대한 상계를 허용하는 경우, 자신의 채권에 대하여 변제를 받은 수익자를 보호하고 다른 채권자의 이익을 무시하는 결과가 되어 제도의 취지에 반하게 되므로, 상계를 주장할 수 없다.

2) 사안의 경우 - 대물변제 취소 및 가액반환으로 2억 원의 지급을 명하는 판결에 따라 D가 E에게 2억 원의 지급을 요구하자 E는 C에 대한 2억 원의 채권을 자동채권으로 하여 상계를 허용할 경우, 채권자 E는 다른 채권자 D와 비교하여 사실상 우선하여 변제를 받는 효과를 받아, 모든 채권자를 위하여 수익자 또는 전득자로부터 환원시키는 채권자 취소제도의 취지에 반하는바, 채무의 성질상 상계가 허용되지 않는다.

3. 결론

E의 상계주장은 부당하다.

[제1문의 4] 문제 4. 해설

1. 문제
E가 D의 E에 대한 채권에 대한 압류 및 전부명령에 관한 법원의 판단이 문제 된다.

2. 압류 및 전부명령에 관한 법원의 판단

(1) **관련 조문** - 압류한 금전채권에 대하여 압류채권자는 전부명령을 신청할 수 있고, 전부명령이 있는 때에는 압류된 채권은 지급에 갈음하여 압류채권자에게 이전된다(민집법 제229조 제1,3항).

(2) **판례** - 채권자가 채무자의 제3채무자에 대한 채권을 압류하는 경우 제3채무자가 채권자 자신인 경우에도 이를 압류하는 것이 금지되지 않으므로 단지 채권자와 제3채무자가 같다고 하여 채권압류 및 전부명령이 위법하다고 볼 수 없다.

(3) **사안의 경우** - 수익자 E가 채권자취소권을 행사하는 채권자 D에 대해 가지는 별개의 다른 채권 즉, 이 사건 판결금 채권을 집행하기 위하여 그에 대한 집행권원을 가지고 채권자 D의 수익자 E에 대한 2억 원의 가액배상채권을 압류하고 전부명령을 받는 것은 허용된다.

3. 결론
법원은 E의 압류 및 전부명령을 인용하는 결정을 한다.

제3차 모의시험 제2문

〈제2문의 1〉

〈 공통된 사실관계 〉

甲은 2017. 4. 21. A 은행으로부터 1억 원을 이자율 월 1%, 변제기 2018. 4. 20.로 하여 대출받으면서 甲 소유의 X 건물에 채권최고액 1억 2,000만 원으로 하여 근저당권을 설정해주었다. 그 후 甲은 2017. 12. 10. 乙에게 X 건물을 3억 원에 매도하는 계약을 체결하였다. 이 계약에 따르면, 乙은 계약금 3,000만 원은 계약 당일 지급하고, 중도금 1억 2,000만 원은 2018. 1. 10. X 건물의 인도와 동시에 지급하며, 잔금 1억 5,000만 원은 2018. 3. 10. X 건물에 관한 소유권이전등기에 필요한 서류의 수령과 동시에 지급하되, 위 근저당권에 의하여 담보되는 甲의 A 은행에 대한 대출원리금 채무 전액을 乙이 갚기로 하고 나머지 금액을 甲에게 지급하기로 하였다. 위 매매계약에 따라 甲은 乙로부터 계약 당일 계약금 3,000만 원을 수령하였고, 2018. 1. 10. 중도금 1억 2,000만 원을 수령함과 동시에 乙에게 X 건물을 인도하였다.

한편, 甲으로부터 X 건물을 인도받은 乙은 2018. 1. 15. 무인 세탁소를 운영하고자 하는 丙과의 사이에 2018. 2. 1.부터 12개월 간, 보증금 1억 원, 월 차임 100만 원(이 금액은 당시의 차임 시세액으로서 이후 변동이 없다)으로 정하여 임대차계약을 체결하였다. X 건물을 인도받은 丙은 2018. 2. 15. 철제샤시, 방화 셔터 등 1,000만 원의 유익비를 지출하고 사업자등록을 하지 않은 채 기계들을 들여놓고 운영하기 시작하였다. 유익비에 대하여는 공사가 완료되는 대로 乙이 丙에게 지급하기로 약정하였다.

※ 아래 각 문제는 서로 독립적임.

문제 1.

乙은 2018. 3. 10. 甲이 X 건물의 소유권이전등기에 필요한 서류들을 제공하였음에도 불구하고 잔금을 지급하지 않았다. 이에 甲은 몇 차례 기한을 연장해 주며 독촉을 하였지만 乙이 계속하여 잔금지급을 하지 않자 2018. 6. 1. 매매계약을 해제하고 丙을 상대로 X 건물의 인도 청구의 소를 제기하였다. 이에 대하여 丙은 甲이 해제로 자신에게 대항할 수 없으며, 설령 인도하더라도 보증금을 돌려주면 인도하겠다고 항변하였다. 이 경우 법원의 결론(인용, 기각, 일부 인용, 각하)을 근거와 함께 설명하시오. (25점)

문제 2.

乙은 잔금을 지급하고 X 건물의 소유권이전등기를 마친 후 2018. 9. 1. 丁에게 매도하고 소유권이전등기를 마쳤다. X 건물의 임대차가 2019. 1. 31. 기간만료로 종료된 후, 丁이 X 건물 인도를 요구하자 丙은 자신이 지출한 비용만큼 가치가 현존하고 있는 1,000만 원 상당의 유익비 상환 또는 부당이득반환을 丁에게 구하고 있다. 1,000만 원 상당의 유익비가 존재하고 있다는 점은 인정되었다. 丙의 주장의 법적 타당성 여부를 검토하시오. (20점)

〈추가된 사실관계〉

2018. 4. 2. 丙은 임대차보증금과 월 차임은 그대로 유지하되, 임대차기간을 2021. 1. 31.까지로 연장하기로 乙과 약정하고 같은 날 사업자등록을 하였다. 한편 乙은 A 은행에 대하여 갚기로 한 대출원리금 채무 전액을 제외한 나머지 금액의 지급과 함께 소유권이전등기는 넘겨받았지만 A 은행에 대한 채무를 변제하지 못하였다. 이에 A 은행은 2018. 6. 22. X 건물에 관한 근저당권 실행을 위한 경매신청을 하였고, 그 다음 날 경매개시결정 기입등기가 이루어졌다. 이후 경매절차에서 戊는 2018. 8. 25. 매각대금을 완납하였고, 2018. 8. 28. 소유권이전등기가 마쳐졌다. 戊가 丙을 상대로 X 건물의 인도를 구하였으나, 丙은 이를 거절하고 차임도 지급하지 않은 채 X 건물을 계속하여 점유하면서 보존을 위하여 사용하여 왔다.

문제 3.

戊는 2019. 6. 25. 丙을 상대로 X 건물의 인도 및 2018. 8. 26.부터 X 건물의 인도완료일까지 월 임료 100만원 상당의 부당이득반환을 구하는 소를 제기하였다. 이에 대해 丙은 1) 주위적으로 2021. 1. 31.까지 임대차관계가 존속한다고 다투었고, 2) 예비적으로 자신이 X 건물에 들인 비용을 반환받을 때까지 인도할 수 없다고 유치권의 항변을 하였다. 이에 대하여 戊는 丙의 주장을 모두 부인하면서 설령 유익비가 인정된다고 하더라도 丙이 지급해야 할 점유기간 동안의 임료상당의 금액과 상계하겠다고 주장하였다. 법원의 심리 결과 1,000만 원 상당의 유익비가 존재하고 있다는 점이 인정되었다. 丙과 戊의 항변과 재항변에 대한 법적 타당성 여부를 검토하시오. (25점)

[제2문의 1] 문제 1. 해설

1. 문제
(1) X 건물의 소유권자 및 건물인도청구 적법 여부, (2) 丙의 점유 권원 여부가 문제 된다.

2. X 건물의 소유권자 및 건물인도청구 적법 여부

(1) 이행지체에 따른 계약해제 적법성

1) 관련 조문 - 당사자 일방이 그 채무를 이행하지 아니하는 때에는 상대방은 상당한 기간을 정하여 그 이행을 최고하고 그 기간 내에 이행하지 아니한 때에는 계약을 해제할 수 있다(민법 제544조).

2) 사안의 경우 - 乙은 잔금 이행기인 2018. 3. 10. 잔금 지급의무를 이행하지 않았고 甲이 상당한 기간을 정하여 이행을 최고하였음에도 다시 이행을 하지 않았으므로 2018. 6. 1.자 매매계약 해제는 적법한바, X 건물의 소유권자는 甲이다.

(2) X 건물 인도 청구의 적법 여부

1) 관련 조문 - 소유자는 그 소유에 속한 물건을 점유한 자에 대하여 반환을 청구할 수 있으나 점유자가 그 물건을 점유할 권리가 있는 때에는 반환을 거부할 수 있다(민법 제213조).

2) 사안의 경우 - 甲은 X 건물의 소유권자로 인도청구를 할 수 있고, 丙이 X 건물을 점유할 권원이 있는지 여부가 검토되어야 한다.

3. 丙의 점유 권원 여부

(1) 해제로 보호되는 제3자

1) 관련 조문 - 당사자 일방이 계약을 해제한 때에는 각 당사자는 그 상대방에 대하여 원상회복의 의무가 있으나 제3자의 권리를 해하지 못한다(민법 제548조 제1항).

2) 판례 - 민법 제548조 제1항 단서에서 말하는 제3자란 일반적으로 그 해제된 계약으로부터 생긴 법률효과를 기초로 하여 해제 전에 새로운 이해관계를 가졌을 뿐 아니라 등기, 인도 등으로 완전한 권리를 취득한 자를 말한다.

3) 사안의 경우 - 丙은 X 건물 매매계약을 해제한 2018. 6. 1. 전인 2018. 1. 15. 상가임대차계약을 체결하였으나 사업자등록 등 대항력을 갖추지 못하였는바, 해제로 보호되는 제3자에 해당하지 않는다.

(2) 대항력 있는 임차권

1) 관련 조문 - 상가건물임대차는 그 등기가 없는 경우에도 임차인이 건물의 인도와 사업자등록을 신청하면 그 다음날부터 제3자에 대하여 효력이 생긴다(상임법 제3조 제1항).

2) 판례 - 매매계약의 이행으로 매매목적물을 인도받은 매수인은 그 물건을 사용·수익할 수 있는 지위에서 그 물건을 타인에게 적법하게 임대할 수 있다.

3) 사안의 경우 - 乙은 매매계약의 이행으로 X건물을 인도받았으므로 이를 임대할 권한이 있으나, 임차인 丙은 사업자등록을 하지 않았으므로 대항력 있는 임차인이 아닌바, 甲에게 임대차를 주장할 수 없고, 보증금반환과의 동시이행항변도 주장할 수 없다.

(3) 유치권

1) 관련 조문 - 타인의 물건을 적법하게 점유한 자는 그 물건에 관하여 생긴 채권이 변제기에 있는 경우 변제를 받을 때까지 그 물건을 유치할 권리가 있다(민법 제320조 제1, 2항).

2) 판례 - 건물의 임대차에 있어서 임차인의 임대인에게 지급한 임차보증금반환청구권은 민법 320조의 그 건물에 관하여 생긴 채권이라 할 수 없다.

3) 사안의 경우 - 보증금반환채권을 피담보채권으로 하는 유치권은 견련관계가 없어 성립할 수 없는바, 유치권 항변은 부당하다.

4. 결론

甲의 丙에 대한 X 건물 인도 청구는 인용된다.

[제2문의 1] 문제 2. 해설

1. 문제

丙의 丁에 대한 (1) 유익비 상환청구 가부, (2) 부당이득 반환청구 가부가 문제 된다.

2. 丙의 丁에 대한 유익비 상환청구 가부

(1) **관련 조문** - 점유자가 점유물에 유익비를 지출한 경우 증가가 현존한 때에 회복자에게 상환을 청구할 수 있다(민법 제203조 제2항). 임차인이 유익비를 지출한 경우에는 임대인은 임대차 종료 시에 그 증가가 현존한 때에 한하여 상환을 청구할 수 있다(민법 제626조 제2항).

(2) **판례** - 점유자가 유익비를 지출할 당시 계약관계 등 적법한 점유권원을 가진 경우 계약관계 등의 상대방이 아닌 점유회복 당시의 상대방에 대하여 민법 제203조 제2항에 따른 지출비용의 상환을 구할 수 없다.

(3) **사안의 경우** - 丙은 유익비 1,000만 원을 지출할 당시 임대차계약 관계 등 적법한 점유 권원을 가지고 있었으므로 乙이 유익비 상환청구의 상대방이 되고, 丁과는 점유자 회복자 관계에 있지 않고, 대항력 있는 임대차로 丁이 임대인의 지위를 승계하였다는 사정도 존재하지 않는바, 丁에게 유익비 상환청구를 할 수 없다.

3. 丙의 丁에 대한 부당이득 반환청구 가부

(1) **관련 조문** - 법률상 원인없이 타인의 재산 또는 노무로 인하여 이익을 얻고 이로 인하여 타인에게 손해를 가한 자는 그 이익을 반환하여야 한다(민법 제741조).

(2) 판례 - 계약상의 급부를 한 계약당사자는 이익의 귀속 주체인 제3자에 대하여 직접 부당이득반환을 청구할 수 없다. ①자기 책임 하에 체결된 계약에 따른 위험부담을 제3자에게 전가, ②채권자인 계약당사자가 채무자인 계약 상대방의 일반채권자에 비하여 우대받는 결과, ③수익자인 제3자가 계약 상대방에 대하여 가지는 항변권 등을 침해하기 때문이다.

(3) 사안의 경우 - 丙은 丁에게 부당이득 반환청구를 할 수 없다.

4. 결론

丙의 丁에 대한 유익비 상환 및 부당이득 반환청구는 기각된다.

[제2문의 1] 문제 3. 해설

1. 문제

(1) 丙의 주위적 항변, (2) 丙의 예비적 항변, (3) 戊의 상계 재항변 당부가 문제 된다.

2. 丙의 주위적 항변에 대한 당부 - 대항력 있는 임대차 존속 여부

(1) 관련 조문 - 상가건물임대차는 그 등기가 없는 경우에도 임차인이 건물의 인도와 사업자등록을 신청하면 그 다음날부터 제3자에 대하여 효력이 생긴다(상임법 제3조 제1항). 등기된 임차권은 저당권에 대항할 수 없는 경우에는 매각으로 소멸된다(민집법 제91조 제3항).

(2) 사안의 경우 - X 건물에 대하여 A 은행이 2017. 4. 21. 근저당권을 설정받았고, 丙이 대항력을 취득한 시점은 2018. 4. 3.이므로, 丙의 임차권은 A 은행의 근저당권에 대항할 수 없고 소멸되는바, 2021. 1. 31.까지 임대차 관계가 존속한다는 丙의 주위적 항변은 부당하다.

3. 丙의 예비적 항변에 대한 당부 - 유치권 주장 가부

(1) 관련 조문 - 타인의 물건을 적법하게 점유한 자는 그 물건에 관하여 생긴 채권이 변제기에 있는 경우 변제를 받을 때까지 그 물건을 유치할 권리가 있다(민법 제320조 제1, 2항). 임차인이 유익비를 지출한 경우에는 임대인은 임대차 종료시에 그 가액의 증가가 현존한 때에 한하여 임차인의 지출한 금액이나 그 증가액을 상환하여야 한다(민법 제626조 제2항).

(2) 판례 - 채무자 소유의 건물에 관하여 수급인이 경매개시결정의 기입등기가 마쳐지기 전에 채무자에게서 건물의 점유를 이전받았더라도 경매개시결정의 기입등기가 마쳐져 압류의 효력이 발생한 후에 공사를 완공하여 공사대금채권을 취득함으로써 그때 비로소 유치권이 성립한 경우에는, 수급인은 유치권을 내세워 경매절차의 매수인에게 대항할 수 없다.

(3) 사안의 경우

1) 임차인 丙은 2018. 1. 15. 임대인 乙로부터 임대차계약을 체결하고 2018. 2. 1. X 건물을 인도받았으므로 적법하게 점유를 시작하였고, X 건물에 대한 1,000만 원 상당의 유익비 채권의

변제기는 공사가 완료되는 대로 乙이 丙에게 지급하기로 약정하였는바, 유익비 1,000만 원을 지출하고 운영을 시작한 2018. 2. 15. 유치권을 취득한 것으로 추정된다.

2) 그렇다면, X 건물에 대한 경매개시결정 기입등기가 마쳐진 2018. 6. 23. 전에 유치권이 성립하였는바, 경매절차의 매수인 戊에게 대항할 수 있어 丙의 예비적 항변은 타당하다.

4. 戊의 상계 재항변 당부

(1) **관련 조문** – 쌍방이 서로 같은 종류를 목적으로 한 채무를 부담한 경우에 그 쌍방의 채무의 이행기가 도래한 때에는 각 채무자는 대등액에 관하여 상계할 수 있으나 채무의 성질이 상계를 허용하지 아니할 때에는 상계할 수 없다(민법 제492조 제1항).

(2) **자동채권의 존부**

　　유치권자 丙이 유치물의 보존에 필요한 사용을 한 경우에도 특별한 사정이 없는 한 차임에 상당한 이득을 소유자 戊에게 반환할 의무가 있는바, 戊는 丙에게 2018. 8. 25.부터 X 건물의 인도완료일까지 월 차임 100만 원 상당의 부당이득반환채권을 가진다.

(3) **수동채권의 존부**

1) 판례 – 수동채권으로 될 수 있는 채권은 상대방이 상계자에 대하여 가지는 채권이어야 하고, 상대방이 제3자에 대하여 가지는 채권과는 상계할 수 없다. 왜냐하면, ① 상대방이 제3자로부터 현실급부를 받을 이익을 침해, ② 상대방의 채권자들 사이에서 상계자만 독점적인 만족을 얻게 되는 불합리한 결과 초래, ③ 상계의 담보적 기능과 관련하여 당사자의 합리적 기대가 이러한 경우에까지 미친다고 볼 수 없기 때문이다.

2) 사안의 경우 – 丙의 유익비 채권은 戊가 아닌 乙에 대한 권리이므로 상계가 가능한 수동채권에 존재하지 않는다.

(4) **소결** – 戊의 丙에 대한 상계 재항변은 타당하지 않다.

5. 결론

丙의 유치권 항변은 타당하고, 戊의 상계 재항변은 타당하지 않다. (참고적으로 청구 취지는 1. 丙은 소외 乙로부터 1,000만 원을 지급받음과 동시에 戊에게 X건물을 인도하라. 2. 丙은 戊에게 2018. 8. 26.부터 X 건물의 인도완료일까지 월 100만 원의 비율로 계산한 돈을 지급하라. 3. 원고의 나머지 청구는 기각한다.)

〈제2문의 2〉

甲 종중은 1995. 5. 15. 자신 소유의 X 토지를 종중의 대표자 丙에게 명의신탁하였다. 乙은 1995. 5. 25. X 토지를 점유하면서 위 토지를 야적장으로 이용하고 있었다. 乙의 점유 개시 당시의 상황은 명확하게 밝혀지지 않았다. 甲 종중은 2017. 1. 15. 명의신탁계약을 해지하고 丙으로부터 X 토지에 대한 소유권이전등기를 마쳤다. 甲 종중은 乙이 X 토지를 점유·사용하고 있는 사실을 확인하고, 2019. 8. 3. 乙을 상대로 X 토지의 인도를 구하는 소를 제기하였다. 이에 대하여 乙은 시효취득을 주장하며 甲의 청구에 대항하고 있다. 甲의 청구에 대한 법원의 결론(인용, 기각, 일부인용, 각하)을 근거와 함께 설명하시오. (15점)

[제2문의 2] 해설

1. 문제
(1) X토지의 소유권자 및 토지인도 청구 적법 여부, (2) 乙의 토지 점유권원 여부가 문제 된다.

2. X토지의 소유권자 및 토지인도청구 적법 여부

(1) X토지의 소유권자
1) 관련 조문 - 종중이 보유한 부동산에 관한 물권을 종중 외의 자의 명의로 등기한 경우로서 조세포탈, 강제집행의 면탈 또는 법령상 제한의 회피를 목적으로 하지 아니하는 경우에는 명의신탁약정을 유효로 한다(부실법 제8조 제1호). 부동산에 관한 법률행위로 인한 물권의 득실변경은 등기하여야 그 효력이 생긴다(민법 제186조).

2) 사안의 경우 - 甲 종중이 종중 대표자 丙에게 명의신탁한 것으로 조세포탈 등의 사정이 없는 한 부실법이 적용되지 않아 유효한 명의신탁 관계가 존재하므로, 甲 종중이 2017. 1. 15. 명의신탁계약을 해지하고 丙으로부터 X토지의 소유권이전등기를 경료하였는바, X토지의 적법한 소유권자가 된다.

(2) 토지인도청구의 적법 여부
1) 관련 조문 - 소유자는 그 소유에 속한 물건을 점유한 자에 대하여 반환을 청구할 수 있으나 점유자가 그 물건을 점유할 권리가 있는 때에는 반환을 거부할 수 있다(민법 제213조).

2) 사안의 경우 - 甲은 X 토지의 소유권자로 인도청구를 할 수 있고, 乙이 X 토지를 점유할 권원이 있는지 여부가 검토되어야 한다.

3. 乙의 토지 점유권원 여부 - 취득시효 완성여부

(1) 관련 조문 - 20년간 소유의 의사로 평온, 공연하게 부동산을 점유한 자는 등기함으로써 소유권을 취득한다(민법 제245조 1항).

(2) 판례 - 명의신탁된 부동산에 대하여 점유취득시효가 완성된 후 시효취득자가 그 소유권이전등기를 경료하기 전에 명의신탁이 해지되어 그 등기명의가 명의수탁자로부터 명의신탁자에게로 이전된 경우에는 대외적으로는 그 소유권에 변동이 있을 뿐만 아니라 그 등기명의에도 변동이 있으므로, 명의신탁자는 취득시효완성 후에 소유권을 취득한 자에 해당하여 그에 대하여 시효취득을 주장할 수 없다.

(3) 사안의 경우 - 乙의 1995. 5. 25. X 토지 점유는 자주, 평온, 공연 점유로 추정되므로 2015. 5. 25. 점유취득시효가 완성되었으나, 丙으로부터 소유권이전등기를 경료하기 전에 소유권자가 甲 종중으로 변경되었는바, 甲에게 점유취득시효를 주장할 수 없다.

4. 결론
甲의 X토지 인도청구는 인용된다.

〈제2문의 3〉

〈 기초적 사실관계 〉

甲은 丙으로부터 丙 소유의 X 토지를 매수하고자 하면서 친구 乙과 명의신탁 약정을 체결하였다. 丙은 甲과 乙 사이의 명의신탁약정을 알면서 乙과 매매계약을 체결하고 매매대금을 지급받음과 동시에 乙 앞으로 X 토지의 소유권이전등기를 마쳐주었다. 이후 乙은 丁에게 X 토지를 매도하고 丁에게 소유권이전등기를 마쳐주었다. 그 후 丙은 乙이 X 토지를 임의로 丁에게 처분하여 丙의 소유권을 상실시킨 것은 자신에 대한 불법행위를 구성하므로 X 토지의 시가 상당액을 배상할 의무가 있다고 하면서 乙을 상대로 법원에 손해배상청구의 소를 제기하였다.

〈 문제 〉

이에 대한 법원의 결론(인용, 기각, 일부 인용, 각하)을 근거와 함께 설명하시오. (15점)

[제2문의 3] 해설

1. 문제
丙의 乙에 대한 불법행위 손해배상 청구 가부가 문제 된다.

2. 丙의 乙에 대한 불법행위 손해배상 청구 가부

(1) 관련 조문 - 고의 또는 과실로 인한 위법행위로 타인에게 손해를 가한 자는 그 손해를 배상할 책임이 있다(민법 제750조).

(2) 고의 및 위법성 여부

1) 관련 조문 - 명의신탁약정은 무효로 하고, 명의신탁약정에 따른 등기로 이루어진 부동산에 관한 물권변동은 무효로 하지만, 이러한 무효는 제3자에게 대항하지 못한다(부실법 제4조).

2) 사안의 경우 - 매도인 丙이 계약명의신탁 약정을 알면서 그 매매계약에 따라 명의수탁자 乙 앞으로 소유권이전등기를 마친 경우 부실법 제4조 제2항 본문에 의하여 무효이므로, X 토지의 소유권은 丙에게 그대로 남아 있다. 그런데, 부실법 제4조 제3항에 의해 수탁자 乙이 丁에게 한 처분행위는 유효하고 丁이 소유권을 취득하게 되어, 丙의 소유권이 乙의 처분행위로 침해되었는바, 고의 및 위법성이 인정된다.

(3) 손해발생 여부

1) 판례 - 계약명의신탁에서 명의수탁자의 제3자에 대한 처분행위가 유효하게 확정되어 소유자에 대한 소유명의 회복이 불가능한 이상, 소유자로서는 그와 동시이행관계에 있는 매매대금 반환채무를 이행할 여지가 없고, 명의신탁자는 소유자와 매매계약관계가 없어 소유자에 대한 소유권이전등기청구도 허용되지 아니하므로, 소유자인 매도인으로서는 명의수탁자의 처분행위로 인하여 어떠한 손해도 입은 바가 없다.

2) 사안의 경우 - 丙은 매매계약 관계가 없는 명의신탁자인 甲으로부터 소유권이전등기청구를 받지 않게 되고, 매매대금을 수령한 상태에서 이전등기를 받지 않는다면 이를 반환할 의무가 없는바, 丙은 손해를 입었다고 볼 수 없다.

3. 결론
丙이 乙을 상대로 한 불법행위 손해배상 청구는 기각된다.

제3차 모의시험 제3문

전국을 대상으로 물류사업 및 골프채수입판매업을 영위하고 있는 A주식회사(이하 "A회사", 대표이사 甲, 비상장회사)의 이사회는 甲, 乙, 丙, 丁 총 4명의 이사로 구성되어 있으며, 丙만 사외이사이다. 식품사업을 영위하는 B주식회사(이하 "B회사", 대표이사 戊, 비상장회사)는 물류사업에 진출하기 위하여 인천공항 부근에 물류보관창고 건립을 목적으로 토지임대차계약을 체결하였다. B회사의 대표이사 戊는 친구인 乙에게 물류사업 총괄을 부탁하자, 乙은 A회사에 알리지 않고 B회사의 이사로 취임하였다. 乙은 B회사의 이사로서 총괄하여 물류사업 개시를 준비하던 중 영업 개시 직전에 B회사의 이사직에서 사임하였다.

A회사는 C외국법인(이하 "C법인")과 C법인의 제품(골프채)에 관한 독점판매계약을 체결하여 골프채를 수입하여 국내에 판매하고 있었다. 丙은 수입판매업을 목적으로 하는 D주식회사(이하 "D회사")를 설립하여 이사가 아닌 지배주주가 되어 D회사의 의사결정과 업무집행에 관여하기 위하여 A회사 이사회의 승인을 요청하자, 甲은 적법한 소집통지 절차에 의하여 임시이사회를 소집하였다. 해외출장 중인 이사들이 과반수가 넘는 관계로 A회사의 이사회는 전화에 의한 컨퍼런스 콜을 이용하여 개최되었고 이사 전원이 컨퍼런스 콜에 참여하였다. 丙은 이사회에서 D회사의 정관상 목적이 A회사가 취급하지 않는 상품(아동복)을 수입판매할 것으로만 설명하였다. 이사회에서 丙이 승인을 요청한 위 안건에 대하여 甲, 乙, 丙 3명의 이사가 찬성하였고 丁은 반대하였다. 이러한 이사회 승인을 얻은 丙은 D회사의 지배주주가 되어 해당 회사의 업무 전반에 실질적으로 관여하였다. D회사는 설립이후 A회사와 C법인 간의 독점판매계약이 종료하기 전부터 C법인으로부터 A회사가 수입하는 것과 동일한 제품(골프채)을 병행수입하여 판매하는 사업을 하다가 위 독점판매계약 기간이 종료될 즈음 A회사를 배제하고자 C법인에 리베이트를 제공하는 등 적극적으로 유치활동을 한 결과 C법인과 독점판매계약을 체결하는데 성공하였고, C법인의 한국 공식총판으로서 위 제품의 수입판매업을 영위하는 데에 이르렀다. A회사는 C법인과의 독점판매계약에 따른 사업기회를 상실한 결과 막대한 영업손실을 입게 되었다.

이후 甲은 丁이 D회사 설립 안건에 반대하였다는 이유로 A회사의 주주총회를 적법한 절차를 거쳐 소집하여 특별결의로 丁을 이사직에서 해임하였다.

※ 이 사안과 관련된 A회사의 '정관' 및 이사회가 제정한 '퇴직임원 예우규정'의 내용은 다음과 같다.

⟨정관⟩
1. 이사의 보수는 이사회의 결의로 정한다.
2. 사외이사가 회사에 대하여 배상책임을 지는 경우, 사외이사가 그 행위를 한 날 이전 최근 1년간의 보수액의 3배를 초과하는 금액에 대하여 그 책임을 면제한다.

⟨퇴직임원 예우규정⟩
1. 해임 등으로 퇴직하는 이사에게는 최근 1년간 보수액을 퇴직위로금으로 지급한다.
2. 임기 만료 전에 이사직에서 해임된 이사에 대하여 퇴직위로금과 별도로 최근 1년간 보수액의 20배를 해직보상금으로 지급한다.

⟨ 문제 1 ⟩
A회사는 乙이 B회사의 이사로 취임하였다는 이유로 乙을 이사직에서 정당하게 해임할 수 있는가? (20점)

⟨ 문제 2 ⟩
(1) 이사 丙은 A회사에 대하여 상법상 어떠한 의무를 위반하였는가? (30점)
(2) A회사는 丙의 의무위반 행위에 대하여 상법상 어떠한 조치를 취할 수 있는가? (30점)

⟨ 문제 3 ⟩
丁이 A회사에 대하여 '퇴직임원 예우규정'에 따른 퇴직위로금과 해직보상금 지급을 청구할 수 있는가? (20점)

[제3문] 문제 1. 해설

1. 문제
(1) 이사 乙의 경업금지의무 위반여부, (2) A회사의 이사 乙에 대한 정당한 해임 가부가 문제 된다.

2. 이사 乙의 경업금지의무 위반여부
(1) **관련 조문** - 이사는 이사회의 승인 없이 자기의 계산으로 회사의 영업부류에 속한 거래를 하거나 동종영업을 목적으로 하는 다른 회사의 이사가 되지 못한다(상법 제397조 제1항).

(2) **판례** - 경업의 대상이 되는 회사가 영업을 개시하지 못한 채 공장의 부지를 매수하는 등 영업의 준비작업을 추진하고 있는 단계에 있더라도 "동종영업을 목적으로 하는 다른 회사"가 아니라고 볼 수는 없고, 이사가 주주총회의 승인이 없이 그 회사와 동종 영업을 목적으로 하는 회사의 이사가 되었다면 그 회사가 영업활동을 개시하기 전에 이사를 사임하였다고 하더라도, 이는 경업금지의무를 위반행위에 해당한다.

(3) **사안의 경우** - 물류사업을 영위하고 있는 A회사의 이사 乙은 동종 영업에 진출하기 위한 B회사의 이사로 취임하면서 A회사의 이사회 승인을 얻은 바 없고, B회사의 영업개시 전에 사임하였더라도, 이는 상법 제397조 제1항의 경업금지의무 위반에 해당한다.

3. A회사의 이사 乙에 대한 정당한 해임 가부
(1) **관련 조문** - 이사는 언제든지 주주총회 특별결의로 이를 해임할 수 있으나 이사의 임기를 정한 경우에 정당한 이유 없이 그 임기 만료 전에 이를 해임한 때에는 그 이사는 회사에 대하여 해임으로 인한 손해배상을 청구할 수 있다(상법 제385조 제1항).

(2) **판례** - 상법 제385조 제1항의 '정당한 이유'란 주주와 이사 사이에 불화 등 주관적인 신뢰관계가 상실된 것만으로는 부족하고, 이사가 법령이나 정관에 위배된 행위를 한 경우 등과 같이 당해 이사가 경영자로서 업무를 집행하는 데 장해가 될 객관적 상황이 발생한 경우를 의미한다.

(3) **사안의 경우** - A회사의 이사 乙은 상법 제397조 제1항의 경업금지의무를 위반하여 법령에 위반한 행위를 하였으므로 A회사는 이사 乙을 해임할 정당한 이유가 있는바, 乙을 적법하게 해임할 수 있다.

4. 결론
A회사는 乙이 B회사의 이사로 취임한 것은 제397조 제1항의 경업금지의무를 위반하였다는 것을 이유로 乙을 제385조 제1항을 근거로 하여 이사직에서 정당하게 해임할 수 있다.

[제3문] 문제 2-(1). 해설

1. 문제
이사 丙의 A회사에 대한 (1) 선관의무 및 충실의무 위반, (2) 경업금지의무 위반, (3) 기회유용금지의무 위반 여부가 문제 된다.

2. 선관의무 및 충실의무 위반 여부
(1) **관련 조문** - 회사와 이사의 관계는 민법의 위임에 관한 규정을 준용하므로 이사는 회사에 대하여 선관주의 의무를 진다(상법 제382조 제2항). 이사는 법령과 정관의 규정에 따라 회사를 위하여 그 직무를 충실하게 수행하여야 한다(상법 제382조의3).

(2) **사안의 경우** - 丙은 A회사의 사외이사임에도 불구하고 D회사의 지배주주가 되어 A회사와 C회사가 독점판매계약을 체결한 물품을 수입하여 판매하고, C회사와 독점판매계약을 체결하여 A회사에 막대한 손실을 입혔는바, 선관의무 및 충실의무를 위반하였다.

3. 경업금지의무 위반 여부
(1) **관련 조문** - 이사는 이사회의 승인 없이 자기의 계산으로 회사의 영업부류에 속한 거래를 하거나 동종영업을 목적으로 하는 다른 회사의 이사가 되지 못한다(상법 제397조 제1항).

(2) **이사회 승인 적법 여부**

  1) 관련 조문 - 이사회의 결의는 이사 과반수의 출석과 출석 이사의 과반수로 하여야 하고, 이사회는 이사의 전부 또는 일부가 직접 회의에 출석하지 아니하고 모든 이사가 음성을 동시에 송수신하는 원격통신수단에 의하여 결의에 참가하는 것을 허용할 수 있다. 총회의 결의에 관하여 특별한 이해관계가 있는 자는 의결권을 행사하지 못하고, 출석한 주주의 의결권의 수에 산입하지 아니한다(상법 제391조 제 1, 2, 3항).

  2) 판례 - 개인적으로 이해관계를 가지는 경우로서 그 결의에 관한 특별이해관계인에 해당한다. 승인을 얻고자 하는 이사는 경업의 대상이 되는 거래 또는 겸직하려는 회사에 관한 중요사항을 이사회에 알려야 한다.

  3) 사안의 경우

    ① 절차상 하자 - A회사의 이사회가 해외 출장 중인 이사들이 과반수가 넘는 관계로 컨퍼런스 콜을 이용하여 결의에 참여한 절차는 적법하고, 이사회에 이사 전원이 참석하였으며 이 중 이해관계 있는 이사 丙을 제외하고 출석한 이사 甲, 乙, 丁 중에서 甲과 乙이 찬성하였으므로, 과반수 이상의 출석과 출석이사 과반수 찬성이 있었는바, 절차적 하자가 존재하지 않는다.

    ② 내용상 하자 - B는 A회사가 수입하는 골프채와 전혀 다른 아동복을 수입판매할 것으로 설명하였고 C법인의 제품을 병행 수입하여 판매한다는 것은 알리지 아니하였으므로, A회사 이사회에 사전에 충분한 정보제공을 하였다고 보기 어려워, 이사회 승인에 내용상 하자가 존재하는바, 이사회 승인이 적법하다고 보기 어렵다.

(3) 자기의 계산으로 회사의 영업부류에 속한 거래 해당 여부
   1) 판례 - 이사는 경업 대상 회사의 이사, 대표이사가 되는 경우뿐만 아니라 그 회사의 지배주주가 되어 그 회사의 의사결정과 업무집행에 관여할 수 있게 되는 경우에도 자신이 속한 회사 이사회의 승인을 얻어야 한다.
   2) 사안의 경우 - A사의 이사 丙이 D사의 지배주주가 되어 A사가 독점판매계약을 맺고 있는 C사의 제품을 수입하여 국내에 판매하고 있는바, 丙은 자기의 계산으로 A의 영업부류에 속하는 거래를 하고 있다.
(4) 소결 - 이사 丙은 A회사에 대하여 경업금지의무를 위반하였다.

4. 기회유용금지의무 위반 여부

(1) 관련 조문 - 이사는 이사회에서 이사 3분의 2 이상의 수의 승인 없이 현재 또는 장래에 회사의 이익이 될 수 있는 직무를 수행하는 과정에서 알게 되거나 회사의 정보를 이용한 사업기회 또는 회사가 수행하고 있거나 수행할 사업과 밀접한 관계가 있는 사업기회를 자기 또는 제3자의 이익을 위하여 이용하여서는 아니 된다(상법 제397조의2 제1항).

(2) 판례 - 이사는 이익이 될 여지가 있는 사업기회가 있으면 이를 회사에 제공하여 회사로 하여금 이를 이용할 수 있도록 하여야 하고, 회사의 승인 없이 이를 자기 또는 제3자의 이익을 위하여 이용하여서는 안 된다.

(3) 사안의 경우
   1) 이사회 승인 여부 - 이사회에 기회유용관련 정보 제공을 하지 않았고 이사회의 승인도 없었다.
   2) 회사의 사업기회 - 丙이 지배주주인 D사는 A회사의 거래처인 C법인에 리베이트 제공 등 적극적으로 A회사 배제활동을 벌여 C법인과 독점판매계약에 이른 것으로 C법인과의 거래는 A회사가 수행할 사업과 밀접한 관련이 있는 사업기회에 해당한다.
   3) 회사의 이익 가능성 및 자기 또는 제3자의 이익 - A회사의 C법인과의 거래는 A회사에게 이익을 가져다줄 것임에도 제3자인 D회사에 사업기회를 제공하여 이용하게 하였다.
   4) 소결 - 이사 丙은 A회사에 대하여 기회유용금지의무를 위반하였다.

5. 결론

이사 丙의 A회사에 대한 (1) 선관의무 및 충실의무, (2) 경업금지의무, (3) 기회유용금지의무를 위반하였다.

[제3문] 문제 2-(2). 해설

1. 문제
(1) 이사의 해임, (2) 경업금지의무 위반에 따른 개입권 행사, (3) 이사에 대한 손해배상청구가 문제된다.

2. 이사의 해임
(1) **관련 조문** - 이사는 언제든지 주주총회 특별결의로 이를 해임할 수 있으나 이사의 임기를 정한 경우에 정당한 이유 없이 그 임기 만료 전에 이를 해임한 때에는 그 이사는 회사에 대하여 해임으로 인한 손해배상을 청구할 수 있다(상법 제385조 제1항).

(2) **사안의 경우** - 이사 丙은 상술한 바와 같이 정당한 사유 없이 법령위반 행위를 하였는바, A사는 이사 丙을 해임할 수 있다.

3. 경업금지의무 위반에 따른 개입권 행사
(1) **관련 조문** - 이사가 경업금지의무를 위반하여 거래를 한 경우에 회사는 이사회의 결의로 그 이사의 거래가 자기의 계산으로 한 것 인 때에는 이를 회사의 계산으로 한 것으로 볼 수 있고 제삼자의 계산으로 한 것인 때에는 그 이사에 대하여 이로 인한 이득의 양도를 청구할 수 있고, 이는 거래가 있은 날로부터 1년을 경과하면 소멸한다(상법 제397조 제2,3항).

(2) **사안의 경우**
  1) A사는 거래일로부터 1년을 경과하기 전에는 개입권을 행사하여 丙이 위반기간 동안 D사로 받은 이득 상당액의 반환을 청구할 수 있다.
  2) 즉, D회사가 실질적으로 丙의 회사라고 한다면 丙 자신의 계산으로 볼 수 있고 이 경우에는 회사의 계산으로 한 것으로 보아 A사는 이사 丙에게 당해 거래에서 취득한 이득에서 거래비용을 공제한 나머지를 이전할 것을 청구할 수 있다.
  3) 제3자의 계산으로 보는 경우에는 이사 丙이 계산의 주체인 제3자 D사로부터 받은 보수 상당액의 반환을 청구할 수 있다.

4. 이사에 대한 손해배상청구
(1) **관련 조문** - 이사가 고의 또는 과실로 법령 또는 정관에 위반한 행위를 하거나 그 임무를 게을리한 경우에는 그 이사는 회사에 대하여 연대하여 손해를 배상할 책임이 있다(상법 제399조 제1항).

(2) **고의 또는 과실로 법령에 위반한 행위 여부** - 상술한 바와 같이 이사 丙은 고의로 상법상 경업거래금지의무 및 기회유용금지의무를 각 위반하였다.

(3) **손해발생 여부**
  1) 관련 조문 - 기회유용금지의무를 위반하여 회사에 손해를 발생시킨 이사는 손해를 배상할 책임이 있으며 이로 인하여 이사 또는 제3자가 얻은 이익은 손해로 추정한다(상법 제397조의2 제2항).

2) 판례 - 회사가 이사의 경업행위와 사업기회 유용행위로 입은 손해는 회사의 매출액 감소에 따른 영업수익 상실액 상당이며, 회사의 매출액 감소분은 이사가 대표로 있는 동종회사가 판매한 제품의 매출액 상당이다.

3) 사안의 경우 - 이사 丙의 기회유용금지의무 위반으로 인해 A사는 막대한 영업 손실이 발생하였고, A사의 매출액 감소에 따른 손해는 D사가 판매한 C법인 제품의 매출액 상당액이 된다.

(4) 책임감면여부

1) 관련 조문 - 이사의 책임은 주주 전원의 동의로 면제할 수 있고, 회사는 정관으로 정하는 바에 따라 이사의 책임을 사외이사가 그 행위를 한 날 이전 최근 1년간의 보수액의 3배를 초과하는 금액에 대하여 면제할 수 있다. 다만, 이사가 고의 또는 중과실로 손해를 발생시킨 경우와 경업금지 및 기회유용금지의무 위반에 해당하는 경우에는 면제할 수 없다(상법 제400조 제1,2항).

2) 판례 - 법령에 위반한 행위에 대하여는 이사가 임무를 수행함에 있어서 선관주의의무를 위반하여 임무해태로 인한 손해배상책임이 문제되는 경우에는 경영판단의 원칙은 적용할 수 없다.

3) 사안의 경우
   ① 총주주 동의에 의한 면제 - A사의 총주주가 이사 丙 의무위반행위에 대한 책임면제에 동의한 사실이 없다.
   ② 정관에 의한 제한 - 정관 2.에 사외이사의 손해배상 책임면제에 관한 규정이 있으나, 이사 丙이 경업금지 및 기회유용금지의무를 위반하였으므로 정관에 의한 제한 규정은 적용될 수 없다.
   ③ 경영판단원칙 - 법령위반 행위에 대하여는 경영판단원칙이 적용될 수 없다.
   ④ 소결 - 사외이사 丙의 A회사에 대한 손해배상책임은 감면될 수 없다.

5. 결론

A회사는 사외이사 丙의 의무위반에 대하여 이사해임, 개입권 행사 및 손해배상청구를 할 수 있다.

[제3문] 문제 3. 해설

1. 문제

(1) A회사 정관 1.의 유효여부, (2) 퇴직위로금 청구가부, (3) 해직보상금 청구가부가 문제 된다.

2. A회사 정관 1.의 유효여부

(1) **관련 조문** - 이사의 보수는 정관에 그 액을 정하지 아니한 때에는 주주총회의 결의로 이를 정한다(상법 제388조).

(2) **사안의 경우** - 이사의 보수는 이사회의 결의로 정한다는 A회사 정관 1.의 규정은 이사 전원에 대한 보수의 총액 또는 한도액을 정하고 각 이사에 대한 배분의 결정을 이사회에 위임하지 않고, 보수액의 결정 및 지급을 전적으로 이사회에 포괄 위임한 것으로 무효이다.

3. 퇴직위로금 청구가부

(1) **관련 법리** - 이사에 대한 퇴직위로금은 그 직에서 퇴임한 자에 대하여 그 재직 중 직무집행의 대가로 지급되는 보수의 일종으로서 상법 제388조에 규정된 보수에 포함된다.

(2) **판례** - '이사의 퇴직금 지급은 이사회 결의로 정하는 임원퇴직금 지급규정에 의한다'고 정한 주식회사 정관 규정은, 이사회의 재량권 행사범위를 제한하지 아니한 채 퇴직금 액수의 결정을 이사회에 무조건적으로 위임함으로써, 이사회가 주주로부터 아무런 통제도 받지 않고 이사의 퇴직금 및 퇴직위로금을 지급할 수 있도록 한 것이므로, 강행규정인 상법 제388조를 위반하여 무효이다.

(3) **사안의 경우** - 무효인 정관 1.의 규정에 근거한 퇴직임원 예우규정 1.도 무효가 되므로 丁이 이를 원용하여 퇴직위로금 지급을 청구할 수 없다.

4. 해직보상금 청구가부

(1) **판례** - 해직보상금은 형식상으로는 보수에 해당하지 않더라도 이사의 보수에 관한 상법 제388조를 준용 내지 유추적용하여 이사는 해직보상금에 관하여도 정관에서 그 액을 정하지 않는 한 주주총회 결의가 있어야만 회사에 대하여 이를 청구할 수 있다.

(2) **사안의 경우** - 상술한 바와 같이 무효인 정관 1.의 규정에 근거한 퇴직임원 예우규정 2.도 무효가 되므로 丁은 이를 원용하여 해직보상금 지급을 청구할 수 없다.

5. 결론

丁은 A회사에 대하여 보수 지급에 관한 정관 규정의 효력이 없으므로 '퇴직임원 예우규정'에 따른 퇴직위로금과 해직보상금 지급을 청구할 수 없다. 다만, A회사의 주주총회에서 퇴직위로금 및 해직보상금에 관하여 결의된 경우에는 청구할 수 있다.

제2차 모의시험 제1문

〈제1문의 1〉

〈 기초적 사실관계 〉

甲은 친구인 乙에게 1억 원을 대여하였다. 약정 반환기일이 지났음에도 乙이 위 1억 원을 반환하지 않자, 甲은 乙을 상대로 위 1억 원의 지급을 청구하는 소를 제기하였다. 乙은 변론기일에서 甲의 주장에 대하여 "자신은 甲으로부터 돈을 차용한 적이 없다."라고 진술하였다.

제1심 소송이 진행되던 중, 乙은 법정 밖에서 甲을 만나 대화를 나누면서 "내가 너한테서 1억 원을 차용한 것은 인정한다. 내가 요즘 경제사정이 너무 어려워서 어쩔 수 없이 법정에서 거짓말을 했다. 미안하다."는 말을 하였는데, 甲은 乙이 알지 못 하는 사이에 이러한 乙의 말을 테이프에 녹음하여, 위 녹음테이프를 증거로 제출하였다.

〈 문제 〉

제1심 법원이 위 녹음테이프를 甲의 대여사실을 인정하기 위한 증거로 채택할 수 있는지 여부와 만일 증거로 채택할 수 있다면 어떠한 방법으로 증거조사를 하여야 하는 지를 논하시오. (15점)

[제1문의 1] 해설

1. 문제
(1) 법원의 녹음테이프 증거채택 여부, (2) 법원의 증거조사 방법이 문제 된다.

2. 법원의 녹음테이프 증거채택 여부

(1) **관련 조문** – 법원은 당사자가 신청한 증거를 필요하지 아니하다고 인정한 때에는 조사를 하지 아니할 수 있다. 다만, 그것이 당사자가 주장하는 사실에 대한 유일한 증거인 때에는 그러하지 아니하다(민소법 제290조).

(2) **판례** – 자유심증주의를 채택하고 있는 우리 민소법하에서 상대방 부지 중 비밀리에 상대방과의 대화를 녹음하였다는 이유만으로 그 녹음테이프가 증거능력이 없다고 단정할 수 없고, 그 채증 여부는 사실심 법원의 재량에 속한다.

(3) **사안의 경우** – 비밀리에 상대방과의 대화를 녹음한 테이프는 위법수집증거에 해당한다고 볼 수 없으며, 자유심증주의 원칙상 법원이 甲의 대여사실을 인정하기 위한 증거로 채택할 수 있다.

3. 법원의 증거조사 방법

(1) **관련 조문** – 녹음테이프 등에 대한 증거조사는 녹음테이프 등을 재생하여 검증하는 방법으로 한다(민소법 제374조, 민소규칙 제121조 제2항). 녹음테이프 등에 대한 증거조사를 신청한 당사자는 법원이 명하거나 상대방이 요구한 때에는 녹음테이프 등의 녹취서, 그밖에 그 내용을 설명하는 서면을 제출하여야 한다.

(2) **판례** – 녹음테이프에 대한 증거조사는 검증의 방법에 의하여야 한다.

(3) **사안의 경우** – 법원은 검증의 방법으로 증거조사를 하여야 한다.

4. 결론
제1심 법원은 위 녹음테이프를 甲의 대여사실을 인정하기 위한 증거로 채택할 수 있고, 검증의 방법으로 증거조사를 한다.

〈제1문의 2〉

〈 기초적 사실관계 〉

甲은 乙에 대한 2억 원의 대여금채권(이하 'A채권'이라고 한다)을 가지고 있었고, 乙은 丙에 대한 1억 원의 대여금채권(이하 'B채권'이라고 한다)을 가지고 있었는데, A채권과 B채권은 모두 그 이행기가 도래하였다. 乙이 채무초과 상태에 있으면서 B채권을 행사하지 않자, 甲은 乙을 대위하여 丙을 상대로 B채권액인 1억 원의 지급을 청구하는 소를 제기하였고, 그 무렵 乙은 이러한 소제기 사실을 알게 되었다.

그 후 乙의 또 다른 대여금 채권자 丁이 B채권에 대하여 채권압류 및 전부명령을 받아 그 명령이 丙에게 송달된 후 확정되었다.

〈 문제 〉

제1심 법원은 어떠한 판결을 해야 하는가? (20점)

[제1문의 2] 해설

1. 문제
甲의 丙에 대한 채권자대위소송에 관한 법원의 판단이 문제 된다.

2. 丁의 전부명령 유효여부
(1) **관련 조문** - 전부명령이 제3채무자에게 송달될 때까지 그 금전채권에 관하여 다른 채권자가 압류·가압류 또는 배당요구를 한 경우에는 전부명령은 효력을 가지지 아니한다(민집법 제229조 제5항).

(2) **판례** - 채권자대위소송이 제기되고 대위채권자가 채무자에게 대위권 행사사실을 통지하거나 채무자가 이를 알게 된 이후에는 민사집행법 제229조 제5항이 유추적용되어 피대위채권에 대한 전부명령은, 우선권 있는 채권에 기초한 것이라는 등의 특별한 사정이 없는 한, 무효이다.

(3) **사안의 경우** - 丁이 B채권에 대한 압류 및 전부명령을 받기 전에 甲이 B채권에 대하여 채권자대위소송을 제기하였고, 채무자 乙이 이러한 사정을 알게 되었으므로 이는 압류경합에 준하는 사유에 해당하는바, 丁의 전부명령은 민집법 제229조 제5항에 위배되어 무효이다.

3. 丁의 압류명령 유효여부
(1) **판례** - 채권에 대한 압류가 경합되어 전부명령이 무효라 할지라도 채권 압류의 효력은 여전히 유효하다.

(2) **사안의 경우** - B채권에 대한 압류가 경합되어 전부명령이 무효일지라도 丁의 B채권에 대한 압류는 유효하다.

4. 압류채권에 대한 이행청구 가부
(1) **판례** - 채권에 대한 압류가 있더라도 이는 채무자가 제3채무자로부터 현실로 급부를 추심하는 것만을 금지하는 것일 뿐 채무자는 제3채무자를 상대로 그 이행을 구하는 소송을 제기할 수 있고 법원은 압류가 되어 있음을 이유로 이를 배척할 수는 없다. 채무 명의 취득 및 시효중단의 필요가 있기 때문이다.

(2) **사안의 경우** - 甲은 채권자대위권을 행사하여 B채권에 대한 이행청구의 소를 제기할 수 있다.

5. 결론
제1심 법원은 甲의 청구에 대하여 전부인용 판결을 한다.

〈제1문의 3〉

〈 기초적 사실관계 〉

甲은 2010. 4. 10. 이래 그 생사를 알 수 없게 되었다. 법원은 2018. 12. 10. 甲에 대한 실종선고를 하였고, 이는 2018. 12. 29. 확정되었다. 한편, 乙은 2018. 1. 22. 甲을 상대로 甲 소유의 X 토지에 관한 소유권이전등기청구의 소를 제기하고 甲에 대한 소장 등의 소송서류를 공시송달되게 하여 2018. 11. 15. 제1심에서 청구인용 판결을 선고받았는데, 그 판결정본은 2018. 11. 16. 甲에게 공시송달되었다(이상의 공시송달은 모두 유효하다). 甲의 유일한 상속인인 丙은 2019. 1. 17. 위 소제기 및 판결선고 사실을 알게 되었다.

〈 문제 〉

2019. 1. 17. 현재 丙은 추후보완 항소를 할 수 있는가? (20점)

[제1문의 3] 해설

1. 문제
(1) 제1심 판결의 유효여부, (2) 추후보완항소 가부가 문제 된다.

2. 제1심 판결의 유효여부
(1) **관련 조문** - 당사자능력은 민소법에 규정이 없으면 민법에 따른다(민소법 제51조). 부재자의 생사가 5년간 분명하지 아니한 때에는 법원은 이해관계인이나 검사의 청구에 의하여 실종선고를 하여야 하고, 실종선고를 받은 자는 분명하지 아니한 때부터 5년의 기간이 만료한 때에 사망한 것으로 본다(민법 제27조 제1항, 제28조).

(2) **판례** - 실종선고의 효력이 발생하기 전에는 실종기간이 만료된 실종자라 하여도 소송상 당사자능력을 상실하는 것은 아니므로 실종선고 확정 전에는 실종기간이 만료된 실종자를 상대로 하여 제기된 소도 적법하고 실종자를 당사자로 하여 선고된 판결도 유효하며 그 판결이 확정되면 기판력도 발생한다.

(3) **사안의 경우** - 실종자 甲을 피고로 한 판결이 확정된 2018. 11. 30. 이후인 2018. 12. 29. 실종선고가 확정되어 사망간주의 시점이 2015. 4. 10.이 되어 소를 제기한 2018. 1. 22. 전으로 소급하였더라도, 위 판결이 사자를 상대로 한 판결로서 무효가 되는 것이 아닌 바, 유효한 판결로서 기판력이 발생한다.

3. 추후보완항소 가부
(1) **관련 조문** - 당사자가 책임질 수 없는 사유로 말미암아 불변기간을 지킬 수 없었던 경우에는 그 사유가 없어진 날부터 2주 이내에 게을리 한 소송행위를 보완할 수 있다(민소법 제173조 제1항).

(2) **판례** - 소장부본 기타의 서류가 공시송달의 방법에 의하여 송달되고 그 판결 역시 공시송달의 방법으로 송달된 경우에 당사자가 이러한 사실을 그 후에야 알게 되었다면 특별한 사정이 없는 한 상소제기의 불변기간을 준수치 못한 것이 당사자에게 책임을 돌릴 수 없는 사유에 인한 것에 해당한다.

(3) **사안의 경우**
1) 제1심 판결이 유효하므로 항소기간 내에 항소는 허용되는데, 판결정본이 공시송달된 2018. 11. 16.부터 2주가 도과하였는바, 2019. 1. 17. 현재 항소를 제기할 수 없다.

2) 그러나, 丙은 甲의 유일한 상속인으로 실종선고가 확정된 2018. 12. 29. 이후 중단된 소송을 수계하고, 소송당사자로서 위 제1심 확정판결에 대하여 책임질 수 없는 사유로 항소기간을 지킬 수 없었음을 주장·증명하여 추후보완 항소를 할 수 있다.

4. 결론
丙은 2019. 1. 17. 소송수계신청을 하고 소송수계인으로서 추완항소를 제기할 수 있다.

〈제1문의 4〉

〈 기초적 사실관계 〉

甲 소유인 X 토지에 관하여 乙 앞으로 매매를 원인으로 한 소유권이전등기(이하 '이 사건 등기'라고 한다)가 마쳐졌다. 丙은 "丙은 甲으로부터 X 토지를 매수하였으므로 甲에 대하여 X 토지에 관한 소유권이전등기청구권을 갖는다. 그리고 乙은 甲으로부터 X 토지를 매수하지 않았음에도 등기관련서류를 위조하여 이 사건 등기를 마쳤으므로 이 사건 등기는 원인무효이다. 따라서 丙은 甲에 대한 위 소유권이전등기청구권을 보전하기 위하여 甲을 대위하여 乙을 상대로 이 사건 등기의 말소를 청구할 수 있다."라고 주장하면서, 甲과 乙을 공동피고로 하여, 甲에 대하여는 丙에게 X 토지에 관하여 매매를 원인으로 한 소유권이전등기절차를 이행할 것을 청구하고, 乙에 대하여는 甲에게 이 사건 등기의 말소등기절차를 이행할 것을 청구하는 소를 제기하였다.

소송과정에서 甲, 乙, 丙 중 누구도 "甲이 丙에게 X 토지를 증여하였다."라는 주장을 하지 않았는데, 제1심 법원은 甲이 제출한 증거를 통하여 '甲이 丙에게 X 토지를 매도한 것이 아니라 증여하였다.'는 확신을 갖게 되었다. 이에 제1심 법원은 甲에 대하여는 丙에게 X 토지에 관하여 증여를 원인으로 한 소유권이전등기절차를 이행할 것을 명하고, 乙에 대하여는 甲에게 이 사건 등기의 말소등기절차를 이행할 것을 명하는 판결을 선고하였다(乙에 대한 판결에 있어, 법원은 丙의 甲에 대한 증여를 원인으로 한 소유권이전등기청구권을 피보전권리로 인정하였다).

〈 문제 〉

1. 제1심 판결 중 甲에 대하여 증여를 원인으로 한 소유권이전등기절차의 이행을 명한 부분은 타당한가? (15점)
2. 丙은 甲과 乙을 상대로 하여 제1심 판결에 대하여 항소를 할 수 있는가? (20점)

[제1문의 4] 문제 1. 해설

1. 문제
제1심 판결의 (1) 처분권주의, (2) 변론주의 위배 여부가 문제 된다.

2. 처분권주의 위배여부
(1) **관련 조문** - 법원은 당사자가 신청하지 아니한 사항에 대하여는 판결하지 못한다 (민소법 제203조).

(2) **판례** - 매매를 원인으로 한 소유권이전등기를 청구한 데 대하여 법원이 양도담보 약정을 원인으로 한 소유권이전등기를 명하였다면 청구는 실질적으로 인용한 것이 아니어서 판결의 결과가 불이익하게 되었으므로 처분권주의를 위반한 위법이 있다.

(3) **사안의 경우** - 丙은 甲에 대하여 X토지 매매를 원인으로 한 소유권이전등기절차를 이행할 것을 청구하였는데, 법원이 증여를 원인으로 한 소유권이전등기절차를 이행할 것을 명하였는바, 이는 처분권주의에 위배된다.

3. 변론주의 위배여부
(1) **관련 법리** - 민사소송법상 소송자료 즉, 사실과 증거의 수집, 제출책임은 당사자에게 있고, 당사자가 수집하여 변론에서 제출한 소송자료만으로 재판의 기초로 삼아야 한다.

(2) **사안의 경우** - 증여사실은 소유권이전등기청구권에 대한 권리발생사실 즉, 주요사실로서 丙에게 주장책임이 있는데, 당사자들이 증여 사실을 주장한 바도 없고 원고 丙이 피고 甲이 제출한 증거를 원용한 바도 없는바, 법원이 당사자들이 주장하지도 않은 증여사실을 인정한 것은 변론주의에 위배된다.

4. 결론
제1심 판결 중 甲에 대하여 증여를 원인으로 한 소유권이전등기절차의 이행을 명한 부분은 처분권주의 및 변론주의에 위배되는바, 타당하지 않다.

[제1문의 4] 문제 2. 해설

1. 문제
丙의 甲, 乙에 대한 항소 가부가 문제 된다.

2. 丙의 甲, 乙에 대한 항소 가부
(1) **관련 법리** - 재판의 상소인에 대한 불이익 여부는 원칙적으로 재판의 주문을 표준으로 하여 판단하여야 하는 것이어서, 청구가 인용된 바 있다면 비록 그 판결 이유에 불만이 있더라도 그에 대하여는 상소의 이익이 없다(형식적 불복설).

(2) 판례
1) 당사자가 주장하지 않은 법률관계를 원인으로 소유권이전등기를 명하였다면 판결주문 상으로는 전부 승소한 것으로 보이기는 하나, 정작 당사자가 주장한 법률관계를 원인으로 한 소유권이전등기청구에 관하여는 심판을 한 것으로 볼 수 없어 처분권주의를 위반한 위법이 있고 그에 대한 상소의 이익이 인정된다.
2) 채권자대위소송에서 직접 심판대상이 되고 판결의 기판력이 미치는 것은 피대위권리이므로 청구가 인용되어 승소한 이상, 법원이 피보전권리의 발생 원인을 잘못 인정하였다 하더라도 이는 판결 이유 중의 판단에 불과한바, 그 사유만으로는 상소의 이익이 없다.

(3) 사안의 경우
1) 甲 - 丙이 甲을 상대로 X 토지에 대하여 매매를 원인으로 소유권이전등기청구를 하였는데 증여를 원인으로 하여 청구를 인용한 것은 판결 주문으로는 丙이 전부승소한 것처럼 보이나, 丙이 주장한 매매에 관하여는 실질적으로 심판을 받은 적 없는바, 상소의 이익이 인정된다.
2) 乙 - 丙의 乙에 대한 대위청구에서 판결 이유 중의 판단에 불과한 피보전권리를 丙이 주장한 매매가 아닌 증여를 원인으로 한 소유권이전등기청구권을 인정하였더라도 기판력은 소송물인 X토지 말소등기청구권 존부에만 발생하고, 丙의 乙에 대한 청구가 인용되어 승소하였는바, 상소의 이익은 없다.

3. 결론
丙은 甲에 대하여는 항소를 할 수 있으나, 乙에 대하여는 항소를 할 수 없다.

〈제1문의 5〉

〈 기초적 사실관계 〉

A 종중의 대표자 甲은 종중총회의 결의를 거치지 않고 A 종중을 대표하여 A 종중 소유의 X 토지를 乙에게 매도하고 乙 명의로 소유권이전등기를 경료해 주었는데, 그 당시 A 종중의 규약에는 종중재산 처분에 관한 내용이 없었다.

그 후 A 종종의 대표자로 선임된 丙은 "위와 같은 X 토지의 처분은 종중총회의 결의 없이 이루어진 것이므로 위 소유권이전등기는 원인무효이다."라고 주장하면서 자신을 원고로 하여 乙을 상대로 위 소유권이전등기 말소등기청구의 소를 제기하였다. 위 소제기 전에 A 종중의 총회에서는 위 소제기에 찬성하는 결의가 있었다.

〈 문제 〉

제1심 법원은 어떠한 판결을 해야 하는가? (10점)

[제1문의 5] 문제 해설

1. 문제
종중대표자가 보존행위로서 종중재산에 관한 소를 제기할 당사자적격 여부가 문제 된다.

2. 당사자적격 여부
(1) **관련 조문** - 법인이 아닌 사단의 사원이 집합체로서 물건을 소유할 때에는 총유로 한다(민법 제275조 제1항). 총유물의 관리 및 처분은 사원총회의 결의에 의하고, 각 사원은 정관 기타의 규약에 좇아 총유물을 사용, 수익할 수 있다(민법 제276조 제1,2항).

(2) **판례** - 총유재산에 관한 소송은 법인 아닌 사단이 그 명의로 사원총회의 결의를 거치거나, 구성원 전원이 당사자가 되어 필수적 공동소송의 형태로 할 수 있을 뿐 그 사단의 구성원은 사단의 대표자라거나 사원총회의 결의를 거쳤더라도 그 소송의 당사자가 될 수 없고, 이는 총유재산의 보존행위로서 소를 제기하는 경우에도 같다.

(3) **사안의 경우** - A종중 소유 X토지에 관한 乙의 등기가 원인무효임을 이유로 말소등기청구의 소를 제기하는 것은 보존행위로서 A종중 대표자 丙은 이를 단독으로 제기할 당사자적격이 없다.

3. 결론
제1심 법원은 소각하 판결을 해야 한다.

〈제1문의 6〉

〈 기초적 사실관계 〉

丙은 2017. 4. 1. 사망하였고, 丙의 상속인으로 그의 자(子) 甲과 丁이 있다.

〈 추가적 사실관계 〉

甲은 2017. 2. 1. 乙에게 甲의 부(父) 丙의 소유인 X아파트에 관하여 자신을 매도인으로 하는 매매계약을 체결하면서, 2017. 5. 1. 소유권이전등기를 마치기로 약정하고 이후 계약금 및 중도금을 지급받았다. 甲은 X아파트에 관하여 매매계약을 체결한 사실을 2017. 4. 5. 丁에게 말하였다. 이를 들은 丁은 "최근 주택경기 활성화의 영향으로 주택가격이 급등하고 있으므로 X아파트를 계속 가지고 있는 것이 좋겠다"면서 X아파트의 소유권 이전을 적극 만류하였다. 甲은 이를 받아들여 2017. 4. 7. 丁과 상속재산인 X아파트를 丁의 단독소유로 하기로 상속재산 분할협의를 하였고, 丁 명의로 X아파트에 관하여 상속을 원인으로 한 소유권이전등기를 마쳤다. 乙은 상속재산 분할협의가 사회질서에 반하여 무효라고 주장하면서 丁 명의의 소유권이전등기의 전부 말소를 청구하였다.

〈 문제 1. 〉

乙의 청구에 대한 법원의 결론(각하, 기각, 전부 인용, 일부 인용) 및 그 결론에 이르게 된 근거를 설명하시오(20점).

〈 문제 2. 〉

丙 사망 당시 상속재산으로 A은행에 대한 1억 원의 예금채권이 전부였고, 甲에게 6,000만 원의 특별수익분이 있었다. 丁은 甲에 대하여 위 예금채권에 관한 상속재산 분할협의를 제안하였고, 甲은 가분채권은 분할협의의 대상이 되지 않는다고 하면서 이를 거절하였다. 누구의 주장이 타당한가? (10점)

〈 변형된 사실관계 〉

戊는 2016. 5. 1. 甲에게 1억 원을 대여하였다. 丁은 2018. 5. 1. 그 당시 甲이 이미 채무초과 상태임을 알면서도 유일한 상속재산인 X아파트(시가 3억 원)를 丁의 단독 소유로 하기로 甲과 상속재산 분할협의를 하였고, 丁은 위 아파트를 3억 원에 己에게 매도하고, 己에게 소유권이전등기를 경료하였다.

戊는 甲과 丁의 상속재산분할협의가 사해행위에 해당한다고 보아 1억 원의 한도에서 상속재산 분할협의를 취소하고 丁에게 1억 원의 가액배상을 청구하였다. 이에 대하여 丁은 丙이 2015. 4. 1. 甲에게 사업자금으로 1억 원을 증여한 것을 고려하여 甲이 X아파트에 대한 권리를 포기한 것이라고 주장하였다. 가정법원의 기여분 결정절차에서 甲에게 피상속인을 특별히 부양하거나 피상속인의 재산의 유지 또는 증가에 특별히 기여한 사정이 인정되지 않았다.

〈 문제 3. 〉

戊의 청구에 대한 법원의 결론(각하, 기각, 전부 인용, 일부 인용) 및 그 결론에 이르게 된 근거를 설명하시오(20점).

[제1문의 6] 문제 1. 해설

1. 문제

乙의 丁에 대한 소유권이전등기말소청구에 관한 법원의 판단이 문제 된다.

2. 乙의 甲에 대한 채권자대위권 행사가부

(1) 관련 조문 - ① 피보전채권의 존재 및 이행기 도래, ② 보전의 필요성, ③ 채무자의 권리불행사, ④ 피대위권리의 존재를 요한다(민법 제404조).

(2) 피보전채권의 존재

1) 관련 조문 - 매매의 목적이 된 권리가 타인에게 속한 경우에는 매도인은 그 권리를 취득하여 매수인에게 이전하여야 한다(민법 제569조).

2) 사안의 경우 - 甲은 丙소유 X아파트를 자신을 매도인으로 하여 乙과 매매계약을 체결하였으므로, 타인권리매매로서 유효하고 乙에게 이를 이전하여줄 의무가 있는바, 乙은 X아파트의 소유권이전등기절차를 청구할 지위에 있는 자이다.

(3) 피대위권리의 존재

1) 관련 조문 - 공동상속인은 언제든지 그 협의에 의하여 상속재산을 분할할 수 있다(민법 제1013조 제1항). 상속재산의 분할은 상속개시된 때에 소급하여 그 효력이 있다. 그러나 제삼자의 권리를 해하지 못한다(민법 제1015조). 선량한 풍속 기타 사회질서에 위반한 사항을 내용으로 하는 법률행위는 무효로 한다(민법 제103조).

2) 판례

① 상속재산 협의분할은 상속개시 된 때에 소급하여 효력이 발생하고 등기를 경료하지 아니한 제3자는 민법 제1015조 단서 소정의 소급효가 제한되는 제3자에 해당하지 않는다.

② 상속재산 협의분할로 부동산을 단독으로 상속한 자가 협의분할 이전에 공동상속인 중 1인이 그 부동산을 제3자에게 매도한 사실을 알면서도 상속재산 협의분할을 하였을 뿐 아니라, 그 매도인의 배임행위에 적극 가담한 경우에는 그 매도인의 법정상속분에 관한 부분은 민법 제103조 소정의 반사회질서의 법률행위에 해당한다.

3) 사안의 경우

① 乙은 매매계약을 체결하였을 뿐 등기를 경료하지 않았으므로 민법 제1015조 단서의 소급효가 제한되는 제3자에 해당하지 않는다.

② 다만, 상속재산 분할협의는 일종의 계약으로 보아야 하므로 민법 제103조의 적용대상이 되고, 丁이 공동상속인 甲의 乙에 대한 매매사실을 알면서도 단독상속 협의분할에 적극가담하였는바, 甲의 법정상속분인 X토지 1/2지분에 관한 협의분할은 반사회질서 법률행위에 해당하여 무효가 된다.

(4) 소결

乙은 甲에게 2017. 2. 1. X토지 매매를 원인으로 한 소유권이전등기청구권을 보전하기 위하여, 甲과 丁사이의 2017. 4. 7. 상속재산 분할협의가 반사회질서 법률행위에 해당하여 무효임을 이유로, 甲이 X토지에 대한 1/2지분 소유권자임을 이유로 丁명의 소유권이전등기 중 1/2지분에 대한 말소청구를 대위하여 행사할 수 있다.

3. 결론

乙의 丁에 대한 X토지 소유권이전등기의 전부말소 청구는 甲의 법정상속분인 1/2지분 한도에서 일부 인용된다.

[제1문의 6] 문제 2. 해설

1. 문제

가분채권이 상속재산 협의 분할의 대상이 되는지가 문제 된다.

2. 가분채권의 상속재산 협의 분할 대상 여부

(1) **관련법리** - 금전채권과 같이 급부의 내용이 가분인 채권은 공동상속 되는 경우 상속개시와 동시에 당연히 법정상속분에 따라 공동상속인들에게 분할되어 귀속되므로 상속재산분할의 대상이 될 수 없다.

(2) **판례** - 공동상속인들 중에 초과특별수익자가 있는 경우 초과특별수익자는 초과분을 반환하지 아니하면서도 가분채권은 법정상속분대로 상속받게 되는 부당한 결과가 나타나는 특별한 사정이 있는 때는 상속재산분할을 통하여 공동상속인들 사이에 형평을 기할 필요가 있으므로 가분채권도 예외적으로 상속재산분할의 대상이 된다.

(3) **사안의 경우** - 공동상속인 甲에게 6천만 원의 특별수익이 있어, 예금채권 1억 원은 법정상속분에 따라 각각 5천만 원을 상속받는 경우 甲은 1억 1천만 원, 丁은 5천만 원을 최종적으로 상속받게 되어 불합리한 결과가 발생하는바, 가분채권인 예금채권은 상속재산 분할 협의 대상이 된다.

3. 결론

丁의 주장이 타당하다.

[제1문의 6] 문제 3. 해설

1. 문제
戊의 채권자 취소소송 및 가액배상 청구의 인용 여부가 문제 된다.

2. 戊의 채권자 취소소송 인용 여부
(1) 요건 - ① 피보전채권의 존재, ② 채무자의 사해행위, ③ 채무자의 사해의사(민법 제406조).

(2) 피보전채권의 존재

피보전채권은 사해행위 이전에 존재하여야 하는데 戊의 甲에 대한 2016. 5. 1.자 1억 원의 대여금채권은 2018. 5. 1. 사해행위 이전에 발생하였는바, 피보전채권이 존재한다.

(3) 채무자의 사해행위 및 사해의사

1) 판례 - 상속재산의 분할협의는 상속이 개시되어 공동상속인 사이에 잠정적 공유가 된 상속재산에 대하여 그 전부 또는 일부를 각 상속인의 단독소유로 하여 상속재산의 귀속을 확정시키는 것으로 그 성질상 재산권을 목적으로 하는 법률행위이므로 사해행위취소권 행사의 대상이 된다.

2) 사안의 경우 - 甲이 상속재산 분할협의 당시 이미 채무초과상태임을 알면서도 유일한 상속재산인 X아파트를 丁의 단독소유로 분할협의를 한 것은 사해행위에 해당하고 사해의사가 인정된다.

(4) 소결 - 채권자 취소에 필요한 요건을 충족하여 丁의 채권자 취소소송은 인용된다.

3. 戊의 가액배상 청구 인용 여부
(1) 취소의 범위

1) 판례 - 채무초과 상태에 있는 채무자가 상속재산의 분할협의 결과가 채무자의 구체적 상속분에 상당하는 정도에 미달하는 과소한 것이라고 인정되지 않는 한 사해행위로서 취소되어야 할 것은 아니고, 구체적 상속분에 상당하는 정도에 미달하는 과소한 경우에도 사해행위로서 취소되는 범위는 그 미달하는 부분에 한정하여야 한다.

2) 사안의 경우 - 甲이 구체적 상속분에 미달하는 부분으로 상속받았는지 여부를 판단하기 위해서는 구체적 상속분의 확정이 검토되어야 한다.

(2) 구체적 상속분의 산정

1) 관련 조문 - 공동상속인 중에 피상속인으로부터 재산의 증여 또는 유증을 받은 자가 있는 경우에 그 수증재산이 자기의 상속분에 달하지 못한 때에는 그 부족한 부분의 한도에서 상속분이 있다(민법 제1008조). 공동상속인 중에 특별히 기여한 자가 있을 때에는 상속개시 당시의 피상속인의 재산가액에서 공동상속인의 협의로 정한 그 자의 기여분을 공제한 것을 상속재산으로 보고 상속분에 기여분을 가산한 액으로써 그 자의 상속분으로 한다(민법 제1008조의2 제1항).

2) 사안의 경우 - 甲은 특별한 기여분이 없으므로 구체적 상속분은 X아파트 시가 3억 원과 생전 증여 1억 원을 합친 4억 원에서 법정상속분(1/2)인 2억 원에서 특별수익 증여 1억 원을 공제한 1억 원이다.

(3) 소결

甲은 자신의 구체적 상속분 1억 원을 상속받을 수 있었음에도 협의분할로 실질적으로 丁에게 무상증여하였는바, 이 부분은 가액반환의 대상이 된다.

4. 결론

법원은 "1. 甲과 丁 사이에 X 부동산에 관한 2018. 5. 1.자 상속재산 분할 협의를 1억 원 범위 내에서 취소한다. 2. 丁은 戊에게 1억 원 원 및 이에 대한 판결 확정일 다음날부터 다 갚는 날까지 연 5%의 비율에 의한 금원을 지급하라."는 전부인용 판결을 한다.

제2차 모의시험 제2문

〈제2문의 1〉

〈 기초적 사실관계 〉

甲과 乙은 각각 1/4, 3/4의 지분으로 X토지를 공유하고 있다. A는 2003. 2. 1. 甲과 乙을 대리하여 X토지에 대해 丙과 매매계약을 체결하고, 丙으로부터 매매대금을 수령한 다음, 2003. 4. 1. 丙의 명의로 소유권(공유지분)이전등기를 마쳐주었다. 丙은 2004. 3. 1. X토지에 대해서 丁과 매매계약을 체결하였고, 2004. 4. 1. 丁에게 X토지의 인도 및 소유권이전등기를 마쳐주었다.

乙은 2015. 4. 1. 丙과 丁을 상대로 X토지에 관한 각 이전등기 전부의 말소를 구하는 소를 제기하였다. 변론절차에서 乙은 甲·乙이 A에게 대리권을 수여한 적이 없으므로 甲·乙과 丙 사이에 체결된 매매계약은 무효이며, A가 등기관련서류를 위조하여 마쳐진 丙과 丁명의의 등기도 무효라고 주장하였다.

〈 문제 〉

1. 심리결과 A에게 甲과 乙을 대리할 수 있는 대리권이 있는지 여부가 증명되지 않았다. 법원은 乙의 丙과 丁에 대한 청구에 대하여 어떤 결론(각하, 기각, 전부 인용, 일부 인용)을 내려야 하는지와 그 결론에 이르게 된 논거를 설명하시오. (10점)

〈 추가된 사실관계 〉

乙이 丙과 丁을 상대로 제기한 소송의 1심에서 A가 대리권이 없음에도 불구하고 甲과 乙을 대리하여 丙과 매매계약을 체결하였고, 등기관련서류를 위조하여 丙의 명의로 소유권이전등기를 마쳐주었다는 점이 인정되었다. 따라서 丙명의의 공유지분이전등기와 丁명의의 소유권이전등기의 말소청구는 인용되었다.

〈 문제 〉

2. 乙이 제기한 소송의 판결이 2016. 2. 1. 확정되었다. 乙은 丁이 X토지를 인도받아 점유사용한 2014. 4. 1.부터 丁이 X토지를 반환하는 시점까지 월 임료 상당의 부당이득반환을 청구하였다. 심리결과 丁은 丙명의의 등기가 무효라는 점을 알지 못하였고, 그 오인에 정당한 이유가 있었으며, X토지의 월차임은 100만 원이었다. 乙의 청구에 대한 결론(각하, 기각, 전부 인용, 일부 인용) 및 결론에 이르게 된 논거를 설명하시오(이자 및 지연손해금은 고려하지 않음). (20점)

〈 추가된 사실관계 〉

乙의 청구가 1심법원에서 모두 인용된 후에 丙이 항소를 하지 아니하여 丙에 대한 판결은 확정되었지만, 丁은 X토지에 대한 등기부 취득시효가 완성되었다는 취지로 항소하였다. 항소심법원은 등기부 취득시효가 완성되어 丁명의의 등기가 실체관계에 부합하는 등기라는 이유로 청구기각 판결을 선고하였고, 이 판결은 2016. 8. 1. 확정되었다.

〈 문제 〉

3. 乙은 丙에 대해 공유지분이전등기의 말소가 불능이 되었음을 이유로 민법 제390조를 근거로 X토지에 대한 자신의 지분의 시가에 상응하는 전보배상을 청구하였다. 이에 대한 법원의 판단(각하, 기각, 전부 인용, 일부 인용)과 그 근거를 설명하시오. (10점)

[제2문의 1] 문제 1. 해설

1. 문제
(1) 乙 청구의 법적근거, (2) 대리권 수여사실에 대한 증명책임이 문제 된다.

2. 乙 청구의 법적근거 (보존행위)
(1) **관련 조문** - 소유자는 소유권을 방해하는 자에 대하여 방해의 제거를 청구할 수 있다(민법 제214조). 공유물의 보존행위는 각자가 할 수 있다(민법 제265조 단서).

(2) **판례** - 부동산의 공유자 중 1인은 당해 부동산에 관하여 무효의 소유권이전등기가 경료되어 있는 경우에 민법 제265조 단서에서 정하는 공유물에 관한 보존행위로서 자신의 공유지분을 넘어서 그 무효인 등기 전부의 말소를 청구할 수 있다.

(3) **사안의 경우** - X토지 공유자 乙은 단독으로 丙과 丁을 상대로 甲, 乙과 丙사이의 체결된 매매계약이 무효임을 이유로 자신의 3/4 지분뿐만 아니라 甲의 1/4 지분의 소유권이전등기말소 청구를 구할 수 있다.

3. 대리권 수여사실에 대한 증명책임 (등기의 추정력)
(1) **관련법리** - 매매계약의 유효를 주장하는 매수인 측이 매도인의 대리권 수여사실에 대한 입증책임이 있다.

(2) **판례** - 부동산에 관하여 소유권이전등기가 경료 되어 있는 경우에는 그 등기명의자는 제3자에게 대하여서 뿐만 아니라 그 전소유자에 대하여서도 적법한 등기원인에 의하여 소유권을 취득한 것으로 추정되므로, 등기가 원인무효임을 이유로 그 말소를 청구하는 전소유명의인으로서는 그 반대사실 즉, 그 제3자에게 전소유명의인을 대리할 권한이 없었다는 등기의 무효사실에 대한 입증책임이 있다.

(3) **사안의 경우** - 丙 명의로 소유권이전등기가 경료되었으므로 등기의 추정력으로 인해 매매계약이 유효한 것으로 추정되고, 이는 A에게 대리권이 있었다는 사실에 대하여도 미치므로, 乙이 A의 대리권 부존재사실에 대한 입증책임이 있다.

4. 결론
법원은 A의 대리권 존부에 대한 증명이 이루어지지 않았는바, 乙의 丙과 丁에 대한 청구를 전부 기각한다.

[제2문의 1] 문제 2. 해설

1. 문제
乙이 丁에게 한 부당이득반환청구에 관한 법원의 판단이 문제 된다.

2. 부당이득반환청구 가부
(1) **관련 조문** - 법률상 원인 없이 타인의 재산 또는 노무로 인하여 이익을 얻고 이로 인하여 타인에게 손해를 가한 자는 그 이익을 반환하여야 한다(민법 제741조).

(2) **판례** - 토지공유자는 특별한 사정이 없는 한 그 지분에 대응하는 비율의 범위 내에서만 그 차임 상당의 부당이득금반환의 청구권을 행사할 수 있다.

(3) **사안의 경우** - 乙은 丁의 X토지 점유사용으로 인해 이를 사용수익하지 못한 손해가 발생하였고, 丁은 차임상당의 이익을 얻었으므로 乙의 손해와 丁의 이익사이에 인과관계가 인정된다. 다만, 乙은 丁에게 자신의 X토지 지분 3/4비율 범위 내에서 차임상당의 부당이득반환을 청구할 수 있는바, 월차임 100만 원의 3/4비율인 75만 원의 비율에 따른 부당이득금 반환을 청구할 수 있다.

3. 부당이득반환청구 범위
(1) **관련 조문** - 선의의 점유자는 점유물의 과실을 취득한다(민법 제201조 제1항). 선의의 점유자라도 본권에 관한 소에 패소한 때에는 그 소가 제기된 때로부터 악의의 점유자로 본다(민법 제197조 제2항).

(2) **판례** - 선의의 점유자란 과실취득권을 포함하는 권원(소유권, 지상권, 임차권 등)이 있다고 오신한 점유자를 말하고 그와 같은 오신을 함에는 오신할 만한 근거가 있어야 하고, '소가 제기된 때'란 소송이 계속된 때, 즉 소장 부본이 피고에게 송달된 때를 말한다.

(3) **사안의 경우** - 丁은 丙명의 등기가 무효라는 점을 알지 못하였고, 그 오인에 정당한 이유가 있었으므로 선의점유자로서 과실수취권이 인정된다. 다만, 본권에 관한 소장 부본이 송달된 때부터 악의의 점유자로 보는바, 소장부본송달시 부터 월 75만 원의 비율에 의한 차임상당의 부당이득금을 반환해야 한다.

4. 결론
乙의 청구는 "丁은 소장부본송달시부터 X토지 인도완료일 때까지 월 75만 원의 비율로 계산한 금원을 乙에게 지급하라." 청구일부 인용판결을 한다.

[제2문의 1] 문제 3. 해설

1. 문제
乙의 丙에 대한 물권적청구권 이행불능에 따른 전보배상청구 가부가 문제 된다.

2. 물권적청구권 이행불능에 따른 전보배상청구 가부

(1) **관련 조문** - 소유자는 소유권을 방해하는 자에 대하여 방해의 제거를 청구할 수 있다(민법 제214조). 채무자가 채무의 내용에 좇은 이행을 하지 아니한 때에는 채권자는 손해배상을 청구할 수 있다(민법 제390조).

(2) **판례** - 소유자가 실체관계에 부합하지 않는 등기의 명의인을 상대로 그 등기말소를 청구하는 경우 그 권리는 물권적 청구권으로서의 방해배제청구권의 성질을 가지며 등기말소청구권 등의 물권적 청구권은 그 권리자인 소유자가 소유권을 상실하면 그 발생이 기반이 아예 없게 되어 더 이상 그 존재 자체가 인정되지 않으므로 등기말소의무의 이행불능으로 인한 채무불이행책임이 발생할 수 없다.

(3) **사안의 경우** - 乙이 丙에 대해 공유지분이전등기의 말소불능으로 인해 민법 제390조에 따른 채무불이행책임을 묻기 위해서는 소유권자임이 전제가 되어야 하는데, 丁의 등기부취득시효완성으로 인해 소유권을 상실한 乙은 丙에게 민법 제750조의 불법행위책임을 물을 수 있을지언정 물권적 청구권 이행불능에 따른 전보배상을 물을 수 없다.

3. 결론
乙의 丙에 대한 전보배상 청구는 기각된다.

〈제2문의 2〉

　　甲과 乙은 X토지를 공유하고 있다. 甲의 지분은 1/4이었고, 乙의 지분은 3/4이다. 甲은 2017. 3. 1. 乙의 동의 없이 丙과 X토지의 옹벽설치공사를 공사대금 2억 원, 공사기간 2017. 3. 1.부터 같은 해 5. 1.까지, 공사대금은 공사완료일에 지급하기로 하는 도급계약을 체결하였다. 丙은 2017. 5. 1. 위 공사를 마쳤으나 甲은 丙에게 공사대금 중 1억 원을 지급하지 못했다. 丙은 공사대금을 모두 지급받지 못하였지만 乙이 당장 토지를 인도하라는 요구를 하는 바람에 乙에게 X토지를 인도해주었다. 위 공사로 X토지의 가치는 종전보다 2억 원 증가하였다.

〈 문제 〉

　　丙은 자력이 있는 乙을 상대로 ① 乙의 지분비율에 따른 공사대금의 지급청구, ② 유익비상환청구, ③ 부당이득반환청구를 하였다. 丙의 각 청구에 대한 법원의 결론(각하, 기각, 전부 인용, 일부 인용)과 그 결론에 이르게 된 근거를 설명하시오. (20점)

[제2문의 2] 해설

1. 문제
丙의 乙에 대한 (1) 공사대금청구, (2) 유익비상환청구, (3) 부당이득반환청구 가부가 문제 된다.

2. 공사대금청구
(1) **관련 조문** - 공유물 관리에 관한 사항은 공유자 지분의 과반수로써 결정한다(민법 제265조).

(2) **사안의 경우** - 甲이 옹벽설치 공사계약을 체결한 것은 공유물의 이용가치를 높이기 위한 관리행위에 해당하므로 1/4지분권자인 甲이 단독으로 할 수 없음에도 체결한 것으로 乙에 대하여 적법한 관리행위에 해당하지 않는바, 乙에게 효력이 없다. 그리고 도급계약 당사자는 甲과 丙이므로 丙은 공사대금을 乙에게 청구할 수 없다.

3. 유익비 상환청구
(1) **관련 조문** - 점유자가 점유물을 개량하기 위하여 지출한 금액 기타 유익비에 관하여는 그 가액의 증가가 현존한 경우에 한하여 회복자의 선택에 좇아 그 지출금액이나 증가액의 상환을 청구할 수 있다(민법 제203조 제2항).

(2) **판례** - 수급인이 도급인으로부터 제3자 소유 물건의 점유를 이전받아 이를 수리한 결과 그 물건의 가치가 증가한 경우, 도급인이 그 물건을 간접점유하면서 궁극적으로 자신의 계산으로 비용지출 과정을 관리한 것으로, 도급인만이 소유자에 대한 관계에 있어서 민법 제203조에 의한 비용상환청구권을 행사할 수 있는 비용지출자이고, 수급인은 이에 해당하지 않는다.

(3) **사안의 경우** - 甲만이 乙에게 비용상환청구를 할 수 있고, 丙은 乙에게 유익비 상환청구를 할 수 없다.

4. 부당이득반환청구
(1) **관련 조문** - 법률상 원인 없이 타인의 재산 또는 노무로 인하여 이익을 얻고 이로 인하여 타인에게 손해를 가한 자는 그 이익을 반환하여야 한다(민법 제741조).

(2) **판례** - 계약상의 급부를 한 계약당사자는 이익의 귀속 주체인 제3자에 대하여 직접 부당이득반환을 청구할 수는 없다. ① 자기 책임 하에 체결된 계약에 따른 위험부담을 제3자에게 전가, ② 채권자인 계약당사자가 채무자인 계약 상대방의 일반채권자에 비하여 우대받는 결과, ③ 수익자인 제3자가 계약 상대방에 대하여 가지는 항변권 등을 침해하기 때문이다.

(3) **사안의 경우** - 丙이 乙에게 부당이득반환청구를 할 수 없다.

5. 결론
법원은 공사대금, 유익비상환, 부당이득반환청구 모두를 기각한다.

〈제2문의 3〉

〈 기초적 사실관계 〉

甲이 스키장 인근에 신축하여 소유하고 있는 3층 건물 중 1층과 2층을 乙이 임차하여 펜션으로 운영하고 있었다. 2018. 1. 20. 밤 펜션에 딸린 1층 주방에서 원인을 알 수 없는 화재가 발생하여, 2층과 3층으로 옮겨 붙었고 결국 위 건물 전부가 소실되고 말았다. 이에 甲은 乙을 상대로 건물 전부의 소실을 이유로 임대차계약상 의무불이행으로 인한 재산상 손해배상을 청구하였다. 乙은 위 건물 중 임차목적물인 1층과 2층 펜션에 대해서는 임대차계약상 관리, 보존의무의 위반을 인정하지만, 3층 부분에 대해서는 그러한 계약상의 의무가 없으므로 배상책임을 지지 않는다고 항변하였다. 법원의 심리결과 화재발생의 원인이 밝혀지지 않았다.

〈 문제 〉

1. 甲의 청구에 대한 법원의 판단(각하, 기각, 전부 인용, 일부 인용)을 근거와 함께 기술하시오. (10점)

〈 계속된 사실관계 〉

甲은 불타 없어진 건물을 재축하여 2018. 7.부터 펜션으로 직접 운영하여 왔다. 丙은 스키를 타기 위해 甲이 운영하는 펜션 201호를 계약하고 2018. 12. 17. 투숙하였다. 甲은 펜션 재축시 가스보일러 신제품을 직접 구입하여 시공을 하였으나, 201호 보일러 배관과 배기가스 연통이음새의 내연실리콘마감을 하지 않은 등 마감처리를 잘못하였다. 이로 인해 마감이 불량한 연통이 이탈되어 보일러 배관과 연통의 이음새가 벌어짐으로써 가스가 누출되었고 잠자던 丙이 일산화탄소가스에 중독되어 사망하였다.

〈 문제 〉

2. 丙의 유족은 甲을 상대로 망인 丙의 손해배상청구권을 행사하고자 한다. 甲의 丙에 대한 손해배상책임의 성립 여부에 관하여 근거를 들어 설명하시오(15점).

3. 丙의 유족으로는 친모인 丁과 사실혼배우자 戊가 있다. 丁, 戊가 甲을 상대로 채무불이행 또는 불법행위를 이유로 위자료를 청구하고자 할 경우 인용될 수 있는지, 丙의 甲에 대한 위자료청구권이 丁, 戊에게 상속되는지 각각 근거를 들어 설명하시오.(15점)

[제2문의 3] 문제 1. 해설

1. 문제
(1) 임차목적물 부분, (2) 임차목적물 이외 부분에 대한 손해배상청구 가부가 문제 된다.

2. 임차목적물 부분에 대한 손해배상청구 가부
(1) **관련 조문** - 특정물의 인도가 채권의 목적인 때에는 채무자는 그 물건을 인도하기까지 선량한 관리자의 주의로 보존하여야 한다(민법 제374조).

(2) **판례** - 임차인은 임차목적물을 명도할 때까지는 선관주의로 이를 보존할 의무가 있어, 이를 위반하여 임대목적물이 멸실, 훼손된 경우에는 그에 대한 손해를 배상할 채무가 발생하며, 임대목적물이 멸실, 훼손된 경우 임차인이 그 책임을 면하려면 그 임차건물의 보존에 관하여 선관주의 의무를 다하였음을 입증하여야 한다.

(3) **사안의 경우** - 임차인 乙이 화재로 멸실된 건물 중 임차목적물인 1층, 2층에 대해서는 임대차계약상의 관리, 보존의무의 위반을 인정하고 있는바, 이 부분에 대한 甲의 청구는 인용된다.

3. 임차목적물 이외 부분에 대한 손해배상청구 가부
(1) **판례** - 임차 외 건물 부분에 발생한 손해에 대하여 임대인이 임차인을 상대로 채무불이행을 원인으로 하는 배상을 구하려면, 화재 발생과 관련된 임차인의 계약상 의무 위반이 있었고, 그러한 의무 위반과 임차 외 건물 부분의 손해 사이에 상당인과관계가 있으며, 임차 외 건물 부분의 손해가 의무 위반에 따라 민법 제393조에 의하여 배상하여야 할 손해의 범위 내에 있다는 점에 대하여 임대인이 주장·증명하여야 한다.

(2) **사안의 경우** - 화재발생 원인과 관련하여 임차인의 계약상 보존·관리의무 위반 사실에 대한 입증책임이 임대인 甲에게 있음에도 이러한 사실을 입증하지 못하였는바, 3층 부분에 대한 甲의 청구는 기각된다.

4. 결론
법원은 甲의 乙에 대한 임대차계약상 의무불이행에 대한 손해배상청구에 대하여 1, 2층 부분은 인용하고, 3층 부분은 기각한다.

[제2문의 3] 문제 2. 해설

1. 문제
甲의 丙에 대한 (1) 채무불이행책임, (2) 공작물책임, (3) 불법행위책임 성부가 문제 된다.

2. 채무불이행책임

(1) **관련 조문** - 채무자가 채무의 내용에 좇은 이행을 하지 아니한 때에는 채권자는 손해배상을 청구할 수 있으나 채무자가 고의나 과실 없이 이행할 수 없게 된 때에는 청구할 수 없다(민법 제390조).

(2) **판례** - 숙박계약은 일시 사용을 위한 임대차계약으로서 숙박업자는 고객에게 위험이 없는 안전하고 편안한 객실 및 관련 시설을 제공함으로써 고객의 안전을 배려하여야 할 보호 의무를 부담하므로 이를 위반하여 고객의 생명·신체를 침해하여 투숙객에게 손해를 입힌 경우 불완전이행으로 인한 채무불이행책임을 부담한다.

(3) **사안의 경우**

1) 甲은 丙과 숙박계약을 체결하여 보호 의무를 부담하는데, 甲이 펜션 재축시 가스보일러 시공 과정에서 마감처리를 잘못한 과실로 인해 丙이 사망하는 결과가 발생하여 보호의무의 위반사실 인정되는바, 불완전이행으로 손해배상책임이 있다.

2) 이 경우, 丙은 보호의무의 존재와 그 위반 사실을 주장·입증하고, 甲은 채무불이행 사실에 대하여 자기에게 과실이 없음을 주장·입증하지 못하면 책임을 부담해야 한다.

3. 공작물책임

(1) **관련 조문** - 공작물의 설치 또는 보존의 하자로 인하여 타인에게 손해를 가한 때에는 공작물 점유자가 손해를 배상할 책임이 있으나 점유자가 손해의 방지에 필요한 주의를 해태하지 아니한 때에는 그 소유자가 손해를 배상할 책임이 있다(민법 제758조 제1항).

(2) **판례** - 공작물의 설치·보존상의 하자란 공작물이 그 용도에 따라 통상 갖추어야 할 안전성을 갖추지 못한 상태에 있는 것으로, 이와 같은 안전성의 구비 여부를 판단함에 있어서는 공작물의 설치·보존자가 그 공작물의 위험성에 비례하여 사회통념상 일반적으로 요구되는 정도의 방호조치 의무를 다하였는지의 여부를 기준으로 한다.

(3) **사안의 경우** - 甲은 공작물인 펜션의 점유자로 보일러 설치시 마감처리를 잘못한 설치의 하자로 인하여 丙을 사망에 이르게 하였는바, 공작물 점유자로서 손해배상책임을 부담한다. 만약, 甲이 공작물점유자로서 손해방지에 필요한 주의를 다하였더라도 공작물 소유자로서 무과실책임을 진다.

4. 불법행위책임

(1) **관련 조문** - 고의 또는 과실로 인한 위법행위로 타인에게 손해를 가한 자는 그 손해를 배상할 책임이 있다(민법 제750조).

(2) **판례** - 민법 제758조는 공작물의 설치·보존의 하자로 인하여 타인에게 손해를 가한 경우 그 점유자 또는 소유자에게 일반 불법행위와 달리 이른바 위험책임의 법리에 따라 책임을 가중시킨 규정으로 민법 제750조에 의하여 직접 책임을 부담하게 되는 것을 배제하는 규정은 아니다.

(3) 사안의 경우 - 甲은 펜션의 보일러 설치과정에서 숙박을 하는 고객의 생명과 신체에 위해가 발생하지 않도록 할 주의의무를 위반한 과실로 丙을 사망에 이르게 하였는바, 불법행위책임이 성립한다.

5. 결론
甲은 丙에게 채무불이행 책임, 공작물 책임, 불법행위 책임이 성립한다.

[제2문의 3] 문제 3. 해설

1. 문제
(1) 丁과 戊의 甲에 대한 위자료청구 가부, (2) 丙의 甲에 대한 위자료청구권의 상속여부가 문제된다.

2. 丁과 戊의 甲에 대한 위자료청구 가부

(1) 채무불이행
1) 관련 조문 - 채무자가 채무의 내용에 좇은 이행을 하지 아니한 때에는 채권자는 손해배상을 청구할 수 있다(민법 제390조).
2) 판례 - 숙박업자가 숙박계약상의 고객 보호의무를 다하지 못하여 투숙객이 사망한 경우, 숙박계약의 당사자가 아닌 그 투숙객의 근친자가 그 사고로 인하여 정신적 고통을 받았다 하더라도 숙박업자의 그 망인에 대한 숙박계약상의 채무불이행을 이유로 위자료를 청구할 수는 없다.
3) 사안의 경우 - 甲의 유족인 丁과 戊는 甲과 숙박계약의 당사자가 아니므로 甲의 丙에 대한 채무불이행을 이유로 위자료를 청구할 수 없다.

(2) 불법행위
1) 관련 조문 - 타인에게 정신상 고통을 가한 자는 재산 이외의 손해에 대하여도 배상할 책임이 있다(민법 제751조 제1항). 타인의 생명을 해한 자는 피해자의 직계존속, 직계비속 및 배우자에 대하여는 재산상의 손해 없는 경우에도 손해배상의 책임이 있다(민법 제752조).
2) 판례 - 민법 제752조 위자료청구권자의 규정은 제한적 규정이 아니고, 위와 같은 자들은 그 정신적 고통에 관한 거증책임을 경감하는 취지의 규정에 불과하므로 제752조에 규정된 친족 이외의 친족 즉, 사실혼 배우자도 그 정신적 고통에 관한 입증을 하여 일반원칙인 민법 제750조, 751조의 규정에 의하여 위자료를 구할 수 있다.
3) 사안의 경우 - 丙의 친모 丁은 민법 제752조에 열거된 유족에 해당하므로 정신적 고통에 대한 입증 없이 위자료 청구를 할 수 있고, 사실혼 배우자 戊는 정신적 고통을 입증하여 민법 제751조를 근거로 위자료 청구를 할 수 있다.

3. 丙의 甲에 대한 위자료청구권 상속여부

(1) 관련 조문 - 피상속인의 배우자는 피상속인의 직계존속이 있는 경우에 그와 동순위로 공동상속인이 되고 그 상속인이 없는 때에는 단독상속인이 된다(민법 제1003조).

(2) 판례 - 피해자가 즉사한 경우라 하여도 피해자가 치명상을 받은 때와 사망과의 사이에는 이론상 시간적 간격이 인정될 수 있으므로 피해자의 위자료 청구권은 인정되고, 이는 주로 금전채권으로 일신전속권이 아니어서 당연 상속된다.

(3) 사안의 경우 - 상술한 바와 같이 丙은 甲에게 채무불이행 및 불법행위책임을 물을 수 있고, 그로 인한 위자료청구도 발생하나, 민법 제1003조의 배우자는 법률상의 배우자만을 의미하는바, 친모인 丁만이 상속권을 갖고 사실혼 배우자 戊는 상속권이 없다.

4. 결론

丁과 戊가 채무불이행을 이유로 위자료청구를 하는 경우 기각되고, 불법행위를 이유로 청구하는 경우 인용될 수 있다. 또한, 丙의 甲에 대한 위자료청구권은 상속인 丁에게만 상속되고, 자신이 갖는 고유의 위자료청구권과는 별개로 행사할 수 있다.

제2차 모의시험 제3문

〈 기초적 사실관계 〉

A와 B는 발기인으로서 전자제품을 생산·판매하는 甲 주식회사(이하 '甲 회사'라고 함)를 모집설립 방식으로 설립하기로 합의하고, A가 발기인 대표를 맡아 설립절차를 진행하였다. 설립중의 甲 회사가 발행한 액면주식 10,000주 중 A와 B가 각각 4,000주씩 인수하였다. 그리고 주주모집에 참여한 C는 나머지 주식 2,000주를 D의 동의를 얻어 D의 명의로 인수한 후 인수대금 전액을 납입하였는데, 인수계약을 체결하기 전에 A에게 이 같은 명의차용사실을 설명하고 승낙을 얻었다. 그 후 A는 대표이사로 선임되었고, 2017. 4. 10. 甲 회사의 설립등기가 완료되었다. 그 후 甲 회사가 추가로 이사를 선임하기 위한 주주총회를 2017. 5. 25. 개최하기 위하여 소집절차에 들어가자, C는 명의차용사실 및 A의 승낙 등을 증명하며 甲 회사에게 자신으로 명의개서를 해 줄 것을 청구하였다. 그러나 甲 회사는 C의 명의개서 청구를 거절하고 C의 의결권 행사를 차단하면서 그 주식에 대해서는 D가 의결권을 행사하도록 하였고, 2017. 5. 25. 주주총회에서 E가 이사로 선임되었다.

甲 회사가 2018년 1월에 주권을 발행하자, A는 2018. 2. 10. 자신의 지분 중 1,000주를 F에게 양도하는 계약을 체결하고 해당 주권을 교부하였다. 그런데 비상장회사인 甲 회사는 2018. 2. 25. 정기주주총회에서 정관을 개정하여 "주식을 양도할 경우 이사회 승인을 요한다"는 규정을 신설하였다. 그런데 양수한 주식의 대금지급을 미뤄온 F는 2018. 3. 20.에 이르러서야 A에게 대금지급을 완료하고, 주권을 제시하면서 甲 회사에 대하여 명의개서를 청구하였다. 그러나 甲 회사는 F의 주식 양수를 승인하지 않겠다면서, 이를 이유로 명의개서를 거절하였다. 그 후 甲 회사는 2018. 4. 20. 개최되는 임시주주총회를 소집하면서 F에게 소집통지를 하지 않았다.

甲 회사의 대표이사 A는 회사의 영업 종류를 전환하기로 다른 이사들과 함께 뜻을 모으고, 甲 회사가 보유한 유일한 재산인 공장부지와 건물을 乙 주식회사(이하 '乙 회사'라고 함)에게 매각하는 방안을 마련하였다. A는 이같은 매각방안에 대하여 이사회 승인을 거쳐 발행주식총수의 84%에 해당하는 주식을 보유한 주주들로부터 매각에 동의하고 적극적으로 협조하겠다는 확인서를 받은 후, 乙 회사와 매매계약을 체결하였다. 이러한 부동산 매각 후 甲 회사는 전자제품의 생산 및 판매를 중단하였다.

〈 문제 〉

1. E를 이사로 선임한 주주총회의 결의에 상법상 흠결은 없는가? (20점)
2. 甲 회사가 2018. 4. 20. 개최되는 임시주주총회를 소집하면서 F에게 소집통지를 하지 않은 것은 상법상 위법한가? (30점)
3. 甲 회사는 乙 회사와의 부동산 매매계약의 무효를 주장할 수 있는가? (20점)

〈추가적 사실관계〉

甲 회사는 새롭게 유통업계로 진출하기 위한 계획을 수립하였는데 이 같은 계획을 실질적으로 주도한 甲 회사의 대표이사 A는 개인 명의로 丙 은행으로부터 1억 원을 차입한 후, 그 금전을 甲 회사가 창고를 임대하고 냉장시설 등을 설치하는데 사용하였다. 또한 A는 자신의 배우자 G가 자녀의 결혼자금 용도로 丁 은행으로부터 1천만원을 대출받는 것을 도와주기 위하여 甲 회사 명의로 보증계약을 체결하였다. 甲 회사의 보증계약 내용은 보통 금융거래의 관행에 비추어 볼 때 보증인에게 지나치게 불리한 계약내용을 담고 있었지만 甲 회사의 이사회에서 미리 해당 거래에 관한 중요사실을 밝혔고 이사 전원의 찬성으로 위 보증계약의 체결이 승인되었다.

〈문제〉

4. A가 변제기가 도래하였음에도 채무를 이행하지 않아 丙 은행이 채무불이행으로 인한 손해배상청구권을 행사하려 할 경우 丙 은행의 손해배상채권은 몇 년이 경과하면 시효로 소멸하는가? 또한 丁 은행에 대한 甲 회사의 보증행위는 유효한가? (30점)

[제3문] 문제 1. 해설

1. 문제
(1) 타인명의 주식인수에서 주주권 귀속, (2) 명의개서 부당거절에 따른 의결권 행사 제한의 적법 여부가 문제 된다.

2. 타인명의 주식인수에서 주주권 귀속
(1) **관련 조문** - 가설인의 명의로 주식을 인수하거나 타인의 승낙 없이 그 명의로 주식을 인수한 자는 주식 인수인으로서 책임이 있다. 타인의 승낙을 얻어 그 명의로 주식을 인수한 자는 그 타인과 연대하여 납입할 책임이 있다(상법 제332조 제1,2항).

(2) **판례**
  1) 상법에는 타인명의의 주식인수에서 누가 주주인지에 관해서는 규정을 두고 있지 않으므로, 타인의 명의로 주식을 인수한 경우에 누가 주주인지는 결국 주식인수를 한 당사자를 누구로 볼 것인지에 따라 결정하고, 이는 원칙적으로 계약당사자를 확정하는 법리를 따르되, 주식인수계약의 특성을 고려한다.
  2) 타인의 승낙을 얻어 그 명의로 주식을 인수하기로 약정한 경우에는 원칙적으로는 명의자를 주식 인수인으로 보나, 실제 출자자를 주식 인수인으로 하기로 한 사실을 주식인수계약의 상대방인 회사 등이 알고 이를 승낙하는 등 특별한 사정이 있다면 실체출자자인 명의차용자가 당사자가 된다.

(3) **사안의 경우** - 명의차용자 C는 명의차용사실 및 발기인 대표 A의 승낙 등을 증명하였는바, C가 주주의 지위를 가진다.

3. 명의개서 부당거절에 따른 의결권 행사제한의 적법여부
(1) **관련 조문** - 주식의 이전은 취득자의 성명과 주소를 주주명부에 기재하지 아니하면 회사에 대항하지 못한다(상법 제337조 제1항).

(2) **판례** - 주주명부에 기재를 마치지 않고도 회사에 대한 관계에서 주주권을 행사할 수 있는 경우는 주주명부에의 기재 또는 명의개서청구가 부당하게 지연되거나 거절되었다는 등의 극히 예외적인 사정이 인정되는 경우에 한한다.

(3) **사안의 경우** - 적법한 주주의 지위를 갖는 C의 명의개서 청구를 거절한 甲회사에 거절의 정당한 사유가 있다고 볼 수 없어 부당거절에 해당하고, 부당거절의 경우 바로 그 순간 명의개서가 이루어진 것처럼 취급하면 되는바, 甲회사가 주주 C의 의결권 행사를 차단한 것은 주총결의의 하자에 해당하여 취소사유가 된다.

4. 결론
E를 이사로 선임한 주주총회 결의에 주주 C의 의결권 행사를 차단한 법령위반의 사유가 있는 바, 상법 제376조 제1항의 주주총회결의 취소사유의 흠결이 존재한다.

[제3문] 문제 2. 해설

1. 문제
(1) F의 주주지위 취득여부, (2) 주식양도 제한에 관한 정관규정의 효력, (3) 명의개서 부당거절의 효과가 문제 된다.

2. F의 주주지위 취득여부
(1) **관련 조문** - 주식의 양도에 있어서는 주권을 교부하여야 한다.(상법 제336조 제1항).

(2) **판례** - 주식을 양수하여 주식 소유권을 이전받았다면, 특별한 사정이 없는 한 주식에 대해서 주주로서의 권리를 행사할 수 있다. 주식매매계약에 따른 주식매매대금을 지급하지 않았다고 하더라도 주식매매대금 지급채무를 부담하는 것은 별론으로 하고 주식의 주주가 아니라고 할 수 없다.

(3) **사안의 경우** - 주식양도의 합의 및 주권교부에 의하여 2018. 2. 10. 이미 양도의 효력이 발생하였고, 주식양도대금을 2018. 3. 20. 지급하였다는 사정은 주주지위 취득에 아무런 장애사유에 해당되지 않는바, F는 甲회사의 주주의 지위를 취득한다.

3. 주식양도 제한에 관한 정관규정의 효력
(1) **관련 조문** - 주식은 타인에게 양도할 수 있다. 다만, 회사는 정관으로 정하는 바에 따라 그 발행하는 주식의 양도에 관하여 이사회의 승인을 받도록 할 수 있고, 이에 위반하여 이사회의 승인을 얻지 아니한 주식의 양도는 회사에 대하여 효력이 없다(상법 제335조 제1,2항)

(2) **판례** - 주식양수인이 명의개서를 하지 않은 사이에 주식의 양도에 이사회의 승인을 얻어야 한다는 취지의 양도제한 규정을 신설하였다면, 이를 이유로 명의개서를 거부할 수 없다.

(3) **사안의 경우** - 주식양도에 관한 정관변경은 소급효가 인정되지 않음에도, F가 주주의 지위를 취득한 2018. 2. 10. 이후인 2018. 2. 25. 甲회사가 주총을 통해 신설한 정관의 주식양도 제한 규정을 근거로 F의 명의개서를 거절한 것은 부당거절에 해당한다.

4. 명의개서 부당거절의 효과
(1) **관련 조문** - 주식의 이전은 취득자의 성명과 주소를 주주명부에 기재하지 아니하면 회사에 대항하지 못한다(상법 제337조 제1항).

(2) **판례**
1) 주주명부상의 주주만이 회사에 대한 관계에서 주주권을 행사할 수 있다는 법리는 주주에 대하여만 아니라 회사에 대하여도 마찬가지로 적용되므로, 회사는 특별한 사정이 없는 한 주주명부에 기재된 자의 주주권 행사를 부인하거나 주주명부에 기재되지 아니한 자의 주주권 행사를 인정할 수 없다(쌍면적 구속설).

2) 주주명부에 기재를 마치지 않고도 회사에 대한 관계에서 주주권을 행사할 수 있는 경우는 주주명부에의 기재 또는 명의개서청구가 부당하게 지연되거나 거절되었다는 등의 극히 예외적인 사정이 인정되는 경우에 한한다.

(3) **사안의 경우** – 주식양수인 F는 2018. 3. 20. 주권을 제시하면서 甲회사에 명의개서를 청구하였지만 회사는 주식양도시점인 2018. 2. 10. 이후인 2018. 2. 25. 개정된 정관규정을 근거로 부당하게 명의개서를 거절하여, F는 2018. 3. 20. 甲회사에 명의개서가 된 것처럼 법적효과가 발생하는바, 甲 회사가 2018. 4. 20. 임시주총을 소집하면서 주주 F에게 소집통지를 하지 않은 것은 주총결의 취소사유에 해당하는 하자에 해당한다.

5. 결론

甲회사가 2018. 4. 20. 개최되는 임시주총을 소집하면서 주주 F에게 소집통지를 하지 않은 것은 상법 제376조 제1항의 주총결의 취소사유에 해당하는바, 위법하다.

[제3문] 문제 3. 해설

1. 문제

(1) 중요한 영업용 재산의 처분에 관한 주주총회 특별결의 요부, (2) 주주총회 특별결의 흠결주장의 신의칙 위배 여부가 문제 된다.

2. 중요한 영업용 재산의 처분에 관한 주주총회 특별결의 요부

(1) **관련 조문** – 회사가 영업의 전부 또는 중요한 일부의 양도를 할 때에는 제434조에 따른 주주총회 특별결의가 있어야 한다(상법 제374조 제1항 제1호).

(2) **판례** – 주식회사 존속의 기초가 되는 중요한 재산의 양도는 영업의 폐지 또는 중단을 초래하는 행위로서 이는 영업의 전부 또는 일부 양도의 경우와 다를 바 없으므로 이러한 경우에는 상법 제374조 제1항 제1호의 규정을 유추적용하여 주주총회의 특별결의를 거쳐야 한다.

(3) **사안의 경우** – 甲 회사는 유일한 영업용 재산인 공장부지와 건물을 乙 회사에 매각한 이후 영업이 중단되었으므로 이 처분은 영업의 전부 또는 일부의 양도와 동일시 할 수 있는바, 주주총회 특별결의를 요한다.

3. 주주총회 특별결의 흠결주장의 신의칙 위배여부

(1) **관련 조문** – 주주총회 특별결의는 출석한 주주의 의결권의 3분의 2 이상의 수와 발행주식 총수의 3분의 1 이상의 수의 결의를 요한다(상법 제434조). 권리의 행사와 의무의 이행은 신의에 좇아 성실히 하여야 하고, 권리는 남용하지 못한다(민법 제2조 제1,2항).

(2) 판례 - 상법 제374조 제1항 제1호는 강행법규이므로, 주식회사가 영업의 전부 또는 중요한 일부를 양도한 후 주주총회의 특별결의가 없었다는 이유를 들어 스스로 그 약정의 무효를 주장하더라도 주주 전원이 약정에 동의한 것으로 볼 수 있는 특별한 사정이 없다면 무효 주장이 신의칙에 반하지 않는다.

(3) 사안의 경우 - 甲회사는 乙회사에 유일한 재산을 매각하면서 주주 전원의 동의가 아닌 발행주식 총수의 84%를 보유한 주주들로부터 매각에 동의를 얻은 것에 불과한바, 甲회사가 乙 회사와의 부동산매매계약의 무효를 주장하는 것은 신의칙에 반하지 않는다.

4. 결론

甲 회사는 乙 회사와의 부동산 매매계약이 상법 제374조 제1항 1호에 위반됨을 이유로 무효를 주장할 수 있으며 이는 신의칙에 위배되지 않는다.

[제3문] 문제 4. 해설

1. 문제

(1) A의 丙 은행에 대한 손해배상채무의 소멸시효기간, (2) 丁 은행에 대한 甲 회사 보증행위의 유효성이 문제 된다.

2. A의 丙 은행에 대한 손해배상채무의 소멸시효기간

(1) 관련 조문 - 상행위로 인한 채권은 5년간 행사하지 아니하면 소멸시효가 완성한다(상법 제64조).

(2) 판례
 1) 당사자 쌍방에 대하여 모두 상행위가 되는 행위로 인한 채권뿐만 아니라 당사자 일방에 대하여만 상행위에 해당하는 행위로 인한 채권도 상법 제64조 소정의 5년의 소멸시효기간이 적용되는 상사채권에 해당하는 것이고, 그 상행위에는 상법 제46조 각 호에 해당하는 기본적 상행위뿐만 아니라, 상인이 영업을 위하여 하는 보조적 상행위도 포함된다.
 2) 상사시효가 적용되는 채권은 직접 상행위로 인하여 생긴 채권뿐만 아니라 상행위로 인하여 생긴 채무의 불이행에 기하여 성립한 손해배상채권도 포함한다.

(3) 사안의 경우
 1) 甲회사 대표이사 A가 개인 명의로 丙은행으로부터 1억 원을 대출한 후 이를 甲회사의 운영자금으로 조달하였더라도, 대표이사는 상인이 아니므로 A의 자금차입 행위는 상인이 영업을 위하여 하는 보조적 상행위에 해당하지 않는다.
 2) 다만, 丙 은행이 상인으로서 개인 A에게 금전을 대여한 것은 일방적 상행위에 해당하고, 이러한 차입행위를 원인으로 하는 채무불이행으로 인한 손해배상채권 역시 상사시효가 적용되는바, 5년이 경과하면 소멸시효기간이 도과된다.

3. 丁 은행에 대한 甲 회사 보증행위의 유효성

(1) 보증행위가 甲 회사 권리능력 범위 내인지 여부

1) 관련 조문 - 법인은 법률의 규정에 좇아 정관으로 정한 목적의 범위내에서 권리와 의무의 주체가 된다(민법 제34조).

2) 판례 - 회사의 권리능력은 회사의 설립 근거가 된 법률과 회사의 정관상의 목적에 의하여 제한되나 그 목적범위 내의 행위라 함은 정관에 명시된 목적 자체에 국한되는 것이 아니라, 그 목적을 수행하는 데 있어 직접, 간접으로 필요한 행위는 모두 포함되고 목적수행에 필요한지의 여부는 행위의 객관적 성질에 따라 판단한다.

3) 사안의 경우 - 甲회사의 보증행위는 객관적 성질에 비추어 보아 전자제품 제조업을 운영하는 회사에 필요한 행위라고 보이는바, 정관목적에 의한 권리능력 제한 법리가 적용되어 효력이 부정될 수 없다.

(2) 이사자기거래 해당여부

1) 관련 조문 - 이사의 배우자가 자기 또는 제3자의 계산으로 회사와 거래를 하기 위하여는 미리 이사회에서 해당 거래에 관한 중요사실을 밝히고 이사회의 승인을 받아야 한다. 이 경우 이사회의 승인은 이사 3분의 2 이상의 수로써 하여야 하고, 그 거래의 내용과 절차는 공정하여야 한다(상법 제398조 제2호).

2) 판례
① 이사자기거래에는 이사와 회사사이에 직접 성립하는 이해상반행위뿐만 아니라 이사가 회사를 대표하여 자기를 위하여 자기개인채무의 채권자인 제3자와의 사이에 자기개인채무의 연대보증을 하는 이사개인에게 이익이 되고 회사에 불이익을 주는 행위도 포함한다.
② 이사회 결의가 필요함에도 없는 경우에는 그 상대방이 이사회 결의가 없거나 무효라는 사실을 알았거나 중과실로 알지 못한 경우가 아니면 그 거래는 유효하고, 이때 거래상대방의 이사회 결의가 없음에 대한 악의 또는 중과실은 회사가 이를 입증하여야 한다.

3) 사안의 경우
① G는 甲회사 대표이사 A의 배우자로서 상법 제398조 제2호에 따라 회사와의 거래가 제한되고, 이는 직접 거래 뿐만 아니라 보증과 같은 간접거래도 포함되는데, 미리 이사회에서 해당 거래에 관한 중요사실을 밝히고 이사회 승인을 받았으나, 거래의 내용과 절차는 공정하지 못하는바, 상법 제398조에 위반한 거래에 해당한다.
② 그렇다면, 상대적 무효설에 따라 甲회사는 丁은행의 불공정한 사실에 대한 악의 또는 중과실을 입증하여 보증계약의 무효를 주장할 수 있다.

(3) 대표권 남용여부

1) 의의 - 대표이사의 행위가 객관적으로 대표권 범위에서 이루어졌으나, 실질적으로 자신 또는 제3자의 이익을 위하여 이루어진 행위를 말한다.

2) 판례 - 대표이사가 그 대표권의 범위 내에서 한 행위는 대표이사가 회사의 영리목적과 관계없이 자기 또는 제3자의 이익을 도모할 목적으로 그 권한을 남용한 것이라 할지라도 일단 회사의 행

위로서 유효하고, 다만 그 행위의 상대방이 대표이사의 진의를 알았거나 알 수 있었을 때에는 회사에 대하여 무효가 된다.

3) 사안의 경우 - 甲 회사의 보증은 회사를 위한 것이 아니라 대표이사 A의 배우자 G의 개인용도를 위한 것으로 대표권 남용에 해당하고, 甲 회사는 거래상대방인 丁 은행이 위 보증계약이 甲 회사를 위한 것이 아니고 대표이사 A가 배우자 G의 이익을 위하여 대표권을 남용한 사실을 알았거나 알 수 있었다는 사정을 입증하여 보증계약 체결의 무효를 주장할 수 있다.

4. 결론

(1) 丙 은행의 손해배상채권은 일방적 상행위의 채무불이행에 따른 손해배상채권으로 상사시효가 적용되어 5년이 경과하면 소멸한다.

(2) 丁 은행에 대한 甲 회사의 보증행위는 정관 목적 범위 내의 행위에 해당하고, 이사자기거래 규정 위반을 이유로 甲 회사가 丁 은행이 악의 또는 중과실을 입증하거나, 대표권 남용을 이유로 丁 은행의 악의 또는 과실을 입증하지 못하면, 보증행위는 유효하다.

제1차 모의시험 제1문

〈제1문의 1〉

〈 기초적 사실관계 〉

甲은 乙을 상대로 乙 소유로 등기되어 있던 X 토지에 관하여 매매를 원인으로 한 소유권이전등기를 청구하는 소(이하 'A소'라고 한다)를 제기하였다. 소송계속 중 乙은 변호사인 丙에게 소송대리를 위임한 후 사망하였는데, 丁이 그 유일한 상속인이었다. 乙의 사망 사실을 알지 못 한 법원은 乙을 피고로 하여 청구인용 판결을 선고하였고, 판결정본이 甲과 丙에게 송달된 때로부터 30일이 경과한 후 甲은 위 판결에 기하여 자신 앞으로 X 토지에 관한 소유권이전등기를 마쳤다.

그 후 丁은 위 소유권이전등기가 원인무효라고 주장하면서 그 말소를 청구하는 소(이하 'B소'라고 한다)를 제기하였다. 심리 결과 "甲은 乙로부터 X 토지를 매수한 적이 없고, 다른 실체법상 등기원인도 존재하지 않는다."는 점이 밝혀졌다.

〈 문제 〉

乙이 사망 전에 丙에게 상소제기의 수권을 한 경우와 위 수권을 하지 않은 경우를 나누어, 각 경우에 B소 법원이 어떠한 판결을 해야 하는지 논하시오. (30점)

[제1문의 1] 해설

1. 문제

(1) A소 계속 중 피고 乙의 사망으로 소송 중단여부, (2) A소 판결 확정여부, (3) B소 법원의 판단이 문제 된다.

2. A소 계속 중 피고 乙의 사망으로 소송 중단여부

(1) **관련 조문** - 소송대리인이 있는 경우에는 당사자의 사망으로 소송절차는 중단되지 않는다 (민소법 제238조).

(2) **판례** - 소송도중 어느 일방의 당사자가 사망함으로 인해서 그 당사자로서의 자격을 상실하게 된 때에는 그 대립당사자 구조가 없어져 버린 것이 아니고, 그때부터 그 소송은 그의 지위를 당연히 이어 받게 되는 상속인들과의 관계에서 대립당사자 구조를 형성하여 존재한다.

(3) **사안의 경우** - 소송계속 중 사망한 경우에는 乙의 상속인 丁이 당사자의 지위를 당연승계하고, 소송대리인 丙이 상속인 丁을 위하여 소송수행을 하면 되는바, A소의 소송절차는 중단되지 않는다.

3. A소 판결 확정여부

(1) **변호사 丙에게 상소제기 수권을 한 경우**
   1) 판례 - 변호사에게 상소제기에 관한 특별수권이 있는 경우에는 항소기간 내에 항소를 제기하면 판결은 확정되지 않고, 항소를 제기하지 않으면 항소기간 도과 시에 판결은 확정된다.
   2) 사안의 경우 - 변호사 丙이 상소제기 수권을 받은 경우에도 송달된 때부터 2주 이내에 항소를 제기하지 않았고 30일이 경과하였는바, A소 판결이 확정되어 기판력이 발생한다.

(2) **변호사 丙에게 상소제기 수권을 하지 않은 경우**
   1) 판례 - 변호사의 소송대리권은 특별한 사정이 없는 한 당해 심급에 한정되고, 소송대리인의 소송대리권은 당해 심급의 판결을 송달받은 때까지 존속한다.
   2) 사안의 경우 - 변호사 丙에게 상소제기에 관한 특별수권이 없는 경우에는 1심 판결이 송달됨으로써 丙의 소송대리권은 소멸하고 소송절차도 중단되어, 항소기간이 진행하지 않아 판결은 확정되지 않는바, 기판력 발생하지 않는다.

4. B소 법원의 판단

(1) **변호사 丙에게 상소제기 수권을 한 경우**
   1) 판례 - 판결이 형식적으로 확정되면 그 내용에 따른 기판력이 생기므로 소유권이전등기 절차를 명하는 확정판결에 의하여 소유권이전등기가 마쳐진 경우에 다시 원인무효임을 내세워 그 말소등기절차의 이행을 청구함은 확정된 이전등기청구권을 부인하는 것이어서 기판력에 저촉된다.

2) 사안의 경우 - A소 판결은 확정되어 기판력이 발생하고, B소 법원은 전소인 A소 법원과 다른 판단을 하지 못하므로, B소에 대하여 기판력에 저촉됨을 이유로 청구기각 판결을 한다.

(2) 변호사 丙에게 상소제기 수권을 하지 않은 경우

A소 판결은 확정되지 않아 기판력이 발생하지 않았으므로 B소 법원은 "甲은 乙로부터 X토지를 매수한 적이 없고, 다른 실체법상 등기원인도 존재하지 않는다."는 심리결과에 따라, 甲 명의로 경료된 이전등기가 원인무효임을 이유로 청구인용 판결을 한다.

5. 결론

(1) 乙이 사망 전에 丙에게 상소제기의 수권을 한 경우, B소 법원은 청구기각 판결을 한다.

(2) 乙이 사망 전에 丙에게 상소제기의 수권을 하지 않은 경우, B소 법원은 청구인용 판결을 한다.

〈제1문의 2〉

〈 기초적 사실관계 〉

甲은 乙에게 토지를 대금 1억 원에 매도한 후 위 대금의 지급기일이 도래하였음에도 채무초과 상태에서 위 대금 채권을 행사하지 않았다(이러한 사실은 아래 각 소송절차에서 모두 주장·증명되었다). 그 후 丙은 자신이 2016. 5. 4. 甲에게 2억 원을 변제기일은 2017. 5. 3.로 정하여 대여하였다는 사실(이하 '이 사건 대여사실'이라고 한다)을 주장하면서 위 2억 원의 대여금채권을 피보전채권으로 하여 甲을 대위하여 乙을 상대로 위 대금 1억 원의 지급을 청구하는 소(이하 'A 소'라고 한다)를 2018. 7. 2. 제기하였다. 甲은 같은 날 A 소의 제기 사실을 알게 되었다.

제1심법원은 이 사건 대여사실이 존재하지 않는다는 이유로 A 소를 각하하는 판결을 선고하였고, 이 판결은 그대로 확정되었다. 그 후 丙은 甲을 상대로 대여금 2억 원의 반환을 청구하는 소(이하 'B 소'라고 한다)를 제기한 후 그 소송절차에서 이 사건 대여사실이 존재한다는 진술을 하고 A 소의 소송절차에서는 제출되지 않았던 새로운 증거를 제출하여 B소 제1심법원으로 하여금 이 사건 대여사실이 존재한다는 확신을 갖게 하였다.

〈 문제 〉

1. A 소를 각하한 위 판결은 타당한가? (이 사건 대여사실이 존재하지 않는다는 법원의 판단에는 아무런 문제가 없음을 전제로 할 것) (15점)
2. B 소에 대하여 제1심법원은 어떠한 판결을 선고하여야 하는가? (15점)

[제1문의 2] 문제 1. 해설

1. 문제
丙의 甲에 대한 채권자대위소송에 관한 법원의 판단이 문제 된다.

2. 丙의 甲에 대한 채권자대위소송의 적법성

(1) **관련 조문** – ① 피보전채권의 존재 및 이행기 도래, ② 보전의 필요성, ③ 채무자의 권리불행사, ④ 피대위권리의 존재를 요한다(민법 제404조).

(2) **판례** – 채권자대위소송에 있어서 대위에 의하여 보전될 채권자의 채무자에 대한 권리가 인정되지 아니할 경우에는 채권자가 스스로 원고가 되어 채무자의 제3채무자에 대한 권리를 행사할 당사자적격이 없게 되므로 그 대위소송은 부적법하여 각하된다.

(3) **사안의 경우** – A소에서 법원은 丙이 2016. 5. 4. 甲에게 2억 원을 변제기로 하여 대여한 사실이 존재하지 않는 것으로 판단되었고 이는 아무런 문제가 없어, 피보전채권이 부존재 한 바, A소는 각하되어야 한다.

3. 결론
A소를 각하한 판결은 타당하다.

[제1문의 2] 문제 2. 해설

1. 문제
A소 판결의 기판력이 B소 판단에 미치는지가 문제 된다.

2. A소 판결의 기판력이 B소 판단에 미치는지 여부

(1) **관련 조문** – 다른 사람을 위하여 원고나 피고가 된 사람에 대한 확정판결은 그 다른 사람에 대하여도 그 효력이 미친다(민소법 제218조 제3항).

(2) **판례**
  1) 채권자가 채권자대위권을 행사하는 방법으로 제3채무자를 상대로 소송을 제기하고 판결을 받은 경우 채권자가 채무자에 대하여 채권자대위권에 의한 소송이 제기된 사실을 채무자가 알았을 때에는 그 판결의 효력이 채무자에게 미친다.
  2) 이때 채무자에게도 기판력이 미친다는 의미는 채권자대위소송의 소송물인 피대위채권의 존부에 관하여 채무자에게도 기판력이 인정된다는 것이고, 채권자대위소송의 소송요건인 피보전채권의 존부에 관하여 당해 소송의 당사자가 아닌 채무자에게 기판력이 인정된다는 것은 아니다.

(3) 사안의 경우 - 丙이 채권자대위권을 행사하는 방법으로 제3채무자 乙을 상대로 소송을 제기하였다가 채무자 甲을 대위할 피보전채권이 인정되지 않는다는 이유로 소각하 판결을 받아 확정된 A소 판결의 기판력이 채권자 丙이 채무자 甲을 상대로 피보전채권의 이행을 구하는 B소에 미치는 것은 아니다.

3. 결론

B소 제1심 법원은 2억 원의 대여금 반환청구에서 A소 판단과는 상관없이 B소 소송절차에서 대여사실이 주장 증명되었는바, 청구인용 판결을 한다.

〈제1문의 3〉

〈 기초적 사실관계 〉

Y 아파트는 제1동부터 제10동까지의 10개동으로 구성되어 있고, 甲과 乙은 Y 아파트 제2동의 입주자로서 Y 아파트 입주자대표회의의 구성원이다. 甲은 乙을 상대로 '乙이 위 제2동 동대표 지위에 있지 않다.'는 확인을 청구하는 소를 제기하였다.

〈 문제 〉

甲은 위 입주자대표회의를 위 확인청구에 대한 예비적 피고로 추가할 수 있는가? (15점)

[제1문의 3] 해설

1. 문제
주관적·예비적 피고 추가 가부가 문제 된다.

2. 주관적·예비적 피고 추가 가부

(1) **관련 조문** - 공동소송인 가운데 일부에 대한 청구가 다른 공동소송인에 대한 청구와 법률상 양립할 수 없는 경우에는 법원은 제1심의 변론을 종결할 때까지 원고의 신청에 따라 결정으로 피고를 추가하도록 허가할 수 있다(민소법 제70조 제1항).

(2) **판례** - 민소법 제70조 제1항에 있어서 '법률상 양립할 수 없다'는 것은, 두 청구들 사이에서 한쪽 청구에 대한 판단 이유가 다른 쪽 청구에 대한 판단 이유에 영향을 주어 각 청구에 대한 판단 과정이 필연적으로 상호 결합되어 있는 관계를 의미하며, 실체법적으로나 소송법상으로도 서로 양립할 수 없는 경우를 포함한다.

(3) **사안의 경우** - 甲이 乙을 상대로 제2동 동대표 지위에 관한 확인소송에서 乙개인 뿐만 아니라 그가 소속된 입주자대표회의를 예비적 피고로 하여 추가하는 경우, 누가 피고적격을 가지는지에 관한 법률적 평가에 따라 어느 한 쪽에 대한 청구는 부적법하고 다른 쪽의 청구만이 적법하게 될 수 있으므로 이는 예비적·선택적 공동소송의 요건인 각 청구가 서로 법률상 양립할 수 없는 관계에 해당하는바, 예비적 피고 추가가 가능하다.

3. 결론
甲은 제1심 변론종결전까지 입주자대표회의를 위 확인청구에 대한 예비적 피고로 추가할 수 있다.

〈제1문의 4〉

〈 기초적 사실관계 〉

甲 소유의 X 토지에 관하여 乙 앞으로 매매를 원인으로 한 소유권이전등기가 마쳐졌다. 甲은 "甲이 乙에게 X 토지를 대금 10억 원에 매도하는 내용의 매매계약(이하 '이 사건 계약'이라고 한다)을 체결한 후 위 소유권이전등기를 마쳤는데, 乙은 아직 대금을 지급하지 않았다."라고 주장하면서 乙을 상대로 주위적으로는 대금 10억 원의 지급을 청구하는 한편, 이 사건 계약 체결 사실이 인정되지 않을 것에 대비하여 예비적으로는 위 소유권이전등기의 말소를 청구하는 소를 제기하였다 (아래 각 설문은 서로 별개이다).

〈 아래 문제 1에 적용되는 추가적 사실관계 〉

제1심 소송과정에서 乙이 이 사건 계약을 체결한 적이 없다고 진술하자, 甲은 이 사건 계약 체결 사실에 대한 증거로 이 사건 계약 내용이 기재된 매매계약서를 제출하였다. 이에 乙은 "위 매매계약서의 매수인란에 날인된 인영은 乙의 인장에 의한 것이지만, 乙은 위 인영을 날인한 적이 없다."라고 진술하였다. 심리 결과 위 인영은 丙이 날인한 것으로 밝혀지자, 甲은 "丙이 乙의 위임을 받아 위 인영을 날인하였다."라고 진술하였고, 乙은 "날인을 위임한 사실이 없다."라고 주장하였다.

법원은 乙이 丙에게 날인을 위임을 하였는지 여부에 대해 확신을 갖지 못하였고, 위 매매계약서 외에 달리 이 사건 계약 체결 사실을 인정할 만한 증거가 없는 상태이다.

〈 문제 〉

1. 제1심 법원은 주위적 청구에 대하여 어떠한 판단을 하여야 하는가? (15점)

〈아래 문제 2에 적용되는 추가적 사실관계〉

제1심 법원은 이 사건 계약이 체결되지 않은 것으로 판단하여 주위적 청구를 기각하고 예비적 청구를 인용하는 판결을 선고하였고, 이에 乙만 항소하였다. 항소심 법원은 심리 결과 이 사건 계약이 체결되었다는 확신을 갖게 되었다.

〈 문제 〉

2. 항소심 법원은 어떠한 판결을 선고하여야 하는가? (10점)

[제1문의 4] 문제 1. 해설

1. 문제
매매대금 청구에 대한 법원의 판단과 관련하여, (1) 매매계약서 진정성립 여부, (2) 증명책임이 문제된다.

2. 매매계약서 진정성립 인정여부

(1) **관련 조문** - 사문서는 본인 또는 대리인의 서명이나 날인 또는 무인이 있는 때에는 진정한 것으로 추정한다(민소법 제358조).

(2) **판례**
   1) 문서에 날인된 작성명의인의 인영이 그의 인장에 의하여 현출된 것이라면 특별한 사정이 없는 한 그 인영의 진정성립, 즉 날인행위가 작성명의인의 의사에 기한 것임이 사실상 추정되고, 일단 인영의 진정성립이 추정되면 민사소송법 제358조에 의하여 그 문서전체의 진정성립이 추정된다.
   2) 위와 같은 사실상 추정은 날인행위가 작성명의인 이외의 자에 의하여 이루어진 것임이 밝혀진 경우에는 깨어지는 것이므로, 문서제출자는 그 날인행위가 작성명의인으로부터 위임받은 정당한 권원에 의한 것이라는 사실까지 입증할 책임이 있다.

(3) **사안의 경우**
   1) 甲이 제출한 이 사건 매매계약서에 대하여 乙이 자신의 인장은 맞지만 날인한 적이 없다고 진술하였고, 이는 丙에 의해서 날인된 것으로 밝혀졌는바, 甲은 丙의 날인행위가 乙로부터 위임받은 정당한 권원에 의한 것이라는 사실까지 입증할 책임이 있다.
   2) 그런데, 법원은 乙이 丙에게 날인을 위임하였는지 여부에 대해 확신을 갖지 못하였으므로 매매계약서의 진정성립이 인정되지 않는다.

3. 증명책임(패소가능성)

(1) **요건사실** - 매매대금 청구의 요건사실은 매매계약의 체결사실을 요한다.

(2) **사안의 경우** - 매매대금을 청구하는 원고 甲이 매매계약 체결사실에 대한 증명책임이 있는바, 이러한 사실을 증명하지 못한 경우 패소가능성을 부담한다.

4. 결론
제1심 법원은 주위적 청구를 기각하는 판단을 하여야 한다.

[제1문의 4] 문제 2. 해설

1. 예비적 병합청구와 상소불가분의 원칙

(1) **관련 법리** - 상소제기에 의한 확정차단의 효력과 이심의 효력은 상소인의 불복신청의 범위에 관계없이 원심판결 전부에 대하여 불가분으로 발생한다.

(2) **판례** - 제1심에서 주위적 청구를 기각하고 예비적 청구를 인용한 판결에 대하여 피고만이 항소한 때에는, 이심의 효력은 사건 전체에 미치더라도 원고로부터 부대항소가 없는 한 항소심의 심판대상으로 되는 것은 예비적 청구에 국한된다.

(3) **사안의 경우** - 甲의 乙에 대한 1심 판결에서 패소한 乙이 항소함으로써 주위적 청구와 예비적 청구 모두 항소심으로 이심되지만, 항소심의 심판범위는 예비적 청구인 소유권이전등기말소청구에 국한된다. 그렇다면, 甲의 예비적 청구인 소유권이전등기말소청구는 매매계약이 유효한바, 청구기각 판결을 선고하여야 한다.

⟨제1문의 5⟩

⟨ 기초적 사실관계 ⟩

甲 은행은 2017. 2. 9. 乙과 乙 소유의 X토지에 채무자 乙, 채권최고액 1억 3,000만 원, 근저당권자 甲 은행으로 한 근저당권설정계약을 체결하여 甲 은행 앞으로 근저당권설정등기를 마쳤고, 이어서 乙과 乙 소유의 X토지에 지료 없이 존속기간 2017. 2. 9.부터 만 10년으로 한 지상권설정계약을 체결하여 甲 은행 명의의 지상권설정등기를 마쳤다. 甲 은행은 2017. 2. 10. 乙에게 이율 연 5%, 변제기 2020. 2. 10.로 정하여 1억 원을 대출하였다.

⟨ 문제 ⟩

1. 乙은 지상권설정등기에 관한 피담보채무의 부존재 확인의 소를 제기하였다. 乙의 청구에 관한 법원의 판단(각하, 기각, 전부 인용, 일부 인용)을 근거와 함께 서술하시오(15점).

⟨ 추가된 사실관계 ⟩

⟨ 문제 ⟩

2. 丙은 2018. 2. 15. 乙과 X토지에 대한 사용대차계약을 체결한 후 X토지에 사과나무를 식재하였다. 甲 은행은 乙이 대출금에 대한 이자를 연체하자, 담보권 실행을 위한 경매를 신청하였고, 丁은 2019. 6. 5. 경매절차에서 최고가매수인으로 X토지에 대한 매각대금을 완납하였다. 사과나무의 소유권 귀속에 관하여 설명하시오(20점).

⟨ 변형된 사실관계 ⟩

⟨ 문제 ⟩

3. 乙은 甲 은행에 대한 대출금 이자를 연체하지 않고 있다. 한편 戊가 무단으로 X토지에 창고를 설치하여 자신의 물건을 보관하고 있다. 甲 은행은 戊를 상대로 지료 상당의 부당이득을 청구하였다. 甲 은행의 청구에 관한 법원의 판단(각하, 기각, 전부 인용, 일부 인용)을 근거와 함께 서술하시오(15점).

[제1문의 5] 문제 1. 해설

1. 문제
乙의 지상권설정등기에 관한 피담보채무부존재확인의 소에 대한 법원의 판단이 문제 된다.

2. 담보지상권의 피담보채무존재여부
(1) **판례** – 근저당권 설정의 당사자들이 담보로 제공된 토지에 추후 용익권이 설정되어 토지의 담보가치가 줄어드는 것을 막기 위하여 담보권과 아울러 설정하는 지상권을 이른바 담보지상권이라고 하는데, 이는 당사자의 약정에 따라 담보권의 존속과 지상권의 존속이 서로 연계되어 있을 뿐이고, 지상권의 피담보채무가 존재하는 것은 아니다.

(2) **사안의 경우** – 乙의 甲은행에 대한 지상권설정등기에 관한 피담보채무는 존재하지 않는다.

3. 채무부존재확인의 소
(1) **관련 법리** – 확인의 소에는 권리보호요건으로서 확인의 이익이 있어야 하고, 확인의 이익은 원고의 권리 또는 법률상의 지위에 현존하는 불안·위험이 있고 확인판결을 받는 것이 불안·위험을 제거하는 가장 유효·적절한 수단일 때에 인정된다.

(2) **판례** – 지상권설정등기에 관한 피담보채무의 범위 확인을 구하는 청구는 원고 乙의 권리 또는 법률상의 지위에 관한 청구라고 보기 어려운 바, 확인의 이익이 없어 부적법하다.

4. 결론
乙의 청구는 확인의 이익이 없어 부적법한 바, 각하되어야 한다.

[제1문의 5] 문제 2. 해설

1. 문제
(1) 乙과 丙의 사용대차 계약 적법여부, (2) 丁의 사과나무 소유권 취득여부가 문제 된다.

2. 乙과 丙의 사용대차 계약 적법여부
(1) **관련 조문** – 사용대차는 당사자 일방이 상대방에게 무상으로 사용, 수익하게 하기 위하여 목적물을 인도할 것을 약정하고 상대방은 이를 사용, 수익한 후 그 물건을 반환할 것을 약정함으로써 그 효력이 생긴다(민법 제609조).

(2) **판례** – 담보지상권은 저당권이 실행될 때까지 제3자가 용익권을 취득하거나 목적 토지의 담보가치를 하락시키는 침해행위를 하는 것을 배제함으로써 저당 부동산의 담보가치를 확보하는 데에 목적이 있으므로, 토지소유자는 저당 부동산의 담보가치를 하락시킬 우려가 있는 등의 특별한 사정이 없는 한 토지를 사용·수익할 수 있다.

(3) 사안의 경우 - X토지 소유자 乙은 담보지상권설정자로서 토지를 사용·수익할 수 있으므로 2018. 2. 15. 丙과 X토지에 대한 사용대차 계약을 체결한 것은 적법하다.

3. 丁의 사과나무 소유권 취득여부

(1) **관련 조문** - 부동산의 소유자는 그 부동산에 부합한 물건의 소유권을 취득한다. 그러나 타인의 권원에 의하여 부속된 것은 그러하지 아니하다(민법 제256조). 저당권의 효력은 저당부동산에 부합된 물건과 종물에 미친다(민법 제358조 본문).

(2) **판례** - 담보지상권설정자인 토지소유자로부터 토지를 사용·수익할 수 있는 권리를 취득하였다면 이러한 권리는 민법 제256조 단서가 정한 '권원'에 해당한다고 볼 수 있다.

(3) **사안의 경우** - 담보지상권을 설정한 소유자 乙은 사용수익권능을 가지고 있으므로 丙과의 사용대차계약은 민법 제256조 단서의 권원에 해당하여, 저당권의 효력이 丙소유 사과나무에 미치지 않는바, 경매절차의 매수인 丁이 소유권을 취득하지 못한다.

4. 결론

丙은 소유자와 체결한 사용대차계약에 기하여 식재한 것이므로 사과나무는 토지에 부합하지 않는바, 丙은 여전히 사과나무의 소유권을 가진다.

[제1문의 5] 문제 3. 해설

1. 문제

甲은행의 戊에 대한 부당이득반환청구에 관한 법원의 판단이 문제 된다.

2. 부당이득반환청구 가부

(1) **관련 조문** - 법률상 원인 없이 타인의 재산 또는 노무로 인하여 이익을 얻고 이로 인하여 타인에게 손해를 가한 자는 그 이익을 반환하여야 한다(민법 제741조).

(2) **판례** - 담보지상권은 토지를 점유, 사용함으로써 임료 상당의 이익을 얻을 수 있었다고 보기 어려우므로, 그 토지의 소유자 또는 제3자가 저당권 및 지상권의 목적 토지를 점유, 사용한다는 사정만으로는 저당권자에게 어떠한 손해가 발생하였다고 볼 수 없다

(3) **사안의 경우** - 담보지상권자인 甲은행은 사용수익권능이 없으므로 戊가 무단으로 X토지에 창고를 설치하여 사용하고 있다고 하더라도 어떠한 손해가 발생하였다고 볼 수 없다.

3. 결론

甲은행의 戊에 대한 부당이득반환청구는 기각되어야 한다.

제1차 모의시험 제2문

〈제2문의 1〉

〈 기초적 사실관계 〉

甲은 자신의 X토지 위에 Y주택을 소유하고 있다가 乙로부터 2억 원을 차용하면서 2016. 3. 10. X토지와 Y주택에 乙명의의 공동저당권을 설정해주었다. 그 후 甲은 2017. 2.경 Y주택을 헐고 그 위치에 Z건물을 신축하기 시작하여 같은 해 10.경 완공하였다. 그런데 甲이 乙에 대한 채무를 변제하지 않아 乙이 2018. 1. 20. X토지에 대해서만 경매를 신청하고 그 경매절차에서 丙이 매수하고 매각대금을 완납하였다. 丙은 甲을 상대로 Z건물의 철거소송을 제기하였고, 甲은 법정지상권의 취득을 근거로 항변하였다.

〈 문제 〉

1. 丙의 청구에 관한 법원의 판단(각하, 기각, 전부 인용, 일부 인용)을 근거와 함께 서술하시오. (15점)

〈 계속된 사실관계 〉

甲과 丙의 화해로 甲이 Z건물을 X토지 위에 유지할 수 있게 되었다. 丙은 丁은행으로부터 3억 원을 차용하면서, 2018. 2. 1. 丙 소유 X토지와 甲에게 부탁하여 甲 소유 Z건물에 관하여 丁명의의 공동근저당권이 설정되었다. 그 후 甲은 A로부터 1억 5,000만 원을 차용하면서 Z건물에 관하여 2018. 3. 10. A 명의의 제2순위 근저당권을 설정해 주었다.

〈 문제 〉

2. 丁은행은 丙이 채무를 변제하지 않음을 이유로 Z건물에 대한 경매를 신청하였고 경매절차가 진행되어 매각대금으로부터 2018. 5. 2. 丙의 위 채무가 전액 변제되었다. 이에 A가 甲 소유의 부동산에 대한 후순위저당권자로서 甲에게 이전된 근저당권으로부터 우선하여 변제받을 수 있다고 주장하며 丁 은행을 상대로 근저당권설정등기의 이전을 구하였다. 이 경우 丙이 甲에 대한 대여금채권(변제기 2018. 4. 19.)을 자동채권으로 하여 甲의 구상금채권과 상계할 수 있는지를 근거와 함께 서술하시오. (20점)

〈계속된 사실관계〉

甲이 A의 피담보채무에 대한 이자를 연체하자, A는 2018. 7. 10. Z건물에 대하여 경매를 신청하였고, 丁은행이 2018. 9. 2. 배당에 참가하여 Z건물로부터 피담보채권액 3억 원을 우선 배당받았다. 그 후 B가 2018. 10. 6. X토지에 대하여 경매를 신청하여 2018. 12. 15. 매각대금이 완납되었다. 배당기일에 丁은행은 채권최고액의 범위 내에서 2018. 10. 26. 丙에게 1억 원을 추가로 대출하였으므로 X토지로부터의 우선변제권을 주장하였고, B는 丁은행이 Z건물의 배당에 참가하였으므로 X토지에 대해서도 그 당시 이미 피담보채권이 확정되었다고 주장하였다.

〈 문제 〉

3. B의 주장에 대한 법원의 판단을 근거와 함께 기술하시오. (15점)

[제2문의 1] 문제 1. 해설

1. 문제
丙의 건물철거 청구 가부와 관련하여 (1) 丙이 X토지의 소유권자인지 여부와, (2) 甲의 법정지상권 항변 당부가 문제 된다.

2. 丙이 X토지의 소유권자인지 여부
(1) **관련 조문** - 경매에 의한 부동산 물권취득은 등기를 요하지 아니하고(민법 제187조), 매수인은 매각대금을 완납한 때에 매각목적의 권리를 취득한다(민집법 제135조).

(2) **사안의 경우** - 丙은 2018. 1. 20. 乙이 신청한 경매에서 매각대금을 완납한 때 X토지의 소유권을 취득하였는바, 지상 Z건물을 甲이 소유하여 丙의 토지소유권을 방해하고 있으므로, 소유권에 기한 방해배제청구권의 행사로 건물철거청구를 할 수 있다.

3. 甲의 법정지상권 항변 당부
(1) **관련 조문** - 저당물의 경매로 인하여 토지와 지상건물이 다른 소유에 속한 경우에는 토지소유자는 건물소유자에 대하여 지상권을 설정한 것으로 본다(민법 제366조).

(2) **판례** - 동일인 소유에 속하는 토지 및 지상 건물에 관하여 공동저당권이 설정된 후 지상 건물이 철거되고 새로 건물이 신축된 경우, 토지의 저당권과 동일한 순위의 공동저당권을 설정해 주는 등 특별한 사정이 없는 한 경매로 인하여 토지와 신축건물이 다른 소유자에 속하게 된 경우 신축 건물을 위한 법정지상권은 성립하지 않는다.

(3) **사안의 경우** - 법정지상권이 성립하는 경우 당초 나대지로서의 토지의 교환가치 전체를 기대하여 담보를 취득한 공동저당권자 乙에게 불측의 손해를 입게 하기 때문에 甲의 법정지상권 항변은 부당하다.

4. 결론
丙의 청구는 전부 인용된다.

[제2문의 1] 문제 2. 해설

1. 문제
(1) 甲의 구상권 취득 및 A의 물상대위권 행사, (2) 丙의 상계권 행사 가부가 문제 된다.

2. 甲의 구상권 취득 및 A의 물상대위권 행사 가부
(1) **판례**
  1) 공동저당의 목적인 물상보증인 소유 부동산에 먼저 경매가 이루어져 경매대금의 교부에 의하여 1번 저당권자가 변제를 받은 때에는 물상보증인은 채무자에 대하여 구상권을 취득함과 동시에

민법 제481조, 제482조의 규정에 의한 변제자대위에 의하여 채무자 소유 부동산에 대한 1번 저당권을 취득한다.

2) 이러한 경우, 자기 소유 부동산이 먼저 경매되어 1번 저당권자에게 대위변제를 한 물상보증인은 1번 저당권을 대위취득하고, 물상보증인 소유 부동산의 후순위저당권자는 1번 저당권에 대하여 물상대위를 할 수 있다.

(2) 사안의 경우

1) 물상보증인 甲은 채무자 丙에 대하여 구상권을 취득함과 동시에 변제자 법정대위에 의하여 X토지에 대한 1번 저당권을 취득한다.

2) 물상보증인 甲소유 Z건물에 대한 후순위저당권자 A는 甲이 취득한 1번 저당권에 대하여 물상대위를 할 수 있다.

3. 丙의 상계권 행사 가부

(1) 관련 조문
쌍방이 서로 같은 종류를 목적으로 한 채무를 부담하는 경우에 그 쌍방의 채무의 이행기가 도래한 때에는 각 채무자는 대등액에 관하여 상계할 수 있다(제492조 제1항).

(2) 판례

1) 채무자는 물상보증인에 대한 반대채권이 있더라도 물상보증인의 구상금 채권과 상계함으로써 물상보증인 소유의 부동산에 대한 후순위저당권자에게 대항할 수 없다.

2) 채무자는 선순위공동저당권자가 물상보증인 소유의 부동산에 대해 먼저 경매를 신청한 경우에 비로소 상계할 것을 기대할 수 있는데, 이처럼 우연한 사정에 의하여 좌우되는 상계에 대한 기대가 물상보증인 소유의 부동산에 대한 후순위저당권자가 가지는 법적 지위에 우선할 수 없기 때문이다.

(3) 사안의 경우

1) 丙은 甲에 대한 대여금채권을 자동채권으로 甲의 구상금채권과 상계를 주장할 수 없다.

2) 왜냐하면, 채무자 丙은 보증 채무에 대한 최종적인 책임을 지는 자로 물상보증인 甲 소유 Z건물이 아닌 자기 소유 X토지가 먼저 경매되었다면 상계를 기대할 수 없었는데, Z건물이 먼저 경매된 우연한 사정에 의한 상계 기대이익이 A에게 법적으로 인정되는 물상대위권보다 우선할 수는 없기 때문이다.

4. 결론

丙의 상계주장은 부당하다.

[제2문의 1] 문제 3. 해설

1. 문제
B 주장의 당부와 관련하여 근저당권의 피담보채권 확정시기가 문제 된다.

2. 선순위 근저당권의 피담보채권 확정시기
(1) **관련 법리** – 선순위근저당권자가 경매를 신청하는 경우에는 경매신청시, 후순위근저당권자가 경매를 신청하는 경우 선순위근저당권의 피담보채권은 경락인이 경락대금을 완납한 때이다.

(2) **판례** – 공동근저당권자가 목적부동산 중 일부 부동산에 대하여 제3자가 신청한 경매절차에 참가하여 우선 배당을 받은 경우, 해당 부동산에 관한 근저당권의 피담보채권은 매수인이 매각대금을 지급한 때에 확정되지만, 나머지 목적부동산에 관한 근저당권의 피담보채권은 다른 확정 사유가 발생하지 않는 한 확정되지 아니한다.

(3) **사안의 경우** – 丁 은행은 A가 신청한 경매에서 소극적으로 배당에 참가한 2018. 9. 2. 나머지 부동산인 X 토지에 대하여 피담보채권이 확정되는 것은 아니고, X 토지에 대한 매각대금이 완납된 2018. 12. 15. 확정된다.

3. 결론
피담보채권이 확정되기 이전인 2018. 10. 26. 丙에게 1억 원을 추가로 대출한 丁 은행이 우선변제권을 주장하는 것은 타당한바, B의 주장은 부당하다.

〈제2문의 2〉

〈 기초적 사실관계 〉

甲은 2017. 3. 6. 乙과 4년간의 여신거래약정을 체결하고, 현재 및 장래에 발생할 채권을 담보하기 위해 채무자 乙 소유의 X부동산에 채권최고액 9억 원의 근저당권을 설정하였고, 이 채무를 담보하기 위하여 丙과 丁이 공동으로 甲과 연대보증계약을 체결하였다. 상환기일에 乙이 채무를 상환하지 않자, 甲은 X부동산에 대해 근저당권에 기한 경매를 신청하였다. 경매절차가 진행되던 중 丙은 3억 원을, 丁은 2억 원을 甲에게 변제하였다. 丙과 丁이 대위변제액에 상응하는 비율로 甲으로부터 근저당권 일부의 이전등기를 받은 후 경매를 통해 A가 X부동산을 8억 원에 매수하였다. 경매신청시 甲의 乙에 대한 채권액은 10억 원이었으나 A가 매각대금을 완납할 당시 채권액은 12억 원이었다.

〈 문제 〉

매각대금 8억 원은 甲, 丙, 丁에게 얼마씩 배당되는지 근거와 함께 서술하시오.(비용, 이자 및 지연배상은 고려하지 않음) (15점)

[제2문의 2] 해설

1. 문제
甲, 丙, 丁의 배당금액과 관련하여 (1) 근저당권의 피담보채권 확정시기, (2) 일부대위 변제자 丙, 丁과 채권자 甲의 우열관계가 문제 된다.

2. 근저당권의 피담보채권 확정시기
(1) **관련 법리** - 근저당권자가 피담보채무의 불이행을 이유로 경매신청을 한 경우에는 경매신청시에 근저당권 피담보채무액이 확정되고, 그 이후부터 근저당권은 부종성을 가지게 되어 보통의 저당권과 같은 취급을 한다.

(2) **사안의 경우** - 근저당권자 甲이 채무자 乙의 채무상환불이행을 이유로 경매를 신청한 때 채권액 10억 원으로 피담보채권이 확정된다.

3. 일부대위 변제자 丙, 丁과 채권자 甲의 우열관계
(1) **관련 조문** - 채권의 일부에 대하여 대위변제가 있는 때에는 대위자는 그 변제한 가액에 비례하여 채권자와 함께 그 권리를 행사한다(민법 제483조 제1항).

(2) **판례** - 채권자가 부동산에 대하여 저당권을 가지고 있는 경우에는 채권자는 대위변제자에게 일부 대위변제에 따른 저당권의 일부이전의 부기등기를 경료해 주어야 할 의무가 있으나 이 경우에도 채권자는 일부 대위변제자에 대하여 우선변제권을 가진다.

(3) **사안의 경우**
1) 甲은 확정된 피담보채권 10억 원 중에서 丙과 丁에게 변제받은 5억 원을 제외한 나머지 5억 원을 X부동산 매각대금 8억 원 중에서 우선변제 받는다.
2) 丙이 3억 원, 丁이 2억 원을 대위변제하였으므로, 丙과 丁은 甲의 근저당권을 3/5, 2/5의 비율로 준공유하게 되고, 甲에게 배당하고 남은 금액이 3억 원(= 8억-5억)이므로, 3억 원 중의 3/5에 해당하는 금액인 1억 8,000만 원은 丙이, 2/5에 해당하는 1억 2,000만 원은 丁이 배당받는다.

4. 결론
甲은 5억 원, 丙 1억 8,000만 원, 丁 1억 2,000만 원 배당받는다.

〈제2문의 3〉

〈 기초적 사실관계 〉

　甲은 2009. 4. 5. X토지를 乙에게 1억 원에 매도하기로 하였고, 乙은 2009. 10. 5. 매매대금을 모두 甲에게 지급하고, 같은 날 甲으로부터 소유권이전등기를 경료받았다. 乙은 2018. 4. 5. X토지를 丙에게 2억 원에 매도하기로 하였고, 丙은 2018. 10. 5. 매매대금을 모두 乙에게 지급하고, 같은 날 乙로부터 소유권이전등기를 경료받았다. 丙은 위 토지 위에 건물을 신축하기 위하여 지반 평탄화 작업을 하던 중 폐기물이 다량 매립된 것을 확인하여 2018. 11. 5. 이 사실을 乙에게 통보하였고 乙은 비로소 이 사실을 알게 되었다. 乙은 2019. 3. 5. 丙에게 폐기물처리비용으로 1억 원을 지급하고, 乙은 2019. 6. 5. 甲에게 1억 원 상당의 하자담보책임에 기한 손해배상의 소를 제기하였다. 이에 대하여 甲은 ① X토지의 매도 당시 폐기물 매립 사실을 몰랐으므로 하자담보책임이 성립하지 않으며, ② 6개월의 제척기간이 경과하였고, ③ 10년의 소멸시효기간이 경과하였다고 항변하였다.

〈 문제 〉

　甲의 항변의 당부를 근거와 함께 서술하시오 (15점).

[제2문의 3] 해설

1. 문제
甲의 ①, ②, ③ 항변의 당부가 문제 된다.

2. 甲의 ①항변 당부
(1) **관련 조문** - 매매의 목적물에 하자가 있는 때에는 매수인이 이를 알지 못한 때에는 이로 인하여 계약의 목적을 달성할 수 없는 경우에 한하여 매수인은 계약을 해제할 수 있고, 기타의 경우에는 손해배상만을 청구할 수 있으나 매수인이 하자있는 것을 알았거나 과실로 인하여 이를 알지 못한 때에는 그러하지 아니하다(민법 제580조 제1항).

(2) **사안의 경우** - 하자담보책임은 무과실책임으로 매도인이 선의인 경우에도 하자담보책임이 성립하는바, 甲의 ①항변은 타당하지 않다.

3. 甲의 ②항변 당부
(1) **관련 조문** - 제580조에 의한 권리는 매수인이 그 사실을 안 날로부터 6월내에 행사하여야 한다(민법 제582조).

(2) **사안의 경우** - 乙은 이 사실을 안 날인 2018. 11. 5.로부터 6개월이 지난 2019. 6. 5. 소를 제기하여 제척기간이 경과하였는바, 甲의 ②항변은 타당하다.

3. 甲의 ③항변 당부
(1) **판례** - 하자담보에 기한 매수인의 손해배상청구권은 민법 제162조 제1항의 채권 소멸시효의 규정이 적용되고, 민법 제582조의 제척기간 규정으로 인하여 소멸시효 규정의 적용이 배제된다고 볼 수 없으며, 매수인이 매매 목적물을 인도받은 때부터 소멸시효가 진행한다.

(2) **사안의 경우** - 乙이 甲으로부터 소유권을 이전받은 2009. 10. 5.로부터 10년이 경과하지 않은 2019. 6. 5. 소를 제기하여 소멸시효 기간을 준수하였는바, 甲의 ③항변은 부당하다.

4. 결론
甲의 ①, ③ 항변은 부당하고, ②항변은 타당하다.

〈제2문의 4〉

〈 기초적 사실관계 〉

처와 사별한 甲에게는 자녀 乙, 丙이 있다. 甲은 "본인은 상속재산으로서 아파트 래미문 제1004호를 乙에게 물려준다. 사후에 자녀 간에 불협화음을 없애기 위하여 이것을 남긴다."는 내용의 유언장을 자필로 작성하였다. 유언장의 말미에 작성연월일, 주민등록번호, 성명을 자서한 후 날인하였고, 작성연월일 옆에 "암사동에서"라고 기재하였다. 甲은 위 유언장을 공증법인에서 공증을 받았고, 여기에 증인 1인의 참여가 있었다. 乙은 단독으로 상속재산인 래미문 1004호를 월 임대료 100만 원에 丁에게 임대하였고, 6개월이 지났다.

〈 문제 〉

丙은 乙에게 임료의 1/2에 관하여 부당이득반환을 청구하였고, 丁에게 건물의 인도를 청구하는 소를 제기하였다. 丙의 청구에 관한 법원의 판단(각하, 기각, 전부 인용, 일부 인용)을 근거와 함께 서술하시오. (이자는 고려하지 않음) (20점)

[제2문의 4] 해설

1. 문제
(1) 甲 유언의 유효 여부, (2) 乙과 丙의 상속 관계, (3) 丙의 청구에 대한 법원의 판단이 문제 된다.

2. 甲 유언의 유효 여부
(1) **관련 조문** - 자필증서에 의한 유언은 유언자가 그 전문과 연월일, 주소, 성명을 자서하고 날인하여야 한다(민법 제1066조 제1항). 공정증서에 의한 유언은 유언자가 증인 2인이 참여한 공증인의 면전에서 유언의 취지를 구수하고 공증인이 이를 필기낭독하여 유언자와 증인이 그 정확함을 승인한 후 각자 서명 또는 기명날인하여야 한다(민법 제1068조).

(2) **사안의 경우** - 유언은 엄격한 요식성을 요하므로, 자필증서에 의한 유언은 주소가 "암사동에서"라고 기재되어 있어 정확한 주소기재로 보기 어렵고, 공정증서에 의한 유언 또한 증인 2인이 참여하여야 하는데 1명만 참여하여 유언으로서의 방식이 결여되어 있는바, 甲 유언의 효력이 없다.

3. 乙과 丙의 상속관계
(1) **관련 조문** - 상속인의 직계비속은 상속에 있어서 1순위 공동상속인이 된다(민법 제1000조 제1항 제1호). 동순위 상속인이 수인인 때에는 그 상속분은 균분으로 한다(민법 제1009조 제1항). 상속인이 수인인 때에는 상속재산은 그 공유로 한다(민법 제1006조).

(2) **사안의 경우** - 乙과 丙은 피상속인 甲의 직계비속으로 상속재산인 래미문 아파트 1004호를 각 1/2지분으로 공동상속하는바, 그 소유형태는 공유가 된다.

4. 부당이득반환청구
(1) **관련 조문** - 법률상 원인 없이 타인의 재산으로 인하여 이익을 얻고 이로 인하여 타인에게 손해를 가한 자는 그 이익을 반환하여야 한다(민법 제741조).

(2) **사안의 경우** - 丙은 乙에게 자신의 지분에 해당하는 임료의 1/2인 300만원 상당액을 부당이득으로 반환청구 할 수 있다.

5. 건물인도청구
(1) **관련 조문** - 공유물의 관리에 관한 사항은 공유자의 지분의 과반수로써 결정한다. 그러나 보존행위는 각자가 할 수 있다(민법 제265조).

(2) **판례** - 소수지분권자는 공유물을 공동으로 점유할 권리가 있고, 임차인은 임대차계약을 통해 그 소수지분권자로부터 점유할 권리를 이전받았으므로, 다른 공유자가 공유자인 임대인에게 공유물 인도를 청구할 수 없다면 그 임차인을 상대로도 인도를 청구할 수 없다.

(3) 사안의 경우 – 1/2 지분권자 丙이 1/2 지분권자인 乙에게 래미문 아파트 인도를 청구할 수 없으므로 그 임차인 丁에게도 건물 인도를 청구할 수는 없다.

6. 결론

법원은 丙의 乙에 대한 부당이득반환청구는 인용하고, 丁에 대한 건물인도 청구는 기각하는 일부 인용 판결을 해야 한다.

제1차 모의시험 제3문

〈기초적 사실관계〉

甲 주식회사(상장회사. 이하 '甲 회사'라고 함)는 건설회사로서 지분 22%를 보유한 대주주 A가 대표이사를 맡고 있고, 골프장을 운영하는 乙 주식회사(상장회사. 이하 '乙 회사'라고 함)와 아연관 등 건축자재를 생산·판매하는 丙 주식회사(비상장회사. 이하 '丙 회사'라고 함)를 자회사로 두고 있으며, 乙 회사는 부동산개발업체인 丁 주식회사(비상장회사. 이하 '丁 회사'라고 함)의 주식 25%를 보유하고 있다. 2016. 5. 10. 개최된 甲 회사의 이사회는 丁 회사의 부동산 중 일부를 매입하여 게스트하우스 단지를 조성하기로 하고(부동산 매입가액 100억원), 그 승인을 위한 주주총회의 소집을 결의하면서 세부절차는 모두 A에게 위임하였다(甲 회사의 정관상 50억 이상인 부동산 매입거래 등은 주주총회의 승인사항임). 그런데 주주총회를 소집하는 과정에서 甲 회사의 명의개서대리인 B는 주주 C(주식 2% 보유)에 대한 소집통지가 누락된 것을 발견하고는 급히 주주총회일 5일 전에 휴대폰 문자메시지로 C에게 소집통지를 하였고(다만 C는 이를 인용하고 주주총회에 참석하여 의결권을 행사하였음), 주주명부에 지인의 이름으로 등재된 A의 차명주식 3%에 대해서는 A에게 주주총회 소집통지를 하였다. 그리고 2016. 6. 10. 소집된 甲 회사의 주주총회에서는 A의 25%와 우호세력 40% 주식의 찬성으로 丁 회사의 부동산 매입 건이 승인되었다(당시 丁 회사는 甲 회사의 주식 3%를 보유하고 있었고, B로부터 주주총회 소집통지를 받은 丁 회사의 대표이사가 주주총회에 참석하여 안건에 찬성하였음).

한편 甲 회사의 이사회는 부동산 매입자금이 부족하자 신주를 발행하여 부족액 30억원을 조달하기로 결의하고 세부절차는 대표이사 A에게 위임하였다(甲 회사의 정관에는 신주발행에 관한 특별한 정함이 없음). 신주의 납입기일인 2016. 8. 10. 이후 신주발행절차를 모두 마치고 부족액 30억원을 마련하였지만 주권을 발행하지는 않았던 甲 회사는 2017. 3. 10. 비로소 주권을 발행하여 주주명부에 등재되어 있는 신주의 주주들에게 교부하였다. 한편 甲 회사의 신주를 인수한 주주 D는 보유하고 있던 주식 전부를 2016. 11. 1. 지인 E에게 양도하였다. 그런데 D는 甲 회사에 주식양도의 사실을 통지함으로써 양수인 E가 대항요건을 갖출 수 있도록 해주어야 함에도 불구하고 아무런 조치 없이 2016. 11. 30. 이러한 사정을 잘 아는 F와 공모하여 보유주식을 다시 F에게 양도하였고, F에 대한 주식양도사실을 甲 회사에게 2016. 12. 5. 확정일자 있는 증서로 통지하였으며, 이에 따라 F는 甲 회사의 주주명부에 자신의 이름으로 명의개서까지 마쳤다.

〈문제〉

1. 甲 회사의 주주 G(주식 2% 보유)가 부동산 매입 승인에 관한 주주총회결의의 효력을 다투기 위하여 주장할 수 있는 하자의 유형별로 그 성립 여부를 논증하시오. (40점)

2. 2017. 3. 10. 甲 회사가 주권을 발행할 때 양수인 E와 F가 각각 주주임을 주장하며 다투고 있다. 이 경우 甲 회사에 대한 관계에서 누가 진정한 주주인가? (25점)

〈추가적 사실관계〉

戊 주식회사(비상장회사. 이하 '戊 회사'라고 함)로부터 원자재를 납품받은 丙 회사의 대표이사 H는 회사의 유동성이 부족하자 납품대금의 지급을 위하여 2017. 3. 1. 약속어음(만기 2017. 5. 30.)을 戊 회사에 발행하였다. 그런데 얼마 후 丙 회사의 유동성이 좋아지자 H는 2017. 5. 20. 위 어음 발행의 원인인 납품계약상 대금채무 전액을 戊 회사에 변제하였다. 그런데 丙 회사가 변제 당시 미처 동 어음을 회수하지 못한 것을 기화로 戊 회사는 동 어음을 2017. 6. 7. 평소 거래관계에 있던 I에게 배서 양도하였다.

〈 문제 〉

3. I는 위 약속어음의 취득 당시 丙 회사가 이미 납품대금의 전액을 戊 회사에게 지급한 사실을 알지 못하였다. I가 어음금의 지급을 청구한 경우 丙 회사는 이미 戊 회사에게 납품대금 전액을 지급하였음을 이유로 어음금의 지급을 거절할 수 있는가? (15점)

〈추가적 사실관계〉

2017. 6. 20. 丙 회사의 대표이사 H는 도매업자 J로부터 주문받아 생산한 아연관 100톤의 운송을 운송주선업자 K에게 의뢰하며 운임은 500만원 이하로 할 것을 요구하였다. 이에 운송주선업자 K는 철제관류 전문운송인 L을 섭외하여 운임 600만원에 운송계약을 체결하고 운송물을 인도하여 운송을 시킨 후에 丙 회사에 보수의 지급을 요구하였다.

〈 문제 〉

4. 丙 회사는 운송주선업자 K에게 보수를 지급해야 하는가? (20점)

[제3문] 문제 1. 해설

1. 문제
주주총회 결의취소사유로서, (1) 소집절차상의 하자, (2) 결의방법상의 하자 성부가 문제 된다.

2. 소집절차상의 하자 성부

(1) 주주 C에 소집통지 하자여부

1) 관련 조문 - 주주총회는 이사회가 소집을 결정하고 대표이사가 통지하여야 한다(상법 제362조). 주주총회를 소집할 때에는 주주총회일의 2주 전에 각 주주에게 서면으로 통지를 발송하거나 각 주주의 동의를 받아 전자문서로 통지를 발송하여야 한다(상법 제363조 제1항).

2) 판례 - 주주는 다른 주주에 대한 소집절차의 하자를 이유로 주주총회결의 취소의 소를 제기할 수도 있다.

3) 사안의 경우
① 甲회사 명의개서 대리인 B는 회사의 이행보조자로 C에 대한 소집통지 누락은 회사의 책임이 되고, 주주총회 소집통지는 강행규정으로 다른 방법에 의한 통지는 허용되지 않는바, B가 주주 C에게 주총 5일 전에 한 문자메시지 통지는 효력이 없다.
② 설령, C가 이를 인용하고 주주총회에 참석하여 의결권을 행사하였다고 하더라도 다른 주주들은 소집절차의 하자를 이유로 주총결의 취소를 제기할 수 있다.

(2) 실질주주 A에 소집통지 하자여부

1) 관련 조문 - 주주에 대한 회사의 통지는 주주명부에 기재한 자에게 하면 된다(상법 제353조).

2) 판례 - 주주명부에 적법하게 주주로 기재되어 있는 자는 회사에 대한 관계에서 주식에 관한 의결권 등 주주권을 행사할 수 있고, 회사 역시 주주명부에 기재를 마치지 아니한 자의 주주권 행사를 인정할 수도 없다.

3) 사안의 경우 - 甲회사의 주식 3%를 보유한 것으로 주주명부에 A의 지인이 등재되어 있으므로, 주총소집 통지를 할 때에는 甲회사와 그의 명의개서 대리인 B는 그 지인에게 소집통지를 해야 하고 실질주주인 A에게는 할 수 없는바, 주주명부에 기재된 자에게 주총소집 통지를 하지 않은 하자가 존재한다.

3. 결의방법상의 하자 성부

(1) A의 의결권 행사

1) 관련 조문 - 주주에 대한 회사의 통지 또는 최고는 주주명부에 기재한 주소 또는 그 자로부터 회사에 통지한 주소로 하면 된다(상법 제353조 제1항).

2) 판례 - 주주명부상의 주주만이 회사에 대한 관계에서 주주권을 행사할 수 있다는 법리는 주주에 대하여만 아니라 회사에 대하여도 마찬가지로 적용되므로, 회사는 특별한 사정이 없는 한 주주명부에 기재된 자의 주주권 행사를 부인하거나 주주명부에 기재되지 아니한 자의 주주권 행사를 인정할 수 없다.

3) 사안의 경우 – 대주주이며 대표이사인 A가 주주명부에 지인의 이름으로 등재되어 있는 주식 3%를 가지고 실질주주의 입장에서 주총에 참석하여 의결권을 행사한 것은 위법한 바, 주주 G는 주총결의 취소를 주장할 수 있다.

(2) 丁회사의 의결권 행사

1) 특별이해관계인 해당여부

① 관련 조문 – 총회의 결의에 관하여 특별한 이해관계가 있는 자는 의결권을 행사하지 못한다(상법 제368조 제3항).

② 판례 – 주주의 입장을 떠나 개인적으로 이해관계를 가지는 경우로서 그 결의에 관한 특별이해관계인에 해당하고, 특별이해관계자가 의결권을 행사한 경우 주총결의 취소사유에 해당한다.

③ 사안의 경우 – 甲회사가 丁회사로부터 부동산을 매입하여 게스트하우스 단지를 조성하려는 것에 대하여 丁회사는 甲회사 주총에서 특별이해관계인에 해당함에도 의결권을 행사하였는 바, 결의방법상의 하자로써 주총결의 취소사유에 해당한다.

2) 상호주 해당여부

① 관련 조문 – 회사, 모회사 및 자회사 또는 자회사가 다른 회사의 발행주식의 총수의 10분의 1을 초과하는 주식을 가지고 있는 경우 그 다른 회사가 가지고 있는 회사 또는 모회사의 주식은 의결권이 없다(상법 제369조 제3항). 발행주식 총수에도 산입되지 않는다(상법 제371조 제1항).

② 판례 – 주주총회의 기준일에는 상법 제369조 제3항이 정한 요건에 해당하지 않더라도, 실제로 의결권이 행사되는 주주총회일에 실제로 주식을 소유하고 있는 경우에는 상법 제369조 제3항이 정하는 상호소유 주식에 해당하여 의결권이 없다.

③ 사안의 경우 – 주주총회일에 자회사 乙이 丁회사 발행주식 총수의 10분의 1을 초과하는 25% 주식을 보유하고 있어, 丁회사가 보유하고 있는 乙회사 또는 모회사인 甲회사의 주식은 의결권이 없음에도 丁회사 대표이사가 甲회사의 주주총회에 참석하여 의결권을 행사한 것은 상호주 규제 위반에 해당하는바, 결의방법상의 하자로써 주총결의 취소사유에 해당한다.

4. 결론

甲회사의 부동산 매입승인에 관한 주총결의는 (1) 주주 C에게 적법한 통지를 하지 않고, 주주명부상 주주에게 소집통지를 하지 않은 절차상의 하자와 (2) 실질주주인 A, 특별이해관계인 丁, 상호주 규제를 받은 丁이 의결권을 행사한 결의방법상의 하자가 존재하는바, 주총결의 취소사유에 해당한다.

[제3문] 문제 2. 해설

1. 문제
(1) 주권발행 전 주식양도의 효력, (2) 주식이중양도의 우열관계, (3) 양수인이 적극 가담한 이중양도의 효력, (4) 주주명부의 효력이 문제 된다.

2. 주권발행 전 주식양도의 효력
(1) **관련 조문** - 주권발행 전에 한 주식의 양도는 회사에 대하여 효력이 없으나 회사성립 후 6월이 경과한 때에는 회사에 대하여도 효력이 있다(상법 제335조 제3항).

(2) **판례** - 회사성립 후 6월 이내 주식양도의 경우, 주식양수인은 회사에 대하여 자신에게 명의개서 및 주권발행 청구를 할 수 없고, 주식양도인의 회사에 대한 주권발행 및 교부를 대위청구 할 수 있다. 6월 이후 주식양도의 경우, 자신이 적법하게 주식을 양수하였다는 증명과 함께 회사에 대하여 명의개서와 주권발행 및 교부를 청구할 수 있다.

(3) **사안의 경우** - E와 F가 D로부터 주식을 양수한 시점은 E는 2016. 11. 1., F는 2016. 11. 30.로 신주납입기일 2016. 8. 10.로부터 6월이 경과하지 않았으므로 회사에 대하여 효력이 없으나, 6월이 경과한 2017. 2. 10.부터 E와 F는 甲회사에 대하여 양도의 효력을 주장할 수 있다.

3. 주식이중양도의 우열관계
(1) **판례** - 주권발행 전 주식의 이중양수인 중 일부에 대하여 이미 명의개서가 경료되었는지 여부를 불문하고 누가 우선순위자로서 권리취득자인지를 가려야 하고, 이 때 이중양수인 상호간의 우열은 지명채권 이중양도의 경우에 준하여 확정일자 있는 양도통지가 회사에 도달한 일시 또는 확정일자 있는 승낙의 일시의 선후에 의하여 결정한다.

(2) **사안의 경우** - D는 F에 대한 주식양도사실을 확정일자 있는 증서로 甲 회사에 통지하였고, 이중양수인 중 E는 확정일자 있는 증서에 의한 통지나 승낙의 요건을 갖추지 못하였는바, F가 E에 우선한다.

4. 양수인이 적극 가담한 이중양도의 효력
(1) **판례** - 양도인이 채권양도의 통지를 하기 전에 제3자에게 이중으로 양도하고 회사에게 확정일자 있는 양도통지를 하는 등 대항요건을 갖추어 줌으로써 양수인이 그 제3자에게 대항할 수 없게 되었고, 이러한 양도인의 배임행위에 제3자가 적극 가담한 경우라면, 제3자에 대한 양도행위는 사회질서에 반하는 법률행위로서 무효이다.

(2) **사안의 경우** - 양도인 D는 甲회사에 양도통지를 함으로써 제1양수인 E에게 대항요건을 갖출 의무를 부담하는데 F에게 이중으로 주식을 양도하는 배임행위를 하고, 이에 F가 공모하여 배임행위에 적극가담 하였다면, 반사회질서 법률행위에 해당하여 무효가 된다.

5. 주주명부의 효력

(1) **판례** - 주주명부에 기재된 명의상의 주주는 회사에 대한 관계에 자신의 실질적 권리를 증명하지 않아도 주주의 권리를 행사할 수 있는 자격수여적 효력을 인정받을 뿐이지 주주명부의 기재에 의하여 창설적 효력을 인정받는 것은 아니므로, 실질상 주식을 취득하지 못한 사람이 명의개서를 받았다고 하여 주주의 권리를 행사할 수 있는 것이 아니다.

(2) **사안의 경우** - F가 D로부터 주식을 양도받은 것이 무효이므로, F가 위 양도에 기하여 甲회사 주주명부에 명의개서를 마쳤다 하더라도 주주의 권리를 행사할 수 없다.

6. 결론

확정일자 있는 통지에 의하여 甲 회사에 대하여 대항력을 갖춘 것은 F이며 E는 대항력을 갖추지 못하였으나, D의 F로의 주식양도행위는 사회질서에 반하는 법률행위로서 무효가 되고, D의 E로의 주식양도는 여전히 유효한바, 甲 회사에 대하여 진정한 주주임을 주장하여 명의개서를 청구할 수 있는 자는 E이다.

[제3문] 문제 3. 해설

1. 문제

I의 어음금청구와 관련하여, (1) 戊회사의 배서에 따른 인적항변 절단 여부, (2) 기한후배서의 효력이 문제 된다.

2. 戊회사의 배서에 따른 인적항변 절단 여부

(1) **관련 조문** - 약속어음에 의하여 청구를 받은 자는 발행인 또는 종전의 소지인에 대한 인적 관계로 인한 항변으로써 소지인에게 대항하지 못한다. 그러나 소지인이 그 채무자를 해할 것을 알고 어음을 취득한 경우에는 그러하지 아니하다(어음법 제77조 제1항 제1호, 제17조).

(2) **사안의 경우** - 丙 회사는 戊 회사에게 어음을 발행하게 된 자재구입대금 전액을 이미 戊 회사에 지급함으로써 어음발행의 원인관계에서는 丙 회사는 戊 회사에 대하여 인적항변권을 행사할 수 있으므로 戊 회사의 배서로 동 어음을 취득한 I의 경우 해당 배서가 인적항변 절단의 효력을 갖는지 여부가 논의된다.

3. 기한후배서의 효력

(1) **관련 조문** - 만기 후의 배서는 만기 전의 배서와 같은 효력이 있다. 그러나 지급거절증서가 작성된 후에 한 배서 또는 지급거절증서 작성기간이 지난 후에 한 배서는 지명채권 양도의 효력만 있다(어음법 제77조 제1항 제1호, 제20조 제1항). 약속어음의 지급거절증서는 지급을 할 날 이후의 2거래일 내에 작성시켜야 한다(어음법 제77조 제1항 제4호, 제44조 제3항).

(2) **판례** - 지급거절증서 작성 후의 배서는 지명채권양도의 효력만이 있어 어음채무자는 피배서인에 대하여 배서인에 대한 모든 인적항변을 대항할 수 있다.

(3) **사안의 경우**
1) 戊 회사의 배서는 2017. 6. 7. 행해진 것으로 어음의 만기 2017. 5. 30. 이후의 2거래일이 경과한 시점에 행해진 것으로 기한후배서에 해당하고, 이는 지명채권 양도의 효력만 가지므로 인적항변이 절단되지 아니한다.
2) 즉, 丙 회사는 戊 회사에 대해 자재대금 전액을 지급하였다는 인적항변을 가지고 있고, I 는 인적 항변 절단효를 갖지 않는 기한후배서로 어음을 취득하였는바, 丙 회사는 I 에 대하여 戊 회사에 갖는 인적항변을 주장할 수 있다.

4. 결론
戊 회사의 배서는 기한후배서에 해당하므로 丙 회사는 戊 회사에게 주장할 수 있는 인적항변을 I 에게도 주장할 수 있으므로 丙 회사는 I 에게 어음금의 지급을 거부할 수 있다.

[제3문] 문제 4. 해설

1. 문제
(1) 운송주선인의 보수청구권 행사가부, (2) 운송주선인의 지정가액준수의무 위반효과가 문제 된다.

2. 운송주선인의 보수청구권 행사 가부
(1) **관련 조문** - 자기의 명의로 물건운송의 주선을 영업으로 하는 자를 운송주선인이라 한다(상법 제114조). 운송주선계약은 위임계약으로 운송주선인은 수임인으로서 선관주의로서 운송의 주선계약을 이행하여야 한다(민법 제681조). 운송주선인은 운송물을 운송인에게 인도한 때에는 즉시 보수를 청구할 수 있다(상법 제119조 제1항).

(2) **사안의 경우** - 운송주선업자 K는 철제관류 전문운송인 L과 운송계약을 체결하고 운송물을 인도하여 운송을 시켰으므로 선관주의의무를 다 한 것으로 볼 수 있고, 이미 운송물을 운송인에게 인도하였으므로 상법 제119조 제1항에 의해 운송의 종료 여부에 관계없이 丙 회사에 보수의 지급을 청구할 수 있다.

3. 운송주선인의 지정가액준수의무 위반 효과
(1) **관련 조문** - 송하인이 지정한 가액보다 고가로 운송계약을 체결한 경우에도 운송주선인이 그 차액을 부담한 때에는 운송계약은 송하인에 대하여 효력이 있다(상법 제123조, 제106조 제1항).

(2) **사안의 경우** - 운송주선인 K는 송하인 丙 회사의 지정운임을 준수하지 못하였으므로 원칙적으로 계약의 유효를 주장할 수 없고 보수의 지급을 청구할 수도 없으나, K가 차손 100만원을 부담

하는 경우에는 丙 회사에 운송계약의 효력을 주장할 수 있고 보수의 지급도 청구할 수 있으며, 이 경우 송하인인 丙 회사는 K의 차손거래를 거부할 수 없다.

4. 결론

(1) 운송주선업자 K는 전문운송인 L과 운송계약을 체결하고 그에게 운송물을 인도하였으므로 상법 제119조 제1항에 의해 운송의 종료 여부에 관계없이 송하인 丙 회사에 대하여 보수의 지급을 청구할 수 있으나, K가 송하인 丙 회사의 지정운임을 준수하지 못하였는바, 원칙적으로 계약의 효력을 주장할 수 없다.

(2) 그러나, K가 차손 100만원을 부담하는 경우에는 丙 회사에 운송계약의 효력을 주장할 수 있고 보수의 지급도 청구할 수 있는데, 이 경우 송하인인 丙 회사는 K의 차손거래를 거부할 수 없는바, 丙 회사는 운송주선업자 K에게 보수를 지급해야 한다.

Chapter 05 2018년 변호사시험 모의시험

제3차 모의시험 제1문

〈제1문의 1〉

〈공통된 사실관계〉

甲은 2009. 7. 18. 乙로부터 X 부동산을 매수하고 2010. 7. 28. 소유권이전등기를 마침으로써 그 소유권을 취득한 이래 X 부동산을 점유하고 있다. 丙은 乙에 대한 A 채권을 보전하기 위하여 甲을 상대로 하여 甲-乙간 위 매매계약이 사해행위에 해당한다는 이유로 사해행위 취소 및 원상회복 청구소송('이 사건 소'라고 함)을 제기하였다.

※ 아래 각 설문은 상호 무관함

〈문제〉

1. 丙은 제척기간이 도과하기 전에 이 사건 소를 제기하였는데, 소송 도중 A채권이 변제로 소멸하자 피보전채권을 B채권으로 변경하겠다는 신청을 하였고, 그 변경신청서 접수 당시를 기준으로 하면 제척기간이 도과한 상태였다.
   법원은 丙의 변경신청을 받아들여 본안판결을 할 수 있는가? (10점)

2. 이 사건 소가 제기되기 전에 甲은 乙을 상대로 甲-乙간의 위 매매계약에 기한 소유권이전등기청구 소송(전소)을 제기하여 그 승소 확정판결에 기하여 2010. 7. 28. 위 소유권이전등기를 마쳤다. 甲이 이 사건 소에서 위와 같은 사실을 이유로 "이 사건 소가 기판력에 저촉된다."고 주장하였다.
   법원은 위 주장에 관하여 어떻게 판단하여야 하는가? (10점)

3. 이 사건 소가 제기되기 전에 乙에 대하여 C채권을 가진 丁이 C채권을 보전하기 위하여 甲을 상대로 하여 甲-乙간 위 매매계약이 사해행위에 해당한다는 이유로 사해행위취소 및 원상회복 청구 소송(전소)을 제기하여 청구인용 판결이 확정되었다. 甲은 이 사건 소의 변론기일에 "이 사건 소는 전소 판결의 기판력에 저촉되고, 권리보호의 이익이 없다."고 주장하였다.
   이 사건 소에서 법원은 甲의 위 주장에 관하여 어떻게 판단하여야 하는가? (10점)

〈추가된 사실관계〉

甲과 乙의 위 2009. 7. 18. 매매계약 당시 X 부동산에는 아래와 같이 戊의 공동저당권이 설정되어 있었다.

- 피담보채권: 戊의 乙에 대한 5억 원의 채권.
- 乙소유 X 부동산(시가 4억 원, 변동 없음)에 대하여 2009. 3. 3. 戊명의의 1순위 공동저당권 설정.
- C소유 Y 부동산(시가 6억 원, 변동 없음)에 대하여 2009. 3. 3. 戊명의의 1순위 공동저당권 설정.
- 공동저당의 취지가 모두 등기됨.

또한 2009. 4. 1. 乙의 채권자 D가 X 부동산에 2순위 저당권을 취득하였고(피담보채권액 1억 원), 2009. 6. 3. C의 채권자 E가 Y 부동산에 2순위 저당권을 취득하였다(피담보채권액 4억 원). (이자 및 지연손해금 등 기타 일체의 부수채무는 고려하지 말 것).

※ 아래 각 설문은 상호 무관함

〈문제〉

4. 만약 乙이 자신의 유일한 재산인 X 부동산을 매각한 것이라면, 위 2009. 7. 18. 매매계약은 丙에 대하여 사해행위에 해당하는가? (20점)

5. 2009. 8. 2. 戊는 X 부동산에 대한 1순위 공동저당권을 포기하였고 같은 날 위 공동저당권의 말소등기가 경료되었다. 이후 丙이 제기한 이 사건 소가 취하되었고, 乙이 甲에게 X 부동산을 이전하기 전에 Y 부동산이 경매절차에서 6억 원에 매각되었다면, Y 부동산의 매각대금은 누구에게 어떻게 배분되는가? (30점) (경매비용 등은 고려하지 말 것)

[제1문의 1] 문제 1. 해설

1. 채권자취소소송에서 피보전채권의 변경의 성질

(1) **관련 조문** - 채권자취소소송은 채권자가 취소원인을 안날로부터 1년, 법률행위 있은 날로부터 5년 내에 제기하여야 한다(민법 제406조 제2항). 원고는 청구의 기초가 바뀌지 아니하는 한도 안에서 변론을 종결할 때까지 청구의 취지 또는 원인을 바꿀 수 있고, 이러한 청구취지의 변경은 서면으로 법원에 제출한 때에 그 효력이 생긴다(민소법 제262조 제2항, 제265조).

(2) **판례** - 채권자가 사해행위의 취소를 청구하면서 그 보전하고자 하는 채권을 추가하거나 교환하는 것은 그 사해행위취소권을 이유 있게 하는 공격방법에 관한 주장을 변경하는 것일 뿐이지 소송물 또는 청구 자체를 변경하는 것이 아니므로 소의 변경이라 할 수 없다.

(3) **사안의 경우** - 丙이 피보전채권을 A채권에서 B채권으로 변경하는 것은 공격방법의 변경에 불과하여 이로써 소송물이 달라지지 아니하므로 제척기간 준수 여부는 당초 소제기시를 기준으로 판단하여야 하는바, 법원은 丙의 변경신청을 받아들여 본안판결을 할 수 있다.

[제1문의 1] 문제 2. 해설

1. 채권자 취소소송에서 상대효

(1) **관련 법리** - 사해행위 취소의 효력은 상대적이기 때문에 소송당사자인 채권자와 수익자 사이에만 발생할 뿐 소송의 상대방이 아닌 제3자에게는 아무런 효력이 없다.

(2) **판례** - 채권자가 사해행위의 취소와 함께 수익자로부터 책임재산의 회복을 명하는 사해행위취소의 판결을 받은 경우 수익자가 채권자에 대하여 사해행위의 취소로 인한 원상회복 의무를 부담하게 되므로, 채무자와 수익자 사이의 소송절차에서 확정판결 등을 통해 마쳐진 소유권이전등기가 사해행위취소로 인한 원상회복으로써 말소된다고 하더라도, 그것이 확정판결 등의 효력에 반하거나 모순되는 것이라고는 할 수 없다.

(3) **사안의 경우**

1) 전소의 소송물과 기판력 - 전소의 소송물은 甲이 乙에 대하여 가지는 X 부동산에 관한 2009. 7. 18. 매매계약에 의한 소유권이전등기청구권이고, 전소 판결의 기판력은 전소 사실심 변론종결 당시에 甲은 乙에 대하여 위 소유권이전등기청구권을 가지고 있었다는 것이다.

2) 후소의 소송물과 기판력 - 후소의 소송물은 甲과 丙사이에서, 甲과 乙사이의 2009. 7. 8. 매매계약을 취소하는 것이고, 이로 인한 원상회복의무로써 甲이 丙에게 위 부동산에 대한 소유권이전등기의 말소를 구하는 것인바, 전소와는 당사자와 소송물 모두 상이하고 전소의 확정된 법률관계가 후소와 선결관계 내지 모순관계에 있지 않다.

3) 소결 - 법원은 甲의 기판력저촉 주장에 관하여 직권으로 조사하되, 종국판결의 이유 또는 중간 판결을 통해 위와 같은 이유로 기판력에 저촉되지 않는다고 판단하면 된다.

[제1문의 1] 문제 3. 해설

1. 甲의 기판력 저촉 주장에 대한 판단

(1) **판례** - 채권자취소권의 요건을 갖춘 각 채권자는 고유의 권리로서 채무자의 재산처분 행위를 취소하고 그 원상회복을 구할 수 있는 것이므로 여러 명의 채권자가 동시에 또는 시기를 달리하여 사해행위취소 및 원상회복청구의 소를 제기한 경우 이들 소가 중복제소에 해당하지 아니한다.

(2) **사안의 경우** - 丙이 제기한 사해행위취소소송의 소송물은 丙이 甲에 대하여 가지는 채권자취소권이고, 丁이 제기한 소송의 소송물은 丁이 甲에 대하여 가지는 채권자취소권으로서 소송물이 상이하고, 당사자도 상이하므로 丙에게는 전소 판결의 기판력이 미치지 않는바, 법원은 甲의 기판력 저촉 주장에 관하여 직권으로 조사하되 종국판결의 이유 또는 중간 판결을 통해 위와 같은 이유로 기판력에 저촉되지 않는다고 판단하면 된다.

2. 甲의 권리보호이익 흠결 주장에 대한 판단

(1) **판례** - 채권자가 동일한 사해행위에 관하여 사해행위취소 및 원상회복청구를 하여 승소판결을 받아 그 판결이 확정되었다는 것만으로는 그 후에 제기된 다른 채권자의 동일한 청구가 권리보호의 이익이 없게 되는 것은 아니나, 확정된 판결에 기하여 재산이나 가액의 회복을 마친 경우에는 다른 채권자의 사해행위취소 및 원상회복청구는 그와 중첩되는 범위 내에서 권리보호의 이익이 없다.

(2) **사안의 경우** - 이 사건 소의 변론종결 당시를 기준으로 丁이 전소에서의 승소 확정판결만으로 권리보호이익이 없는 것은 아니나, 이에 기하여 이미 원상회복을 마쳤다는 점이 증명된다면 법원은 권리보호의 이익이 없음을 이유로 이 사건 소에 대하여 각하판결을 해야 한다.

[제1문의 1] 문제 4. 해설

1. 문제

乙이 甲에게 X부동산을 매각한 행위가 丙에게 사해행위에 해당하는지가 문제 된다.

2. 사해행위 판단

(1) **관련법리** - 사해행위취소의 소에서 채무자가 수익자에게 양도한 목적물에 저당권이 설정되어 있는 경우라면 그 목적물 중에서 일반채권자들의 공동담보에 제공되는 책임재산은 피담보채권액을

공제한 나머지 부분만이라고 할 것이고 그 피담보채권액이 목적물의 가액을 초과할 때는 당해 목적물의 양도는 사해행위에 해당한다고 할 수 없다.

(2) **판례** - 수 개의 부동산에 공동저당권이 설정되어 있는 경우 그 중 일부는 채무자의 소유이고 다른 일부는 물상보증인의 소유인 경우에는, 물상보증인이 민법 제481조, 제482조의 규정에 따른 변제자대위에 의하여 채무자 소유의 부동산에 대하여 저당권을 행사할 수 있는 지위에 있는 점 등을 고려할 때, 채무자 소유의 부동산에 관한 피담보채권액은 공동저당권의 피담보채권액 전액이다.

(3) **사안의 경우** - 채무자 乙소유의 X부동산 시가는 4억 원이고, 1순위 저당권자 戊의 채권액이 5억 원이므로, X부동산에 관해서는 일반채권자들의 공동담보 가액이 존재하지 아니하는바, 乙이 甲에게 X부동산을 매각한 행위는 丙에게 사해행위에 해당하지 않는다.

3. 결론

乙이 자신의 유일한 재산인 X 부동산을 매각한 것이라 하더라도 위 2009. 7. 18. 매매계약은 丙에 대하여 사해행위에 해당하지 않는다.

〈제1문의 2〉

甲, 乙, 丙은 X토지를 공동으로 매수하여 甲 명의로 1/2의, 乙과 丙 명의로 각 1/4의 각 지분소유권이전등기를 마친 X토지의 공유자들이다. 그런데 甲은 乙, 丙과의 공유관계를 해소하고자 분할에 관한 협의를 하였으나 원만히 합의가 이루어지지 않았다. 이에 甲은 乙, 丙을 상대로 'X토지를 경매에 부쳐 그 대금을 지분비율에 따라 분할한다.'는 취지의 공유물분할청구의 소(이하 '이 사건 소'라 한다)를 제기하였다.

※ 아래 각 설문은 상호 무관함

〈문제〉

1. 甲은 소송대리인 A에게 이 사건 소의 소송위임을 한 다음 소 제기 전에 사망하였는데 그 상속인으로는 B가 있었다. 그 후 소송대리인 A가 甲의 사망사실을 모르고 甲을 당사자로 표시하여 소를 제기하였다. 제1심 법원은 甲의 사망사실을 모른 채, 심리 결과 甲의 청구원인 사실이 인정된다는 이유로 청구인용 판결을 선고하였다. 이 판결은 유효한가? (10점)

2. 이 사건 소의 제1심 변론종결 전에 丙이 자신의 공유지분을 丁에게 매도하고 丁 명의로 지분에 관한 소유권이전등기까지 마쳐주었다. 이 사건 소에서 丁이 당사자로 될 수 있는 소송법상 방법과 근거에 관하여 설명하시오. (10점)

[제1문의 2] 문제 1. 해설

1. 소송대리권 수여 후 당사자가 사망한 경우
   (1) **관련 조문** - 당사자가 사망하더라도 소송대리권은 소멸되지 않는다(민소법 제95조 제1호). 소송대리인이 있는 경우에는 당사자의 사망으로 소송절차가 중단되지 않는다(민소법 제238조).
   (2) **판례** - 당사자가 소송대리인에게 소송위임을 한 다음 소 제기 전에 사망하였는데 소송대리인이 당사자가 사망한 것을 모르고 당사자를 원고로 표시하여 소를 제기하였다면 소의 제기는 적법하고, 소제기의 효력은 상속인들에게 귀속되는바, 판결문에 사망자가 당사자로 표시되었다 하더라도 그 판결은 상속인에 대한 판결로서 유효하다.
   (3) **사안의 경우** - 제1심 법원은 甲의 사망사실을 모른 채, 심리 결과 甲의 청구원인 사실이 인정된다는 이유로 청구인용 판결을 선고하였지만, 이는 상속인 B에 대한 판결로서 유효하다.

[제1문의 2] 문제 2. 해설

1. 공유물분할청구소송 중 공유지분을 양도받은 丁이 당사자로 될 수 있는 방법
   (1) 공유물분할청구소송에서 공유지분의 양도가 갖는 의미
      1) **판례** - 공유물분할소송은 공유자 전원이 당사자로 되어야만 당사자적격이 인정되는 고유필수적 공동소송이고, 변론종결 전에 공유지분이 소외인에게 양도된 경우 양도인을 당사자에서 제외하고 양수인을 당사자로 삼는 절차를 거치지 않는다면 소는 부적법하다.
      2) **사안의 경우** - 공유물분할청구권은 공유지분권에 기한 형성권으로서, 그 법적 성질은 물권적 청구권에 준하는 것으로 이 사건 소송 중 丙으로부터 공유지분을 양수하여 등기를 마친 자는 丁은 변론종결 전의 승계인에 해당한다.
   (2) 참가승계와 인수승계
      1) **관련 조문** - 소송이 법원에 계속되어 있는 동안에 제3자가 소송목적인 권리 또는 의무를 승계하였다고 주장하며 소송에 참가하거나, 법원은 당사자의 신청에 따라 그 제3자로 하여금 소송을 인수하게 할 수 있다(민소법 제81, 82조).
      2) **판례** - 공유물분할에 관한 소송계속 중 변론종결일 전에 공유자 중 1인인 공유지분의 일부가 다른 사람에게 이전된 경우, 변론종결 시까지 민소법 제81조에서 정한 승계참가나 민소법 제82조에서 정한 소송인수 등의 방식으로 일부 지분권을 이전받은 자가 소송의 당사자가 될 수 있다.
      3) **사안의 경우** - 丁은 민소법 제81조의 참가승계신청을 할 수 있고, 甲, 乙, 丙은 丁을 상대로 민소법 제82조의 인수승계신청을 할 수 있다.

⟨제1문의 3⟩

> 甲은 A 토지의 적법한 소유권자인데, 乙과 丙이 공동으로 甲으로부터 A 토지를 매수하는 매매계약을 체결한 후 이를 원인으로 하여 A 토지 중 각 1/2 지분에 관한 소유권이전등기를 마쳤다. 甲의 주소와 직장은 인천지방법원 관할 내에 있고, 乙의 주소는 대전지방법원 관할 내에, 직장은 인천지방법원 관할 내에 있으며, 丙의 주소는 부산지방법원 관할 내에, 직장은 울산지방법원 관할 내에 있고, A 토지는 대전지방법원 관할 내에 있다.
>
> 甲이 乙, 丙을 공동피고로 A 토지에 관한 소유권(지분)이전등기말소청구 소송을 인천지방법원에 제기하자 丙은 관할위반을 이유로 위 소송을 울산지방법원으로 이송하여 달라고 신청하였다. (설문 1.과 설문 2.는 상호 무관함)
>
> ⟨문제⟩
>
> 1. 법원이 丙의 이송신청을 기각하자 丙이 즉시항고를 하였다. 항고심 법원은 어떻게 결정하여야 하는가? (10점)
>
> 2. 법원이 丙의 이송신청을 받아들여 위 소송을 울산지방법원으로 이송한다는 결정을 하자 甲이 즉시항고를 하였다. 항고심 법원은 어떻게 결정하여야 하는가? (10점)

[제1문의 3] 문제 1. 해설

1. 관할위반 여부

(1) **관련 조문** - 사무소에 계속하여 근무하는 사람에 대하여 소를 제기하는 경우에는 그 사무소가 있는 곳을 관할하는 법원에 제기할 수 있다(민소법 제7조). 소송목적이 되는 권리나 의무가 여러 사람에게 공통되거나 사실상 또는 법률상 같은 원인으로 말미암아 공동소송인으로서 당사자가 되는 경우에는 하나의 청구에 대한 관할권이 있는 법원에 소를 제기할 수 있다(민소법 제25조 제2항).

(2) **사안의 경우** - 乙에 대한 소는 乙의 직장 소재지 관할법원인 인천지법에 토지관할권이 인정되고, 丙에 대한 소는 乙에 대한 청구와 동일한 원인으로 발생한 권리관계를 소송물로 하는 것으로 볼 수 있어, 乙에 대한 소와 병합할 경우 관련재판적이 인정되어 인천지법에 토지관할권이 있는 바, 甲이 乙, 丙을 공동피고로 A토지에 관한 소를 인천지법에 제기한 것은 관할위반에 해당하지 않는다.

2. 이송신청 기각결정의 즉시항고에 대한 항고심 법원의 결정

(1) **판례** - 당사자가 관할위반을 이유로 한 이송신청을 한 경우에도 이는 단지 법원의 직권발동을 촉구하는 의미밖에 없는 것이고, 법원은 이송신청에 대하여는 재판을 할 필요가 없고, 법원이 이 이송신청을 거부하는 재판을 하였다고 하여도 항고가 허용될 수 없으므로 항고심에서는 이를 각하하여야 한다.

(2) **사안의 경우** - 관할위반의 위법이 없음에도 丙이 관할위반을 이유로 한 이송신청을 하였고, 법원이 이에 대하여 재판할 필요가 없음에도 기각결정을 한 것이라서 이는 항고의 대상이 되지 않는 것이고, 따라서 항고심 법원은 丙의 항고가 부적법하다는 이유로 항고를 각하하는 결정을 하여야 한다.

[제1문의 3] 문제 2. 해설

1. 이송결정의 적법여부

甲의 丙에 대한 소는 민소법 제25조 제2항의 관련재판적에 의하여 적법한 관할권이 있는 인천지법에 제기한 것으로 법원의 이송결정은 위법하다.

2. 위법한 이송결정의 즉시항고에 대한 항고심 법원의 결정

(1) **관련 조문** - 소송을 이송 받은 법원은 이송 받은 결정에 따라야 하고, 소송을 이송 받은 법원은 사건을 다시 다른 법원에 이송하지 못한다(민소법 제38조). 이송결정에 대하여는 즉시항고를 할 수 있다(민소법 제39조).

(2) **사안의 경우** - 이송결정에 대한 구속력은 당사자의 즉시항고가 없음을 전제로 하는 것이므로, 甲이 즉시항고를 하여 항고심 법원이 원심의 이송결정의 위법성을 알았다면 원심결정을 취소하여 인천지법에서 심리가 속행될 수 있도록 하여야 한다.

⟨제1문의 4⟩

甲은 乙에게 1억 원을 대여하였다고 주장하면서, 乙을 상대로 위 1억 원의 반환을 구하는 소송을 제기하였다. 이에 대하여 乙은 甲으로부터 위 1억 원을 차용한 사실이 없고, 설령 차용하였다고 하더라도 甲에 대한 1억 원 손해배상채권으로 甲의 위 대여금 채권과 상계한다고 주장하였다.

※ 아래 설문 1.과 설문 2.는 상호 무관함

⟨문제⟩

1. 제1심 법원은 甲이 청구한 대여금 채권의 발생을 인정하면서도 乙이 한 상계항변을 전부 받아들여 甲의 청구를 기각하였다. 이와 관련하여 다음 각 경우 항소심 법원은 어떠한 판결을 선고하여야 할 것인가? (아래 설문 가.와 설문 나.는 상호 무관함) (설문 가와 나를 합하여 20점)

    가. 제1심 판결에 대해 甲이 항소하고, 乙은 항소심 변론종결 시까지 부대항소를 제기하지 아니하였는데, 항소심 법원이 심리한 결과 甲의 대여금 채권이 인정되지 않는다고 판단한 경우

    나. 제1심 판결에 대해 乙이 항소하고, 甲은 항소심 변론종결 시까지 부대항소를 제기하지 아니하였는데, 항소심 법원이 심리한 결과 甲의 대여금 채권은 인정되고, 乙의 손해배상채권은 인정되지 않는다고 판단한 경우

2. 제1심 법원은 甲의 대여금 채권이 인정되지 않는다는 이유로 청구기각 판결을 선고하였다. 이에 대하여 甲이 항소를 제기하고 乙은 부대항소를 제기하지 않았는데, 항소심 법원은 甲이 주장하는 대여금 채권의 발생은 인정되지만 乙의 상계항변도 이유 있다고 판단하였다. 항소심 법원은 어떤 판결을 선고하여야 할 것인가? (10점)

[제1문의 4] 문제 1-가. 해설

1. 불이익변경금지원칙 위배여부

    (1) **관련 조문** - 제1심 판결을 그 불복의 한도 안에서 바꿀 수 있다. 다만, 상계에 관한 주장을 인정한 때에는 그러하지 아니하다(민소법 제415조). 상계를 주장한 청구가 성립되는지 아닌지의 판단은 상계하자고 대항한 액수에 한하여 기판력을 가진다(민소법 제216조 제2항).

    (2) **판례** - 제1심판결이 원고가 청구한 채권의 발생을 인정한 후 피고가 한 상계항변을 받아들여 원고의 청구를 기각하고 이에 대하여 원고만이 항소한 경우에 항소심이 제1심과는 다르게 원고가 청구한 채권의 발생이 인정되지 않는다는 이유로 원고의 청구를 기각하는 것은 불이익변경금지원칙에 위배된다.

    (3) **사안의 경우** - 항소심은 甲의 소구채권인 대여금 채권이 인정되지 않는 것으로 판단되더라도 판결이유에서도 제1심 판결과 마찬가지로 대여금 채권이 인정됨을 전제로 상계의 항변을 받아들여 청구가 기각되어야 하는 것으로 기재한 후, 항소기각 판결을 선고하여야 한다.

[제1문의 4] 문제 1-나. 해설

1. 乙의 항소제기 적법여부

    (1) **판례** - 원고의 청구를 전부 기각한 판결에 대하여는 피고가 판결이유 중의 판단에 불복이 있더라도, 상계를 주장한 청구가 성립되어 원고의 청구가 기각된 때와 같이 예외적으로 기판력이 있는 경우를 제외하고는, 상소를 할 이익이 없다.

    (2) **사안의 경우** - 乙은 상계를 주장한 손해배상채권이 성립을 전제로 상계항변이 받아들여져 甲의 청구가 기각되어 乙의 자동채권이 소멸되는 점에 기판력이 발생되므로, 乙은 제1심 판결에 대해 항소이익이 있는바, 乙의 항소 자체는 적법하다.

2. 불이익변경금지원칙 위배여부

    (1) **판례** - 피고의 상계항변을 인용한 제1심 판결에 대하여 피고만이 항소하였는데, 항소심이 제1심에서 자동채권으로 인정하였던 부분을 인정하지 아니하고 피고의 상계항변을 배척하였다면, 항소심이 제1심과는 다르게 그 자동채권에 관하여 피고의 상계항변을 배척한 것은 항소인인 피고에게 불이익하게 제1심 판결을 변경한 것에 해당한다.

    (2) **사안의 경우** - 항소심 법원이 甲의 대여금채권이 인정되지만 상계의 자동채권인 乙의 손해배상채권이 인정되지 않는다고 판단하였더라도 불이익변경금지의 원칙상 제1심 판결과 마찬가지로 소구채권 및 상계의 자동채권의 존재를 전제로 상계항변을 받아들여 항소기각 판결을 선고하여야 한다.

[제1문의 4] 문제 2. 해설

1. 예비적 상계항변에 대한 항소심 법원의 판단

(1) **관련 조문** - 확정판결은 주문에 포함된 것에 한하여 기판력을 가지나, 상계에 대하여는 판결이유에 기재되더라도 그 대항한 액수에 한하여 기판력이 미친다(민소법 제216조 제1항, 제2항).

(2) **제1심 판결의 기판력** - 제1심이 원고 甲의 대여금채권이 인정되지 않는다는 이유로 청구기각 판결을 선고한 경우, 그 판결이 확정될 경우의 기판력은 대여금채권이 존재하지 않는다는 점에 대해서만 발생하지, 피고 乙의 손해배상채권의 존부에 대하여는 발생하지 않는다.

(3) **항소심 법원의 판단**
   1) 위와 같은 제1심 판결에 대하여 원고 甲만이 항소하고 피고 乙이 부대항소를 제기하지 않은 상태에서 항소심 법원이 소구채권의 존재를 인정한다면 당연히 피고의 상계항변에 대하여서도 판단하여야 한다.
   2) 왜냐하면, 상계의 항변이 이유 있다고 판단된다면 항소심 법원은 청구기각 판결을 선고하여야 할 것인데, 그 판결이 확정될 경우에 발생하는 기판력은 손해배상채권이 존재하였고 대여금채권과 상계로 인해 소멸하였다는 판단에 발생하여 원심의 청구기각 판결이 그대로 확정될 경우에 발생하는 기판력의 범위와 완전히 다르기 때문이다.
   3) 따라서, 항소심 법원은 항소를 인용하여, 원심판결을 취소하고 상계항변이 이유 있음을 근거로 청구기각 판결을 선고하여야 한다.

제3차 모의시험 제2문

〈제2문의 1〉

〈기초적 사실관계〉

甲은 A로부터 X 토지 및 그 위의 Y1 건물을 매수하여 각각에 대하여 자기 명의로 소유권이전등기를 마쳤다. 甲은 2014. 6. 1. B로부터 2억 원을 차용하면서 이를 담보하기 위하여 같은 날 B에게 X 토지에 근저당권설정등기를 마쳐주었다. 이후 甲은 Y1 건물을 철거하고 Y2 건물을 신축하였으며 2015. 4. 1. 소유권보존등기를 마쳤다.(Y1 건물과 Y2 건물의 규모는 차이가 없으며 甲은 Y1 건물을 소유하였을 때와 마찬가지로 X 토지 전부를 건물부지로 사용하고 있었다). 그런데 B가 2015. 8. 1. X 토지에 대한 담보권 실행을 위한 경매를 신청하였고, 이 경매절차에서 X 토지를 매수한 乙은 2016. 2. 1. 매각대금 전액을 납부하였다. 그리고 X 토지에 관하여 2016. 2. 5. 乙 명의의 소유권이전등기가 마쳐졌다.

〈문제〉

1. 乙은 이후 甲에게 Y2 건물의 철거 및 X 토지의 인도를 요구하였으나 甲이 법정지상권을 주장하면서 거절하였다. 이후 지료에 관한 협의가 결렬되자, 乙은 甲을 상대로 2016. 4. 1. 지료의 지급을 구하는 소를 제기하였다. 법원은 甲은 乙에게 2016. 2. 1.부터 매월 2백만 원의 지료를 지급하라는 판결을 선고하였고, 이 판결은 그대로 확정되었다. 그러나 甲은 乙에게 지료를 전혀 지급하지 아니하였다. 이후 乙은 2017. 4. 3. X 토지를 丙에게 매도하고 다음 날 소유권이전등기를 마쳐주었다.
丙은 2018. 6. 1. 甲에 대하여 2016. 2. 1.부터 2년분이 넘는 지료의 미지급을 이유로 지상권이 소멸되었음을 주장하면서 Y2 건물의 철거 및 X 토지의 인도를 구하는 소를 제기하였다. 丙의 청구는 인용될 수 있는가? (15점)

〈추가된 사실관계〉

甲은 2016. 3. 2. E로부터 1억 원을 차용하면서 이를 담보하기 위하여 E에게 Y2 건물에 관하여 근저당권설정등기를 마쳐주었다. 甲은 2016. 3. 31. Y2 건물에 관하여 전세금 1억 원, 전세권 존속기간을 2016. 4. 1.부터 2018. 3. 31.까지로 정하여 戊와 전세권설정계약을 체결하였다. 甲은 2016. 4. 1. 戊로부터 전세금 1억 원을 지급받고, 같은 날 戊에게 Y2 건물을 인도하고 전세권설정등기를 마쳐주었다.

〈문제〉

2. 戊는 2017. 2. 1. F로부터 8천만 원을 변제기를 2018. 1. 31.로 정하여 빌리면서 이를 담보하기 위하여 같은 날 F에게 위 전세권에 관하여 전세권저당권 설정등기를 마쳐주었다. F는 2018. 4. 9. 戊의 甲에 대한 전세금반환채권 1억 원에 대한 압류 및 추심명령을 받았고 이는

2018. 4. 13. 甲에게 송달되었다. F는 2018. 4. 17. 甲을 상대로 추심금 청구의 소를 제기하였다. 이 소송에서 甲은 2017. 1. 5. 戊에게 2018. 1. 5.을 변제기로 정하여 7천만 원을 대여하였다고 하면서 이 대여금채권과 전세금반환채권과의 상계를 주장하였다. 심리결과 甲이 戊에게 7천만 원을 대여한 것은 사실로 확인되었다. 甲의 상계주장은 타당한가? (15점)

3. 甲은 2018. 3. 31.이 지나도록 戊에게 위 전세권의 갱신에 관하여 아무런 통지를 하지 아니하였다. 그러던 중 E가 2018. 5. 2. Y2 건물에 대하여 담보권 실행을 위한 경매를 신청하였고 2018. 5. 8. 경매개시결정 기입등기가 마쳐졌다. 이 경매절차에서 己가 Y2 건물을 매수하고 2018. 8. 10. 매각대금 전액을 지급하였고, 같은 달 18. Y2 건물에 관하여 己 명의의 소유권이전등기가 마쳐졌다.

한편 戊는 2017. 12. 1.에 필요비 5백만 원을 들여서 Y2 건물을 수선하였다. 또한 戊는 2018. 7. 1. 유익비 3천만 원을 들여서 Y2 건물의 화장실 및 마루바닥을 개량하는 공사를 함으로써 Y2 건물의 가치가 3천만 원 증가하였다.

己는 2018. 9. 1. 戊에 대하여 Y2 건물의 인도를 구하는 소를 제기하였다. 그러자 戊는 필요비와 유익비의 지출을 이유로 유치권을 주장하였다. 己의 청구는 인용될 수 있는가? (20점)

[제2문의 1] 문제 1. 해설

1. 문제
(1) Y2 건물 소유를 위한 법정지상권 성부, (2) 丙의 지료연체를 이유로 한 지상권 소멸 주장의 당부가 문제 된다.

2. Y2 건물 소유를 위한 법정지상권 성부
(1) **관련 조문** - 저당물의 경매로 인하여 토지와 지상건물이 다른 소유에 속한 경우에는 토지소유자는 건물소유자에 대하여 지상권을 설정한 것으로 본다(민법 제366조).

(2) **판례** - 저당권 설정 당시 건물이 존재한 이상 그 이후 건물이 철거된 후 신축하는 경우에도 법정지상권이 성립하며, 이 경우의 법정지상권의 내용인 존속기간, 범위 등은 구 건물을 기준으로 하여 그 이용에 일반적으로 필요한 범위 내로 제한된다.

(3) **사안의 경우** - B가 X토지에 근저당권을 설정한 2014. 6. 1. 당시 Y1 건물이 존재하고 토지와 건물 모두 甲 소유였으나, 이후 근저당권 실행으로 토지소유자가 乙로 변경되었는바, 甲은 Y2 건물 소유를 위한 법정지상권을 취득한다.

3. 丙의 지료연체를 이유로 한 지상권 소멸 주장의 당부
(1) **관련 조문** - 지료는 당사자의 청구에 의해 법원이 정한다(민법 제366조 단서). 지상권자가 2년 이상의 지료를 지급하지 아니한 때에는 지상권설정자는 지상권의 소멸을 청구할 수 있다(민법 제287조).

(2) **판례**
1) 지료에 관한 약정은 이를 등기하여야만 제3자에게 대항할 수 있는 것이고, 법원에 의한 지료의 결정은 당사자의 지료결정청구에 의하여 형식적 형성소송인 지료결정 판결로 이루어져야 제3자에게도 그 효력이 미친다.

2) 지상권자의 지료 지급 연체가 토지소유권의 양도 전후에 걸쳐 이루어진 경우 토지양수인에 대한 연체기간이 2년이 되지 않으면 양수인은 지상권소멸청구를 할 수 없다.

(3) **사안의 경우**
1) 乙이 법정지상권을 취득한 Y2 건물소유자 甲을 상대로 지료지급청구소송을 제기한 결과 "甲은 乙에게 지료를 지급하라"는 이루어진 지료결정은 그 이후 토지의 양수인 丙에게 효력이 미치지 않는다.

2) 丙은 2017. 4. 4. 乙로부터 X토지의 소유권을 취득하였으므로 2018. 6. 1. 아직 통산 2년분이 넘는 지료의 미지급이 없는바, 丙의 지료 미지급을 이유로 한 지상권소멸청구는 부당하다.

4. 결론
丙은 2018. 6. 1. 甲에 대하여 2016. 2. 1.부터 2년분이 넘는 지료의 미지급을 이유로 지상권이 소멸되었음을 주장하면서 Y2 건물의 철거 및 X 토지의 인도를 구하는 소는 기각된다.

[제2문의 1] 문제 2. 해설

1. 문제
(1) F의 추심금 청구 적법 여부, (2) 甲의 상계주장 당부가 문제 된다.

2. F의 추심금 청구 적법 여부
(1) **관련 조문** - 저당권자는 저당물의 멸실, 훼손 또는 공용징수로 인하여 저당권설정자가 받은 금전 기타 물건에 대하여도 저당권을 행사할 수 있고, 이 경우 그 지급 또는 인도전에 압류하여야 한다 (민법 제370조, 제342조).

(2) **판례** - 저당권의 목적물인 전세권에 갈음하여 존속하는 것으로 볼 수 있는 전세금반환채권에 대하여 압류 및 추심명령 또는 전부명령을 받거나 제3자가 전세금반환채권에 대하여 실시한 강제집행절차에서 배당요구를 하는 등의 방법으로 자신의 권리를 행사하여 비로소 전세권설정자에 대하여 전세금의 지급을 구할 수 있다.

(3) **사안의 경우** - 전세권저당권자 F가 전세권존속기간 만료 후에 전세권자 戊의 전세권설정자 甲에 대한 전세금반환채권에 대하여 압류 및 추심명령 이후 추심금청구를 한 것은 전세권저당권자로서 적법한 청구에 해당한다.

3. 甲의 상계 주장 당부
(1) **판례** - 전세금반환채권은 전세권이 성립하였을 때부터 이미 그 발생이 예정되어 있으므로, 전세권저당권이 설정된 때에 이미 전세권설정자가 전세권자에 대하여 반대채권을 가지고 있고 그 반대채권의 변제기가 장래 발생할 전세금반환채권의 변제기와 동시에 또는 그보다 먼저 도래하는 경우에는 전세권설정자는 그 반대채권을 자동채권으로 하여 전세금반환채권과 상계함으로써 전세권저당권자에게 대항할 수 있다.

(2) **사안의 경우** - 전세권설정자 甲의 전세권자 戊에 대한 대여금채권은 2017. 1. 5. 발생하였고 그 변제기는 2018. 1. 5.이므로, 전세권저당권이 설정된 2017. 2. 1. 이전에 대여금 채권을 가지고 있었고 그 채권의 변제기도 전세금반환채권의 변제기인 2018. 3. 31.보다 먼저 도래하는 바, 甲은 상계로써 F의 추심금 청구의 소에서 압류채권 1억 원 중에서 7천만 원의 소멸을 주장할 수 있다.

4. 결론
甲의 상계 주장은 타당하다.

[제2문의 1] 문제 3. 해설

1. 문제
(1) 己의 Y2 건물 인도 청구의 적법 여부, (2) 戊의 적법한 점유 권한여부가 문제 된다.

2. 己의 Y2 건물 인도 청구의 적법 여부
(1) **관련 조문** - 소유자는 그 소유에 속한 물건을 점유한 자에 대하여 그 반환을 청구할 수 있다. 그러나 점유자가 그 물건을 점유할 권리가 있는 때에는 반환을 거부할 수 있다(민법 제213조). 매수인은 매각대금을 다 낸 때에 매각의 목적인 권리를 취득한다(민집법 제135조).

(2) **사안의 경우** - 己는 Y2 건물을 매수하고 매각대금을 지급한 2018. 8. 10. 소유권을 취득하므로, Y2 건물을 점유하고 있는 戊를 상대로 인도청구를 할 수 있고, 戊가 적법한 점유권한 있음을 입증하지 못하는 한 이에 응해야 한다.

3. 戊의 적법한 점유 권한 여부
(1) **전세권자로서의 점유**
 1) 전세권의 법정갱신
  ① 관련 조문 - 건물의 전세권설정자가 전세권의 존속기간 만료 전 6월부터 1월까지 사이에 전세권자에 대하여 갱신거절의 통지 또는 조건을 변경하지 아니하면 갱신하지 아니한다는 뜻의 통지를 하지 아니한 경우에는 그 기간이 만료된 때에 전전세권과 동일한 조건으로 다시 전세권을 설정한 것으로 본다. 이 경우 전세권의 존속기간은 그 정함이 없는 것으로 본다(민법 제312조 제4항).
  ② 사안의 경우 - 戊의 전세권은 민법 제312조 제4항에 의하여 법정갱신 되었지만 이 전세권은 기간의 정함이 없어 각 당사자는 언제든지 상대방에 대하여 전세권의 소멸을 통고할 수 있고, 상대방이 통고를 받은 날로부터 6월이 경과하면 전세권은 소멸하나 전세권 소멸 통고는 없었는바, 기간 만료로 전세권이 소멸하지 않는다.
 2) E의 근저당권 실행으로 인한 전세권 소멸여부
  ① 관련 조문 - 전세권은 저당권에 대항할 수 없는 경우 매각으로 소멸한다(민집법 제91조 제3항, 제268조).
  ② 사안의 경우 - Y2 건물에는 2016. 3. 2. E의 근저당권설정등기가 마쳐진 후 2016. 4. 1. 戊명의의 전세권설정등기가 마쳐졌고, 戊의 전세권은 E의 근저당권보다 후순위이므로 민사집행법 제268조, 제91조 제3항에 의하여 戊의 전세권은 Y2 건물의 담보권 실행을 위한 경매절차에서 매각으로 인하여 소멸된다.
 3) 소결 - 戊는 전세권으로 己의 청구에 대항할 수 없다.

(2) **유치권자로서의 점유**
 1) 관련 조문 - 타인의 물건을 점유한 자는 그 물건에 관하여 생긴 채권이 변제기에 있는 경우에는 변제를 받을 때까지 그 물건을 유치할 권리가 있다(민법 제320조 제1항). 전세권자는 목적물의

현상을 유지하고 그 통상의 관리에 속한 수선을 하여야 한다(민법 제309조). 전세권자가 목적물을 개량하기 위하여 지출한 금액 기타 유익비에 관하여는 그 가액의 증가가 현존한 경우에 한하여 소유자의 선택에 좇아 그 지출액이나 증가액의 상환을 청구할 수 있다(민법 제310조 제1항).

2) 판례 - 채무자 소유의 부동산에 관하여 경매개시결정의 기입등기가 마쳐져 압류의 효력이 발생한 후에 유치권을 취득한 경우에는 그로써 부동산에 관한 경매절차의 매수인에게 대항할 수 없다.

3) 사안의 경우 - 전세권자 戊에게 필요비상환청구권이 인정되지 않으므로 2017. 12. 1. 필요비 5백만 원은 유치권 성립에 피담보채권이 될 수 없고, 戊에게 유익비상환청구권은 인정되므로 유익비 3백만 원은 피담보채권이 될 수 있으나, Y2 건물에 대한 압류의 효력이 발생한 2018. 5. 8. 이후인 2018. 7. 1. 유익비를 지출하여 유익비상환청구권을 갖게 되었으므로 유치권으로 己에게 대항할 수 없다.

4. 결론

己가 2018. 9. 1. 戊에 대하여 Y2 건물의 인도를 구하는 소는 인용 된다.

<제2문의 2>

X 토지 소유자 甲에게는 처 乙과 아들 丙이 있었다. 甲이 2015. 1. 5. 사망한 후 乙과 丙은 丁과 1차 명의신탁약정을 체결하였다. 이에 따라 乙과 丙은 2015. 1. 15. X 토지에 관하여 甲으로부터 직접 丁에게 매매를 등기원인으로 하여 소유권이전등기를 경료해 주었다. 이후 2017. 2. 15. 乙은 X 토지 중 자신의 지분에 관하여 丙과 제2차 명의신탁약정을 체결하였고, 같은 날 丙은 X 토지 전부에 관하여 丁으로부터 소유권이전등기를 마쳤다.

※ 아래 각 문제는 서로 독립적임.

〈문제〉

1. 그 후 丙이 X 토지 전부가 자신의 소유라고 주장한 경우, 乙은 X 토지 중 자신의 지분을 되찾기 위해서 丙을 상대로 어떠한 내용의 청구를 할 수 있는가? (20점)

2. 丙은 2017. 3. 15. 위와 같은 명의신탁 사실을 알고 있던 戊에게 X 토지를 당시의 시가에 따라 1억 원에 매각하기로 합의한 후, 위 합의에 좇아 戊로부터 같은 날 계약금 1,000만 원을, 같은 해 4. 15. 중도금 4,000만 원을, 같은 해 5. 15. 잔금 5,000만 원을 각 수령하였고, 위 잔금 수령과 동시에 戊 명의의 소유권이전등기를 마쳐주었다. 이 경우, 乙은 丙과 戊에 대하여 어떠한 내용의 청구를 할 수 있는가? (15점)

3. 乙과 丙은, 丙이 乙에게 현금 3,600만 원을 지급하고 X 토지는 현재 등기된 대로 丙의 소유로 하되, A 은행에 대한 甲의 채무 4,000만 원은 丙이 모두 갚기로 합의하였다. 그러나 丙이 위 채무를 이행하지 않자, A 은행은 乙과 丙을 상대로 연대하여 甲의 채무에 대한 변제를 청구하였다. 이에 대하여 乙은, 위 합의는 상속재산분할 협의로서 소급효가 있으므로 乙은 甲의 채무를 부담하지 않는다고 항변하였다. A 은행의 청구는 인용될 수 있는가? (15점)

[제2문의 2] 문제 1. 해설

1. 문제
(1) X토지의 소유권 귀속 관계, (2) 乙의 丙에 대한 청구가 문제 된다.

2. X토지의 소유권 귀속 관계
(1) **관련 조문** - 상속인의 순위는 직계비속이 1순위이고, 배우자의 상속순위는 1순위가 있는 경우에는 동순위로 공동상속인이 된다(민법 제1000조 제1항 1호, 제1003조 제1항). 피상속인의 배우자가 직계존속과 공동으로 상속하는 때에는 직계존속 상속분의 5할을 가산한다(민법 제1009조 제2항). 부동산 명의신탁약정은 무효로 하고, 위 약정에 따른 등기로 이루어진 부동산에 관한 물권변동은 무효로 한다(부동산실명법 제4조 제1, 2항).

(2) **사안의 경우** - 甲소유 X토지는 甲의 사망으로 공동상속인인 처 乙과 아들 丙이 3/5지분, 2/5지분씩 각 공유하고, 1차 명의신탁 약정은 무효이므로 丁명의 소유권이전등기도 무효이다. 그리고 제2차 명의신탁 약정도 무효이지만, X토지 전부에 관하여 丙명의로 경료된 소유권이전등기는 2/5지분 범위에서 실체관계에 부합하는 등기에 해당되어 유효하다.

3. 乙의 丙에 대한 청구
(1) **관련 조문** - 소유자는 소유권을 방해하는 자에 대하여 방해의 제거를 청구할 수 있다(민법 제214조).

(2) **진정명의회복을 원인으로 한 소유권이전등기청구**
  1) 판례 - 법률에 의하여 소유권을 취득한 자가 진정한 등기명의를 회복하기 위한 방법으로는 현재의 등기명의인을 상대로 "진정한 등기명의의 회복"을 원인으로 한 소유권이전등기절차의 이행을 직접 구하는 것도 허용된다.
  2) 사안의 경우 - 乙은 X토지에 관하여 자신이 상속을 원인으로 3/5지분에 관한 소유권자임을 이유로 丙을 상대로 3/5지분권의 이전을 청구하여 소유권을 회복할 수 있다.

(3) **소유권이전등기말소청구**
乙이 소유권이전등기말소 방식으로 소유권을 회복하기 위해서는 무효인 등기명의인 丙 및 丁을 상대로 자신의 지분범위인 3/5범위에서 이전등기말소소송의 승소확정 판결을 받고, 위 판결에 따라 丁 및 丙 명의의 등기를 말소한 후 상속을 원인으로 乙 자신의 명의를 등기하여 X토지 3/5지분의 소유권을 회복할 수 있다.

4. 결론
乙은 丙을 상대로 진정명의회복을 원인으로 하여 3/5지분 범위의 이전등기를 청구하거나, 丙과 丁을 상대로 3/5지분 범위에서 소유권이전등기말소를 청구하여 자신의 지분을 되찾을 수 있다.

[제2문의 2] 문제 2. 해설

1. 문제
(1) 乙의 戊에 대한 청구, (2) 乙의 丙에 대한 청구가 문제 된다.

2. 乙의 戊에 대한 청구
(1) **관련 조문** - 명의신탁약정은 무효이고, 위 약정에 따른 등기로 이루어진 부동산에 관한 물권변동도 무효이지만, 이를 가지고 제3자에게 대항하지 못한다(부실법 제4조 제1,2,3항).

(2) **판례** - 부실법 제4조 제3항에서 "제3자"라고 함은 명의신탁 약정의 당사자 및 포괄승계인 이외의 자로서 명의수탁자가 물권자임을 기초로 그와의 사이에 직접 새로운 이해관계를 맺은 사람을 말한다.

(3) **사안의 경우** - 乙과 丙의 명의신탁약정은 무효이고, 위 약정에 따라 丙명의로 이루어진 등기는 乙지분인 3/5범위에서 무효이지만, 戊는 수탁자인 丙이 X토지의 소유권자임을 기초로 2017. 3. 15. 매매계약을 원인으로 하여 새로운 이해관계를 맺은 자이므로 戊가 명의신탁약정사실에 대하여 알고 있다 하더라도 부실법 제4조 제3항의 제3자에 해당하여 완전한 소유권을 취득하는바, 乙은 戊에게 아무런 청구를 할 수 없다.

3. 乙의 丙에 대한 청구
(1) **관련 조문** - 법률상 원인 없이 타인의 재산으로 인하여 이익을 얻고 이로 인하여 타인에게 손해를 가한 자는 그 이익을 반환하여야 한다(민법 제741조). 악의의 수익자는 그 받은 이익에 이자를 붙여 반환하여야 한다(민법 제748조 제2항).

(2) **사안의 경우**
1) 매매대금 1억 원 중에서 6천만 원 - 丙의 戊에 대한 매매로 乙은 X토지 소유권 3/5지분을 상실하고, 丙은 이로 인해 매매대금 1억 원 중에서 자신의 2/5지분에 해당하는 금액 4천만 원을 제외한 6천만 원의 부당이득을 얻었는바, 乙에게 반환하여야 한다.

2) 위 6천만 원에 대한 법정이자 - 계약금 1천만 원, 중도금 4천만 원, 잔금 5천만 원에 받은 때부터 부동산명의신탁약정이 무효로 위 매각대금을 乙에게 반환하여야 함을 알았다면, ① 계약금 1천만 원 중 600만 원에 대한 2017. 3. 15.부터 다 갚는 날까지 연 5%, ② 중도금 4천만 원 중 2,400만 원에 대한 2017. 4. 15.부터 다 갚는 날까지 연 5%, ③ 잔금 5천만 원 중 3,000만 원에 대한 2017. 5. 15.부터 다 갚는 날까지 연 5%의 부분에 대한 각 법정이자를 청구할 수 있다.

4. 결론
(1) 乙은 戊에게 아무런 청구를 할 수 없다.
(2) 乙은 丙에게 매각대금 6천만 원과, 丙이 악의의 수익자인 경우 각 계약금, 중도금, 잔금에 대한 법정이자 부분을 청구할 수 있다.

[제2문의 2] 문제 3. 해설

1. 문제
　(1) 상속채무가 상속재산분할 협의의 대상인지 여부, (2) 면책적 채무인수로서 볼 수 있는지 여부가 문제 된다.

2. 상속채무가 상속재산분할 협의의 대상인지 여부
　(1) **판례** - 금전채무와 같이 급부의 내용이 가분인 채무가 공동 상속된 경우, 이는 상속 개시와 동시에 당연히 법정상속분에 따라 공동상속인에게 분할되어 귀속되는 것이므로, 상속재산 분할의 대상이 될 여지가 없다.
　(2) **사안의 경우** - 피상속인 甲의 A은행에 대한 4천만 원의 채무는, 甲의 사망과 동시에 공동상속인 乙과 丙의 법정상속분에 따라 乙에게 2천4백만 원, 丙에게 1천6백만 원이 분할되어 귀속되는바, 상속재산분할 협의의 대상이 될 수 없다.

3. 면책적 채무인수로서 볼 수 있는지 여부
　(1) **관련 조문** - 상속재산의 분할은 상속 개시된 때에 소급하여 그 효력이 있다(민법 제1015조). 제3자가 채무자와의 계약으로 채무를 인수한 경우에는 채권자의 승낙에 의하여 효력이 생긴다(민법 제454조 제1항).
　(2) **판례** - 분할의 협의에 따라 공동상속인 중의 1인이 법정상속분을 초과하여 채무를 부담하기로 하는 약정은 면책적 채무인수로, 채권자에 대한 관계에서 다른 공동상속인이 법정상속분에 따른 채무를 면하기 위하여는 채권자의 승낙을 필요로 하고, 여기에 상속재산 분할의 소급효를 규정하고 있는 민법 제1015조가 적용될 수 없다.
　(3) **사안의 경우** - 乙은 A은행의 청구에 상속재산 분할협의 소급효를 항변사유로 주장하여 자신은 상속채무를 이행할 책임이 없다는 주장을 하고 있는데, A은행이 乙, 丙의 면책적 채무인수를 명시적으로 승낙한 바 없고, 乙, 丙을 상대로 연대하여 4천 채무 전액의 이행을 구하는 소를 제기한 것으로 보아 묵시적으로 승낙할 의사도 없는바, 乙의 상속재산 분할협의 항변은 부당하다.

4. 결론
　상속인 乙과 丙은 각자의 상속분에 한하여 상속채무를 분할채무 형태로 이행할 책임이 있는바, A은행이 乙과 丙에게 연대하여 甲의 채무에 대한 변제를 청구한 것은 인용될 수 없다.

제3차 모의시험 제3문

A주식회사(자본금 70억원, 총자산 200억원, 연간매출액 200억원)는 가구를 제작하여 판매하는 것을 주된 영업으로 하며, 서울, 부산, 대전에 3개의 공장을 소유하고 있다. B주식회사(자본금 15억원, 총자산 30억원, 연간매출액 30억원)는 청주에 공장과 영업소를 두고 가구를 제작하여 매장과 인터넷을 통해 전국에 판매하는 영업을 주된 영업으로 하고 있다.

A회사는 2015년 4월 1일 정기주주총회에서 이사로 선임된 甲과 3년의 임기 동안 연 6,000만원(월 500만원)의 보수를 지급하는 계약을 체결하였다. 그런데 A회사는 甲이 2016년 12월경 B회사가 발행하는 주식총수의 1%를 취득하여 B회사의 소수주주가 되었다는 사실을 인지하고 주주총회를 개최하여 2017년 3월 31일 甲의 경업을 이유로 해임하였다. 甲은 해임당한 직후 C주식회사에서 2017년 4월 1일부터 전무로 근무하면서 2018년 3월 31일까지 연 4,800만원(월 400만원)의 보수를 받았다.

A회사는 국내 경기가 나빠짐에 따라 재무상태를 개선하기 위하여 적법한 절차에 의하여 보통주주들로 소집된 2018년 4월에 개최된 정기주주총회에서 회사가 채무초과상태가 되는 경우 '의결권없는 전환우선주'는 자동적으로 보통주로 전환되는 것을 내용으로 하는 정관규정을 신설하였다. 정기주주총회가 있은 지 얼마 지나지 않아 A회사가 발행한 '의결권없는 전환우선주'를 가진 주주들은 동 회사의 정관변경 절차에 전혀 관여하지 못하였다는 것이 밝혀졌다.

A회사는 2015년 5월 대전공장 및 이에 관련된 모든 영업(시가 20억원 상당)을 주주총회의 특별결의를 거쳐서 B회사에 양도하였다. 한편, B회사는 주주총회결의 없이 영업양수계약을 체결하고서 양수대금 20억원 중 일부인 10억원을 A회사에게 지급하였다. 그러나 B회사는 나머지 10억원을 제때에 지급하지 못하다가 3년 이상이 지난 현재 경기불황으로 경영이 극도로 악화되면서 동 회사가 주주총회결의를 거치지 않은 것을 이유로 하여, 위의 양수계약이 무효이므로 이미 지급한 양수대금 10억원을 반환할 것을 주장하고 있다. 아울러 B회사는 국내경기의 불황을 타개하기 위하여 청주공장 및 이에 관련된 모든 영업(시가 25억원 상당)을 적법한 절차를 거쳐서 D회사에 양도하였다.

〈문제〉

1. 甲이 부당하게 해임되었다는 것을 이유로 하여 2018년 4월 1일 A회사를 상대로 총 6,000만원의 손해배상을 청구한 경우 법원은 이를 인용할 것인가? (30점)
2. A회사의 의결권없는 전환우선주주인 丁은 어떠한 사유로, 그리고 어떠한 방법으로 동 회사 주주총회에서의 정관변경 결의에 관한 효력을 다툴 수 있는가? (15점)
3. B회사가 A회사를 상대로 제기한 양수대금 10억원의 반환 주장은 타당한가? (20점)
4. B회사와 D회사 사이에 다른 약정이 없다면 B회사는 서울에서 새로 가구의 제조, 판매업을 영위할 수 있는가? (15점)

〈추가된 사실관계〉

乙은 A회사로부터 사무실용 가구를 매수하는 계약을 체결한 후 그 대금지급을 위하여 A회사에게 약속어음을 발행하였고, A회사는 丙에 대한 원자재매매계약상의 대금채무를 변제하기 위하여 丙에게 동 어음을 배서양도하였다. 하지만 A회사가 약속한 가구를 인도하지 않자 乙은 A회사와의 가구 매매계약을 해제하였다. 한편 丙은 A회사로부터 원자재매매대금을 받았지만 동 어음을 반환하지 않고 있다.

〈문제〉

5. 丙이 위 약속어음을 소지하고 있음을 기화로 乙에 대하여 어음금을 청구하였다면 乙은 丙에게 어음금을 지급하여야 하는가? (20점)

[제3문] 문제 1. 해설

1. 문제
이사 甲이 부당한 해임을 이유로 A회사에 대한 손해배상청구의 인용여부가 문제 된다.

2. 이사 甲의 A회사에 대한 손해배상청구 인용여부

(1) 관련 조문 - 이사의 임기를 정한 경우에 정당한 이유 없이 그 임기만료 전에 이사를 해임한 때에는 그 이사는 회사에 대하여 해임으로 인한 손해배상을 청구할 수 있다(상법 제385조 제1항 단서).

(2) 정당한 이유 존부

1) 관련 조문 - 이사는 이사회의 승인 없이 자기의 계산으로 회사의 영업부류에 속한 거래를 하거나 동종영업을 목적으로 하는 다른 회사의 무한책임사원이나 이사가 되지 못한다(상법 제397조 제1항).

2) 판례 - 이사는 경업 대상 회사의 이사, 대표이사가 되는 경우뿐만 아니라 그 회사의 지배주주가 되어 그 회사의 의사결정과 업무집행에 관여할 수 있게 되는 경우에도 자신이 속한 회사 이사회의 승인을 얻어야 한다.

3) 사안의 경우 - 이사 甲이 B회사의 주식 1%를 취득한 것만으로는 경쟁업체인 B회사의 지배주주가 된 것으로 보기 어려워 상법 제397조 제1항의 경업금지규정 위반이 아님에도 甲을 해임한 것은 정당한 이유가 있다고 보기 어려운 바, 부당한 해임에 해당한다.

(3) 손해배상액의 산정

1) 판례 - 이사가 그 잔여임기에 대응하는 기간 동안 다른 직장에서 얻은 수입은 잔여임기 동안의 보수에서 이를 공제하여 손해배상액 산정한다.

2) 사안의 경우 - 손해배상액은 甲의 잔여 임기기간 1년 동안 A 회사에서 받을 수 있었던 보수 6,000만원에서 C회사에서 받은 4,800만원을 공제한 1,200만원이 손해배상액에 해당된다.

(4) 소결

이사 甲은 상법 제385조 1항 단서를 근거로 A회사가 정당한 이유 없이 임기만료 1년 전에 해임하였으므로, A회사에 대하여 잔여임기동안 받을 수 있었던 보수에서 다른 C회사에서 근무하여 받은 보수를 공제한 1,200만 원의 상당의 손해배상을 구할 수 있다.

3. 결론
법원은 甲이 부당하게 해임되었다는 것을 이유로 하여 2018년 4월 1일 A회사를 상대로 한 6,000만 원의 손해배상청구에서 1,200만원에 한하여 일부인용판결을 한다.

[제3문] 문제 2. 해설

1. 문제
(1) 丁이 정관변경결의 효력을 다투는 사유, (2) 丁이 정관변경결의 효력을 다투는 방법이 문제 된다.

2. 丁이 정관변경결의 효력을 다투는 사유
(1) **관련 조문** - 회사가 종류주식을 발행한 경우에 정관을 변경함으로써 어느 종류주식의 주주에게 손해를 미치게 될 때에는 주주총회의 결의 외에 그 종류주식의 주주총회의 결의가 있어야 한다(상법 제435조 제1항).

(2) **사안의 경우** - A회사는 보통주주들로 소집된 2018년 4월에 개최된 정기주주총회에서 회사가 채무초과상태가 되는 경우 '의결권 없는 전환우선주'는 자동적으로 보통주로 전환되는 것을 내용으로 하는 정관규정을 신설하였고, 이로 인해 '의결권 없는 전환우선주'를 가진 주주들에게 손해를 미치게 할 수 있음에도 주주총회결의 외에 그 종류주식 주주들의 총회결의를 거치지 않은 하자가 존재한다.

3. 丁이 정관변경결의 효력을 다투는 방법
(1) **학설** - ① 주총결의 효력요건설, ② 주총결의 절차요건설, ③ 정관변경 효력요건설이 있다.

(2) **판례** - 종류 주주에게 손해를 미치는 내용으로 정관을 변경함에 있어서 그 정관변경에 관한 주주총회의 결의 외에 추가로 요구되는 종류주주총회의 결의는 정관변경이라는 법률효과가 발생하기 위한 하나의 특별요건이므로, 종류주주총회의 결의가 아직 이루어지지 않았다면 그러한 정관변경의 효력이 아직 발생하지 않는 데에 그칠 뿐이고, 그러한 정관변경을 결의한 주주총회결의 자체의 효력에는 아무런 하자가 없다.

(3) **사안의 경우** - 정관변경의 효력요건이지 일반주주총회결의의 효력과는 아무런 관련이 없는바, 종류주주 총회결의 흠결의 하자에 대하여는 정관변경의 효력 여부를 다투어야 한다.

4. 결론
丁은 정관변경에 필요한 특별요건이 구비되지 않았음을 이유로 하여 그 정관변경이 무효라는 민소법상 확인을 구하는 소를 제기하면 된다.

[제3문] 문제 3. 해설

1. 문제
(1) B회사의 영업양수에 주총결의를 요하는지 여부, (2) B회사가 영업양수 계약의 무효를 이유로 양수대금 반환 주장의 당부가 문제 된다.

2. B회사의 영업양수에 주총결의를 요하는지 여부

(1) **의의 및 관련 조문** – 영업양도란 일정한 영업목적에 의하여 조직화된 총체 즉 인적, 물적 조직을 그 동일성을 유지하면서 일체로서 이전하는 것을 말한다. 회사의 영업에 중대한 영향을 미치는 다른 회사의 영업 전부 또는 일부의 양수하는 때에는 주주총회의 특별결의를 거쳐야 한다(상법 제374조 제1항 제3호).

(2) **판례** – 영업의 중요한 일부의 양도에 해당하는지는 양도대상 영업의 자산, 매출액, 수익 등이 전체 영업에서 차지하는 비중, 일부 영업의 양도가 장차 회사의 영업규모, 수익성 등에 미치는 영향 등을 종합적으로 고려하여 판단한다.

(3) **사안의 경우** – 자산 30억 규모인 B회사가 20억 규모의 영업을 양수하는 거래는 B회사에게 중대한 영향을 미치는 거래로 판단되는바, B회사의 주총결의를 요한다.

3. B회사가 영업양수 계약의 무효를 이유로 양수대금 반환 주장의 당부

(1) **판례** – 상법 제374조 제1항은 주주의 이익을 보호하려는 강행법규로, 주식회사가 주주총회의 특별결의가 없었다는 이유를 들어 스스로 그 약정의 무효를 주장하더라도 주주 전원이 그와 같은 약정에 동의한 것으로 볼 수 있는 등 특별한 사정이 인정되지 않는다면 위와 같은 무효 주장이 신의성실 원칙에 반한다고 할 수는 없다.

(2) **사안의 경우** – B회사가 A회사로부터 20억 상당의 대전공장 및 이에 관련된 모든 영업을 양수받으면서 주주총회 특별결의를 거치지 않은 것은 상법 제374조 제1항 제3호에 위반하여 무효이고, 위와 같은 약정에 주주 전원이 동의한 것으로 볼만한 특별한 사정이 없는바, B회사가 양수 계약의 무효를 이유로 이미 지급한 양수대금 10억 원의 반환을 구하는 것은 신의칙에 반하지 않는다.

4. 결론

B회사가 A회사를 상대로 제기한 양수대금 10억 원의 반환 주장은 타당하다.

[제3문] 문제 4. 해설

1. 문제

영업양도인 B 회사가 양도한 영업과 동일한 영업을 서울에서 할 수 있는지가 문제 된다.

2. 영업양도인 B의 경업금지의무 위반여부

(1) **관련 조문** – 영업을 양도한 경우에 다른 약정이 없으면 양도인은 10년간 동일한 지역에서 동종영업을 하지 못하고, 동종영업을 하지 못하는 것을 약정한 때에는 동일한 지역과 인접지역에 한하여 20년을 초과하지 아니한 범위 내에서 그 효력이 있다(상법 제41조 제1항, 제2항).

(2) 판례

1) 동종영업 - 경업이 금지되는 대상으로서의 동종 영업은 영업의 내용, 규모, 방식, 범위 등 여러 사정을 종합적으로 고려하여 볼 때 양도된 영업과 경쟁관계가 발생할 수 있는 영업을 의미한다.

2) 동일지역 - 경업금지지역으로서의 동일 지역 또는 인접 지역은 양도된 물적 설비가 있던 지역을 기준으로 정할 것이 아니라 영업양도인의 통상적인 영업활동이 이루어지던 지역을 기준으로 정하여야 하고, 이때 통상적인 영업활동인지 여부는 해당 영업의 내용, 규모, 방식, 범위 등 여러 사정을 종합적으로 고려하여 판단한다.

(3) 사안의 경우

1) 동종영업 - B 회사가 양도한 청주공장 영업 즉, 가구제작과 판매영업과 B회사가 새로이 서울에서 가구의 제작, 판매업을 하려는 것은 동종영업에 해당한다.

2) 동일지역 - B 회사가 인터넷을 통해 전국에 판매하는 영업을 하는 만큼 경쟁관계는 전국에서 일어날 수 있으므로 B 회사와 D 회사 사이에 다른 약정이 없다면 B 회사가 경업이 금지되는 지리적 범위는 전국인바, B 회사가 서울에서 영업을 하려 하는 것은 동일지역에서의 영업에 해당한다.

3) 소결 - 영업양도인 B 회사가 서울에서 양도한 영업과 동일한 영업을 하는 것은 상법 제41조 영업양도인의 경업금지의무에 위반에 해당된다.

3. 결론

영업양도인 B 회사가 서울에서 양도한 영업과 동일한 영업을 하는 것은 상법 제41조 영업양도인의 경업금지의무에 위반에 해당되는바, B 회사는 서울에서 새로 가구의 제조, 판매업을 영위할 수 없다.

[제3문] 문제 5. 해설

1. 문제

(1) 丙의 乙에 대한 어음금 청구가부, (2) 乙의 어음상 항변 당부가 문제 된다.

2. 丙의 乙에 대한 어음금 청구가부

(1) 관련 법리 - 어음행위의 무인성으로 어음행위는 원인관계의 부존재·무효·취소 등에 의하여 영향을 받지 않는다.

(2) 사안의 경우 - 어음행위의 무인성으로 인해 丙의 어음상 권리는 인정되는바, 丙은 乙에게 어음금 청구를 할 수 있다.

3. 乙의 어음상 항변 당부

(1) 제3자의 항변

1) 의의 - 제3자의 항변이란 어음항변의 당사자가 아닌 어음채무자가 다른 어음채무자의 항변사유로써 어음소지인에 대하여 주장하는 것을 말한다. 어음채무자가 자기의 후자와 어음소지인 사이의 항변사유를 원용하여 어음소지인의 청구를 배척하는 것을 후자의 항변이라 한다.

2) 사안의 경우 - 乙은 丙이 어음을 A 회사에게 반환하지 아니하고 있음을 기화로 발행인에 대해 어음금을 청구하는 것이 권리남용에 해당함을 주장하여 어음금지급을 거절할 수 있다.

(2) 이중 무권의 항변

1) 의의 - 연속된 어음거래에 대해 항변사유가 연속해서 존재하는 경우 최초의 어음채무자가 어음소지인의 어음금청구에 대하여 대항할 수 있는 항변을 말하고, 이는 어음소지인과 전자 및 전자와 전전자 사이의 원인관계가 소멸된 경우에 인정된다.

2) 판례 - 어음의 배서인이 발행인으로부터 지급받은 어음금 중 일부를 어음 소지인에게 지급한 경우, 어음소지인은 배서인과 사이에 소멸된 어음금에 대하여는 지급을 구할 경제적 이익이 없게 되어 인적항변 절단의 이익을 향유할 지위에 있지 아니하므로 어음의 발행인은 그 범위 내에서 배서인에 대한 인적항변으로써 소지인에게 대항하여 그 부분 어음금의 지급을 거절할 수 있다.

3) 사안의 경우 - 乙은 丙과 A사의 어음행위 원인관계인 자재대금채무가 변제를 통해 소멸되었고, 乙은 A사와 어음행위 원인관계인 가구매매대금 채무가 계약을 해제를 통해 소멸되었음을 이유로, 이중무권의 항변을 주장하여 乙은 丙의 어음금 청구를 거절할 수 있다.

4. 결론

丙이 위 약속어음을 소지하고 있음을 기화로 乙에 대하여 어음금을 청구하였다면 乙은 丙에게 후자의 항변 및 이중 무권의 항변을 주장하여 어음금을 지급을 거절할 수 있다.

제2차 모의시험 제1문

〈제1문의 1〉

〈 공통된 사실관계 〉

甲은 2017. 3. 1. 乙에게 자신의 소유인 X토지를 5억 원에 매도하면서 계약 당일 계약금 5천만 원을 지급받았고, 같은 해 4. 1. 중도금 1억 5천만 원, 같은 해 5. 1. 소유권이전등기에 필요한 서류의 교부 및 X토지의 인도와 상환으로 잔대금 3억 원을 지급받기로 합의하였다.

※ 아래 각 설문은 상호 무관함

〈 추가된 사실관계 - 설문 1.에만 적용된다 〉

甲은 2017. 4. 1. 중도금 1억 5천만 원을 지급받고서 당일 X토지를 乙에게 인도하여 주었는데, 乙은 같은 해 4. 15. X토지를 丁에게 임대하기로 계약하고 이를 丁에게 인도해 주었다.

甲이 소장의 청구원인 란에서 乙의 채무불이행을 이유로 매매계약을 해제한다고 주장하면서 X토지에 관하여 乙을 상대로 하여서는 계약해제에 따른 원상회복으로, 丁을 상대로 하여서는 소유권에 기하여 각 인도를 구하는 청구를 병합하여 소(전소)를 제기하였고, 그 소장부본이 乙, 丁에게 교부송달의 방식으로 적법하게 송달되었다. 그 후 제1회 변론기일에 "1. 丁은 2017. 7. 1.까지 甲에게 X토지를 인도한다. 2. 甲은 2019. 8. 1.까지 乙에게 매매대금 2억 원을 반환한다. 3. 甲과 乙은 이 사건 매매계약과 관련된 나머지 청구를 모두 포기한다."는 내용으로 소송상 화해가 성립되었다.

〈 문제 〉

1. 丁이 2018. 7. 1. 戊에게 X토지를 전대하여 인도한 채 위 화해조항에 따른 의무를 이행하지 아니하자, 甲은 丁의 의무불이행을 이유로 위 소송상 화해를 모두 해제한다고 주장하면서, 戊를 상대로 소유권에 기하여 X토지의 인도를 구하는 소(후소)를 제기하였다. 후소에서 위 소송상 화해 성립사실이 주장, 증명된다면 후소 법원은 어떻게 판단하여야 하는가? (30점)

〈 추가된 사실관계 - 아래 설문 2. 3. 4.에만 적용됨 〉

丙은 甲에 대하여 1억 5천만 원의 대여금채권을 갖고 있다. (설문 2. 3. 4.은 상호 무관함)

〈 문제 〉

2. 甲은 丙으로부터 대여금 상환의 독촉을 받고 있던 도중 2017. 4. 1. 乙로 하여금 중도금 1억 5천만 원을 자신에게 지급하는 대신에 丙에게 지급해 줄 것을 부탁하는 한편 이 같은 사정을 丙에게 알렸다. 乙은 甲의 부탁에 따라 당일 丙에게 1억 5천만 원을 丙의 계좌로 이체해 주었다. 얼마 후 甲의 乙에 대한 X토지의 소유권이전의무는 甲의 책임 있는 사유로 이행할 수 없게 되었고, 이에 乙은 甲과의 매매계약을 해제하였다. 乙은 중도금을 반환받고자 하는데, 누구를 상대로 반환을 청구해야 하는가? (10점)

3. 甲은 2017. 3. 1. 乙과 X토지에 대한 매매계약을 체결할 당시 잔금 지급과 관련하여 잔금 3억 원 중에서 1억 5천만 원에 대하여는 甲 자신에게 지급하고, 나머지 1억 5천만 원에 대하여는 지급에 갈음하여 乙이 X토지 위에 甲의 채권자 丙 명의로 설정된 근저당권에 의해 담보되는 차용금채무 1억 5천만 원의 이행을 인수할 것을 합의하였다.

乙은 甲과의 약정에 따라 계약금과 중도금을 지급하였으나 이후 잔금과 차용금 채무에 관하여는 甲의 독촉에도 불구하고 일체 이행하지 못하고 있었다. 이에 丙은 2017. 7. 1. X토지에 대한 근저당권의 실행을 위한 경매를 신청하였고, 그 절차에서 2018. 1. 5. X토지가 2억 8천만 원에 매각되어 그 무렵 매각대금이 완납되었다. 그 매각대금 2억 8천만 원 중에서 근저당권자인 丙에게 1억 5천만 원이 배당된 후 나머지는 甲에게 지급되었다.

X토지의 소유권을 취득하지 못하게 된 乙이 2018. 2. 5. 甲을 상대로 계약금, 중도금의 반환을 구하는 소를 제기하자, 甲은 乙을 상대로 그 반환을 거절하면서 잔금 3억 원의 지급을 구하는 반소를 제기하였다. 본소 및 반소 청구는 인용될 수 있는가? (20점. 경매비용이나 이자, 지연손해금은 고려하지 말 것)

4. 甲은 2017. 3. 1. 乙과 매매계약을 체결할 당시 X토지 위에 채권자 丙이 위 대여금채권의 보전을 위하여 마쳐둔 가압류 등기를 잔금지급일(2017. 5. 1.)까지 말소해 주기로 약정하였다. 그러나 甲은 위 지급일까지 丙 명의의 가압류등기를 말소하지 못하였고, 이에 乙은 2017. 5. 20. 甲에게 잔금 중 일부인 5천만 원을 지급하면서 X토지를 인도받고 甲으로부터 소유권이전등기를 넘겨받았다.

얼마 후 甲의 채권자 근는 甲을 채무자로, 乙을 제3채무자로 하면서 자신의 甲에 대한 금전채권 4억 원을 피보전채권으로 하여 甲의 乙에 대한 매매 잔금채권 3억 원에 대한 채권가압류 결정을 받았고, 그 가압류 결정은 2017. 7. 3. 甲과 乙에게 각 송달되었다. 한편, X토지에 관하여는 丙의 가압류에 기초하여 강제경매절차가 개시되었고, 이에 乙은 甲을 대위하여 2017. 10. 5. 丙의 집행채권액 1억 5천만 원을 변제하면서 丙으로 하여금 토지 X에 대한 집행신청을 취하하도록 하였다.

2017. 11. 15. 근는 甲에 대한 금전채권에 대한 확정판결에 기하여 위 채권가압류를 본압류로 전이하는 압류 및 추심명령을 받고, 그 결정정본이 2017. 12. 1. 甲과 乙에게 각 송달되었다. 근가 乙을 상대로 3억 원의 추심금을 지급청구하자, 乙은 ① 위 3억 원의 잔금 중 5천만 원은 이미 지급하였고, ② X토지에 대한 강제집행절차에서 甲을 대신하여 변제한 1억 5천만 원을 상계한다는 항변을 제기하고 있다. 근의 청구는 인용될 수 있는가? (지연손해금은 고려하지 말 것) (20점)

[제1문의 1] 문제 1. 해설

1. 문제
(1) 전소의 소송상 화해 해제 여부, (2) 후소의 법원판단이 문제 된다.

2. 전소의 소송상 화해 해제 여부
(1) **관련 조문** – 화해조서를 적은 때에는 그 조서는 확정판결과 같은 효력을 가진다(민소 제220조).

(2) **판례** – 재판상 화해를 조서에 기재한 때에는 그 조서는 확정판결과 동일한 효력이 있고 당사자 간에 기판력이 생기는 것이므로 재심의 소에 의하여 취소 또는 변경이 없는 한, 당사자는 그 화해의 취지에 반하는 주장을 할 수 없고, 당사자가 화해 내용에 따른 의무이행을 하지 않는다 하여 소송상 화해의 실효 또는 해제를 주장할 수 없다.

(3) **사안의 경우** – 전소에서 소송상 화해에 따른 기판력은 소송상 화해 성립 당시 화해주문을 기준으로 발생하므로 甲과 乙, 丁사이에서는 화해주문과 같은 권리 내지 의무를 가지고 실체법적 권리관계도 창설적 효력에 따라 그와 같은 내용으로 인정되지만, 甲은 丁의 의무불이행을 이유로 소송상 화해의 해제를 주장할 수 없다.

3. 후소의 법원판단
(1) **관련 조문** – 확정판결은 변론을 종결한 뒤의 승계인에 대하여 효력이 미친다(민소 제218조 1항).

(2) **판례** – 소유권에 기한 물권적 방해배제청구로서 진정명의 회복을 원인으로 한 소유권이전등기절차의 이행을 구하는 소송 중에 그 소송물에 대한 화해권고결정이 확정되면 상대방은 여전히 물권적인 방해배제의무를 지고, 화해권고결정에 창설적 효력으로 청구권의 법적 성질이 채권적 청구권으로 바뀌지 않는다.

(3) **사안의 경우**
1) 전소의 소송물은 소유권에 기하여 X토지 인도를 구하는 즉 물권적 청구권이고, 戊는 전소의 기판력 발생 기준시점인 소송상 화해 성립일 이후에 계쟁물을 양수하였으므로, 戊는 전소의 소송물인 물권적 청구권의 변론종결 이후의 승계인으로 甲과 丁사이의 소송상 화해에 따른 기판력은 戊에게도 미친다.
2) 즉, 甲은 전소의 화해조서를 집행권원으로 하여 戊에 대한 승계집행문을 받아 X토지에 관한 인도집행을 할 수 있어, 후소는 소의 이익이 없다.

4. 결론
후소 법원은 "甲의 戊에 대한 청구는 각하한다." 라는 판결을 한다.

[제1문의 1] 문제 2. 해설

1. 乙의 중도금반환청구의 상대방

(1) **관련 조문** – 당사자 일방이 계약을 해제한 때에는 각 당사자는 그 상대방에 대하여 원상회복의 의무가 있다(민법 제548조 제1항). 법률상 원인 없이 타인의 재산으로 인하여 이익을 얻고 손해를 가한 자는 그 이익을 반환하여야 한다(민법 제741조).

(2) **판례** – '제3자방이행'에서 계약의 효력이 발생하지 않으면 적법한 이행을 한 계약당사자는 제3자가 아니라 계약의 상대방 당사자에 대하여 부당이득을 이유로 자신의 급부가액의 반환을 청구하여야 한다. 근거로 ① 위험부담을 제3자에게 이전, ② 일반채권자에 비해 우대받는 결과, ③ 제3자의 항변권 침해를 든다.

(3) **사안의 경우** – 乙은 甲과의 매매계약 해제에 따라 乙의 지시로 丙에게 지급한 중도금을 부당이득으로 반환받을 수 있는데, 반환청구의 상대방은 丙이 아닌 甲이어야 한다.

2. 결론
乙은 甲을 상대로 중도금 반환청구를 하여야 한다.

[제1문의 1] 문제 3. 해설

1. 문제
(1) 乙의 甲에 대한 본소청구 가부, (2) 甲의 乙에 대한 반소청구 가부가 문제 된다.

2. 乙의 甲에 대한 본소청구 가부

(1) **甲과 乙 사이의 잔금지급약정**

1) **판례** – 부동산의 매수인이 매매목적물에 관한 근저당권의 피담보채무를 인수하는 한편, 그 채무액을 매매대금에서 공제하기로 약정한 경우, 이는 매도인을 면책시키는 채무인수가 아니라 이행인수로 본다.

2) **사안의 경우** – 甲의 채권자 丙이 甲과 乙사이의 채무인수약정에 대하여 승낙하였거나 乙에게 피담보채무의 지급을 구할 권리를 취득하였다는 사정이 없는바, 甲과 乙사이의 丙 저당권에 대한 甲의 피담보채무를 乙이 지급하기로 한 잔금지급약정은 이행인수이다.

(2) **채권자위험부담주의**

1) **관련 조문** – 쌍무계약의 당사자 일방의 채무가 채권자의 책임 있는 사유로 이행할 수 없게 된 때에는 채무자는 상대방의 이행을 청구할 수 있다(제538조 제1항 1문).

2) **판례** – 이행인수의 경우 매도인과 매수인 사이에서는 매수인이 위 피담보채무를 변제할 책임이 있는 바, 매수인이 그 변제를 게을리 하여 근저당권이 실행되어 매도인이 매매목적물에 관한

소유권을 상실하였다면 이는 매수인의 책임 있는 사유로 소유권이전등기가 이행불능된 경우에 해당하고, 매도인의 과실이 있다 할 수 없다.

3) 사안의 경우 – 부동산 매매계약은 쌍무계약이고, 매수인이자 채권자인 乙의 귀책사유로 매도인 甲의 부동산 소유권이전등기의무가 이행불능이 된 것으로, 채권자위험부담법리에 따라 매수인 乙은 甲에게 대금을 지급할 의무를 부담한다.

(3) 소결

乙은 甲에게 이미 지급한 계약금, 중도금의 반환을 구할 수 없어 乙의 甲에 대한 본소청구는 기각된다.

3. 甲의 乙에 대한 반소청구 가부

(1) 관련 조문 – 채권자귀책사유로 인한 이행불능에서 채무자는 자기의 채무를 면함으로써 이익을 얻은 때에는 이를 채권자에게 상환하여야 한다(제538조 제2항).

(2) 사안의 경우 – 매도인 甲은 X토지에 대한 丙 명의의 근저당권 실행을 위한 경매절차에서 피담보채무(1억 5천)의 변제와 그 잔액(1억 3천)을 받음으로서 2억 8천의 이익을 얻은 이상 이를 공제한 차액 2천을 잔금으로서 乙로부터 지급받을 수 있는바, 甲의 乙에 대한 반소청구는 2천 범위에서 일부인용된다.

4. 결론

乙의 甲에 대한 본소청구는 기각되고, 甲의 乙에 대한 반소청구는 일부인용된다.

[제1문의 1] 문제 4. 해설

1. 문제

己의 乙에 대한 추심금 청구에서 乙의 ①, ② 항변 당부가 문제 된다.

2. 乙의 ①항변 당부

(1) 관련 조문 – 채권가압류는 가압류결정이 제3채무자에게 송달되면 효력이 생긴다(민집법 제291조, 제227조 제3항).

(2) 사안의 경우 – 제3채무자는 압류 이후에 발생한 사유로 집행채권자에게 대항할 수 없으나, 乙이 甲에게 잔금 일부로 지급한 5천만 원을 지급한 날은 己의 가압류결정이 송달된 2017. 7. 3. 이전인 2017. 5. 20.로 乙은 己에게 甲의 乙에 대한 잔금채권 중 5천만 원은 변제로써 소멸하였다고 대항할 수 있는바, 乙의 ①항변은 타당하다.

3. 乙의 ②항변 당부

(1) 관련 조문 – 쌍방이 서로 같은 종류를 목적으로 한 채무를 부담하는 경우에 그 쌍방의 채무의 이행기가 도래한 때에는 각 채무자는 대등액에 관하여 상계할 수 있다(민법 제492조 제1항). 압류

명령을 받은 제3채무자는 그 후에 취득한 채권에 의한 상계로 그 명령을 신청한 채권자에게 대항할 수 없다(민법 제498조).

(2) 판례
1) 제3채무자의 압류채무자에 대한 자동채권이 수동채권인 피압류채권과 동시이행의 관계에 있는 경우에는, 압류명령이 제3채무자에게 송달되어 압류의 효력이 생긴 후에 자동채권이 발생하였더라도 제3채무자는 동시이행의 항변권을 주장할 수 있고 따라서 그 채권에 의한 상계로 압류채권자에게 대항할 수 있다.
2) 이 경우에 자동채권이 발생한 기초가 되는 원인은 수동채권이 압류되기 전에 이미 성립하여 존재하고 있었던 것이므로, 그 자동채권은 민법 제498조 소정의 "지급을 금지하는 명령을 받은 제3채무자가 그 후에 취득한 채권"에 해당하지 않기 때문이다.

(3) 사안의 경우
1) ① 甲의 乙에 대한 잔금지급채권과 乙이 甲의 채무를 丙에게 대위변제하여 발생한 乙의 구상금채권은 동종의 금전채권으로, ② 양 채권 모두 변제기가 도래하였고, ③ 乙의 상계의사표시가 있었는데, 乙의 자동채권인 구상금채권의 취득시점이 압류효력이 발생한 2017. 7. 3. 이후인 2017. 10. 5. 라는 점에서 제498조의 위배여부가 논의된다.
2) 甲의 乙에 대한 구상채무는 甲이 乙에게 부담하는 丙명의의 가압류등기말소의무의 변형으로써 乙의 매매잔대금지급 의무와는 여전히 대가적인 의미가 있어 서로 동시이행관계에 있고, 자동채권의 발생원인은 압류 이전인 2017. 3. 1. 매매계약체결시점부터 존재하여 제498조에 위배되지 않는바, 乙의 ②상계항변은 타당하다.

4. 결론
己의 추심금 3억 청구는 변제 5천, 상계 1억 5천이 공제된 1억 범위에서 일부 인용된다.

〈제1문의 2〉

甲은 "자신이 2016. 5. 1. 乙에게 1억 원을 변제기 2017. 4. 30.로 정하여 대여하였다"라고 주장하면서, 2017. 7. 1. 乙을 상대로 위 대여금 1억 원의 지급을 구하는 소(전소)를 제기하였는데, 대여사실을 인정할 증거가 없다는 이유로 2017. 11. 1. 청구기각 판결(사실심 변론종결일은 2017. 9. 31.)을 선고받고 그 판결이 확정되었다.

그 후 甲이 자신의 위 주장에 부합하는 내용의 차용증을 발견하자, 乙을 상대로 위 대여금 1억 원의 지급을 구하는 소(후소)를 제기하였고, 乙은 변론기일에서 甲이 증거로 제출한 위 차용증(갑 제1호증)의 진정성립을 인정하였는데, 그 후 법원은 후소가 전소의 기판력에 저촉된다는 이유로 소각하 판결을 선고하였다.

위 판결에 甲만이 항소하였고, 항소심에서 甲은 2017. 5. 1.부터 완제일까지 연 5%의 지연손해금의 지급을 구하는 청구를 추가하였는데, 乙이 전소 판결문 및 그 확정증명을 증거로 제출하였다.

〈문제〉
1. 항소심 법원은 어떤 판결을 선고하여야 할 것인가? (35점)

[제1문의 2] 문제 1. 해설

1. 문제
(1) 전소 확정판결의 효력, (2) 대여금 1억 반환청구, (3) 지연손해금청구에 대한 후소 항소심 법원의 판단이 문제 된다.

2. 전소 확정판결의 효력
(1) **관련 조문** – 확정판결은 주문에 포함된 것에 한하여 기판력을 가진다(민소법 제216조 1항).

(2) **사안의 경우** – 사실심변론종결일인 2017. 9. 31.에 甲은 乙에 대하여 2016. 5. 1. 대여금 1억의 반환청구권을 가지고 있지 않다는 점에 한하여 기판력이 발생한다.

3. 대여금 1억 반환청구
(1) **기판력의 시적범위**
　1) 판례 – 기판력은 사실심 변론종결 당시에 있어서 권리관계의 존부에 관하여 생기기 때문에 후소 법원은 위 표준시에서의 기판력 있는 판단에 반하는 판결을 할 수 없고, 후소에서 전소의 표준시 이전에 존재하였던 사실 및 증거자료를 제출하여 전소에서 확정된 권리관계를 바꿀 수 없다.
　2) 사안의 경우 – 전소와 후소의 원금반환청구는 당사자와 소송물이 동일하여 전소 판결의 기판력이 후소에 미치는데, 후소에서 차용증을 발견한 것은 사실심 변론종결이전에 존재하였던 증거자료로써 사실심 변론종결 후의 사정변경으로 볼 수 없는바, 전소의 기판력은 후소에도 계속 미친다.

(2) **법원의 판단**
　1) 관련 조문 – 제1심 판결은 그 불복의 한도 안에서 바꿀 수 있다(민소법 제415조).
　2) 판례 – 소를 부적법하다 하여 각하한 원심판결을 파기한다 하더라도 확정판결의 기판력에 저촉되어 어차피 청구가 기각될 운명에 있다면, 불이익변경금지의 원칙을 적용하여 이 부분에 관한 상고를 기각하여야 한다.
　3) 사안의 경우 – 제1심이 본안판결을 해야 함에도 소 각하 판결을 한 것이 위법한 경우 제1심에 환송하는 것이 원칙이나, 본안판단을 하여도 기판력 저촉을 이유로 청구기각 판결을 해야 하는 것이 분명한 경우에 불이익변경금지원칙에 따라 1심판결을 취소하고 1심의 소 각하 판결보다 원고에게 불리한 청구기각 판결을 할 수는 없는 것으로 1심 판결은 유지될 수밖에 없는바, 항소심 법원은 제1심 법원에 환송하지 않고 직접 항소기각 판결을 한다.

4. 지연손해금청구
(1) **항소심에서 청구의 추가적 변경**
　1) 관련 조문 – 원고는 청구의 기초가 바뀌지 아니하는 한도 안에서 변론을 종결할 때까지 청구취지 또는 원인을 바꿀 수 있다(민소법 제262조 1항).

2) 사안의 경우 – 대여금청구와 지연손해금 청구는 청구기초에 변경이 없고, 소송절차를 현저히 지연시킨다고 보기 어려워, 청구변경은 적법하고 항소심 법원은 추가된 지연손해금청구에 대하여 제1심으로 재판한다.

(2) 법원의 판단

1) 전소 사실심 변론종결 전에 발생한 지연손해금 청구 부분
   ① 관련 법리 – 전소에서 확정된 법률관계가 후소 청구와 모순관계에 있거나 후소에서 선결관계로 되지 않으므로 전소판결의 기판력이 미치지 않는다.
   ② 사안의 경우 – 전소에서 대여사실이 인정되지 않는다고 판시한 판결이유 부분은 유력한 증명력을 가지나, 후소에서 차용증 즉, 처분문서에 대한 乙의 진정성립 인정으로 항소심 법원은 차용사실을 인정하여야 하는바, 전소 사실심 변론종결 전에 발생한 지연손해금 청구 부분은 인용될 수 있다.
2) 전소 사실심 변론종결 후에 발생한 지연손해금 청구 부분
   ① 관련 법리 – 전소에서 확정된 법률관계가 후소에서 선결관계에 해당하므로, 전소판결의 기판력이 후소에 미치는 관계에 있다.
   ② 사안의 경우 – 기판력 저촉여부는 법원의 직권조사사항으로 원금청구권이 인정되지 않음을 이유로 이 부분에 대한 청구는 기각하여야 한다.

5. 결론

(1) 甲의 乙에 대한 1억 대여금 청구의 항소는 항소기각,

(2) 甲의 乙에 대한 지연손해금 청구는 2017. 5. 1.부터 2017. 9. 31.까지는 인용되고, 2017. 10. 1.이후 부분은 기각되어야 하는바, 이 부분은 청구일부인용 판결을 한다.

〈제1문의 3〉

〈 공통된 사실관계 〉

 甲은 자신의 소유인 A토지에 관하여 乙과 대금 2억 원으로 한 매매계약서를 작성하고서 乙 앞으로 소유권이전등기를 마쳐주었는데, 위 매매계약서에는 매매대금 2억 원의 채무를 丙이 연대보증한다는 내용이 기재되어 있고, 甲, 乙, 丙 세 사람이 이에 서명, 날인을 하였다.

 그런데 甲이 丙을 상대로 매매대금에 관한 연대보증채무의 이행을 구하는 소송(전소)을 제기하면서 위 매매계약서를 증거로 제출하였다.

〈 문제 〉

1. 乙은 甲에 대한 매매대금채무가 없다는 사실을 주장, 증명하기 위하여 전소에 어떤 형식으로 참가할 수 있는가? (10점)

〈 추가된 사실관계 〉

 전소에서 乙이 적법한 형식으로 소송참가를 하여 위 매매계약이 가장매매라고 주장하였는데도 법원은 청구인용 판결을 선고하였고 그 판결이 확정되었다. (설문 2.와 설문 3.은 상호 무관함)

〈 문제 〉

2. 丙이 위 판결에 따라 甲에게 매매대금 상당의 보증금을 지급한 뒤 주채무자인 乙을 상대로 구상금청구의 소(후소)를 제기하자 그 소송에서 乙은 위 매매계약이 가장매매이므로 구상금을 지급할 수 없다고 주장하였다. 후소 법원이 심리 결과 乙의 주장에 신빙성이 있다는 심증을 얻었다면 어떤 판결을 선고하여야 하는가? (15점)

3. 丙이 위 판결확정 후에도 보증금을 지급하지 않자, 甲은 乙을 상대로 매매대금청구의 소(후소)를 제기하였는데, 그 소송에서 乙이 위 매매계약이 가장매매라고 주장하면서 이 점을 증명할 수 있는 확인서를 증거로 제출하였고, 이에 대하여 甲은 전소판결의 확정사실, 전소에서 乙이 적법하게 참가한 사실을 주장, 증명하였다. 후소 법원이 심리 결과 乙의 주장에 신빙성이 있다는 심증을 얻었다면 어떠한 판결을 선고하여야 하는가? (10점)

[제1문의 3] 문제 1. 해설

1. 보조참가 가부
   (1) **관련 조문** – 소송결과에 이해관계가 있는 제3자는 한 쪽 당사자를 돕기 위하여 법원에 계속 중인 소송에 참가할 수 있으나 소송절차를 현저히 지연시키는 경우에는 참가할 수 없다(민소법 제71조).

   (2) **판례** – 보조참가의 요건으로서 소송결과에 대한 이해관계란 법률상의 이해관계를 말하고 이는 당해소송 판결의 기판력이나 집행력을 당연히 받는 경우 또는 당해 소송의 판결의 효력이 직접 미치지 아니한다고 하더라도, 적어도 그 판결을 전제로 하여 보조참가를 하려는 자의 법률상의 지위가 결정되는 관계에 있는 경우를 말한다.

   (3) **사안의 경우** – 채권자 甲이 丙을 상대로 보증채무의 이행을 구하는 소를 제기하여 그 소송이 계속 중인바, 丙이 패소 확정판결을 받는다면 乙은 민법 제441조 또는 제442조에 의하여 구상책임을 지게 될 자이므로 乙은 위 소송의 법률상 이해관계를 가지는바, 보조참가를 할 수 있다.

2. 결론
   甲은 전소에 민소법 제71조에 보조참가의 형식으로 참가할 수 있다.

[제1문의 3] 문제 2. 해설

1. 문제
   후소에 전소 보조참가의 효력이 미치는지가 문제 된다.

2. 보조참가의 효력
   (1) **관련 조문** – 재판은 ① 참가인이 소송행위를 할 수 없거나 그 소송행위가 효력을 가지지 아니한 때, ② 피참가인이 참가인의 소송행위를 방해한 때, ③ 피참가인이 참가인이 할 수 없는 소송행위를 고의나 과실로 하지 아니한 때를 제외하고는 참가인에게도 효력이 미친다(민소법 제77조).

   (2) **판례** – 참가적 효력은 보조참가인과 피참가인 사이에서만 적용되고 피참가인 아닌 당사자와 사이에서는 적용되지 않으며, 기판력과 달리 판결주문에서 판단된 사항에 한정되지 않고 판결이유에서 판단된 사항도 포함되나, 전소 확정판결의 결론의 기초가 된 사실상 및 법률상의 판단으로서 보조참가인이 피참가인과 공동이익으로 주장하거나 다툴 수 있었던 사항에 한하여 미친다.

   (3) **사안의 경우**
   1) 전소에서 乙이 보조참가를 하여 참가적 효력에 대한 배제사유 없이 소송행위를 하였음에도 피참가인 丙이 패소하였다면 ① 甲과 乙간의 매매계약은 유효하여 乙의 甲에 대한 매매대금채무가

존재하고, ② 丙의 연대보증계약이 유효하여 丙의 甲에 대한 보증채무가 존재한다는 점에서 참가적 효력이 발생한다.

2) 후소에서 乙이 참가적 효력에 반하는 주장을 함에 丙이 전소에서의 보조참가와 판결 선고 및 확정 사실을 주장한다면 후소 법원은 증거조사 결과 乙의 주장에 신빙성이 있다는 심증을 얻었더라도 참가적 효력에 반하는바, 乙의 주장을 판단의 근거로 삼을 수 없다.

3. 결론

丙의 乙을 상대로 한 구상금 청구는 인용된다.

[제1문의 3] 문제 3. 해설

1. 참가적 효력의 주관적 범위

(1) **판례** - 보조참가의 경우에 그 재판이 참가인에게 미치는 참가적 효력은 참가인과 피참가인 사이에만 발생되고 참가인과 피참가인의 상대방 간에는 미치지 않는다.

(2) **사안의 경우** - 전소에 대한 참가적 효력은 乙과 丙사이에서 발생하고, 乙과 甲사이에서는 미치지 않는다.

2. 전소 판결의 기판력

(1) **관련 조문** - 확정판결은 주문에 포함된 것에 한하여 기판력을 가진다(민소법 제216조 1항).

(2) **사안의 경우** - 전소 판결은 당사자인 甲과 丙에게만 미치고, 소송물로서 판결주문에서 판단된 보증채무의 존재 및 범위에서 미친다. 주채무의 존재는 선결문제로서 판결이유에서 판단되는바, 기판력이 미치지 않는다.

3. 후소법원의 판단

후소 법원은 전소에 대한 참가효 및 전소의 기판력에 의하여 구속받지 않고 변론과 증거조사에 의해 판단하면 되는바, 매매계약의 가장매매 무효주장은 乙의 항변사유로 법원이 乙의 주장에 신빙성이 있다고 판단하였다면 그의 항변은 받아들여 판단하면 된다.

4. 결론

甲의 乙에 대한 매매대금청구를 기각한다.

제2차 모의시험 제2문

〈제2문의 1〉

〈 기초적인 사실관계 〉

甲과 乙은 X 건물을 1/2 지분씩 공유하고 있는데, 2017. 6. 5. X 건물의 각 지분에 관하여 근저당권자 A 은행, 채무자 甲·乙, 채권최고액 2억 원으로 하여 근저당권을 각 설정하였고, 2017. 8. 5. 丙에게 X 건물을 보증금 4천만 원, 월차임 140만 원에 임대하였다. 丙은 사업자등록을 마치고 임대차계약서에 확정일자를 받은 후 2017. 9월 초부터 X 건물에서 제과점 영업을 시작하였다. 또한 2017. 10. X 건물에 관한 甲의 지분에, 甲의 채권자 戊 명의의 청구금액 5천만 원의 가압류 등기가 경료되었다. 한편 채무초과 상태였던 甲은 2018. 3. 11. 乙의 남편인 丁(피고)에게 유일한 재산인 X건물의 1/2지분을 매도하는 계약을 체결하고 2018. 3. 17. 丁 앞으로 지분이전등기를 마쳤다. 매매계약 당시 X 건물 1/2 지분의 시가는 1억 7천만 원이었다. 丁은 위 매매계약 후인 2018. 3. 12.에 근저당채무 잔액인 1억 5천만 원을 모두 변제하고 근저당권설정등기를 말소하였다. 한편 己는 甲에 대해 2018. 1. 10.을 변제기로 하는 1억 원의 대여금 채권을 가지고 있다.

〈 문제 〉

1. 己는 甲이 丁에게 X 건물의 지분을 매도한 것이 사해행위에 해당한다는 이유로, 2018. 4. 16. 매매계약의 취소 및 원상회복을 구하는 소를 제기하였다. 己의 청구에 대하여 법원은 어떤 판단을 해야 하는가? (丁이 매수한 지분의 변론종결시 시가는 1억 7천만 원) (30점)

〈 변형된 사실관계 〉

X 건물과 그 부지는 甲과 乙이 그들의 父로부터 상속받은 것인데, 甲이 상속개시 전부터 X 건물과 그 부지를 배타적으로 사용·수익하고 있다. 그러자 乙은 甲에 대하여 ① X 건물의 인도와 ② 상속개시 이후부터 X 건물을 인도할 때까지의 기간에 해당하는 X 건물 및 그 부지에 대한 차임 상당의 부당이득의 반환을 청구하였다. 甲과 乙은 상속 개시 후 X 건물 및 그 부지의 사용·수익방법에 관하여 합의를 한 바 없다.

〈 문제 〉

2. 乙의 甲에 대한 청구가 인용될 수 있는가? (20점)

[제2문의 1] 문제 1. 해설

1. 문제
(1) 채권자취소권 가부, (2) 원상회복방법 (3) 가액배상의 범위가 문제 된다.

2. 채권자취소권 가부
(1) **요건** - ① 피보전채권의 존재, ② 채무자의 사해행위, ③ 채무자의 사해의사(민법 제406조).

(2) **피보전채권의 존재**
  乙의 甲에 대한 2018. 1. 10. 변제기로 하는 1억 채권은 2018. 3. 11. 사해행위 이전에 발생하였는바, 피보전채권이 존재한다.

(3) **채무자의 사해행위 및 사해의사**
  1) 판례 - 채무자가 자기의 유일재산인 부동산을 매각하여 소비하기 쉬운 금전으로 바꾸거나 타인에게 무상으로 이전하여 주는 행위는 채권자에 대하여 사해행위가 된다고 볼 것이므로 채무자의 사해의사는 추정되고, 이를 매수하거나 이전 받은 자가 악의가 없었다는 입증책임은 수익자에게 있다.
  2) 사안의 경우 - 甲이 자신의 유일재산인 X건물의 1/2지분을 매각하여 소비하기 쉬운 금전으로 바꾼 행위는 채권자 乙에 대한 사해행위가 되어 채무자 甲 및 수익자 丁의 사해의사는 추정되는바, 수익자 丁의 선의 입증이 없는 한 사해의사는 인정된다.

(4) **소결** - 채권자취소에 필요한 요건을 충족하여 乙의 채권자취소소송은 인용된다.

3. 원상회복방법
(1) **판례** - 사해행위 후 변제에 의하여 저당권설정등기가 말소된 경우, 사해행위를 취소하여 그 부동산 자체를 회복하는 것은 채권자들의 공동담보가 아닌 부분까지 회복하는 것이 되어 공평에 반하므로 허용되지 않고 가액배상을 하여야 한다.

(2) **사안의 경우** - 사해행위 후 丁이 피담보채무를 변제함으로써 저당권이 말소되어 원물반환이 불가능하므로 가액배상을 해야 한다.

4. 가액배상의 범위
(1) **근저당권**
  1) 판례 - 공동채무자들이 하나의 부동산을 공동소유하면서 전체 부동산에 저당권을 설정한 경우 책임재산을 산정할 때 각 부동산이 부담하는 피담보채권액은 민법 제368조의 규정 취지에 비추어 공동저당권의 목적으로 된 부동산의 지분 가액에 비례하여 공동저당권의 피담보채권액을 안분한 금액이다.
  2) 사안의 경우 - 2개의 공동저당권의 목적인 각 지분의 가액은 동일하므로, 丁이 변제한 금액의 절반에 해당하는 7,500만 원을 공제해야 한다.

(2) 임대차보증금

1) 관련 조문 – 상가 임대차는 그 등기가 없는 경우에도 임차인이 건물의 인도와 사업자등록을 신청하면 그 다음 날부터 제3자에 대하여 효력이 생긴다(상임법 제3조 제1항). 이러한 대항요건을 갖추고 관할 세무서장으로부터 임대차계약서상의 확정일자를 받은 임차인은 다른 채권자보다 우선하여 보증금을 변제받을 권리가 있다(상임법 제5조 제2항).

2) 판례 – 건물공유자가 공동임대하고 임차보증금을 수령한 경우 보증금반환채무는 불가분채무로 임차인이 상임법 제3조 제1항의 대항요건을 갖추어 우선변제권을 가진 경우 상가건물의 공유자 중 1인인 채무자가 처분한 지분 중에 일반채권자들의 책임재산은 우선변제권이 있는 임차보증금 반환채권 전액을 공제한 나머지 부분이다.

3) 사안의 경우 – 甲과 乙은 공동임대인으로서 甲과 乙이 부담하는 임대차보증금반환채무는 불가분채무로 2천이 아닌 4천을 공제해야 한다.

(3) 가압류

1) 판례 – 사해행위 당시 어느 부동산이 가압류되어 있다는 사정은 채권자 평등의 원칙상 채권자의 공동담보로서 그 부동산의 가치에 아무런 영향을 미치지 아니하므로, 법원이 사해행위를 취소하면서 원상회복으로 가액배상을 명하는 경우에도 그 변제액을 공제할 것은 아니다.

2) 사안의 경우 – 戊의 가압류 청구금액 5천은 공제의 대상이 아니다.

(4) 소결 – 지분매도가액 사실심변론종결시 가액인 1억 7천에서 丁이 대신 변제한 피담보채무 7,500만 원, 임대차보증금 4,000만 원을 공제하면 丁이 가액배상으로 근에게 지급하여할 금액은 5,500만 원이다.

5. 결론

법원은 "1. 피고와 소외 甲사이에 X부동산 1/2지분에 관한 2018. 3. 11.자 매매계약을 5천 5백만 원 범위 내에서 취소한다. 2. 피고는 원고에게 5천 5백만 원 및 이에 대한 판결 확정일 다음날부터 다 갚는 날까지 연 5%의 비율에 의한 금원을 지급하라."는 판결을 한다.

[제2문의 1] 문제 2. 해설

1. 문제

(1) X건물 및 부지의 소유관계, (2) X건물인도청구, (3) 부당이득반환청구 가부가 문제 된다.

2. X건물 및 부지의 소유관계

(1) **관련 조문** – 피상속인의 직계비속은 상속에 있어서 1순의 공동상속인이 된다(제1000조 1항 1호). 동순위 상속인이 수인인 때에는 그 상속분은 균분으로 한다(제1009조 1항). 물건이 지분에 의하여 수인의 소유로 된 때에는 공유로 한다(제262조 1항).

(2) 사안의 경우 - 甲과 乙은 父로부터 X건물 및 부지를 상속받았는바, 법정상속분에 따라 X건물 및 부지 각각 1/2지분씩 공유하고 있다.

3. X건물인도청구

(1) **관련 조문** - 공유물의 관리에 관한 사항은 공유자의 지분의 과반수로써 결정한다. 그러나 보존행위는 각자가 할 수 있다(민법 제265조).

(2) **판례**
1) 공유물의 소수지분권자가 다른 공유자와 협의하지 않고 공유물의 전부 또는 일부를 독점적으로 점유하는 경우 그를 상대로 공유물의 인도를 청구할 수는 없다.
2) 근거로, ① 공유물을 독점적으로 점유하는 행위를 배제하기 위해 인도 청구를 구하는 것을 민법 제265조 단서에서 정한 보존행위라고 보기 어렵고, ② 인도청구를 허용한다면, 소수지분권자가 적법하게 보유하는 '지분 비율에 따른 사용·수익권'까지 근거 없이 박탈하는 부당한 결과를 가져오며, ③ '일부 소수지분권자가 다른 공유자를 배제하고 공유물을 독점적으로 점유'하는 인도 전의 위법한 상태와 다르지 않기 때문이다.

(3) **사안의 경우** - 甲이 단독으로 X건물을 배타적으로 사용수익하고 있으나 乙은 X건물의 1/2지분권자로서 공유물의 보존행위를 이유로 X건물 인도청구를 할 수 없는바, 이는 기각된다.

4. 부당이득반환청구

(1) **관련 조문** - 법률상 원인 없이 타인의 재산으로 이익을 얻고 타인에게 손해를 가한 때에는 그 이익을 반환하여야 한다(제741조).

(2) **판례** - 건물의 소유자는 당연히 부지의 사용을 전제로 하고, 건물공유자 중의 일부가 배타적으로 점유·사용하고 있다면 다른 공유자들 중 지분은 있으나 사용·수익은 전혀 하지 않고 있는 자는 자신의 지분에 상응하는 부당이득을 청구할 수 있다.

(3) **사안의 경우** - 甲이 공유물인 X건물을 배타적으로 점유 사용하는 경우, 甲은 X건물에 대한 차임 상당액의 1/2 범위에서 乙에게 부당이득을 반환해야 한다.

5. 결론

(1) 乙의 甲에 대한 X건물 인도청구는 기각되고,
(2) 乙의 甲에 대한 X건물에 대한 차임 상당액의 부당이득반환청구는 1/2 범위 내에서 일부 인용 판결을 받는다.

〈제2문의 2〉

〈 기초적 사실관계 〉

건축업자 甲은 2010. 3. 1. 시멘트판매업자 乙로부터 향후 10년 간 시멘트를 공급받고 그 대금은 매월 말일 일괄하여 정산하되 기한을 넘기는 경우에는 월 2%의 지연손해금을 지급하기로 하는 내용의 계약을 체결하였다. 위 계약 당시 보증보험회사 丙은, 甲이 乙에 대해 위 기간 동안 부담하게 될 대금채무에 관하여 총 1억 원을 한도로 乙과 서면에 의한 연대보증계약을 체결하였다. 이후 乙은 甲의 요청에 따라 현재까지 甲에게 시멘트를 공급해 오고 있다.

※ 아래의 문제는 각각 독립한 문제임

〈 문제 〉

1. 甲은 2017. 9. 30. 분까지는 약정대로 乙에게 시멘트대금을 모두 지급하였으나, 그 이후로는 乙의 독촉에도 불구하고 차일피일 미루며 현재까지 대금을 전혀 지급하지 않고 있다. 한편, 甲은 2017. 4. 1. 乙의 동생이 대표이사로 있는 A주식회사에 5천만 원을 대여하면서 이자는 월 2%로 하되 6개월 후 원금 상환시 이자도 함께 지급받기로 하였고, 당시 乙은 위 대여금반환채무에 대하여 서면에 의한 단순보증을 하였다. A주식회사는 채무변제의 자력이 있음에도 불구하고 아직 甲에게 위 대여원리금을 일체 변제하지 않았으며, 甲은 채무의 이행을 구하지도 않고 있는 상태이다. 甲이 그 동안 밀린 시멘트대금을 지급하지 않자 乙은 丙에게 연대보증채무의 이행을 청구하였는데, 이에 대해 丙은 甲의 乙에 대한 위 보증채권과 현재까지 발생한 합계 6천만 원 상당의 시멘트대금채권을 대등액의 범위에서 상계하며, 그 결과 乙에게 지급할 금액은 존재하지 않는다고 주장한다. 丙의 주장은 타당한가? (10점)

〈 추가된 사실관계 〉

위와 같이 丙이 연대보증계약을 체결한 것과 별도로, 丁은 甲이 乙에 대해 부담하게 될 시멘트대금채무에 관하여 자기 소유 X 부동산(시가 3억 원. 변동 없음)에 대하여 乙에게 채권최고액 1억 5천만 원, 채무자 甲으로 정한 근저당권 설정등기를 경료해 주었다. 또한 戊는 위 시멘트대금채무에 관하여 자기 소유 Y 부동산(시가 1억 5천만 원. 변동 없음)에 대하여 乙에게 채권최고액 1억 5천만 원, 채무자 甲으로 정한 근저당권 설정등기를 경료해 주었다.

〈 문제 〉

2. 甲의 그 동안 밀린 시멘트대금 및 지연손해금은 총 9천만 원이다. Y 부동산이 경매절차에서 매각되어 乙이 위 9천만 원을 전액 변제받았다면, 戊는 丙, 丁에게 어떠한 청구를 할 수 있는가? (10점) (9천만 원 이외에 법정 이자 기타 일체의 부수채무는 고려하지 말 것)

3. 만약, Y 부동산이 경매절차에서 매각된 이후 X 부동산에 대위의 부기등기가 이루어지지 않은 상태에서 丁이 X 부동산을 己에게 매도하고 소유권이전등기를 경료해 주었다면, 戊는 己에 대하여 어떠한 청구를 할 수 있는가? (10점)

⟨ 변경된 사실관계 ⟩

甲과 乙 간의 시멘트공급계약은 2011. 5. 31. 종료되었다. 乙은 그 때까지 발생한 甲에 대한 대금 및 지연손해금채권 일체를 2012. 6. 1. B에게 양도하고, 같은 날 甲에게 이와 같은 양도사실을 통지하였다(乙이 丙에게 채권양도사실을 통지한 적은 없다).

⟨ 문제 ⟩

4. B는 甲에게 2012. 10. 1. 양수금 청구의 소를 제기하여 승소판결을 받았고 이 판결은 2013. 2. 1. 확정되었다. B가 2018. 5. 2. 丙에 대하여 연대보증채무의 이행을 청구하였다면, B의 청구는 인용될 수 있는가? (10점)

5. 乙로부터 양도통지를 받은 甲은 2012. 6. 1. B에게 이의를 보류하지 않고 확정일자 있는 증서로 그 채권양도를 승낙하였다. 그런데 乙은 2012. 5. 10. 甲에 대한 시멘트대금 및 지연손해금 채권 일체를 C에게 양도하고, 같은 날 甲에게 확정일자 부 양도통지를 한 바 있다. B가 2012. 7. 1. 甲에게 양수금 채무의 이행을 청구하였다면 B의 청구는 인용될 수 있는가? (10점)

[제2문의 2] 문제 1. 해설

1. 丙 상계항변의 당부
   (1) **관련 조문** – 보증인은 주채무자의 채권에 의한 상계로 채권자에게 대항할 수 있다(제434조). 채권자가 보증인에게 채무이행을 청구한 때에는 보증인은 주채무자의 변제자력이 있는 사실 및 그 집행이 용이할 것을 증명하여 먼저 주채무자에게 청구할 것과 그 재산에 대하여 집행할 것을 항변할 수 있다(제437조).
   (2) **판례** – 항변권이 붙어 있는 채권을 자동채권으로 하여 타의 채무와의 상계를 허용한다면 상계자 일방의 의사표시에 의하여 상대방의 항변권 행사의 기회를 상실케 하는 결과가 되므로 이와 같은 상계는 그 성질상 허용될 수 없다.
   (3) **사안의 경우** – 甲이 주채무자 A에게 대여원리금의 반환을 구하지 않아, 甲이 乙에게 먼저 보증채무 이행을 구하는 경우 乙은 단순보증인으로 제437조의 최고 검색의 항변권을 행사할 수 있어, 연대보증인 丙에게 주채무자 甲의 채권자 乙에 대한 채권에 기해 상계를 허용하면 자동채권에 붙어 있는 乙의 최고 검색 항변권의 행사기회를 박탈하게 되는바, 丙의 상계항변 주장은 부당하다.

[제2문의 2] 문제 2. 해설

1. 물상보증인 戊의 丙과 丁에 대한 변제자 대위권 행사 및 범위
   (1) **관련 조문** – 변제할 정당한 이익이 있는 자는 변제로 당연히 채권자를 대위한다(민법 제481조). 채권자를 대위한 자는 자기의 권리에 의하여 구상할 수 있는 범위에서 채권 및 그 담보에 관한 권리를 행사할 수 있다(민법 제482조 제1항). 물상보증인과 보증인은 그 인원수에 비례하고, 물상보증인이 수인이 경우 보증인의 부담부분을 제외하고 그 잔액에 대하여 각 재산의 가액에 비례하여 대위한다(민법 제482조 제2항 제5호).
   (2) **사안의 경우** – 연대보증인 丙의 부담부분은 3천, 물상보증인 丁은 4천, 물상보증인 戊는 2천의 각 부담부분이 된다. 戊는 자신의 부담부분을 넘는 출재를 하였으므로 丙에 대해서는 3천, 丁에 대해서는 4천의 범위에서 丙에게는 3천의 연대보증채무의 이행청구, 丁에게는 4천 범위에서 근저당권자로서 권리를 행사할 수 있다.

[제2문의 2] 문제 3. 해설

1. 대위의 부기등기 없는 戊의 己에 대한 변제자 대위권 행사가부

(1) **관련 조문** - 물상보증인은 저당권의 등기에 그 대위를 부기하지 아니하면 저당물에 권리를 취득한 제3자에 대하여 채권자를 대위하지 못한다(민법 제482조 제2항 제5호 단서).

(2) **판례** - 물상보증인이 채무를 변제한 뒤 다른 물상보증인 소유부동산에 설정된 근저당권설정등기에 관하여 대위의 부기등기를 하여 두지 아니하고 있는 동안에 제3취득자가 위 부동산을 취득하였다면, 대위변제한 물상보증인은 제3취득자에 대하여 채권자를 대위할 수 없다.

(3) **사안의 경우** - 戊가 X부동산의 대위의 부기등기를 한 적이 없는바, 戊는 제3취득자 己에게 근저당권자로서 권리를 행사할 수 없다.

[제2문의 2] 문제 4. 해설

1. B의 丙에 대한 연대보증채무 이행청구 인용여부

(1) **연대보증채무 이행청구 가부**

1) **판례** - 보증채무는 주채무에 대한 부종성 또는 수반성이 있어서 주채무자에 대한 채권이 이전되면 당사자 사이에 별도의 특약이 없는 한 보증인에 대한 채권도 함께 이전하고, 이 경우 채권양도의 대항요건도 주채권의 이전에 관하여 구비하면 족하고, 별도로 보증채권에 관하여 대항요건을 갖출 필요는 없다.

2) **사안의 경우** - 乙이 丙에게 채권양도 통지를 하지 않더라도 B는 丙에게 연대보증채무이행청구를 할 수 있다.

(2) **시효소멸 여부**

1) **관련 조문** - 상인이 판매한 상품의 대가의 소멸시효기간은 3년(제163조 6호), 상행위로 인한 채권의 소멸시효기간은 5년이다(상법 제64조). 판결에 의하여 확정된 채권은 단기의 소멸시효에 해당하는 것이라도 그 소멸시효는 10년으로 한다(제165조 제1항). 주채무자에 대한 시효의 중단은 보증인에 대하여 그 효력이 있다(제440조).

2) **판례** - 채권자와 주채무자 사이의 확정판결에 의하여 주채무가 확정되어 그 소멸시효기간이 10년으로 연장되었다 할지라도 그 보증채무까지 당연히 단기소멸시효의 적용이 배제되어 10년의 소멸시효기간이 적용되는 것은 아니고, 채권자와 연대보증인 사이에 있어서 연대보증채무의 소멸시효기간은 여전히 종전의 소멸시효기간에 따른다.

3) **사안의 경우** - 乙의 甲에 대한 시멘트대금 채권의 소멸시효 기간은 3년으로, B가 甲에게 소를 제기하여 승소 확정판결을 받아 소멸시효는 10년으로 연장되더라도, B의 丙에 대한 연대보증채

권의 소멸시효기간은 상사채권 5년에는 변함이 없는바, B의 甲에 대한 소제기로 2012. 10. 1. 시효중단 되었다가 판결이 확정된 2013. 2. 1. 새로 진행되는데 그로부터 5년이 경과한 2018. 2. 1. 시효로 소멸한다.

(3) 소결

B가 2018. 5. 2. 丙에 대한 연대보증채무이행청구는 丙이 소멸시효 항변을 한다면 기각된다.

[제2문의 2] 문제 5. 해설

1. B의 甲에 대한 양수금 청구가부

(1) 적법여부

1) 요건 - ① 채권존재, ② 채권양도, ③ 대항요건 구비를 요한다.

2) 사안의 경우 - ① 乙의 甲에 대한 시멘트대금채권이 존재하고, ② 乙이 B에게 2012. 6. 1. 채권양도를 하였고, ③ 채무자 甲이 채권양도를 승낙하였는바, B의 甲에 대한 양수금 청구는 적법하다.

(2) 인용여부

1) 관련 조문 - 채무자가 이의를 보류하지 아니하고 채권양도를 승낙한 때에는 양도인에게 대항할 수 있는 사유로써 양수인에게 대항하지 못한다(민법 제451조 제1항).

2) 판례 - 양도인에게 대항할 수 있는 사유에는 채권의 성립, 존속, 행사를 저지 배척하는 사유를 가리킬 뿐이고, 채권의 귀속 즉 채권이 이미 타인에게 양도되었다는 사실은 이에 포함되지 않는다.

3) 사안의 경우 - 甲은 이의를 보류하지 않은 승낙을 하였으나 여기에 양수인에게 대항할 수 없는 사유에 채권의 귀속은 포함되지 않는바, C에 대한 채권양도 사실로 B에게 대항할 수 있다.

(3) 소결 - B의 甲에 대한 양수금 청구는 기각된다.

제2차 모의시험 제3문

甲주식회사는 커피 프랜차이즈 사업을 영위하는 자본금 100억 원의 비상장회사이다. A는 甲회사의 창업주이자 대주주이고, B는 A의 장남이고, C는 A의 차남이다. 甲회사의 발행주식총수 500만주 중 A가 400만주, B가 50만주, D, E, F가 나머지 50만주를 소유하고 있다. 그중 D는 딸인 S를 주주명부에 기재하였다. 甲회사의 주주명부 기재는 다음과 같다.

甲회사 주주명부

A: 400만주, B: 50만주, S: 30만주, E: 10만주, F: 10만주

甲회사의 이사회는 대표이사인 B를 포함하여 3명으로 구성되어 있다. 한편 A는 자신의 주도 하에 감사 선임 시 3% 의결권 제한을 완화하는 규정을 정관에 넣었는데, 다른 주주들이 대주주의 독단적인 회사 운영을 우려하자 자본금의 10% 이상에 해당하는 거래에 대해서는 주주총회 결의를 거치도록 하였다. 이를 반영한 甲회사의 정관은 다음과 같다.

甲회사 정관 〈발췌〉

제3조 발행주식총수의 5%를 초과하는 수의 주식을 가진 주주는 그 초과하는 주식에 관하여 감사 선임 시 의결권을 행사할 수 없다.
제4조 자본금의 10% 이상에 해당하는 규모의 거래·보증 등에 대해서는 주주총회의 결의를 거쳐야 한다.

A는 甲회사의 영업이 안정되자 직접 커피를 베트남에서 수입·판매하기로 하고 2013년 2월경 이를 사업목적으로 하는 자본금 50억 원의 비상장 乙주식회사를 설립하였다. 乙회사의 발행주식 총수 100만주 중 甲회사가 90만주, 乙회사가 5만주, A가 2만주, C가 2만주, D가 1만주를 가지고 있다. 乙회사의 이사회는 대표이사인 C를 포함하여 3명으로 구성되어 있다.

乙회사는 재무사정이 악화되어 A의 친구인 H로부터 금 20억 원을 차용하였는데, H는 乙회사에게 돈을 빌려주면서 대표이사 C를 공동차주로 하고, 모회사인 甲회사도 보증할 것을 요구하였다. 2013. 6. 1.에는 다음과 같은 차용계약서가 작성되었다. 이 계약서는 甲회사와 乙회사의 이사회 승인을 받았으나 甲회사의 주주총회 결의는 거치지 아니하였다.

차용계약서 〈발췌〉

제1조 H는 乙회사와 C에게 금 20억 원을 대여한다. 동 금액은 계약체결일인 2013. 6. 1.자로 지급한다.
제2조 甲회사는 위 금원의 지급을 보증한다.

　　　　　　　　　　　　　　　　　　　　　　　대여인 H (기명날인 있음)
　　　　　공동차용인 乙회사, 공동차용인 C, 보증인 甲회사 (모두 기명날인 있음)

D는 甲회사 및 乙회사에 대한 대주주 A측의 독단적인 운영이 계속되자 적극적으로 의사결정에 참여하기로 결심하고, 甲회사의 주주총회에서 A측이 추천하는 감사 후보 K의 선임에 반대하기로 하였다. 2018. 3. 20. 자로 개최된 甲회사의 주주총회에서는 A, B, D, E, F의 5명이 출석하였는데, K의 감사 선임 안건에 대하여 A와 B는 찬성하였으나, D, E, F는 반대하였고, 정관 제3조에 따라 발행주식총수의 5%를 넘는 초과주식을 의결권 행사에서 제외하고 의결권을 산정하여, 찬성 50만주(A 25만주, B 25만주), 반대 45만주(D 25만주, E 10만주, F 10만주)로 K를 감사로 선임하였다.

한편 D는 乙회사의 주식 1만주를 매도하려고 하였으나 매수인을 구하기가 마땅치 않자, 2018. 4. 6. 乙회사의 모회사인 甲회사를 상대로 상법 제360조의25 제1항의 소수주주의 매수청구권을 행사하였으나 甲회사는 이를 거부하였다.

〈문제〉

1. 甲회사가 2013. 6. 1. H에게 제공한 차용계약서 제2조의 보증약정이 무효라면 그 근거는 무엇인가? (25점)

2. (甲회사의 H에 대한 보증계약이 유효하다고 가정한다.) 乙회사가 차용금을 갚지 아니하여 H가 2018. 7. 1.자로 乙회사, C, 甲회사를 상대로 20억 원의 지급을 청구하는 소송을 제기한 경우, 乙회사, C, 甲회사는 연대책임을 부담하는가? H의 청구가 시효기간 내에 제기되었는가? (25점)

3. 甲회사의 소수주주인 D, E, F는 K를 감사로 선임한 甲회사의 2018. 3. 20.자 주주총회결의에 하자가 있다고 주장하면서, 2018. 6. 20.자로 주주총회결의 무효의 소를 제기하였다. D, E, F의 청구가 받아들여질 것인가? (40점)

4. 乙회사의 소수주주인 D는 2018. 5. 25. 법원에 자신의 보유주식 1만주에 대해서 매매가액 결정을 신청하였다. D의 청구가 받아들여질 것인가? (10점)

제3문] 문제 1. 해설

1. 문제
(1) 甲회사 정관 제4조의 유효 여부, (2) 20억 보증에 대한 주총결의 흠결의 효력, (3) 보증에 이사회 승인요부가 문제 된다.

2. 甲회사 정관 제4조의 유효 여부
(1) **관련 조문** - 주주총회는 본법 또는 정관에 정하는 사항에 관하여 의결할 수 있다(제361조).

(2) **사안의 경우** - 주주총회의 최고기관성을 고려하면 반드시 상법 또는 정관에 정하는 사항에 한하는 것으로 엄격하게 제한해서 해석할 것은 아니고 회사의 전반에 영향을 미칠 수 있는 중요사항에 관해서는 주주총회결의를 요하는 것으로 정관에 규정할 수 있는바, 甲회사 정관 제4조는 유효하다.

3. 20억 보증에 대한 주총결의 흠결의 효력
(1) **관련 조문** - 대표이사의 권한에 대한 제한은 선의의 제3자에게 대항하지 못한다(제389조 3항, 제209조 2항). 정관으로 주주총회의 결의를 요하는 경우 선의의 제3자에 대해서는 유효하다는 것이 통설적 입장이다.

(2) **판례** - 이사회 결의가 필요함에도 없는 경우에는 그 상대방이 이사회 결의가 없거나 무효라는 사실을 알았거나 중과실로 알지 못한 경우가 아니면 그 거래는 유효하고, 이때 거래상대방의 이사회 결의가 없음에 대한 악의 또는 중과실은 회사가 이를 입증하여야 한다.

(3) **사안의 경우** - 甲회사 정관 제4조에 자본금의 10% 이상에 해당하는 보증에 대해서는 주주총회 결의를 거쳐야 하므로, 甲사가 자본금의 20%에 해당하는 20억을 보증하기 위해서는 주총결의가 필요한데 이를 흠결하였다. 이에 상술한 판례 법리를 유추적용하면 甲사의 대표이사 B가 주총결의 없이 한 보증행위는 원칙적으로 유효하고 회사가 거래상대방 H가 주주총회결의가 없음에 대한 악의 또는 중과실을 입증한 경우에 한하여 무효가 된다.

4. 보증에 이사회 승인 요부
(1) **관련 조문** - 이사 자기거래에 해당하는 경우 미리 이사회에서 해당 거래사실에 대한 중요사실을 밝히고 이사 3분의 2이상의 수로써 이사회 승인을 받아야 하고, 그 거래의 내용과 절차는 공정하여야 한다(제398조).

(2) **사안의 경우** - 甲회사가 자회사인 乙회사를 위하여 보증을 제공한 것은 甲회사의 대표이사 B 또는 주요주주 A 등을 위하여 간접적인 이익을 부여한 것으로 이사자기거래에 해당하여 이사회 승인을 요하는데, 甲회사의 이사회 승인을 받았으므로 자기거래규정 위반을 이유로 한 무효주장은 할 수 없다.

5. 결론

甲 회사가 2013. 6. 1. H에게 제공한 차용계약서 제2조의 보증약정이 정관 제4조 규정에 따라 주주총회결의를 요하는 사항임에 대한 H의 악의 또는 중과실을 甲회사가 입증하여 보증약정의 무효를 주장할 수 있다.

[제3문] 문제 2. 해설

1. 문제
(1) 일방적 상행위 여부, (2) 연대책임 여부, (3) 상사시효소멸 여부가 문제 된다.

2. 일방적 상행위 여부
(1) **관련 조문** - 당사자 중 그 1인의 행위가 상행위인 때에는 전원에 대하여 상법을 적용한다(제3조). 상인이 영업을 위하여 하는 행위는 상행위로 본다(제47조 1항).

(2) **사안의 경우** - H는 A의 친구라고만 되어 있어 상인이 아닌 개인으로 추정되고, C또한 대표이사이지만 개인자격으로 차용한 것으로 상인이 아닌 개인이지만, 乙사는 상인으로 乙회사의 차용행위는 영업을 위하여 하는 것으로 乙사 및 대표 C와 H간의 거래는 상법 제3조의 일방적 상행위에 해당된다.

3. 연대책임 여부
(1) **관련 조문** - 수인이 그 1인 또는 전원에게 상행위가 되는 행위로 인하여 채무를 부담한 때에는 연대하여 변제할 책임이 있다(제57조 1항). 보증인이 있는 경우에 보증이 상행위이거나 주채무가 상행위로 인한 때에는 보증인은 연대하여 변제할 책임이 있다(제57조 2항).

(2) **사안의 경우** - 공동차용인 乙회사와 C는 연대하여 변제할 책임이 있고, 甲사는 보증인으로 보증도 상행위이고 주채무도 상행위로 인한 것으로 甲 또한 연대하여 변제할 책임이 있다.

4. 상사시효소멸 여부
(1) **관련 조문** - 상행위로 인한 채권은 5년 간 행사하지 아니하면 소멸한다(제64조).

(2) **사안의 경우** - 소멸시효는 권리를 행사할 수 있는 때로부터 진행되고, 변제기의 정함이 없는 채권은 이행을 청구할 수 있는 때 그 즉시부터 진행되므로 H가 乙회사 등에게 2013. 6. 1.자로 빌려준 20억의 상사시효는 5년이 경과한 2018. 5. 31.자로 소멸하는바, 이 사건 소제기 시점인 2018. 7. 1.은 시효기간 도과 이후의 청구이다.

5. 결론
(1) H와 甲, 乙, C사이의 거래는 상행위로 甲은 제57조 2항, 乙과 C는 제57조 1항을 근거로 연대책임을 부담한다.

(2) H의 청구는 상사시효 5년의 기간 내에 제기되지 못하여 기각된다.

[제3문] 문제 3. 해설

1. 문제
(1) 甲회사 정관 제3조의 유효여부, (2) 감사선임 주총결의의 하자여부, (3) 주총결의 무효의 소제기 가부가 문제 된다.

2. 甲회사 정관 제3조의 유효여부
(1) **관련 조문** - 의결권 없는 주식을 제외한 발행주식 총수의 100분의 3을 초과하는 수의 주식을 가진 주주는 그 초과하는 주식에 대하여 감사선임 의결권을 행사하지 못한다(제409조 2항). 회사는 정관으로 100분의 3보다 낮은 비율을 정할 수 있다(제409조 3항).

(2) **사안의 경우** - 5% 이상의 초과주식에 대해서만 의결권을 제한하는 甲회사 정관 3조는 강행규정인 제409조 및 주주평등의 원칙에 위반되어 무효인바, 甲회사의 주주는 정관 규정과 상관없이 3%를 초과하는 자는 감사선임에서 의결권제한을 받는다.

3. 감사선임 주총결의의 하자여부
(1) **관련 조문** - 감사는 주주총회에서 선임한다(제409조 1항). 주총결의는 출석한 주주의 의결권 과반수와 발행주식 총수의 4분의 1이상의 수로 한다(제368조 1항). 총회의 결의에 관하여 제409조 제2항에 따라 그 비율을 초과하는 주식으로서 행사할 수 없는 주식의 의결권 수는 출석한 주주의 의결권의 수에 산입하지 아니한다(상법 제371조 제2항).

(2) **판례**
 1) 상법 제371조 제1항에서 '발행주식 총수에 산입하지 않는 주식'에 대하여 제409조 제2항의 의결권 없는 주식인 '3% 초과 주식'은 이에 포함시키지 않고 있고, 제371조 제2항에서 '출석한 주주의 의결권 수에 산입하지 않는 주식'에 대하여는 3% 초과 주식을 이에 포함시키고 있으나, 감사의 선임에 있어서 3% 초과 주식은 제371조의 제1항의 규정에도 불구하고 상법 제368조 제1항에서 말하는 '발행주식 총수'에 산입되지 않는다.
 2) 주주명부상의 주주만이 회사에 대하여 의결권 등의 주주권을 행사할 수 있고 실제 주주는 행사할 수 없다.

(3) **사안의 경우** - K를 감사로 선임시 의결권을 행사할 수 있는 주식 수는 A 15만주, B 15만주, S 15만주, E 10만주, F 10만주이다. D는 주주명부상의 주주가 아니므로 의결권을 행사할 수 없고, 2018. 3. 20.자 K 감사선임 안건에 대한 찬성주식은 A와 B를 합친 30만주, 반대주식은 E와 F 20만주로, 결국 출석주주 50만 주에서 과반수를 넘는 30만주의 찬성을 얻었고 이는 발행주식 총수인 65만주에서 4분의 1이상에 해당하는바, K 감사선임의 주총결의는 하자가 없다.

4. 주총결의 무효의 소제기 가부
(1) **관련 조문** - 총회결의의 내용이 법령에 위반한 것을 이유로 주총결의 무효 확인의 소를 제기할 수 있다(제380조).

(2) 사안의 경우 - 甲 회사가 정관 제3조의 감사 선임 의결권 제한 규정을 적용하여 의결권을 산정한 것은 잘못이지만 상법 제409조 2항의 3% 의결권 제한 규정을 적용하여 의결권을 산정하더라도 K 감사 선임은 적법하므로 무효로 할 만큼 중대한 하자가 있다고 보기 어렵다. 그리고 E와 F는 주주명부상의 주주로 원고적격이 있으나, D는 주주명부상의 주주도 아니어서 원고적격도 없다.

5. 결론

(1) D의 청구는 원고적격이 없어 각하되고,

(2) E와 F의 청구는 주총결의 무효에 해당하는 하자가 없어 기각된다.

[제3문] 문제 4. 해설

1. 소수주주 D의 매수청구권 행사 가부

(1) 관련 조문 - 지배주주가 있는 회사의 소수주주는 언제든지 지배주주에게 그 보유주식의 매수를 청구할 수 있다(제360조의 25 제1항). 지배주주에 해당하기 위해서는 대상회사 발행주식 총수의 100분의 95이상을 자기계산으로 보유하여야 하고, 지배주주가 소수주주에게 주식의 매도를 청구할 때의 보유주식 수를 산정할 때에는 모회사와 자회사가 보유한 주식을 합산한다(제360조의 24 제1항, 제2항).

(2) 판례 - 자회사의 소수주주가 상법 제360조의25 제1항에 따라 모회사에게 주식매수청구를 한 경우에 모회사가 지배주주에 해당하는지 여부를 판단함에 있어, 자회사의 자기주식은 발행주식 총수에 포함되어야 한다. 또한 상법 제360조의24 제2항은 보유주식의 수를 산정할 때에는 자회사가 보유하고 있는 자기주식은 모회사의 보유주식에 합산되어야 한다.

(3) 사안의 경우 - 乙 회사의 발행주식 총수는 乙 회사의 자기주식 5만주를 포함한 100만주이고, 매매가액 결정신청의 피신청인 甲회사는 대상회사인 乙회사 발행주식 총수에 95만주(피신청인 甲회사 보유 90만주, 자회사인 乙회사의 자기주식 5만주)를 보유하고 있어서 상법 제360조 25 제1항의 지배주주 요건을 충족하고 있는바, 乙회사의 소수주주 D의 지배주주 甲회사를 상대로 한 주식매수청구권은 인용된다.

제1차 모의시험 제1문

〈제1문의 1〉

〈 공통된 사실관계 〉

甲은 2007. 1. 1. 乙에게 변제기를 2007. 12. 31.로 정하여 3,000만 원을 대여하였다. 그런데 乙은 이를 변제하지 못한 채 심장마비로 2017. 9. 1. 사망하고 말았다.

※ 아래 각 문제는 서로 별개임.

〈 추가된 사실관계 〉

乙이 사망하자 제1순위 상속인 丙은 상속포기를 하였다. 甲은 2017. 10. 1. 위 상속포기 사실을 알지 못하고 丙을 상대로 위 3,000만 원의 반환을 구하는 소를 제기하였다. 제1심 계속 중 위 상속포기 사실을 알게 된 甲은 2018. 4. 1. 피고를 제2순위 상속인인 丁으로 바꾸어 달라는 피고경정신청서를 법원에 제출하였다. 그 후 丁은 "甲의 채권이 10년의 소멸시효가 완성되어 소멸하였다."라고 주장하였다.

〈 문제 〉

1. 위와 같은 丁의 주장은 타당한가? (20점)

〈 변경된 사실관계 〉

乙의 상속인 丙은 한정승인신고를 하였고 2017. 9. 15. 乙 소유의 X 토지(시가 1억 원)에 대해 상속을 원인으로 한 소유권이전등기를 마쳤다. 그런데 丙은 甲에 대한 3,000만 원의 채무를 변제하지 않았고, 2017. 10. 1. 丁으로부터 변제기를 2018. 4. 30.로 정하여 1억 원을 빌리면서 X 토지에 저당권을 설정해 주었다. 丙은 변제기가 지나도 丁에게 변제하지 못하였고, 丁은 몇 차례의 독촉 후 X 토지에 대한 경매를 신청하였다. 경매 결과 X 토지가 매각되었고 甲이 적법하게 배당요구를 하였으나, 법원은 매각대금 중 경매비용 등을 공제한 나머지 금액 1억 원을 丁에게 모두 배당하였다. 이에 甲이 배당이의의 소를 제기하였다.

〈 문제 〉

2. 위 배당이의의 소는 인용될 수 있는가? (15점)

[제1문의 1] 문제 1. 해설

1. 문제
(1) 당사자확정, (2) 피고경정신청을 피고표시정정으로 볼 수 있는지, (3) 시효중단의 시기가 문제된다.

2. 당사자확정
(1) **판례** - 원고가 피고의 사망사실을 모르고 사망자를 피고로 표시하여 소를 제기한 경우, 청구의 내용과 원인사실 등을 종합적으로 고려하여 볼 때 실질적 피고는 처음부터 사망자의 상속자이고 그 표시를 잘못한 것에 지나지 않는다면 당사자표시정정이 가능하다.

(2) **사안의 경우** - 甲이 의도한 이 사건 소의 실질적인 피고는 상속포기의 소급효로 말미암아 처음부터 상속채무에 관한 법률관계의 당사자가 될 수 없는 1순위 상속인이 丙이 아니라 적법한 상속채무자인 2순위 상속인인 丁이어야 한다.

3. 피고경정신청의 실질
(1) **관련 법리** - 피고경정신청은 기존 당사자와 동일성이 없는 당사자로 피고를 변경하는 경우에 가능한 당사자 변경방법이고, 피고표시정정은 동일성이 인정되는 경우에 가능하다.

(2) **판례** - 표시에 잘못이 있는 것에 지나지 아니하여 피고표시정정의 대상이 된다 할 것 이므로, 피고의 표시를 바꾸면서 피고경정의 방법을 취하였다 해도 피고표시정정으로서의 법적 성질 및 효과는 잃지 않는다.

(3) **사안의 경우** - 원고 甲이 피고 丙에서 丁으로 바꾸어 달라는 피고경정신청은 실질적으로 표시정정으로서의 성질을 지니는바, 甲의 피고경정신청에도 불구하고 피고표시정정으로서의 효과가 인정된다.

4. 시효중단의 시기
(1) **관련 법리** - 피고 경정은 경정신청서 제출시(민소 제265조)에 시효중단의 효과가 생기고, 표시정정은 종전 소송 상태의 승계를 전제로 하므로 당초의 소제기 효과가 유지된다.

(2) **사안의 경우** - 피고표시정정으로 판단되는바, 2017. 10. 1. 소 제기시에 시효가 중단된다.

5. 결론
甲의 채권은 2017. 12. 31. 시효가 소멸하나, 그 이전인 2017. 10. 1. 시효중단의 효과가 발생하였는바, 소멸시효가 완성되어 소멸하였다는 丁의 주장은 타당하지 못하다.

[제1문의 1] 문제 2. 해설

1. 문제
(1) 한정승인 후의 상속재산 처분행위 효력, (2) 상속채권자와 상속재산에 관하여 한정승인자로부터 담보권을 취득한 고유채권자 사이의 우열관계가 문제 된다.

2. 한정승인 후의 상속재산 처분행위

(1) **관련 법리** - 제1026조 제3호에서 한정승인자가 그 상속재산을 은닉하거나 부정소비하는 경우 단순승인으로 한 것으로 간주하는 것 이외에는 상속재산 처분행위를 제한하는 규정이 없다.

(2) **사안의 경우** - 민법에서 한정승인 이후 부정소비를 하는 경우에만 단순승인으로 보고 그 이외에는 별다른 규정이 없어, 상속인이자 한정승인자인 丙이 丁에게 X토지의 저당권을 설정해 준 행위는 부정소비로 볼 수 없는바, 처분행위로서 유효하다.

3. 상속채권자와 상속인의 담보권자 사이의 우열문제

(1) **관련 법리** - 한정승인만으로 상속채권자에게 상속재산에 관하여 한정승인자로부터 물권을 취득한 제3자에 대하여 우선적 지위를 부여하고 있지 않다.

(2) **판례** - 한정승인자로부터 상속재산에 관하여 저당권 등의 담보권을 취득한 사람과 상속채권자 사이의 우열관계는 민법상의 일반원칙에 따라야 하고, 상속채권자가 한정승인의 사유만으로 우선적 지위를 주장할 수 없다.

(3) **사안의 경우** - 담보권자 丁이 단순채권자 甲에 우선하는바, 저당권자 丁에게 1억이 배당되어야 한다.

4. 결론
甲의 배당이의의 소는 인용될 수 없다.

〈제1문의 2〉

〈 공통된 사실관계 〉

甲은 "乙이 甲과의 운송계약에 따라 甲 소유의 시가 8억 원 상당의 X 기계를 운반하던 중 X 기계가 멸실되었다."라고 주장하면서 乙을 상대로 불법행위 또는 채무불이행으로 인한 손해배상금 8억 원의 지급을 청구하는 소(이하 'A소'라고 한다)를 제기하였다.

※ 아래 각 문제는 서로 별개임. 재판상 자백 및 소송상 신의칙 위반은 고려하지 말 것.

〈 문제 〉

1. A소를 심리한 제1심 법원은 甲의 청구를 전부 인용하는 판결을 선고하였다. ① 甲은 항소기간 내에 "다시 알아보니 X 기계의 시가는 8억 원이 아니라 10억 원이었다."라고 주장하면서 청구취지를 10억 원으로 확장하기 위한 항소를 할 수 있는가? ② 만일 乙이 위 판결에 전부 불복하는 취지의 항소를 제기하였고, 甲이 자신의 항소기간이 도과한 후 항소심 진행 도중 위와 같이 X 기계의 시가가 10억 원이라는 주장을 하면서 청구취지를 10억 원으로 확장하는 신청서를 법원에 제출하였다면, 이러한 신청은 적법한가? (20점)

〈 변경된 사실관계 〉

A소의 소송과정에서 甲은 "X 기계의 시가는 10억 원이고, 청구금액 8억 원은 그 중 일부 금액이다."라고 명시적으로 주장하였다.

〈 문제 〉

2. 甲은 A소의 소송 과정에서 이상과 같은 주장사실을 모두 증명하였고, X 기계의 멸실이 전적으로 乙의 과실에 의한 것이라고 주장하였으나, 乙은 과실비율에 대하여 아무런 주장을 하지 않았다. 심리 결과 법원은 "X 기계의 멸실은 甲과 乙의 과실에 의한 것이고, 甲과 乙의 과실비율은 각 50%이다."라는 확신을 갖게 되었다.

법원은 어떠한 판결을 선고하여야 하는가? (20점)

〈 문제 〉

3. 甲이 A소의 소송계속 중에 X 기계 멸실을 이유로 하여 乙을 상대로 불법행위로 인한 손해배상금 2억 원(A소에서 유보된 나머지 손해액)의 지급을 청구하는 별소(이하 'B소'라고 한다)를 제기하였다면, B소는 적법한가? (20점)

[제1문의 2] 문제 1. 해설

1. 문제
(1) 전부승소한 자에게 항소의 이익이 인정되는지 여부, (2) 항소기간 도과 후 부대항소로써 청구취지를 확장할 수 있는지가 문제 된다.

2. 전부승소한 자에게 항소이익 인정여부
(1) **관련 법리** - 상소는 재판 주문을 표준으로 판단하여 자기에게 불이익한 재판에 대하여 유리하게 취소 변경을 구하는 것으로 전부승소한 자에게 항소를 허용하지 않는다.

(2) **판례** - 가분채권에 대한 이행청구의 소를 제기하면서 그것이 나머지 부분을 유보하고 일부만 청구하는 것이라는 취지를 명시하지 아니한 경우에는 기판력이 나머지 부분에도 미쳐 그 부분에 대해서는 다시 청구할 수 없는 바, 예외적으로 전부 승소한 판결에 대해서도 나머지 부분에 관하여 청구를 확장하기 위한 항소의 이익을 인정한다.

(3) **사안의 경우** - A소는 묵시적 일부청구에 해당하므로 甲이 제1심에서 전부승소 하였다고 하더라도 甲에게는 청구를 8억에서 10억으로 확장할 필요가 있는바, 甲에게는 항소의 이익이 있어 항소는 적법하다.

3. 청구취지 확장과 부대항소
(1) **관련 법리** - 항소심에서도 청구기초의 동일성이 인정되면 원칙적으로 상대방의 동의 없이 청구의 확장이 가능하다.

(2) **판례** - 전부승소한 원고가 항소하지 아니하고 피고만 항소한 사건에서 원고가 청구취지를 확장 변경함으로써 그것이 피고에게 불리하게 된 경우에는 그 한도에서 부대항소를 한 취지로 본다.

(3) **사안의 경우** - 甲이 전부승소한 후 항소기간 도과 후에 청구취지를 확장한 것은 피고 乙에게 불리하므로 그 한도에서 부대항소를 한 것으로 판단되는 바, 항소 신청은 적법 하다.

4. 결론
(1) 설문 ①에서 甲은 청구취지를 확장하기 위한 항소를 할 수 있고,
(2) 설문 ②에서 甲이 청구취지를 확장하기 위한 신청도 부대항소로 적법하다.

[제1문의 2] 문제 2. 해설

1. 문제
(1) 과실상계가 직권조사사항인지 여부, (2) 일부청구에서 과실상계방법, (3) 청구의 객관적 선택적 병합에서의 심판범위가 문제 된다.

2. 과실상계의 직권조사사항 여부
(1) **관련 조문** - 민법 제396조는 채무불이행에 관하여 채권자에게 과실이 있는 때에는 법원은 손해배상책임 및 그 금액을 정함에 이를 참작하여야 한다고 규정하고 있으며, 제763조에서 불법행위로 인한 손해배상에 이를 준용하고 있다.

(2) **판례** - 손해배상책임을 다투는 배상의무자가 배상권리자의 과실에 따른 상계항변을 하지 아니하더라도 소송에 나타난 자료에 의하여 그 과실이 인정되면 법원은 직권으로 이를 심리 판단하여야 한다.

(3) **사안의 경우** - 乙이 과실비율에 대하여 아무런 주장을 하지 않았다 하더라도, 법원은 직권으로 甲의 과실비율 50%를 고려하여 판단하여야 한다.

3. 일부청구에서 과실상계
(1) **판례** - 외측설에 따라 손해의 전액에서 과실비율에 의한 감액을 하고 그 잔액이 청구액을 초과하지 않을 경우에는 그 잔액을 인용하고, 잔액이 청구액을 초과할 경우에는 청구의 전액을 인용하는 것으로 해석한다.

(2) **사안의 경우** - 손해 전액인 10억에서 과실 상계한 잔액 5억이 청구액 8억을 초과하지 않으므로 잔액인 5억을 인용하는 판결을 하여야 한다.

4. 객관적 선택적 병합
(1) **판례** - 이행의 소의 소송물을 구소송물 이론에 따라 실체법상 청구권으로 보는 바, 계약불이행으로 인한 손해배상청구권과 불법행위로 인한 손해배상청구권은 별개의 소송물이므로 양자는 서로 양립할 수 있기 때문에 객관적 선택적 병합으로 본다.

(2) **심판** - 법원은 이유 있는 청구중에 어느 하나를 무작위로 선택하여 인용하면 되는바, 다른 청구에 대하여는 별도의 판단을 하지 않는다.

(3) **사안의 경우** - 법원은 A소에서 어느 하나에 대하여만 선택하여 인용판결을 하면 되고, 다른 청구는 판단할 필요가 없다.

5. 결론
법원은 채무불이행으로 인한 손해배상청구와 불법행위로 인한 손해배상청구 중 하나를 선택하여 그 중 5억 부분을 인용하고 나머지 3억 부분을 기각하며, 선택하지 않은 청구 중 3억 부분은 기각하는 판결을 선고하고 5억 부분에 대해서는 판단하지 않는다.

[제1문의 2] 문제 3. 해설

1. 문제
B소가 중복제소에 해당하는지 여부가 문제 된다.

2. 중복제소금지원칙 위배여부

(1) **관련 조문 및 요건** - 법원에 계속되어 있는 사건에 대하여 당사자는 다시 소를 제기하지 못한다 (민소법 제259조). ① 당사자의 동일, ② 소송물의 동일, ③ 전소의 계속 중에 후소의 소송계속이 발생될 것임을 요한다.

(2) **사안의 경우** - A소와 B소 모두 甲이 乙에게 소를 제기하는 것이므로 당사자는 동일하고, A소의 계속 중에 B소를 제기하는 것이므로 전소 계속 중에 후소의 소송계속이 발생되었으나, A소와 B소를 동일한 소송물로 볼 수 있을지가 논의되어야 한다.

3. 명시적 일부청구와 중복제소

(1) **일부청구의 소송물**
  1) 판례 - 일부청구임을 명시한 경우에는 일부청구가 독립한 소송물이 된다.
  2) 사안의 경우 - A소에서 "甲은 X기계의 시가는 10억 으로 청구금액 8억 원은 그 중 일부 금액이다."라고 명시적으로 주장하였는바, A소와 B소는 독립한 소송물로 보아야 한다.

(2) **중복제소 해당여부**
  1) 판례 - 전소에서 불법행위를 원인으로 손해배상청구를 하면서 일부만을 특정하여 청구하고 그 외의 부분은 별소 청구하겠다는 취지를 명시적으로 유보한 때에는 그 전소의 소송물은 그 청구한 일부에 한정되는 것으로 나머지 부분에는 기판력이 미치지 아니하는 바, 전소계속 중에 후소로서 나머지 부분의 청구를 구하는 것은 중복제소에 해당하지 아니한다.
  2) 사안의 경우 - B소는 중복제소에 해당하지 않는다.

4. 결론
A소는 일부청구이고 B소는 중복제소에 해당하지 않아 B소는 적법하다.

〈제1문의 3〉

〈 공통된 사실관계 〉

X 부동산에 관하여 乙 명의로 소유권보존등기가 마쳐졌다. 甲은 乙을 상대로 위 소유권보존등기말소 및 자신이 X 부동산의 소유권자라는 확인을 구하는 소를 제기하였다. 이 소송에서 丙은 乙을 상대로 위 소유권보존등기말소 및 자신이 X 부동산의 소유권자라는 확인을 구함과 아울러 甲을 상대로 자신이 X 부동산의 소유권자라는 확인을 구하는 독립당사자참가신청을 하였다.

※ 아래 각 문제는 서로 별개임.

〈 문제 〉

1. 위 소송에서 법원은 甲의 청구를 인용하고 丙의 청구를 기각하는 판결을 선고하였고, 이에 대해 丙만이 항소를 하였다. 그런데 항소심 법원의 심리 결과 X 부동산의 소유권이 乙에게 있음이 밝혀졌을 때, 항소심 법원은 甲의 청구를 기각하여야 하는가? (20점)

〈 추가된 사실관계 〉

X 부동산을 소유하고자 하는 戊는 丁과의 사이에 명의신탁약정을 체결하였다. 그 후 丁은 2016. 10. 20. 소유자 乙로부터 X 부동산을 대금 3억 원에 매수한 뒤, 같은 해 11. 1. 丁 명의의 소유권이전등기를 경료하였다. 乙은 매매계약 체결 당시 위 명의신탁약정을 전혀 알지 못하였다. 丁은 戊로부터 매수대금을 송금받아 이를 乙에게 지급하였다.

※ 아래 각 문제는 서로 별개임.

〈 문제 〉

2. 戊가 丁에 대하여 소유권이전등기를 청구한 경우, 丁은 이를 거부할 수 있는가? 만약 이를 거부할 수 있다면, 戊가 丁에 대하여 주장할 수 있는 권리는? (20점)

〈 문제 〉

3. X 부동산을 제외하고 별다른 재산이 없었던 丁은 己로부터 1억 원을 빌렸고, 그 후 戊의 독촉에 못 이겨 戊에게 X 부동산을 대물변제로써 소유권이전등기를 경료해 주었다. 己는 丁의 대물변제를 사해행위로 취소할 수 있는가? (15점)

[제1문의 3] 문제 1. 해설

1. 문제
(1) 丙 참가의 성격과 적법 여부, (2) 丙의 항소로 인한 확정차단과 이심의 범위, (3) 항소심에서 불이익변경금지원칙 적용 여부가 문제 된다.

2. 丙 참가의 성격과 적법여부
(1) **관련 조문** - 소송목적의 전부나 일부가 자기의 권리라고 주장하며 당사자로서 소송의 참가할 수 있다(제79조).

(2) **관련 요건** - ① 본소가 사실심 계속 중, ② 참가신청이 소송요건과 청구병합요건을 갖추고, ③ 원고의 본소청구와 참가인의 청구가 법률상 양립불가능 하여야 한다.

(3) **사안의 경우** - X 부동산에 대하여 甲과 丙이 소유권을 주장하고 있는데, 일물일권주의 원칙상 양자의 청구는 법률상 양립불가능하므로 丙의 참가신청은 적법하다.

3. 丙 항소로 인한 확정차단과 이심의 범위
(1) **관련 조문** - 독립당사자참가소송은 원고의 청구와 본소의 청구가 양립불가능하여 합일확정의 필요가 있어 고유필수적 공동소송에 관한 규정을 준용하는바, 상소불가분원칙이 적용되어 당사자 또는 참가인 일방이 항소하더라도 항소의 효력은 전원에게 미친다(제79조 2항, 67조).

(2) **판례** - 독립당사자참가소송에서 원고승소의 판결이 내려지자 이에 대하여 참가인만이 상소한 경우에도 판결 전체의 확정이 차단되고 사건 전부에 대하여 이심의 효력이 생긴다.

(3) **사안의 경우** - 丙만이 항소를 해도 항소의 효력은 당사자 전원에게 미치는바, 이 사건 전체가 이심된다.

4. 항소심에서 불이익변경금지원칙 적용여부
(1) **관련 조문** - 원심판결 전부에 대해 확정차단 및 이심의 효과가 있다고 해도 항소법원은 항소인의 불복범위를 넘어서 원심판결보다 유리한 재판을 할 수 없다(제415조 본문).

(2) **판례** - 독립당사자 참가소송에서 세 당사자 사이의 결론의 합일확정을 위하여 필요한 경우에는 그 한도 내에서 항소 또는 부대항소를 제기한 바 없는 당사자에게 결과적으로 제1심 판결보다 유리한 내용으로 판결이 변경되는 것을 배제할 수 없다.

(3) **사안의 경우** - 丙의 참가는 독립당사자 참가 중 권리참가이고, 원고 甲의 본소 청구와 참가인 丙의 청구가 양립불가하고 합일확정의 필요성이 있는바, 불이익변경금지원칙이 적용되지 않는다.

5. 결론
항소심 법원은 항소하지 않은 乙에게 유리하게 1심 판결을 취소하고, 甲의 청구를 기각하는 판결을 하여야 한다.

[제1문의 3] 문제 2. 해설

1. 문제
(1) 명의수탁자 丁 명의 소유권이전등기 효력, (2) 戊의 부당이득반환청구 대상이 문제 된다.

2. 명의수탁자 丁 명의 소유권이전등기 효력
(1) **관련 조문** – 명의신탁약정은 무효이고, 위 약정에 따라 이루어진 등기는 무효이다. 다만, 상대방 당사자가 명의신탁약정 사실을 모르고 수탁자와 계약을 맺은 경우의 부동산물권변동은 유효이다(부실법 제4조 제1, 2항).

(2) **사안의 경우** – 매도인 乙이 戊와 丁사이에 명의신탁약정 사실을 알지 못하였으므로, 예외에 해당되어 丁은 유효하게 소유권을 취득한다.

3. 戊의 부당이득반환청구 대상
(1) **관련 조문** – 법률상 원인 없이 타인의 재산으로 인하여 이익을 얻고 이로 인하여 타인에게 손해를 가한 자는 그 이익을 반환하여야 한다(민법 제741조).

(2) **판례** – 부동산실명법 시행 후 선의의 계약명의신탁자는 애초부터 당해 부동산의 소유권을 취득할 수 없었으므로 명의신탁자가 입은 손해는 '당해 부동산 자체'가 아니라 '매수자금'이다.

(3) **사안의 경우** – 명의신탁자 戊는 X부동산 소유권을 취득할 수 없었으므로, X 부동산 자체가 아니라 매수자금으로 명의수탁자 丁에게 지급한 3억을 부당이득으로 반환청구 할 수 있다.

4. 결론
(1) 戊가 丁에게 소유권이전등기를 청구한 경우 丁은 부실법 제4조 제2항 단서를 근거로 이를 거부할 수 있고,

(2) 戊는 丁에게 매수자금 3억을 부당이득으로 반환청구 할 수 있다.

[제1문의 3] 문제 3. 해설

1. 문제
매도인이 선의인 계약명의신탁에서 명의수탁자의 명의신탁자에 대한 대물변제행위가 채권자 근에게 사해행위에 해당되는지가 문제 된다.

2. 채권자 근의 피보전채권
(1) **관련 법리** – 채권자취소권의 피보전채권은 금전채권으로 채무자의 사해행위 이전에 발생한 것이어야 한다.

(2) 사안의 경우 - 丁은 戊에게 X 부동산을 대물변제로써 소유권이전등기를 경료하기 전에 己로부터 1억 원을 빌렸으므로 피보전채권이 인정된다.

3. 대물변제 행위의 유효성
   (1) 문제 - 대물변제라는 새로운 약정 형식을 통하여 명의신탁부동산 자체를 이전받은 행위의 효력을 인정할 수 있는지가 문제 된다.

   (2) 판례 - 명의수탁자의 완전한 소유권 취득을 전제로 사후적으로 명의신탁자와의 사이에서 매수자금반환의무의 이행에 갈음하여 명의 신탁된 부동산 자체를 양도하기로 합의하고 그에 기하여 명의신탁자 앞으로 소유권이전등기를 마쳐준 경우, 이는 새로운 소유권 이전의 원인인 대물급부의 약정에 기한 것으로 유효하다.

   (3) 사안의 경우 - X 부동산의 완전한 소유권을 취득한 명의수탁자 丁은 戊의 독촉에 못 이겨 대물변제로써 X 부동산의 소유권이전등기를 경료해 주었는바, 무효인 명의신탁약정을 명의신탁자를 위하여 사후에 보완하는 방법으로 한 것이 아니므로 유효하다.

4. 대물변제 행위의 사해행위성
   (1) 판례 - 명의수탁자의 재산은 일반 채권자들의 공동담보에 제공되는 책임재산이고, 명의신탁자는 명의수탁자에 대한 관계에서 금전채권자 중에 한명일 뿐이므로 명의수탁자의 재산이 채무 전부를 변제하기 부족한 경우 명의수탁자가 위 부동산을 명의신탁자에게 이전하는 행위는 사해행위가 된다.

   (2) 사안의 경우 - 채무초과 상태에 있었던 丁이 X 부동산을 대물변제 한 것은 사해행위에 해당한다.

5. 결론
   己는 丁의 대물변제를 사해행위로 취소할 수 있다.

제1차 모의시험 제2문

〈제2문의 1〉

〈 기초적 사실관계 〉

A 은행은 1997. 10. 20. B 주식회사(이하 'B 회사'라고 한다)에 다가구주택 건축 자금으로 6억 원을 대출하면서, 이행기를 '주택이 완공되어 분양이 완료된 때'로 정하였다. B 회사는 위 대출금 채무를 담보하기 위하여 C에게 연대보증채무를 부담해 줄 것을 부탁하였고, 이에 C는 같은 날 A 은행에 대하여 연대보증채무를 부담하기로 약정하였다. 그러나 A 은행이 담보가 부족하다고 하여 B 회사는 D에게 부탁하여 D 소유의 Y 토지(시가 3억 원 상당)와 B 회사 소유의 위 X 토지(시가 6억 원 상당)에 대하여 A 은행 명의의 근저당권을 설정해주었다. B 회사는 계획대로 다가구주택을 건축하여 1998. 10. 20. 9세대 전부 분양을 완료하였고, A 은행은 이 사실을 1999. 2. 15. 알게 되었다.

※ 아래의 문제는 각각 독립한 문제임

〈 문제 〉

1. A 은행은 1999. 6. 15. B 회사를 상대로 위 대출원리금의 지급을 구하는 소를 제기하여, "B 회사는 A에게 대출원리금 합계 6억 6,000만 원을 지급하라"는 취지의 전부 승소판결을 받았고, 위 판결은 2000. 3. 25. 확정되었는데, B 회사의 자산이 실질적으로 남아 있지 않아서 채권을 변제 받지 못하였다. A 은행은 2005. 6.경 C를 상대로 보증채무의 이행을 구하는 소를 제기하였고, 이에 대하여 C는 A 은행에 대한 보증채무는 소멸되었다고 주장하였다. A의 청구는 인용될 수 있는가? (25점)

〈 문제 〉

2. B 회사는 2000. 6. 15. X 토지를 E에게 매도하고 같은 해 2000. 8. 15. 소유권이전등기를 넘겨주었다. B 회사로부터 대출원리금 채무를 변제받지 못한 A 은행이 X 토지에 대하여 경매를 신청하려 하자, 2000. 10. 15. E가 B 회사의 대출원리금 채무를 모두 변제하였다. 2001. 2. 15. E는 C에 대하여 보증채무 이행청구의 소를 제기하고, D를 상대로 근저당권에 기한 경매신청을 하였다. E의 C와 D에 대한 청구 및 신청은 각 인용될 수 있는가? (20점)

[제2문의 1] 문제 1. 해설

1. 문제
(1) 주채무자 B회사 채무의 시효소멸 여부, (2) 연대보증인 C의 보증채무의 시효소멸 여부가 문제된다.

2. 주채무자 B회사 채무의 시효소멸 여부
(1) **A은행의 대출원리금 채권 시효기간** - A은행과 B회사 간의 거래이므로 상행위 해당되어 5년의 시효로 소멸한다(상법 제64조).

(2) **기산점** - 이행기가 '주택이 완공되어 분양이 완료된 때'로 불확정기한부 채권인 바, 주택은 건축하여 분양이 완료된 1998. 10. 20. 대출원리금 채권소멸시효 기산점이 된다.

(3) **소멸시효 중단 및 시효기간의 연장** - A은행은 1998. 10. 20.부터 5년이 경과하기 전 1999. 6. 15. B회사를 상대로 소를 제기하였으므로 이 때 시효가 중단되고(제168조 제1호), 판결이 확정된 날인 2000. 3. 25.부터 소멸시효가 새로 진행되고(제178조 제2항), 시효기간도 10년으로 연장된다(제165조 제1항).

3. 연대보증인 C의 보증채무 시효소멸 여부
(1) **보증채무의 독립성** - C의 보증계약은 A은행(상인)과 체결한 보조적 상행위로, 상사시효의 적용을 받아 1998. 10. 20.로부터 5년의 적용을 받는다.

(2) **보증채무의 시효중단 여부** - A은행이 B회사에 제소한 1999. 6. 15.부터 시효중단의 효력이 있고(제440조), 재판이 확정된 날인 2000. 3. 25.부터 다시 소멸시효가 진행된다.

(3) **보증채무 시효소멸 여부**
  1) 판례 - 채권자와 주채무자 사이의 확정판결에 의하여 주채무의 소멸시효기간이 10년으로 연장되었다 할지라도 그 보증채무까지 10년의 소멸시효기간이 적용되는 것은 아니고, 여전히 종전의 소멸시효기간에 따른다.
  2) 사안의 경우 - 연대보증인 C의 보증 채무는 종전과 같이 5년의 소멸시효 기간이 적용된다.

4. 결론
A은행의 연대보증인 C를 상대로 한 소제기는 2000. 3. 25.부터 5년이 경과한 2005. 6. 이루어져 C의 보증 채무는 시효기간 도과로 소멸하였는바, A청구는 기각된다.

[제2문의 1] 문제 2. 해설

1. 문제
(1) E의 B에 대한 구상권 취득여부, (2) 변제자 대위권 취득여부, (3) E의 C에 대한 보증채무 이행청구 가부, (4) E의 D에 대한 경매신청 가부가 문제 된다.

2. E의 B에 대한 구상권 취득여부
저당물의 제3취득자 E는 법률상 이해관계에 있는 자(제469조 제1,2항)로서 B회사의 부탁 없이 채무를 대신 변제하여 B회사의 채무를 소멸시켰는바, 사무관리에 의한 비용상환청구권(제739조)을 근거로 구상권을 취득한다.

3. 변제자 대위권 취득여부
(1) 요건 - ① 제3자가 변제 기타로 채권자에게 만족을 주고, ② 변제자가 채무자에 대하여 구상권을 가지고, ③ 변제할 정당한 이익이 있어야 한다(제481조).

(2) 사안의 경우 - ① E는 B회사의 채무를 대신 변제하였고, ② 이로 인해 주채무자 B회사에 대해 구상권을 가지며, ③ E는 저당권이 설정된 부동산을 매수한 제3취득자로서 채무 미 변제시 부동산의 소유권을 상실했을 지위에 있는 자이므로 변제자대위권을 행사할 수 있는바, 채권자 A은행이 B회사에 대해 가지고 있던 대출원리금 채권과 그에 대한 담보는 당연히 제3취득자 E에게 이전된다.

4. E의 C에 대한 보증채무 이행청구 가부
제482조 제2항 제2호에서 담보물의 제3취득자는 보증인에 대하여 채권자를 대위할 수 없다고 하는바, 연대보증인 C에 대한 이행청구는 기각된다.

5. E의 D에 대한 경매신청 가부
(1) 판례 - 채무자로부터 담보부동산을 취득한 제3자는 채무를 변제하거나 담보권의 실행으로 소유권을 잃더라도 물상보증인에 대하여 채권자를 대위할 수 없다. 이를 인정할 경우 담보부동산을 취득한 제3자는 뜻하지 않은 이득을 얻게 되어 부당하기 때문이다.

(2) 사안의 경우 - E는 D에 대하여 채권자 A은행을 대위할 수 없어, D에 대한 경매신청도 기각된다.

6. 결론
제3취득자 E는 채무자 B회사에 대한 구상권을 취득하나, C, D에 대한 변제자 대위가 불가하므로 E의 C, D에 대한 청구는 기각된다.

⟨제2문의 2⟩

⟨ 공통된 기초사실 ⟩

甲은 2017. 1. 21. A 은행으로부터 1억 원을 이자율 월 1%, 변제기 2017. 4. 20.로 각 정하여 대출받으면서 A 은행을 위하여 X 대지 및 그 지상 Y 주택(이하 X 대지와 Y 주택을 합하여 '이 사건 부동산'이라고 한다)에 채권최고액 1억 2,000만 원인 공동근저당권을 설정하였다. 그러나 甲은 A 은행에 위 대출계약에 따른 이자 등 일체의 금원을 지급하지 않았고, A 은행도 甲에게 어떠한 청구도 한 사실이 없다.

한편, B 공인중개사의 중개로 甲은 2017. 8. 1. 乙에게 이 사건 부동산을 매매대금 합계 4억원 (X 대지 대금 3억 원, Y 주택 대금 1억 원)으로 정하여 매도하는 계약을 체결하였다. 이 계약에 따르면, 乙은 계약금 4,000만 원은 계약 당일 지급하고, 중도금 1억 6,000만 원은 2017. 9. 20. Y 주택의 인수와 동시에 지급하며, 잔금 2억 원은 2017. 10. 20. 10:00 B 공인중개사 사무실에서 이 사건 부동산에 관한 소유권이전등기 소요서류의 수령과 동시에 지급하되, 잔금지급일 현재 위 근저당권에 의하여 담보되는 甲의 A 은행에 대한 대출원리금 채무 전액을 매매잔대금에서 공제한 나머지 금액을 지급하기로 하였다. 위 매매계약에 따라, 甲은 乙로부터 계약 당일 계약금 4,000만 원을 수령하였고, 2017. 9. 20. 중도금 1억 6,000만 원을 수령함과 동시에 乙에게 Y 주택을 인도하였다.

다른 한편, 甲으로부터 Y 주택을 인도받은 乙은 2017. 10. 1. 丙과의 사이에 기간 2017. 10. 1.부터 24개월간, 보증금 1억 원, 월차임 100만 원으로 각 정하여 임대차계약을 체결함과 동시에 丙에게 Y 주택을 인도하였고, 이를 인도받은 丙은 즉시 전입신고를 함과 동시에 위 임대차계약서에 확정일자를 받았다.

※ 아래의 문제는 각각 독립한 문제임

⟨ 추가된 사실관계 ⟩

위 매매계약에 따라, 甲은 잔금지급일인 2017. 10. 20. 이 사건 부동산에 관한 소유권이전등기 소요서류 일체를 가지고 B 공인중개사 사무실에 갔으나, 乙은 B 사무실에 나타나지 않은 채 단지 전화로 잔금지급일을 한 달 정도 미루어 줄 것을 요청하였다. 甲은 乙의 이러한 요청을 거절하면서 1주일 뒤인 2017. 10. 27.까지 잔금을 지급하지 않으면 별도의 조치 없이 위 매매계약은 효력을 상실한다는 뜻을 밝히면서 소유권이전등기 소요서류 일체를 그대로 B 사무실에 맡겨 두었다. 그러나 乙은 2017. 10. 27.까지 잔금을 지급하지 않았다.

⟨ 문제 ⟩

1. 위 매매계약의 잔금지급일인 2017. 10. 20. 현재 대출계약에 따른 甲의 A 은행에 대한 대출원리금 총액 및 산출근거는? (이자에 대한 지연손해금은 고려하지 않음) (10점)

〈 문제 〉

2. 위 매매계약은 적법하게 해제되었는가? (15점)

〈 문제 〉

3. 甲은 2017. 10. 28. 丙을 상대로 주택인도를 청구하였다. 甲의 주택인도청구는 타당한가? (15점)

〈 변경된 사실관계 〉

　　위 매매계약에 따라, 잔금지급일인 2017. 10. 20. 10:00경 B 공인중개사 사무실에서, 甲은 乙에게 이 사건 부동산에 관한 소유권이전등기 소요서류 일체를 교부할 준비를 마쳤으나, 乙은 잔금 2억 원에서 2017. 10. 20. 현재 A 은행에 대한 대출원리금 전액을 공제한 나머지 금액을 준비하지 못하였고, 그리하여 甲과 乙은 그 자리에서 소유권이전등기절차의 이행 및 잔금지급기일을 2018. 3. 20.로 연기하되, 乙은 2017. 12. 20.까지 甲의 A 은행에 대한 대출원리금 전액(그 때까지의 이자 및 지연손해금을 포함한 금액)을 상환하기로 하였다. 그러나 乙은 2017. 12. 20.에도 이를 상환하지 못하였고, 이에 따라 A 은행은 2018. 1. 20. 근저당권 실행을 위하여 이 사건 부동산에 관한 경매를 신청하였다. 위 경매절차에서 C가 X 대지는 1억 5,000만 원, Y 주택은 5,000만 원에 각 매수하여 2018. 3. 20. 대금 합계 2억 원을 납부하였다.

〈 문제 〉

4. 위 매매계약에 따라 乙은 甲에 대하여 대금지급의무를 부담하는가? (15점)

[제2문의 2] 문제 1. 해설

1. 甲의 A은행에 대한 대출원리금 총액 및 산출근거

(1) **대출원금** – 1억 원

(2) **대출원금에 대한 이자** – 300만 원

   2017. 1. 21. - 2017. 4. 20. (3개월) × 100만 원(=1억 × 1%) = 300만 원

(3) **대출원금에 대한 지연손해금** – 600만 원

   1) 판례 – 소비대차에서 변제일 후 별도의 이자약정을 하지 않은 경우 변제기 후에도 당초의 약정이자를 지급하기로 한 것으로 해석한다.

   2) 사안의 경우 – 2017. 4. 21.~2017. 10. 20. (6개월) × 100만 원(=1억 × 1%) = 600만 원

(4) **총계** – 1억 900만 원

[제2문의 2] 문제 2. 해설

1. 문제
(1) 이행지체로 인한 계약해제 요건 충족여부, (2) 정지조건부 해제 가부가 문제 된다.

2. 이행지체로 인한 계약해제요건 충족여부

(1) **관련 조문** – 채무자가 이행지체에 빠진 후 상당한 기간을 정하여 최고하였음에도, 채무자가 그 최고기간 내에 이를 이행하지 않아야 하고, 채권자가 매매계약 해제의 의사표시를 하여 그 의사표시가 채무자에게 도달하여야 한다(민법 제544조).

(2) **사안의 경우** – 乙이 잔금지급일인 2017. 10. 20.에 잔금을 지급하지 못함으로 이행지체에 빠졌고, 매도인 甲이 상당한 기간인 1주일을 정하여 최고하였음에도 그 기간 내에 이행하지 않았고, 2017. 10. 27까지 잔금을 지급하지 않으면 별도의 조치 없이 매매계약은 효력을 상실한다는 정지조건부 해제의 의사표시를 적법한 것으로 볼 수 있는지 검토한다.

3. 정지조건부 해제 가부

(1) **관련 법리** – 본래 형성권인 해제의 의사표시에는 조건을 붙일 수 없다.

(2) **판례** – 정지조건부 이행청구는 채무자가 특별히 불리한 지위에 빠지지 않는 한, 이행청구와 동시에 그 기간 내에 이행이 없는 것을 정지조건으로 하여 미리 해제의 의사표시를 한 것으로 본다.

(3) **사안의 경우** – 채무자 乙은 2017. 10. 27. 까지 잔금지급을 이행하여 계약의 유효를 주장할 수 있었는바, 그 때 까지 대금을 지급하지 않았으므로 甲의 정지조건부 해제의사표시는 유효하다.

4. 결론
甲과 乙 사이의 매매계약은 적법하게 해제되었다.

[제2문의 2] 문제 3. 해설

1. 문제
(1) 임대차계약의 유효성, (2) 주임법상 임차인 丙의 대항력이 문제 된다.

2. 임대차계약의 유효성
(1) **판례** - 주임법이 적용되는 임대차는 반드시 주택 소유자가 임대인이 되는 경우에 한정된다고 할 수 없고, 적법한 임대권한을 가진 자라면 소유자가 아니라도 임대인으로서 적법한 임대차 계약을 체결할 수 있다.

(2) **사안의 경우** - 乙은 매매계약의 이행으로 매매목적물을 인도받은 매수인으로서 적법한 사용수익권이 있는 임대인인바, 乙과 丙이 체결한 임대차 계약은 적법 유효하다.

3. 주임법상 임차인 丙의 대항력
(1) **관련 조문** - 임차인은 주택의 인도와 주민등록을 마친 때에 그 다음날부터 제3자에 대한 대항력을 취득하고, 임차주택의 양수인은 임대인의 지위를 승계한 것으로 본다(주임법 제3조 제1, 4항).

(2) **판례** - 매매목적물인 주택을 인도받은 매수인으로부터 매매계약이 해제되기 전에 주택을 임차하여 그 주택의 인도와 주민등록을 마침으로서 주임법 제3조 제1항의 대항요건을 갖춘 임차인은 민법 제548조 제1항 단서에 따라 계약해제로 인하여 권리를 침해받지 않는 제3자에 해당하여, 매도인의 인도청구에 대항할 수 있다.

(3) **사안의 경우** - 임차인 丙은 2017. 10. 2 위 주택에 대한 대항력을 취득한 자로, 매도인 甲의 주택인도 청구에 대항할 수 있다.

4. 결론
甲의 주택인도청구는 타당하지 않다.

[제2문의 2] 문제 4. 해설

1. 문제
채권자귀책사유에 의한 이행불능 즉, 채권자위험부담 여부가 문제 된다.

2. 채권자 위험부담 여부

(1) **관련 조문** - 쌍무계약의 당사자 일방의 채무가 채권자의 책임 있는 사유로 이행할 수 없게 된 때에는 채무자는 상대방의 이행을 청구할 수 있다(제538조 제1항 1문).

(2) **판례** - 이행인수의 경우 매도인과 매수인 사이에서는 매수인이 위 피담보채무를 변제할 책임이 있는바, 매수인이 그 변제를 게을리하여 근저당권이 실행되어 매도인이 매매목적물에 관한 소유권을 상실하였다면 이는 매수인의 책임 있는 사유로 소유권이전등기가 이행불능된 경우에 해당하고, 매도인의 과실이 있다 할 수 없다.

(3) **사안의 경우** - 부동산 매매계약은 쌍무계약이고, 매수인이자 채권자인 乙의 귀책사유로 매도인 甲의 부동산 소유권이전등기의무가 이행불능이 된 것으로, 채권자위험부담법리에 따라 매수인 乙은 甲에게 대금을 지급할 의무를 부담한다.

3. 결론
乙은 甲에게 대금을 지급할 의무가 있다.

제1차 모의시험 제3문

〈제3문의 1〉

甲은 비상장회사인 A 주식회사를 설립하면서 자신이 발행주식총수의 80%를 인수하였다. 나머지 20%의 주식은 乙, 丙, 丁의 명의로 乙이 발행주식총수의 10%, 丙이 5%, 그리고 丁이 5%에 대하여 주식의 인수청약과 함께 주식을 인수하였다. 그런데 丙과 丁의 주식 인수가액은 甲 자신이 직접 납입하였다. 이때 丙은 甲이 자신의 명의를 사용하여 주식을 인수하는 것에 대하여 허락한 사실이 있다.

A회사는 2016. 12. 5.에 설립등기를 마쳤으나 2017. 6. 25. 현재까지 주권을 발행하지 않았다. 이러한 상황에서 A회사는 2017. 7. 1.에 이사회를 개최하여 자본금을 100% 증자할 것을 결정하고 각 주주에게 현재 주식 보유비율에 따라 신주를 배정하면서 주금의 납입기일을 2017. 8. 14.로 정하였다. 그러나 이 당시 이사회에서는 신주인수권의 양도와 관련하여 그 어떠한 사항도 결정한 바가 없다. 그리고 A회사의 정관에도 신주인수권의 양도에 관한 아무런 규정을 두고 있지 않았다. 이 때 戊는 2017. 8. 4.에 乙이 보유하고 있는 모든 주식과 乙에게 배정된 신주 전부에 대한 신주인수권을 양수하기로 하면서 乙에게는 기존 주식에 대한 계약상 가액을 같은 날 지급하였고, A회사에 대해서는 신주에 대한 인수가액 전액을 2017. 8. 14.에 납입하였다.

한편 A회사는 2018. 5. 15.에 새로운 사업의 영역을 확대하기 위한 결정 및 기타 회사의 영업활동과 관련한 주요사항을 결정하기 위하여 임시주주총회를 개최하였다. 그러나 A회사는 乙, 丙, 丁에게는 주주총회의 소집통지를 하지 않았다.

〈문제〉

1. 戊는 2017. 8. 16.에 신주에 대한 납일기일이 경과한 이후 A회사에 대하여 명의개서를 청구하면서 乙의 명의로 되어 있는 기존의 주식과 신주에 대한 주주권이 자신에게 있다고 주장하였다. 이러한 戊의 주장은 타당한가? (40점)
2. 2018. 5. 15.의 주주총회 개최사실을 뒤늦게 안 丙은 주주총회의 절차상 하자를 이유로 주주총회결의 취소를 다투는 소송을 제기할 수 있는가? (30점)

[제3문의 1] 문제 1. 해설

1. 문제
(1) 주권발행 전 주식양도의 효력, (2) 신주인수권 양도의 효력이 문제 된다.

2. 주권발행 전 주식양도의 효력

(1) 관련 조문 - 주권발행 전에 한 주식의 양도는 회사에 대하여 효력이 없으나 회사성립 후 6월이 경과한 때에는 회사에 대하여도 효력이 있다(상법 제335조 제3항).

(2) 판례

1) 회사성립 후 6월 이내 주식양도 - 주식양수인은 회사에 대하여 자신에게 명의개서 및 주권발행 청구를 할 수 없고, 주식양도인의 회사에 대한 주권발행 및 교부를 대위청구 할 수 있다. 주식양도를 회사 측에서 승인하고 주주명부에 기재하였다고 하더라도 회사 측에 아무런 효력이 없으며 회사가 주식양수인에게 주권을 발행하였더라도 주권으로서 효력이 없다.

2) 회사성립 후 6월 이후 주식양도 - 자신이 적법하게 주식을 양수하였다는 증명과 함께 회사에 대하여 명의개서와 주권발행 및 교부를 청구할 수 있다.

(3) 사안의 경우

戊는 A 회사가 성립된 2016. 12. 5.부터 주권이 발행되지 않은 상태에서 6월이 경과한 2017. 8. 4. 乙이 보유하고 있는 모든 주식을 양수받기로 하고 계약당일 가액을 지급하였는바, 적법하게 주식을 양수한 것으로 乙 및 A회사에 대하여 주식양도 효력의 유효를 주장할 수 있다.

3. 신주인수권 양도의 효력

(1) 의의 - 신주인수권이란 회사 성립 후 신주발행의 경우 다른 사람에 비해 우선하여 신주를 인수할 수 있는 권리로 주주의 신주인수권과 제3자 신주인수권으로 구분된다.

(2) 주주의 신주인수권 양도 가부

1) 관련 조문 - 정관 또는 이사회에서 이를 양도할 수 있음을 정한 경우에 한하여 신주인수권 양도는 회사에 대하여 효력이 있다(제416조 5호).

2) 판례 - 회사가 정관이나 이사회 결의로 신주인수권의 양도에 관한 사항을 결정하지 아니하였다 하여 신주인수권의 양도가 전혀 허용되지 아니하는 것은 아니고, 회사가 그와 같은 양도를 승낙한 경우에 회사에 대하여 효력이 있다.

3) 사안의 경우

① A회사는 2017. 7. 1.에 이사회를 개최하여 자본금을 100% 증자할 것을 결정하고 각 주주에게 현재 주식 보유비율에 따라 신주를 배정하면서 주금의 납입기일을 2017. 8. 14.로 정하였으나 이 당시 이사회에서는 신주인수권의 양도와 관련하여 그 어떠한 사항도 결정한 바가 없고 A회사의 정관에도 신주인수권의 양도에 관한 아무런 규정을 두고 있지 않았다.

② 그러나, 乙의 戊에 대한 신주인수권 양도가 전혀 허용되지 않는 것은 아니므로 회사가 양도를 승낙한 경우 신주납입기일 6월 이후에 회사에 대하여 효력이 생기는데, A회사가 신주를 戊에게 발행해 주었다면 신주인수권발행 전 신주인수권 양도를 승낙한 것으로 볼 여지도 있으나, 신주를 乙에게 발행해 준 것으로 보아 신주인수권 발행 전 신주인수권 양도를 승낙한 것으로 볼 수 없다.

(3) 주주의 신주인수권 양도 유효여부

1) 관련 조문 - 신주인수권증서의 교부에 의해서만 양도가 가능하다(제420조의3 1항). 주권발행 전에 한 주식의 양도는 회사에 대하여 효력이 없으나 신주의 납입기일이 경과한 후 6월이 경과한 때에는 회사에 대하여도 효력이 있다(상법 제335조 제3항).
2) 판례 - 신주인수권증서가 발행되지 아니한 신주인수권 양도 또한 주권발행 전 주식양도에 준하여 지명채권 양도의 일반원칙에 따라 양도하고, 제3자에 대한 대항요건으로는 지명채권의 양도와 마찬가지로 확정일자 있는 증서에 의한 양도통지 또는 회사의 승낙을 요한다.
3) 사안의 경우 - 戊는 신주납입기일인 2017. 8. 14. 전인 2017. 8. 4. 신주인수권을 양수하였으므로 회사에 대하여 효력이 없고, 명의개서를 청구한 2017. 8. 16.인 신주납입기일 후 6월이 경과하지 않아 적법하게 신주인수권을 양수한 것으로 볼 수 없는바, 戊는 A회사에 대하여 신주에 대한 명의개서를 청구할 수 없다.

4. 결론

(1) 戊는 A회사에 대하여 乙이 기존에 보유하던 주식에 대한 명의개서를 청구할 수 있고, 주식을 자신에게 발행 및 교부할 것을 청구할 수 있는 지위에 있는 바, 乙의 명의로 되어 있는 기존 주식의 주주권이 자신에게 있다는 주장은 타당하다.

(2) 戊가 乙이 새롭게 배정받은 신주인수권을 양수한 것은 부적법하므로 회사에 대하여 효력이 없고 명의개서를 청구할 수 없는바, 신주에 대한 주주권이 자신에게 있다는 주장은 타당하지 못하다.

[제3문의 1] 문제 2. 해설

1. 문제
명의주주가 주주총회결의 취소의 소의 제소권자로서의 지위를 갖는지가 문제 된다.

2. 명의주주에 대한 주주권 귀속여부

(1) 형식주주와 실질주주
1) 의의 - ① 형식주주란 주주명부에는 주주로 기재되어 있지만 실질적인 주식의 소유자가 아닌 자이고, ② 실질주주란 주주명부에 기재되어 있지는 않지만 주식을 소유하고 있는 자로서 그 주식에 직접적인 이해관계를 가지는 자이다.

2) 사안의 경우 - 丙은 甲이 자신의 명의를 사용하여 주식을 인수하는 것에 허락한 자로 명의대여자로서 형식주주이고, 甲은 명의차용자로서 실질주주로서의 지위를 갖는다.

(2) 판례의 태도 (회사에 대한 관계에서 실질설에서 형식설로 변경)

1) 최근 전합판례를 통해 종래 회사에 대한 관계에서도 주주사이에 대한 관계에서와 같이 실질설로 보던 입장을 형식설로 변경하였다.

2) 왜냐하면 ① 상법상 주주명부의 취지가 다수의 이해관계를 형식적이고 획일적 기준으로 처리하고자 함이므로, ② 주주명부에 기재되어 있는 자는 특별한 사정이 없는 한 회사에 대한 관계에서 주식에 관한 의결권을 적법하게 행사할 수 있고, ③ 이는 회사 역시 주주명부상 주주 외에 실제 주식을 인수 내지 양수하였던 자가 따로 존재한다는 사실을 알았던 몰랐던 간에 차이가 없기 때문이다.

(3) 사안의 적용

丙은 명의대여자로서 형식주주이고, 최근 변경된 판례에 따르면 A회사에 대한 관계에서 주주로서의 지위를 갖는 자이므로 주주로서의 권리를 행사할 수 있다.

3. 결론

丙은 주주권자로서 주주총회 소집절차에서 A회사가 丙에게 주주총회 소집통지를 하지 않은 절차상의 하자를 이유로 주주총회결의 취소(제376조)를 다투는 소를 제기할 수 있다.

〈제3문의 2〉

甲은 유명 배우이자 자신의 친구인 '홍길동'에게 전화를 걸어 그의 이름만을 빌려서 양복점 사업을 하고 싶다고 하였다. 홍길동은 양복점 사업에 대하여 자신은 잘 모르지만 甲의 사업이 번창하기를 바란다고 화답하였다. 그리하여 甲은 2017. 12. 1. 명동에 '홍길동양복점'을 개업하였다. 이후 2017. 12. 15. 乙과 甲 사이에 양복을 만드는 데 필요한 직물의 납품거래가 있었다. 그 대금은 2018. 2. 15.까지 지급하기로 약속하였다. 그러나 甲이 대금지급을 하지 못하였다. 이에 乙은 홍길동에게 甲의 직물의 대금지급을 청구하였다. 그러나 홍길동은 자신은 '홍길동양복점'의 영업에 대하여 관여한 바가 없다는 이유로 직물의 대금지급을 할 수 없다고 주장하였다. 이러한 홍길동의 주장은 타당한가? (30점)

[제3문의 2] 해설

1. 문제
홍길동이 상법상 명의대여자(제24조)의 책임을 지는지가 문제 된다.

2. 명의대여자 책임 성부

(1) 명의대여 의의 및 요건 충족여부
1) 의의 - 타인에게 자기의 성명 또는 상호를 사용하여 영업을 할 것을 허락한 자를 말한다.
2) 요건 - ① 외관의 존재 : 명의차용자 甲이 영업을 수행하고 있었고, 명의대여자 홍길동이 영업을 하지 않지만 명의사용 허락을 한 내용 즉, '홍길동양복점' 영업을 하고 있었다는 점에서 명의 및 영업의 동일성 요건이 충족되는 바, 외관이 존재한다. ② 외관의 부여 : 명의를 사용하여 영업을 할 것을 허락하여야 하는바, 양복점 개업에 홍길동이라는 이름을 빌려서 사업을 하고 싶다는 甲의 제안에 화답한 것이 이에 해당한다. ③ 외관의 신뢰 : 거래상대방 선의 및 무중과실이 요구되는 바, 거래상대방인 제3자 乙이 '홍길동양품점'과 거래할 때 이러한 외관을 신뢰한 것에 대한 고의 및 중과실이 인정되지 않는다.
3) 사안의 경우 - 홍길동이 친구 甲의 양복점 영업상호에 자신의 명의사용을 허락하여, 친구 甲의 영업에 대한 묵시적인 허락이 있었고, 명의대여 여부에 대한 사실관계 인식과 관련하여 乙은 선의 및 무중과실로 판단되는바, 홍길동은 명의대여자 성립요건을 충족한다.

(2) 명의대여의 효과
1) 관련 조문 - 자기를 영업주로 오인하여 거래한 제3자에 대하여 그 타인과 연대하여 변제할 책임을 진다(상법 제24조). 즉, 명의대여자와 명의차용자는 연대책임을 지고 그 범위는 허락한 영업범위 내의 채무에 한한다.
2) 사안의 경우 - 명의차용자 甲과 양복을 만드는데 필요한 직물을 납품한 乙사이에서 거래를 통해 발생한 직물대금은 양복점 영업행위의 결과 생긴 채무이므로 이는 영업대여자 홍길동이 허락한 영업범위 내의 채무인바, 甲과 홍길동은 부진정연대책임을 진다.

3. 결론
(1) 甲과 그의 친구 홍길동은 명의차용자와 명의대여자로서 업무상 영업행위로 인해 발생한 채무에 대하여 상법 제24조에 의해 연대책임이 있다.

(2) 乙의 대금지급청구에 대하여 자신은 '홍길동양복점'의 영업에 관여한 바가 없다는 이유로 직물의 대금지급을 할 수 없다는 주장은 타당하지 않다.

지은이 **이관형 변호사**

[약력]
- 인천 세일고 졸업
- 성균관대 법학과 졸업
- 경북대 법학전문대학원 졸업
- 성균관대 법학대학원 Ph. D 수료 (조세법 전공)
- 제7회 변호사시험 합격
- 법무법인 세지원 구성원 변호사
- 베리타스 법학원 민사법 전임강사
- 인천광역시 부평구청 법률고문·재건축분쟁조정위원·행정자치위원
- 국세청 납세자 보호 위원

[저술]
- KCI 등재논문 이관형, "상속형 신탁과 유류분의 관계",「법학논고」제79권, 2022. 10.
- COMPACT 변시 청구별 민사기록연습(학연, 2022)
- COMPACT 변시 진도별 환경법사례연습(학연, 2022)
- COMPACT 변시 진도별 민법사례연습(학연, 2023)
- COMPACT 변시 진도별 민사소송법사례연습(학연, 2023)
- COMPACT 변시기출 연도별 민사법사례연습(학연, 2023)

COMPACT 변시모의 연도별 민사법사례연습

발 행 일 : 2023년 04월 25일
저   자 : 이 관 형
발 행 인 : 이 인 규
발 행 처 : 도서출판 (주)학연
주   소 : 서울시 관악구 호암로 602, 7층(유경빌딩)
전   화 : 02-887-4203   팩 스 : 02-6008-1800
출판등록 : 2012.02.06. 제2012-13호
홈페이지 : www.baracademy.co.kr / e-mail : baracademy@naver.com

저자와 협의하여 인지를 생략함

정가 : 33,000 원   ISBN: 979-11-5824-888-8(93360)

* 파본은 구입하신 서점에서 바꿔드립니다
* 본 서는 저작권법에 의하여 보호를 받는 저작물이므로 무단 전재와 복제를 금합니다.